重庆2014统计年鉴

CHONGQING STATISTICAL YEARBOOK 2014

重庆2014统计年鉴

CHONGQING STATISTICAL YEARBOOK 2014

重庆市统计局　国家统计局重庆调查总队 编
CHONGQING MUNICIPAL BUREAU OF STATISTICS
NBS SURVEY OFFICE IN CHONGQING

(京)新登字041号

图书在版编目（CIP）数据

重庆统计年鉴. 2014 : 汉英对照 / 重庆市统计局, 国家统计局重庆调查总队编. -- 北京 : 中国统计出版社, 2014.8
ISBN 978-7-5037-7134-7

Ⅰ. ①重… Ⅱ. ①重… ②国… Ⅲ. ①统计资料－重庆市－2014－年鉴－汉、英 Ⅳ. ①C832.719-54

中国版本图书馆CIP数据核字(2014)第157257号

重庆统计年鉴-2014

作　　者/ 重庆市统计局 国家统计局重庆调查总队
责任编辑/ 佘竞雄
装帧设计/ 重庆海耐特广告有限公司
出版发行/ 中国统计出版社
地　址/ 北京市丰台区西三环南路甲6号
邮政编码/ 100073
电　话/ 邮购（010）63376909 书店（010）68783171
网　址/ http://csp.stats.gov.cn
印　刷/ 重庆三达广告印务装潢有限公司
经　销/ 新华书店
开　本/ 890mm×1240mm 1/16
字　数/ 177万字
印　张/ 38
版　别/ 2014年8月第1版
版　次/ 2014年8月第1次印刷
定　价/ 380.00元

本书附同版本CD-ROM一张，光盘内容以书面文字为准。
如有印装差错，由本社发行部调换。

《重庆统计年鉴2014》

编辑委员会

编辑部

CHONGQING STATISTICAL YEARBOOK 2014

EDITORIAL BOARD

EDITORIAL DEPARTMENT

编者说明

EDITOR' SNOTE

一、《重庆统计年鉴—2014》是由重庆市统计局和国家统计局重庆调查总队编纂、中国统计出版社公开出版发行的一部全面记录重庆市经济建设和社会发展情况的大型资料性年刊。本书收录了重庆市历史重要年份和2013年经济和社会各方面的统计数据，以及各区县（自治县）主要统计资料。

二、全书共二十一章，包括1.综合；2.国民经济核算；3.人口与就业；4.固定资产投资；5.能源消费；6.财政；7.人民生活与物价；8.城镇建设；9.资源和环境；10.要素市场；11.农业和农村经济；12.工业；13.建筑业；14.运输和邮电；15.国内贸易；16.对外经济贸易和旅游业；17.金融业；18.教育、科技和文化业；19.卫生、体育和其他社会活动；20.区县；21.三峡工程重庆库区。同时附录一个篇章：全国及各省（自治区、直辖市）主要统计资料。每章前设《简要说明》，介绍本章节的主要内容和资料来源，章末附有《主要统计指标解释》。

三、本年鉴统计资料：2013年为经济普查年份，大部分数据来自统计快报与统计年报，部分来自抽样调查。

四、本年鉴所使用的度量衡单位均采用国际统一标准计量单位；各种分类标准均采用国家统一分类标准。

五、本年鉴部分数据的合计数或相对数，由于计量单位取舍不同而产生的计算误差未作机械调整。

六、本年鉴各表的部分指标注解位于该表下方或最后一张续表的下方。

七、符号使用说明：年鉴各表中的“空格”表示该项统计指标数据不足本表最小单位数、数据不详或无该项数据；“#”表示其中的主要项。

八、本年鉴在编辑、翻译过程中得到诸多单位和同志的大力支持，在此深表谢意。限于我们的水平，加之时间仓促，请各界人士在使用资料时如发现错误和不足，恳请提出批评指正。

Ⅰ. Chongqing Statistical Yearbook 2014 is a large statistical yearbook compiled by Chongqing Municipal Bureau of Statistics and NBS Survey Office in Chongqing and published by China Statistics Press, which records the economic construction and social development of Chongqing in an all-round way. The yearbook covers the comprehensive data on Chongqing's social and economic development in 2013 and some major years in the history, as well as the major statistics on all the districts and counties (autonomous counties).

Ⅱ. The yearbook contains 21 chapters, namely 1. Comprehensive Statistics; 2. National Economic Accounting; 3. Population and Employment; 4. Investment in Fixed Assets; 5. Energy Consumption; 6. Government Finance; 7. People's Livelihood and Prices; 8. Urban Construction; 9. Resources and Environment; 10. Markets of Key Factors; 11. Agriculture and Rural Economy; 12. Industry; 13. Construction; 14. Transport, Postal and Telecommunication Services; 15. Domestic Trade; 16. Foreign Economic Relations, Trade and Tourism; 17. Financial Intermediation; 18. Education, Science & Technology and Culture; 19. Public Health, Sports and Other Social Activities; 20. Districts; 21. Resettlement of Chongqing Reservoir Area of Three Gorges Project . There is also an Appendix which covers the main data of the whole nation and other provinces, autonomous regions and municipalities. There is a Brief Introduction at the beginning of each chapter, which introduces the main contents of the chapter and the sources of data. The Explanatory Notes on Main Statistical Indicators is provided at the end of each chapter.

Ⅲ. The data in this publication: the Economic Census was carried out in 2013, so most of the data are obtained from the instant statistical reports and the annual statistical reports, while some others are obtained from sample surveys.

Ⅳ. The units of measurement used in this yearbook are international standard measurement units; and the basis of classification of this book complies with the national uniform standard.

Ⅴ. The statistical discrepancies of the total values or relative values due to rounding are not adjusted in this yearbook.

Ⅵ. The notes concerning individual indicators are placed at the lower part of the table or the lower part of the last page.

Ⅶ. Notations used in this yearbook: (blank space) indicates that the figure is not large enough to be measured with the smallest unit in the table, or data are unknown, or are not available; "#" indicates a major breakdown of the total.

Ⅷ. We'd like to send our sincere acknowledgement various units and comrades for their vigorous assistances during the edition and translation of this yearbook. Due to our limited ability and the hasty time, faults and shortage are unavoidable. Any criticism or suggestion is appreciated.

第一章 CHAPTER 1 综合 COMPREHENSIVE STATISTICS

第二章 CHAPTER 2 国民经济核算 NATIONAL ECONOMIC ACCOUNTING

目 录
CONTENTS

第四章 CHAPTER 4 固定资产投资 INVESTMENT IN FIXED ASSETS

第五章 CHAPTER 5 能源消费 ENERGY CONSUMPTION

目录 CONTENTS

第六章 CHAPTER 6 财政 GOVERNMENT FINANCE

第七章 CHAPTER 7 人民生活与物价 PEOPLE'S LIVING CONDITIONS AND PRICE OF GOODS

第八章 CHAPTER 8 城镇建设 URBAN CONSTRUCTION

第九章 CHAPTER 9 资源和环境 RESOURCES AND ENVIRONMENT

第十章 CHAPTER 10 要素市场 MARKETS OF KEY FACTORS

第十一章 CHAPTER 11 农业和农村经济 AGRICULTURE AND RURAL ECONOMY

第十二章 CHAPTER 12 工业 INDUSTRY

第十三章 CHAPTER 13 建筑业 CONSTRUCTION

第十四章 CHAPTER 14 运输和邮电 TRANSPORT, POSTAL AND TELECOMMUNICATION SERVICES

第十五章 CHAPTER 15 国内贸易 DOMESTIC TRADE

第十六章 CHAPTER 16 对外经济贸易和旅游业 FOREIGN ECONOMIC RELATIONS, TRADE AND TOURISM

第十七章 CHAPTER 17 金融业 FINANCIAL STATISTICS

第十八章 CHAPTER 18 教育、科技和文化业 EDUCATION, SCIENCE, TECHNOLOGY AND CULTURE

第十九章 CHAPTER 19 卫生、体育和其他社会活动 PUBLIC HEALTH, SPORTS AND OTHER SOCIAL ACTIVITIES

第二十章 CHAPTER 20 区 县 DISTRICTS, COUNTIES

第二十一章 CHAPTER 21 三峡工程重庆库区 IN CHONGQING RESERVOIR AREA OF THREE GORGES PROJECT

附　录 APPENDIX

第1章

综 合

COMPREHENSIVE STATISTICS

简要说明
BRIEF INTRODUCTION

本章主要包括重庆市行政区划、国民经济和社会发展综合资料，由市统计局综合处根据有关部门资料进行整理和编辑。

行政区划资料由市民政局提供。

This chapter mainly covers the data of Chongqing's administrative divisions and national economic and social development. The data of this chapter are sorted and compiled by Division of Comprehensive Statistics, Chongqing Municipal Bureau of Statistics on the basis of the information provided by the relevant departments.

The data of administrative divisions are provided by Chongqing Civil Affairs Bureau.

表1.1 行政区划（2013年）
DIVISIONS OF ADMINISTRATIVE AREAS (2013)

单位：个 (unit)

地 区	Region	乡 Townships	镇 Towns	街道办事处 Street Communities	居委会 Neighborhood Committees	村委会 Village Committees
全市总计	**Total**	**213**	**611**	**192**	**2721**	**8318**
万州区	Wanzhou District	12	29	11	187	448
黔江区	Qianjiang District	12	12	6	80	138
涪陵区	Fuling District	6	12	8	108	310
渝中区	Yuzhong District			12	78	
大渡口区	Dadukou District		3	5	48	32
江北区	Jiangbei District		3	9	87	45
沙坪坝区	Shapingba District		8	18	141	86
九龙坡区	Jiulongpo District		11	7	101	106
南岸区	Nan'an District		7	8	89	61
北碚区	Beibei District		12	5	63	118
渝北区	Yubei District		11	18	162	193
巴南区	Ba'nan District		14	8	91	198
长寿区	Changshou District		14	4	36	223
江津区	Jiangjin District		24	4	85	180
合川区	Hechuan District		23	7	64	327
永川区	Yongchuan District		16	7	52	208
南川区	Nanchuan District	15	16	3	58	185
綦江区	Qijiang District		25	5	101	365
大足区	Dazu District		24	3	103	209
潼南县	Tongnan County		20	2	21	281
铜梁县	Tongliang County		25	3	57	269
荣昌县	Rongchang County		15	6	75	92
璧山县	Bishan County		9	6	50	137
梁平县	Liangping County	7	24	2	31	310
城口县	Chengkou County	16	7	2	30	176
丰都县	Fengdu County	5	23	2	53	277
垫江县	Dianjiang County	4	21		65	235
武隆县	Wulong County	14	12		24	186
忠　县	Zhongxian County	6	22		54	311
开　县	Kaixian County	7	26	7	85	434
云阳县	Yunyang County	9	29	4	91	389
奉节县	Fengjie County	11	19		54	332
巫山县	Wushan County	13	11	2	34	307
巫溪县	Wuxi County	15	15	2	41	289
石柱土家族自治县	Shizhu County	14	18		29	213
秀山土家族苗族自治县	Xiushan County	6	18	3	59	208
酉阳土家族苗族自治县	Youyang County	23	15		79	199
彭水苗族土家族自治县	Pengshui County	18	18	3	55	241

表1.2 国民经济和社会发展总量与速度指标
PRINCIPAL AGGREGATE INDICATORS ON NATIONAL ECONOMIC AND SOCIAL DEVELOPMENT AND GROWTH RATE

指 标	Item	总量指标 Aggregate Indicators 1996	2000
人口与就业	**Population and Employment**		
人 口（万人）	**Population (10 000 persons)**		
年末常住人口	Year-end Resident Population	2875.30	2848.82
#城 镇	Urban	848.21	1013.88
乡 村	Rural	2027.09	1834.94
#男 性	Male	1465.99	1460.57
女 性	Female	1409.31	1388.25
就 业（万人）	**Employment (10 000 persons)**		
从业人员数	Employed Persons	1719.43	1661.16
#职工人数	Staff and Workers	294.63	208.87
城镇登记失业人数	Regitered Unemployment in Urban Areas	10.95	10.15
宏观经济	**Macroeconomic Indicators**		
国民经济核算（亿元）	**National Economic Accounting (100 million yuan)**		
本市生产总值	Gross Domestic Product	1315.12	1791.00
第一产业	Primary Industry	287.56	284.87
第二产业	Secondary Industry	568.99	760.03
#工 业	Industry	502.06	633.98
第三产业	Tertiary Industry	458.57	746.10
固定资产投资（亿元）	**Investment in Fixed Assets (100 million yuan)**		
固定资产投资总额	Total Investment in Fixed Assets	320.73	655.81
城 镇	Urban	228.60	531.38
建设项目	Construction Projects	172.98	391.75
房地产开发	Real Estate Development	55.62	139.63
农 村	Rural	92.13	124.43
农村非农户	Non-Rural Households	40.06	59.52
农 户	Rural Households	52.07	64.91
财 政（亿元）	**Government Finance (100 million yuan)**		
公共财政预算收入	Public Government Budget Revenue		
公共财政预算支出	Public Government Budget Expenditure		
物价指数（上年=100）	**Price Indices (preceding year=100)**		
居民消费价格指数	Consumer Price Index	109.7	96.7
工业生产者出厂价格指数	Producer Price Indices for Manufactured Goods	104.1	98.6
工业生产者购进价格指数	Purchasing Price Indices of Raw Material, Fuel and Power	106.3	105.6
商品零售价格指数	Retail Price Index	106.1	95.5
产 业	**Industry**		
农 业	**Agriculture**		
乡村从业人员（万人）	Rural Employment (10 000 persons)	1330.44	1352.60
农林牧渔业总产值（亿元）	Gross Output Value of Farming, Forestry, Animal Husbandry and Fishery (100 million yuan)	424.99	412.63
#农 业	Farming	271.38	244.74
林 业	Forestry	11.55	10.82
牧 业	Animal Husbandry	131.17	141.99
渔 业	Fishery	10.89	15.08
主要农产品产量（万吨）	Output of Major Farm Products (10 000 tons)		
粮 食	Grain	1172.14	1131.21
油 料	Oil-bearing Crops	23.60	31.06
烟 叶	Tobacco	13.24	10.41

注：本表数据本市生产总值、工业增加值速度指标按可比价计算，其余指标均为自然增长。

总量指标 Aggregate Indicators				速度指标（%） Growth Rate								
				指　数（2013为以下各年） Index (2013 as percentage of the following years)					平均增长速度 Average Annual Growth Rate			
2005	2008	2012	2013	1996	2000	2005	2008	2012	1997-2013	2001-2005	2006-2010	2009-2013
2798.00	2839.00	2945.00	2970.00	103.3	104.3	106.1	104.6	100.8	0.2	-0.4	0.6	0.9
1265.95	1419.09	1678.11	1732.76	204.3	170.9	136.9	122.1	103.3	4.3	4.5	3.9	4.1
1532.05	1419.91	1266.89	1237.24	61.0	67.4	80.8	87.1	97.7	-2.9	-3.5	-2.4	-2.7
1409.83	1435.64	1491.33	1503.28	102.5	102.9	106.6	104.7	100.8	0.1	0.7	0.7	0.9
1388.17	1403.36	1453.67	1466.72	104.1	105.7	105.7	104.5	100.9	0.2		0.5	0.9
1456.30	1492.43	1633.14	1683.51	97.9	101.3	115.6	112.8	103.1	-0.1	-2.6	1.1	2.4
209.66	229.59	334.37	375.36	127.4	179.7	179.0	163.5	112.3	1.4	0.1	3.6	10.3
16.89	13.02	12.43	12.07	110.2	118.9	71.5	92.7	97.1	0.6	10.7	-5.1	-1.5
3467.72	4676.13	11409.60	12656.69	713.6	504.3	298.0	199.8	112.3	12.3	11.1	14.9	14.8
463.40	482.39	940.01	1002.68	187.2	174.5	143.3	129.7	104.7	3.8	4.0	4.3	5.3
1564.00	2368.53	5975.18	6397.92	1131.4	765.5	386.5	231.0	113.4	15.3	14.6	19.3	18.2
1293.81	2004.51	4981.01	5249.65	1161.5	803.0	400.9	231.1	113.1	15.5	14.9	20.1	18.2
1440.32	1825.21	4494.41	5256.09	613.9	402.0	252.5	177.3	112.0	11.3	9.8	12.7	12.1
2006.32	4045.25	9380.00	11205.03	3493.6	1708.6	558.5	277.0	119.5	24.6	25.1	28.7	26.8
1838.42	3781.56	8462.03	9789.00	4282.2	1842.2	532.5	258.9	115.7	25.8	28.2	28.2	24.4
1320.69	2790.56	5953.68	6776.22	3917.3	1729.7	513.1	242.8	113.8	25.5	27.5	29.2	24.1
517.73	991.00	2508.35	3012.78	5416.7	2157.7	581.9	304.0	120.1	26.5	30.0	25.6	24.9
167.90	263.69	917.97	1416.03	1537.0	1138.0	843.4	537.0	154.3	22.7	6.2	34.6	55.3
96.09	181.27	792.17	1271.74	3174.6	2136.7	1323.5	701.6	160.5	30.7	10.1	51.5	68.5
71.80	82.42	125.80	144.28	277.1	222.3	200.9	175.1	114.7	6.2	2.0	5.7	11.9
		1465.85	1693.24					115.5				
		2717.79	3062.28					112.7				
100.8	105.6	102.6	102.7									
103.0	105.8	99.9	98.0									
108.2	112.2	99.5	97.6									
98.7	105.0	101.6	101.8									
1366.91	1379.89	1365.29	1328.79	99.9	98.2	97.2	96.4	97.3	-0.2	0.2	0.2	-0.8
662.19	871.39	1402.03	1513.74	356.2	366.9	228.6	173.7	108.0	7.8	9.9	9.0	11.7
358.30	473.01	841.81	909.18	335.0	371.5	253.7	192.2	108.0	7.4	7.9	11.7	14.0
19.97	21.80	43.48	48.02	415.8	443.8	240.5	220.3	110.4	8.7	13.0	8.8	17.1
249.50	344.15	453.90	482.80	368.1	340.0	193.5	140.3	106.4	8.0	11.9	5.5	7.0
23.80	21.15	44.99	53.82	494.2	356.9	226.1	254.5	119.6	9.9	9.6	2.7	20.5
1168.19	1153.20	1138.54	1148.13	98.0	101.5	98.3	99.6	100.8	-0.1	0.6	-0.2	-0.1
42.71	35.68	50.11	53.03	224.7	170.7	124.2	148.6	105.8	4.9	6.6	0.8	8.2
9.02	8.55	10.29	9.66	73.0	92.8	107.1	113.0	93.9	-1.8	-2.8	-2.1	2.5

Note: The growth rate of GDP and value added of industry is calculated on the basis of comparable price, while the other indices are natural growth rate.

表1.2 续表1 continued1

指 标	Item	总量指标 Aggregate Indicators 1996	2000
茶 叶	Tea	1.55	1.45
水 果	Fruit	56.62	81.68
肉 类	Meat	133.22	143.91
#猪 肉	Pork	114.18	122.45
水产品	Aquatic Products	14.07	20.03
工 业（规模以上）	**Industry (above Desingated Size)**		
工业总产值（亿元）	Gross Output Value of Industry (100 million yuan)	730.41	962.32
主营业务收入（亿元）	Revenue from Principal Business (100 million yuan)	711.34	959.36
利税总额（亿元）	Total Pre-tax Profits (100 million yuan)	48.04	85.57
经济效益综合指数（%）	Comprehensive Index of Economic Benefit (%)	63.8	87.1
产品销售率（%）	Sales as Percentage of Output (%)	96.5	99.1
全员劳动生产率（元/人年）	Overall Labor Productivity (yuan/person-year)	13546	31081
主要工业产品产量	Output of Major Industrial Products		
天然气（亿立方米）	Natural Gas (100 million cu.m)	26.10	38.98
发电量（亿千瓦时）	Electricity (100 million kwh)	128.73	167.90
钢 材（万吨）	Steel Products (10 000 tons)	117.55	156.98
铝 材（万吨）	Aluminum Products (10 000 tons)	7.36	13.98
微型计算机设备（万台）	Micro-computers (10 000 units)		
水 泥（万吨）	Cement (10 000 tons)	648.76	1402.78
汽 车（万辆）	Motor Vehicles (10 000 vehicles)	12.41	24.59
#轿 车	Cars	1.34	4.82
摩托车（万辆）	Motorcycles (10 000 vehicles)	177.36	191.07
啤 酒（万千升）	Beer (10 000 kiloliters)	28.54	50.42
卷 烟（亿支）	Cigarettes (100 million units)	453.91	343.50
建筑业（资质内）	**Construction (Grade above)**		
建筑业总产值（亿元）	Gross Output Value of Construction (100 million yuan)	205.30	348.66
房屋施工面积（万平方米）	Floor Space Under Construction (10 000 sq.m)	4065	6088
房屋竣工面积（万平方米）	Floor Space Completed (10 000 sq.m)	2277	3084
交通运输业	**Transportation**		
客运量（万人）	Passenger Traffic (10 000 persons)	42370	56969
铁 路	Railway	972	1442
公 路	Highway	37410	53170
水 运	Waterway	3900	2240
民 航	Civil Aviation	88	117
货运量（万吨）	Freight Traffic (10 000 tons)	24339	26852
铁 路	Railway	1633	1812
公 路	Highway	20214	23646
水 运	Waterway	2491	1392
民 航	Civil Aviation	1.20	2.40
港口货物吞吐量（万吨）	Cargo Throughput of Ports (10 000 tons)	1076	2448

注：1）工业总产值的绝对值和指数按现价计算。
2）建筑业2003年起的所有数据均不包括劳务分包企业。
3）从2000年起民航货运量按新制度统计，旅客行李不再计入货运。
4）1996年起铁路数据按重庆现地域进行了调整（以下各表同）。
5）2008年公路、水路数据按部门专项调查作了调整，速度按可比价计算。

总量指标 Aggregate Indicators				速度指标（%） Growth Rate								
				指 数（2013为以下各年） Index (2013 as percentage of the following years)					平均增长速度 Average Annual Growth Rate			
2005	2008	2012	2013	1996	2000	2005	2008	2012	1997-2013	2001-2005	2006-2010	2009-2013
1.65	2.17	3.14	3.42	220.6	235.9	207.3	157.6	109.0	4.8	2.6	8.8	9.5
154.63	193.28	291.19	318.86	563.2	390.4	206.2	165.0	109.5	10.7	13.6	9.1	10.5
178.39	177.58	201.21	207.85	156.0	144.4	116.5	117.0	103.3	2.7	4.4	1.5	3.2
144.46	140.65	150.73	154.95	135.7	126.5	107.3	110.2	102.8	1.8	3.4	0.4	2.0
25.06	19.06	33.07	38.50	273.6	192.2	153.6	202.0	116.4	6.1	4.6	-2.2	15.1
2525.87	5755.90	13095.12	15785.41					114.5	19.8	21.3	29.3	22.4
2515.17	5667.61	12880.32	15581.78	2190.5	1624.2	619.5	274.9	119.6	19.9	21.3	29.2	22.4
256.48	601.71	1224.41	1734.25	3610.0	2026.7	676.2	288.2	141.6	23.5	24.6	31.6	23.6
139.4	204.0	262.5	254.1									
98.8	98.0	97.84	98.04									
77511	156167	223843	230218	1699.5	740.7	297.0	147.4	102.8	18.1	20.1	18.7	8.1
57.09	79.50	55.76	50.91	195.1	130.6	89.2	64.0	91.3	4.0	7.9	3.4	-8.5
234.03	396.64	536.53	586.13	455.3	349.1	250.5	147.8	109.2	9.3	6.9	14.3	8.0
294.70	487.20	1150.22	1290.55	1097.9	822.1	437.9	264.9	112.2	15.1	13.4	18.9	21.5
39.36	79.76	94.41	109.79	1491.7	785.3	278.9	137.7	116.3	17.2	23.0	21.2	6.6
	2.65	4160.88	5593.34					134.4				362.3
2100.69	3230.51	5499.59	6120.40	943.4	436.3	291.4	189.5	111.3	14.1	8.4	17.0	13.6
42.15	76.64	184.46	215.06	1733.0	874.6	510.2	280.6	116.6	18.3	11.4	30.8	22.9
15.33	40.72	102.40	108.14	8070.1	2243.6	705.4	265.6	105.6	29.5	26.0	40.9	21.6
420.84	774.90	877.51	810.94	457.2	424.4	192.7	104.7	92.4	9.4	17.1	15.1	0.9
53.87	68.01	77.23	80.04	280.4	158.7	148.6	117.7	103.6	6.3	1.3	6.9	3.3
396.08	451.00	551.00	571.00	125.8	166.2	144.2	126.6	103.6	1.4	2.9	4.8	4.8
783.57	1496.32	3975.67	4731.22	2304.5	1357.0	603.8	316.2	119.0	20.3	17.6	26.5	25.9
10723	15619	26270	29885	735.2	490.9	278.7	191.3	113.8	12.5	12.0	12.7	13.9
5155	6485	11602	12240	537.6	396.9	237.4	188.7	105.5	10.4	10.8	10.0	13.5
60436	107191	157800	171388	330.5	245.8	231.7	159.9	108.6	7.3	1.2	11.4	9.8
1224	2472	3040	3251	334.5	225.5	265.6	131.5	106.9	7.4	-3.2	16.8	5.6
57600	102680	152249	165445	358.6	252.3	232.9	161.1	108.7	7.8	1.6	11.4	10.0
1388	1578	1256	1230	27.9	48.6	78.5	77.9	97.9	-7.2	-9.1	-4.0	-4.9
224	461	1255	1462	1661.3	1249.5	652.6	317.2	116.5	18.0	13.9	27.0	26.0
39200	63651	86398	97404	452.1	409.8	280.7	195.1	112.7	9.3	7.9	13.0	14.3
1923	2086	2241	2337	143.1	129.0	121.5	112.0	104.3	2.1	1.2	3.5	2.3
33378	54589	71272	80695	461.6	394.6	279.6	197.1	113.2	9.4	7.1	12.5	14.5
3896	6971	12874	14360	575.7	1030.2	368.1	206.0	111.5	10.8	22.8	19.9	15.6
2.88	5.19	11.92	11.97	997.3	498.7	415.6	230.6	100.4	14.5	3.7	21.1	18.2
5251	7893	12502	13676	1271.0	558.7	260.4	173.3	109.4	16.1	16.5	13.0	11.6

Note:a) The value and index of gross output value of industry are calculated at current price.
b) All the data of construction has not included labor subcontractors since 2003.
c) Since 2000, the cargo turnover of civil aviation has been calculated by the new statistic system, and the luggage of passengers is no longer accounted in.
d) The data of railway has been modified based on the present administrative division of Chongqing since 1996 (the same for the tables below).
e) The data of highway and waterway has been modified according to the specialized survey by the related departments since 2008, and the growth rate is calculated on the basis of comparable price.

表1.2 续表2 continued2

指 标	Item	总量指标 Aggregate Indicators 1996	2000
邮电通信业	**Postal and Telecommunication Services**		
邮电业务总量（亿元）	Business Volume (100 million yuan)	15.99	85.82
本地电话用户（万户）	Local Telephone Subscribers (10 000 subscribers)	66.50	268.43
移动电话用户（万户）	Mobile Telephone Subscribers (10 000 subscribers)	9.00	160.00
固定互联网络用户（万户）	Internet Subscribers (10 000 subscribers)	0.03	10.00
国内贸易（亿元）	**Domestic Trade (100 million yuan)**		
社会消费品零售总额	Retail Sales of Consumer Goods	498.63	719.95
#批发和零售业	Wholesale and Retail Trade	438.07	627.36
住宿和餐饮业	Catering Trade	54.45	84.16
对外贸易（亿美元）	**Foreign Trade (USD 100 million)**		
进出口总值	Total Imports and Exports	15.85	17.85
进 口	Imports	9.92	7.90
出 口	Exports	5.93	9.95
利用内外资	**Utilization of Domestic and Foreign Capital**		
实际利用外资额（亿美元）	Foreign Capital Actually Utilized (USD 100 million)	4.42	3.45
#外商直接投资额	Foreign Direct Investment	2.19	2.44
实际利用内资额（亿元）	Domestic Capital Actually Utilized (100 million yuan)	34.11	43.04
国际旅游	**International Tourism**		
国际旅游人数（万人次）	International Tourists (10 000 person-time)	16.18	26.61
旅游外汇收入（万美元）	Foreign Exchange Earnings from International Tourism (USD 10 000)	7090	13837
金融保险业（亿元）	**Finance and Insurance (100 million yuan)**		
金融机构人民币存款年末余额	Deposit Balance of RMB of Financial Institutions	846.43	1904.71
#个人存款	Saving Deposits of Residents	500.71	1085.36
金融机构人民币贷款年末余额	Loan Balance of RMB of Financial Institutions	913.93	1881.29
股票筹资额（亿元）	Raised Capital of Shares (100 million yuan)	10.41	22.63
保险公司保费收入	Insurance Premium of Insurance Companies	12.82	27.71
保险公司赔款及给付	Indemnity Expenditure and Payment of Insurance Companies	6.48	8.27
教育、科技、文化	**Education, Science & Technology and Culture**		
教 育	**Education**		
专任教师（万人）	Full-time Teachers (10 000 person)		
#普通高等学校	Regular Institutions of Higher Education	0.94	1.04
普通中学	Regular Secondary Schools	6.95	8.18
小 学	Primary Schools	11.77	11.9
在校学生数（万人）	Student Enrollment (10 000 persons)		
#普通高等学校	Regular Institutions of Higher Education	7.99	13.25
普通中学	Regular Secondary Schools	101.27	147.79
小 学	Primary Schools	273.71	276.13
教育经费支出（亿元）	Expenditure on Education (100 million yuan)		
科 技	**Science and Technology**		
技术市场成交额（亿元）	Transaction Value of Technology Market (100 million yuan)	3.43	29.66

注：1）邮电业务总量2001年前为1990年不变价，2001-2009年为2000年不变价口径，2010年及以后为2010年不变价口径（以下各表同）。速度指标按可比价计算。
2）普通高等学校数据含研究生。
3）2007年起，外商直接投资数据为上报商务部口径。
4）因全国银行业统计制度调整，报表项目归属发生变化，2011年起“个人存款”口径作了调整。
5）因国家保险核算制度改变，2011年起保费收入指标同期不可比，保险公司赔款及给付同比增长率按新口径调整计算所得。

总量指标 Aggregate Indicators				速度指标（%） Growth Rate								
				指　数（2013为以下各年） Index (2013 as percentage of the following years)					平均增长速度 Average Annual Growth Rate			
2005	2008	2012	2013	1996	2000	2005	2008	2012	1997-2013	2001-2005	2006-2010	2009-2013
210.15	424.75	277.17	329.89	8098.6	1509.2	464.1	229.6	119.0	29.5	26.6	23.0	18.1
688.91	688.10	575.71	580.33	872.7	216.2	84.2	84.3	100.8	13.6	20.7	-3.3	-3.3
943.40	1281.70	2069.65	2380.78	26453.1	1488.0	252.4	185.8	115.0	38.8	42.6	12.0	13.2
128.66	189.57	388.07	505.00	1683333.3	5050.0	392.5	266.4	130.1	77.3	66.7	15.4	21.6
1227.80	2147.12	4033.70	4599.77	922.5	638.9	374.6	214.2	114.0	14.0	11.3	19.1	16.5
1052.92	1793.53	3360.93	3844.19	877.5	612.8	365.1	214.3	114.4	13.6	10.9	18.2	16.5
163.57	307.0	600.26	667.58	1226.0	793.2	408.1	217.5	111.2	15.9	14.2	22.3	16.8
42.93	95.21	532.04	687.04	4334.6	3849.0	1600.4	721.6	129.1	24.8	19.2	23.7	48.5
17.72	37.99	146.33	219.07	2208.4	2773.0	1236.3	576.7	149.7	20.0	17.5	22.7	42.0
25.21	57.22	385.71	467.97	7891.6	4703.2	1856.3	817.8	121.3	29.3	20.4	24.3	52.2
7.04	28.57	105.77	105.97	2397.5	3071.6	1505.3	370.9	100.2	20.5	15.3	65.0	30.0
5.16	24.52	35.24	41.44	1892.2	1698.4	803.1	169.0	117.6	18.9	16.2	65.2	11.1
205.90	842.84	5914.64	6007.20	17611.3	13957.2	2917.5	712.7	101.6	35.6	36.8	66.5	48.1
52.39	87.19	224.28	242.26	1497.3	910.4	462.4	277.9	108.0	17.3	14.5	21.2	22.7
26436	44977	116832	126831	1788.9	916.6	479.8	282.0	108.6	18.5	13.8	21.6	23.0
4727.72	8021.95	18934.83	22202.10	2623.0	1165.6	469.6	276.8	117.3	21.2	19.9	23.3	22.6
2545.85	3988.96	8361.64	9622.31					115.1		18.6	18.1	
3719.52	6320.81	15131.22	17381.55	1901.8	923.9	467.3	275.0	114.9	18.9	14.6	24.0	22.4
	12.73	30.00	131.2				1030.9	437.4				
73.10	200.55	331.03	359.23					108.5		21.4	34.4	
17.59	45.64	91.78	124.60	1922.8	1506.7	708.4	273.0	135.8	19.0	16.3	28.7	22.2
2.02	2.84	3.57	3.71	394.7	356.7	183.7	130.6	103.9	8.4	14.2	9.0	5.5
9.40	10.31	11.25	11.39	163.9	139.2	121.2	110.5	101.2	2.9	2.8	3.1	2.0
11.43	11.92	11.40	11.52	97.9	96.8	100.8	96.6	101.1	-0.1	-0.8	0.3	-0.7
35.79	48.50	67.02	70.76	885.6	534.0	197.7	145.9	105.6	13.7	22.0	9.6	7.8
173.52	190.79	174.70	167.90	165.8	113.6	96.8	88.0	96.1	3.0	3.3	1.9	-2.5
260.98	224.39	194.32	198.91	72.7	72.0	76.2	88.6	102.4	-1.9	-1.1	-5.2	-2.4
		643.38	654.01					101.7				
35.71	62.19	220.86	164.57	4798.0	554.9	460.9	264.6	74.5	25.6	3.8	32.8	21.5

Note:a) The business volumes of postal and telecommunication services before 2001 are calculated at the constant price of 1990, the data of 2011-2009 are calculated at the constant price of 2000, and the data of and after 2010 are calculated at the constant price of 2010 (the same for the tables below).The growth rate is calculated on the basis of comparable price.
b) The data of regular institutions of higher education include the postgraduates.
c) The data of foreign direct investment has become the data reported to the Ministry of Commerce since 2007.
d) Due to the adjustment of national statistic system for banking, the category of items has been changed. The scope of "Saving Deposits of Residents" has been changed since 2011.
e) Due to the change of national insurance accounting system, the insurance premium since 2011 is incomparable with the previous year, and the growth rate of indemnity expenditure and payment of insurance companies is calculated according to the new statistic scope.

表1.2 续表3 continued3

指 标	Item	总量指标 Aggregate Indicators 1996	2000
文 化	Culture		
图书出版数量（万册、万张）	Books Published (10 000 copies)	13023	11198
杂志出版数量（万册）	Magazines Published (10 000 copies)		3480
报纸出版数量（万份）	Newspaper Published (10 000 copies)		48674
电视人口覆盖率（%）	Television Coverage of Population (%)	78.90	93.70
广播人口覆盖率（%）	Radio Coverage of Population (%)	86.30	89.90
家庭、生活	Family and Living Standards		
家 庭	Family		
城镇居民平均每户家庭人口（人）	Population per Urban Household (person)	3.08	3.05
农村居民平均每户家庭人口（人）	Population per Rural Household (person)	3.85	3.70
婚 姻	Marital Statistics		
内地居民登记结婚对数（万对）	Marriages of Inland Residents (10 000 couples)	26.44	19.02
内地居民登记离婚对数（万对）	Divorces of Inland Residents (10 000 couples)	1.68	2.07
居 住	Residence		
城镇居民人均房屋建筑面积（平方米）	Per Capita Residential Space of Urban Residents (sq.m)	8.00	10.72
农村居民人均住房面积（平方米）	Per Capita Residential Space of Rural Residents (sq.m)	24.44	29.58
工资和收入	Wages and Income		
城镇非私营单位职工工资总额（亿元）	Total Wages of Staff and Workers of Urban Non-private Units (100 million yuan)	145.49	173.23
城镇非私营单位职工平均工资（元）	Average Annual Wages of Staff and Workers of Urban Non-private Units(yuan)	5010	8020
城镇居民人均可支配收入（元）	Per Capita Disposable Income of Urban Residentss (yuan)		
农村居民人均纯收入（元）	Per Capita Net Income of Rural Residents (yuan)	1479	1892
城乡居民人均人民币储蓄存款余额（元）	Per Capita Saving Deposits of Urban and Rural Residents (yuan)	1656	3511
卫 生	Public Health		
医院、卫生院（个）	Hospitals and Health Centers (unit)	2567	2250
卫生技术人员（人）	Medical Technical Personnel (person)	87542	88619
#执业（助理）医师	Licensed (Assistant) Doctors	30733	44940
卫生机构床位数（张）	Number of Beds in Health Care Institutions (bed)	66339	65666
市政建设	Municipal Construction		
供水总量（万立方米）	Water Supply (10 000 cu.m)	84548	70722
天然气供气总量（万立方米）	Natural Gas Supply (10 000 cu.m)	111980	75257
排水管道长度（公里）	Length of Draining Pipelines (km)	1857	2806
道路长度（公里）	Length of Urban Roads (km)	2652	3299
公园绿地面积（公顷）	Public Green Areas (hectare)	1104	1588
环 境	Environment		
化学需氧量排放量（万吨）	Discharged Volume of COD (10 000 tons)		
二氧化硫排放量（万吨）	Discharged Volume of SO_2(10 000 tons)		

注：2002年起卫生统计指标名称变更，统计口径变化，不可与往年同比；2002年起卫生技术人员和床位不包括医学院校、卫生学校和计生站；执业（助理）医师2002年以前统计口径为“医生”（以下各表同）。2010年指标卫生技术人员、执业（助理）医师为调整数，均含村卫生室。

总量指标 Aggregate Indicators				速度指标（%） Growth Rate								
				指　数（2013为以下各年） Index (2013 as percentage of the following years)					平均增长速度 Average Annual Growth Rate			
2005	2008	2012	2013	1996	2000	2005	2008	2012	1997-2013	2001-2005	2006-2010	2009-2013
11320	13677	13940	14775	113.5	131.9	130.5	108.0	106.0	0.7	0.2	6.8	1.6
4082	6108	5449	5682		163.3	139.2	93.0	104.3		3.2	5.8	-1.4
54731	60321	69300	62772		129.0	114.7	104.1	90.6		2.4	6.9	0.8
95.96	96.42	98.76	98.88	125.3	105.5	103.0	102.6	100.1	1.3	0.5	0.3	0.5
92.49	92.88	98.16	98.30	113.9	109.3	106.3	105.8	100.1	0.8	0.6	0.7	1.1
3.13	2.93	2.87	2.88	93.5	94.4	92.0	98.3	100.3	-0.4	0.5	-1.5	-0.3
3.71	3.70	3.79	3.49	90.6	94.3	94.1	94.3	92.1	-0.6	0.1	-0.4	-1.2
18.32	26.12	29.77	30.23	114.3	158.9	165.0	115.7	101.5	0.8	-0.7	11.3	3.0
5.65	7.37	10.75	11.56	688.1	558.5	204.6	156.9	107.5	12.0	22.2	10.9	9.4
22.17	29.70	32.17	33.59	419.9	313.3	151.5	113.1	104.4	8.8	15.6	7.4	2.5
32.91	35.03	40.99	41.55	170.0	140.5	126.3	118.6	101.4	3.2	2.2	2.7	3.5
345.82	613.78	1479.19	1870.29	1285.5	1079.7	540.8	304.7	126.4	16.2	14.8	20.1	25.0
16630	26985	45392	51015	1018.3	636.1	306.8	189.0	112.4	14.6	15.7	16.3	13.6
	14368	22968	25216				175.5	109.8				11.9
2809	4126	7383	8332	563.3	440.3	296.6	201.9	112.8	10.7	8.2	13.4	15.1
8033	12247	25009	28651	1730.1	816.0	356.7	233.9	114.6	18.3	18.0	17.1	18.5
1463	1396	1405	1502	58.5	66.8	102.7	107.6	106.9				
78780	88746	131658	142218	162.5	160.5	180.5	160.3	108.0				
37321	39417	51990	55221	179.7	122.9	148.0	140.1	106.2				
64674	81950	130813	147436	222.2	224.5	228.0	179.9	112.7				
80465	87443	111968	113003	133.7	159.8	140.4	129.2	100.9	1.7	2.6	5.3	5.3
210128	223084	368840	370532	330.9	492.4	176.3	166.1	100.5	7.3	22.8	8.1	10.7
5600	7899	12061	13005	700.3	463.5	232.2	164.6	107.8	12.1	14.8	11.5	10.5
4595	5937	7660	8008	302.0	242.7	174.3	134.9	104.5	6.7	6.9	7.9	6.2
4969	10504	25102	25099	2273.5	1580.5	505.1	238.9	100.0	20.2	25.6	29.0	19.0
		40.28	39.18					97.3				
		56.48	54.77					97.0				

Note: Due to the change of names and statistic scopes of the indicators of public health in 2002, the indicators are not comparable with the data in previous years: since 2002, the medical technical personnel and the number of beds have no longer included the data of medical universities, health schools and family plan service stations; the indicator of licensed (assistant) doctor was formerly "doctor" before 2002 (the same for the tables below). The data of medical technical personnel and licensed (assistant) doctors are adjusted data, with village health stations included.

表1.3 国民经济和社会发展结构指标
COMPOSITION INDICATORS ON NATINAL ECONOMIC AND SOCIAL DEVELOPMENT

单位：% (%)

指　标	Item	1996	2000	2005	2008	2012	2013
人口与就业	**Population and Employment**						
人　口	**Population**						
城镇乡村人口结构	By Urban and Rural Areas	100.0	100.0	100.0	100.0	100.0	100.0
城　镇	Urban	29.5	35.6	45.2	50.0	57.0	58.3
乡　村	Rural	70.5	64.4	54.8	50.0	43.0	41.7
性别结构	By Sex	100.0	100.0	100.0	100.0	100.0	100.0
男	Male	51.0	51.3	50.4	50.6	50.6	50.6
女	Female	49.0	48.7	49.6	49.4	49.4	49.4
就　业	**Employment**						
产业结构	By Industry	100.0	100.0	100.0	100.0	100.0	100.0
第一产业	Primary Industry	58.3	55.4	46.6	43.7	36.3	34.5
第二产业	Secondary Industry	18.6	17.5	19.4	20.6	25.9	26.9
第三产业	Tertiary Industry	23.1	27.1	34.0	35.7	37.8	38.6
登记注册类型结构	By Status of Registration	100.0	100.0	100.0	100.0	100.0	100.0
国有经济	State-owned	11.5	9.0	8.5	8.0	7.9	7.2
集体经济	Collective-owned	71.5	66.8	56.5	50.0	38.4	35.3
私营和个体	Private and Individuals	16.3	22.0	30.0	34.5	40.6	41.4
其他经济	Others	0.7	2.2	5.0	7.5	13.1	16.1
宏观经济	**Macroeconomic Indicators**						
国民经济核算	**National Economic Accounting**						
本市生产总值结构	GDP by Industry	100.0	100.0	100.0	100.0	100.0	100.0
第一产业	Primary Industry	21.9	15.9	13.4	9.9	8.2	7.9
第二产业	Secondary Industry	43.3	42.4	45.1	52.8	52.4	50.5
#工　业	Industry	38.2	35.4	37.3	45.0	43.7	41.5
第三产业	Tertiary Industry	34.8	41.7	41.5	37.7	39.4	41.6
固定资产投资	**Investment in Fixed Assets**						
城乡结构	By Urban and Rural Areas	100.0	100.0	100.0	100.0	100.0	100.0
城　镇	Urban	71.3	81.0	91.6	93.5	90.2	87.4
建设项目	Construction Projects	53.9	59.7	65.8	69.0	63.5	60.5
房地产开发	Real Estate Development	17.4	21.3	25.8	24.5	26.7	26.9
农　村	Rural	28.7	19.0	8.4	6.5	9.8	12.6
#农　户	Rural Households	16.2	9.9	3.6	2.0	1.3	1.3
产业结构	By Industry	100.0	100.0	100.0	100.0	100.0	100.0
第一产业	Primary Industry	0.7	1.4	2.2	2.2	3.9	3.9
第二产业	Secondary Industry	36.1	21.7	29.2	35.5	32.8	31.6
第三产业	Tertiary Industry	63.2	76.9	68.6	62.3	63.3	64.5

表1.3 续表1 continued1

单位：% (%)

指 标	Item	1996	2000	2005	2008	2012	2013
财 政	**Government Finance**						
公共财政预算收入结构	By Level of Public Government Budget Revenue					100.0	100.0
市 级	City					40.0	39.2
区 县	County					60.0	60.8
产 业	**Industry**						
农 业	**Agriculture**						
农林牧渔业产值结构	Gross Output Value of Farming, Forestry, Animal Husbandry and Fishery	100.0	100.0	100.0	100.0	100.0	100.0
农 业	Farming	63.9	59.3	54.1	53.3	60.0	60.1
林 业	Forestry	2.7	2.6	3.0	3.5	3.1	3.2
牧 业	Animal Husbandry	30.9	34.4	37.7	39.5	32.4	31.9
渔 业	Fishery	2.5	3.7	3.6	2.4	3.2	3.6
农林牧渔服务业	Agricultural Services			1.6	1.3	1.3	1.3
工 业	**Industry**						
规模以上工业增加值结构	Value-added of Industrial Enterprises above Designated Size	100.0	100.0	100.0	100.0	100.0	100.0
轻工业	Light Industry	28.9	36.1	34.2	31.1	29.2	29.7
重工业	Heavy Industry	71.1	63.9	63.8	68.9	70.8	70.3
运输业	**Transportation**						
货运量结构	Freight Traffic	100.0	100.0	100.0	100.0	100.0	100.0
#铁 路	Railway	6.7	6.7	4.9	3.3	2.6	2.4
公 路	Highway	83.1	88.1	85.1	85.8	82.5	82.8
水 运	Waterway	10.2	5.2	9.9	11.0	14.9	14.7
国内商业	**Domestic Trade**						
社会消费品零售总额结构	Retail Sales of Consumer Goods	100.0	100.0	100.0	100.0	100.0	100.0
#市	City	58.9	57.0	58.2	61.3		
县	County	12.3	13.2	13.3	13.4		
县以下	Below County Level	28.8	29.8	28.5	25.3		
#城 镇	Urban					95.1	95.1
乡 村	Village					4.9	4.9
对外经济贸易	**Foreign Economic Relations and Trade**						
实际利用外资结构	Actual Utilization of Foreign Capital	100.0	100.0	100.0	100.0	100.0	100.0
#外商直接投资	Foreign Direct Investment	49.6	70.8	73.2	85.8	33.3	39.1
外商其他投资	Other Foreign Investment	3.4	0.4	0.8	10.0	0.4	5.4
进出口总值结构	Imports and Exports	100.0	100.0	100.0	100.0	100.0	100.0
进 口	Imports	62.6	44.3	41.3	39.5	27.5	31.9
出 口	Exports	37.4	55.7	58.7	60.5	72.5	68.1
旅 游	**Tourism**						
国际旅游人数结构	International Tourists	100.0	100.0	100.0	100.0	100.0	100.0
#外国人	Foreigners	66.9	72.5	79.8	81.7	68.1	66.8
港澳台同胞	Compatriots from Hongkong, Macao and Taiwan	32.9	27.5	20.2	18.3	31.9	33.2

注：2007年起，外商直接投资为上报国家商务部口径。
Note: The data of foreign direct investment has become the data reported to the Ministry of Commerce since 2007.

表1.3 续表2 continued2

单位：% (%)

指 标	Item	1996	2000	2005	2008	2012	2013
生活、环境	**Living Standards and Environment**						
生 活	**Living Standards**						
城镇居民消费结构	Consumption of Urban Households				100.0	100.0	100.0
#服务性消费支出	Expenditure for Services				25.1	24.0	
#食 品	Food				39.6	41.5	40.7
衣 着	Clothing				11.6	13.4	13.1
居 住	Residence				9.8	7.1	7.7
农村居民生活消费结构	Consumption for Living of Rural Households	100.0	100.0	100.0	100.0	100.0	100.0
#食 品	Food	63.2	53.6	52.8	53.3	44.2	43.8
衣 着	Clothing	5.5	4.4	4.5	5.6	7.6	7.1
居 住	Residence	13.2	14.3	10.8	11.4	11.1	11.6
卫 生	**Public Health**						
卫生技术人员结构	Medical Technical Personnel (person)	100.0	100.0	100.0	100.0	100.0	100.0
#执业（助理）医师	Licensed (Assisstant) Doctors	35.1	50.7	47.4	44.4	39.5	38.8
注册护士	Registered Nurses	22.0	23.4	26.5	30.2	37.8	40.0
卫生机构床位结构	Beds in Health Care Institutions		100.0	100.0	100.0	100.0	100.0
#医 院	Hospitals		59.0	68.8	64.7	65.8	67.2
环 境	**Environment**						
治理工业污染资金使用结构	Uses of Fund in Industrial Pollution Control		100.0	100.0	100.0	100.0	100.0
治理废水	Waste Water Control		48.1	49.9	35.8	44.7	8.1
治理废气	Waste Gas Control		41.9	42.1	50.1	42.0	91.0
治理固体废物	Solid Waste Control		3.8	2.3	4.6	3.6	0.1
治理噪声	Noise Control		0.8	1.7	3.1	2.1	0.1
其 他	Others		5.4	4.0	6.4	7.6	0.7

表1.4 人均主要社会经济活动水平
PER CAPITA MAIN SOCIAL AND ECONOMIC ACTIVITIES

单位：元 (yuan)

指　标	Item	1996	2000	2005	2008	2012	2013
国民经济核算	**National Economic Accounting**						
本市生产总值	Gross Domestic Product	4574	6274	12404	20490	38914	42795
主要农产品产量（公斤）	**Output of Major Farm Products (kg)**						
粮　食	Grain	389	367	369	354	341	342
油　料	Oil-bearing Crops	11	10	13	11	15	16
肉　类	Meat	44	47	56	55	60	62
#猪　肉	Pork	38	40	49	43	45	46
水产品	Aquatic Products	5	6	8	6	10	11
水　果	Fruit	19	27	49	59	87	95
主要工业产品产量（规模以上工业）	**Output of Major Industrial Products (Industrial Enterprises over Designated Size)**						
天然气（立方米）	Natural Gas (cu.m)	87	126	181	244	167	152
发电量（千瓦时）	Electricity (kwh)	427	545	741	1218	1605	1745
钢　材（公斤）	Steel Products (kg)	39	51	93	150	344	384
铝　材（公斤）	Aluminum Products (kg)	2	5	12	24	28	33
水　泥（公斤）	Cement (kg)	215	455	665	992	1645	1822
啤　酒（升）	Beer (liter)	9	16	17	21	23	24
卷　烟（支）	Cigarettes (unit)	1507	1115	1255	1385	1648	1700
国内商业	**Domestic Trade**						
社会消费品零售总额	Retail Sales of Consumer Goods	1734	2522	4392	7594	13758	15553
财政、金融	**Government Finance and Financial Intermediation**						
公共财政预算收入	Public Government Budget Revenue					4384	5042
公共财政预算支出	Public Government Budget Revenue					8129	9118
城乡居民储蓄存款余额	Saving Deposits of Urban and Rural Residents	1656	3511	8033	12247	25009	28651
职工工资、居民收入	**Wages and Income**						
城镇非私营单位就业人员平均工资	Average Wages of Employeed Persons of Urban Non-private Economic Units		8016	16583	26640	44498	50006
城镇非私营单位职工平均工资	Average Wages of Staff and Workers of Urban Non-private Economic Units	5010	8020	16630	26985	45392	51015
城镇居民人均可支配收入	Per Capita Disposable Income of Urban Households				14368	22968	25216
农村居民人均纯收入	Per Capita Net Income of Rural Residents	1479	1892	2809	4126	7383	8332

注：本市人均生产总值、人均社会消费品零售总额按常住人口计算，城市、农村居民收入为抽样调查数，其他人均指标均按户籍人口计算。

Note: The Per capita GDP and the per capita ris calculated by permanent population; the per capita income of urban and rural residents is the data of sample survey; and other per capita indicators in this talbe are based on registered population.

表1.5 平均每天主要社会经济活动

SELECTED INDICATORS ON AVERAGE DAILY SOCIAL AND ECONOMIC ACTIVITIES

指 标	Item	1996	2000	2005	2008	2012	2013
每天创造的财富	**Daily Production**						
本市生产总值（万元）	Gross Domestic Product (10 000 yuan)	36031	49068	95006	158730	312592	346759
第一产业	Primary Industry	7878	7805	12696	15764	25754	27471
第二产业	Secondary Industry	15589	20823	42849	83775	163704	175285
#工 业	Industry	13755	17369	35447	71429	136466	143826
第三产业	Tertiary Industry	12564	20441	39461	59191	123135	144002
公共财政预算收入（万元）	Public Government Budget Revenue (10 000 yuan)					40160	46390
粮 食（吨）	Grain (ton)	32113	30992	32005	315945	31193	31456
油 料（吨）	Oil-bearing Crops (ton)	647	851	1170	978	1373	1456
肉 类（吨）	Meat (ton)	3650	3943	4887	4865	5513	5695
#猪 肉	Pork	3128	3355	3958	3853	4130	4245
水产品（吨）	Aquatic Products (ton)	385	549	687	522	906	1055
天然气（万立方米）	Natural Gas (10 000 cu.m)	715	1068	1564	2178	1524	1395
发电量（万千瓦小时）	Electricity (10 000 kwh)	3527	4600	6412	10867	14659	16058
钢 材（吨）	Steel Products (ton)	3221	4301	8074	13348	31427	35358
水 泥（吨）	Cement (ton)	17774	38432	57553	88507	150262	167682
汽 车（辆）	Motor Vehicles (unit)	340	674	1155	2100	5040	5892
#轿 车	Cars	37	132	420	1116	2798	2963
摩托车（辆）	Motorcycles (unit)	4859	5235	11530	21230	23976	22218
每天消费量	**Daily Consumption**						
最终消费（万元）	Final Consumption Expenditures (10 000 yuan)	20421	27340	48726	79077	147755	
居民消费	Household Consumption Expenditure	16691	21157	35946	59157	109693	
农 村	Rural Households	6962	8159	9310	12812	20288	
城 镇	Urban Households	9729	12998	26636	46345	89405	
政府消费	Government Consumption Expenditure	3731	6183	12780	19920	38062	
公共财政预算支出（万元）	Public Government Budget Expenditure (10 000 yuan)					74460	83898
社会消费品零售总额（万元）	Total Retail Sales of Consumer Goods (10 000 yuan)	13661	19725	33638	58825	110512	126021
每天其他经济活动	**Other Daily Economic Activities**						
资本形成总额（万元）	Gross Capital Formation (10 000 yuan)	11478.90	19202.47	53705.00	88753.42	173736.00	
固定资产形成	Fixed Assets Formation	8660.27	17205.75	51032.00	83832.60	165511.00	
存货增加	Changes in Inventory	2818.63	1996.71	2674.00	4920.82	8225.00	
客运量（万人）	Passenger Traffic (10 000 persons)	116.08	156.08	165.58	293.67	432.32	469.56
货运量（万吨）	Freight Traffic (10 000 tons)	66.68	73.57	107.4	174.39	236.71	266.86
港口货物吞吐量（万吨）	Cargo Throughput of Ports (10 000 tons)	2.95	6.71	14.39	21.62	34.25	37.47
邮电业务总量（万元）	Business Volume of Postal and Tele-communication Services (10 000 yuan)	112.00	599.00	1947.00	3936.27	7594.00	9038.15
进出口总额（万美元）	Total Imports and Exports (USD 10 000)	434.36	489.17	1176.12	2608.55	14576.32	18823.09
进 口	Imports	271.72	216.51	485.56	1040.93	4009.08	6001.81
出 口	Exports	162.64	272.66	690.56	1567.62	10567.24	12821.23
实际利用外资（万美元）	Actual Utilization of Foreign Capital (USD 10 000)	120.96	94.61	192.94	782.71	2897.70	2903.33
实际利用内资（万元）	Actual Utilization of Domestic Capital (10 000 yuan)	935	1179	5641	23092	162045	164581
国际旅游人数（人）	International Tourists (person)	443	729	1435	2389	6145	6637
居民新增储蓄额（万元）	Newly Increased Amount of Saving Deposits (10 000 yuan)	2719	4829	9757	20844	37572	34539

注：1）本表价值指标除邮电业务总量按2010年不变价计算外，其余均按当年价计算。
2）2006年以前工业产品产量为国有及规模以上非国有工业企业数，2007年起为规模以上工业企业数（下表同）。

Note:a) All the value indicators in this table are calculated at current prices except the total business volumeof postal and telecommunication services in 2010, which is calculated at constant prices.
b) The output of industrial products before 2006 is based on the state-owned industrial enterprises and non-state-owned industrial enterprises above designated size; while it is based on the industrial enterprises above designated size since 2007(the same below).

表1.6 各部门机构数（2012－2013年）
GRASSROOTS UNITS IN VARIOUS SECTORS (2012-2013)

单位：个 (unit)

部　门	Sector	2012	2013
农村基层单位	**Rural Grassroots Units**		
乡政府	Township Governments	220	213
镇政府	Town Governments	604	611
委员会	Neighborhood Committees	2514	2721
工　业（规模以上）	**Industry (above Designated Size)**	**4985**	**5559**
#国有及国有控股	State-owned and State-holding	473	482
建筑业	**Construction Enterprises**	**2575**	**2578**
邮政局所	**Postal Offices**	**1635**	**1684**
批发零售业和餐饮业（限额以上）	**Wholesale & Retail and Catering Trade above Designated Size**		
批发业企业	Wholesale Enterprises	1732	2097
零售业企业	Retail Enterprises	1936	2358
餐饮业企业	Catering Enterprises	769	1015
教育事业	**Education**		
普通高等学校	Regular Institutions of Higher Education	60	63
普通中学	Regular Secondary Schools	1231	1200
小　学	Primary Schools	4810	4728
幼儿园	Kindergartens	4401	4547
特殊教育	Special Education	36	36
文化机构数	**Cultural Institutions**		
#艺术业	Art Institutions	277	458
文物事业	Cultural Relic Institutins	89	101
图书馆事业	Public Libraries	43	43
群众文化事业	Mass Cultural Institutions	1038	1038
出版、发行事业	**Publishing and Distribution Establishments**		
出版社	Publishing Houses	3	3
书刊印刷厂	Printing Houses	85	86
国有书店	State-owned Book Stores	267	267
卫生事业	**Health Care**		
#医院、卫生院	Hospitals、Health Centers	1405	1502
社会福利	**Social Welfare**		
#收养性单位	Residential Institutions	2243	1554
社会福利企业单位	Social Welfare Enterprises	762	741

重/庆/统/计/年/鉴

主要统计指标解释

行政区划

指国家对行政区域的划分。根据宪法规定，我国的行政区划分如下：（1）全国分为省、自治区、直辖市；（2）省、自治区分为自治州、县、自治县、市；（3）自治州分为县、自治县、市；（4）县、自治县分为乡、民族乡、镇；（5）直辖市和较大的市分为区、县；（6）国家在必要时设立的特别行政区。

可比价格

指计算各种总量指标所采用的扣除了价格变动因素的价格，可进行不同时期总量指标的对比。按可比价格计算总量指标有两种方法：一种是直接用产品产量乘某一年的不变价格计算；另一种是用价格指数进行缩减。

不变价格

指以同类产品某年的平均价格作为固定价格，用于计算各年的产品价值。按不变价格计算的产品价值消除了价格变动因素，不同时期对比可以反映生产的发展速度。新中国成立后，随着工农业产品价格水平的变化，国家统计局先后五次制定了全国统一的工业产品不变价格和农业产品不变价格。从1952年到1957年使用1952年工（农）业产品不变价格，从1957年到1970年使用1957年不变价格，从1971年到1980年使用1970年不变价格，从1981年到1990年使用1980年不变价格，从1991年开始使用1990年不变价格。

平均增长速度

平均增长速度表明社会经济现象在一个较长的时期内逐期平均增长变化的程度，它不能根据各个环比增长速度直接求得，但与平均发展速度之间存在着一定的数量关系：平均增长速度＝平均发展速度－1。

平均发展速度是一种根据环比发展速度计算的序时平均数，由于各时期对比的基础不同，所以计算平均发展速度不能采用一般的序时平均数的计算方法，计算方法分为水平法和累计法。水平法，又称几何平均法，即将环比发展速度按连乘法用几何平均数公式计算。累计法，也称方程法，根据一段时期内各年发展水平总和与基期水平的关系，列出方程式计算平均发展速度。水平法着重考虑最后一年所达到的发展水平；累计法着重考虑整个时期累计发展水平的总量。

本《年鉴》内所列的平均增长速度，除固定资产投资用“累计法”计算外，其余均用“水平法”计算。从某年到某年平均增长速度的年份，均不包括基期年在内。如建国四十三年以来的平均增长速度是以1949年为基期计算的，则写为1950-1992年平均增长速度，其余类推。

国民经济行业分类

自2003年定期报表开始使用新的《国民经济行业分类》（GB/T4754-2002）该分类是由国家统计局组织修订，经国家质量监督检验检疫总局批准，于2002年5月10日发布实施。这次修订是在1994年分类标准的基础上，参照联合国《全部经济活动的国际标准产业分类》（ISIC/Rev.3）进行的。修订后的《国民经济行业分类》（GB/T4754-2002）共有门类20个，大类95个，中类396个，小类913个。新增门类4个，大类增加3个，中类增加28个，小类增加67个。

企业（单位）登记注册类型

是以在工商行政管理机关登记注册的各类企业为划分对象，以工商行政管理部门对企业登记注册的类型为依据，将企业登记注册类型分为内资企业、港澳台商投资企业和外商投资企业三大类。内资企业包括国有企业、集体企业、股份合作企业、联营企业、有限责任公司、股份有限公司、私营公司和其他企业，港澳台商投资企业和外商投资企业分别包括合资经营企业、合作经营企业、独资经营企业和股份有限公司。对不在工商行政管理部门进行登记注册的行政机关、事业单位和社会团体，主要按其经费来源和管理方式进行划分。

国有企业

指企业全部资产归国家所有，并按《中华人民共和国企业法人登记管理条例》规定登记注册的非公司制的经济组织。不包括有限责任公司中的国有独资公司。

主要统计指标解释

■ 集体企业

指企业资产归集体所有，并按《中华人民共和国企业法人登记管理条例》规定登记注册的经济组织。

■ 股份合作企业

指以合作制为基础，由企业职工共同出资入股，吸收一定比例的社会资产投资组建，实行自主经营，自负盈亏，共同劳动，民主管理，按劳分配与按股份红相结合的一种集体经济组织。

■ 联营企业

指两个及两个以上相同或不同所有制性质的企业法人或事业单位法人，按自愿、平等、互利的原则，共同投资组成的经济组织。联营企业包括国有联营企业、集体联营企业、国有与集体联营企业和其他联营企业。

■ 有限责任公司

指根据《中华人民共和国公司登记管理条例》规定登记注册，由两个以上、五十个以下的股东共同出资，每个股东以其所认缴的出资额对公司承担有限责任，公司以其全部资产对其债务承担责任的经济组织。有限责任公司包括国有独资公司以及其他有限责任公司。

■ 股份有限公司

指根据《中华人民共和国公司登记管理条例》规定登记注册，其全部注册资本由等额股份构成并通过发行股票筹集资本，股东以其认购的股份对公司承担有限责任，公司以其全部资产对其债务承担责任的经济组织。

■ 私营企业

指由自然人投资设立或由自然人控股，以雇用劳动为基础的营利性经济组织。包括按照《公司法》、《合伙企业法》、《私营企业暂行条例》规定登记注册的私营有限责任公司、私营股份有限公司、私营合伙企业和私营独资企业。

■ 其他企业

指上述企业之外的其他内资经济组织。

■ 与港澳台商合资经营企业

指港澳台地区投资者与内地企业依照《中华人民共和国中外合资经营企业法》及有关法律的规定，按合同规定的比例投资设立、分享利润和分担风险的企业。

■ 与港澳台商合作经营企业

指港澳台地区投资者与内地企业依照《中华人民共和国中外合作经营企业法》及有关法律的规定，依照合作合同的约定进行投资或提供条件设立、分配利润和分担风险的企业。

■ 港澳台商独资经营企业

指依照《中华人民共和国外资企业法》及有关法律的规定，在内地由港澳台地区投资者全额投资设立的企业。

■ 港澳台商投资股份有限公司

指根据国家有关规定，经外经贸部依法批准设立，其中港、澳、台商的股本占公司注册资本的比例达25%以上的股份有限公司。凡其中港、澳、台商的股本占公司注册资本的比例小于25%的，属于内资企业中的股份有限公司。

■ 中外合资经营企业

指外国企业或外国人与中国内地企业依照《中华人民共和国中外合资经营企业法》及有关法律的规定，按合同规定的比例投资设立、分配利润和分担风险的企业。

■ 中外合作经营企业

指外国企业或外国人与中国内地企业依照《中华人民共和国中外合作经营企业法》及有关法律的规定，依照合作合同的约定进行投资或提供条件设立、分配利润和分担风险的企业。

■ 外资企业

指依照《中华人民共和国外资企业法》及有关法律的规定，在中国内地由外国投资者全额投资设立的企业。

主要统计指标解释

外商投资股份有限公司

指根据国家有关规定，经外经贸部依法批准设立，其中外资的股本占公司注册资本的比例达25%以上的股份有限公司。凡其中外资股本占公司注册资本的比例小于25%的，属于内资企业中的股份有限公司。

行政机关、事业单位和社会团体

参照企业登记注册类型，主要按其经费来源和管理方式划分。具体规定如下：

（1）行政机关：包括国家机关和政党机关，原则上均列为“国有”。但有特殊规定的，如供销社等，列为“集体”。

（2）事业单位：包括经国家机构编制部门和有关业务主管部门批准成立的各类事业单位，不包括实行企业化管理的事业单位。事业单位的划分办法如下：

①由国家财政预算拨款或列入财政预算外资金管理以及经费主要来源于国有主管部门或国有上级单位的事业单位，列为“国有”。

②经费主要来源于集体单位的事业单位，列为“集体”。

③公民个人（或个人合伙）开办的事业单位，列为“私营”。

④上述以外的其他事业单位，如果其经费来源不明确，按管理方式进行归类。

（3）社会团体：包括经民政部门批准成立以及未纳入社会团体管理条例范围的工会、妇联等各类社会团体。社会团体的划分办法如下：

①未纳入民政部社会团体管理条例范围的工会、妇联、共青团、青联、工商联、科协、侨联等社会团体，国家拨款设立的基金会或基金管理组织以及经费主要来源于国有业务主管部门或国有上级单位的社会团体，列为“国有”。

②经费主要来源于集体单位的社会团体，列为“集体”。

③公民个人（或个人合伙）开办的社会团体，划为“私营”。

④上述以外的其他社会团体，如果其经费来源不明确，改按管理方式进行归类。

Explanatory Notes on Main Statistical Indicators

□ Division of Administrative Areas

Refers to the division of administrative areas by the state. The relative laws stipulate that: I) the whole country is divided into provinces, autonomous regions and municipalities directly under the Central Government; II) provinces and autonomous regions are further divided into autonomous prefectures, counties, autonomous counties and cities; III) autonomous prefectures are divided into counties, autonomous counties and cities; IV) counties and autonomous counties are further divided into townships, ethnic townships and towns; V) municipalities and large cities are divided into districts and counties; VI) the state shall, when necessary, establish special administrative regions.

□ Comparable Prices

Refer to prices that are used to remove the factors of price change in calculating economic aggregates, so as to facilitate comparison of aggregates over time. Two methods are used for calculating economic aggregates at comparable prices: (a) Multiplying the output of products by their constant prices of certain year. (b) Deflation of data at current prices by relevant price index.

□ Constant Price

Refers to the average price of a given product in certain year, which is used for comparison of output value over time. As the output value at constant prices removers the factor of price changes, it reflects the trend of production development over time. Since 1949,with the changes in general price level, the State Statistical Bureau has issued nationally unified constant prices five times: the 1952 constant prices for 1949-1957;the 1957 constant prices for 1957-1971;the 1970 constant prices for 1971-1981;the 1980 constant prices for 1981-1990; and the 1990 constant prices have been used since 1991.

□ Average Annual Growth Rate

Shows the average growth rate of social and economic development during a longer period. It can not be directly calculated by chain based growth rate. The relation is:

Average Annual Growth Rate = Average Speed of Development – 1

Average speed of development is the time series average of speed which calculated by chain based. Because the reference bases during the different periods are not same, average speed of development can not be calculated by the general method. Level approach and accumulative approach for calculating average speed of development rate are applied. The “level approach”, or the method of calculating the geometric average, is derived by the formula of geometric average of the chain-based speeds of development, or comparing the level of the last year of the interval with that of the beginning year; the other is called the “accumulative approach” or the “algebraic average”, “equation” method, which is derived by the summation of the actual figure of each year in the interval divided by the figure in the base year. The level approach focuses on the level of the last year, while the accumulative approach emphasizes the aggregate development in the duration.

The average annual growth rates listed in the Yearbook are calculated by the level approach except for the growth rate of investment in fixed assets. The base year is not listed in the duration for which average annual growth rates are computed. For instance, the average annual growth rate of the 43 years since 1949 is shown as the average annual growth rate of 1950-1992 without showing the base year 1949.

□ Industrial Classification of the National Economy

The new Industrial Classification of the National Economy (GB/T 4754-2002) is introduced starting from the compilation of 2003 annual statistics. The revision of the 1994 classification was organized by the National Bureau of Statistics taking into consideration of the International Standards of the Industrial Classification of All Economic Activities (ISIC/Rev.3) of the United Nations, and the new Classification was promulgated by the National Administration of Quality Supervision, Inspection and Quarantine on May 10, 2002. The revised version of the Industrial Classification of the National Economy (GB/T 4754-2002) is composed of 20 major divisions, 95 divisions, 396 major groups and 913 groups, including 4 new major divisions, 3 new divisions, 28 major groups and 67 groups.

EXPLANATORY NOTES TO MAJOR STATISTICAL INDICATORS

Registration Status of Enterprises

Is classified into 3 categories, namely domestic-funded enterprises, enterprises with foreign investment, in the light of the registration status of an enterprise in industrial and commercial administration agencies. Domestic-funded enterprises include state-owned enterprises, collective-owned enterprises, cooperative enterprises, joint ownership enterprises, limited liability corporations, share-holding corporations Ltd., private enterprises and other enterprises. Included in the enterprises with investment from Hong Kong, Macao and Taiwan and enterprises with foreign investment are joint-venture enterprises, cooperative enterprises, sole investment enterprises and share-holding corporations Ltd. For government agencies, institutions and social organizations that are not requested to register in industrial and commercial administration agencies, they are classified mainly by their sources of funds and way of management.

State-owned Enterprises

Refer to non-corporation economic units where the entire assets are owned by the state and which have registered in accordance with the Regulation of the People's Republic of China on the Management of Registration of Corporate Enterprises. Excluded from this category are sole state-funded corporations in the limited liability corporations.

Collective-owned Enterprises

Refer to economic units where the assets are owned collectively and which have registered in accordance with the Regulation of the People's Republic of China on the Management of Registration of Corporate Enterprises.

Cooperative Enterprises

Refer to a form of collective economic units (enterprises) where capitals come mainly from employees as their shares, with certain proportion of capital from the outside, where production is organized on the basis of independent operation, independent accounting for profits and losses, joint work, democratic management, and a distribution system that integrates remuneration according to work with dividend according to capital share.

Joint Ownership Enterprises

Refer to economic units established by two or more corporate enterprises or corporate institutions of the same or different ownership, through joint investment on the basis of equality, voluntary participation and mutual benefits. They include state joint ownership enterprises, collective joint ownership enterprises, joint state-collective enterprises, other joint ownership enterprises.

Limited Liability Corporations

Refer to economic units established with investment from 2-50 investors and registered in accordance with the Regulation of the People's Republic of China on the Management of Registration of Corporations, each investor bearing limited liability to the corporation depending on its share of investment, and the corporation bearing liability to its debt to the maximum of its total assets. Limited liability corporations include exclusive state-funded limited liability corporations and other limited liability corporations.

Share holding Corporations Ltd.

Refer to economic units registered in accordance with the Regulation of the People's Republic of China on the Management of Registration of Corporations, with total registered capitals divided into equal shares and raised through issuing stocks. Each investor bears limited liability to the corporation depending on the holding of shares, and the corporation bears liability to its debt to the maximum of its total assets.

Private Enterprises

Refer to profit-making economic units invested and established by natural persons, or controlled by natural persons using employed labor. Included in this category are private limited liability corporations, private share-holding corporations Ltd., private partnership enterprises and private-funded enterprises registered in accordance with the Corporation Law, Partnership Enterprises Law and Interim Regulations on Private Enterprise.

Other Domestic-funded Enterprises

Refer to domestic-funded economic units other than those mentioned above.

Joint-venture Enterprises with Funds from Hong Kong, Macao and Taiwan

Refer to enterprises jointly established by invertors from Hong Kong, Macao and Taiwan with enterprises in the mainland of China in accordance with the Law of the People's Republic of China on Sino-foreign Joint Venture Enterprises and other relevant laws, where the share of investment, profits and risks is stipulated in the contract.

EXPLANATORY NOTES TO MAJOR STATISTICAL INDICATORS

□ Cooperative Enterprises with Funds from Hong Kong Macau and Taiwan

Established by investors from Hong Kong, Macau and Taiwan with enterprises in the mainland of China in accordance with the Law of the People's Republic of China on Sino-foreign Cooperative Enterprises and other relevant laws, where the investment or provision of facilities, and the share of profits and risks is stipulated in the cooperative contract.

□ Enterprises with Sole (exclusive) Investment from Hong Kong, Macau and Taiwan

Refer to enterprises established in the mainland of China with exclusive investment from investors from Hong Kong, Macau and Taiwan in accordance with the Law of the People's Republic of China on Foreign-Funded Enterprises and other relevant laws.

□ Share-holding Corporations Ltd. with Investment from Hong Kong, Macau and Taiwan

Refer to share-holding corporations Ltd. established with the approval from the former Ministry of Foreign Trade and Economic Relations in line with relevant state regulations, where the share of investment from Hong Kong, Macau or Taiwan businessmen exceeds 25% of the total registered capital of the corporation. In case the share of investment from Hong Kong, Macau or Taiwan is less than 25% of the total registered capital, the enterprise is to be classified as domestic-funded share-holding corporation Ltd.

□ Joint-venture Enterprises with Foreign Investment

Refer to enterprises jointly established by foreign enterprises or foreigners with enterprises in the mainland of China in accordance with the Law of the People's Republic of China on Sino-foreign Joint Venture Enterprises and other relevant laws, where the share of investment, profits and risks is stipulated in the contract.

□ Cooperation Enterprises with Foreign Investment

Refer to enterprises jointly established by foreign enterprises or foreigners with enterprises in the mainland of China in accordance with the Law of the People's Republic of China on Sino-foreign Cooperative Enterprises and other relevant laws, where the investment or provision of facilities, and the share of profits and risks is stipulated in the cooperative contract.

□ Enterprises with Sole (exclusive) Foreign Investment

Refer to enterprises established in the mainland of China with exclusive investment from foreign investors in accordance with the Law of the People's Republic of China on Foreign-Funded Enterprises and other relevant laws.

□ Share-holding Corporations Ltd. with Foreign Investment

Refer to share-holding corporations Ltd. established with the approval from the Ministry of Foreign Trade and Economic Relations in line with relevant state regulations, where the share of investment from foreign investors exceeds 25% of the total registered capital of the corporation. In case the share of foreign investment is less than 25% of the total registered capital, the enterprise is to be classified as domestic-funded share-holding corporation Ltd.

□ Government Agencies, Institutions and Social Organizations

Are classified into following categories by source of funds and way of management taking reference of the registration status of enterprises:

(I) Government agencies: include state and party agencies, classified in principle as "state-owned". There are exceptions, such as supply and marketing cooperatives, which are classified, as "collective".

(II) Institutions: include institutions of various types established with the approval by organization and staffing departments of the government, but exclude institutions where enterprise management system is introduced. Institutions are further classified as follows:

(a) Institutions whose main budget is listed in the government budget appropriations or extra-budget funds, or allocated from the budget of their competent government agencies. Such institutions are classified as "state-owned".

(b) Institutions whose budget mainly comes from collective units. Such institutions are classified as "collective".

(c) Institutions other than those mentioned above whose source of budget are not clear. Such institutions are classified by way of management.

(III) Social organizations: include social organizations

established with the approval from the Ministry of Civil Affairs, and organizations that are not covered by social organization management regulations such as trade unions, women's federations etc. Social organizations are further classified as follows:

(a) Social organizations that are not covered by social organization management regulations of the Ministry of Civil Affairs such as trade unions, women's federations, communist youth leagues, youth associations, industrial and commerce associations, scientists associations, overseas Chinese associations, etc., foundations and fund management organizations established with founds from the state, and social organizations whose funds mainly come from the budget of their competent government agencies. Such institutions are classified as "state-owned".

(b) Social organizations whose budget mainly comes from collective units. Such institutions are classified as "collective".

(c) Social organizations established by individual or a group of citizens, which are classified as "private".

(d) Social organizations other than those mentioned above whose source of budget are not clear. Such organizations are classified by way of management.

第2章

国民经济核算

NATIONAL ECONOMIC ACCOUNTING

简要说明
BRIEF INTRODUCTION

本章本市生产总值资料包括各年度地区生产总值的绝对值、构成和指数，三次产业贡献率，三次产业拉动力，地区生产总值收入法构成项目结构、支出法地区生产总值以及重庆市“一圈两翼”及三大经济区生产总值的绝对值和指数。

经济普查后，为保持GDP数据的历史可比性，按照国际惯例，对2008年以前的年度GDP历史数据进行了修订。本章所有数据是根据全市第二次经济普查结果修订后的数据，与以往年份年鉴数据有出入，请以本年度年鉴数据为准。

本章资料由市统计局核算处提供。

The data of Gross Domestic Product (GDP) in this chapter includes the values, composition and indices of GDP in all the years, the share of the contributions of the growth of three strata of industry to the increase of the GDP, the contribution of the three strata of industry to GDP growth, the composition of GDP in income approach, the GDP by expenditure approach, and the value and indices of the GDP of the "one circle and two wings" and the three major economic zones of Chongqing.

After the economic census, to remain the comparability of GDP in all the years and according to the international practice, the GDPs of the years before 2008 are modified. All the data in this chapter have been modified according to the result of the Second Economic Census of Chongqing, and have some difference with the data in the year books of the previous years. The data in this year book shall prevail.

All the data in this chapter are provided by Division of National Economic Accounting, Chongqing Municipal Bureau of Statistics.

表2.1 地区生产总值（1949－1978年）
GROSS DOMESTIC PRODUCT (1949-1978)

单位：亿元 (100 million yuan)

年 份 Year	本 市 生产总值 Gross Domestic Product	其 中 of which			
		第一产业 Primary Industry	第二产业 Secondary Industry	其 中 of which	
				工 业 Industry	建筑业 Construction
1949	13.89	9.74	2.71	2.50	0.21
1950	15.02	10.23	3.00	2.77	0.23
1951	15.97	10.72	3.37	3.11	0.26
1952	17.97	11.86	3.94	3.59	0.35
1953	21.26	13.57	5.63	4.96	0.67
1954	22.79	13.89	6.52	6.00	0.52
1955	23.32	13.86	7.04	6.61	0.43
1956	26.37	15.01	8.33	7.70	0.63
1957	26.56	13.12	10.03	9.45	0.58
1958	34.81	15.43	14.53	13.52	1.01
1959	38.03	12.02	20.40	18.90	1.50
1960	38.82	11.10	21.38	19.89	1.49
1961	28.96	10.35	12.52	11.90	0.62
1962	25.12	9.92	9.67	9.42	0.25
1963	27.92	12.08	10.30	9.91	0.39
1964	32.58	13.37	13.07	12.49	0.58
1965	38.29	16.21	15.79	14.74	1.05
1966	39.61	16.18	17.75	16.52	1.23
1967	34.70	15.21	13.76	12.96	0.80
1968	28.25	15.18	7.81	7.41	0.40
1969	32.79	14.75	11.96	11.23	0.73
1970	39.96	15.96	17.41	16.10	1.31
1971	45.97	16.71	22.18	20.81	1.37
1972	45.37	16.67	20.82	19.67	1.15
1973	46.32	18.14	19.66	18.24	1.42
1974	45.70	18.43	18.00	16.85	1.15
1975	53.37	18.81	24.00	22.49	1.51
1976	53.43	19.07	23.44	22.00	1.44
1977	60.22	21.74	26.99	24.98	2.01
1978	71.70	24.81	34.46	31.53	2.93

表2.1 续表 continued

单位：亿元 (100 million yuan)

年 份 Year	第三产业 Tertiary Industry	其 中 of which 其 中 of which 交通运输、仓储及邮政业 Transportation, Storage, Postal Services	批发和零售业 Wholesale and Retail Trade	住宿和餐饮业 Hotels and Catering Trade	金融业 Financial Intermediation	房地产业 Real Estate	其他服务业 Others Services	本市人均生产总值（元） Per Capita GDP (yuan)
1949	1.44	0.61	0.44	0.26	0.03	0.02	0.08	87
1950	1.79	0.70	0.50	0.28	0.06	0.05	0.20	91
1951	1.88	0.74	0.56	0.29	0.09	0.07	0.13	94
1952	2.17	0.83	0.64	0.31	0.06	0.08	0.25	103
1953	2.06	0.78	0.65	0.32	0.07	0.09	0.15	120
1954	2.38	0.87	0.70	0.34	0.10	0.11	0.26	124
1955	2.42	0.88	0.69	0.37	0.10	0.13	0.25	125
1956	3.03	1.08	0.81	0.44	0.13	0.14	0.43	135
1957	3.41	1.23	0.97	0.44	0.14	0.15	0.48	131
1958	4.85	1.75	1.53	0.46	0.21	0.14	0.76	170
1959	5.61	2.04	1.81	0.52	0.34	0.17	0.73	185
1960	6.34	2.04	1.82	0.53	0.57	0.16	1.22	193
1961	6.09	1.82	1.54	0.53	0.57	0.18	1.45	154
1962	5.53	1.61	1.23	0.66	0.46	0.18	1.39	139
1963	5.54	1.47	1.21	0.58	0.35	0.19	1.74	151
1964	6.14	1.70	1.52	0.52	0.58	0.18	1.64	169
1965	6.29	1.71	1.55	0.52	0.86	0.21	1.44	191
1966	5.68	1.41	1.33	0.50	0.35	0.22	1.87	191
1967	5.73	1.35	1.44	0.48	0.41	0.25	1.80	164
1968	5.26	1.22	1.18	0.46	0.56	0.30	1.54	131
1969	6.08	1.37	1.40	0.49	0.72	0.36	1.74	147
1970	6.59	1.41	1.52	0.50	0.85	0.40	1.91	172
1971	7.08	1.47	1.56	0.60	1.09	0.45	1.91	192
1972	7.88	1.61	1.72	0.66	0.96	0.52	2.41	185
1973	8.52	1.76	1.79	0.66	1.06	0.55	2.70	183
1974	9.27	1.83	1.81	0.64	1.23	0.62	3.14	177
1975	10.56	2.04	2.02	0.69	1.45	0.71	3.65	201
1976	10.92	1.94	2.04	0.67	1.59	0.78	3.90	199
1977	11.49	2.11	2.21	0.69	1.90	0.87	3.71	221
1978	12.43	2.38	2.34	0.78	2.00	0.88	4.05	287

注：本表人均生产总值按户籍人口计算。
Note: The per capita GDP hereof is calculated by registered population.

表2.2 地区生产总值构成（1949－1978年）
COMPOSITION OF GROSS DOMESTIC PRODUCT (1949-1978)

单位：% (%)

年份 Year	本市生产总值 Gross Domestic Product	其中 of which			
		第一产业 Primary Industry	第二产业 Secondary Industry	其中 of which	
				工业 Industry	建筑业 Construction
1949	100.0	70.1	19.5	18.0	1.5
1950	100.0	68.1	20.0	18.4	1.6
1951	100.0	67.1	21.1	19.5	1.6
1952	100.0	66.0	21.9	20.0	1.9
1953	100.0	63.8	26.5	23.3	3.2
1954	100.0	60.9	28.6	26.3	2.3
1955	100.0	59.4	30.2	28.3	1.9
1956	100.0	56.9	31.6	29.2	2.4
1957	100.0	49.4	37.8	35.6	2.2
1958	100.0	44.3	41.7	38.8	2.9
1959	100.0	31.6	53.6	49.7	3.9
1960	100.0	28.6	55.1	51.2	3.9
1961	100.0	35.7	43.2	41.1	2.1
1962	100.0	39.5	38.5	37.5	1.0
1963	100.0	43.3	36.9	35.5	1.4
1964	100.0	41.0	40.1	38.3	1.8
1965	100.0	42.3	41.2	38.5	2.7
1966	100.0	40.8	44.8	41.7	3.1
1967	100.0	43.8	39.7	37.3	2.4
1968	100.0	53.7	27.6	26.2	1.4
1969	100.0	45.0	36.5	34.2	2.3
1970	100.0	39.9	43.6	40.3	3.3
1971	100.0	36.3	48.2	45.3	2.9
1972	100.0	36.7	45.9	43.4	2.5
1973	100.0	39.2	42.4	39.4	3.0
1974	100.0	40.3	39.4	36.9	2.5
1975	100.0	35.2	45.0	42.1	2.9
1976	100.0	35.7	43.9	41.2	2.7
1977	100.0	36.1	44.8	41.5	3.3
1978	100.0	34.6	48.1	44.0	4.1

表2.2 续表 continued

单位：% (%)

年 份 Year	第三产业 Tertiary Industry	其 中 of which					
		其 中 of which					
		交通运输、仓储及邮政业 Transportation, Storage, Postal Services	批发和零售业 Wholesale and Retail Trade	住宿和餐饮业 Hotels and Catering Trade	金融业 Financial Intermediation	房地产业 Real Estate	其他服务业 Others Services
1949	10.4	4.4	3.2	1.9	0.2	0.1	0.6
1950	11.9	4.7	3.3	1.9	0.4	0.3	1.3
1951	11.8	4.6	3.5	1.8	0.6	0.4	0.9
1952	12.1	4.6	3.6	1.7	0.3	0.4	1.5
1953	9.7	3.7	3.1	1.5	0.3	0.4	0.7
1954	10.5	3.8	3.1	1.5	0.4	0.5	1.2
1955	10.4	3.8	3.0	1.6	0.4	0.6	1.0
1956	11.5	4.1	3.1	1.7	0.5	0.5	1.6
1957	12.8	4.6	3.7	1.7	0.5	0.6	1.7
1958	14.0	5.0	4.4	1.3	0.6	0.4	2.3
1959	14.8	5.4	4.8	1.4	0.9	0.4	1.9
1960	16.3	5.3	4.7	1.4	1.5	0.4	3.0
1961	21.1	6.3	5.3	1.8	2.0	0.6	5.1
1962	22.0	6.4	4.9	2.6	1.8	0.7	5.6
1963	19.8	5.3	4.3	2.1	1.3	0.7	6.1
1964	18.9	5.2	4.7	1.6	1.8	0.6	5.0
1965	16.5	4.5	4.0	1.4	2.2	0.5	3.9
1966	14.4	3.6	3.4	1.3	0.9	0.6	4.6
1967	16.5	3.9	4.1	1.4	1.2	0.7	5.2
1968	18.7	4.3	4.2	1.6	2.0	1.1	5.5
1969	18.5	4.2	4.3	1.5	2.2	1.1	5.2
1970	16.5	3.5	3.8	1.3	2.1	1.0	4.8
1971	15.5	3.2	3.4	1.3	2.4	1.0	4.2
1972	17.4	3.5	3.8	1.5	2.1	1.1	5.4
1973	18.4	3.8	3.9	1.4	2.3	1.2	5.8
1974	20.3	4.0	4.0	1.4	2.7	1.4	6.8
1975	19.8	3.8	3.8	1.3	2.7	1.3	6.9
1976	20.4	3.6	3.8	1.3	3.0	1.5	7.2
1977	19.1	3.5	3.7	1.1	3.2	1.4	6.2
1978	17.3	3.3	3.3	1.1	2.8	1.2	5.6

表2.3 地区生产总值指数（1949－1978年）（上年=100）
INDICES OF GROSS DOMESTIC PRODUCT (1949-1978) (PRECEDING YEAR =100)

年 份 Year	本 市 生产总值 Gross Domestic Product	其 中 of which			
		第一产业 Primary Industry	第二产业 Secondary Industry	其 中 of which	
				工 业 Industry	建筑业 Construction
1949	100.0	100.0	100.0	100.0	100.0
1950	105.7	103.0	112.5	112.0	118.2
1951	103.4	104.0	110.9	111.2	107.7
1952	109.3	107.0	115.4	113.7	135.7
1953	111.2	103.4	135.2	131.1	177.1
1954	110.6	106.0	120.1	125.1	82.3
1955	102.7	100.2	109.6	111.9	82.4
1956	113.5	105.1	127.4	125.5	157.1
1957	102.3	97.3	108.3	110.3	83.4
1958	118.9	100.7	137.4	135.7	165.6
1959	97.4	67.8	123.9	123.4	130.3
1960	111.0	74.7	133.6	134.2	127.0
1961	64.8	83.7	58.2	59.4	41.4
1962	100.0	135.4	83.3	85.4	44.7
1963	114.9	124.0	109.3	108.1	154.4
1964	115.0	106.1	124.0	123.3	144.0
1965	114.5	109.8	122.2	119.2	185.6
1966	105.9	101.9	113.3	113.0	118.1
1967	90.2	99.4	82.9	83.9	70.5
1968	84.4	106.4	66.3	66.9	57.4
1969	112.1	91.4	135.8	134.3	163.7
1970	120.7	102.6	138.9	136.8	170.1
1971	111.9	100.4	125.2	127.0	102.3
1972	100.1	101.6	95.4	96.0	85.0
1973	103.2	109.5	96.3	94.5	127.1
1974	101.6	101.6	98.8	99.6	87.4
1975	111.8	92.8	130.4	130.6	128.4
1976	95.1	98.5	89.1	89.3	86.7
1977	120.0	111.8	134.2	132.4	162.3
1978	117.1	109.9	125.8	124.6	141.3

注：本表按可比价格计算（下表同）。
Note: The indices hereof are calculated at constant prices (the same below).

表2.3 续表 continued

年 份 Year	其 中 of which							本市人均生产总值 Per Capita GDP
	第三产业 Tertiary Industry	其 中 of which						
		交通运输、仓储及邮政业 Transportation, Storage, Postal Services	批发和零售业 Wholesale and Retail Trade	住宿和餐饮业 Hotels and Catering Trade	金融业 Financial Intermediation	房地产业 Real Estate	其他服务业 Others Services	
1949	100.0	100.0	100.0	100.0	100.0	100.0	100.0	100.0
1950	118.6	127.6	105.6	107.4	197.3	250.4	102.5	102.2
1951	94.9	93.2	98.7	103.4	148.0	140.2	9.0	100.5
1952	120.1	113.0	116.0	106.7	65.9	114.5	380.3	106.3
1953	111.4	110.3	125.3	103.1	113.5	115.1	164.5	109.5
1954	112.4	109.3	106.4	106.1	140.1	122.2	112.6	109.1
1955	98.7	94.7	99.1	105.7	99.1	120.9	95.1	100.7
1956	118.4	118.0	113.9	118.9	130.0	111.9	132.9	109.1
1957	105.6	112.4	104.6	100.0	107.7	111.2	115.1	98.3
1958	134.9	139.0	138.0	104.5	146.7	91.6	218.4	118.6
1959	103.2	107.3	103.7	110.9	161.1	115.2	115.4	98.1
1960	101.1	102.3	102.6	102.0	163.1	90.4	122.4	113.4
1961	70.8	69.4	61.7	100.0	86.3	111.3	44.1	68.2
1962	105.1	92.0	91.9	123.1	77.8	98.5	101.0	102.8
1963	112.6	103.5	113.2	89.1	79.7	107.9	149.5	112.7
1964	109.0	102.5	97.7	89.5	173.1	95.7	124.2	110.8
1965	100.5	102.5	110.3	100.0	153.1	117.7	69.6	111.2
1966	85.3	96.8	107.2	98.0	40.8	105.2	104.2	102.8
1967	102.9	96.7	102.7	96.0	117.4	114.3	76.2	87.6
1968	101.6	98.3	84.3	95.8	136.1	121.9	76.5	81.9
1969	105.7	117.4	115.5	106.5	130.9	121.7	98.7	109.3
1970	101.9	109.6	108.1	102.0	118.5	111.6	131.7	117.2
1971	104.7	104.1	105.0	118.0	129.6	111.6	84.5	108.2
1972	111.9	110.4	110.1	108.5	88.7	114.1	111.5	97.3
1973	108.8	104.7	102.2	100.0	107.8	106.0	141.5	100.6
1974	109.0	107.3	100.5	96.9	115.8	112.8	112.7	99.1
1975	110.0	108.4	109.9	106.5	118.2	113.3	172.7	109.0
1976	104.4	105.3	100.5	98.5	109.9	108.4	80.5	94.0
1977	103.8	107.3	107.1	103.1	117.8	110.8	41.8	118.9
1978	105.1	101.7	103.5	116.4	103.7	100.4	150.8	117.2

注：本表人均生产总值按户籍人口计算。
Note: The per capita GDP hereof is calculated by registered population.

表2.4 地区生产总值指数（1949 – 1978年）（1949年=100）
INDICES OF GROSS DOMESTIC PRODUCT (1949-1978) (1949=100)

年 份 Year	本 市 生产总值 Gross Domestic Product	其 中 of which			
		第一产业 Primary Industry	第二产业 Secondary Industry	其 中 of which	
				工 业 Industry	建筑业 Construction
1949	100.0	100.0	100.0	100.0	100.0
1950	105.7	103.0	112.5	112.0	118.2
1951	109.3	107.1	124.8	124.5	127.3
1952	119.5	114.6	144.0	141.6	172.7
1953	132.9	118.5	194.7	185.6	305.9
1954	147.0	125.6	233.8	232.2	251.8
1955	151.0	125.9	256.2	259.8	207.5
1956	171.4	132.3	326.4	326.0	326.0
1957	175.3	128.7	353.5	359.6	271.9
1958	208.4	129.6	485.7	488.0	450.3
1959	203.0	87.9	601.8	602.2	586.7
1960	225.3	65.7	804.0	808.2	745.1
1961	146.0	55.0	467.9	480.1	308.5
1962	146.0	74.5	389.8	410.0	137.9
1963	167.8	92.4	426.1	443.2	212.9
1964	193.0	98.0	528.4	546.5	306.6
1965	221.0	107.6	645.7	651.4	569.0
1966	234.0	109.6	731.6	736.1	672.0
1967	211.1	108.9	606.5	617.6	473.8
1968	178.2	115.9	402.1	413.2	272.0
1969	199.8	105.9	546.1	554.9	445.3
1970	241.2	108.7	758.5	759.1	757.5
1971	269.9	109.1	949.6	964.1	774.9
1972	270.2	110.8	905.9	925.5	658.7
1973	278.8	121.3	872.4	874.6	837.2
1974	283.3	123.2	861.9	871.1	731.7
1975	316.7	114.3	1123.9	1137.7	939.5
1976	301.2	112.6	1001.4	1016.0	814.5
1977	361.4	125.9	1343.9	1345.2	1321.9
1978	423.2	138.4	1690.6	1676.1	1867.8

注：本表按可比价格计算（下表同）。
Note: The indices hereof are calculated at constant prices (the same below).

表2.4 续表 continued

年 份 Year	第三产业 Tertiary Industry	其 中 of which						本市人均生产总值 Per Capita GDP
		其 中 of which						
		交通运输、仓储及邮政业 Transportation, Storage, Postal Services	批发和零售业 Wholesale and Retail Trade	住宿和餐饮业 Hotels and Catering Trade	金融业 Financial Intermediation	房地产业 Real Estate	其他服务业 Others Services	
1949	100.0	100.0	100.0	100.0	100.0	100.0	100.0	100.0
1950	118.6	127.6	105.6	107.4	197.3	250.4	102.5	102.2
1951	112.6	118.9	104.2	111.1	292.0	351.1	9.2	102.7
1952	135.2	134.4	120.9	118.5	192.4	402.0	35.0	109.2
1953	150.6	148.2	151.5	122.2	218.4	462.7	57.6	119.6
1954	169.3	162.0	161.2	129.7	306.0	565.4	64.9	130.5
1955	167.1	153.4	159.7	137.1	303.2	683.6	61.7	131.4
1956	197.8	181.0	181.9	163.0	394.2	764.9	82.0	143.4
1957	208.9	203.4	190.3	163.0	424.6	850.6	94.4	141.0
1958	281.8	282.7	262.6	170.3	622.9	779.1	206.2	167.2
1959	290.8	303.3	272.3	188.9	1003.5	897.5	238.0	164.0
1960	294.0	310.3	279.4	192.7	1636.7	811.3	291.3	186.0
1961	208.2	215.3	172.4	192.7	1412.5	903.0	128.5	126.9
1962	218.8	198.1	158.4	237.2	1098.9	889.5	129.8	130.5
1963	246.4	205.0	179.3	211.3	875.8	959.8	194.1	147.1
1964	268.6	210.1	175.2	189.1	1516.0	918.5	241.1	163.0
1965	269.9	215.4	193.2	189.1	2321.0	1081.1	167.8	181.3
1966	230.2	208.5	207.1	185.3	947.0	1137.3	174.8	186.4
1967	236.9	201.6	212.7	177.9	1111.8	1299.9	133.2	163.3
1968	240.7	198.2	179.3	170.4	1513.2	1584.6	101.9	133.7
1969	254.4	232.7	207.1	181.5	1980.8	1928.5	100.6	146.1
1970	259.2	255.0	223.9	185.1	2347.2	2152.2	132.5	171.2
1971	271.4	265.5	235.1	218.4	3042.0	2401.9	112.0	185.2
1972	303.7	293.1	258.8	237.0	2698.3	2740.6	124.9	180.2
1973	330.4	306.9	264.5	237.0	2908.8	2905.0	176.7	181.3
1974	360.1	329.3	265.8	229.7	3368.4	3276.8	199.1	179.7
1975	396.1	357.0	292.1	244.6	3981.4	3712.6	343.8	195.9
1976	413.5	375.9	293.6	240.9	4375.6	4024.5	276.8	184.1
1977	429.2	403.3	314.4	248.4	5154.5	4459.1	115.7	218.9
1978	451.1	410.2	325.4	289.1	5345.2	4476.9	174.5	256.6

注：本表人均地区生产总值按户籍人口计算。
Note: The per capita GDP hereof is calculated by registered population.

表2.5 地区生产总值（1978－2013年）
GROSS DOMESTIC PRODUCT (1978-2013)

单位：亿元 (100 million yuan)

年份 Year	本市生产总值 Gross Domestic Product	其中 of which				
		第一产业 Primary Industry	第二产业 Secondary Industry	其中 of which		第三产业 Tertiary Industry
				工业 Industry	建筑业 Construction	
1978	71.70	24.81	34.46	31.53	2.93	12.43
1979	80.98	28.79	38.21	35.00	3.21	13.98
1980	90.68	32.57	42.42	38.89	3.53	15.69
1981	97.20	36.32	43.69	40.07	3.62	17.19
1982	108.08	40.62	47.14	43.26	3.88	20.32
1983	120.01	45.44	50.56	46.20	4.36	24.01
1984	141.64	50.66	60.63	55.46	5.17	30.35
1985	164.32	53.73	73.49	66.16	7.33	37.10
1986	184.60	60.06	81.38	72.52	8.86	43.16
1987	206.73	62.69	90.77	79.66	11.11	53.27
1988	261.27	75.00	117.61	104.79	12.82	68.66
1989	303.75	81.99	135.84	123.86	11.98	85.92
1990	327.75	100.40	135.62	117.60	18.02	91.73
1991	374.18	109.49	154.00	135.14	18.86	110.69
1992	461.32	117.28	194.40	171.42	22.98	149.64
1993	608.53	141.99	272.17	241.15	31.02	194.37
1994	833.60	196.19	376.75	339.59	37.16	260.66
1995	1123.06	264.19	492.67	436.21	56.46	366.20
1996	1315.12	287.56	568.99	502.06	66.93	458.57
1997	1509.75	307.21	650.40	567.88	82.52	552.14
1998	1602.38	300.89	675.64	574.41	101.23	625.85
1999	1663.20	286.16	697.81	589.52	108.29	679.23
2000	1791.00	284.87	760.03	633.98	126.05	746.10
2001	1976.86	294.90	841.95	695.44	146.51	840.01
2002	2232.86	317.87	958.87	787.94	170.93	956.12
2003	2555.72	339.06	1135.31	933.75	201.56	1081.35
2004	3034.58	428.05	1376.91	1132.70	244.21	1229.62
2005	3467.72	463.40	1564.00	1293.81	270.19	1440.32
2006	3907.23	386.38	1871.65	1566.83	304.82	1649.20
2007	4676.13	482.39	2368.53	2004.51	364.02	1825.21
2008	5793.66	575.40	3057.78	2607.15	450.63	2160.48
2009	6530.01	606.80	3448.77	2917.40	531.37	2474.44
2010	7925.58	685.38	4359.12	3697.83	661.29	2881.08
2011	10011.37	844.52	5543.04	4690.46	852.58	3623.81
2012	11409.60	940.01	5975.18	4981.01	994.17	4494.41
2013	12656.69	1002.68	6397.92	5249.65	1148.27	5256.09

表2.5 续表 continued

单位：亿元 (100 million yuan)

年 份 Year	其 中 of which						本市人均生产总值（元） Per Capita GDP (yuan)
	其 中 of which						
	交通运输、仓储及邮政业 Transportation, Storage, Postal Services	批发和零售业 Wholesale and Retail Trade	住宿和餐饮业 Hotels and Catering Trade	金融业 Financial Intermediation	房地产业 Real Estate	其他服务业 Others Services	
1978	2.38	2.34	0.78	2.00	0.88	4.05	287
1979	2.69	2.59	0.92	2.21	0.99	4.58	321
1980	3.08	2.90	1.02	2.46	1.11	5.12	357
1981	3.39	3.22	1.07	2.73	1.12	5.66	379
1982	4.18	3.89	1.11	2.99	1.28	6.87	419
1983	5.94	4.49	1.24	3.83	1.44	7.07	461
1984	6.50	5.73	1.52	6.63	1.81	8.16	542
1985	6.97	8.90	1.80	7.40	2.09	9.94	624
1986	6.59	10.08	2.17	8.71	2.64	12.97	694
1987	6.82	12.30	2.71	14.91	3.59	12.94	766
1988	8.67	17.10	3.29	17.92	4.47	17.21	958
1989	12.18	21.61	3.89	24.78	4.95	18.51	1103
1990	11.93	17.19	5.41	26.21	5.73	25.26	1181
1991	12.34	20.33	6.35	31.65	7.23	32.79	1338
1992	21.59	33.03	7.23	40.30	7.30	40.19	1641
1993	22.68	49.63	9.37	52.91	9.12	50.66	2156
1994	27.43	64.66	12.78	74.91	11.03	69.85	2935
1995	47.22	85.53	19.00	97.77	17.43	99.25	3931
1996	63.40	110.22	23.46	103.84	25.22	132.43	4574
1997	81.14	130.86	30.91	116.53	32.60	160.10	5253
1998	87.08	142.99	31.68	126.66	45.00	192.44	5579
1999	94.39	151.89	33.62	120.18	50.69	228.46	5804
2000	101.25	163.38	35.93	118.53	65.45	261.56	6274
2001	128.26	178.39	38.46	125.90	76.38	292.62	6963
2002	151.54	195.64	42.36	134.52	90.48	341.58	7912
2003	167.22	216.35	47.11	147.04	113.69	389.94	9098
2004	190.62	246.52	57.67	162.38	129.12	443.31	10845
2005	218.97	277.68	66.56	185.18	143.88	548.05	12404
2006	259.59	314.33	77.24	213.70	158.20	626.14	13939
2007	265.74	366.19	91.85	247.46	196.06	657.91	16629
2008	309.59	449.32	111.63	303.01	191.21	795.72	20490
2009	347.98	524.36	132.88	389.97	229.09	850.16	22920
2010	389.55	624.33	142.11	496.56	266.38	962.15	27596
2011	456.25	747.30	166.31	704.66	396.28	1153.01	34500
2012	515.15	847.99	189.98	915.65	620.17	1405.47	38914
2013	580.93	984.40	229.79	1068.35	728.83	1663.79	42795

注：本表人均地区生产总值按常住人口计算。
Note: The per capita GDP hereof is calculated by registered population.

表2.6 地区生产总值构成（1978－2013年）
COMPOSITION OF GROSS DOMESTIC PRODUCT (1978-2013)

单位：% (%)

年 份 Year	本 市 生产总值 Gross Domestic Product	其 中 of which				
		第一产业 Primary Industry	第二产业 Secondary Industry	其 中 of which 工 业 Industry	建筑业 Construction	第三产业 Tertiary Industry
1978	100.0	34.6	48.1	44.0	4.1	17.3
1979	100.0	35.6	47.2	43.2	4.0	17.2
1980	100.0	35.9	46.8	42.9	3.9	17.3
1981	100.0	37.4	44.9	41.2	3.7	17.7
1982	100.0	37.6	43.6	40.0	3.6	18.8
1983	100.0	37.9	42.1	38.5	3.6	20.0
1984	100.0	35.8	42.8	39.2	3.6	21.4
1985	100.0	32.7	44.7	40.3	4.4	22.6
1986	100.0	32.5	44.1	39.3	4.8	23.4
1987	100.0	30.3	43.9	38.5	5.4	25.8
1988	100.0	28.7	45.0	40.1	4.9	26.3
1989	100.0	27.0	44.7	40.8	3.9	28.3
1990	100.0	30.6	41.4	35.9	5.5	28.0
1991	100.0	29.3	41.2	36.1	5.1	29.5
1992	100.0	25.4	42.1	37.2	4.9	32.5
1993	100.0	23.3	44.7	39.6	5.1	32.0
1994	100.0	23.5	45.2	40.7	4.5	31.3
1995	100.0	23.5	43.9	38.8	5.1	32.6
1996	100.0	21.9	43.3	38.2	5.1	34.8
1997	100.0	20.3	43.1	37.6	5.5	36.6
1998	100.0	18.8	42.2	35.8	6.4	39.0
1999	100.0	17.2	42.0	35.4	6.6	40.8
2000	100.0	15.9	42.4	35.4	7.0	41.7
2001	100.0	14.9	42.6	35.2	7.4	42.5
2002	100.0	14.2	42.9	35.3	7.6	42.9
2003	100.0	13.3	44.4	36.5	7.9	42.3
2004	100.0	14.1	45.4	37.3	8.1	40.5
2005	100.0	13.4	45.1	37.3	7.8	41.5
2006	100.0	9.9	47.9	40.1	7.8	42.2
2007	100.0	10.3	50.7	42.9	7.8	39.0
2008	100.0	9.9	52.8	45.0	7.8	37.3
2009	100.0	9.3	52.8	44.7	8.1	37.9
2010	100.0	8.6	55.0	46.7	8.3	36.4
2011	100.0	8.4	55.4	46.9	8.5	36.2
2012	100.0	8.2	52.4	43.7	8.7	39.4
2013	100.0	7.9	50.5	41.5	9.0	41.6

表2.6 续表 continued

单位：% (%)

年 份 Year	其 中 of which					
	其 中 of which					
	交通运输、仓储及邮政业 Transportation, Storage, Postal Services	批发和零售业 Wholesale and Retail Trade	住宿和餐饮业 Hotels and Catering Trade	金融业 Financial Intermediation	房地产业 Real Estate	其他服务业 Others Services
1978	3.3	3.3	1.1	2.8	1.2	5.6
1979	3.3	3.2	1.1	2.7	1.2	5.7
1980	3.4	3.2	1.1	2.7	1.2	5.7
1981	3.5	3.3	1.1	2.8	1.2	5.8
1982	3.9	3.6	1.0	2.8	1.2	6.3
1983	4.9	3.7	1.0	3.2	1.2	6.0
1984	4.6	4.0	1.1	4.7	1.3	5.7
1985	4.2	5.4	1.1	4.5	1.3	6.1
1986	3.6	5.5	1.2	4.7	1.4	7.0
1987	3.3	5.9	1.3	7.2	1.7	6.4
1988	3.3	6.5	1.3	6.9	1.7	6.6
1989	4.0	7.1	1.3	8.2	1.6	6.1
1990	3.6	5.2	1.7	8.0	1.7	7.8
1991	3.3	5.4	1.7	8.5	1.9	8.7
1992	4.7	7.2	1.6	8.7	1.6	8.7
1993	3.7	8.2	1.5	8.7	1.5	8.4
1994	3.3	7.8	1.5	9.0	1.3	8.4
1995	4.2	7.6	1.7	8.7	1.6	8.8
1996	4.8	8.4	1.8	7.9	1.9	10.0
1997	5.4	8.7	2.0	7.7	2.2	10.6
1998	5.4	8.9	2.0	7.9	2.8	12.0
1999	5.7	9.1	2.0	7.2	3.0	13.8
2000	5.7	9.1	2.0	6.6	3.7	14.6
2001	6.5	9.0	1.9	6.4	3.9	14.8
2002	6.8	8.8	1.9	6.0	4.1	15.3
2003	6.5	8.5	1.8	5.8	4.4	15.3
2004	6.3	8.1	1.9	5.4	4.3	14.5
2005	6.3	8.0	1.9	5.3	4.1	15.9
2006	6.6	8.0	2.0	5.5	4.0	16.1
2007	5.7	7.8	2.0	5.3	4.2	14.0
2008	5.3	7.8	1.9	5.2	3.3	13.8
2009	5.3	8.0	2.0	6.0	3.5	13.1
2010	4.9	7.9	1.8	6.3	3.4	12.1
2011	4.6	7.5	1.7	7.0	4.0	11.4
2012	4.5	7.4	1.7	8.0	5.4	12.4
2013	4.6	7.8	1.8	8.4	5.8	13.2

表2.7 地区生产总值指数（1978－2013年）（上年=100）

INDICES OF GROSS DOMESTIC PRODUCT (1978-2013) (PRECEDING YEAR=100)

年份 Year	本市生产总值 Gross Domestic Product	其中 of which				
		第一产业 Primary Industry	第二产业 Secondary Industry	其中 of which		第三产业 Tertiary Industry
				工业 Industry	建筑业 Construction	
1978	117.1	109.9	125.8	124.6	141.3	105.1
1979	111.1	109.1	112.2	112.3	111.7	112.1
1980	107.7	104.4	109.1	109.0	110.0	109.9
1981	106.2	105.8	105.5	105.2	108.1	110.3
1982	108.9	107.5	107.6	107.7	107.1	115.8
1983	110.3	107.3	110.2	110.2	111.8	117.3
1984	115.9	106.5	121.0	121.1	119.8	121.4
1985	108.6	109.3	105.6	104.0	121.9	112.3
1986	108.6	110.3	106.5	105.4	115.9	110.4
1987	105.3	96.7	108.6	107.3	119.3	111.9
1988	109.5	103.5	113.3	114.2	106.2	109.9
1989	104.9	104.6	102.5	103.7	91.5	109.5
1990	107.0	107.8	108.0	104.0	144.2	104.8
1991	109.2	106.7	109.4	110.8	100.2	111.5
1992	116.5	101.8	121.9	122.3	118.7	124.2
1993	115.6	105.0	122.0	122.4	118.8	115.5
1994	113.5	102.9	116.4	117.7	105.8	117.6
1995	112.3	104.5	114.2	114.1	114.3	115.0
1996	111.4	104.8	112.2	112.3	111.3	114.5
1997	111.2	103.2	112.5	111.8	118.5	114.1
1998	108.6	102.1	107.2	105.2	122.8	114.0
1999	107.8	100.4	110.6	111.0	107.7	107.6
2000	108.7	101.4	110.8	110.8	110.7	109.1
2001	109.2	102.2	112.2	111.7	114.7	109.0
2002	110.5	104.2	114.3	114.2	114.7	108.9
2003	111.7	104.4	116.6	116.9	115.1	109.0
2004	112.4	104.8	116.9	117.3	114.9	109.8
2005	111.7	104.5	113.3	114.5	107.2	112.1
2006	112.4	94.5	117.1	118.2	111.9	113.2
2007	115.9	109.5	120.9	122.4	113.4	112.1
2008	114.5	106.8	118.2	119.9	109.2	112.2
2009	114.9	105.5	117.9	117.4	121.2	113.5
2010	117.1	106.1	122.7	122.9	121.4	112.4
2011	116.4	105.1	121.8	122.2	119.6	110.8
2012	113.6	105.3	115.6	115.9	113.9	112.0
2013	112.3	104.7	113.4	113.1	114.9	112.0

注：本表按可比价格计算(下表同)。
Note: The indices hereof are calculated at constant prices (the same below).

表2.7 续表 continued

年 份 Year	其 中 of which 交通运输、仓储及邮政业 Transportation, Storage, Postal Services	批发和零售业 Wholesale and Retail Trade	住宿和餐饮业 Hotels and Catering Trade	金融业 Financial Intermediation	房地产业 Real Estate	其他服务业 Others Services	本市人均生产总值 Per Capita GDP
1978	101.7	103.5	116.4	103.7	100.4	150.8	117.2
1979	111.8	110.6	115.8	111.4	111.6	115.2	110.4
1980	105.9	106.3	113.6	107.4	106.8	122.4	107.1
1981	107.6	108.7	107.3	109.9	99.1	117.1	105.4
1982	115.5	115.3	107.0	108.3	111.4	120.9	108.0
1983	130.2	115.1	107.1	130.1	121.2	100.8	109.5
1984	108.1	124.0	124.2	171.5	122.6	112.7	115.5
1985	96.9	137.2	117.4	103.1	105.3	116.7	108.0
1986	99.7	106.6	117.4	111.9	118.5	117.5	107.5
1987	108.3	110.0	114.3	157.4	123.3	84.8	103.9
1988	105.9	122.8	119.1	104.0	105.9	112.5	108.2
1989	116.6	108.2	112.8	122.0	96.4	94.1	104.0
1990	100.7	83.5	133.5	108.6	116.8	134.7	106.1
1991	102.4	108.5	116.6	113.9	117.2	117.9	108.4
1992	133.5	142.3	116.4	120.4	96.4	123.3	115.8
1993	102.8	138.5	124.4	109.3	109.4	112.7	115.1
1994	109.1	104.1	133.3	115.3	102.8	139.8	112.8
1995	123.1	111.2	137.0	116.5	114.5	117.5	111.7
1996	115.6	115.9	120.3	104.0	131.5	121.3	110.7
1997	114.7	113.5	126.3	109.6	124.5	114.6	111.2
1998	104.1	115.0	104.4	110.4	122.4	120.8	108.7
1999	101.9	108.3	108.2	89.7	110.2	121.7	108.1
2000	104.0	112.2	108.1	101.8	111.6	114.5	109.1
2001	116.2	108.9	106.2	101.5	112.6	109.2	109.7
2002	105.2	110.1	109.5	107.9	113.8	110.8	111.1
2003	104.8	109.3	110.1	107.9	116.1	109.6	112.2
2004	114.6	110.8	118.0	105.9	103.7	111.2	112.8
2005	112.4	114.0	113.7	109.9	109.8	113.0	111.8
2006	120.3	111.4	115.2	112.4	107.7	112.6	112.2
2007	112.5	112.3	112.0	109.7	116.8	111.5	115.5
2008	113.7	116.9	113.0	112.9	89.1	114.8	113.9
2009	103.3	119.9	115.6	131.2	120.3	107.2	114.1
2010	113.8	117.5	101.4	119.8	107.3	108.4	116.2
2011	113.6	114.3	110.4	105.4	105.5	111.7	115.1
2012	109.1	111.7	108.1	120.8	107.0	112.0	112.4
2013	109.2	110.0	107.1	115.6	111.1	113.9	111.3

注：本表人均生产总值按常住人口计算。
Note: The per capita GDP hereof is calculated by registered population.

表2.8 地区生产总值指数（1978－2013年）（1978年=100）

INDICES OF GROSS DOMESTIC PRODUCT (1978-2013) (1978=100)

年 份 Year	本 市 生产总值 Gross Domestic Product	其 中 of which				
		第一产业 Primary Industry	第二产业 Secondary Industry	其 中 of which		第三产业 Tertiary Industry
				工 业 Industry	建筑业 Construction	
1978	100.0	100.0	100.0	100.0	100.0	100.0
1979	111.1	109.1	112.2	112.3	111.7	112.1
1980	119.7	113.9	122.4	122.4	122.9	123.2
1981	127.1	120.5	129.1	128.8	132.9	135.9
1982	138.4	129.5	138.9	138.7	142.3	157.4
1983	152.7	139.0	153.1	152.8	159.1	184.6
1984	177.0	148.0	185.3	185.0	190.6	224.1
1985	192.2	161.8	195.7	192.4	232.3	251.7
1986	208.7	178.5	208.4	202.8	269.2	277.9
1987	219.8	172.6	226.3	217.6	321.2	311.0
1988	240.7	178.6	256.4	248.5	341.1	341.8
1989	252.5	186.8	262.8	257.7	312.1	374.3
1990	270.2	201.4	283.8	268.0	450.0	392.3
1991	295.1	214.9	310.5	296.9	450.9	437.4
1992	343.8	218.8	378.5	363.1	535.2	543.3
1993	397.4	229.7	461.8	444.4	635.8	627.5
1994	451.0	236.4	537.5	523.1	672.7	737.9
1995	506.5	247.0	613.8	596.9	768.9	848.6
1996	564.2	258.9	688.7	670.3	855.8	971.6
1997	627.4	267.2	774.8	749.4	1014.1	1108.6
1998	681.4	272.8	830.6	788.4	1245.3	1263.8
1999	734.5	273.9	918.6	875.1	1341.2	1359.8
2000	798.4	277.7	1017.8	969.6	1484.7	1483.5
2001	871.9	283.8	1142.0	1083.0	1703.0	1617.0
2002	963.4	295.7	1305.3	1236.8	1953.3	1760.9
2003	1076.1	308.7	1522.0	1445.8	2248.2	1919.4
2004	1209.5	323.5	1779.2	1695.9	2583.2	2107.5
2005	1351.0	338.1	2015.8	1941.8	2769.2	2362.5
2006	1518.5	319.5	2360.5	2295.2	3098.7	2674.4
2007	1759.9	349.9	2853.8	2809.3	3513.9	2998.0
2008	2015.1	373.7	3373.2	3368.4	3837.2	3363.8
2009	2315.3	394.3	3977.0	3954.5	4650.7	3817.9
2010	2711.2	418.4	4879.8	4860.1	5645.9	4291.3
2011	3154.6	439.8	5943.6	5939.0	6750.5	4754.4
2012	3583.6	463.1	6870.8	6883.3	7688.8	5324.9
2013	4024.4	484.9	7791.5	7785.0	8834.4	5963.9

注：本表按可比价格计算(下表同）。
Note: The indices hereof are calculated at constant prices (the same below).

表2.8 续表 continued

年 份 Year	其 中 of which						本市人均生产总值 Per Capita GDP
	其 中 of which						
	交通运输、仓储及邮政业 Transportation, Storage, Postal Services	批发和零售业 Wholesale and Retail Trade	住宿和餐饮业 Hotels and Catering Trade	金融业 Financial Intermediation	房地产业 Real Estate	其他服务业 Others Services	
1978	100.0	100.0	100.0	100.0	100.0	100.0	100.0
1979	111.8	110.6	115.8	111.4	111.6	115.2	110.4
1980	118.4	117.6	131.5	119.6	119.2	141.0	118.2
1981	127.4	127.8	141.1	131.4	118.1	165.1	124.6
1982	147.1	147.4	151.0	142.3	131.6	199.6	134.6
1983	191.5	169.7	161.7	185.1	159.5	201.2	147.4
1984	207.0	210.4	200.8	317.4	195.5	226.8	170.2
1985	200.6	288.7	235.7	327.2	205.9	264.7	183.8
1986	200.0	307.8	276.7	366.1	244.0	311.0	197.6
1987	216.6	338.6	316.3	576.2	300.9	263.7	205.3
1988	229.4	415.8	376.7	599.2	318.7	296.7	222.1
1989	267.5	449.9	424.9	731.0	307.2	279.2	231.0
1990	269.4	375.7	567.2	793.9	358.8	376.1	245.1
1991	275.9	407.6	661.4	904.3	420.5	443.4	265.7
1992	368.3	580.0	769.9	1088.8	405.4	546.7	307.7
1993	378.6	803.3	957.8	1190.1	443.5	616.1	354.2
1994	413.1	836.2	1276.7	1372.2	455.9	861.3	399.5
1995	508.5	929.9	1749.1	1598.6	522.0	1012.0	446.2
1996	587.8	1077.8	2104.2	1662.5	686.4	1227.6	493.9
1997	674.2	1223.3	2657.6	1822.1	854.6	1406.8	549.2
1998	701.8	1406.8	2774.5	2011.6	1046.0	1699.4	597.0
1999	715.1	1523.6	3002.0	1804.4	1152.7	2068.2	645.4
2000	743.7	1709.5	3245.2	1836.9	1286.4	2368.1	704.1
2001	864.2	1861.6	3446.4	1864.5	1448.5	2586.0	772.4
2002	909.1	2049.6	3773.8	2011.8	1648.4	2865.3	858.1
2003	952.7	2240.2	4155.0	2170.7	1913.8	3140.4	962.8
2004	1091.8	2482.1	4902.9	2298.8	1984.6	3492.1	1086.0
2005	1227.2	2829.6	5574.6	2526.4	2179.1	3946.1	1214.1
2006	1476.3	3152.2	6421.9	2839.7	2346.9	4443.3	1362.2
2007	1660.8	3539.9	7192.5	3115.2	2741.2	4954.3	1573.3
2008	1888.3	4138.1	8127.5	3517.1	2442.4	5687.5	1792.0
2009	1950.6	4961.6	9395.4	4614.4	2938.2	6097.0	2044.7
2010	2219.8	5829.9	9526.9	5528.1	3152.7	6609.1	2375.9
2011	2521.7	6665.0	10515.7	5826.5	3327.0	7379.8	2735.8
2012	2751.2	7444.8	11367.5	7038.4	3559.9	8265.4	3075.0
2013	3004.3	8189.3	12174.6	8136.4	3955.0	9414.3	3422.5

注：本表人均生产总值按常住人口计算。
Note: The per capita GDP hereof is calculated by registered population.

表2.9 三次产业贡献率（1990－2013年）
SHARE OF THE CONTRIBUTIONS OF THE GROWTH OF THREE STRATA OF INDUSTRY TO THE INCREASE OF THE GDP(1990-2013)

单位：% (%)

年份 Year	本市生产总值 Gross Domestic Product	其中 of which			
		第一产业 Primary Industry	第二产业 Secondary Industry	其中 of which #工业 Industry	第三产业 Tertiary Industry
1990	100.0	33.9	46.8	21.2	19.3
1991	100.0	22.5	42.2	42.1	35.3
1992	100.0	3.2	54.9	49.2	41.9
1993	100.0	8.5	61.2	55.0	30.3
1994	100.0	5.0	55.3	53.0	39.7
1995	100.0	7.8	53.8	48.1	38.4
1996	100.0	8.3	50.7	45.7	41.0
1997	100.0	5.3	53.2	45.0	41.5
1998	100.0	4.3	40.3	26.2	55.4
1999	100.0	0.8	64.4	58.5	34.8
2000	100.0	2.4	60.3	53.0	37.3
2001	100.0	3.7	55.9	44.7	40.4
2002	100.0	5.9	58.9	48.6	35.2
2003	100.0	5.2	63.5	53.7	31.3
2004	100.0	5.0	63.7	54.2	31.3
2005	100.0	4.6	55.1	50.2	40.3
2006	100.0	-6.0	62.1	54.6	43.9
2007	100.0	6.7	61.6	55.1	31.7
2008	100.0	4.9	61.3	56.5	33.8
2009	100.0	3.6	60.7	50.5	35.7
2010	100.0	3.2	68.6	59.1	28.2
2011	100.0	2.7	73.3	63.3	24.0
2012	100.0	3.1	66.3	57.5	30.6
2013	100.0	2.8	63.9	53.4	33.3

表2.10 三次产业拉动力（1990－2013年）

CONTRIBUTION OF THE THREE STRATA OF INDUSTRY TO GDP GROWTH (1990-2013)

单位：% (%)

年份 Year	本市生产总值 Gross Domestic Product	其中 of which			
		第一产业 Primary Industry	第二产业 Secondary Industry	其中 of which #工业 Industry	第三产业 Tertiary Industry
1990	7.0	2.4	3.3	1.5	1.3
1991	9.2	2.1	3.9	3.9	3.2
1992	16.5	0.5	9.1	8.1	6.9
1993	15.6	1.3	9.5	8.6	4.8
1994	13.5	0.7	7.5	7.2	5.3
1995	12.3	1.0	6.6	5.9	4.7
1996	11.4	0.9	5.8	5.2	4.7
1997	11.2	0.6	6.0	5.0	4.6
1998	8.6	0.4	3.5	2.3	4.7
1999	7.8	0.1	5.0	4.6	2.7
2000	8.7	0.2	5.2	4.6	3.3
2001	9.2	0.3	5.1	4.1	3.8
2002	10.5	0.6	6.2	5.1	3.7
2003	11.7	0.6	7.4	6.3	3.7
2004	12.4	0.6	7.9	6.7	3.9
2005	11.7	0.5	6.4	5.9	4.8
2006	12.4	-0.7	7.7	6.8	5.4
2007	15.9	1.1	9.8	8.8	5.0
2008	14.5	0.7	8.9	8.2	4.9
2009	14.9	0.5	9.0	7.5	5.4
2010	17.1	0.5	11.7	10.1	4.9
2011	16.4	0.4	12.0	10.4	4.0
2012	13.6	0.4	9.0	7.8	4.2
2013	12.3	0.3	7.9	6.6	4.1

表2.11 分区域地区生产总值（2012－2013年）
GROSS DOMESTIC PRODUCT BY REGION (2012-2013)

单位：亿元 (100 million yuan)

指 标	Item	2012	2013	指 数 上年=100 Index Preceding Year=100
本市生产总值	**Gross Domestic Product**	**11409.60**	**12656.69**	**112.3**
＃一小时经济圈	One-Hour Economic Circle	8826.98	9763.16	112.0
＃都市发达经济圈	Developed Metropolitan Economic Circle	5016.49	5532.93	110.9
渝西经济走廊	West Chongqing Economic Corridor	2819.20	3140.74	113.5
三峡库区生态经济区	Ecological Economic Zone in Three Gorges Reservoir Area	3573.91	3983.02	113.2
＃都市功能核心区	Core Metropolitan Function Area		2507.81	108.8
都市功能拓展区	Extended Metropolitan Function Area		3025.12	112.6
城市发展新区	Newly Developed Urban Area	3810.49	4230.23	113.3
渝东北生态涵养发展区	Northeastern Ecological Conservation Area	1952.15	2183.79	113.2
渝东南生态保护发展区	Southeastern Environment Protection Area	630.47	709.74	113.5
第一产业	**Primary Industry**	**940.01**	**1002.68**	**104.7**
＃一小时经济圈	One-Hour Economic Circle	547.07	581.86	104.5
＃都市发达经济圈	Developed Metropolitan Economic Circle	97.48	102.06	102.5
渝西经济走廊	West Chongqing Economic Corridor	376.64	401.70	104.8
三峡库区生态经济区	Ecological Economic Zone in Three Gorges Reservoir Area	465.89	498.92	105.1
＃都市功能核心区	Core Metropolitan Function Area			
都市功能拓展区	Extended Metropolitan Function Area		102.06	102.5
城市发展新区	Newly Developed Urban Area	449.59	479.80	104.9
渝东北生态涵养发展区	Northeastern Ecological Conservation Area	291.81	312.97	105.1
渝东南生态保护发展区	Southeastern Environment Protection Area	101.13	107.85	104.8
第二产业	**Secondary Industry**	**5975.18**	**6397.92**	**113.4**
＃一小时经济圈	One-Hour Economic Circle	4706.21	4993.20	112.6
＃都市发达经济圈	Developed Metropolitan Economic Circle	2473.66	2552.30	110.4
渝西经济走廊	West Chongqing Economic Corridor	1612.66	1765.48	115.4
三峡库区生态经济区	Ecological Economic Zone in Three Gorges Reservoir Area	1888.86	2080.14	115.7
＃都市功能核心区	Core Metropolitan Function Area		702.54	103.0
都市功能拓展区	Extended Metropolitan Function Area		1849.76	113.5
城市发展新区	Newly Developed Urban Area	2232.55	2440.90	115.2
渝东北生态涵养发展区	Northeastern Ecological Conservation Area	962.34	1059.94	115.9
渝东南生态保护发展区	Southeastern Environment Protection Area	306.63	344.78	117.0
第三产业	**Tertiary Industry**	**4494.41**	**5256.09**	**112.0**
＃一小时经济圈	One-Hour Economic Circle	3573.70	4188.10	112.0
＃都市发达经济圈	Developed Metropolitan Economic Circle	2445.35	2878.57	112.0
渝西经济走廊	West Chongqing Economic Corridor	829.90	973.56	112.8
三峡库区生态经济区	Ecological Economic Zone in Three Gorges Reservoir Area	1219.16	1403.96	111.4
＃都市功能核心区	Core Metropolitan Function Area		1805.27	112.3
都市功能拓展区	Extended Metropolitan Function Area		1073.30	111.3
城市发展新区	Newly Developed Urban Area	1128.35	1309.53	112.1
渝东北生态涵养发展区	Northeastern Ecological Conservation Area	698.00	810.88	111.9
渝东南生态保护发展区	Southeastern Environment Protection Area	222.71	257.11	111.4

表2.12 分经济类型地区生产总值（1996－2013年）
GROSS DOMESTIC PRODUCT BY STATUS OF REGISTRATION(1996-2013)

单位：亿元 (100 million yuan)

年份 Year	本市生产总值 Gross Domestic Product	公有制经济 Public-owned Economy	非公有制经济 Non-public-owned Economy	其中 of which 个体私营经济 Individual and Private	外商港澳台经济 Funded by HK, Macao, Taiwan & Foreign
1996	1315.12	987.66	327.46	286.70	40.76
1997	1509.75	1111.18	398.57	341.20	57.37
1998	1602.38	1104.04	498.34	442.26	56.08
1999	1663.20	1111.02	552.18	487.32	64.86
2000	1791.00	1156.99	634.01	560.58	73.43
2001	1976.86	1209.84	767.02	682.02	85.00
2002	2232.86	1295.06	937.80	799.36	138.44
2003	2555.72	1385.20	1170.52	955.84	214.68
2004	3034.58	1574.95	1459.63	1271.49	188.14
2005	3467.72	1719.99	1747.73	1511.93	235.80
2006	3907.23	1836.40	2070.83	1734.81	336.02
2007	4676.13	2099.58	2576.55	2118.29	458.26
2008	5793.66	2386.99	3406.67	2827.31	579.36
2009	6530.01	2613.93	3916.08	3197.94	718.14
2010	7925.58	3079.02	4846.56	3851.89	994.67
2011	10011.37	3836.12	6175.25	4894.32	1280.93
2012	11409.60	4303.91	7105.69	5598.64	1507.05
2013	12656.69	4874.13	7782.56	6203.86	1578.70

表2.12 续表 continued

单位：% (%)

年份 Year	生产总值构成 Compositon of Gross Domestic Product	公有制经济 Public-owned Economy	非公有制经济 Non-public-owned Economy	其中 of which 个体私营经济 Individual and Private	外商港澳台经济 Funded by HK, Macao, Taiwan & Foreign
1996	100.0	75.1	24.9	21.8	3.1
1997	100.0	73.6	26.4	22.6	3.8
1998	100.0	68.9	31.1	27.6	3.5
1999	100.0	66.8	33.2	29.3	3.9
2000	100.0	64.6	35.4	31.3	4.1
2001	100.0	61.2	38.8	34.5	4.3
2002	100.0	58.0	42.0	35.8	6.2
2003	100.0	54.2	45.8	37.4	8.4
2004	100.0	51.9	48.1	41.9	6.2
2005	100.0	49.6	50.4	43.6	6.8
2006	100.0	47.0	53.0	44.4	8.6
2007	100.0	44.9	55.1	45.3	9.8
2008	100.0	41.2	58.8	48.8	10.0
2009	100.0	40.0	60.0	49.0	11.0
2010	100.0	38.8	61.2	48.6	12.6
2011	100.0	38.3	61.7	48.9	12.8
2012	100.0	37.7	62.3	49.1	13.2
2013	100.0	38.5	61.5	49.0	12.5

年份 Year	生产总值指数（上年=100） Compositon of Gross Domestic Product (Preceding Year =100)	公有制经济 Public-owned Economy	非公有制经济 Non-public-owned Economy	其中 of which 个体私营经济 Individual and Private	外商港澳台经济 Funded by HK, Macao, Taiwan & Foreign
1996	111.4	107.3	126.1	127.8	115.1
1997	111.2	109.0	117.9	115.3	136.3
1998	108.6	101.7	127.9	132.6	100.1
1999	107.8	104.5	115.1	114.4	120.1
2000	108.7	105.1	115.9	116.1	114.3
2001	109.2	103.5	119.7	120.4	114.5
2002	110.5	104.7	119.6	114.7	159.3
2003	111.7	104.4	121.8	116.7	151.3
2004	112.4	107.6	118.0	125.9	83.0
2005	111.7	106.7	117.0	116.2	122.5
2006	112.4	106.6	118.2	114.5	142.2
2007	115.9	110.8	120.5	118.3	132.1
2008	114.5	105.1	122.2	123.4	116.9
2009	114.9	111.6	117.3	115.4	126.4
2010	117.1	113.5	119.6	116.4	133.9
2011	116.4	111.8	119.3	118.3	123.0
2012	113.6	107.8	116.8	114.2	126.5
2013	112.3	112.0	112.4	114.5	105.3

主要统计指标解释

■ 国内（地区）生产总值（GDP）

是按市场价格计算的一个国家（或地区）所有常住单位在一定时期内生产活动的最终成果。国内（地区）生产总值有三种表现形态，即价值形态、收入形态和产品形态。从价值形态看，它是所有常住单位在一定时期内所生产的全部货物和服务价值超过同期中间投入的全部非固定资产货物和服务价值的差额，即所有常住单位的增加值之和；从收入形态看，它是所有常住单位在一定时期内所创造并分配给常住单位和非常住单位的初次收入之和；从产品形态看，它是所有常住单位在一定时期内最终使用的货物和服务价值减去货物和服务进口价值。在实际核算中，国内（地区）生产总值的三种表现形态表现为三种计算方法，即生产法、收入法和支出法。三种方法分别从不同的方面反映国内（地区）生产总值及其构成。

■ 三次产业

三次产业的划分是世界上较为常用的产业结构分类，但各国的划分不尽一致。我国的三次产业划分是：

第一产业是指农业、林业、畜牧业、渔业和农林牧渔服务业。

第二产业是指采矿业，制造业，电力、煤气及水的生产和供应业，建筑业。

第三产业是指除第一、二产业以外的其他行业。

■ 收入法国内（地区）生产总值

是从常住单位从事生产活动形式收入的角度来反映一个国家（或地区）一定时期内生产活动最终成果的一种方法，包括劳动者报酬、生产税净额、固定资产折旧、营业盈余四部分。计算公式为：

收入法国内（地区）生产总值=劳动者报酬+生产税净额+固定资产折旧+营业盈余

（1）劳动者报酬：指劳动者因从事生产活动所获得的全部报酬。包括劳动者获得的各种形式的工资、奖金和津贴，既包括货币形式的，也包括实物形式的，还包括劳动者所享受的公费医疗和医药卫生费、上下班交通补贴和单位支付的社会保险费、住房公积金等。对于个体经济来说，其所有者所获得的劳动报酬和经营利润不易区分，这两部分统一作为劳动者报酬处理。

（2）生产税净额：指生产税减生产补贴后的差额。生产税指政府对生产单位生产、销售和从事经营活动以及因从事生产活动使用某些生产要素（如固定资产、土地、劳动力）所征收的各种税、附加费和规费。生产补贴与生产税相反，是政府对生产单位的单方面转移支出，因此视为负生产税，包括政策亏损补贴、价格补贴等。

（3）固定资产折旧：指一定时期内为弥补固定资产损耗按照规定的固定资产折旧率提取的固定资产折旧，或按国民经济核算统一规定的折旧率虚拟计算的固定资产折旧。它反映了固定资产在当期生产中的转移价值。各类企业和企业化管理的事业单位的固定资产折旧指实际计提的折旧费；不计提折旧的政府机关、非企业化管理的事业单位和居民住房的固定资产折旧是按照统一规定的折旧率和固定资产原值计算的虚拟折旧。原则上，固定资产折旧应按固定资产当期的重置价值计算，但是我国目前尚不具备对全社会固定资产进行重估价的基础，所以暂时只能采用上述方法。

（4）营业盈余：指常住单位创造的增加值扣除劳动者报酬、生产税净额和固定资产折旧后的余额。它相当于企业的营业利润加上生产补贴，但要扣除从利润中开支的工资和福利等。

■ 支出法国内（地区）生产总值

是从最终使用的角度反映一个国家（或地区）一定时期内生产活动最终成果的一种方法，包括最终消费支出、资本形成总额及货物和服务净流出三部分。计算公式为：

支出法国内（地区）生产总值=最终消费支出+资本形成总额+货物和服务净流出

主要统计指标解释

■ 最终消费支出

指常住单位为满足物质、文化和精神生活的需要，从本国经济领土和国外购买的货物和服务的支出。它不包括非常住单位在本国经济领土内的消费支出。最终消费支出分为居民消费支出和政府消费支出。

（1）居民消费支出：指常住住户在一定时期内对于货物和服务的全部最终消费支出。居民消费支出除了直接以货币形式购买的货物和服务的消费支出外，还包括以其他方式获得的货物和服务的消费支出，即所谓的虚拟消费支出。居民虚拟消费支出包括如下几种类型：单位以实物报酬及实物转移的形式提供给劳动者的货物和服务；住户生产并由本住户消费了的货物和服务，其中的服务仅指住户的自有住房服务；金融机构提供的金融媒介服务；保险公司提供的保险服务。

（2）政府消费支出：指政府部门为全社会提供的公共服务的消费支出和免费或以较低的价格向居民住户提供的货物和服务的净支出，前者等于政府服务的产出价值减去政府单位所获得的经营收入的价值，后者等于政府部门免费或以较低价格向居民住户提供的货物和服务的市场价值减去向住户收取的价值。

■ 资本形成总额

指常住单位在一定时期内获得的减去处置的固定资产和存货的净额，包括固定资产形成总额和存货增加。

（1）固定资产形成总额：指常住单位在一定时期内获得的固定资产减处置的固定资产的价值总额。固定资产是通过生产活动生产出来的，且其使用年限在一年以上、单位价值在规定标准以上的资产，不包括自然资产。可分为有形固定资本形成总额和无形固定资本形成总额。有形固定资本形成总额包括一定时期内完成的建筑程、安装工程和设备工器具购置(减处置)价值，以及土地改良、新增役、种、奶、毛、娱乐用牲畜和新增经济林木价值。无形固定资本形成总额包括矿藏的勘探、计算机软件等获得减处置。

（2）存货增加：指常住单位在一定时期内存货实物量变动的市场价值，即期末价值减期初价值的差额，再扣除当期由于价格变动而产生的持有收益。存货增加可以是正值，也可以是负值，正值表示存货上升，负值表示存货下降。存货包括生产单位购进的原材料、燃料和储备物资等存货，以及生产单位生产的产成品、在制品和半成品等存货。

■ 货物和服务净流出

指货物和服务流出减货物和服务流入的差额。流出包括常住单位向非常住单位出售或无偿转让的各种货物和服务的价值；流入包括常住单位从非常住单位购买或无偿得到的各种货物和服务的价值。由于服务活动的提供与使用同时发生，一般把常住单位从本地区外得到的服务作为流入，非常住单位从本地区得到的服务作为流出。

■ 产业部门贡献率

是各产业部门增加值可比价增量与国内生产总值可比价增量之比。

■ 产业部门拉动力

拉动力是指总的经济增长率中带动的百分点数，产业部门拉动力是指在GDP增长中各产业部门拉动的百分点数。其计算公式为：

拉动力（%）＝贡献率（%）×GDP增长率（%）

Explanatory Notes on Main Statistical Indicators

Gross Domestic Product (GDP)

Refers to the final products at market prices produced by all resident units in a country (or a region) during a certain period of time. Gross domestic product is expressed in three different perspectives value added, income, and products respectively. The form of value added refers to the total value of all products and services produced by all resident units during a certain period of time minus total value of intimidate input of materials and services of the nature of non-fixed assets or the summation of the value added of all resident units; the form of income includes all the income created by all resident units and distributed primarily to all resident and non-resident units; the form of products refers to all final goods and services of final use by all resident units plus the value of net exports of goods and services. In the practice of national accounting, gross domestic product is calculated with three approaches, i.e. product approach, income approach and expenditure approach, which reflect gross domestic product and its composition from different aspects.

Three Strata of Industry

Classification of economic activities into three strata of industry is a common practice in the world, although the grouping varies to some extent form country to country. In China economic activities are categorized into the following three strata of industry:

Primary industry refers to agriculture, forestry, animal husbandry and fishery and services in support of these industries.

Secondary industry refers to mining and quarrying, manufacturing, production and supply of electricity, water and gas, and construction.

Tertiary industry refers to all other economic activities not included in the primary or secondary industries.

GDP by Income Approach

Refers to the method of measuring the final results of production activities of a country (region) during a given period from the income items produced by all resident units. It includes laborers' remuneration, net taxes on production, depreciation of fixed assets and operating surplus, i.e.:

GDP by income approach =compensation of employee + net taxes on production + depreciation of fixed assets + operating surplus

(I) Compensation of Employee refers to the total payment of various forms to employees for the productive activities they are engaged in. It includes wages, bonuses and allowances, which the employees earn in cash or in kind. It also includes the free medical services provided to the employees and the medicine expenses, transport subsidies and social insurance, and housing fund paid by the employers. As regards the individual economy, since compensation of employees is not easily distinguishable from the operating surplus, both parts are treated as compensation of employees.

(II) Net Taxes on Production refers to the difference of the taxes on production minus the subsidies on production. The taxes on production refers to the various taxes, extra charges and fees levied on the production units on their production, sale and business activities as well as on some factors of production, such as fixed assets, land and labor force, used in the production activities they are engaged in. In contrast to the taxes on production, the subsidies on production is the unilateral transfer of part of the government's revenue to the production units and is therefore treated as the negative taxes on production, They include subsidies on the loss due to implementation of government policies, price subsidies, etc.

(III) Depreciation of Fixed Assets refers to the depreciation of fixed assets drawn in accordance with the stipulated depreciation rate for the purpose of compensating the wear loss of the fixed assets or the depreciation of fixed assets calculated in a fictitious way in accordance with the stipulated unified depreciation rate in the national economic accounting system. It reflects the value of transfer of the fixed assets in the production of the current period. The depreciation of fixed assets in various enterprises and institutions managed as enterprises refers to the depreciation expenses actually drawn and calculated as part of the cost. In the units, which do not draw the depreciation expenses, such as government agencies, institutions not managed as enterprises as well as the houses of residents, the depreciation of fixed assets is the fictitious depreciation, which is calculated in accordance with the stipulated unified depreciation rate. In principle, the depreciation of fixed assets should be calculated on the basis of the

EXPLANATORY NOTES TO MAJOR STATISTICAL INDICATORS

re-purchased value of the fixed assets. However, there is no actual condition to re-evaluate all the fixed assets in China. Therefore, the above-mentioned methods are temporarily adopted at present.

(IV) Operating Surplus refers to the balance of the value added created by the resident units deducting the laborers' remuneration, net taxes on production ant the depreciation of fixed assets. It is equivalent to the business profit of the enterprises plus subsidies on production, but the wages and welfare expenses paid from the profits should be deducted.

□ GDP by Expenditure Approach

Refers to the method of measuring the final results of production activities of a country (region) during a given period from the perspective of final use. It includes final consumption expenditure, total capital formation and net export of goods and services, i.e.:

GDP by expenditure approach = final consumption expenditure + gross capital formation + net export of goods and services

□ Final Consumption Expenditure

Refers to the total expenditure of resident units on final consumption of goods and services from domestic economic territory and abroad to meet the requirements of material, cultural and spiritual life. It excludes the expenditure of non-resident units on consumption in the economic territory of the country. The final consumption expenditure is broken down into household consumption expenditure and government consumption expenditure.

(I) Household consumption Expenditure refers to the total expenditure of resident households on the final consumption of goods and services. In addition to the consumption of goods and services bought by the households directly with money, the households consumption expenditure also includes expenditure on goods and services obtained by the households in other ways, i.e. the so-called fictitious consumption expenditure, which includes the following types: (a) the goods and services provided to the households by the employer in the form of payment in kind and transfer in kind; (b) the goods and services produced and consumed by the households themselves, in which the services refer only to the owner-occupied housing and domestic and individual services provided by the paid household workers; (c) financial intermediate services provided by the financial institutions; (d) the insurance services provided by insurance companies.

(II) Government consumption Expenditure refers to the expenditure on the consumption of the public services provided by the government to the whole society and the net expenditure on the goods and services provided by the government to the households for free charge or at lower prices. The former equals to the output value of the government services minus the value of operating in come obtained by the government departments. The latter equals to the market value of the goods and services provided by the government to the households minus the value received by the government from the households.

□ Gross Capital Formation

Refers to the net amount of the fixed assets and stock acquired minus those disposed, including the gross fixed assets formation and changes in inventories.

(I) Gross fixed capital formation refer to the value of fixed assets purchased, transferred in by the resident units and those produced and used by themselves deducting the value of fixed assets sold and transferred out. It can by classified into total tangible assets formation and total intangible assets formation. The total tangible assets formation include the value of the construction projects, installation projects completed and the equipment, apparatus and instruments purchased as well as the value of land improved, the value of draught animals, breeding stock, milk, wool and recreational animals and the newly increased economic forest in a certain period. The total intangible assets formation includes the prospecting of minerals, the acquisition of computer software, the originals of recreational works and works of literature and arts minus the disposal of them.

(II) Changes in Inventories refers to the market value of the change in the physical volume of inventory of resident units during a given period, i.e. the difference between the values at the beginning and the end of the period minus the gains due to the change in prices. The changes in inventories can have a positive or a negative value. A positive value indicates an increase in inventory while a negative value indicates a decrease in inventory. The inventory includes raw materials, fuels and reserve materials purchased by the production units as well as the inventory of finished products, semi-finished products and work-in-progress.

EXPLANATORY NOTES TO MAJOR STATISTICAL INDICATORS

□ Net Export of Goods and Services

Refers to the difference of the exports of goods and services minus the imports of goods and services. The imports include the value of various goods and services sold or gratuitously transferred by the resident units to the non-resident units. The imports include the value of various goods and services purchased or gratuitously acquired by the resident units from the non-resident units. Because the provision of services and the use of them happen simultaneously, the import and export of services by the resident units from abroad is usually treated as import while the acquisition of services by non-resident units in this country is usually treated as export. The export and import of goods are calculated at FOB.

□ Share of the Contributions of the Industry

Refers to the proportion of the increment of the value-added of each industry to the increase of GDP.

□ Contribution of the Industry

Contribution is the driven percentage points to GDP growth. Contribution of the industry is the driven percentage points of each industry to GDP growth. Its calculation formula is:

Contribution (%) = share of contribution (%) × GDP growth rate (%)

第3章

人口与就业

POPULATION AND EMPLOYMENT

简要说明
BRIEF INTRODUCTION

本章内容主要包括全市的户籍人口、常住人口、第五、六次人口普查的主要数据，以及计划生育、就业、工资等情况，由市统计局人口就业处整理编辑。

户籍统计人口资料由市公安局提供；计划生育资料由市卫生和计划生育委员会提供；失业资料由市人力资源和社会保障局提供；常住人口、人口普查主要数据、就业和工资资料由市统计局人口就业处提供。

The data in this chapter include the basic statistics on the registered population, resident population and the main indicators in 5th and 6th population censuses, as well as the statistics on family planning, employment and wages. All the data are prepared and compiled by Division of Population and Employment Statistics, Chongqing Municipal Bureau of Statistics.

The data on registered population are provided by Chongqing Health and family planning Commission; the data on family planning are provided by Chongqing Population and Family Planning Commission; the data on unemployment are provided by Chongqing Municipal Human Resources and Social Security Bureau and the main indicators of resident population, population censuses, employment and wages are provided by Division of Population and Employment Statistics, Chongqing Municipal Bureau of Statistics.

表3.1 主要年份总户数、总人口（户籍统计）
TOTAL HOUSEHOLDS AND TOTAL POPULATION IN MAJOR YEARS (HOUSEHOLD REGISTRATION)

单位：万人(10 000 persons)

年 份 Year	总户数 (万户) Total Number of Households (10 000 households)	总人口 Total Population	按性别分 By Sex		按农业、非农业分 By Residence	
			男 Male	女 Female	农业 Agriculture	非农业 Non-agriculture
1952	401.93	1776.52	927.91	848.61		
1957	434.66	2005.18	1040.82	964.36	1692.77	312.41
1962	442.01	1797.19	916.99	880.20	1528.95	268.24
1965	455.55	1974.89	1010.19	964.70	1685.08	289.81
1970	518.02	2289.64	1173.57	1116.07	1989.66	299.98
1975	579.36	2592.59	1332.89	1259.70	2280.39	312.20
1978	601.07	2635.56	1357.98	1277.58	2304.66	330.90
1980	610.19	2664.79	1376.22	1288.57	2291.51	373.28
1985	684.46	2768.26	1437.35	1330.91	2310.89	457.37
1986	716.53	2807.60	1458.75	1348.85	2343.23	464.37
1987	751.96	2845.14	1478.88	1366.26	2370.06	475.08
1988	784.83	2873.34	1494.20	1379.14	2390.36	482.98
1989	812.65	2897.01	1507.74	1389.27	2405.25	491.76
1990	833.78	2920.90	1520.83	1400.07	2427.92	492.98
1991	844.66	2938.99	1531.11	1407.88	2439.61	499.38
1992	849.77	2950.78	1538.46	1412.32	2438.94	511.84
1993	855.75	2964.92	1546.50	1418.42	2438.27	526.65
1994	870.20	2985.59	1558.05	1427.54	2440.41	545.18
1995	879.35	3001.77	1566.86	1434.91	2442.33	559.44
1996	888.56	3022.77	1577.97	1444.80	2445.65	577.12
1997	897.78	3042.92	1588.10	1454.82	2448.34	594.58
1998	907.17	3059.69	1596.88	1462.81	2445.66	614.03
1999	922.73	3072.34	1602.42	1469.92	2437.18	635.16
2000	938.87	3091.09	1611.68	1479.41	2430.20	660.89
2001	950.56	3097.91	1614.91	1483.00	2408.39	689.52
2002	961.69	3113.83	1623.13	1490.70	2392.38	721.45
2003	977.01	3130.10	1631.66	1498.44	2376.18	753.92
2004	988.59	3144.23	1637.18	1507.05	2358.40	785.83
2005	1010.41	3169.16	1649.26	1519.90	2351.88	817.28
2006	1030.66	3198.87	1662.77	1536.10	2353.44	845.43
2007	1056.97	3235.32	1681.10	1554.22	2358.35	876.97
2008	1080.15	3257.05	1690.56	1566.49	2349.67	907.38
2009	1110.70	3275.61	1697.69	1577.92	2326.92	948.69
2010	1154.83	3303.45	1709.03	1594.42	2196.45	1107.00
2011	1205.20	3329.81	1720.53	1609.28	2052.17	1277.64
2012	1220.64	3343.44	1725.87	1617.57	2026.19	1317.25
2013	1236.78	3358.42	1731.82	1626.60	2014.37	1344.05

表3.2 主要年份人口自然变动（户籍统计）

POPULATION NATURAL DYNAMICS IN MAJOR YEARS (HOUSEHOLD REGISTRATION)

单位：万人、‰ (10 000 persons，‰)

年 份 Year	出 生 Birth		死 亡 Death		自然增长 Natural Growth	
	人 口 Population	出生率 Birth Rate	人 口 Population	死亡率 Death Rate	人 口 Population	自然增长率 Natural Growth Rate
1957	54.20	27.32	21.78	10.98	32.42	16.34
1962	43.72	24.36	27.87	15.53	15.85	8.83
1965	74.01	38.03	21.43	11.01	52.58	27.02
1970	87.78	38.99	22.11	9.82	65.67	29.17
1975	72.03	28.06	21.33	8.31	50.70	19.75
1978	26.09	9.91	17.18	6.52	8.91	3.39
1980	29.68	11.16	17.19	6.46	12.49	4.70
1985	36.13	13.10	18.76	6.80	17.37	6.30
1986	54.47	19.54	18.36	6.59	36.11	12.95
1987	48.72	17.24	18.42	6.52	30.30	10.72
1988	38.58	13.49	19.43	6.79	19.15	6.70
1989	39.79	13.79	19.99	6.93	19.80	6.86
1990	42.53	14.62	19.59	6.73	22.94	7.89
1991	37.61	12.83	19.20	6.55	18.41	6.28
1992	35.62	12.09	20.89	7.09	14.73	5.00
1993	35.75	12.09	20.23	6.84	15.52	5.25
1994	40.05	13.46	19.95	6.70	20.10	6.76
1995	39.39	13.16	21.45	7.17	17.94	5.99
1996	41.06	13.63	21.62	7.18	19.44	6.45
1997	36.99	12.20	20.95	6.91	16.04	5.29
1998	35.51	11.64	21.64	7.09	13.87	4.55
1999	30.68	10.01	20.68	6.74	10.00	3.27
2000	35.22	11.43	24.59	7.98	10.63	3.45
2001	26.26	8.48	18.76	6.06	7.50	2.42
2002	28.65	9.20	18.07	5.80	10.58	3.40
2003	30.00	9.61	18.05	5.78	11.95	3.83
2004	33.72	10.74	23.44	7.47	10.28	3.27
2005	30.66	9.71	13.88	4.40	16.78	5.31
2006	36.57	11.49	14.89	4.68	21.68	6.81
2007	44.66	13.88	16.56	5.15	28.10	8.73
2008	43.26	13.33	24.56	7.57	18.70	5.76
2009	40.82	12.50	26.13	8.00	14.69	4.50
2010	62.83	19.10	38.97	11.85	23.86	7.25
2011	41.27	12.44	19.55	5.90	21.72	6.54
2012	36.76	11.02	23.83	7.14	12.93	3.88
2013	35.81	10.69	20.17	6.02	15.64	4.67

表3.3 常住人口及城镇化率（1996－2013年）
RESIDENT POPULATION AND URBANIZATION RATE (1996-2013)

单位：万人 (10 000 persons)

年 份 Year	常住人口 Resident Population	其 中 of which 城 镇 Urban	 乡 村 Rural	城镇化率 (%) Urbanization Rate (%)
1996	2875.30	848.21	2027.09	29.5
1997	2873.36	890.74	1982.62	31.0
1998	2870.75	935.86	1934.89	32.6
1999	2860.37	981.11	1879.26	34.3
2000	2848.82	1013.88	1834.94	35.6
2001	2829.21	1058.12	1771.09	37.4
2002	2814.83	1123.12	1691.71	39.9
2003	2803.19	1174.55	1628.64	41.9
2004	2793.32	1215.42	1577.90	43.5
2005	2798.00	1265.95	1532.05	45.2
2006	2808.00	1311.29	1496.71	46.7
2007	2816.00	1361.35	1454.65	48.3
2008	2839.00	1419.09	1419.91	50.0
2009	2859.00	1474.92	1384.08	51.6
2010	2884.62	1529.55	1355.07	53.0
2011	2919.00	1605.96	1313.04	55.0
2012	2945.00	1678.11	1266.89	57.0
2013	2970.00	1732.76	1237.24	58.3

表3.4 1%人口抽样调查（2012－2013年）
1% SAMPLE SURVEY OF POPULATION (2012-2013)

单位：万人 (10 000 persons)

项　目	Item	2012	2013
常住人口	Resident Population	2945.00	2970.00
＃城　镇	Urban	1678.11	1732.76
乡　村	Rural	1266.89	1237.24
＃男　性	Male	1491.40	1503.28
女　性	Female	1453.60	1466.72
＃0-14岁	Aged 0-14	490.93	487.08
15-64岁	Aged 15-64	2113.04	2130.08
65岁及以上	Aged 65 and Over	341.03	352.84
外出人口	Population Outside Residential Area	1019.56	1043.13
＃外出至市外	Outside Chongqing	533.94	531.98
市外外来人口	Population from Other Areas to Chongqing	135.50	143.56
城镇化率（%）	Urbanization Rate (%)	56.98	58.34
都市功能核心区	Core Metropolitan Function Area	99.84	99.84
都市功能拓展区	Extended Metropolitan Function Area	76.49	77.92
城市发展新区	Newly Developed Urban Area	53.50	54.86
渝东南生态保护发展区	Southeastern Environment Protection Area	33.36	34.64
渝东北生态涵养发展区	Northeastern Ecological Conservation Area	40.44	41.80
出生人口	Births	31.84	30.67
出生率（‰）	Birth Rate (‰)	10.86	10.37
死亡人口	Deaths	20.11	20.02
死亡率（‰）	Death Rate (‰)	6.86	6.77
自然增长人口	Natural Growth	11.73	10.65
自然增长率（‰）	Natural Growth Rate (‰)	4.00	3.60

表3.5 第五次人口普查基本情况
BASIC STATISTICS ON THE 5TH NATIONAL POPULATION CENSUSES

指 标	Item	2000
总人口（万人）	**Total Population (10 000 persons)**	**2848.82**
男	Male	1460.57
女	Female	1388.25
性别比（女=100）	Sex Ratio (female=100)	105.21
家庭户户数（万户）	**Family Households (10 000 households)**	**923.4**
家庭户规模（人/户）	**Average Family Household Size (person/household)**	**3.02**
各年龄组人口（万人）	**Population by Age Group (10 000 persons)**	
0-14岁	Aged 0-14	665.20
15-64岁	Aged 15-64	1931.78
65岁及以上	Aged 65 and Over	251.84
预期寿命（岁）	**Life Expectancy (years old)**	**71.9**
城乡人口（万人）	**Population by Residence (10 000 persons)**	
城镇人口	Urban Population	1013.88
乡村人口	Rural Population	1834.94
民族人口（万人，%）	**Population by Ethnicity (10 000 persons, %)**	
汉 族	Han	2664.50
占总人口比重	Percentage to Total Population	93.5
少数民族	Ethnic Minorities	184.32
占总人口比重	Percentage to Total Population	6.5
每十万人拥有的各种受教育程度人口（人）	**Population with Various Education Attainment Per 100 000 Population (person)**	
大专及以上	Junior College and Above	3154
高中和中专	Senior Secondary/Secondary Technical School	8815
初 中	Junior Secondary School	27190
小 学	Primary School	42863
文盲人口及文盲率	**Illiterate Population and Illiterate Rate**	
文盲人口（万人）	Illiterate Population (10 000 persons)	212.24
文盲率（%）	Illiterate Rate (%)	9.7

注：此表为常住人口推算数据。
Note: The data in the table above are calculated on the basis of resident population.

表3.6 第六次人口普查基本情况
BASIC STATISTICS ON THE 6TH NATIONAL POPULATION CENSUSES

指　标	Item	2010
总人口（万人）	**Total Population (10 000 persons)**	**2884.62**
男	Male	1460.89
女	Female	1423.73
性别比（女=100）	Sex Ratio (female=100)	102.61
家庭户户数（万户）	**Family Households (10 000 households)**	**1000.10**
家庭户规模（人/户）	**Average Family Household Size (person/household)**	**2.70**
各年龄组人口（万人）	**Population by Age Group (10 000 persons)**	
0-14岁	Aged 0-14	489.80
15-64岁	Aged 15-64	2061.41
65岁及以上	Aged 65 and Over	333.41
预期寿命（岁）	**Life Expectancy (years old)**	**75.7**
城乡人口（万人）	**Population by Residence (10 000 persons)**	
城镇人口	Urban Population	1529.55
乡村人口	Rural Population	1355.07
民族人口（万人，%）	**Population by Ethnicity (10 000 persons, %)**	
汉　族	Han	2690.91
占总人口比重	Percentage to Total Population	93.3
少数民族	Ethnic Minorities	193.71
占总人口比重	Percentage to Total Population	6.7
每十万人拥有的各种受教育程度人口（人）	**Population with Various Education Attainment Per 100 000 Population (person)**	
大专及以上	Junior College and Above	8478
高中和中专	Senior Secondary/Secondary Technical School	13223
初　中	Junior Secondary School	33441
小　学	Primary School	33653
文盲人口及文盲率	**Illiterate Population and Illiterate Rate**	
文盲人口（万人）	Illiterate Population (10 000 persons)	121.52
文盲率 (%)	Illiterate Rate (%)	5.1

表3.7 六次人口普查主要指标
MAIN INDICATORS OF SIX POPULATION CENSUSES

单位：万人、%（10 000 persons，%）

普查时间	Census Time	总人口 Total Population 合 计 Total	男 Male	女 Female	性别比（女=100） Sex Ratio (female =100)	年平均增长率 Annual Average Growth Rate
第一次人口普查（1953年7月1日）	First Population Census (July 1, 1953)	1766.39	924.56	841.83	109.83	
第二次人口普查（1964年7月1日）	Second Population Census (July 1, 1964)	1889.17	969.02	920.15	105.31	0.61
第三次人口普查（1982年7月1日）	Third Population Census (July 1, 1982)	2705.89	1402.46	1303.43	107.60	2.02
第四次人口普查（1990年7月1日）	Fourth Population Census (July 1, 1990)	2886.62	1499.83	1386.79	108.15	0.81
第五次人口普查（2000年11月1日）（按常住人口推算）	Fifth Population Census (November 1, 2000)	2848.82	1460.57	1388.25	105.21	-0.13
第六次人口普查（2010年11月1）	Sixth Population Census (November 1，2010)	2884.62	1460.89	1423.73	102.61	0.12

表3.8 人口年龄结构和抚养比（1982－2013年）
AGE COMPOSITION AND DEPENDENCY RATIO OF POPULATION(1982-2013)

单位：万人(10 000 persons)

年份 Year	总人口(年末) Total Population (year-end)	0-14岁 Aged 0-14 人口数 Population	0-14岁 比重(%) Proportion	15-64岁 Aged 15-64 人口数 Population	15-64岁 比重(%) Proportion	65岁及以上 Aged 65 and over 人口数 Population	65岁及以上 比重(%) Proportion	总抚养比(%) Gross Dependency Ratio(%)	少儿抚养比(%) Children Dependency Ratio(%)	老年抚养比(%) Old Dependency Rati(%)
1982	2705.89	901.31	33.31	1676.02	61.94	128.56	4.75	61.45	53.78	7.67
1990	2886.62	626.27	21.70	2092.06	72.47	168.29	5.83	37.98	29.94	8.04
2000	2848.82	665.20	23.35	1931.78	67.81	251.84	8.84	47.47	34.43	13.04
2001	2829.21	643.93	22.76	1925.56	68.06	259.72	9.18	46.93	33.44	13.49
2002	2814.83	624.05	22.17	1922.81	68.31	267.97	9.52	46.40	32.46	13.94
2003	2803.19	615.58	21.96	1894.40	67.58	293.21	10.46	47.97	32.49	15.48
2004	2793.32	592.19	21.20	1896.66	67.90	304.47	10.90	47.27	31.22	16.05
2005	2798.00	576.39	20.60	1913.83	68.40	307.78	11.00	46.20	30.12	16.08
2006	2808.00	561.60	20.00	1934.71	68.90	311.69	11.10	45.14	29.03	16.11
2007	2816.00	543.49	19.30	1957.12	69.50	315.39	11.20	43.89	27.77	16.12
2008	2839.00	546.22	19.24	1973.39	69.51	319.39	11.25	43.86	27.68	16.18
2009	2859.00	544.93	19.06	1988.72	69.56	325.35	11.38	43.76	27.40	16.36
2010	2884.62	489.80	16.98	2061.41	71.46	333.41	11.56	39.93	23.76	16.17
2011	2919.00	493.02	16.89	2088.25	71.54	337.73	11.57	39.78	23.61	16.17
2012	2945.00	490.93	16.67	2113.04	71.75	341.03	11.58	39.37	23.23	16.14
2013	2970.00	487.08	16.40	2130.08	71.72	352.84	11.88	39.43	22.87	16.56

表3.9 计划生育基本情况（1986－2013年）
BASIC STATISTICS ON FAMILY PLANNING (1986-2013)

单位：万人、% (10 000 persons，%)

年 份 Year	政策性生育率 Policy Fertility Rate	已婚育龄妇女人数 Married Women at Childbearing Age	领独生子女证人数 Women with Only-child Certificates	领证率 Coverage of Only-child Certificates	采取节育措施人数 Women under Contraception	避孕率 Contraception Rate
1986	90.88	481.28	109.56	68.74	424.89	88.28
1987	90.16	503.67	126.44	71.91	451.19	89.58
1988	93.83	523.17	141.28	72.14	480.27	91.80
1989	92.78	540.80	151.72	70.35	491.35	90.86
1990	94.15	560.09	166.56	70.53	512.38	91.48
1991	95.11	577.54	178.27	69.31	527.88	91.40
1992	95.83	589.35	188.00	68.34	538.37	91.35
1993	93.23	599.23	199.97		548.27	91.50
1994	86.58	611.48	206.76		559.62	91.52
1995	89.22	625.71	220.32		573.38	91.64
1996	88.73	637.31	227.59	65.45	587.93	92.25
1997	91.94	644.56	230.99	64.11	588.75	91.34
1998	85.06	644.68	219.05	59.69	589.28	91.40
1999	94.09	640.70	214.79	57.43	587.94	91.77
2000	91.26	639.20	217.43	57.11	589.95	92.29
2001	91.05	632.25	203.30	53.04	583.65	92.31
2002	92.19	620.38	180.36	47.65	571.18	92.07
2003	92.39	622.26	195.38	51.11	571.87	91.90
2004	92.95	615.20	200.49	52.42	564.60	91.77
2005	92.57	618.97	212.37	55.08	569.74	92.05
2006	90.93	626.73	203.23	52.07	572.73	91.38
2007	75.62	637.95	198.86	51.62	579.79	90.88
2008	85.05	501.74	131.84	43.54	454.63	90.61
2009	89.91	494.34	138.22	46.04	449.13	90.85
2010	89.06	500.02	133.28	43.93	454.08	90.81
2011	86.95	495.79	124.73	41.89	440.87	88.92
2012	87.59	490.02	95.81	35.49	390.57	79.70
2013	86.83	503.86	94.38	34.84	404.37	80.25

表3.10 从业人员基本情况（1985 – 2013年）
BASIC STATISTICS ON EMPLOYMENT (1985-2013)

单位：万人 (10 000 persons)

年 份 Year	从业人员总计 Total Number of Employed Persons	其 中 of which #城 镇 Urban Areas	按经济类型分 By Ownership 国 有 State-owned	集 体 Collective-owned	私营和个体 Private and Individuals	其 他 Others
1985	1432.03	269.37				
1986	1469.13	275.35				
1987	1507.33	282.39				
1988	1512.49	288.70				
1989	1540.03	291.29				
1990	1569.34	296.92				
1991	1620.67	307.87				
1992	1662.58	313.51				
1993	1658.95	310.05				
1994	1729.55	326.75				
1995	1709.26	347.06				
1996	1719.43	463.98	198.16	1228.60	280.24	12.43
1997	1715.40	483.74	189.07	1201.03	307.29	18.01
1998	1710.97	505.22	175.52	1176.65	334.24	24.56
1999	1699.06	518.40	161.15	1151.98	354.15	31.78
2000	1661.16	528.97	149.28	1109.96	365.86	36.06
2001	1616.08	539.80	136.63	1058.10	379.86	41.49
2002	1551.77	549.17	130.66	975.92	395.96	49.23
2003	1499.99	560.28	125.88	903.90	412.41	57.80
2004	1471.34	573.97	124.72	854.48	425.18	66.96
2005	1456.30	589.27	123.50	822.48	437.72	72.60
2006	1454.77	602.99	123.90	789.42	457.52	83.93
2007	1468.87	631.65	115.79	765.19	484.88	103.01
2008	1492.43	665.74	119.83	746.54	514.89	111.17
2009	1513.00	696.82	119.79	727.99	546.66	118.56
2010	1539.95	733.70	125.29	701.34	583.02	130.30
2011	1585.16	790.70	131.00	647.82	628.15	178.19
2012	1633.14	856.17	128.53	627.67	662.74	214.20
2013	1683.51	923.28	121.22	593.75	696.83	271.71

表3.10 续表 continued

单位：万人 (10 000 persons)

年 份 Year	按产业分 By Sector			分产业比重（%） Compositon by Sector		
	第一产业 Primary Industry	第二产业 Secondary Industry	第三产业 Tertiary Industry	第一产业 Primary Industry	第二产业 Secondary Industry	第三产业 Tertiary Industry
1985	1042.22	223.37	166.44	72.8	15.6	11.6
1986	1048.32	241.66	179.15	71.4	16.4	12.2
1987	1064.06	258.93	184.34	70.6	17.2	12.2
1988	1056.49	262.83	193.17	69.8	17.4	12.8
1989	1082.41	263.81	193.81	70.3	17.1	12.6
1990	1103.04	263.86	202.44	70.3	16.8	12.9
1991	1130.47	275.72	214.48	69.8	17.0	13.2
1992	1118.59	277.77	266.22	67.3	16.7	16.0
1993	1088.70	287.88	282.37	65.6	17.4	17.0
1994	1062.90	301.13	365.52	61.5	17.4	21.1
1995	1018.30	310.88	380.08	59.6	18.2	22.2
1996	1001.89	320.31	397.23	58.3	18.6	23.1
1997	989.07	313.77	412.56	57.6	18.3	24.1
1998	979.48	303.18	428.31	57.3	17.7	25.0
1999	959.71	296.12	443.23	56.5	17.4	26.1
2000	920.92	290.23	450.01	55.4	17.5	27.1
2001	870.52	287.31	458.25	53.9	17.8	28.3
2002	801.04	285.09	465.64	51.6	18.4	30.0
2003	742.90	280.83	476.26	49.5	18.7	31.8
2004	704.22	280.73	486.39	47.8	19.1	33.1
2005	678.32	283.08	494.90	46.6	19.4	34.0
2006	664.35	286.46	503.96	45.7	19.7	34.6
2007	658.52	294.43	515.92	44.8	20.1	35.1
2008	652.19	307.66	532.58	43.7	20.6	35.7
2009	638.08	326.04	548.88	42.2	21.5	36.3
2010	621.29	351.86	566.80	40.3	22.9	36.8
2011	604.38	390.80	589.98	38.1	24.7	37.2
2012	592.59	422.73	617.82	36.3	25.9	37.8
2013	580.92	452.21	650.38	34.5	26.9	38.6

表3.11 从业人员年末数（1999－2013年）

NUMBER OF EMPLOYED PERSONS AT YEAR-END (1999-2013)

单位：万人 (10 000 persons)

指　标	Item	1999	2000	2001	2002	2003	2004	2005
从业人员总计	**Total Number of Employed Persons**	**1699.06**	**1661.16**	**1616.08**	**1551.77**	**1499.99**	**1471.34**	**1456.30**
城　镇	Urban	518.40	528.97	539.80	549.17	560.28	573.97	589.27
乡　村	Rural	1180.66	1132.19	1076.28	1002.60	939.71	897.37	867.03
按经济类型分	**By Ownership**							
国有经济	State-owned	161.15	149.28	136.63	130.66	125.88	124.72	123.50
集体经济	Collective-owned	1151.98	1109.96	1058.10	975.92	903.90	854.48	822.48
私　营	Private	66.43	74.92	84.44	95.22	105.95	112.91	118.48
个　体	Individual	287.72	290.94	295.42	300.74	306.46	312.27	319.24
其他经济	Others	31.78	36.06	41.49	49.23	57.80	66.96	72.60
#联　营	Joint Ownership	0.63	0.86	4.11	4.93	5.78	6.84	5.57
股份制	Shareholding	10.95	11.49	13.21	15.55	15.72	16.71	14.84
外商投资	Foreign-funded	2.42	2.74	2.86	2.91	3.23	4.16	4.86
港澳台投资	With Funds from Hong Kong, Macao and Taiwan	2.50	2.44	2.66	2.25	2.55	2.33	2.32
按行业分	**Grouped By Sector**							
第一产业	Primary Industry	959.71	920.92	870.52	801.04	742.90	704.22	678.32
第二产业	Secondary Industry	296.12	290.23	287.31	285.09	280.83	280.73	283.08
采矿业	Mining	17.89	16.59	15.72	15.14	14.00	14.14	14.66
制造业	Manufacturing	160.07	156.02	152.59	149.91	146.38	144.23	144.46
电力、热力、燃气及水生产和供应业	Electric Power, Heat, Gas and Water Production and Supply	6.18	6.20	6.22	6.26	6.27	6.32	6.52
建筑业	Construction	111.98	111.42	112.78	113.78	114.18	116.04	117.44
第三产业	Tertiary Industry	443.23	450.01	458.25	465.64	476.26	486.39	494.90
交通运输、仓储及邮政业	Traffic, Transport, Storage and Post	40.02	40.23	40.93	41.02	42.11	43.25	44.29
信息传输、软件和信息技术服务业	Information Transmission, Software and IT Service	5.60	5.91	6.03	6.14	6.34	6.58	7.03
批发与零售业	Wholesale and Retail Trade	113.05	115.65	117.43	118.87	120.03	121.16	122.88
住宿和餐饮业	Hotels and Catering Services	70.18	70.52	71.14	72.03	73.36	74.27	75.40
金融业	Financial Intermediation	6.38	6.41	6.46	6.53	6.61	6.65	6.76
房地产业	Real Estate	4.88	5.03	5.11	5.22	5.45	6.11	6.83
租赁与商务服务业	Leasing and Business Services	16.09	16.34	16.95	17.53	18.23	19.33	19.97
科学研究、技术服务业	Scientific Research and Technical Services	7.58	7.71	7.96	8.15	8.25	8.35	8.39
水利、环境和公共设施管理业	Management of Water Conservancy, Environment and Public Facilities	5.26	5.31	5.40	5.50	5.56	5.71	5.76
居民服务、修理和其他服务业	Services to Households, Repair and Other Services	108.75	110.16	112.59	115.05	118.23	122.36	124.75
教　育	Education	29.79	30.59	31.69	32.09	33.33	33.68	33.91
卫生和社会工作	Health and Social Work	12.98	13.00	13.08	13.18	13.41	13.50	13.51
文化、体育与娱乐业	Culture, Sports and Entertainment	2.73	2.74	2.79	2.84	2.88	2.94	2.96
公共管理、社会保障和社会组织	Public Management, Social Security and Social Organizations	19.94	20.41	20.69	21.49	22.47	22.50	22.46

表3.11 续表 continued

单位：万人 (10 000 persons)

指　标	Item	2006	2007	2008	2009	2010	2011	2012	2013
从业人员总计	**Total Number of Employed Persons**	**1454.77**	**1468.87**	**1492.43**	**1513.00**	**1539.95**	**1585.16**	**1633.14**	**1683.51**
城　镇	Urban	602.99	631.65	665.74	696.82	733.70	790.70	856.17	923.28
乡　村	Rural	851.78	837.22	826.69	816.18	806.25	794.46	776.97	760.23
按经济类型分	**By Ownership**								
国有经济	State-owned	123.90	115.79	119.83	119.79	125.29	131.00	128.53	121.22
集体经济	Collective-owned	789.42	765.19	746.54	727.99	701.34	647.82	627.67	593.75
私　营	Private	130.28	151.49	175.00	203.50	235.10	271.87	297.18	320.64
个　体	Individual	327.24	333.39	339.89	343.16	347.92	356.28	365.56	376.19
其他经济	Others	83.93	103.01	111.17	118.56	130.30	178.19	214.20	271.71
#联　营	Joint Ownership	4.62	2.03	1.95	2.56	2.36	1.55	1.60	0.41
股份制	Shareholding	12.86	16.47	21.04	22.48	24.91	30.00	36.15	34.43
外商投资	Foreign-funded	5.01	7.06	7.33	8.47	9.43	13.14	13.98	19.56
港澳台投资	With Funds from Hong Kong, Macao and Taiwan	2.33	2.80	2.40	3.89	5.20	14.55	16.67	17.95
按行业分	**Grouped By Sector**								
第一产业	Primary Industry	664.35	658.52	652.19	638.08	621.29	604.38	592.59	580.92
第二产业	Secondary Industry	286.46	294.43	307.66	326.04	351.86	390.80	422.73	452.21
采矿业	Mining	14.77	16.83	19.77	22.24	24.84	28.11	30.63	30.86
制造业	Manufacturing	145.72	148.33	152.11	159.37	168.67	190.51	206.49	216.36
电力、热力、燃气及水生产和供应业	Electric Power, Heat, Gas and Water Production and Supply	6.85	7.14	7.43	7.91	8.20	8.54	9.41	8.93
建筑业	Construction	119.12	122.13	128.35	136.52	150.15	163.64	176.20	196.06
第三产业	Tertiary Industry	503.96	515.92	532.58	548.88	566.80	589.98	617.82	650.38
交通运输、仓储及邮政业	Traffic, Transport, Storage and Post	45.05	46.17	47.25	48.42	50.12	53.49	56.88	61.27
信息传输、软件和信息技术服务业	Information Transmission, Software and IT Service	7.39	8.09	8.58	8.85	9.34	10.57	12.34	13.98
批发与零售业	Wholesale and Retail Trade	125.63	127.29	131.46	134.72	138.22	142.25	147.18	153.40
住宿和餐饮业	Hotels and Catering Services	77.22	78.76	80.28	82.64	85.07	88.22	91.19	92.94
金融业	Financial Intermediation	6.90	8.03	9.09	9.74	10.85	12.34	14.09	14.37
房地产业	Real Estate	7.74	8.81	10.24	12.02	14.66	16.83	19.63	24.69
租赁与商务服务业	Leasing and Business Services	19.97	21.41	22.50	23.41	24.63	26.31	28.20	31.34
科学研究、技术服务业	Scientific Research and Technical Services	8.43	8.57	8.75	8.93	9.05	9.44	10.51	11.64
水利、环境和公共设施管理业	Management of Water Conservancy, Environment and Public Facilities	5.94	6.19	6.44	6.78	7.03	7.45	8.13	8.52
居民服务、修理和其他服务业	Services to Households, Repair and Other Services	126.15	126.62	129.21	131.76	132.97	133.83	134.82	135.82
教　育	Education	34.20	35.01	36.02	36.91	38.17	39.88	41.74	44.48
卫生和社会工作	Health and Social Work	13.65	13.94	14.55	15.38	16.10	17.42	18.95	21.67
文化、体育与娱乐业	Culture, Sports and Entertainment	3.05	3.44	3.88	4.08	4.30	4.64	5.22	5.97
公共管理、社会保障和社会组织	Public Management, Social Security and Social Organizations	22.64	23.59	24.33	25.24	26.29	27.31	28.94	30.29

表3.12 城镇从业人员年末数（2012－2013年）

NUMBER OF EMPLOYED PERSONS IN URBAN UNITS AT YEAR-END (2012-2013)

单位：万人 (10 000 persons)

指　标	Item	2012	2013
从业人员总计	**Total Number of Employed Persons**	**856.17**	**923.28**
按经济类型分	**By Ownership**		
国有经济	State-owned	128.53	121.22
集体经济	Collective-owned	30.96	26.37
私　营	Private	255.77	270.07
个　体	Individual	226.71	233.91
其他经济	Others	214.20	271.71
#联　营	Joint Ownership	1.60	0.41
股份制	Shareholding	36.15	34.43
外商投资	Foreign-funded	13.98	19.56
港澳台投资	With Funds from Hong Kong, Macao and Taiwan	16.67	17.95
按行业分	**Grouped By Sector**		
第一产业	Primary Industry	38.36	37.43
第二产业	Secondary Industry	367.99	405.74
采矿业	Mining	24.14	24.39
制造业	Manufacturing	177.86	189.55
电力、热力、燃气及水生产和供应业	Electric Power, Heat, Gas and Water Production and Supply	9.41	8.93
建筑业	Construction	156.58	182.87
第三产业	Tertiary Industry	449.82	480.11
交通运输、仓储及邮政业	Traffic, Transport, Storage and Post	34.51	38.68
信息传输、软件和信息技术服务业	Information Transmission, Software and IT Service	12.06	13.95
批发与零售业	Wholesale and Retail Trade	101.88	109.18
住宿和餐饮业	Hotels and Catering Services	62.58	63.53
金融业	Financial Intermediation	14.09	14.37
房地产业	Real Estate	19.63	24.69
租赁与商务服务业	Leasing and Business Services	19.97	21.43
科学研究、技术服务业	Scientific Research and Technical Services	8.76	9.68
水利、环境和公共设施管理业	Management of Water Conservancy, Environment and Public Facilities	5.89	6.07
居民服务、修理和其他服务业	Services to Households, Repair and Other Services	83.78	85.63
教　育	Education	38.89	40.85
卫生和社会工作	Health and Social Work	17.32	19.55
文化、体育与娱乐业	Culture, Sports and Entertainment	4.66	5.48
公共管理、社会保障和社会组织	Public Management, Social Security and Social Organizations	25.80	27.02

表3.13 主要年份城镇非私营单位职工人数
NUMBER OF STAFF AND WORKERS OF URBAN NON-PRIVATE UNITS IN MAJOR YEARS

单位：万人 (10 000 persons)

年 份 Year	合 计 Total	按产业分 By Three Strata of Industry			按经济类型分 By Status of Registration		
		第一产业 Primary Industry	第二产业 Secondary Industry	第三产业 Tertiary Industry	国 有 State-owned	集 体 Collective--owned	其 他 Others
1949	5.34				5.34		
1952	47.62				47.62		
1957	71.19				71.19		
1962	80.79				80.79		
1965	91.96				91.96		
1970	109.98				109.98		
1975	127.99				127.99		
1978	154.44				154.44		
1980	220.06				162.97	57.09	
1985	257.63	4.80	144.90	107.93	186.74	70.81	0.08
1986	264.01	4.79	151.13	108.09	191.47	72.43	0.11
1987	270.46	5.39	153.80	111.27	196.79	73.36	0.31
1988	277.70	5.45	157.28	114.97	201.88	75.42	0.40
1989	280.69	5.66	158.65	116.38	205.98	74.01	0.70
1990	285.68	5.68	159.47	120.53	209.61	75.16	0.91
1991	293.59	5.68	163.94	123.97	215.78	76.58	1.23
1992	297.07	5.46	165.35	126.26	218.41	76.94	1.72
1993	290.02	4.16	164.74	121.12	215.05	70.79	4.18
1994	293.23	4.24	162.90	126.09	212.02	71.03	10.18
1995	294.25	4.35	160.58	129.32	212.34	69.85	12.06
1996	294.63	4.43	159.37	130.83	214.01	67.47	13.15
1997	289.29	4.13	153.73	131.43	211.13	61.64	16.52
1998	236.61	3.83	115.89	116.89	172.24	40.91	23.46
1999	222.34	3.58	106.07	112.69	158.64	35.54	28.16
2000	208.87	3.43	96.01	109.43	146.91	29.74	32.22
2001	201.23	2.94	91.73	106.56	134.79	23.77	42.67
2002	199.93	2.64	92.63	104.66	128.41	20.82	50.70
2003	204.99	2.46	97.56	104.97	121.27	18.94	64.78
2004	208.04	2.35	100.50	105.19	120.85	16.85	70.34
2005	209.66	2.14	101.00	106.52	120.09	13.66	75.91
2006	212.97	2.12	102.22	108.63	120.37	12.22	80.38
2007	220.84	1.80	104.87	114.17	112.55	10.63	97.66
2008	229.59	1.80	108.92	118.87	115.19	10.23	104.17
2009	234.90	1.68	111.88	121.34	114.32	9.88	110.70
2010	250.22	1.79	121.20	127.23	118.76	10.26	121.20
2011	292.10	1.51	149.34	141.25	116.47	9.88	165.75
2012	334.37	1.26	176.74	156.37	123.45	9.47	201.45
2013	375.36	1.07	194.49	179.80	114.74	8.47	252.15

注：“城镇非私营单位”与原“城镇经济单位”口径相同（以下各表同）。

Note: The scope of "urban economic units" is identical to the former "urban non-private units"(the same for the tables below).

表3.14 主要年份城镇非私营单位职工工资总额

TOTAL WAGES OF STAFF AND WORKERS OF URBAN NON-PRIVATE ECONOMIC UNITS IN MAJOR YEARS

单位：万元 (10 000 yuan)

年份 Year	合计 Total Wages	按产业分 By Three Strata of Industry			按经济类型分 By Status of Registration		
		第一产业 Primary Industry	第二产业 Secondary Industry	第三产业 Tertiary Industry	国有 State-owned	集体 Collective-owned	其他 Others
1949	1368				1368		
1952	18577				18577		
1957	37710				37710		
1962	45532				45532		
1965	51159				51159		
1970	60866				60866		
1975	74645				74645		
1978	91615				91615		
1980	159426				125305	34121	
1985	259688	4528	149468	105692	195684	63939	65
1986	300882	4960	177126	118796	233311	67396	175
1987	349808	5802	206458	137548	271210	78190	408
1988	435140	6771	256248	172121	340494	94048	598
1989	497553	7713	294228	195612	392179	104065	1309
1990	573310	8232	335056	230022	454776	116718	1816
1991	637968	9313	373271	255384	501204	134105	2659
1992	728780	10757	415886	302137	577638	146315	4827
1993	831520	8623	489684	333213	664939	152705	13876
1994	1144546	12990	618503	513053	902585	190980	50981
1995	1309344	15878	715405	578061	1016056	222720	70568
1996	1454905	18116	782060	654729	1132834	237510	84561
1997	1580484	17286	828011	735187	1225441	244245	110798
1998	1588049	18478	815904	753667	1223697	201028	163324
1999	1606804	19304	760591	826909	1207329	184757	214718
2000	1732318	20606	777295	934417	1290215	176693	265410
2001	1941508	21510	833110	1086888	1381940	158228	401340
2002	2196175	21857	921105	1253213	1520518	159655	516002
2003	2535070	22059	1104724	1408287	1661336	160049	713685
2004	2939800	23358	1291498	1624944	1904154	164332	871314
2005	3458237	23019	1503886	1931332	2224886	157943	1075408
2006	4034057	26173	1757357	2250527	2542465	165315	1326277
2007	4998743	27226	2111205	2860312	2814125	160900	2023718
2008	6137760	30232	2592679	3514849	3390954	177772	2569034
2009	7161387	31720	2989883	4139784	3855720	198908	3106759
2010	8629547	37250	3690436	4901861	4435431	242086	3952030
2011	11565329	48201	5241459	6275669	5206171	274421	6084737
2012	14791899	42564	6739973	8009362	6278652	280113	8233134
2013	18702874	37727	8741241	9923906	6475086	293061	11934727

表3.15 主要年份城镇非私营单位职工平均工资
AVERAGE WAGES OF STAFF AND WORKERS OF URBAN NON-PRIVATE UNITS IN MAJOR YEARS

单位：元 (yuan)

年 份 Year	平均工资 Average Wages	按产业分 By Industry			按经济类型分 By Registration		
		第一产业 Primary Industry	第二产业 Secondary Industry	第三产业 Tertiary Industry	国 有 State-owned	集 体 Collective--owned	其 他 Others
1949	284				284		
1952	330				330		
1957	535				535		
1962	448				448		
1965	588				588		
1970	581				581		
1975	588				588		
1978	632				632		
1980	737				783	606	
1985	1038				1110	930	861
1986	1154	1034	1197	1100	1234	941	1842
1987	1309	1140	1354	1254	1397	1073	1943
1988	1588	1249	1647	1522	1708	1264	1685
1989	1782	1388	1863	1691	1923	1393	2380
1990	2025	1452	2106	1942	2189	1565	2256
1991	2203	1640	2308	2089	2356	1768	2485
1992	2468	1931	2526	2415	2661	1906	3273
1993	2833	1793	2967	2694	3068	2067	4704
1994	3925	3093	3776	4151	4227	2693	7100
1995	4508	3657	4423	4527	4789	3162	6346
1996	5010	4127	4889	5033	5352	3603	6607
1997	5502	4188	5412	5649	5828	4016	6845
1998	6433	4713	6529	6394	6732	4891	6907
1999	7182	5296	7184	7240	7541	5200	7641
2000	8020	5884	7704	8372	7431	4534	7450
2001	9523	6521	8925	10053	10035	6614	9503
2002	10960	7587	9905	11905	11745	7601	10339
2003	12440	8877	11425	13462	13616	8552	11316
2004	14357	9871	13125	15624	15847	9839	12831
2005	16630	10676	14962	18345	18614	11614	14373
2006	19215	12279	17434	21031	21402	13522	16805
2007	23098	14852	20703	25401	25365	15149	21336
2008	26985	16571	24134	29736	29761	17444	24864
2009	30965	18864	27445	34313	34023	20337	28723
2010	35326	20894	31555	39043	38075	24205	33552
2011	40042	31868	35592	45353	44585	28490	37543
2012	45392	34585	39477	52038	51675	30626	42173
2013	51015	36006	46476	55913	57271	34852	48684

表3.16 城镇非私营单位职工人数（2012－2013年）
NUMBER OF STAFF AND WORKERS IN NON-PRIVATE ECONOMIC UNITS (2012-2013)

单位：万人 (10 000 persons)

指　标	Item	合　计 Total		其中 of which			
				#国　有 State-owned		#集　体 Collective-owned	
		2012	2013	2012	2013	2012	2013
总　计	**Total**	**334.37**	**375.36**	**123.45**	**114.74**	**9.47**	**8.47**
按企业、事业、机关分	**By Corporation, Institution and Agency**						
企　业	Corporations	247.90	286.52	40.87	36.35	7.93	6.80
事　业	Institutions	61.94	63.86	59.04	55.56	1.51	1.62
机　关	Agencies	24.53	24.98	23.54	22.83	0.03	0.05
按行业分	**By Sector**						
第一产业	Primary Industry	1.26	1.07	0.99	0.81	0.06	0.06
第二产业	Secondary Industry	176.74	194.49	17.40	10.10	6.61	5.71
采矿业	Mining	10.35	9.97	2.29	0.93	0.58	0.47
制造业	Manufacturing	80.43	84.27	5.05	3.27	1.41	0.95
电力、热力、燃气及水生产和供应业	Electric Power, Heat, Gas and Water Production and Supply	7.24	6.64	2.23	0.81	0.13	0.12
建筑业	Construction	78.72	93.61	7.83	5.09	4.49	4.17
第三产业	Tertiary Industry	156.37	179.80	105.06	103.83	2.80	2.70
交通运输、仓储及邮政业	Traffic, Transport, Storage and Post	15.46	24.45	11.72	9.94	0.24	0.24
信息传输、软件和信息技术服务业	Information Transmission, Software and IT Service	3.89	4.82	0.73	0.32		0.01
批发与零售业	Wholesale and Retail Trade	19.45	21.46	3.15	1.76	0.45	0.43
住宿和餐饮业	Hotels and Catering Services	6.97	6.73	0.70	0.54	0.24	0.20
金融业	Financial Intermediation	8.38	8.90	3.56	3.86		
房地产业	Real Estate	7.60	9.74	1.16	0.84	0.08	0.07
租赁与商务服务业	Leasing and Business Services	6.00	9.05	2.28	2.13	0.26	0.09
科学研究、技术服务业	Scientific Research and Technical Services	5.53	6.04	3.54	3.78	0.08	0.07
水利、环境和公共设施管理业	Management of Water Conservancy, Environment and Public Facilities	4.10	4.69	3.18	3.34	0.25	0.27
居民服务、修理和其他服务业	Services to Households, Repair and Other Services	0.92	1.28	0.12	0.15	0.06	0.06
教　育	Education	35.44	37.08	33.80	34.64	0.12	0.16
卫生和社会工作	Health and Social Work	12.93	15.29	11.70	13.08	1.01	1.09
文化、体育与娱乐业	Culture, Sports and Entertainment	2.56	2.55	2.28	1.73	0.01	0.01
公共管理、社会保障和社会组织	Public Management, Social Security and Social Organizations	27.14	27.72	27.14	27.72		

表3.17 城镇非私营单位职工工资总额（2012－2013年）

TOTAL WAGE OF STAFF AND WORKERS OF URBAN NON-PRIVATE ECONOMIC UNITS (2012-2013)

单位：万元 (10 000 yuan)

指 标	Item	合 计 Total		其 中 of which #国 有 State-owned		#集 体 Collective-owned	
		2012	2013	2012	2013	2012	2013
总 计	**Total**	**14791899**	**18702874**	**6278652**	**6475086**	**280113**	**293061**
按企业、事业、机关分	**By Corporation, Institution and Agency**						
企 业	Corporations	10631819	13976912	2267158	2434512	224934	228904
事 业	Institutions	2989667	3486106	2871273	2908005	54401	62739
机 关	Agencies	1170413	1239856	1140221	1132569	778	1418
按行业分	**By Sector**						
第一产业	Primary Industry	42564	37727	35703	30441	1817	1837
第二产业	Secondary Industry	6739973	8741241	747521	479121	188702	195712
采矿业	Mining	436385	446959	118168	48373	22123	15312
制造业	Manufacturing	3170137	3929510	229053	171374	40112	28137
电力、热力、燃气及水生产和供应业	Electric Power, Heat, Gas and Water Production and Supply	463506	485304	125919	45242	3271	3447
建筑业	Construction	2669945	3879468	274381	214132	123196	148816
第三产业	Tertiary Industry	8009362	9923906	5495428	5965524	89594	95512
交通运输、仓储及邮政业	Traffic, Transport, Storage and Post	735661	1342012	581477	630581	7373	8212
信息传输、软件和信息技术服务业	Information Transmission, Software and IT Service	275199	356662	37318	16083	203	158
批发与零售业	Wholesale and Retail Trade	763800	951574	175574	135466	10050	10159
住宿和餐饮业	Hotels and Catering Services	194176	216768	21484	17659	5934	5445
金融业	Financial Intermediation	1011255	1122542	399453	468573	44	28
房地产业	Real Estate	345439	481565	48848	27269	4031	3976
租赁与商务服务业	Leasing and Business Services	196502	346853	83284	88720	7635	2780
科学研究、技术服务业	Scientific Research and Technical Services	398246	485522	238082	276930	3029	2975
水利、环境和公共设施管理业	Management of Water Conservancy, Environment and Public Facilities	126719	159261	101781	114355	5871	6666
居民服务、修理和其他服务业	Services to Households, Repair and Other Services	28799	45533	4968	5969	1848	2090
教 育	Education	1749214	1949950	1678734	1851006	4472	6558
卫生和社会工作	Health and Social Work	768987	954304	723108	863511	38781	45901
文化、体育与娱乐业	Culture, Sports and Entertainment	121383	137514	107335	95556	323	564
公共管理、社会保障和社会组织	Public Management, Social Security and Social Organizations	1293982	1373846	1293982	1373846		

表3.18 城镇非私营单位就业人员平均工资（2012－2013年）
AVERAGE WAGE OF EMPLOYED PERSONS OF URBAN NON-PRIVATE ECONOMIC UNITS (2012-2013)

单位：元(yuan)

指　标	Item	就业人员平均工资 Average Wage of Employed Persons		其 中 of which					
				# 职工平均工资 Average Wage of Employees		其 中 of which			
						#国　有 State-owned		#集　体 Collective-owned	
		2012	2013	2012	2013	2012	2013	2012	2013
总　计	**Total**	**44498**	**50006**	**45392**	**51015**	**51675**	**57271**	**30626**	**34852**
按企业、事业、机关分	**By Corporation, Institution and Agency**								
企　业	Corporations	43444	49247	44222	50138	56831	68133	29456	37044
事　业	Institutions	47783	53891	48876	55286	49253	53186	36804	28759
机　关	Agencies	47439	49231	48907	50438	48913	49918	38500	39378
按行业分	**By Sector**								
第一产业	Primary Industry	34254	35415	34585	36006	36762	38195	28747	29258
第二产业	Secondary Industry	39257	46137	39477	46476	44185	49090	29764	34262
采矿业	Mining	41848	45092	41888	45023	50584	51210	38548	33930
制造业	Manufacturing	40448	47621	40653	47901	44817	51283	28357	29410
电力、热力、燃气及水生产和供应业	Electric Power, Heat, Gas and Water Production and Supply	63028	67647	63992	69263	56915	56188	26087	29015
建筑业	Construction	35581	43375	35557	43535	37800	45866	29151	35556
第三产业	Tertiary Industry	50316	54164	52038	55913	53038	58199	32660	36266
交通运输、仓储及邮政业	Traffic, Transport, Storage and Post	48702	55089	49078	55944	51075	65363	31453	34976
信息传输、软件和信息技术服务业	Information Transmission, Software and IT Service	70598	73598	71063	73852	48610	50024	48333	52667
批发与零售业	Wholesale and Retail Trade	39568	44484	39821	44945	56294	76651	22403	24573
住宿和餐饮业	Hotels and Catering Services	27936	31090	28042	31256	30806	33149	24470	28211
金融业	Financial Intermediation	87720	100437	124041	130230	114888	122743	36667	25818
房地产业	Real Estate	46012	50317	46453	50951	43552	32306	55216	54022
租赁与商务服务业	Leasing and Business Services	33512	37097	33530	39162	36961	42373	30710	33332
科学研究、技术服务业	Scientific Research and Technical Services	71712	78204	72760	80073	67727	73636	39599	40861
水利、环境和公共设施管理业	Management of Water Conservancy, Environment and Public Facilities	30555	34480	32055	34787	32860	35070	24503	26707
居民服务、修理和其他服务业	Services to Households, Repair and Other Services	31991	35535	32117	35955	41126	40828	30201	33822
教　育	Education	48581	51560	49812	53018	50141	53882	37995	40255
卫生和社会工作	Health and Social Work	60072	62470	60864	63973	63217	67760	39408	42846
文化、体育与娱乐业	Culture, Sports and Entertainment	46882	53723	47622	54360	47305	55815	27871	43705
公共管理、社会保障和社会组织	Public Management, Social Security and Social Organizations	46751	48733	48153	49954	48153	49954		

表3.19 城镇非私营单位就业人员工资总额（2012－2013年）

TOTAL WAGE BILL OF EMPLOYMENT OF URBAN NON-PRIVATE UNITS (2012-2013)

单位：万元 (10 000 yuan)

指 标	Item	合 计 Total		其中 of which #国 有 State-owned		#集 体 Collective-owned	
		2012	2013	2012	2013	2012	2013
总 计	**Total**	**15335814**	**19602991**	**6418205**	**6667337**	**291574**	**310994**
按企业、事业、机关分	**By Corporation, Institution and Agency**						
企 业	Corporations	11077675	14764723	2316039	2532864	235264	241893
事 业	Institutions	3062304	3577116	2938520	2983886	55532	67645
机 关	Agencies	1195835	1261152	1163646	1150587	778	1456
按行业分	**By Sector**						
第一产业	Primary Industry	43407	39715	35993	30662	1822	1839
第二产业	Secondary Industry	7045143	9247852	783068	518040	197700	206863
采矿业	Mining	437823	455976	118396	48420	22130	15338
制造业	Manufacturing	3228319	4014710	233671	174899	42025	29597
电力、热力、燃气及水生产和供应业	Electric Power, Heat, Gas and Water Production and Supply	472278	496767	127975	45609	3300	3478
建筑业	Construction	2906723	4280399	303026	249112	130245	158450
第三产业	Tertiary Industry	8247264	10315424	5599144	6118635	92052	102292
交通运输、仓储及邮政业	Traffic, Transport, Storage and Post	743072	1411191	586662	671316	8005	9023
信息传输、软件和信息技术服务业	Information Transmission, Software and IT Service	277021	360806	38173	16119	203	158
批发与零售业	Wholesale and Retail Trade	772642	969468	177207	137352	10259	10329
住宿和餐饮业	Hotels and Catering Services	197592	221635	21930	18081	6255	5810
金融业	Financial Intermediation	1117060	1231232	400590	469193	44	28
房地产业	Real Estate	352403	493223	49581	28264	4102	4033
租赁与商务服务业	Leasing and Business Services	200537	391102	85211	89628	7696	2870
科学研究、技术服务业	Scientific Research and Technical Services	401694	499795	240842	283468	3045	3015
水利、环境和公共设施管理业	Management of Water Conservancy, Environment and Public Facilities	136314	168217	110220	119609	6168	6972
居民服务、修理和其他服务业	Services to Households, Repair and Other Services	29000	46835	5080	6225	1889	2440
教 育	Education	1783044	1996418	1708030	1895134	4579	6652
卫生和社会工作	Health and Social Work	792498	988493	745592	889570	39481	50398
文化、体育与娱乐业	Culture, Sports and Entertainment	123098	139583	108737	97250	326	564
公共管理、社会保障和社会组织	Public Management, Social Security and Social Organizations	1321289	1397426	1321289	1397426		

表3.20 城镇登记失业人数（1985－2013年）

NUMBER OF REGISTERED UNEMPLOYED PERSONS IN URBAN AREAS (1985-2013)

单位：万人、%（10 000 persons，%）

年 份 Year	登记失业人数 Registered Unemployed Persons	其 中 of which #女 性 Female	按失业时间分 By Unemployment Period 6个月以上 Over 6 Months	 6个月以下 Less than 6 Months	登记失业率 Registered Unemployment Rate
1985	6.46				2.3
1986	6.00				2.1
1987	6.29				2.2
1988	6.25				2.1
1989	8.43				2.8
1990	8.81				2.9
1991	9.42				3.0
1992	10.01				3.1
1993	10.23				3.2
1994	10.80				3.2
1995	10.47				2.9
1996	10.95				3.0
1997	10.85	6.18	6.92	3.93	3.5
1998	10.10	5.71	6.46	3.64	3.5
1999	10.08	5.48	6.15	3.93	3.5
2000	10.15	5.26	5.30	4.85	3.5
2001	13.72	7.24	7.72	6.00	3.9
2002	16.18	7.70	7.79	8.39	4.1
2003	16.16	8.20	8.62	7.54	4.1
2004	16.76	8.19	9.44	7.32	4.12
2005	16.89	8.27	9.67	7.22	4.12
2006	15.41	8.12	8.98	6.43	4.00
2007	14.13	7.60	8.01	6.12	3.98
2008	13.02	6.94	6.27	6.75	3.96
2009	13.44	6.55	6.02	7.42	3.96
2010	13.02	6.20	4.06	8.96	3.90
2011	12.96	7.01	3.34	9.62	3.50
2012	12.43	5.93	1.25	11.18	3.30
2013	12.07	6.44	1.07	11.00	3.40

主要统计指标解释

人口数

指一定时点、一定地区范围内的有生命的个人的总和。年度统计的年末人口数是指每年12月31日24时的人口数。

出生率（又称粗出生率）

指在一定时期内（通常为一年）一定地区内出生人数与同期内平均人数（或期中人数）之比，一般用千分率表示。本资料中的出生率指年出生率。计算公式为：

出生率=年出生人数/年平均人数×1000‰

式中：出生人数是指活产婴儿，即胎儿脱离母体时（不管怀孕月数）有过呼吸或其他生命现象。年平均人数是年初、年底人口数的平均数，也可用年中人口数代替。

死亡率（又称粗死亡率）

指在一定时期内（通常为一年）一定地区的死亡人数与同期平均人数（或期中人数）之比，一般用千分率表示。本资料中的死亡率指年死亡率。计算公式为：

死亡率=年死亡人数/年平均人数×1000‰

人口自然增长率

指在一定时期内（通常为一年）人口自然增加数（出生人数减死亡人数）与该时期内平均人数（或期中人数）之比，一般用千分率表示。计算公式为：

人口自然增长率=(本年出生人数-本年死亡人数)/年平均人数×1000‰=人口出生率-人口死亡率

总抚养比

也称总负担系数。指人口总体中非劳动年龄人口数与劳动年龄人口数之比。通常用百分比表示。说明每100名劳动年龄人口大致要负担多少名非劳动年龄人口。用于从人口角度反映人口与经济发展的基本关系。计算公式为：

$$GDR=\frac{P_{0\sim14}+P_{65^+}}{P_{15\sim64}}\times100\%$$

其中：GDR为总抚养比；

P0~14为0～14岁少年儿童人口数；

P65+为65岁及65岁以上的老年人口数；

P15~64为15～64岁劳动年龄人口数。

老年人口抚养比

也称老年人口抚养系数。指某一人口中老年人口数与劳动年龄人口数之比。通常用百分比表示。用以表明每100名劳动年龄人口要负担多少名老年人。老年人口抚养比是从经济角度反映人口老化社会后果的指标之一。计算公式为：

$$ODR=\frac{P_{65^+}}{P_{15\sim64}}\times100\%$$

其中：ODR为老年人口抚养比；

P65+为65岁及65岁以上的老年人口数；

P15~64为15～64岁的劳动年龄人口数。

少年儿童抚养比

也称少年儿童抚养系数。指某一人口中少年儿童人口数与劳动年龄人口数之比。通常用百分比表示。以反映每100名劳动年龄人口要负担多少名少年儿童。计算公式为：

$$CDR=\frac{P_{0\sim14}}{P_{15\sim64}}\times100\%$$

其中：CDR为少年儿童抚养比；

P0~14为0～14岁少年儿童人口数；

P15~64为15～64岁劳动年龄人口数。

常住人口

常住人口在人口调查中的定义为下列几款人：（1）居住本乡镇街道，户口在本乡镇街道或户口在本乡镇街道，但人离开本乡镇街道不满半年的人；（2）居住本乡镇街道，离开户口登记地半年以上的人；（3）居住本乡镇街道，户口待定的人；（4）原住本乡镇街道，现在国外工作学习的人。

主要统计指标解释

文盲人口

文盲人口是指15岁以上不识字或识字很少的人口。

文盲率

文盲率是指文盲人口占15岁及以上人口比重。

城镇人口和乡村人口

城镇人口是指居住在城区和镇区范围内的全部人口；乡村人口是除上述人口以外的全部人口。

历年城乡人口数据是按照当时国家《统计上划分城乡的规定》计算。

三次普查之间年份的城乡人口根据1990年和2000年人口普查数据进行了调整。

从业人员

指在16周岁及以上，从事一定社会劳动并取得劳动报酬或经营收入的人员。这一指标反映了一定时期内全部劳动力资源的实际利用情况，是研究我国基本国情国力的重要指标。

职工

指在国有、城镇集体、联营、股份制、外商和港、澳、台投资、其他单位（不包括私营单位和个体经营户）及其附属机构工作，并由其支付工资的各类人员。不包括离休、退休、退职人员；再就业的离、退休人员；在城镇单位中工作的外方及港、澳、台人员；其他按有关规定不列入职工统计范围的人员。（1998年及以后的数据均为在岗职工数据，其他相关指标如职工工资总额，职工平均工资等指标也从1998年按此口径进行了相应调整）。

国有单位

指资产归国家所有的经济组织。包括按《中华人民共和国企业法人登记管理条例》规定登记注册的非公司制的经济组织，以及中央、地方各级国家机关、事业单位和社会团体。

集体单位

指生产资料归集体所有，并按《中华人民共和国企业法人登记管理条例》规定登记注册的经济组织。

职工工资总额

指各单位在一定时期内直接支付给本单位全部职工的劳动报酬总额。工资总额的计算原则应以直接支付给职工的全部劳动报酬为根据。各单位支付给职工的劳动报酬以及其他根据有关规定支付的工资，不论是计入成本的还是不计入成本的，不论是以货币形式支付的还是以实物形式支付的，均包括在工资总额内。

职工平均工资

指企业、事业、机关单位的职工在一定时期内平均每人所得的工资额。它表明一定时期职工工资收入的高低程度，是反映职工工资水平的主要指标，计算公式为：

职工平均工资=报告期实际支付的全部职工工资总额/报告期全部职工平均人数

就业人员工资总额

指各单位在一定时期内直接支付给本单位全部就业人员的劳动报酬总额。包括职工工资总额和其他就业人员劳动报酬总额。

城镇登记失业人员

指在劳动年龄（16周岁至退休年龄）内，有劳动能力，有就业要求，处于无业状态并在公共就业服务机构进行失业登记的城镇常住人员。其中，没有就业经历的城镇户籍人员，在户籍所在地登记；农村进城务工人员和其他非本地户籍人员在常住地稳定就业满6个月的，失业后可以在常住地登记。

城镇登记失业率

指报告期末，登记失业人数占期末城镇就业人员总数与期末实有城镇登记失业人数之和的比重。计算公式为：

城镇登记失业率=期末实有登记失业人数/（期末就业人员总数+期末实有登记失业人数）×100%

Explanatory Notes on Main Statistical Indicators

□ Total population

Refers to the total number of people alive at a certain point of time within a given area.The annual statistics on total population is taken at midnight, the 3lst of December.

□ Birth Rate (or Crude Birth Rate)

Refers to the ratio of the number of births to the average population during a certain period of time (usually a year), which is often expressed in ‰. Birth rate in the chapter refers to annual birth rate. The following formula is used:

Birth Rate = Number of Births / Average Number of Population × 1000‰

Number of Births refers to live births, i.e. the births when babies had showed any vital phenomena regardless of the length of pregnancy.

Annual Average Number of Population is the average of the number of population at the beginning of the year and that at the end of the year. Sometimes it is substituted for with the mid-year population.

□ Death Rate (or Crude Death Rate)

Refers to the ratio of the number of deaths to the average population (or mid-year population) during a certain period of time (usually a year), which is often expressed in ‰. Death rate in the chapter refers to annual death rate. The following formula is used:

Death Rate = Number of Deaths / Annual Average Number of Population × 1000‰

□ Natural Growth Rate of Population

Refers to the ratio of natural increase in population (number of births minus number of deaths) in a certain period of time (usually a year) to average population (or mid-year population) of the same period, which is often expressed in ‰. The following formulas are applied:

Natural Growth of Population = Number of Births - Number of Deaths / Average number of Population × 1000‰

Natural Growth Rate of Population = Birth Rate - Death Rate

□ Gross Dependency Ratio

Also called gross dependency coefficient, refers to the ratio of non-working-age population to the working-age population, express in %. Describing in general the number of non-working-age population that every 100 people at working ages will take care of, this indicator reflects the basic relation between population and economic development from the demographic perspective. The gross dependency ratio is calculated with the following formula:

$$GDR = \frac{P_{0\sim14} + P_{65^+}}{P_{15\sim64}} \times 100\%$$

Where: GDR is the gross dependency ratio,

P0-14 is the population of children aged 0-14,

P65+ is the elderly population aged 65 and over, and

P15-64 is the working-age population aged 15-64.

□ Old Dependency Ratio

Also called old dependency coefficient, refers to the ratio of the elderly population to the working-age population, express in %. It describes the number of the elderly population that every 100 people at working ages will take care of. Old dependency ratio is one of the indicators reflecting the social implication of population aging from the economic perspective. The old dependency ratio is calculated with the following formula:

$$ODR = \frac{P_{65^+}}{P_{15-64}} \times 100\%$$

Where: ODR is the old dependency ratio,

P65+ is the elderly population aged 65 and over, and

P15-64 is the working-age population aged 15-64.

□ Children Dependency Ratio

Also called children dependency coefficient, refers to the ratio of the children population to the working-age population, express in %. It describes the number of children population that every 100 people at working ages will take care of. The children dependency ratio is calculated with the following formula:

$$ODR = \frac{P_{65^+}}{P_{15-64}} \times 100\%$$

EXPLANATORY NOTES TO MAJOR STATISTICAL INDICATORS

Where: CDR is the children dependency ratio,
P0-14 is the children population aged 0-14, and
P15-64 is the working-age population aged 15-64.

Resident Population

According to survey of population, it includes the following main items: I) population who reside in this township or town (sub-district) with residence registered in this area, or population who have residence registered in this township or town (sub-district) but have been away from this area for less than half a year; II) population having actually resided in this township or town (sub-district) for over half a year with residence registered in other area; III) population residing in this townships or towns (sub-district) with residence not registered; IV) population with residence registered in this township or town (sub-district) who work or study abroad.

The Illerate Population

Refers to those over 15 years of age who have inability to read or write, or can read or write only a few words.

Illiteracy Rate

Refers to the percentage of the illiterate population in the total population above 15 years of age.

Urban Population and Rural Population

Urban population refers to all people residing in the urban and township areas, while rural population refers to population other than urban population.

Statistics on urban and rural population over the years are compiled in line with the regulations of statistical classification on urban and rural population stipulated by the government, which were in effect at different times.

Figures on urban/rural population for the years between the 3 censuses are adjusted in accordance with the 1990 and 2000 population census data.

Employees

Refer to the persons aged 16 and over who are engaged in social working and receive remuneration payment or earn business income. This indicator reflects the actual utilization of total labor force during a certain period of time and is often used for the research on China's economic affairs and national power.

Staff and Workers

Refer to persons working in, and receive payment from units of state ownership, collective ownership, joint ownership, share holding ownership, foreign ownership, and ownership by entrepreneurs from Hong Kong, Macao, and Taiwan, and other types of ownership and their affiliated units(excluding private enterprises and owners of self-employed). They exclude: retirees; re-employed retirees; foreigners and persons from Hong Kong, Macao and Taiwan who work in urban units; 8) other persons not to be included by relevant regulations. (Data of 1998 and afterward refer to fully employed staff and workers. Other related statistics such as total wage bill and average wage are adjusted since 1998 accordingly).

State-owned Unitst

Refer to economic units whose assets are owned by the state. Included are non-corporation units registered according to Regulation of the People's Republic of China on the Registration of Enterprises and Corporations, state organs, institutions and social organizations at the central and local levels.

Collective Units

Refer to economic units registered according to Regulation of the People's Republic of China on the Registration of Enterprises and Corporations where the means of production are collectively owned.

Total Wages of Bill

Refers to total remuneration payment to staff and workers in various units during a certain period of time. The calculation of total wages is based on the total remuneration payment to the staff and workers. Therefore, all the wages and salaries and other payments to staff and workers are included in the total wage bill regardless of sources, reckoning the cost of production or not, category, listing as items of premium taxation or not, and forms, paying in cash or in kind.

Average Earning

Refers to average earning level in money terms per employee in the enterprise, institutions, and government agencies, which reflects the general level of wage income during a certain period of time and is calculated as follows:

Average Earning of Employees=Total Earning of Employees at Reference Period/Average Number of Employees at Reference Period

□ Earning

Refer to total remuneration payment to all employees in various units in urban areas(did not include urban private units and self-employed individuals) during a certain period of time, including staff and workers and other employee(i.e.,reemployed retirees or those who are from Hong Kong, Macao, Taiwan province or other countries).

□ Registered Unemployed Persons in Urban Areas

Refers to the unemployed urban resident population at the labor age (from 16 to the age of retirement), with labor capability and employment demand, who have been registered at the public employment service institutions. Among whom, the urban resident population without employment experience shall be registered at the place of household registration; the off-farm workers and other persons with the household registration at other places who have been employed for 6 consecutive months may be registered at the place of their usual residence.

□ Registered Unemployment Rate in Urban Areas

Refers to the ratio of the number of the registered unemployed persons at the end of the reference period to the sum of total employment and the number of the registered unemployed persons at the end of the reference period. The formula is as the follows:

Registered urban unemployment rate = number of registered urban unemployed persons at the end of reference period / (total employment+ number of registered urban unemployed persons at the end of reference period) × 100%

第4章

固定资产投资

INVESTMENT IN FIXED ASSETS

简要说明
BRIEF INTRODUCTION

本章内容主要包括全社会固定资产投资、建设项目投资、房地产开发和商品房销售、重点项目完成情况，由市统计局固定资产投资处整理提供。

The data in this chapter cover the total investment in fixed assets, investment in construction, real estate development, sales of commercialized buildings and completed investment in key projects. All the data are prepared and provided by Division of Statistics of Investment in Fixed Assets, Chongqing Municipal Bureau of Statistics.

表4.1 主要年份全社会固定资产投资
TOTAL INVESTMENT IN FIXED ASSETS IN MAJOR YEARS

单位：万元(10 000 yuan)

年份 Year	固定资产投资额总计 Total Investment in Fixed Assets	新增固定资产 Newly Increased Fixed Assets	固定资产投资按构成分 Investment in Fixed Assets by Use of Funds 建筑安装工程 Construction and Installation	设备工具器具购置 Purchase of Equipment and Instruments	其他费用 Others
1949	39	37	39		
1952	9535	7107	7027	1751	757
1957	21330	20591	12563	6636	2131
1962	7769	7650	5853	1654	262
1965	37677	32844	24658	10280	2739
1970	62448	44331	26528	31658	4262
1975	64359	29973	26446	26539	11374
1978	59026	46834	37630	16958	4438
1980	102789	101499	71220	26265	5304
1985	364822	265993	238027	101461	25334
1986	420675	343008	265430	124895	30350
1987	482445	345528	329053	114844	38548
1988	558331	378150	374833	148913	34585
1989	547540	405769	370687	140033	36820
1990	693140	462056	450344	192115	50681
1991	851614	636525	548518	234255	68841
1992	1063852	871892	703962	261333	98557
1993	1550546	1036205	1008107	389367	153072
1994	2029178	1377025	1336181	509362	183635
1995	2709663	1886888	1707448	737819	264396
1996	3207278	2306996	2076949	733537	342156
1997	3709485	3143528	2418273	879477	411735
1998	4981452	3693019	3248271	1083808	649373
1999	5628679	3706704	3860379	1080062	688238
2000	6558116	4364464	4599909	1055220	902987
2001	8018228	4722181	5460064	1435621	1122543
2002	9956645	6868792	6961365	1482391	1512889
2003	12693544	7244753	8608006	1594910	2490628
2004	16219203	8377655	10155324	2512064	3551815
2005	20063180	15268045	12487360	2990736	4585084
2006	24518351	13817208	15250559	3530668	5737124
2007	31615147	18087476	20238311	4438013	6938823
2008	40452509	16147872	26504524	5793319	8154666
2009	53179185	28027347	35607657	6552634	11018894
2010	69347966	35223421	47667591	7271738	14408637
2011	76858699	46195551	55881173	7582702	13394824
2012	93800012	58222256	66505055	10330139	16964818
2013	112050284	69175185	81449858	10974847	19625579

表4.1 续表1 continued1

单位：万元(10 000 yuan)

年 份 Year	固定资产投资按城乡分 Investment in Fixed Assets by Region				
	城 镇 Urban Areas	其 中 of which		农 村 Rural Areas	其 中 of which
		建设项目 Construction Projects	房地产开发 Real Estate Development		农 户 Rural Households
1949					
1952					
1957					
1962					
1965					
1970					
1975					
1978					
1980					
1985					
1986					
1987					
1988					
1989					
1990					
1991					
1992					
1993					
1994					
1995					
1996	2286027	1729842	556185	921251	520639
1997	2747402	2072380	675022	962083	518255
1998	4012210	3039196	973014	969242	509535
1999	4504619	3379484	1125135	1124060	589147
2000	5313816	3917489	1396327	1244300	649150
2001	6720308	4753624	1966684	1297920	707500
2002	8568780	6109650	2459130	1387865	722554
2003	11375600	8096719	3278881	1317944	666529
2004	14771164	10720373	4050791	1448039	715951
2005	18384226	13206935	5177291	1678954	718040
2006	22914581	16618281	6296300	1603770	771833
2007	29713639	21214673	8498966	1901508	740000
2008	37815574	27905604	9909970	2636935	824161
2009	49587435	37198310	12389125	3591750	902424
2010	63429833	47227262	16202571	5918133	946416
2011	70990170	50839287	20150883	5868529	1064245
2012	84620348	59536848	25083500	9179664	1257960
2013	97890031	67762193	30127838	14160253	1442841

表4.1 续表2 continued2

单位：万元(10 000 yuan)

年 份 Year	固定资产投资按登记注册类型分 Investment in Fixed Assets by Status of Registration						
	国 有 State-owned	集 体 Collective-owned	联 营 Joint	股份制 Share-holding	港澳台及外商投资 Funds from Hong Kong, Macao and Taiwan and Foreign-funded	私营个体 Private and Self-employed Individual	其 他 Others
1949	39						
1952	9535						
1957	21330						
1962	7769						
1965	37662	15					
1970	62447	1					
1975	64355	4					
1978	56823	2203					
1980	91150	4718				3692	
1985	243927	66862				44712	9321
1986	301256	60497				48260	10662
1987	345509	58155				67033	11748
1988	410106	56588				78012	13625
1989	405239	46813				82058	13430
1990	528648	49525				92235	22732
1991	639554	69943				120515	21602
1992	739230	137945				165300	21377
1993	979597	276425	2798	32512	25320	206511	27383
1994	1364920	353815	2598	8013	13340	243119	43373
1995	1433244	424399	5834	101846	232079	370479	141782
1996	1597680	513195	6857	100805	278214	598918	111609
1997	1763147	550970	11428	354040	154602	669117	31148
1998	2598535	599304	7963	691371	402084	637275	44920
1999	2839011	664552	9951	612007	353199	1097082	52877
2000	3132534	730555	31555	877503	319730	1381098	85141
2001	3849113	821206	65544	1077977	432826	1715384	56178
2002	4603442	884409	45739	1678915	731767	1989250	23123
2003	5517224	845591	30177	3055216	648829	2514803	81704
2004	6625116	958051	30942	4199655	1174341	3114906	116192
2005	7978697	698801	75405	5902555	1176890	4063795	167037
2006	10219239	383345	62156	7208381	1420900	4939191	285139
2007	12551060	497937	92315	8796251	2293560	7036673	347351
2008	16091842	489458	158560	10398474	3026064	9663932	624179
2009	23241164	513318	149177	12949452	3052163	12497309	776602
2010	30610270	741840	203204	16450400	4120685	15949286	1272281
2011	32146574	761211	360273	18903732	5125101	18129197	1432611
2012	39000336	1308198	394063	3661573	6098076	23594729	19743037
2013	44396867	1994934	436474	3354945	7441801	30958806	23466457

表4.1 续表3 continued3

单位：万元、万平方米 (10 000 yuan, 10 000 sq.m)

年 份 Year	固定资产投资按三次产业分 Investment in Fixed Assets by Strata of Industry			本年房屋施工面积 Floor Space of Buildings under Construction	其 中 of which	本年房屋竣工面积 Floor Space of Buildings Completed	其 中 of which
	第一产业 Primary Industry	第二产业 Secondary Industry	第三产业 Tertiary Industry		#住 宅 Residential Buildings		#住 宅 Residential Buildings
1949						1	
1952	37	4616	4882			5	1
1957	203	15421	5706			153	84
1962	314	6080	1375			18	7
1965	5130	25482	7065			103	43
1970	1291	56173	4984			121	49
1975	2716	54692	6951			95	39
1978	3790	45516	9720			121	39
1980	2101	69188	31500			323	166
1985	4848	184918	175056	2536		1341	680
1986	3359	238569	178747	2596		2141	1445
1987	4794	282515	195136	2752		2169	1474
1988	5490	346847	205994	2632		1970	1478
1989	5919	314655	226966	2400		1851	706
1990	13220	413776	266144	2522		2057	1620
1991	19966	487813	343835	2753		2258	1756
1992	20329	558021	485502	3228		2473	1947
1993	14208	701890	834448	3619		2631	1994
1994	14449	839691	1175038	4045		2926	2119
1995	17117	1066810	1625736	4964		3306	2503
1996	23128	1156837	2027313	6026	4164	4209	3313
1997	33820	1309109	2366556	6145	4198	4302	3363
1998	44133	1418980	3518339	6587	4474	4285	3267
1999	65652	1217277	4345750	7170	4799	4660	3527
2000	89657	1423981	5044478	8494	5931	5337	4087
2001	108038	1462479	6447711	8812	6055	4939	3664
2002	191128	1956665	7808852	10643	7305	6403	4665
2003	264249	3033987	9395308	10962	7398	5959	4293
2004	360891	4301999	11556313	11797	7835	5560	3962
2005	441953	5860896	13760331	13300	8792	6385	4341
2006	519301	7553189	16445861	14993	9693	5979	4098
2007	597371	10850790	20166986	16278	10912	5523	3810
2008	890989	14370570	25190950	17629	12091	5456	3990
2009	1991057	18914538	32273590	20131	13816	4961	3208
2010	2647737	24231237	42468992	25068	17698	6559	4983
2011	2787694	27847512	46223493	32627	20571	7404	5870
2012	3640128	30749632	59410252	30026	20739	6616	5174
2013	4415363	35342114	72292807	36640	23014	6552	4800

表4.2 全社会固定资产投资（2012－2013年）
TOTAL INVESTMENT IN FIXED ASSETS (2012-2013)

指　标	Item	投资额 Investment		构　成（%） Structure (%)	
		2012	2013	2012	2013
投资总额（万元）	**Total Investment (10 000 yuan)**	**93800012**	**112050284**	**100**	**100**
按隶属关系分	**By Jurisdiction of Administration**				
中央项目	Central Investment	5984335	7880771	6	7
地方项目（包括无隶属关系的）	Local Investment (including non-governmental investment)	87815677	104169513	94	93
按登记注册类型分	**By Status of Registration**				
内　资	Domestic-funded	87701936	104608483	93	93
#国　有	State-owned	39000336	44396867	42	39
集　体	Collective-owned	1308198	1994934	1	2
联　营	Joint	394063	436474		
股份制	Share-holding	3661573	3354945	4	3
私营个体	Private and Self-employed Individual	23594729	30958806	25	28
其　他	Others	19743037	23466457	21	21
港澳台投资经济	Funds from Hong Kong, Macao and Taiwan	3645644	4367041	4	4
外商投资经济	Foreign-funded	2452432	3074760	3	3
按城乡分	**By Region**				
城　镇	Urban Areas	84620348	97890031	90	87
#房地产开发	Real Estate Development	25083500	30127838	27	27
农　村	Rural Areas	9179664	14160253	10	13
#农　户	Rural Households	1257960	1442841	1	1
按构成分	**By Use of Funds**				
建筑工程	Construction	59781572	73727390	64	66
安装工程	Installation	6723483	7722468	7	7
设备工具器具购置	Purchase of Equipment and Instruments	10330139	10974847	11	10
其他费用	Others	16964818	19625579	18	17
新增固定资产（万元）	**Newly Increased Fixed Assets (10 000 yuan)**	**58222256**	**69175185**		
固定资产交付使用率（%）	**Rate of Fixed Assets Put into Use (%)**	**62**	**62**		
房屋建筑面积（万平方米）	**Floor Space of Buildings (10 000 sq.m)**				
施工面积	Floor Space of Buildings under Construction	30026	36640		
#住　宅	Residential Buildings	20739	23014		
竣工面积	Floor Space of Buildings Completed	6616	6552		
#住　宅	Residential Buildings	5174	4800		

表4.3 按行业分的全社会固定资产投资（2012－2013年）
TOTAL INVESTMENT IN FIXED ASSETS BY SECTOR (2012-2013)

单位：万元(10 000 yuan)

行 业	Sector	2012	2013
总 计	**Total**	**93800012**	**112050284**
第一产业	Primary Industry	3640128	4415363
第二产业	Secondary Industry	30749632	35342114
工 业	Industry	30641780	35299026
采矿业	Mining	2605681	2647038
制造业	Manufacturing	24038515	27899990
电力、热力、燃气及水的生产和供应业	Production and Supply of Electricity,Heat, Gas & Water	3997584	4751998
建筑业	Construction	107852	43088
第三产业	Tertiary Industry	59410252	72292807
交通运输、仓储及邮政业	Transport, Storage, Post	10546073	13503718
信息传输、计算机服务和软件业	Information Transmission, Computer Services and Software	979598	953126
批发与零售业	Wholesale and Retail Trades	1174017	1827286
住宿和餐饮业	Hotels and Catering Services	649255	1102447
金融业	Financial Intermediation	28929	35995
房地产业	Real Estate	30880862	37624919
租赁与商务服务业	Leasing and Business Services	938793	945172
科学研究、技术服务与地质勘查业	Scientific Research, Technical Services and Geological Prospecting	145178	195371
水利、环境和公共设施管理业	Management of Water Conservancy, Environment and Public Facilities	9075975	11167711
居民服务和其他服务业	Services to Households and Other Services	796375	472285
教 育	Education	1214222	1467786
卫生、社会保障和社会福利业	Health, Social Security and Social Welfare	577336	783752
文化、体育与娱乐业	Culture, Sports and Entertainment	1191925	943776
公共管理与社会组织	Public Management and Social Organizations	1211714	1269463

表4.4 全社会固定资产投资资金来源（2012－2013年）

TOTAL INVESTMENT IN FIXED ASSETS BY SOURCE OF FUNDS (2012-2013)

单位：万元(10 000 yuan)

指 标	Item	总 计 Total		其 中 of which: 农 村 RuralAreas		其 中 of which: #农 户 Rural Households	
		2012	2013	2012	2013	2012	2013
本年资金来源合计	**Total Investment from All Sources in This Year**	**124729392**	**149004242**	**9549810**	**14790557**	**1257960**	**1442841**
上年末结余资金	Balance of the Previous Year	15187435	14609153	141281	245891		
本年资金来源小计	Subtotal of Funds Invested in This Year	109541957	134395089	9408529	14544666	1257960	1442841
国家预算内资金	State Budgetary Appropriation	5087520	8322796	846157	1592528		
国内贷款	Domestic Loans	18651778	24577577	478122	713986		
债 券	Bonds	230111	574945	802	200		
利用外资	Foreign Investment	623023	982269	37218	13650		
自筹资金	Self-raised Funds	58611994	67979831	6230419	10846092	1257960	1442841
其他资金来源	Others	26337531	31957671	1815811	1378210		

指 标	Item	其 中 of which: 城 镇 Urban Areas		其 中 of which: 建设项目 Construction		其 中 of which: 房地产开发 Real Estate Development	
		2012	2013	2012	2013	2012	2013
本年资金来源合计	**Total Investment from All Sources in This Year**	**115179582**	**134213685**	**64096582**	**75745285**	**51083000**	**58468400**
上年末结余资金	Balance of the Previous Year	15046154	14363262	2689654	2035562	12356500	12327700
本年资金来源小计	Subtotal of Funds Invested in This Year	100133428	119850423	61406928	73709823	38726500	46140600
国家预算内资金	State Budgetary Appropriation	4241363	6730268	4241363	6730268		
国内贷款	Domestic Loans	18173656	23863591	10964656	12740691	7209000	11122900
债 券	Bonds	229309	574745	229309	574745		
利用外资	Foreign Investment	585805	968619	384505	526819	201300	441800
自筹资金	Self-raised Funds	52381575	57133739	40554575	44496739	11827000	12637000
其他资金来源	Others	24521720	30579461	5032520	8640561	19489200	21938900

表4.5 按行业分建设项目投资和建设总规模（2013年）

INVESTMENT IN CONSTRUCTION PROJECTS AND TOTAL CONSTRUCTION INVESTMENT SIZE BY SECTOR (2013)

指　标	Item	建设总规模 Total Investment in Construction	在建总规模 Total Investment in Projects under Construction
总　计	**Total**	**226107383**	**219139652**
第一产业	Primary Industry	8928736	8788072
第二产业	Secondary Industry	96961526	95818464
工　业	Industry	96908884	95750662
采矿业	Mining	3981099	3940504
制造业	Manufacturing	78748087	77739126
电力、热力、燃气及水的生产和供应业	Production and Supply of Electricity,Heat, Gas & Water	14179698	14071032
建筑业	Construction	52642	67802
第三产业	Tertiary Industry	120217121	114533116
交通运输、仓储及邮政业	Transport, Storage, Post	50987228	49355816
信息传输、计算机服务和软件业	Information Transmission, Computer Services and Software	2012902	1905242
批发与零售业	Wholesale and Retail Trades	3969648	3915057
住宿和餐饮业	Hotels and Catering Services	2614436	2531475
金融业	Financial Intermediation	127857	127857
房地产业	Real Estate	13358766	13159257
租赁与商务服务业	Leasing and Business Services	2738996	2742738
科学研究、技术服务与地质勘查业	Scientific Research, Technical Services and Geological Prospecting	374157	358520
水利、环境和公共设施管理业	Management of Water Conservancy, Environment and Public Facilities	32456338	29345631
居民服务和其他服务业	Services to Households and Other Services	773777	753777
教　育	Education	3393965	3204320
卫生、社会保障和社会福利业	Health, Social Security and Social Welfare	1996097	2016756
文化、体育与娱乐业	Culture, Sports and Entertainment	3028384	2795824
公共管理与社会组织	Public Management and Social Organizations	2384570	2320846

注：该表中数据不包含农户投资数据。

Note: The data of rural households is excluded herein.

单位：万元（10 000 yuan）

在建净规模 Net Investment in Projects under Construction	投资额 Investment	其中 of which #新 建 New Constuction	#扩 建 Expansion	#改 建 Reconstruction	其中 of which 建筑安装工程投资 Construction and Installation	设备工器具购置 Purchase of Equipment and Instruments	其他费用 Other Expenses
132064523	**80479605**	**60547170**	**7462019**	**9780533**	**58942900**	**10559441**	**10977264**
6368311	4415363	3562779	322587	478775	3374569	242235	798559
62882619	35342114	24272744	4510925	5100841	22822372	8495002	4024740
62827319	35299026	24249368	4510925	5093241	22796491	8481940	4020595
2411968	2647038	930755	719053	954983	1914214	621634	111190
53166249	27899990	19349930	3406239	3794835	17632940	6712186	3554864
7249102	4751998	3968683	385633	343423	3249337	1148120	354541
55300	43088	23376		7600	25881	13062	4145
62813593	40722128	32711647	2628507	4200917	32745959	1822204	6153965
24551795	13503718	11539979	565940	1288542	10305623	619944	2578151
885500	953126	524733	396383	27815	474499	452237	26390
2461526	1827286	1284941	116246	305970	1479588	168537	179161
1508706	1102447	780494	166417	119178	866312	69048	167087
66720	35995	24773	6550	1202	23555	4545	7895
8872795	6054240	5123871	240121	389881	5397096	47716	609428
1784691	945172	873465	43342	22208	834345	17644	93183
232169	195371	142534	12978	36229	165564	14272	15535
15904189	11167711	8867733	653165	1545259	9071613	217880	1878218
558297	472285	361727	19869	86189	359125	19535	93625
1912776	1467786	983181	123931	111289	1256866	47620	163300
1327213	783752	446461	126919	49414	621248	78809	83695
1390296	943776	724390	120681	87586	748975	39293	155508
1356920	1269463	1033365	35965	130155	1141550	25124	102789

表4.6 按行业分建设项目施工、投产项目个数（2013年）
NUMBER OF PROJECTS UNDER CONSTRUCTION AND COMPLETED BY SECTOR (2013)

行 业	Sector	施工项目(个) Number of Projects under Construction (unit)	其 中 of which #新开工 New Projects	全部建成投产项目(个) Number of Projects Completed & Put into Use (unit)	项目建成投产率(%) Rate of Projects Completed & Put into Use(%)
总 计	**Total**	**16923**	**12472**	**11694**	**69.1**
第一产业	Primary Industry	1729	1322	1343	77.7
第二产业	Secondary Industry	6559	4876	4624	70.5
工 业	Industry	6548	4865	4619	70.5
采矿业	Mining	664	545	548	82.5
制造业	Manufacturing	4963	3660	3425	69.0
电力、热力、燃气及水的生产和供应业	Production and Supply of Electricity,Heat, Gas & Water	921	660	646	70.1
建筑业	Construction	11	11	5	45.5
第三产业	Tertiary Industry	8635	6274	5727	66.3
交通运输、仓储及邮政业	Transport, Storage, Post	1609	1201	1137	70.7
信息传输、计算机服务和软件业	Information Transmission, Computer Services and Software	289	154	106	36.7
批发与零售业	Wholesale and Retail Trades	395	330	274	69.4
住宿和餐饮业	Hotels and Catering Services	246	178	162	65.9
金融业	Financial Intermediation	12	10	3	25.0
房地产业	Real Estate	1659	1202	1160	69.9
租赁与商务服务业	Leasing and Business Services	111	80	68	61.3
科学研究、技术服务与地质勘查业	Scientific Research, Technical Services and Geological Prospecting	78	56	48	61.5
水利、环境和公共设施管理业	Management of Water Conservancy, Environment and Public Facilities	2892	2156	1885	65.2
居民服务和其他服务业	Services to Households and Other Services	130	115	121	93.1
教 育	Education	442	281	279	63.1
卫生、社会保障和社会福利业	Health, Social Security and Social Welfare	235	152	140	59.6
文化、体育与娱乐业	Culture, Sports and Entertainment	165	101	90	54.5
公共管理与社会组织	Public Management and Social Organizations	372	258	254	68.3

注：该表中数据不包含农户投资。
Note: The data of rural households is excluded herein.

表4.7 房屋施工面积（2012－2013年）
TOTAL FLOOR SPACE OF BUILDINGS UNDER CONSTRUCTION (2012-2013)

单位：万平方米(10 000 sq.m)

指 标	Item	房屋施工面积 Floor Space of Buildings under Construction		其 中 of which #住 宅 Residential Buildings	
		2012	2013	2012	2013
总 计	**Total**	**30026**	**36640**	**20739**	**23014**
#建设项目	Construction	7025	8983	2880	2453
房地产开发	Real Estate Development	22009	26252	16998	19249
农 户	Rural Households	992	1405	861	1312

表4.8 房屋竣工面积（2012－2013年）
TOTAL FLOOR SPACE OF BUILDINGS COMPLETED (2012-2013)

单位：万平方米(10 000 sq.m)

指 标	Item	房屋竣工面积 Floor Space of Buildings Completed		其 中 of which #住 宅 Residential Buildings	
		2012	2013	2012	2013
总 计	**Total**	**6616**	**6552**	**5174**	**4800**
#建设项目	Construction	1774	1537	1056	792
房地产开发	Real Estate Development	3991	3804	3386	2867
农 户	Rural Households	851	1211	732	1141

表4.9 房屋造价（2012－2013年）
COST OF COMPLETED BUILDINGS (2012-2013)

单位：元/平方米(yuan/sq.m)

指 标	Item	每平方米造价 Cost of Buildings per Sq. m		其 中 of which #住 宅 Residential Buildings	
		2012	2013	2012	2013
建设项目	Construction Projects	1399	1943	1083	1607
房地产开发	Real Estate Development	2811	3029	2768	3026

表4.10 建设项目投资（2012－2013年）
INVESTMENT IN CONSTRUCTION PROJECTS (2012-2013)

指　标	Item	2012	2013
投资总额（万元）	**Total Investment (10 000 yuan)**	**67458552**	**80479605**
#住　宅	Residential Buildings	1869661	2224089
按隶属关系分	By Jurisdiction of Administration		
中央项目	Central Investment	4511343	6538146
地方项目	Local Investment	62947209	73941459
按构成分	By Use of Funds		
建筑工程	Construction	42974509	53796326
安装工程	Installation	4381169	5146574
设备、工具、器具购置	Purchase of Equipment and Instruments	9995307	10559441
其他费用	Others	10107567	10977264
按建设性质分	By Type of Construction		
#新　建	New Construction Projects	49025253	60547170
扩　建	Expansion	6993007	7462019
改建和技术改造	Reconstruction and Technical Transformation	9282958	9780533
按国民经济行业分	By Sector		
第一产业	Primary Industry	3640128	4415363
第二产业	Secondary Industry	30749632	35342114
#工　业	Industry	30641780	35299026
第三产业	Tertiary Industry	33068792	40722128
新增固定资产（万元）	**Newly Increased Fixed Assets (10 000 yuan)**	**43421703**	**53942848**
建设项目（个）	**Construction Projects (unit)**		
施工项目	Projects under Construction	14346	16923
本年投产项目	Projects Completed in This Year	9630	11694
房屋建筑面积（万平方米）	**Floor Space of Buildings (10 000 sq.m)**		
施工面积	Floor Space under Construction	7025	8983
#住　宅	Residential Buildings	2880	2453
竣工面积	Floor Space Completed	1774	1537
#住　宅	Residential Buildings	1055	792

注：该表数据中不含农户投资。
Note: The data of rural households is excluded herein.

表4.11 按行业分的建设项目投资（2013年）
INVESTMENT IN CONSTRCTION PROJECTS BY SECTOR (2013)

单位：万元(10 000 yuan)

行 业	Sector	施工项目个数（个）Number of In-process Project (unit)	计 划总投资 Planned Total Investment	本年完成投 资 Investment Completed in Current Year
总 计	**Total**	**16923**	**226696570**	**80479605**
第一产业	Primary Industry	1729	8944036	4415363
第二产业	Secondary Industry	6559	97329182	35342114
工 业	Industry	6548	97261380	35299026
采矿业	Mining	664	4018979	2647038
#石油和天然气开采业	Extraction of Petroleum and Natural Gas	43	982537	771487
制造业	Manufacturing	4963	79058603	27899990
#化学原料及化学制品制造业	Manufacture of Raw Chemical Materials and Chemical Products	253	4749538	1701620
医药制造业	Manufacture of Medicines	134	1947666	787609
通用设备制造业	Manufacture of General Purpose Machinery	288	4090476	1502426
专用设备制造业	Manufacture of Special Purpose Machinery	255	2651816	1224361
电力、热力、燃气及水的生产和供应业	Production and Supply of Electricity,Heat, Gas and Water	921	14183798	4751998
电力、热力的生产和供应业	Production and Supply of Electric Power and Heat Power	394	11249894	3021326
燃气生产和供应业	Production and Supply of Gas	172	1596855	872796
水的生产和供应业	Production and Supply of Water	355	1337049	857876
建筑业	Construction	11	67802	43088
第三产业	Tertiary Industry	8635	120423352	40722128
交通运输、仓储及邮政业	Transport, Storage and Post	1609	51065773	13503718
#邮政业	Post	5	20828	7749
信息传输、软件和信息技术服务业	Information Transmission, Software and IT Service	289	2017097	953126
#电信、广播电视和卫星传输服务	Telecommunication, Radio & Television and Satellite Transmission Service	265	943058	553904
批发与零售业	Wholesale and Retail Trades	395	4022057	1827286
住宿和餐饮业	Hotels and Catering Services	246	2632575	1102447
金融业	Financial Intermediation	12	127857	35995
房地产业	Real Estate	1659	13363266	6054240
租赁与商务服务业	Leasing and Business Services	111	2745338	945172
科学研究和技术服务业	Scientific Research and Technical Service	78	374657	195371
水利、环境和公共设施管理业	Management of Water Conservancy, Environment and Public Utilities	2892	32464519	11167711
居民服务、修理和其他服务业	Services to Households, Repair and Other Services	130	773777	472285
教 育	Education	442	3397153	1467786
卫生和社会工作	Health and Social Undertakings	235	2023139	783752
#卫 生	Public Health	181	1877345	688783
文化、体育与娱乐业	Culture, Sports and Entertainment	165	3028934	943776
公共管理、社会保障和社会组织	Public Management, Social Security and Social Organization	372	2387210	1269463

注：该表数据中不含农户投资。
Note: The data of rural households is excluded herein.

表4.12 建设项目新增主要产品生产能力（2012－2013年）
NEWLY INCREASED PRODUCTION CAPACITY OF THE MAJOR PRODUCTS IN CONSTRUCTION PROJECTS (2012-2013)

能力名称	Item	2012	2013
铁合金（万吨/年）	Iron Alloy (10 000 tons/year)	116	120
原煤开采（万吨/年）	Coal Mining (10 000 tons/year)	824	268
发电机组容量（万千瓦）	Capacity of Power Generating Sets (10 000 kw/year)	670	709
火　电	Fire Power	42	96
水　电	Hydraulic Power	480	536
汽车制造（万辆/年）	Motor Vehicles (10 000 units/year)	8	20
水泥（万吨/年）	Cement (10 000 tons/year)	1447	1151
机制纸及纸板（万吨/年）	Machine-made Paper and Cardboard (10 000 tons / year)		
新（扩）建港口码头年吞吐量（万吨）	Annual Handling Capacity of Newly Built (Expanded) Ports (10 000 tons)	1520	475
泊　位（个）	Berths (unit)	26	5
新建公路（公里）	Length of New Highways (km)	5347	7491
改建公路（公里）	Length of Reconstructed Highways (km)	5481	5324
城市自来水供水能力（万吨/日）	Tap Water Supply Capacity (10 000 tons/day)	45	4

表4.13 基础设施建设投资额（2012－2013年）
INVESTMENT IN INFRASTRUCTURE CONSTRUCTION (2012-2013)

单位：万元(10 000 yuan)

指 标	Item	2012	2013
合 计	**Total**	**24041621**	**29620993**
电力、热力、燃气及水的生产和供应业	Production and Supply of Electricity,Heat, Gas and Water	3997584	4751998
#电力 、热力的生产和供应业	Production and Supply of Electric Power and Heat Power	2919695	3021326
燃气生产和供应业	Production and Supply of Gas	340906	872796
水的生产和供应业	Production and Supply of Water	736983	857876
交通运输及邮政业	Transport, Storage and Post	10252477	13088235
#交通运输业	Transport	10236661	13080486
#城市公共交通业	City Public Transport	1541801	1749040
邮政业	Post	15816	7749
电信和其他信息传输服务业	Telecommunications and Other Information Transmission Services	715585	613049
水利、环境和公共设施管理业	Management of Water Conservancy, Environment and Public Facilities	9075975	11167711
#水利管理业	Management of Water Conservancy	1435418	1773484
生态保护和环境治理业	Ecology Protection and Environment Control	581632	613425
公共设施管理业	Management of Public Facilities	7058925	8780802

表4.14 房地产开发基本情况（1990－2013年）
BASIC STATISTICS ON REAL ESTATE DEVELOPMENT (1990-2013)

年 份 Year	企业数（个） Number of Enterprises (unit)	从业人员（人） Number of Employed Persons (person)	本年土地购置面积 Land Space Purchased This Year	本年完成投资总额（万元） Investment Completed This Year (10 000 yuan)	其中 of which #住宅 Residential Buildings	资金来源（万元） Sources of Funds (10 000 yuan)	房屋施工面积 Floor Space of Buildings under Construction	其中 of which #住宅 Residential Buildings
1990				17503	10600	17568	107.80	65.48
1991				19185	14040	18042	112.57	83.54
1992				33868	21239	33148	160.91	94.56
1993				123151	66833	107210	437.73	293.03
1994				279089	196411	377959	650.71	394.43
1995				468845	252085	612121	1267.96	810.36
1996	635	22512	588.65	556185	259881	836655	1424.35	855.64
1997	622	24911	259.49	675022	282592	1060761	1652.32	904.18
1998	991	50088	521.48	973014	440889	1391253	2058.35	1223.66
1999	1073	50526	624.53	1125135	523357	1504042	2103.76	1285.41
2000	1339	63925	619.21	1396327	728125	1784950	2833.42	1896.18
2001	1474	78961	870.34	1966684	1107126	2373982	3653.71	2508.30
2002	1559	76582	1320.26	2459130	1306998	3148171	4414.96	3081.57
2003	1597	54148	1637.19	3278881	1774341	4793499	5287.80	3747.34
2004	1828	70711	1137.61	4050791	2171303	6220133	6247.86	4544.54
2005	1862	70563	1385.40	5177291	3004026	8819371	7487.36	5514.75
2006	1936	70094	1467.69	6296300	3767847	9985438	8864.37	6655.00
2007	2039	87606	1737.74	8498966	5218209	15546697	10578.84	8179.29
2008	2280	86094	1164.41	9909970	6195250	15595559	11639.27	9166.21
2009	2359	87818	1227.79	12389125	7890183	22026661	13052.60	10338.12
2010	2391	86602	1354.93	16202571	10914854	34393672	17138.50	13744.78
2011	2453	94535	1664.55	20150883	14384457	44332807	20397.24	15923.84
2012	2552	89482	2183.07	25083500	17067687	51082969	22009.03	16997.85
2013	2594	93207	1896.65	30127838	20442392	58468351	26251.89	19248.95

单位：万平方米(10 000 sq.m)

年 份 Year	房屋新开工面积 Floor Space of Buildings Started This Year	其中 of which #住宅 Residential Buildings	房屋竣工面积 Floor Space of Buildings Completed	其中 of which #住宅 Residential Buildings	商品房销售面积 Floor Space of Commercialized Buildings Sold	其中 of which #住宅 Residential Buildings	商品房销售额（万元） Sales of Commercialized Buildings (10 000 yuan)	其中 of which #住宅 Residential Buildings
1990			46.16	34.16	23.29		17648	
1991			37.33	28.61	27.48		20007	
1992			45.90	30.48	32.87		29583	
1993			81.05	66.01	37.39		42221	
1994			141.27	115.05	46.32		55336	
1995			258.25	208.70	114.61		116657	
1996	348.68	220.54	351.76	275.62	166.21	142.98	189856	145507
1997	470.34	299.69	459.92	358.36	260.78	215.33	313111	222376
1998	914.23	596.44	600.04	422.61	416.82	359.73	554786	417609
1999	847.51	608.43	619.56	438.56	429.98	364.56	591992	393569
2000	1290.05	969.26	849.42	622.08	579.96	491.09	783709	528698
2001	1661.19	1259.38	1020.63	738.41	746.05	635.04	1076534	719196
2002	1709.47	1277.55	1390.73	1033.60	1016.58	870.41	1581505	1111929
2003	2098.24	1580.04	1676.97	1231.75	1316.83	1132.95	2102260	1499915
2004	2191.00	1692.00	1585.98	1227.66	1329.32	1157.95	2327978	1817280
2005	2335.00	1825.00	2209.82	1713.55	2017.66	1792.41	4307679	3406768
2006	2709.28	2176.75	2224.84	1700.05	2228.46	2011.70	5056850	4186980
2007	3555.87	2903.82	2253.07	1769.19	3552.92	3310.13	9673125	8567327
2008	3508.62	2857.70	2367.94	1951.35	2872.19	2669.93	8000006	7048198
2009	3813.68	2989.72	2907.05	2384.51	4002.89	3771.22	13777615	12317053
2010	6312.64	5268.76	2626.59	2179.81	4314.39	3986.31	18469396	16106444
2011	6824.36	5214.42	3424.33	2826.78	4533.50	4063.42	21460860	18254119
2012	5813.48	4345.14	3990.63	3386.35	4522.40	4105.11	22973464	19724206
2013	7641.63	5387.60	3804.36	2867.45	4817.56	4359.19	26827626	22835658

表4.15 房地产开发主要指标（2012－2013年）
MAIN INDICATORS OF REAL ESTATE DEVELOPMENT (2012-2013)

指　标	Item	2012	2013
企业个数（个）	**Number of Enterprises (unit)**	**2552**	**2594**
内资企业	Domestic Funded	2441	2470
#国　有	State-owned	101	37
有限责任	Limited Liability	833	914
私　营	Private	1414	1423
港、澳、台投资企业	Enterprises with Funds from Hong Kong, Macao and Taiwan	72	82
外商投资企业	Foreign-Funded	39	42
从业人员（人）	**Number of Employees (person)**	**89482**	**93207**
内资企业	Domestic Funded	84145	86976
#国　有	State-owned	5210	1765
有限责任	Limited Liability	31574	32563
私　营	Private	44160	48383
港、澳、台投资企业	Enterprises with Funds from Hong Kong, Macao and Taiwan	3703	3962
外商投资企业	Foreign-Funded	1634	2269
土地开发及购置（万平方米）	**Land Development and Purchase (10 000 sq.m)**		
本年土地购置面积	Land Space Purchased in This Year	2183.07	1896.65
本年完成投资总额(万元)	**Investment Completed in This Year (10 000 yuan)**	**25083500**	**30127838**
按工程用途分	By Purpose of Projects		
住　宅	Residential Buildings	17067687	20442392
#别墅、高档公寓	Villas and High-Grade Flats	1656664	1398788
办公楼	Office Buildings	1016124	1445592
商业营业用房	Buildings for Commercial Use	3074966	3774147
其　他	Others	3924723	4465707
资金来源（万元）	**Total Funds by Source (10 000 yuan)**	**51082969**	**58468351**
#国内贷款	Domestic Loans	7208959	11122918
利用外资	Foreign Investment	201314	441801
自筹资金	Self-raised Fund	11826954	12637033
房屋建筑面积(万平方米)	**Floor Space of Buildings (10 000 sq.m)**		
施工面积	Floor Space under Construction	22009.03	26251.89
#住　宅	Residential Buildings	16997.85	19248.95
竣工面积	Floor Space Completed	3990.63	3804.36
#住　宅	Residential Buildings	3386.35	2867.45
本年新开工面积	Floor Space Started in This Year	5813.48	7641.63
#住　宅	Residential Buildings	4345.14	5387.60
商品房销售	**Sales of Commercialized Buildings**		
商品房销售面积（万平方米）	Floor Space of Sales (10 000 sq.m)	4522.40	4817.56
#住　宅	Residential Buildings	4105.11	4359.19
商品房销售额（万元）	Total Sales of Commercialized Buildings (10 000 yuan)	22973464	26827626
#住　宅	Residential Buildings	19724206	22835658
实收资本合计（万元）	**Total Capital Hold (10 000 yuan)**	**18024193**	**20502569**
资产负债率（%）	**Ratio of Liabilities to Assets (%)**	**69.7**	**68.9**
房地产开发经营情况（万元）	**Real Estate Development and Operation (10 000 yuan)**		
主营业务收入	Revenue from Major Business	18036050	26869491
#土地转让收入	Land Transferred	756339	401759

表4.16 商品房施工、竣工和销售面积情况（2012－2013年）
FLOOR SPACE OF COMMERCIALIZED BUILDINGS UNDER CONSTRUCTION, COMPLETED AND SOLD (2012-2013)

单位：万平方米(10 000 sq.m)

指　标	Item	2012	2013
商品房施工面积	**Floor Space of Commercialized Buildings under Construction**	**22009.03**	**26251.89**
#主城九区	9 Central Urban Districts	12766.08	15076.55
#住　宅	Residential Buildings	16997.85	19248.95
#别墅、高档公寓	Villas and High-Grade Flats	723.44	733.92
办公楼	Office Buildings	499.85	781.98
商业营业用房	Buildings for Commercial Use	2028.90	2965.72
商品房竣工面积	**Floor Space of Commercialized Buildings Completed**	**3990.63**	**3804.36**
#主城九区	9 Central Urban Districts	2447.30	1770.75
#住　宅	Residential Buildings	3386.35	2867.45
#别墅、高档公寓	Villas and High-Grade Flats	103.72	122.18
办公楼	Office Buildings	30.37	75.76
商业营业用房	Buildings for Commercial Use	282.23	456.08
商品房销售面积	**Floor Space of Commercialized Buildings Sold**	**4522.40**	**4817.56**
#主城九区	9 Central Urban Districts	2186.05	2314.63
#住　宅	Residential Buildings	4105.11	4359.19
#别墅、高档公寓	Villas and High-Grade Flats	143.78	116.32
办公楼	Office Buildings	62.30	68.67
商业营业用房	Buildings for Commercial Use	221.89	244.04

表4.17 房地产开发企业资产负债情况（2012－2013年）
ASSETS AND LIABILITIES OF ENTERPRISES FOR REAL ESTATE DEVELOPMENT (2012-2013)

单位：万元（10 000 yuan）

指　标	Item	2012	2013
实收资本合计	Total Capital Held	18024193	20502569
资产总计	Total Assets	131173295	162375664
累计折旧	Total Depreciation	686037	852221
#本年折旧	Depreciation This Year	142457	214520
负债总计	Total Liabilities	91436539	111883126
所有者权益	Owners' Equity	39736757	50492539
资产负债率（%）	Assets Liability Ratio (%)	69.7	68.9

表4.18 房地产开发企业经营情况（2012－2013年）
OPERATING STATISTICS ON ENTERPRISES FOR REAL ESTATE DEVELOPMENT (2012-2013)

单位：万元（10 000 yuan）

指　标	Item	2012	2013
主营业务收入	Revenue from Principle Business	18036050	26869491
土地转让收入	Land Transferred	756339	401759
商品房屋销售收入	Commercialized Buildings Sold	16436532	24534366
房屋出租收入	Houses Leased	274834	484194
其他收入	Others	568345	1449172
主营业务税金及附加	Tax and Extra Charges on Principle Business	1523793	2117433
利润总额	Total Profits	2207828	4068948

表4.19 重点项目完成情况（2013年）
COMPLETED INVESTMENT IN KEY PROJECTS (2013)

单位：亿元（100 million yuan）

指　标	Item	计划总投资 Total Planned Investment	完成投资 Total Investment Completed	完成计划(%) Percentage of Completion (%)
合　计	Total	3000.00	2818.97	94.0
九大基础设施项目	9 Major Infrastructure Projects	895.00	707.47	79.0
机　场	Airport	100.00	9.95	10.0
港口航运	Port	30.00	8.90	29.7
高速公路	Highway	200.00	226.77	113.4
铁　路	Railway	230.00	245.50	106.7
轨　道	Rail Transit	110.00	98.12	89.2
十大产业项目	10 Major Industrial Projects	645.00	403.00	62.5
主城十大商务集聚区开发项目	10 Major Business Cluster Districts	260.00	315.00	121.2
其他项目	Other Projects	1200.00	1393.50	116.1

注：因为十大产业项目、主城十大商务集聚区开发项目、其他项目含有打捆和概念性项目，无法落实到具体项目，现有统计制度不能准确统计，系采用相关部门收集的数据。

Note: Because there are combined projects and conceptual projects among the 10 major industrial projects and the 10 business cluster districts projects and other projects, which cannot be calculated as specific projects, to which the existing statistical system does not apply, the data are collected from the related departments.

重/庆/统/计/年/鉴

主要统计指标解释

■ 固定资产投资

以货币形式表现的在一定时期内建造和购置固定资产的工作量以及与此有关的费用的总称。该指标是反映固定资产投资规模、结构和发展速度的综合性指标,又是观察工程进度和考核投资效果的重要依据。

■ 城镇固定资产投资

包括建设项目投资和房地产开发投资。

■ 建设项目

指城镇各种登记注册类型的企业、事业、行政单位及个体户进行的计划总投资（或实际需要总投资）500万元及500万元以上的建设项目。（2010年及以前为50万元及50万元以上的建设项目，2011年开始为500万元及500万元以上的建设项目）

■ 房地产开发投资

指各种登记注册类型的房地产开发公司、商品房建设公司及其他房地产开发法人单位和附属于其他法人单位实际从事房地产开发或经营的活动单位统一开发的包括统代建、拆迁还建的住宅、厂房、仓库、饭店、宾馆、度假村、写字楼、办公楼等房屋建筑物和配套的服务设施，土地开发工程（如道路、给水、排水、供电、供热、通讯、平整场地等基础设施工程）的投资；不包括单纯的土地交易活动。

■ 农村投资

包括在农村区域范围内进行固定资产活动的企业、事业、行政单位及个人投资，包括农村非农户投资、农村农户投资。

■ 建设总规模

是指在报告期内所有施工项目的计划总投资。这个指标和施工项目相对应。

■ 在建总规模

是指在报告期末所有在建项目的计划总投资。

■ 在建净规模

是指报告期末所有在建项目建成投产尚需的投资总量。

在建净规模＝在建总规模－未投产项目（期末在建）累计完成投资。

■ 新增固定资产

指报告期内交付使用的固定资产价值。包括本年内建成投入生产或交付使用的工程投资和达到固定资产标准的设备、工具、器具的投资及有关应摊入的费用。该指标是反映固定资产投资成果的价值指标，也是反映建设进度，计算固定资产投资效果的重要指标。

■ 固定资产投资按构成分

固定资产投资活动按其工作内容和实现方式分为建筑安装工程，设备、工具、器具购置，其他费用三个部分。

（1）建筑安装工程（建筑工作量）：指各种房屋、建筑物的建造工程和各种设备、装置的安装工程。在安装工程中，不包括被安装设备本身的价值。

（2）设备、工具、器具购置：指把工业企业生产的产品转为固定资产的购置活动，包括建设单位或企业、事业单位购置或自制达到固定资产标准的设备、工具、器具的价值。新建单位及扩建单位的新建车间，按照设计或计划要求购置或自制的全部设备、工具、器具，不论是否达到固定资产标准均计入“设备、工具、器具购置”中。

（3）其他费用：指在固定资产建造和购置过程中发生的，除建筑安装工程和设备、工器具购置投资完成额以外的费用，不指经营中财务上的其他费用。

■ 固定资产投资按资金来源

根据固定资产投资的资金来源不同，分为国家预算内资金、国内贷款、利用外资、自筹资金和其他资金。

（1）本年资金来源合计：指固定资产投资单位在本年内收到的可用于固定资产建造和购置的各种资金，包括上年末结余资金、本年度内拨入或借入的资金以

主要统计指标解释

及各种方式筹集的资金。

（2）上年末结余资金：指上年资金来源中没有形成固定资产投资额而结余的资金。包括尚未用到工程上的材料价值、未开始安装的需要安装的设备价值及结存的现金和银行存款等。

（3）本年资金来源小计：指固定资产投资单位在报告期收到的，用于固定资产投资的各种货币资金。包括国家预算内资金、国内贷款、债券、利用外资、自筹资金和其他资金。

① 国家预算资金自2011年起，按照全国人大和国务院的要求，各级财政的所有资金，包括税收和非税收入，均必须纳入预算管理，我国已不存在预算外资金的概念，因此各级政府用于固定资产投资的财政资金均为预算资金。包括中央预算资金和地方预算资金，旧的国家预算内资金的内容和现中央预算资金的内容基本一致。国家预算包括一般预算、政府性基金预算、国有资本经营预算和社保基金预算。各类预算中用于固定资产投资的资金全部作为国家预算资金填报，其中一般预算中用于固定资产投资的部分包括基建投资、车购税、灾后恢复重建基金和其他财政投资。各级政府债券也应归入国家预算资金。

② 国内贷款：指报告期固定资产投资单位向银行及非银行金融机构借入的用于固定资产投资的各种国内借款，包括：银行利用自有资金以及吸收的存款发放的贷款，上级主管部门拨入的国内贷款、国家专项贷款（包括煤代油贷款、劳改煤矿专项贷款等），地方财政专项资金安排的贷款、国内储备贷款、周转贷款等。

③ 债券：指企业（公司）或金融机构通过发行各种债券，筹集用于固定资产投资的资金。包括由银行代理国家专业投资公司发行的重点企业债券和基本建设债券。

④ 利用外资：指报告期收到的用于固定资产投资的境外资金（包括设备、材料、技术在内）。包括外商直接投资、对外借款（外国政府、国际金融组织贷款、出口信贷、外国银行商业贷款、对外发行债券和股票）以及外商其他投资（包括补偿贸易和加工装配由外商提供的设备价款、国际租赁）。

⑤ 自筹资金：指固定资产投资单位报告期收到的，由各地区、各部门及企事业单位筹集用于固定资产投资的预算外资金。

⑥ 其他资金来源：指在报告期收到的除以上各种资金以外其他用于固定资产投资的资金，包括社会集资，个人资金、无偿捐赠的资金及其他单位拨入的资金等。

固定资产投资按建设性质分

（1）新建：一般是指从无到有、“平地起家”开始建设的企、事业和行政或独立的工程单位。有的单位原有的基础很小，经过建设后其新增加的固定资产价值超过原有固定资产价值（原值）三倍以上的也算新建。

（2）扩建：是指为扩大原有产品的生产能力、在厂内或其他地点增建主要生产车间（或主要工程）、独立的生产线或总厂之下的分厂的企业；事业单位和行政单位在原单位增建业务用房（如学校增建教学用房、医院增建门诊部或病床用房、行政机关增建办公楼等）也作为扩建。

（3）改建和技术改造：指现有企业、事业单位，对原有设施进行技术改造或更新（包括相应配套的辅助性生产、生活福利设施）的建设项目。现有企业、事业单位为适应市场变化的需要，而改变企业的主要产品种类（如军工企业转产民用品等）的建设项目，应作为改建。原有产品生产作业线由于各工序（车间）之间能力不平衡，为填平补齐充分发挥原有生产能力而增建不增加本企业主要产品设计能力的车间，也应作为改建。技术改造是指企业、事业单位在现有基础上，用先进的技术代替落后的技术，用先进的工艺和装备代替落后的工艺和装备，以改变企业落后的技术经济面貌，实现以内涵为主的扩大再生产，达到提高产品质量、促进产品更新换代、节约能源、降低消耗、扩大生产规模、全面提高社会经济效益的目的。技术改造具体包括以下内容：机器设备和工具的更新改造；生产工艺改革、节约能源和原材料的改造；厂房建筑和公共设施的改造；劳动条件和生产环境的改造等。

新增生产能力（或工程效益）

指在本年度内按照新增生产能力（或工程效益）的计算条件和标准，实际建成投入生产或交付使用的生产能力（或工程效益），即通过固定资产投资活动而增加的设计能力。

计算新增生产能力（或工程效益）是以能独立发挥生产能力（或工程效益）的工程为对象，如一座矿

主要统计指标解释

井、一座转炉、一套化工装置、一条铁路专用线等。当工程建成，经有关部门验收鉴定合格，正式移交投入生产，即应计算新增生产能力（或效益）。

新增生产能力的数量，原则上应按设计（计划）能力计算。设计能力指设计中规定的主体工程（或主体设备）及相应配套的辅助工程（或配套设备）在正常情况下能够达到的生产能力。在建设过程中需要调整设计能力时，必须经原有设计的管理机关批准后，才能按批准修改后的能力计算。如尚未批准，仍按原设计能力计算，并加以说明。无设计（或计划）能力的，可根据验收时鉴定能力计算。

建成投产的工程，各生产环节的设备已经配齐，符合计算新增生产能力条件的，应该按工程的全部设计能力计算。各生产环节的设备虽未按设计全部配套建成，但保证生产所需的主体设备、配套设备、主体工程、附属工程都已部分完成，形成生产作业线，经负荷试运转交付使用单位正式投入生产的，只计算设备配齐部分的能力。这部分建成投入生产的工程，填报新增生产能力时，需附有计算依据，并说明工程或主要设备配齐部分的情况，以及尚未建成的工程主要内容或尚缺的设备情况。

施工项目个数

指报告期内所有施工的建设项目个数，包括本年新开工的项目和以前年度开工在本年继续施工的建设项目。

本年投产项目个数

按设计文件规定的全部生产能力（或效益）在本年内全部建成投产，经验收合格交付使用的建设项目个数。

本年房屋施工面积

指报告期内施工的全部房屋建筑面积。包括本期新开工的面积和上期开工跨入本期继续施工的房屋面积，以及上期已停建在本期复工的房屋面积。本期竣工和本期施工后又停缓建的房屋，其建筑面积仍计入本期施工房屋面积中。

本年房屋竣工面积

指在报告期内房屋建筑按照设计要求已全部完工，达到住人和使用条件，经验收鉴定合格（或达到竣工验收标准），可正式移交使用的各栋房屋建筑面积的总和。

本年竣工房屋价值

指在报告期内竣工房屋本身的建造价值。竣工房屋价值按房屋设计和预算规定的内容计算。竣工房屋本身的基础、结构、房屋、装修以及水、电、卫等附属工程的建造价值，也包括作为房屋建筑组成部分而列入房屋建筑工程预算内的设备（如电梯、通风设备等）的购置和安装费用。不包括厂房内的工艺设备、工艺管线的购置和安装，工艺设备基础的建造，室外的水、暖、电、卫、道路工程、挡土墙等环境工程的费用，办公及生活用家具的购置等费用，购置土地的费用，迁移补偿费和场地平整的费用等。

固定资产交付使用率

指一定时期新增固定资产与同期完成投资额的比率。该指标是反映固定资产动用速度，衡量建设过程中宏观投资效果的综合指标。由于新增固定资产是较长时期内形成的结果，而投资额则是当年完成的，因此，该指标一般适宜于反映较长时期内固定资产的动用情况。

别墅、高档公寓

指建筑造价和销售价格明显高于一般商品住宅的商品住宅。别墅一般指地处郊区，独立成栋的商品住宅；高档公寓一般指地处市内高尚社区，高层或多层的商品住宅。别墅、高档公寓的确定标准：一是经有房地产投资计划审批权的主管部门审批建设的别墅、高档公寓开发项目；二是销售价格高于当地同等地段商品住宅平均销售价格一倍以上的别墅、公寓开发项目。该指标可以分析房地产投资结构，反映高收入家庭商品住宅的供求平衡情况。

商品房销售面积

指报告期内出售商品房屋的合同总面积(即双方签署的正式买卖合同中所确定的建筑面积)。由现房销售建筑面积和期房销售建筑面积两部分组成。

（1）现房销售面积：是指在报告期内正式签订买卖合同、已经竣工达到入住条件的商品房屋建筑面

主要统计指标解释

积。包括以一次性付款方式和分期付款方式销售的现房建筑面积。

（2）期房销售面积：是指在报告期内正式签订买卖合同、正在建设尚未竣工交付使用的商品房屋建筑面积。包括以一次性付款方式和分期付款方式销售的商品房屋建筑面积。期房销售建筑面积竣工后不再结转为现房销售建筑面积。

完成开发土地面积

指报告期内对土地进行开发并已完成七通一平等前期开发工程，具备进行房屋建筑物施工或达到出让条件的土地面积。

本年购置土地面积

指在本年内通过各种方式获得土地使用权的土地面积。

Explanatory Notes on Main Statistical Indicators

□ Total Investment in Fixed Assets

Refers to the volume of activities in construction and purchases of fixed assets and related fees, expressed in monetary terms. It is a comprehensive indicator which shows the size, structure and growth of the investment in fixed assets, providing basis for observing the progress of construction projects and evaluating results of investment.

□ Urban Investment in Fixed Assets

Refers to investment in construction and investment in real estate development.

□ Investment of Construction

Refers to construction projects involving a total planned(or required)investment of 500,000 yuan and over by enterprises of various types of ownership, institutions, administrative units and individuals in urban areas,investment in real estate development,and private investment.

□ Investment in Real Estate Development

Refers to investment by real estate development companies, commercialized buildings construction companies and other real estate development units of various types of ownership in the construction of buildings, such as residential buildings, factory buildings, warehouses, hotels, guesthouses, holiday villages, office buildings, and the complementary service facilities and land development projects, such as roads, water supply, water drainage, power supply, heating supply, telecommunications, land leveling and other infrastructural projects. It does not include activities in pure land transactions.

□ Investment in Rural Areas

Refers to investment in fixed assets by enterprises, institutions, administrative units and individuals in rural areas, including rural household and non-rural household in rural areas.

□ Total Size of Construction

Refers to the planned total investment for all construction projects during the reference period. This item should correspond with projects under work.

□ Total Size of Investment in Projects under Construction

Refers to the outstanding requirement of investment of all projects under construction at the end of the reference period.

□ Net Size of Investment in Projects under Construction

Refers to the outstanding requirement of investment of all projects under construction at the end of the reference period.

Net size of investment in projects under construction= Total size of investment – Accumulated completed investment of projects under construction

□ Newly Increased Fixed Assets

Refers to the newly increased value of fixed assets, constructed or purchased, that have been transferred to the investor and have been including equipment and instruments.This is an indicator that demnstrates the results of investment in fixed assets in monetary terms, and an important indicator to reflect the speed of construction and to calculate the efficiency of investment.

□ Investment in Fixed Assets by Structure

By their contents, investment activities are classified into 3 categories, i.e. construction and installation, purchase of equipment and instrument, and other expenses.

(I) Construction and installation (work volume of construction): refers to the construction of various houses and buildings and installation of various kinds of equipment and instruments. The value of equipment installed is not included in the value of installation projects.

(II) Purchase of equipment and instruments: refers to the purchase converting products produced by industrial enterprises to the purchase of fixed assets, including the total value of equipment, tools, and vessels purchased or self - produced. Equipment, tools and vessels purchased or self - produced for new workshops by newly established or expanded units are categorized as "purchase of equipment and instruments" no matter whether they come up to the standards for fixed assets or not.

(III) Other expenses: refer to expenses occurring during the construction or purchase of fixed assets other than construction, installation or purchase of equipment and instruments, excluding other expenses in financial management.

Sources of Funds for Investment in Fixed Assets

Are categorized as funds from the State budget, domestic loans, foreign investment, self-raised funds, and others, depending on the sources of investment.

(I) Total of source of funds in this year: refers to the various funds received by investing enterprises in this year for the purpose of construction and purchase of investment in fixed assets. It includes balance of funds brought forward from the previous year, funds appropriated and brought in this year, and funds collected by various ways.

(II) Balance of funds brought forward from the previous year: refers to the surplus funds which didn't form the investment in fixed assets in the sources of funds in previous year. It includes material values that will be used in the projects, facilities values that must be and will be installed, and surplus cashes and deposits in bank.

(III) Subtotal of source of funds in this year: refers to the monetary funds received by investing enterprises during the reference period for the purpose of investment in fixed assets. It includes funds from state budgetary appropriation, domestic loans, bonds, foreign investment, self-raised funds, and others.

(a) State budgetary appropriation consists of budgetary appropriation and loans from state budget. More specifically, it includes, from the budget of the central government, capital construction fund (operation fund and non-operational fund), special expenses (e.g. expenses on substituting petroleum with coal), loans from repayment, discount fund, expenses on innovation and trial production of new products, expenses on urban construction, expenses on temporary construction by trade departments, development fund for less developed areas, as well as local budgetary fund transferred from the central budget.

(b) Domestic loans refer to loans of various forms borrowed by investing units from banks and non-bank financial institutions during the reference period, including loans issued by banks from their self-owned funds and deposit, loans appropriated by higher responsible authorities, special loans by government (including loan for substituting petroleum with coal, special loan for reform-through-labour coal mines), loans arranged by local government from special funds, domestic reserve loan, and working loan, etc.

(c) Bonds refer to the funds collected by enterprises or financial institutions by bonds issuance for the purpose of investment in fixed assets. It includes emphasis enterprises bonds issued by banks substituting special nation investment enterprises and capital construction bonds.

(d) Foreign Investment refers to foreign funds received during the reference period for investment in fixed assets (covering equipment, materials and technology), including foreign direct investment, foreign borrowings (loans from foreign governments and international financial institutions, export credit, commercial loans from foreign banks, issuance of bonds and stocks overseas), and other foreign investment (covering facilities' funds provided by foreign investment by compensation trade and processing & assembly, as well as international lease).

(e) Self-raised funds refer to extra-budgetary funds for investment in fixed assets received by investing units from central government ministries, local governments, enterprises and institutions during the reference period.

(f) Others refer to funds for investment in fixed assets received from the sources other than those listed above, including funds raised from social and individuals, through donations, and funds transferred from other units.

Investment in Fixed Assets by Type of Construction

(I) New construction in general: refers to newly constructed enterprises, institutions, administrative agencies or independent projects from scratch. In case the asset of the existing unit is quite small, and the value of newly added fixed assets exceeds the original value of assets by three times, the expansion will be considered as new construction.

(II) Expansion: refers to construction of new major production workshop, branch factory or independent production line within a factory or in other locations, for the purpose of increasing the production capacity (or improving efficiency) of the original products. Newly constructed houses for the operation of institutions and administrative organizations (such as the newly constructed buildings for teaching in schools, buildings for clinics or wards in hospitals, buildings for administrative agencies, etc.) are also classified as expansion.

EXPLANATORY NOTES TO MAJOR STATISTICAL INDICATORS

(III) Reconstruction and Technical Transformation: refer to construction projects by existing enterprises or institutions in innovation or technical transformation of the old facilities (including auxiliary production equipment and welfare facilities). Also considered as reconstruction is the construction of new workshops by the existing enterprises or institutions to change the variety of products to meet the market demand (such as the production of civil products by defence industries), or to bring the designed production capacity into full play through a more balanced production process on production lines. Technical transformation refers to replacement of old technology or equipment by new technology or equipment, in order to expand the reproduction through improvement of technology contents in production, to improve product quality, to promote new products, to save energy and reduce consumption and to improve overall social-economic efficiency. Contents of technical transformation include: updating of machinery, equipment and tools; reforming production process by using energy or materials saving technology; construction of factory workshops and transformation of public facilities; improvement of working conditions and environment, etc.

□ Newly Increased Production Capacity (or Project Efficiency)

Refers to the production capacity put into produce or put into use actually according to calculation conditions and standards of newly increased production capacity (or project efficiency) in the reference period, that is increase of designed capacity (or project efficiency) through investment in fixed assets.

The target of calculation of newly increased production capacity (project efficiency) is project can produce production capacity (or project efficiency) independently, such as a mineral well, a turn kiln, a set of chemical appliance, a special rail line, etc. When the project completes and has been checked, accepted and formally put into production, it can be calculate as newly increased production capacity (or project efficiency).

Newly increased production capacity is calculated according to design capacity (or plan capacity). Design capacity refers to the production capacity of major projects (or major facilities) and subsidiary projects (or subsidiary facilities) which can be come true in normal situation. When there are some changes in construction process of design capacity, the new capacity can be calculated after the approval of management. If it didn't have the approval, it must be calculated by original design capacity and give a explanation. If it hasn't design capacity, it can be calculated by the capacity according to checkout and verification.

Newly increased production capacity of projects completed and put into produce, whose facilities are assorted in every part and correspond with conditions of calculation is calculated by total design capacity. If the total facilities aren't assorted while a part of major and subsidiary facilities and projects complete that can meet the need of production and put into produce, the newly increased production capacity is calculated by capacity of assorted part. When newly increased production capacity is infilled and reported the projects put into produce must have calculation warranty and give an explanation of situation of projects and major parts assorted, major content of projects uncompleted and missing facilities.

□ Number of Projects under Construction

Refers to the number of projects having construction in the reference period, including new projects in current year and projects started in the reference period and continued in current year.

□ Number of Projects Put into Produce

Refers to the number of projects completed and have been checked, accepted and formally put into use in this year according to total production capacity (or efficiency) prescribed in design document.

□ Floor Space under Construction in this Year

Refers to total floor space of all buildings under construction during the reference period, including floor space of newly started buildings during the reference period, floor space of construction extended from the previous period to the current period, and floor space of construction suspended during the previous period and resumed in the current period. Floor space of construction completed in the current period, and floor space of construction started and then suspended in the current period are also included in the floor space under construction of the current year.

□ Floor Space of Buildings Completed in this Year

Refers to the floor space of all buildings completed in the reference period, which have been appraised and accepted (or come up to the designed standards) and have been transferred to the owners for use.

EXPLANATORY NOTES TO MAJOR STATISTICAL INDICATORS

□ Value of Buildings Completed in this Year

Refers to the intrinsic construction value of buildings completed in the reference period. It is figured by the rules of buildings design and budget, which not only includes the construction value of foundations, structure, furnishings, subsidiary projects such as water, electricity, toilet, etc. but also includes purchase and installation expenditures of facilities (such as lift, ventilation, etc.) listed into buildings budget as component of building construction. It excludes the purchase and installation of technical facilities, leads and lines in factories, construction of technical facilities' basis, expenditures of environment projects such as water, eructate, electricity, toilet, road projects, wall fended to earth outside, purchase of furniture in office or house, purchase of lands, as well as expenditures of move compensation and land leveling etc.

□ Rate of Projects of Fixed Assets Completed and Put into Operation

Refers to the ratio of the newly increased fixed assets to the total investment made in the same period. This is a comprehensive indicator reflecting the speed of the employment of fixed assets and the investment efficiency at the macro-level. As the newly increase fixed assets is the result of a long period while the investment is completed in the current year, this indicator is expected to be used to reflect the employment of fixed assets over a long period of time.

□ Villas, High-Grade Apartments

Refer to commercial houses whose construction costs and marketing prices are significantly higher than ordinary housing. Villas are independent structures generally located in the suburbs; high-grade apartments are multi-story buildings located in elegant urban neighborhoods. Criteria for villas and high-grade apartments include: 1) projects for the construction of villas or high-grade apartments have to be approved by competent departments in charge of real estate development and investment plans, and 2) prices for projects on villas or high-grade apartments are higher by over 100% compared with the average prices of ordinary commercial housing projects in similar location. This indicator helps to analyze the investment structure of the real estate industry and the demand and supply of housing for high-income households.

□ Floor Space of Commercial Buildings Actually Sold

Refers to the total contracted floor space of commercial buildings actually sold in reporting period(the floor space provided in the formal contract),which consists of the floor space of the sold completed buildings and the floor space of the sold forward-delivery buildings.

(I) Floor Space of Sold Completed Buildings refers to the floor space of the completed commercial buildings prepared for occupancy with the formally signed sales contract in the reporting period, including the floor space of the completed buildings purchased by one-off payment and by installment.

(II) Floor Space of Sold Forward-Delivery Buildings refers to the floor space of the uncompleted commercial buildings still under construction with the formally signed sales contract in the reporting period, including the floor space of the commercial buildings purchased by one-off payment and by installment. The floor space of sold forward-delivery buildings,afer completion,will not be carried forward into the floor space of sold completed buildings.

□ Developed Land Area Completed

Refers to the land area of land development and prophase development projects completed, which can carry out construction or remise.

□ Purchased Land Area in Current Year

Refers to the land area accessible by various means in current year.

第5章

能源消费

ENERGY CONSUMPTION

简要说明
BRIEF INTRODUCTION

本章主要内容包括能源消费及品种构成，能源消费弹性系数，平均每万元GDP能源消费量及日均能源消费量，综合能源平衡表，按工业行业分的能源消费量和工业产值综合能耗。本章资料由市统计局能源处根据有关资料和调查结果编制。

The data in this chapter mainly cover energy consumption and its composition, the elasticity ratio of energy consumption, average energy consumption per 10,000 yuan of GDP, average daily energy consumption, overall energy balance sheet, energy consumption by industrial sector and comprehensive energy consumption per unit output value. This chapter is compiled by Division of Industry and Transport Statistics, Chongqing Municipal Bureau of Statistics on the basis of the related materials and the results of surveys.

表5.1 主要年份能源消费总量
TOTAL CONSUMPTION OF ENERGY IN MAJOR YEARS

单位：万吨标准煤 (10 000 tons of SCE)

年 份 Year	能源消费总量 Total Consumption of Energy	其 中 of which 煤 炭 Coal	天然气 Natural Gas	油 料 Oil	电 力 Electricity
1949	91.71	88.97		2.06	0.68
1952	155.47	150.64		3.43	1.40
1957	263.73	247.95	3.41	7.00	5.37
1962	476.37	429.30	18.20	14.21	14.66
1965	342.88	295.00	19.65	9.85	18.38
1970	469.56	379.80	50.13	14.04	25.59
1975	651.21	514.03	78.58	21.99	36.61
1978	889.20	703.87	103.87	32.20	49.26
1980	985.59	752.60	129.08	40.53	63.38
1981	1004.30	766.33	137.82	33.83	66.32
1982	1050.33	794.01	138.62	48.30	69.40
1983	1110.05	838.14	148.22	51.06	72.63
1984	1160.49	872.47	151.97	60.05	76.00
1985	1241.40	938.21	160.83	62.83	79.53
1986	1271.14	938.66	173.38	75.61	83.49
1987	1395.65	1036.28	195.61	76.12	87.64
1988	1513.18	1157.08	183.73	80.37	92.00
1989	1565.46	1194.44	190.36	84.08	96.58
1990	1516.59	1130.76	196.44	88.00	101.39
1991	1558.56	1151.68	197.06	96.63	113.19
1992	1601.01	1172.98	198.32	103.34	126.37
1993	1644.85	1194.68	200.89	108.20	141.08
1994	1696.72	1216.78	216.74	105.70	157.50
1995	1776.91	1239.85	258.36	102.87	175.83
1996	1871.09	1317.32	260.86	97.39	195.52
1997	2030.13	1383.98	282.80	145.47	217.88
1998	2119.46	1393.43	291.30	183.62	251.11
1999	2278.42	1495.55	308.19	196.34	278.34
2000	2410.82	1599.80	312.20	202.17	296.65
2001	2573.68	1700.43	322.51	206.20	344.54
2002	2823.05	1928.90	331.87	213.84	348.44
2003	3137.90	2206.42	349.11	220.81	361.56
2004	3668.41	2505.08	403.52	379.97	379.84
2005	4464.58	3151.71	472.15	411.86	428.86
2006	4881.63	3381.87	532.67	469.11	497.98
2007	5512.44	3832.29	578.95	549.12	552.08
2008	5895.10	4048.95	648.38	600.57	597.20
2009	6431.63	4499.83	657.82	619.73	654.25
2010	7117.41	4857.64	750.39	741.20	768.18
2011	7951.12	5338.03	819.81	912.06	881.22
2012	8284.94	5521.11	941.24	933.99	888.60
2013	8919.74	5929.35	954.90	1035.99	999.50

注：本表各年能源品种均已折合为按当量值计算的吨标准煤。
Note: All the data hereof has been adjusted according to the result of the 2nd National Economic Census, and each type of energy has been converted into tons of SCE calculated in equivalent value.

表5.2 规模以上工业按行业分能源消费量（2012－2013年）

ENERGY CONSUMPTION OF ENTERPRISES ABOVE DESIGNATED SIZE BY SECTOR (2012-2013)

行业	Sector	原煤（吨） Coal(ton)		焦炭（吨） Coke(ton)	
		2012	2013	2012	2013
工业消费总量	**Total Industry Consumption**	**48351029**	**50843545**	**2786910**	**2884003**
采矿业	**Mining**	**22246646**	**21328605**	**1492**	**453**
#煤炭开采和洗选业	Mining and Washing of Coal	21855735	20844515	1427	428
石油和天然气开采业	Extraction of Petroleum and Natural Gas				
黑色金属矿采选业	Mining and Processing of Ferrous Metal Ores	32340	27335	65	25
有色金属矿采选业	Mining and Processing of Non-Ferrous Metal Ores				
非金属矿采选业	Mining and Processing of Non-metal Ores	358571	456754		
制造业	**Manufacturing**	**13705986**	**14674651**	**2785418**	**2883551**
农副食品加工业	Processing of Food from Agricultural Products	188786	157871		
食品制造业	Manufacture of Foods	198773	207995	180	946
饮料制造业	Manufacture of Beverage	90965	88033		
烟草制品业	Manufacture of Tobacco	9172	10997		
纺织业	Manufacture of Textile	126278	127501		
纺织服装、鞋、帽制造业	Manufacture of Textile Wearing Apparel, Footware and Caps	247	191		
皮革、毛皮、羽毛（绒）及其制品业	Manufacture of Leather, Fur, Feather and Related Products	15561	18419		
木材加工及木、竹、藤、棕、草制品业	Processing of Timber and Manufacture of Wood, Bamboo, Rattan, Palm, and Straw Products	24626	23863		
家具制造业	Manufacture of Furniture	1488	1809		
造纸及纸制品业	Manufacture of Paper and Paper Products	966906	1223270	24	
印刷业、记录媒介的复制	Printing, Reproduction of Recording Media				
文教体育用品制造业	Manufacture of Culture, Education and Sports Articles	478	949		
石油加工、炼焦及核燃料加工业	Processing of Petroleum, Coking, Processing of Nuclear Fuel	768744	586882		

汽 油（吨） Gasoline(ton)		煤 油（吨） Kerosene(ton)		柴 油（吨） Diesel Oil(ton)		天然气（万立方米） Natural Gas (10 000 cu.m)		电力（万千瓦时） Electricity(10 000 kw.h)	
2012	2013	2012	2013	2012	2013	2012	2013	2012	2013
85551	**93507**	**4671**	**4963**	**222666**	**250184**	**504063**	**499600**	**4994779**	**5454879**
4726	**9560**	**74**	**79**	**26539**	**42740**	**3111**	**965**	**236175**	**240908**
4324	7081	74	79	12948	16270	12	11	177688	177087
53	41			32	28	3036	869	2913	560
74	80			1007	1010	58	85	5344	4361
58	98			241	148			1606	1510
218	2260			12311	25285	6		48625	57390
73699	**75925**	**4584**	**4842**	**184206**	**196977**	**500243**	**497638**	**3878477**	**4215778**
1889	2625	8	48	2258	2595	3459	3665	56660	58414
1420	1911		1	4394	4146	3564	4345	22507	26016
1414	1354	1	1	2644	2098	3054	3448	26318	31223
269	243			764	129	738	770	6341	7039
609	1534			325	248	1256	490	70862	75418
761	711			208	188	516	512	7299	10583
1478	1200		5	137	141	487	503	12654	15244
337	344			471	782	17	53	11356	15288
468	465			406	416	41	48	5635	8283
1024	723	10		6842	8013	1531	4047	133616	154332
1020	1080	4	1	273	402	676	928	15312	14959
54	44			28	8	102	70	2004	3085
202	214	18	154	1099	1969	166	181	7640	8780

表5.2 续表 continued

行 业	Sector	原 煤（吨） Coal(ton)		焦 炭（吨） Coke(ton)	
		2012	2013	2012	2013
化学原料及化学制品制造业	Manufacture of Raw Chemical Materials and Chemical Products	3884581	3760575	27981	23081
医药制造业	Manufacture of Medicines	207148	175930	127	17
化学纤维制造业	Manufacture of Chemical Fibres	936	5		
橡胶制品业	Manufacture of Rubber	97781	97693		
塑料制品业	Manufacture of Plastics	12085	12074	746	30
非金属矿物制品业	Manufacture of Non-metallic Mineral Products	5698403	6326620	5	
黑色金属冶炼及压延加工业	Smelting and Pressing of Ferrous Metals	784974	1061458	2682038	2803076
有色金属冶炼及压延加工业	Smelting and Pressing of Nonferrous Metals	537993	702006	22837	15209
金属制品业	Manufacture of Metal Products	19677	25582	38	322
通用设备制造业	Manufacture of General Purpose Machinery	8821	13663	26138	17695
专用设备制造业	Manufacture of Special Purpose Machinery	52	4963	190	178
交通运输设备制造业	Manufacture of Transport Equipment	52076	34382	24778	22572
电气机械及器材制造业	Manufacture of Electrical Machinery and Equipment	2436	2914	145	131
通信设备、计算机及其他电子设备制造业	Manufacture of Communication Equipment, Computers and Other Electronic Equipment	2651	2762		
仪器仪表及文化、办公用机械制造业	Manufacture of Measuring Instruments and Machinery for Cultural Activity and Office Work	1333	626	190	294
工艺品及其他制造业	Manufacture of Art Handicrafts and Other Manufacture	2522	2243		
废弃资源和废旧材料回收加工业	Comprehensive Utilization of Waste Resources	480	3366		
电力、燃气及水的生产和供应业	**Electric Power, Gas and Water Production and Supply**	**12398396**	**14840289**		
电力、热力的生产和供应业	Production and Supply of Electric Power and Heat Power	12398396	14840289		
燃气生产和供应业	Production and Supply of Gas				
水的生产和供应业	Production and Supply of Water				

汽 油（吨） Gasoline(ton)		煤 油（吨） Kerosene(ton)		柴 油（吨） Diesel Oil(ton)		天然气（万立方米） Natural Gas (10 000 cu.m)		电力（万千瓦时） Electricity(10 000 kw.h)	
2012	2013	2012	2013	2012	2013	2012	2013	2012	2013
2592	2532	87	80	8740	8862	318469	303608	733099	751248
1637	2134	20	36	1429	1011	4414	5347	39514	44671
1	35		10	88	30			809	817
1438	1565		30	580	572	3369	2315	46612	52473
868	945		101	1465	1402	356	340	51780	65965
3248	3500	93	669	99318	112635	77196	80152	696312	760772
4003	2357	10		8992	8374	8779	8836	710781	816686
1091	1059	2	3	2604	2205	21860	25704	377448	377619
2670	2419	98	106	3294	2369	10937	13100	79188	79850
4084	3966	435	464	7342	7500	2371	2192	67897	70705
2764	2213	13	11	1136	1431	143	392	28700	31658
30655	32016	2898	2469	25713	24400	31925	31907	513337	547066
4323	5145	63	19	1628	2608	2247	2559	62746	64810
657	956	3	8	309	419	1685	1545	67490	97639
2142	2136	813	617	677	712	93	127	10676	12285
299	245	10	11	857	506	552	455	9470	7398
32	33			153	763	240		1516	2804
7126	**8022**	**13**	**42**	**11921**	**10467**	**709**	**998**	**880126**	**998193**
5966	6254	12	12	11439	9994	499	772	811540	921709
794	1360		29	312	276	208	224	9099	11075
366	408		2	170	196	2	1	59488	65409

表5.3 规模以上工业企业产值综合能耗（2012－2013年）

COMPREHENSIVE ENERGY CONSUMPTION OF INDUSTRIAL ENTERPRISES ABOVE DESIGNATED SIZE PER UNIT OUTPUT VALUE (2012-2013)

行业	Sector	综合能源消费量（吨标准煤）Comprehensive Energy Consumption (ton of SCE)		产值能耗（吨标准煤/万元）Energy Consumption per Unit Output Value (ton of SCE/10 000 yuan)	
		2012	2013	2012	2013
工业消费总量	**Total Industry Consumption**	**35131527**	**37045492**	**0.27**	**0.23**
采矿业	**Mining**	**3019763**	**2822357**	**0.65**	**0.58**
#煤炭开采和洗选业	Mining and Washing of Coal	2660280	2422008	0.74	0.67
石油和天然气开采业	Extraction of Petroleum and Natural Gas	40591	11347	0.32	0.11
黑色金属矿采选业	Mining and Processing of Ferrous Metal Ores	75176	83967	0.66	0.65
有色金属矿采选业	Mining and Processing of Non-Ferrous Metal Ores	2254	2004	0.06	0.04
非金属矿采选业	Mining and Processing of Non-metal Ores	241461	303031	0.32	0.33
制造业	**Manufacturing**	**25533329**	**26255913**	**0.21**	**0.18**
农副食品加工业	Processing of Food from Agricultural Products	261478	244300	0.05	0.04
食品制造业	Manufacture of Foods	202456	221759	0.16	0.14
饮料制造业	Manufacture of Beverage	146289	151436	0.11	0.09
烟草制品业	Manufacture of Tobacco	23818	25345	0.02	0.02
纺织业	Manufacture of Textile	196372	194664	0.12	0.10
纺织服装、服饰业	Manufacture of Textile Wearing Apparel, Footware and Caps	15877	19399	0.02	0.02
皮革、毛皮、羽毛及其制品和制鞋业	Manufacture of Leather, Fur, Feather and Related Products	34918	40038	0.03	0.03
木材加工及木、竹、藤、棕、草制品业	Processing of Timber and Manufacture of Wood, Bamboo, Rattan, Palm, and Straw Products	44727	49789	0.18	0.16
家具制造业	Manufacture of Furniture	8732	12199	0.01	0.01
造纸及纸制品业	Manufacture of Paper and Paper Products	798711	953305	0.45	0.42
印刷业、记录媒介的复制	Printing, Reproduction of Recording Media	28674	31845	0.04	0.04
文教体育用品制造业	Manufacture of Culture, Education and Sports Articles	4204	5396	0.02	0.01
石油加工、炼焦及核燃料加工业	Processing of Petroleum, Coking, Processing of Nuclear Fuel	251547	223798	0.45	0.42

表5.3 续表 continued

行　业	Sector	综合能源消费量（吨标准煤） Comprehensive Energy Consumption (ton of SCE)		产值能耗（吨标准煤/万元） Energy Consumption per Unit Output Value (ton of SCE/10 000 yuan)	
		2012	2013	2012	2013
化学原料及化学制品制造业	Manufacture of Raw Chemical Materials and Chemical Products	7664847	7372845	1.07	0.96
医药制造业	Manufacture of Medicines	251119	253911	0.10	0.08
化学纤维制造业	Manufacture of Chemical Fibres	3769	3815	0.15	0.08
橡胶和塑料制品业	Manufacture of Rubber and Plastics	270820	279425	0.09	0.07
非金属矿物制品业	Manufacture of Non-metallic Mineral Products	7388120	7748873	1.09	0.95
黑色金属冶炼及压延加工业	Smelting and Pressing of Ferrous Metals	4869452	5171743	0.72	0.66
有色金属冶炼及压延加工业	Smelting and Pressing of Nonferrous Metals	1169740	1280235	0.24	0.23
金属制品业	Manufacture of Metal Products	245023	273294	0.08	0.07
通用设备制造业	Manufacture of General Purpose Machinery	159140	155329	0.04	0.03
专用设备制造业	Manufacture of Special Purpose Machinery	40689	51127	0.02	0.02
汽车制造业	Manufacture of Transport Equipment	737877	771702	0.03	0.03
铁路、船舶、航空航天和其他运输设备制造业	Manufacture of Railway, Ship, Aviation and Transporting Equipment	421788	402505	0.03	0.03
电气机械及器材制造业	Manufacture of Electrical Machinery and Equipment	116229	125440	0.01	0.01
通信设备、计算机及其他电子设备制造业	Manufacture of Communication Equipment, Computers and Other Electronic Equipment	103221	138792	0.01	0.01
仪器仪表制造业	Manufacture of Measuring Instruments and Machinery for Cultural Activity and Office Work	20036	21464	0.02	0.01
其他制造业	Other Manufacture	43971	21368	0.05	0.03
废弃资源综合利用业	Comprehensive Utilization of Waste Resources	5848	7225	0.02	0.02
金属制品、机械和设备修理业	Repair of Metal Products, Machinery and Equipment	3841	3546	0.03	0.03
电力、热力、燃气及水的生产和供应业	**Electric Power, Heat Gas and Water Production and Supply**	**6578436**	**7967222**	**0.94**	**0.98**
电力、热力的生产和供应业	Production and Supply of Electric Power and Heat Power	6489614	7868721	1.10	1.16
燃气生产和供应业	Production and Supply of Gas	15219	17620	0.02	0.02
水的生产和供应业	Production and Supply of Water	73603	80880	0.38	0.36

表5.4 规模以上工业按行业分用水量（2013年）

WATER CONSUMPTION OF ENTERPRISES ABOVE DESIGNATED SIZE BY SECTOR (2013)

行 业	Sector	工业取水总量（万立方米） Water Use (10 000 cu.m)	其中 of which 地表水 Surface Water	地下水 Ground-water	自来水 Water supplied
工业用水量	**Total Water Consumption**	**143160.93**	**121299.78**	**1231.95**	**20115.18**
采矿业	**Mining**	**5786.19**	**4944.43**	**484.09**	**320.52**
#煤炭开采和洗选业	Mining and Washing of Coal	4634.51	3832.00	477.39	291.47
石油和天然气开采业	Extraction of Petroleum and Natural Gas	11.12			11.12
黑色金属矿采选业	Mining and Processing of Ferrous Metal Ores	53.31	53.10	0.13	0.06
有色金属矿采选业	Mining and Processing of Non-Ferrous Metal Ores	8.28	4.29	0.10	2.63
非金属矿采选业	Mining and Processing of Non-metal Ores	1078.97	1055.04	6.48	15.23
制造业	**Manufacturing**	**37551.52**	**19233.99**	**747.85**	**17217.01**
农副食品加工业	Processing of Food from Agricultural Products	1025.00	254.56	34.98	733.35
食品制造业	Manufacture of Foods	698.72	226.21	2.52	469.50
酒、饮料和精制茶制造业	Liquor, Beverage and Refined Tea	1092.31	52.78	94.16	945.16
烟草制品业	Manufacture of Tobacco	92.89			92.89
纺织业	Manufacture of Textile	630.02	411.75	4.78	186.65
纺织服装、服饰业	Manufacture of Textile Wearing Apparel and Caps	101.20	0.73	2.49	96.99
皮革、毛皮、羽毛（绒）及其制品业和制鞋业	Manufacture of Leather, Fur, Feather and Related Products and footware	137.27	58.96	12.91	65.32
木材加工及木、竹、藤、棕、草制品业	Processing of Timber, Manufacture of Wood, Bamboo,Rattan, Palm, and Straw Products	77.86	15.36	2.59	57.56
家具制造业	Manufacture of Furniture	40.96	0.30	0.83	39.83
造纸及纸制品业	Manufacture of Paper and Paper Products	3403.91	3133.74	61.01	207.37
印刷业、记录媒介的复制	Printing, Reproduction of Recording Media	77.92		1.81	76.10
文教、工美、体育和娱乐用品制造业	Manufacture of Culture, Education, Handicraft, Fine Arts, Sports and Entertainment Articles	17.13	0.03		17.09
石油加工、炼焦及燃料加工业	Processing of Petroleum, Coking, Processing of Nuclear Fuel	316.03	199.29	82.60	34.14

表5.4 续表 continued

行　业	Sector	工业取水总量（万立方米） Water Use (10 000 cu.m)	其　中 of which 地表水 Surface Water	地下水 Ground-water	自来水 Water supplied
化学原料及化学制品制造业	Manufacture of Raw Chemical Materials and Chemical Products	10887.11	7370.67	107.63	3315.24
医药制造业	Manufacture of Medicines	1179.75	250.22	1.35	928.13
化学纤维制造业	Manufacture of Chemical Fibres	7.01		2.43	4.57
橡胶和塑料制品业	Manufacture of Rubber and Plastics	457.88	22.33	8.41	427.09
非金属矿物制品业	Manufacture of Non-metallic Mineral Products	4042.75	1624.54	191.59	2069.70
黑色金属冶炼及压延加工业	Smelting and Pressing of Ferrous Metals	3458.22	3199.41	6.30	251.50
有色金属冶炼及压延加工业	Smelting and Pressing of Nonferrous Metals	3144.19	2026.77	2.68	1108.97
金属制品业	Manufacture of Metal Products	559.67	79.84	5.25	472.90
通用设备制造业	Manufacture of General Purpose Machinery	429.46	11.81	6.47	410.41
专用设备制造业	Manufacture of Special Purpose Machinery	207.74	0.85	3.50	201.82
汽车制造业	Manufacture of Transport Equipment	2579.33	127.19	56.37	2343.64
铁路、船舶、航空航天和其他运输设备制造业	Manufacture of Railway, Ship, Aviation and Other Transporting Equipment	1326.46	58.63	38.10	1227.38
电气机械和器材制造业	Manufacture of Electrical Machinery and Equipment	440.32	16.09	12.25	410.85
计算机、通信和其他电子设备制造业	Manufacture of Communication Equipment, Computers and Other Electronic Equipment	827.60	52.38	0.15	774.70
仪器仪表制造业	Manufacture of Measuring Instruments and Machinery for Cultural Activity and Office Work	130.93	36.29	1.06	93.26
其他制造业	Other Manufacture	151.89	2.77	3.19	145.93
废弃资源综合利用业	Comprehensive Utilization of Waste Resources	7.51	0.17	0.43	6.82
金属制品、机械和设备修理业	Repair of Metal Products, Machinery and Equipment	2.47	0.31		2.16
电力、热力、燃气及水的生产和供应业	**Electric Power, Heat Gas and Water Production and Supply**	**99823.22**	**97121.37**	**0.01**	**2577.65**
电力、热力的生产和供应业	Production and Supply of Electric Power and Heat Power	7776.00	7324.88		326.92
燃气生产和供应业	Production and Supply of Gas	2196.83	2155.73	0.01	41.09
水的生产和供应业	Production and Supply of Water	89850.39	87640.75		2209.64

表5.5 能源消费弹性系数（1985－2013年）
ELASTICITY RATIO OF ENERGY CONSUMPTION (1985-2013)

年 份 Year	能源消费比上年增长% Growth Rate of Energy Consumption over Preceding Year (%)	本市生产总值比上年增长% Growth Rate of GDP over Preceding Year (%)	能源消费弹性系数 Elasticity Ratio of Energy Consumption
1985	7.0	8.6	0.81
1986	2.4	8.6	0.28
1987	9.8	5.3	1.85
1988	8.4	9.5	0.89
1989	3.5	4.9	0.71
1990	-3.1	7.0	-0.45
1991	2.8	9.2	0.30
1992	2.7	16.5	0.17
1993	2.7	15.6	0.18
1994	3.2	13.5	0.23
1995	4.7	12.3	0.38
1996	5.3	11.4	0.46
1997	8.5	11.2	0.76
1998	4.4	8.6	0.51
1999	7.5	7.8	0.96
2000	5.8	8.7	0.67
2001	6.8	9.2	0.73
2002	9.7	10.5	0.92
2003	11.2	11.7	0.95
2004	16.9	12.4	1.36
2005	21.7	11.7	1.85
2006	9.3	12.4	0.75
2007	12.9	15.9	0.81
2008	6.9	14.5	0.48
2009	9.1	14.9	0.61
2010	11.8	17.1	0.69
2011	11.9	16.4	0.73
2012	5.5	13.6	0.40
2013	6.5	12.3	0.53

注：本市能源消费增长速度按等价值计算；生产总值增长速度按可比价格计算。
Note: The grouth rate of energg consumption is calculated at equivalent value,while the growth rate of GDP is calculated at constant prices.

表5.6 平均每万元本市生产总值能源消费量（2012－2013年）
AVERAGE ENERGY CONSUMPTION PER 10 000 YUAN OF GDP (2012-2013)

品 种	Type	2012	2013
单位生产总值能源消费量（吨标煤/万元）	**Energy Consumption per Unit of GDP (ton of SCE/10 000 yuan)**	**0.886**	**0.841**
#煤 炭	Coal	0.44	0.41
天然气	Natural Gas	0.09	0.08
油 料	Oil	0.09	0.09
电 力	Electricity	0.27	0.26

注：本表GDP按2010年价计算；能源品种均已折合为按等价值计算的吨标准煤。
Note: The data of GDP is calculated at the prices of 2010; each type of energy has been converted into tons of SCE calculated in equivalent value.

表5.7 平均每天主要能源消费量（2012－2013年）
AVERAGE DAILY ENERGY CONSUMPTION (2012-2013)

品 种	Type	2012	2013
每天能源消费量（万吨标煤/天）	**Average Daily Energy Consumption (10 000 tons of SCE/day)**	**25.42**	**27.01**
#煤 炭	Coal	12.59	13.24
天然气	Natural Gas	2.58	2.59
油 料	Oil	2.56	2.83
电 力	Electricity	7.70	8.35

注：本表能源品种均已折合为按等价值计算的吨标准煤。
Note: The consumption of all the energy types has been coverted to the equivalent of coal.

表5.8 综合能源平衡表（2012－2013年）
OVERALL ENERGY BALANCE SHEET (2012-2013)

单位：万吨标准煤 (10 000 tons of SCE)

项 目	Item	2012		2013	
		按当量值计算 Equivalent Weight	按等价值计算 Equivalent Value	按当量值计算 Equivalent Weight	按等价值计算 Equivalent Value
可供消费的能源总量	**Total Energy Available for Consumption**	**8284.94**	**9278.41**	**8919.70**	**9880.72**
#一次能源生产量	Primary Energy Output	3924.83	4453.39	4318.26	4726.47
调进量	Imports	5574.46	6189.57	5656.56	6301.07
调出量（－）	Exports (-)	-1250.00	-1400.20	-1055.39	-1147.10
能源消费总量	**Total Energy Consumption**	**8284.94**	**9278.41**	**8919.70**	**9880.72**
终端消费	End-use Consumption	7022.26	8817.50	7555.07	9464.52
第一产业	Primary Industry	310.30	315.92	325.61	331.68
第二产业	Secondary Industry	5010.62	6179.30	5371.50	6582.74
第三产业	Tertiary Industry	1038.45	1331.54	1153.37	1491.37
生活消费	Household Consumption	662.88	990.74	704.59	1058.73
城 镇	Urban	437.30	653.69	465.28	685.95
乡 村	Rural	225.58	337.05	239.31	372.78
加工转换投入（－）产出（＋）量	Input (-) and Output (+) during the Process of Enery Conversion	-1199.58	-272.35	-1292.60	-206.35
损失量	Energy Losses	63.10	188.56	72.03	209.85

表5.9 主城九区主要能源消费量（2012－2013年）
MAIN ENERGY CONSUMPTION OF 9 CENTRAL URBAN DISTRICTS (2012-2013)

单位：万吨标准煤 (10 000 tons of SCE)

品　种	Type	2012	2013
规模以上工业企业能源消耗总量	Total Energy Consumption of Industrial Enterprises above Designated Size	529.51	506.88
清洁能源使用量	Use of Clean Energy	2081.76	2163.68
终端能源消费总量	Total End-User Energy Consumption	2457.22	2538.32

表5.10 电力平衡表（2012－2013年）
ELECTRICITY BALANCE SHEET (2012-2013)

单位：亿千瓦小时 (100 million kwh)

项　目	Item	2012	2013
可供量	Total Energy Available for Consumption	**723.03**	**813.27**
生产量	Output	548.02	593.67
水　电	Hydropower	198.17	161.18
火　电	Thermal Power	349.05	431.51
核　电	Nuclear Power		
风　电	Wind Power	0.80	0.98
外省（区、市）调入量	Imports	231.55	256.03
本省（区、市）调出量（－）	Exports (-)	56.54	-36.43
消费量	Total Energy Consumption	723.03	813.27
在消费量中：	Consumption by Sector		
农、林、牧、渔、水利业	Agriculture,Forestry,Animal Husbandry,Fishery and Water Conservancy	2.11	2.41
工　业	Industry	469.39	515.13
建筑业	Construction	17.78	20.78
交通运输、仓储和邮政业	Transport, Storage and Post	13.34	15.06
批发、零售业和住宿、餐饮业	Wholesale and Retail Trades, Hotels and Catering Services	32.70	37.79
其他行业	Other Sectors	64.28	81.42
生活消费	Household Consumption	123.43	140.68
在消费量中：	Consumption by Usage		
终端消费	End-use Consumption	675.80	758.52
#工　业	Industry	422.16	460.38
输配电损失量	Losses in Transmission	47.23	54.75

重/庆/统/计/年/鉴

主要统计指标解释

■ 能源消费总量

指一定时期内全国（地区）物质生产部门、非物质生产部门和生活消费的各种能源的总和，是观察能源消费水平、构成和增长速度的总量指标。能源消费总量包括：煤和原油及其制品、天然气、电力。不包括：低热值燃料、生物质能和太阳能等的利用。能源消费总量分为终端能源消费量、能源加工转换损失量和损失量三部分。

（1）终端能源消费量：指一定时期内全国（地区）生产和生活消费的各种能源在扣除了用于加工转换二次能源消费量和损失量以后的数量。

（2）能源加工转换损失量：指一定时期内全国（地区）投入加工转换的各种能源数量之和与产出各种能源产品之和的差额，是观察能源在加工转换过程中损失量变化的指标。

（3）能源损失量：指一定时期内能源在输送、分配、储存过程中发生的损失和由客观原因造成的各种损失量。不包括各种气体能源放空、放散量。

■ 能源消费弹性系数

是反映能源消费增长速度与国民经济增长速度之间比例关系的指标。计算公式为：

能源消费弹性系数=能源消费量平均增长速度/国民经济年平均增长速度

Explanatory Notes on Main Statistical Indicators

□ Total Energy Consumption

Refers to the total consumption of energy of various kinds by material production sectors, non-material production sectors and households in the country (region) in a given period of time. It is a comprehensive indicator to show the scale, composition and development of energy consumption. The total energy consumption includes that of coal, crude oil and their products, natural gas and electricity. However, it excludes the consumption of fuel of low calorific value, bio-energy and solar energy. Total domestic energy consumption can be divided into three parts:

(I) Final energy consumption: refers to the total energy consumption by material production sectors, non-material production sectors and households in the country (region) in a given period of time, but excludes the consumption in conversion of the primary energy into the secondary energy and the loss in the process of energy conversion.

(II) Loss during the process of energy conversion: refers to the total input of various kinds of energy for conversion, minus the total output of various kinds of energy in the country in a given period of time. It is an indicator to show the loss that occurs during the process of energy conversion.

(III) Loss: refers to the total of the loss of energy during the course of energy transport, distribution and storage and the loss caused by any objective reason in a given period of time. The loss of various kinds of gas due to gas discharges and stocktaking is excluded.

□ Elasticity Ratio of Energy Consumptiont

Is an indicator to show the relationship between the growth rate of energy consumption and the growth rate of the national economy. The formula is:

Elasticity Ratio of Energy Consumption=Average annual Growth Rate of Energy Consumption/ Average Annual Growth Rate of National Economy.

第6章

财 政

GOVERNMENT FINANCE

简要说明
BRIEF INTRODUCTION

本章资料包括全市财政收入和支出情况、国税和地税税收收入情况，由市统计局综合处分别根据市财政局、市国税局和市地税局的有关资料整理编辑。

The data in this chapter include the revenue and expenditure of the municipal government, and the revenue from national taxation and local taxation. The data is sorted and compiled by Division of Comprehensive Statistics of Chongqing Municipal Bureau of Statistics on the basis of the materials from Chongqing Municipal Bureau of Finance, Chongqing Municipal Office of SAT and Chongqing Local Taxation Bureau.

表6.1 财政收入及支出（1994－2013年）
GOVERNMENT REVENUE AND EXPENDITURE (1994-2013)

单位：万元 (10 000 yuan)

年 份 Year	财政收入 Government Revenue	其 中 of which #地方财政一般预算收入 General Budgetary Revenue of local Government	基金预算收入 Budgetary Revenue from Funds	#中央两税（四税）收入 Revenue from the 2 (4) Taxes of Central Government	#地方财政一般预算支出 General Budgetary Revenue of local Government	基金预算支出 Budgetary Expenditure for Funds
1994	716172	366325		349847	560818	
1995	837748	460052		377696	662235	
1996	942682	549412		393270	794216	
1997	1180555	593060	152236	435259	1010110	141517
1998	1338867	711287	146759	480821	1257608	101866
1999	1402935	767341	131571	504023	1502365	121320
2000	1632353	872442	172128	587783	1876433	148173
2001	1961761	1061243	202847	697671	2375486	180044
2002	2694610	1260674	317977	991425	3058591	392083
2003	3412781	1615618	453697	1205457	3415775	497789
2004	4629591	2006241	1018198	1435206	3957233	893988
2005	5811921	2568072	1381552	1656599	4873543	1379973
2006	7421702	3177165	2117414	1944772	5942543	2259393
2007	10572948	4427000	3458604	2491920	7683886	3339659
2008	12901828	5775738	3857654	3023634	10160112	4325469
2009	15353975	6818189	4838943	3403122	13180913	4879759
2010	29751187	10182938	9722944	4687841	17691065	9776826
2011	35236522	14883336	14205767	5607771	25702404	13896341

年 份 Year	财政收入 Government Revenue	其 中 of which #地方公共财政预算收入 Public Budgetary Revenue of Local Government	政府性基金预算收入 Budgetary Revenue from Governmental Funds	国有资本经营预算收入 State-owned Capital Operational Budgetary Revenue	#中央两税（四税）收入 Revenue from the 2 (4) Taxes of Central Government	#地方公共财政预算支出 Public Budgetary Expenditure of Local Government	政府性基金预算支出 Budgetary Expenditure from Governmental Funds	国有资本经营预算支出 State-owned Capital Operational Budgetary Expenditure
2012	37268412	14658509	14808929	1911999	5888975	27177878	15114916	1131344
2013	41055563	16932438	16698044	659489	6765592	30622848	17353191	646773

注：财政收入2002年前为地方财政收入与中央两税（增值税和消费税）之和，2002年起为地方财政收入、中央四税收入和其他中央收入之和。其中其他中央收入不含关税，自2003年起包含车辆购置税(以下各表同）。2012年同期数已按公共财政预算口径作相应调整。

Note: Government revenue before 2002 is the sum of revenue of local government and revenue from the 2 taxes of Central Government (value-added tax and consumption tax), whereas since 2002 it is the sum of revenue of local government, revenue from the 4 taxes of Central Government and other revenue of Central Government. Other revenue of Central Government does not include tariff, while since 2003 vehicle purchasing tax is included (the same applies to the following tables). The data of 2012 has been adjusted in accordance with the statistic scope of public financial budget.

表6.2 财政收入占地区生产总值的比重（1994－2013年）

PERCENTAGE OF GOVERNMENT REVENUE TO GROSS DOMESTIC PRODUCT (1994-2013)

年 份 Year	财政收入 （亿元） Government Revenue (100 million yuan)	地区生产总值 （亿元） Gross Domestic Product (100 million yuan)	财政收入占本市 生产总值的比重（%） Percentage of Government Revenue to GDP (%)
1994	71.62	833.60	8.59
1995	83.77	1123.06	7.46
1996	94.27	1315.12	7.17
1997	118.06	1509.75	7.82
1998	133.89	1602.38	8.36
1999	140.29	1663.20	8.43
2000	163.24	1791.00	9.11
2001	196.18	1976.86	9.92
2002	269.46	2232.86	12.07
2003	341.28	2555.72	13.35
2004	462.96	3034.58	15.26
2005	581.19	3467.72	16.76
2006	742.17	3907.23	18.99
2007	1057.29	4676.13	22.61
2008	1290.18	5793.66	22.27
2009	1535.40	6530.01	23.51
2010	2975.12	7894.24	37.69
2011	3523.65	10011.37	35.20
2012	3726.84	11409.60	32.66
2013	4105.56	12656.69	32.44

表6.3 财政收入（2012－2013年）
GOVERNMENT REVENUE (2012-2013)

单位：万元 (10 000 yuan)

项 目	Item	2012	2013	指数 上年同口径数=100 Index The Same-Scope Index of Previous Year＝100
公共财政预算收入	**Public Government Budget Revenue**	**14658509**	**16932438**	**115.5**
#市 级	Municipal Level	5860808	6639328	113.3
税收收入	Total Tax Revenue	9701657	11126179	114.7
#增值税	Value-added Tax	863346	1072529	124.2
营业税	Business Tax	3680455	4243109	115.3
企业所得税	Corporate Income Tax	1198016	1358219	113.4
个人所得税	Individual Income Tax	329838	375444	113.8
资源税	Resource Tax	86945	84002	96.6
城市维护建设税	City Maintenance and Construction Tax	555483	656187	118.1
房产税	House Property Tax	274317	313959	114.5
印花税	Stamp Tax	146610	174990	119.4
城镇土地使用税	Urban Land Use Tax	307688	442054	143.7
土地增值税	Land VAT	790599	807343	102.1
耕地占用税	Farm Land Occupation Tax	528606	369260	69.9
契 税	Deed Tax	849502	1124033	132.3
其他税收收入	Other Tax Revenue	90251	105050	116.4
非税收入	Total Non-tax Revenue	4956852	5806259	117.1
#专项收入	Special Program Receipts	672224	568048	84.5
行政性收费收入	Charge of Administrative and Institutional Units	3011353	3590786	119.2
罚没收入	Penalty Receipts	292516	259614	88.8
国有资源（资产）有偿使用收入	Revenue from the Compensable Use of State-owned Resources (Assets)	980759	1047300	106.8
其他收入	Other Revenue		340511	
基金预算收入	**Budgetary Revenue of Funds**	**14808929**	**16698044**	**112.8**
#转让政府还贷道路收费权收入	Revenue from the Transfer of Toll Rights of the Roads Whose Loans Are Repaid by the Government	228008	221340	97.1
新增建设用地土地有偿使用费	Fees for the Use of the Newly Increased Land for Construction	249471	321673	128.9
国有土地使用权出让收入	Transferring Fees of the Right to Use the State-owned Land	13593686	15199833	111.8
国有资本经营预算收入	State-owned Capital Operational Budgetary Revenue	1911999	659489	34.5
中央四税收入	**Revenue from 4 Taxes of Central Government**	**5888975**	**6765592**	**114.9**
增值税收入	Revenue from VAT	2590249	2919539	112.7
消费税收入	Revenue from Consumption Tax	1026137	1247481	121.6
企业所得税收入	Revenue from Corporate Income Tax	1777829	2035400	114.5
个人所得税收入	Revenue from Individual Income Tax	494760	563172	113.8
其他中央收入	**Other Revenue of Central Government**	**727377**	**799925**	**110.0**
#车辆购置税	Vehicle Purchase Tax	459090	583108	127.0

注：其他中央收入不含关税。2012年同期数已按公共财政预算口径作相应调整。
Note: Other revenue of Central Government excludes tariff. The data of 2012 has been adjusted in accordance with the scope of public government budget.

表6.4 财政支出（2012－2013年）
GOVERNMENT EXPENDITURE (2012-2013)

单位：万元 (10 000 yuan)

项　目	Item	2012	2013	指数 上年同口径数=100 Index The Same-Scope Index of Previous Year =100
公共财政预算支出	**Public Government Budget Expenditure**	**27177878**	**30622848**	**112.7**
#市　级	Municipal Level	8607714	9630717	111.9
一般公共服务	Expenditure for General Public Services	2513149	2764049	110.0
公共安全	Expenditure for Public Security	1396965	1501813	107.5
教　育	Expenditure for Education	3993270	4372783	109.5
科学技术	Expenditure for Science and Technology	337795	386529	114.4
文化体育与传媒	Expenditure for Culture, Sport and Media	329859	349404	105.9
社会保障和就业	Expenditure for Social Security and Employment Effort	3831246	4318917	112.7
医疗卫生	Expenditure for Medical and Health Care	1674342	1980491	118.3
节能环保	Expenditure for Environment Protection	1021952	1145459	112.1
城乡社区事务	Expenditure for Urban and Rural Community Affairs	4213114	5360772	127.2
农林水事务	Expenditure for Agriculture, Forestry and Water Conservancy	2514254	2819412	112.1
交通运输	Expenditure for Transportation	1965496	2539576	129.2
工业商业金融等事务	Expenditure for Industry, Commerce and Banking	1937578	1751112	90.4
援助其他地区支出	Expenditure for Post-earthquake Recovery and Reconstruction	46706	55106	118.0
国土资源气象等事务	Expenditure for Affairs of Land and Weather	401800	361369	89.9
住房保障支出	Expenditure for Housing Security	847363	772151	91.1
其他支出	Other Expenditure	152989	143905	94.1
政府性基金预算支出	**Governmental Fund Budgetary Expenditure**	**15114916**	**17353191**	**114.8**
#文化体育与传媒	Expenditure for Culture, Sport and Media	16548	18833	113.8
教　育	Education		92	
社会保障和就业	Expenditure for Social Security and Employment Effort	258001	106935	41.4
城乡社区事务	Expenditure for Urban and Rural Community Affairs	14131479	16271306	115.1
农林水事务	Expenditure for Agriculture, Forestry and Water Conservancy	328277	503755	153.5
交通运输	Expenditure for Transportation	254063	334343	131.6
工业商业等事务	Expenditure for Industry, Commerce and Banking	8795	8253	93.8
其他支出	Other Funds	117753	109674	93.1
国有资本经营预算支出	**State-owned Capital Operational Budgetary Expenditure**	**1131344**	**646773**	**57.2**

注：2012年同期数已按公共财政预算口径作相应调整。
Note: The data of 2012 has been adjusted in accordance with the scope of public government budget.

表6.5 国税和地税税收收入（1996－2013年）
REVENUE FROM NATIONAL AND LOCAL TAXATION (1996-2013)

单位：万元 (10 000 yuan)

年份 Year	国税税收收入 Revenue from National Taxation	其中 of which #增值税 Value-added Tax	#消费税 Consumption Tax	地税税收收入 Revenue from Local Taxation	其中 of which #营业税 Business Tax	#企业所得税 Corporate Income Tax	#个人所得税 Individual Income Tax
1996	611211	455912	92966	266489	130952	33616	17748
1997	645914	489770	108411	324758	155607	47121	29468
1998	715077	529607	123846	382948	195747	41808	42562
1999	881410	692354	120696	436999	218101	52873	54910
2000	929759	680489	144660	500530	243476	68614	72133
2001	1128638	795789	164879	602387	278516	97553	105450
2002	1295409	915425	193646	732964	367458	91953	120326
2003	1559085	1112204	217868	894415	466393	100102	148386
2004	1900477	1366125	257385	1115549	585415	125572	168282
2005	2139060	1525267	278540	1356424	702018	152846	203950
2006	2559190	1803377	346133	1660513	858693	181691	224558
2007	3261800	2240634	424683	2245537	1171243	233743	308283
2008	3922674	2658088	489991	2861162	1450449	319964	386364
2009	4411106	2892068	610367	3461226	1855471	334508	504270
2010	6084441	3612557	855149	5586777	2424494	531854	649130
2011	7244401	3929354	888068	8197820	3439157	834238	869476
2012	7834154	4232685	1027334	8961259	3680459	827224	823474
2013	9129810	4937562	1249298	10247289	4231794	1000961	938227

注：国税收入对外公布数据从2001年起均包含车辆购置税，故对以前年度数据进行了调整。
Note: The released data of national taxation has included vehicle purchasing tax since 2001, so the data of the previous years is adjusted.

表6.6 国税税收收入（2012－2013年）
REVENUE FROM NATIONAL TAXATION (2012-2013)

单位：万元 (10 000 yuan)

项目	Item	2012	2013
税收收入合计	**Total Revenue from Taxation**	**7834154**	**9129810**
按税种分	**By Tax Category**		
增值税收入	Value-added Tax	4232685	4937562
#一般纳税人	General Taxpayer	3337075	3841097
消费税收入	Consumption Tax	1027334	1249298
企业所得税	Corporate Income Tax	2113920	2359456
内资	Domestic Enterprise	1342888	1507829
外资	Foreign-Funded Enterprise	771032	851627
个人所得税	Individual Income Tax	1123	389
城市维护建设税	City Maintenance and Construction Tax		
车辆购置税	Vehicle Purchasing Tax	459092	583105
按行业分	**By Sector**		
第一产业	Primary Industry	28606	10595
第二产业	Secondary Industry	4863585	5566612
工业	Industry	4825377	5536818
建筑业	Construction	38208	29794
第三产业	Tertiary Industry	2941963	3552603
交通运输仓储及邮政业	Transport, Storage and Post	49181	88594
批发和零售业	Wholesale and Retail Trades	1370153	1512705
金融业	Financial Intermediation	487391	563392
信息传输、计算机服务和软件业	Information Transmission, Computer Services and Software	79885	52518
住宿和餐饮业	Hotel and Catering Services	6698	9343
文化、体育和娱乐业	Culture, Sports and Entertainment	2318	6522
租赁和商务服务业	Leasing and Business Services	32087	61180
房地产业	Real Estate	457887	607209
其他行业	Other Trades	456363	651140

表6.7 按企业类型分的国税税收收入（2013年）
REVENUE FROM NATIONAL TAXATION BY STATUS OF REGISTRATION (2013)

单位：万元 (10 000 yuan)

项　目	Item	合　计 Total	内资企业 Domestic-funded				
			国有企业 State-owned	集体企业 Collective-owned	股份合作企业 Cooperative	联营企业 Joint Ownership	股份公司 Share-holding corporations
总　计	**Total**	**9129810**	**1226165**	**20971**	**9330**	**2939**	**3821429**
增值税收入	Value-added Tax	4937562	776216	20023	8235	1477	2045121
消费税收入	Consumption Tax	1249298	319960	5	164	1	572562
营业税	Business Tax						
企业所得税	Corporate Income Tax	2359456	127580	262	137	486	1191380
个人所得税	Individual Income Tax	389					
资源税	Resource Tax						
固定资产投资方向调节税	Fixed Asset Investment Regulation Tax						
城市维护建设税	City Maintenance and Construction Tax						
车辆购置税	Vehicle Purchasing Tax	583105	2409	681	794	975	12366

表6.7　续表 continued

项　目	Item	内资企业 Domestic-funded		港澳台投资企业 Funds from Hong Kong, Macao & Taiwan	外商投资企　业 Foreign-funded	个体经营 Self-employed Individuals	附：乡镇企业 Township Enterprises
		私营企业 Private	其他企业 Others				
总　计	**Total**	**795684**	**93314**	**473627**	**2113713**	**572638**	**191362**
增值税收入	Value-added Tax	600938	10843	151740	1231981	90988	152849
消费税收入	Consumption Tax	3922	6	5083	346783	812	6510
营业税	Business Tax						
企业所得税	Corporate Income Tax	185725	2259	316756	534871		29235
个人所得税	Individual Income Tax					389	
资源税	Resource Tax						
固定资产投资方向调节税	Fixed Asset Investment Regulation Tax						
城市维护建设税	City Maintenance and Construction Tax						
车辆购置税	Vehicle Purchasing Tax	5099	80206	48	78	480449	2768

表6.8 地税税收收入（2012－2013年）
REVENUE FROM LOCAL TAXATION (2012-2013)

单位：万元 (10 000 yuan)

项　目	Item	2012	2013
税收收入合计	**Total**	**8961259**	**10247289**
#中央级	Central Government	990418	1163517
重庆市级	Chongqing Municipal Government	2784022	3167232
区县级	Distirct and County Governments	5186819	5916540
按税种分	**By Tax Category**		
营业税	Business Tax	3680459	4231794
企业所得税	Corporate Income Tax	827224	1000961
个人所得税	Individual Income Tax	823474	938227
资源税	Resource Tax	86944	84002
固定资产投资方向调节税	Fixed Asset Investment Regulation Tax		
城市维护建设税	City Maintenance and Construction Tax	555583	655612
房产和城市房地产税	House Property and Urban Real Estate Tax	274316	313959
印花税	Stamp Tax	146609	174990
城镇土地使用税	Urban Land Use Tax	307688	442053
土地增值税	Land Appreciation Tax	790599	807344
车船税	Tax on Vehicles and Boat Operation	51747	64084
屠宰税	Slaughter Tax		
烟叶税	Tobacco Leaf Tax	38506	40970
耕地占用税	Farm Land Occupation Tax	528607	369260
契　税	Deed Tax	849503	1124033
按行业分	**By Sector**		
第一产业	Primary Industry	11028	11562
第二产业	Secondary Industry	2532111	2693883
工　业	Industry	1012229	1105518
建筑业	Construction	1519882	1588365
第三产业	Tertiary Industry	6418120	7541844
交通运输仓储及邮政业	Transport, Storage and Post	223310	270857
批发和零售业	Wholesale and Retail Trades	317612	378665
金融业	Financial Intermediation	1014240	1184670
信息传输、计算机服务和软件业	Information Transmission, Computer Services and Software	119480	148836
住宿和餐饮业	Hotel and Catering Services	154025	149393
文化、体育和娱乐业	Culture, Sports and Entertainment	31832	35703
租赁和商务服务业	Leasing and Business Services	482484	520210
房地产业	Real Estate	2984658	3947546
其他行业	Other Trades	1090479	905964

表6.9 按企业类型分的地税税收收入（2013年）
REVENUE FROM LOCAL TAXATION BY STATUS OF REGISTRATION (2013)

单位：万元 (10 000 yuan)

项 目	Item	合 计 Total	内资企业 Domestic-funded				
			国有企业 State-owned	集体企业 Collective-owned	股份合作企业 Cooperative	联营企业 Joint Ownership	股份公司 Share-holding corporations
总 计	**Total**	**10247289**	**815076**	**65722**	**43530**	**18749**	**6055141**
营业税	Business Tax	4231794	358563	33345	22329	7715	2490059
企业所得税	Corporate Income Tax	1000961	39062	11001	2471	3261	705385
个人所得税	Individual Income Tax	938227	88121	7489	5202	954	476218
资源税	Resource Tax	84002	25357	978	103	406	35423
固定资产投资方向调节税	Fixed Asset Investment Regulation Tax						
城市维护建设税	City Maintenance and Construction Tax	655612	93866	3692	2545	1135	339038
房产和城市房地产税	House Property and Urban Real Estate Tax	313959	36001	1876	1348	901	163044
印花税	Stamp Tax	174990	15677	690	701	220	90655
城镇土地使用税	Urban Land Use Tax	442053	44979	1114	2225	940	296442
土地增值税	Land Appreciation Tax	807344	9106	1169	3505	1443	520812
车船税	Tax on Vehicles and Boat Operation	64084	72	57			61790
屠宰税	Slaughter Tax						
烟叶税	Tobacco Leaf Tax	40970	40970				
耕地占用税	Farm Land Occupation Tax	369260	22185	12	673	14	236342
契 税	Deed Tax	1124033	41117	4299	2428	1760	639933

表6.9 续表 continued

项 目	Item	内资企业 Domestic-funded		港澳台投资企业 Funds from Hong Kong, Macao & Taiwan	外商投资企业 Foreign-funded	个体经营 Self-employed Individuals	附：乡镇企业 Township Enterprises
		私营企业 Private	其他企业 Others				
总 计	**Total**	**1355703**	**352484**	**452861**	**489468**	**598555**	**993679**
营业税	Business Tax	600268	84041	179617	186294	269563	386679
企业所得税	Corporate Income Tax	206826	32955				126802
个人所得税	Individual Income Tax	87749	71977	30908	52256	117353	61754
资源税	Resource Tax	11854	2949	1688	1475	3769	18259
固定资产投资方向调节税	Fixed Asset Investment Regulation Tax						
城市维护建设税	City Maintenance and Construction Tax	78289	6854	22644	87529	20020	51784
房产和城市房地产税	House Property and Urban Real Estate Tax	32457	10924	20333	19716	27359	20738
印花税	Stamp Tax	21916	4133	7306	31618	2074	13826
城镇土地使用税	Urban Land Use Tax	41848	9388	20308	22976	1833	55845
土地增值税	Land Appreciation Tax	121167	8475	83220	36882	21565	85244
车船税	Tax on Vehicles and Boat Operation	274	2	7	1858	24	238
屠宰税	Slaughter Tax						
烟叶税	Tobacco Leaf Tax						
耕地占用税	Farm Land Occupation Tax	1018	103717	1116	64	4119	83491
契 税	Deed Tax	152037	17069	85714	48800	130876	88278

重/庆/统/计/年/鉴

主要统计指标解释

■ 财政收入

指国家财政参与社会产品分配所取得的收入，是实现国家职能的财力保证。主要包括：

（1）各项税收：包括国内增值税、国内消费税、进口货物增值税和消费税、出口货物退增值税和消费税、营业税、企业所得税、个人所得税、资源税、城市维护建设税、房产税、印花税、城镇土地使用税、土地增值税、车船税、船舶吨税、车辆购置税、关税、耕地占用税、契税、烟叶税等。

（2）非税收入：包括专项收入、行政事业性收费、罚没收入和其他收入。

■ 财政支出

指国家财政将筹集起来的资金进行分配使用，以满足经济建设和各项事业的需要。主要包括：

（1）一般公共服务：指政府提供基本公共管理与服务的支出，包括人大事务、政协事务、政府办公厅（室）及相关机构事务、发展与改革事务、统计信息事务、财政事务、税收事务、审计事务、海关事务、人力资源事务、纪检监察事务、人口与计划生育事务、商贸事务、知识产权事务、工商行政管理事务、国土资源事务、海洋管理事务、测绘事务、地震事务、气象事务、民族事务、宗教事务、港澳台侨事务、档案事务、共产党事务、民主党派事务及工商联事务、群众团体事务、彩票事务等。

（2）外交：指政府外交事务支出，包括外交行政管理、驻外机构、对外援助、国际组织、对外合作与交流、边界勘界联检等方面的支出。

（3）国防：指政府用于国防方面的支出，包括用于现役部队、预备役部队、民兵、国防科研事业、专项工程、国防动员等方面的支出。

（4）公共安全：指政府维护社会公共安全方面的支出，包括武装警察、公安、国家安全、检察、法院、司法行政、监狱、劳教、国家保密、缉私警察等。

（5）教育：指政府教育事务支出，包括教育行政管理、学前教育、小学教育、初中教育、普通高中教育、普通高等教育、初等职业教育、中专教育、技校教育、职业高中教育、高等职业教育、广播电视教育、留学生教育、特殊教育、干部继续教育、教育机关服务等。

（6）科学技术：指用于科学技术方面的支出，包括科学技术管理事务、基础研究、应用研究、技术研究与开发、科技条件与服务、社会科学、科学技术普及、科技交流与合作等。

（7）文化教育与传媒：指政府在文化、文物、体育、广播影视、新闻出版等方面的支出。

（8）社会保障和就业：指政府在社会保障与就业方面的支出，包括社会保障和就业管理事务、民政管理事务、财政对社会保险基金的补助、补充全国社会保障基金、行政事业单位离退休、企业改革补助、就业补助、抚恤、退役安置、社会福利、残疾人事业、城市居民最低生活保障、其他城镇社会救济、农村社会救济、自然灾害生活救助、红十字事务等。

（9）医疗卫生：指政府医疗卫生方面的支出，包括医疗卫生管理事务支出、医疗服务支出、医疗保障支出、疾病预防控制支出、卫生监督支出、妇幼保健支出、农村卫生支出等。

（10）环境保护：指政府环境保护支出，包括环境保护管理事务支出、环境监测与监察支出、污染治理支出、自然生态保护支出、天然林保护工程支出、退耕还林支出、风沙荒漠治理支出、退牧还草支出、已垦草原退耕还草、能源节约利用、污染减排、可再生能源和资源综合利用等支出。

（11）城乡社区事务：指政府城乡社区事务支出，包括城乡社区管理事务支出、城乡社区规划与管理支出、城乡社区公共设施支出、城乡社区住宅支出、城乡社区环境卫生支出、建设市场管理与监督支出等。

（12）农林水事务：指政府农林水事务支出，包括农业支出、林业支出、水利支出、扶贫支出、农业综合开发支出等。

（13）交通运输：指政府交通运输和邮政业方面的支出，包括公路运输支出、水路运输支出、铁路运输支出、民用航空运输支出、邮政业支出等。

主要统计指标解释

（14）工业商业金融等事务：指政府对工业、商业及金融等方面的支出，包括采掘业支出、制造业支出、建筑业支出、工业和信息产业监管支出、国有资产监管支出、商业流通事务支出、金融业监管支出、旅游业管理与服务支出等。

■ 中央财政收入和地方财政收入

指按现行分税制财政体制划分的中央本级收入和地方本级收入。属于中央财政的收入包括关税，进口货物增值税和消费税，出口货物退增值税和消费税，消费税，铁道部门、各银行总行、各保险公司总公司等集中交纳的营业税和城市维护建设税，增值税75%部分，纳入共享范围的企业所得税60%部分，未纳入共享范围的中央企业所得税、中央企业上交的利润，个人所得税60%部分，车辆购置税，船舶吨税，证券交易印花税97%部分，海洋石油资源税，中央非税收入等。属于地方财政的收入包括营业税（不含铁道部门、各银行总行、各保险公司总公司集中交纳的营业税），地方企业上交利润，城市维护建设税（不含铁道部门、各银行总行、各保险公司总公司集中交纳的部分），房产税，城镇土地使用税，土地增值税，车船税，耕地占用税，契税，烟叶税，印花税，增值税25%部分，纳入共享范围的企业所得税40%部分，个人所得税40%部分，证券交易印花税3%部分，海洋石油资源税以外的其他资源税，地方非税收入等。

■ 中央财政支出和地方财政支出

指根据政府在经济和社会活动中的不同职责，划分中央和地方政府的责权，按照政府的责权划分确定的支出。中央财政支出包括一般公共服务，外交支出，国防支出，公共安全支出，以及中央政府调整国民经济结构、协调地区发展、实施宏观调控的支出等。地方财政支出包括一般公共服务，公共安全支出，地方统筹的各项社会事业支出等。

Explanatory Notes on Main Statistical Indicators

Government Revenue

Refers to income for the government finance through participating in the distribution of social products. It is the financial guarantee to ensure government functioning. The contents of government revenue include the following main items:

(I) Various tax revenues, including domestic value added tax (VAT), domestic consumption tax, VAT and consumption tax from imports, VAT and consumption tax rebate for exports, business tax, corporate income tax, individual income tax, resource tax, city maintenance and construct tax, house property tax, stamp tax, urban land use tax, land appreciation tax, tax on vehicles and boat operation, ship tonnage tax, vehicle purchase tax, tariffs, farm land occupation tax, deed tax, and tobacco leaf tax, etc.

(II) Non-tax revenue, including special program receipts, charge of administrative and institutional units, penalty receipts and others non-tax receipts.

Government Expenditure

Refers to the distribution and use of the funds which the government finance has raised, so as to meet the needs of economic construction and various causes. It includes the following main items:

(I) Expenditure for general public services: It refers to the spending on the basic public management and services which provided by governments, including the expense on affairs of People's Congress, affairs of People's Political Consultative Conference, affairs of government general office and relative institutions, affairs of development and reform, affairs of statistics, affairs of finance, affairs of taxation, affairs of audit, affairs of customs, affairs of human resources and social security, affairs of discipline inspection and supervision, affairs of population and family planning, affairs of commerce and trade, affairs of intellectual property, affairs of administration for industry and commerce, affairs of land and resources, affairs of oceanic administration, affairs of surveying and mapping, affairs of earthquake, ethnic affairs, religious affairs, affairs of Hong Kong, Macao, Taiwan, and Overseas Chinese, affairs of archives administration, affairs of Chinese Communist Party, affairs of democratic parties and federation of industry and commerce, affairs of mass organization, and affairs of lottery, etc.

(II) Expenditure for foreign affairs: It refers to the spending of government on foreign affairs, including the expense on administration of foreign affairs, missions overseas, external assistance, international organizations, foreign cooperation and communication, surveying and joint inspection on borderline, etc.

(III) Expenditure for national defence: It refers to the spending of government on national defence, including the expense on active force, reserve force, militia, scientific research on national defence, special projects, mobilization of national defence, etc.

(IV) Expenditure for public security: It refers to the spending of government on maintaining social and public security, including the expense on armed police force, public security, state security, prosecution, courts, justice, prison, labour education and rehabilitation, protection of state secrecy, anti-smuggling police, etc.

(V) Expenditure for education: It refers to the spending of government on education, including the expense on the administration of education, pre-primary education, primary education, secondary education, high school education, regular higher education, primary vocational education, secondary vocational education, technical school education, vocational high school education and higher vocational education, radio and television education, student abroad education, special education, on the job training of cadres, education authorities services, etc.

(VI) Expenditure for science and technology: It refers to the spending of government on science and technology (S&T), including the expense on the administration of S&T, basic research, applied research, research and development, conditions and services of S&T, popularization of social science, science and technology, exchanges and cooperation of S&T, etc.

(VII) Expenditure for culture, sport and media: It refers to the spending of government on culture, cultural heritage, sports, radio, film, television, press and publication, etc.

(VIII) Expenditure for social safety net and employment effort: It refers to the spending of government on social safety net and employment, including the expense on administration of social safety net and employment, civil affairs, budgetary subsidy on the social insurance funds, subsidy on National Social Security Fund,retirees of administrative units and institutions, subsidy on enterprise reform, subsidy on employment effort, pension, placement of ex-serviceman, social welfare, the handicapped undertakings, the system of cost of living allowances for urban residents, other urban social relief, rural social relief, living relief

(IX) Expenditure for medical and health care: It refers to the spending of government on medical and health care, including the expense on administration of medical and health care, medical services, health care, disease prevention and control, health inspection and supervision, women and children's health, rural health care, etc.

(X) Expenditure for environment protection: It refers to the spending of government on environment protection, including the expense on administration of environment protection, environment monitoring and supervision, pollution control, natural ecology protection, project of virgin forests protection, reforesting farmland, controlling the sources of dust storms, returning pastureland to grassland, returning pastureland to grassland, returning cultivated land to grassland, energy conservation, emissions reduction, comprehensive utilization of renewable energy and resources, etc.

(XI) Expenditure for urban and rural community affairs: It refers to the spending of government on urban and rural community affairs, including the expense on administration of urban and rural community, planning and management of urban and rural community, public facilities of urban and rural community, housing of urban and rural community, sanitation of urban and rural community, management and supervision on the construction market, etc.

(XII) Expenditure for agriculture, forestry and water conservancy: It refers to the spending of government on agriculture, forestry and water conservancy, including the expense on agriculture, forestry, water conservancy, poverty alleviation, comprehensive agricultural development, etc.

(XIII) Expenditure for transportation: It refers to the spending of government on transportation and postal services, including the expense on road transportation, waterway transportation, railway transportation, civil aviation transportation, and postal services.

(XIV) Expenditure for industry, commerce and banking: It refers to the spending of government on industry, commerce and banking, including the expense on mining, manufacturing, construction, industry and information technology supervision and administration, State-owned assets supervision and administration, commerce and circulation affairs, financial intermediation supervision and administration, tourism administration and service, etc.

□ Revenue of the Central Government and Revenue of the Local Governments

Refers to the revenue collected by the Central Government and that by the local governments as defined by the decentralized taxation system. In accordance with this system, the revenue of the Central Government includes tariff, VAT and consumption tax from imports, VAT and consumption tax rebate for exports, consumption tax, business tax and city maintenance and construct tax from the Ministry of Railways, head offices of banks, head offices of insurance company, which are handed over to the government in a centralized way, 75% of the value added tax, 60% the share part of the corporate income tax, unshared part of corporate income tax of the central enterprises, profit handed in by the central enterprises, 60% of individual income tax, vehicle purchase tax, ship tonnage tax, 97% of stamp tax on securities transactions, resource tax on the offshore petroleum resources. The revenue of the local governments includes business tax (excluding the part of the Ministry of Railways, head offices of banks, head offices of insurance company, which are handed over to the government in a centralized way), profit handed in by the local enterprises, city maintenance and construct tax (excluding the part of the Ministry of Railways, head offices of banks, head offices of insurance company, which are handed over to the government in a centralized way), house property tax, urban land use tax, land appreciation tax, tax on vehicles and boat operation, farm land occupation tax, deed tax, and tobacco leaf tax, stamp tax, 25% of the value added tax, 40% the share part of the corporate income tax, 40% of individual income tax, 3% of stamp tax on securities transactions, resource tax other than the tax on offshore petroleum resources, local non-tax revenue, etc.

□ Revenue of the Central Government and Expenditure of the Local Governments

According to the different functions of the Central Government and local governments in economic and social activities, the rights of affairs administration are demarcated between those of the Central Government and those of local governments; and the classification of the expenditure between the Central Government and local governments are made on the basis of the classification of the rights of affairs administration between them. The expenditure of the Central Government includes the expenditure for general public services, expenditure for foreign affairs, expenditure for public security, and the expenditure of the Central Government for adjusting the national economic structure; coordinating the development among different regions; and exercising macroeconomic regulation. The expenditure of the local governments includes mainly the expenditure for general public services, expenditure for public security, and expenditures for social development which are planned by local governments, etc.

第 7 章

人民生活与物价

PEOPLE′S LIVING CONDITIONS AND PRICE OF GOODS

简要说明
BRIEF INTRODUCTION

本章资料反映全市城乡居民生活状况，主要内容包括城乡居民家庭基本情况、恩格尔系数、居民储蓄、年收入支出及其构成、主要商品购买数量、耐用消费品的拥有量，以及居民消费价格指数、商品零售价格指数、工业生产者价格指数、固定资产投资价格指数、住宅销售价格指数等。居民住户调查资料是抽样调查汇总的结果，价格调查是一种非全面调查，采用重点调查和典型调查相结合的方法。

城镇居民和农村居民生活状况和价格调查的数据来源于国家统计局重庆调查总队。城乡居民物质生活情况和居民储蓄由市统计局综合处整理编辑。

The data in this chapter present the living conditions of the urban and rural households in Chongqing, including basic conditions of urban and rural households, Engle's coefficient, saving deposits, annual income & expenditure and their compositions, purchases of major commodities, possession of durable consumer goods, as well as consumer price indices, retail price indices, purchasing price index, price indices of investment in fixed assets and price index of residential real estate sales, etc. The data of urban and rural households are the results of sample survey, while price survey is an incomplete survey, where the main unit survey and typical survey are combined.

The data about the living conditions of urban and rural residents and price survey are provided by NBS Survey Office in Chongqing. The data of material & cultural life and saving deposits of urban & rural residents are sorted and compiled by Division of Comprehensive Statistics, Chongqing Municipal Bureau of Statistics.

表7.1 城乡居民物质文化生活情况（2012－2013年）

MATERIAL AND CULTURAL LIFE OF URBAN & RURAL RESIDENTS (2012-2013)

指　标	Item	2012	2013
就　业	**Employment**		
每一城镇就业者负担人数（人）	Number of Dependents per Urban Employee (person)	1.94	1.73
每一农村劳动力负担人数（人）	Number of Dependents per Rural Laborer (person)	1.36	1.36
城镇登记失业率（%）	Registered Urban Unemployment Rate (%)	3.30	3.40
收入和支出	**Income and Expenditure**		
城镇非私营单位职工平均工资（元）	Annual Average Wages of Staff and Workers of Urban Non-private Units (yuan)	45392	51015
城镇居民人均可支配收入（元）	Annual per Capita Disposable Income of Urban Households (yuan)	22968.14	25216.13
农民人均纯收入（元）	Annual per Capita Net Income of Rural Households (yuan)	7383.27	8331.97
城镇居民人均消费性支出（元）	Annual per Capita Consumption Expenditure of Urban Households (yuan)	16573.14	17813.86
农村居民人均生活消费支出（元）	Annual per Capita Living Expenditure of Rural Households (yuan)	5018.64	5796.36
城镇居民家庭恩格尔系数（%）	Engle's Coefficient of Urban Households (%)	41.5	40.7
农村居民家庭恩格尔系数（%）	Engle's Coefficient of Rural Households (%)	44.2	43.8
人均储蓄存款余额（元）	Per Capita Balance of Saving Deposit (yuan)	25009	28651
住　房	**Housing**		
城镇人均房屋建筑面积（平方米）	Per Capita Residential Floor Space in Urban Residents (sq.m)	32.17	33.59
农村人均住房面积（平方米）	Per Capita Living Space in Rural Areas (sq.m)	40.99	41.55
交通邮电	**Traffic, Postal and Telecommunication Services**		
人均道路面积（平方米）	Per Capita Area of Paved Roads (sq.m)	10.40	10.89
平均每百人拥有移动电话（部）	Number of mobil Telephones Owned 100 persons (unit)	70.28	80.16
每人平均交寄函件（件）	Number of Letters Mailed per Capita (unit)	1.94	1.80
城市公用事业	**City Public Utilities**		
用水普及率（%）	Percentage of Population with Access to Tap Water (%)	92.8	94.8
燃气普及率（%）	Percentage of Population with Access to Gas (%)	92.5	92.5
人均公共绿地面积（平方米）	Per Capita Public Green Area (sq.m)	17.41	17.10
教　育	**Education**		
学龄儿童入学率（%）	Enrollment Ratio of School-Aged Children (%)	99.98	99.98
每万人口中在校大学生（人）	Number of Undergraduates per 10 000 Population (person)	200	211
文　化	**Culture**		
每百户城镇家庭拥有彩色电视机（台）	Number of Color TV Sets per 100 Urban Households (unit)	150.05	138.18
每百户农村家庭拥有彩色电视机（台）	Number of Color TV Sets per 100 Rural Households (unit)	107.78	107.91
广播人口覆盖率（%）	Rate of Radio Broadcast Coverage of the Population (%)	98.16	98.30
电视人口覆盖率（%）	Rate of TV Coverage of the Population (%)	98.76	98.88
卫　生	**Public Health**		
每万人拥有医院、卫生院病床（张）	Number of Beds of Hospitals and Health Centers per 10 000 Population (bed)	36.29	40.70
每万人拥有执业（助理）医师（人）	Number of Licensed (Assistant) Doctors per 10 000 Population (person)	15.55	16.44

表7.2 个人储蓄存款年末余额（1980－2013年）

YEAR-END SAVINGS DEPOSIT OF RMB OF HOUSEHOLDS (1980-2013)

年 份 Year	个人储蓄存款年末余额（亿元） Year-end Savings Deposit of RMB of Households (100 million yuan)	其 中 of which		人均个人储蓄存款余额（元） Per Capita Balance of Savings Deposit of RMB (yuan)
		定 期 Time Deposits	活 期 Demand Deposits	
1980	6.22			23
1981	8.35			31
1982	10.56			39
1983	13.34			49
1984	18.39			67
1985	25.41			92
1986	34.79			124
1987	44.46			156
1988	50.50	40.65	9.85	176
1989	68.17	55.75	12.42	235
1990	92.17	77.63	14.54	316
1991	121.95	103.36	18.59	415
1992	154.45	128.64	25.81	523
1993	198.05	160.51	37.54	668
1994	285.40	231.23	54.17	956
1995	401.45	331.09	70.36	1337
1996	500.71	403.84	96.87	1656
1997	580.67	454.04	126.63	1908
1998	724.54	552.72	171.82	2368
1999	909.10	672.96	236.14	2959
2000	1085.36	774.38	310.98	3511
2001	1317.17	929.37	387.80	4252
2002	1595.01	1082.90	512.11	5122
2003	1896.56	1265.52	631.04	6059
2004	2189.73	1469.99	719.74	6964
2005	2545.85	1740.13	805.72	8033
2006	2949.05	1999.88	949.17	9219
2007	3228.15	2099.55	1128.60	9978
2008	3988.96	2640.70	1348.26	12247
2009	4908.68	3060.01	1848.67	14986
2010	5839.66	3475.19	2364.47	17677
2011	6990.25	4106.17	2708.61	20993
2012	8361.64	4996.24	3166.45	25009
2013	9622.31	5735.53	3693.17	28651

表7.3 城乡居民家庭人均收入及恩格尔系数（1978－2013年）

PER CAPITA ANNUAL INCOME AND ENGLE'S COEFFICIENT OF URBAN AND RURAL HOUSEHOLDS (1978-2013)

年 份 Year	城镇居民家庭人均可支配收入 Per Capital Annual Disposable Income of Urban Households		农村居民家庭人均纯收入 Per Capital Annual Net Income of Rural Households		城镇居民家庭恩格尔系数（%） Engle's Coefficient of Urban Households (%)	农村居民家庭恩格尔系数（%） Engle's Coefficient of Rural Households (%)
	绝对数（元） Value (yuan)	指 数（2007=100） Index（2007=100）	绝对数（元） Value (yuan)	指 数（1978=100） Index（1978=100）		
1978			126.01	100.0		74.0
1979			150.18	119.2		72.9
1980			163.33	129.6		68.1
1985			325.24	258.1		63.9
1986			358.86	284.8		63.4
1987			385.82	306.2		62.2
1988			457.54	363.1		60.5
1989			510.09	404.8		61.7
1990			586.73	465.6		63.6
1991			628.89	499.1		63.8
1992			677.46	537.6		62.8
1993			748.08	593.7		61.3
1994			1018.24	808.1		63.5
1995			1270.41	1008.2		64.7
1996			1479.05	1173.8		63.2
1997			1692.36	1343.0		65.8
1998			1801.17	1429.4		61.3
1999			1835.54	1456.7		60.7
2000			1892.44	1501.8		53.6
2001			1971.18	1564.3		54.1
2002			2097.58	1664.6		55.8
2003			2214.55	1757.4		52.5
2004			2510.41	1992.2		56.0
2005			2809.32	2229.4		52.8
2006			2873.83	2280.6		52.2
2007	12590.78	100.0	3509.29	2784.9	37.2	54.5
2008	14367.55	114.1	4126.21	3274.5	39.6	53.3
2009	15748.67	125.1	4478.35	3554.0	37.7	49.1
2010	17532.43	139.2	5276.66	4187.5	37.6	48.3
2011	20249.70	160.8	6480.41	5142.8	39.1	46.8
2012	22968.14	182.4	7383.27	5859.3	41.5	44.2
2013	25216.13	200.3	8331.97	6612.1	40.7	43.8

表7.4 城镇居民家庭基本情况（2012－2013年）
BASIC CONDITIONS OF URBAN HOUSEHOLDS (2012-2013)

指　标	Item	2012	2013
平均每户家庭人口（人）	**Average Household Size (person)**	**2.87**	**2.88**
平均每户就业人数（人）	**Average Number of Employed Persons per Household (person)**	**1.48**	**1.66**
平均每人全年总收入（元）	**Per Capita Annual Income (yuan)**	**24810.98**	**26850.32**
#可支配收入	Disposable Income	22968.14	25216.13
工薪收入	Income from Wages and Salaries	15415.44	16654.66
#工资及补贴收入	Salaries and Subsidies	14998.33	16020.61
经营净收入	Net Business Income	2183.51	2329.35
财产性收入	Income from Properties	538.43	675.24
转移性收入	Income from Transfer	6673.59	7191.07
平均每人全年消费支出（元）	**Per Capita Annual Consumption Expenditure (yuan)**	**16573.14**	**17813.86**
食　品	Food	6870.23	7245.12
#粮　食	Grain	417.12	486.20
衣　着	Clothing	2228.76	2333.81
#服　装	Garments	1633.46	1672.22
家庭设备用品及服务	Household Facilities, Articles and Services	1196.03	1325.91
医疗保健	Health Care and Medical Services	1101.56	1245.33
交通和通讯	Transport and Communication	1903.24	1976.19
教育娱乐文化服务	Educational, Recreational and Cultural Services	1470.64	1722.66
#教　育	Education	480.59	729.67
居　住	Residence	1177.02	1376.15
#住　房	Housing	292.95	378.15
杂项商品与服务	Miscellaneous Goods and Services	625.66	588.70

表7.5 城镇居民家庭平均每人全年收入及构成（2013年）
PER CAPITA ANNUAL INCOME OF URBAN HOUSEHOLDS AND ITS COMPOSITION (2013)

项　目	Item	总平均 Overall Average	低收入户（20%） Low Income Households (20%)	中低收入户（20%） Lower Middle Income Households (20%)
全年总收入（元）	**Annual Total Income (yuan)**	**26850**	**13522**	**20247**
#可支配收入	Disposable Income	25216	12359	18965
工薪收入	Income from Wages and Salaries	16655	8642	13605
#工资及补贴收入	Salaries and Subsidies	16021	8098	13048
经营净收入	Net Business Income	2329	462	1016
财产性收入	Income from Properties	675	264	362
转移性收入	Income from Transfer	7191	4153	5264
全年总收入构成（%）	**Composition of Annual Income (%)**	**100.0**	**100.0**	**100.0**
工薪收入	Income from Wages and Salaries	62.0	63.9	67.2
#工资及补贴收入	Salaries and Subsidies	59.7	59.9	64.4
非工薪收入	Non-Salary Income	38.0	36.1	32.8

表7.5 续表 continued

项　目	Item	中等收入户（20%） Middle Income Households (20%)	中高收入户（20%） Upper Middle Income Households (20%)	高收入户（20%） High Income Households (20%)
全年总收入（元）	**Annual Total Income (yuan)**	**25860**	**31531**	**50110**
#可支配收入	Disposable Income	24082	29874	47561
工薪收入	Income from Wages and Salaries	16472	20217	28147
#工资及补贴收入	Salaries and Subsidies	16004	19363	27326
经营净收入	Net Business Income	1169	1318	9100
财产性收入	Income from Properties	481	818	1733
转移性收入	Income from Transfer	7740	9177	11130
全年总收入构成（%）	**Composition of Annual Income (%)**	**100.0**	**100.0**	**100.0**
工薪收入	Income from Wages and Salaries	63.7	64.1	56.2
#工资及补贴收入	Salaries and Subsidies	61.9	61.4	54.5
非工薪收入	Non-Salary Income	36.3	35.9	43.8

表7.6 城镇居民家庭平均每人全年消费支出及构成（2013年）

PER CAPITA ANNUAL LIVING EXPENDITURE OF URBAN HOUSEHOLDS AND ITS COMPOSITION (2013)

项　目	Item	总平均 Overall Average	低收入户（20%） Low Income Households (20%)	中低收入户（20%） Lower Middle Income Households (20%)
消费支出（元）	**Total Consumption Expenditure (yuan)**	**17814**	**10280**	**14422**
#服务性消费支出	Consumption Expenditure of Services			
食　品	Food	7245	4613	6018
#粮油类	Grain and Oils	913	719	825
#粮　食	Grain	486	399	437
肉禽蛋水产品类	Meat, Poultry, Eggs and Aquatic Products	2125	1496	1864
#肉　类	Meat	1263	921	1127
蔬菜类	Vegetable	835	591	777
糖烟酒饮料类	Candy, Cigarette, Alcohol and Beverage	635	391	500
糕点、奶及奶制品	Cake, Milk and Dairy Products	459	268	368
衣　着	Clothing	2334	1103	1823
#服　装	Garments	1672	787	1288
家庭设备用品及服务	Household Facilities, Articles and Services	1326	588	987
医疗保健	Health Care and Medical Services	1245	970	1079
交通和通讯	Transport and Communications	1976	992	1659
教育娱乐文化服务	Education, Recreation and Cultural Services	1723	972	1297
#教　育	Education	730	667	649
居　住	Residence	1376	825	1202
#住　房	Housing	378	204	358
杂项商品与服务	Miscellaneous Goods and Services	589	217	358
消费支出构成（%）	**Composition of Living Expenditure (%)**	**100.0**	**100.0**	**100.0**
#服务性消费支出	Consumption Expenditure of Services			
食　品	Food	40.7	44.9	41.7
衣　着	Clothing	13.1	10.7	12.6
家庭设备用品及服务	Household Facilities, Articles and Services	7.4	5.7	6.8
医疗保健	Health Care and Medical Services	7.0	9.4	7.5
交通和通讯	Transport and Communications	11.1	9.7	11.5
教育娱乐文化服务	Education, Recreation and Cultural Services	9.7	9.5	9.0
居　住	Residence	7.7	8.0	8.3
杂项商品与服务	Miscellaneous Goods and Services	3.3	2.1	2.5

表7.6 续表 continued

项　目	Item	中等收入户（20%） Middle Income Households (20%)	中高收入户（20%） Upper Middle Income Households (20%)	高收入户（20%） High Income Households (20%)
消费支出（元）	**Total Consumption Expenditure (yuan)**	**17081**	**21065**	**30078**
#服务性消费支出	Consumption Expenditure of Services			
食　品	Food	7297	8595	10987
#粮油类	Grain and Oils	926	1018	1169
#粮　食	Grain	482	548	611
肉禽蛋水产品类	Meat, Poultry, Eggs and Aquatic Products	2139	2458	2962
#肉　类	Meat	1279	1440	1705
蔬菜类	Vegetable	861	952	1094
糖烟酒饮料类	Candy, Cigarette, Alcohol and Beverage	633	709	1073
糕点、奶及奶制品	Cake, Milk and Dairy Products	497	538	711
衣　着	Clothing	2271	2769	4316
#服　装	Garments	1624	1973	3137
家庭设备用品及服务	Household Facilities, Articles and Services	1207	1590	2649
医疗保健	Health Care and Medical Services	1108	1425	1817
交通和通讯	Transport and Communications	1592	2319	3847
教育娱乐文化服务	Education, Recreation and Cultural Services	1756	1942	3045
#教　育	Education	824	768	767
居　住	Residence	1356	1661	2088
#住　房	Housing	318	424	668
杂项商品与服务	Miscellaneous Goods and Services	494	765	1329
消费支出构成（%）	**Composition of Living Expenditure (%)**	**100.0**	**100.0**	**100.0**
#服务性消费支出	Consumption Expenditure of Services			
食　品	Food	42.7	40.8	36.5
衣　着	Clothing	13.3	13.1	14.3
家庭设备用品及服务	Household Facilities, Articles and Services	7.1	7.6	8.8
医疗保健	Health Care and Medical Services	6.5	6.8	6.0
交通和通讯	Transport and Communications	9.3	11.0	12.8
教育娱乐文化服务	Education, Recreation and Cultural Services	10.3	9.2	10.1
居　住	Residence	7.9	7.9	6.9
杂项商品与服务	Miscellaneous Goods and Services	2.9	3.6	4.4

表7.7 城镇居民家庭平均每人全年购买的主要商品数量（2012－2013年）
PER CAPITA ANNUAL PURCHASES OF MAJOR COMMODITIES OF URBAN HOUSEHOLDS (2012-2013)

指　标	Item	2012	2013
粮　食（千克）	Grain (kg)	72.27	86.44
鲜　菜（千克）	Fresh Vegetables (kg)	147.23	152.69
食用植物油（千克）	Edible Vegetable Oil (kg)	14.40	17.48
猪　肉（千克）	Pork (kg)	33.96	37.79
牛羊肉（千克）	Beef and Mutton (kg)	3.65	3.67
家　禽（千克）	Poultry (kg)	15.74	15.24
鲜　蛋（千克）	Fresh Eggs (kg)	9.71	9.59
鱼　虾（千克）	Aquatic Products (kg)	11.31	13.05
鲜乳品（千克）	Fresh Dairy Products (kg)	17.70	20.57
酒　类（千克）	Liquor (kg)	7.15	8.97
茶　叶（千克）	Tea (kg)	0.34	0.41
鲜瓜果（千克）	Fresh Melons and Fruits (kg)	47.33	49.66

表7.8 城镇居民家庭平均每百户年末耐用消费品拥有量（2012－2013年）
OWNERSHIP OF MAJOR DURABLE CONSUMER GOODS PER 100 URBAN HOUSEHOLDS AT YEAR-END (2012-2013)

指　标	Item	2012	2013
摩托车（辆）	Motorcycle (unit)	12.25	7.77
家用汽车（辆）	Automobile (unit)	11.37	15.74
电冰箱（台）	Refrigerator (unit)	101.96	99.09
洗衣机（台）	Washing Machine (unit)	97.38	96.91
彩色电视机（台）	Color TV Set (unit)	150.05	138.18
组合音响（套）	Hi-Fi Stereo Component System (set)	23.32	9.13
摄像机（架）	Video Camera (unit)	7.41	7.22
照相机（架）	Camera (unit)	33.18	41.80
中高档乐器（件）	Medium and High-Grade Musical Instrument (piece)	2.66	3.60
微波炉（台）	Microwave Oven (unit)	69.45	69.66
空调器（台）	Air Conditioner (unit)	169.87	183.55
淋浴热水器（台）	Water Heater for Shower (unit)	99.02	94.70
健身器材（套）	Health Equipment (set)	2.37	3.05
家用电脑（台）	Computer (unit)	78.96	71.99
普通电话（部）	Telephone (unit)	65.53	56.81
移动电话（部）	Mobile Telephone (unit)	213.66	224.76

注：1）2012年“中高档乐器”指标不包含钢琴。
2）本表数据取自住户收支与生活状况调查。该调查是以了解居民收支状况为目标进行样本抽选的抽样调查，其结果在城 乡反映居民收支状况方面具有较高代表性，但由于国家统计制度方法改革，2013年调查样本相对于往年有较大变动，调查覆盖范围和数据口径均存在不可比的因素，可能对数据增减动带来较大影响，使用时务请斟酌。

Note: a) The data of "Medium and High-Grade Musical Instrument" in 2012 doesn't include piano.
b) The data hereabove is collected by the residents income and livelihood survey, which is a sample survey for the purpose of understanding the income status of residents. The results of the survey effectively represent the income status of the urban and rural residents. However, due to the reform of national statistic system, there is great change in the samples of 2013, which leads to the incomparability in the scope of survey and data. Since it may greatly impact the increase or decrease of the data, the data hereabove should be used for reference only.

表7.9 农村居民家庭基本情况（1985－2013年）

BASIC CONDITIONS OF RURAL HOUSEHOLDS (1985-2013)

年　份 Year	平均每户常住人口（人） Average Permanent Population per Household (person)	平均每户整半劳动力（人） Average Number of Full/Semi Laborers per Household (person)	平均每个劳动力负担人口（人） Average Number of Dependants per Laborer (person)	平均每人纯收入（元） Per Capita Annual Net Income (yuan)	平均每人生活消费支出（元） Per Capita Annual Living Expenditure (yuan)	平均每人住房面积（平方米） Per Capita Residential Floor Space (sq.m)
1985	4.63	2.81	1.65	325.24	275.81	18.04
1986	4.58	2.85	1.61	358.86	312.34	18.06
1987	4.51	2.87	1.57	385.82	346.40	18.23
1988	4.40	2.89	1.53	457.54	427.19	19.03
1989	4.31	2.92	1.47	510.09	463.47	19.29
1990	4.21	2.93	1.44	586.73	519.26	19.37
1991	4.20	2.88	1.46	628.89	558.44	21.52
1992	4.12	2.88	1.43	677.46	573.65	21.94
1993	4.05	2.90	1.39	748.08	694.60	22.01
1994	3.98	2.88	1.38	1018.24	879.26	22.55
1995	3.90	2.83	1.38	1270.41	1097.52	23.50
1996	3.85	2.70	1.43	1479.05	1328.18	24.44
1997	3.82	2.69	1.42	1692.36	1389.99	24.74
1998	3.71	2.61	1.42	1801.17	1417.08	26.50
1999	3.68	2.59	1.42	1835.54	1388.64	26.67
2000	3.70	2.63	1.41	1892.44	1395.53	29.58
2001	3.66	2.56	1.43	1971.18	1475.16	31.00
2002	3.65	2.62	1.39	2097.58	1497.72	31.02
2003	3.65	2.69	1.36	2214.55	1583.31	31.45
2004	3.67	2.72	1.35	2510.41	1853.94	32.49
2005	3.71	2.80	1.32	2809.32	2142.12	32.91
2006	3.68	2.80	1.31	2873.83	2205.21	34.30
2007	3.67	2.80	1.31	3509.29	2526.70	34.56
2008	3.70	2.80	1.30	4126.21	2884.92	35.03
2009	3.61	2.78	1.31	4478.35	3142.14	35.73
2010	3.63	2.83	1.28	5276.66	3624.62	37.56
2011	3.82	2.81	1.40	6480.41	4502.06	40.18
2012	3.79	2.78	1.36	7383.27	5018.64	40.99
2013	3.49	2.57	1.36	8331.97	5796.36	41.55

表7.10 农村居民家庭基本情况（2012－2013年）
BASIC CONDITIONS OF RURAL HOUSEHOLDS (2012-2013)

指 标	Item	2012	2013
调查户数（户）	**Number of Households Surveyed (household)**	**1800**	**2022**
调查户常住人口（人）	Number of Permanent Residents (person)	6829.00	7051.71
整半劳动力	Full/Semi Labor Force	5006.00	5192.42
平均每户常住人口	Average Number of Permanent Residents per Household	3.79	3.49
平均每户整半劳力	Average Number of Full/Semi Laborers per Household	2.78	2.57
平均每个劳动力负担人口（含本人）	Average Number of Dependents per Laborer (including the laborer himself or herself)	1.36	1.36
平均每人年收入（元）	**Per Capita Annual Income (yuan)**		
总收入	Total Income	9551.61	10719.42
纯收入	Net Income	7383.27	8331.97
现金收入	Cash Income	8122.39	9162.13
农村居民纯收入按五等分分组（元）	**Per Capita Net Income of Rural Households by Quintile (yuan)**		
低收入户	Low Income Households	3005.94	3692.20
中下收入户	Lower Middle Income Households	5025.71	5909.72
中等收入户	Middle Income Households	6869.09	7703.24
中上收入户	Upper Middle Income Households	9182.53	10294.92
高收入户	High Income Households	15920.69	16940.61
平均每人年支出（元）	**Per Capita Annual Expenditure (yuan)**		
总支出	Total Expenditure	7942.15	8211.19
现金支出	Cash Expenditure	6974.45	7037.39
平均每人经营耕地面积（亩）	**Per Capita Cultivated Area (mu)**	**1.26**	**1.03**

表7.11 农村居民家庭平均每人收入情况（2012－2013年）

PER CAPITA ANNUAL INCOME OF RURAL HOUSEHOLDS (2012-2013)

单位：元 (yuan)

指　标	Item	2012	2013
总收入	**Total Income**	**9551.61**	**10719.42**
工资性收入	Income from Wages and Salaries	3400.77	4089.15
家庭经营收入	Income from Household Business Operation	4938.01	5140.82
第一产业	Primary Industry	4089.88	4111.66
#农　业	Farming	2221.40	2297.88
牧　业	Animal Husbandry	1708.48	1700.56
第二产业	Secondary Industry	94.95	169.12
第三产业	Tertiary Industry	753.18	860.04
#交通运输、邮电业	Transportation, Postal and Telecommunication Services	208.90	206.59
批零贸易、餐饮业	Wholesale & Retail Trade and Catering Service	414.76	511.88
财产性收入	Income from Properties	175.56	234.68
转移性收入	Income from Transfer	1037.27	1254.77
纯收入	**Net Income**	**7383.27**	**8331.97**
工资性收入	Income from Wages and Salaries	3400.77	4089.15
家庭经营收入	Income from Household Business Operation	2975.31	3136.47
第一产业	Primary Industry	2503.15	2507.20
#农　业	Farming	1641.57	1722.04
牧　业	Animal Husbandry	765.69	731.36
第二产业	Secondary Industry	30.92	93.08
第三产业	Tertiary Industry	441.23	536.19
#交通运输、邮电业	Transportation, Postal and Telecommunication Services	109.50	134.39
批零贸易、餐饮业	Wholesale & Retail Trade and Catering Service	236.28	310.68
财产性收入	Income from Properties	175.56	234.68
转移性收入	Income from Transfer	831.63	871.66
现金收入	**Cash Income**	**8122.39**	**9162.13**
工资性收入	Income from Wages and Salaries	3400.07	4079.98
家庭经营收入	Income from Household Business Operation	3520.59	3603.38
第一产业	Primary Industry	2672.46	2574.27
#农　业	Farming	989.65	1031.96
牧　业	Animal Husbandry	1522.28	1430.41
第二产业	Secondary Industry	94.95	169.07
第三产业	Tertiary Industry	753.18	860.04
#交通运输、邮电业	Transportation, Postal and Telecommunication Services	208.90	206.59
批零贸易、餐饮业	Wholesale & Retail Trade and Catering Service	414.76	511.88
财产性收入	Income from Properties	165.29	234.81
转移性收入	Income from Transfer	1036.45	1243.97

表7.12 农村居民家庭平均每人支出情况（2012－2013年）
PER CAPITA ANNUAL EXPENDITURE OF RURAL HOUSEHOLDS (2012-2013)

单位：元 (yuan)

指　标	Item	2012	2013
总支出	**Total Expenditure**	**7942.15**	**8211.19**
家庭经营费用支出	Expenditure of Household Business Operation	1740.66	1814.83
第一产业	Primary Industry	1412.79	1478.69
第二产业	Secondary Industry	51.22	66.59
第三产业	Tertiary Industry	276.65	269.55
购置生产性固定资产支出	Expenditure of Purchasing Productive Fixed Assets	58.79	77.86
生活消费支出	Living Expenditure	5018.64	5796.36
食　品	Food	2216.15	2538.99
衣　着	Clothing	380.18	410.96
居　住	Residence	557.02	674.44
家庭设备、用品及服务	Household Facilities, Articles and Services	413.54	474.28
交通和通讯	Transport and Communications	489.31	581.78
文教娱乐用品及服务	Culture, Education, Recreation and Services	394.23	443.30
医疗保健	Health Care and Medical Services	482.24	535.88
其他商品和服务	Miscellaneous Goods and Services	85.98	136.73
财产性支出	Property Expenditure	6.24	2.00
转移性支出	Transfer Expenditure	1103.51	514.65
现金支出	**Cash Expenditure**	**6974.45**	**7037.39**
家庭经营费用支出	Expenditure of Household Business Operation	1433.42	1379.55
第一产业	Primary Industry	1105.62	1043.40
第二产业	Secondary Industry	51.22	66.59
第三产业	Tertiary Industry	276.58	269.55
购置生产性固定资产支出	Expenditure of Purchasing Productive Fixed Assets	58.79	77.86
生活消费支出	Living Expenditure	4359.49	5057.85
食　品	Food	1564.04	1835.13
衣　着	Clothing	380.13	410.47
居　住	Residence	550.18	646.77
家庭设备、用品及服务	Household Facilities, Articles and Services	413.52	472.24
交通和通讯	Transport and Communications	489.31	581.50
文教娱乐用品及服务	Culture, Education, Recreation and Services	394.23	442.87
医疗保健	Health Care and Medical Services	482.24	535.14
其他商品和服务	Miscellaneous Goods and Services	85.85	133.72
财产性支出	Property Expenditure	6.24	2.00
转移性支出	Transfer Expenditure	1102.26	514.65

表7.13 不同收入组农村居民家庭收入支出情况（2013年）

PER CAPITA ANNUAL INCOME AND EXPENDITURES OF RURAL HOUSEHOLDS BY INCOME QUINTILE (2013)

单位：元 (yuan)

指　标	Item	总平均 Total Average	低收入户（20%） Low Income Households (20%)	中低收入户（20%） Lower Middle Income Households (20%)
平均每人总收入	**Per Capita Total Income**	**10719.42**	**5148.55**	**7774.89**
#现金收入	Cash Income	9162.13	3969.03	6311.15
平均每人纯收入	**Per Capita Net Income**	**8331.97**	**3692.20**	**5909.72**
工资性收入	Income from Wages and Salaries	4089.15	1653.06	3020.97
家庭经营纯收入	Income from Family Business Operation	3136.47	1402.91	2099.04
财产性收入	Income from Property	234.68	113.04	105.92
转移性收入	Income from Transfer	871.66	523.18	683.79
平均每人总支出	**Per Capita Total Expenditure**	**8211.19**	**5232.16**	**6250.12**
#现金支出	Cash Expenditure	7037.39	4249.59	5138.19
生活消费总支出	**Per Capita Living Expenditures**	**5796.36**	**3735.00**	**4422.92**
食　品	Food	2538.99	1881.42	2164.01
衣　着	Clothing	410.96	216.75	283.56
居　住	Residence	674.44	331.25	320.22
家庭设备用品及服务	Household Facilities, Articles and Services	474.28	295.49	328.50
交通通讯	Transport and Communications	581.78	261.55	408.14
文教娱乐用品及服务	Culture, Education, Recreation and Services	443.30	251.70	346.52
医疗保健	Health Care and Medical Services	535.88	420.03	494.11
其他商品及服务	Miscellaneous Goods and Services	136.73	76.80	77.87

表7.13 续表 continued

指　标	Item	中等收入户（20%） Middle Income Households (20%)	中高收入户（20%） Upper Middle Income Households (20%)	高收入户（20%） High Income Households (20%)
平均每人总收入	**Per Capita Total Income**	**9826.62**	**12890.85**	**21498.09**
#现金收入	Cash Income	8281.98	11215.67	19389.46
平均每人纯收入	**Per Capita Net Income**	**7703.24**	**10294.92**	**16940.61**
工资性收入	Income from Wages and Salaries	4190.26	5713.07	7080.63
家庭经营纯收入	Income from Family Business Operation	2545.89	3329.82	7621.20
财产性收入	Income from Property	164.67	284.27	624.69
转移性收入	Income from Transfer	802.43	967.76	1614.10
平均每人总支出	**Per Capita Total Expenditure**	**7442.82**	**9393.58**	**14877.45**
#现金支出	Cash Expenditure	6325.15	8121.03	13384.85
生活消费总支出	**Per Capita Living Expenditures**	**5434.22**	**6737.51**	**10073.23**
食　品	Food	2442.75	2955.88	3653.84
衣　着	Clothing	415.65	514.22	744.39
居　住	Residence	416.09	724.09	1943.86
家庭设备用品及服务	Household Facilities, Articles and Services	499.24	608.36	750.59
交通通讯	Transport and Communications	599.99	672.27	1157.85
文教娱乐用品及服务	Culture, Education, Recreation and Services	473.12	554.27	688.04
医疗保健	Health Care and Medical Services	474.65	546.94	826.23
其他商品及服务	Miscellaneous Goods and Services	112.72	161.48	308.45

表7.14 农村居民家庭平均每人主要消费品消费量（2012－2013年）
PER CAPITA CONSUMPTION OF MAJOR FOODS OF RURAL HOUSEHOLDS (2012-2013)

指　标	Item	2012	2013
粮　食（原粮）（千克）	Grain (unprocessed) (kg)	159.78	162.08
蔬　菜（千克）	Fresh Vegetables (kg)	125.37	98.51
食用油（千克）	Edible Oil (kg)	7.50	9.31
肉　类（千克）	Meat (kg)	28.60	33.81
#猪　肉	Pork	22.89	26.10
牛羊肉	Beef and Mutton	0.28	0.44
家　禽（千克）	Poultry (kg)	3.67	5.58
蛋类及蛋制品（千克）	Eggs and Egg Products (kg)	5.18	6.90
鱼　虾（千克）	Aquatic Products (kg)	3.57	4.89
奶和奶制品（千克）	Milk and Dairy Products (kg)	4.08	6.52
酒　类（千克）	Liquor (kg)	12.91	13.84

表7.15 农村居民家庭平均每百户年末耐用消费品拥有量（2012－2013年）
NUMBER OF DURABLE CONSUMER GOODS OWNED PER 100 RURAL HOUSEHOLDS AT YEAR-END (2012-2013)

指　标	Item	2012	2013
洗衣机（台）	Washing Machine (unit)	63.17	62.66
电冰箱（台）	Refrigerator (unit)	78.28	83.24
空调机（台）	Air Conditioner (unit)	28.94	36.51
抽油烟机（台）	Exhaust Fan (unit)	5.17	6.59
微波炉（台）	Microwave Oven (unit)	12.72	16.34
热水器（台）	Water Heater for Shower (unit)	39.67	43.32
摩托车（辆）	Motorcycle (unit)	38.44	30.75
家用计算机（台）	Computer (unit)	14.50	13.75
移动电话（部）	Mobile Telephone (unit)	187.17	189.78
彩色电视机（台）	Color TV Set (unit)	107.78	107.91
轿　车（台）	Automobile (unit)	3.17	5.97

注：本表数据取自住户收支与生活状况调查。该调查是以了解居民收支状况为目标进行样本抽选的抽样调查，其结果在城乡反映居民收支状况方面具有较高代表性，但由于国家统计制度方法改革，2013年调查样本相对于往年有较大变动，调查覆盖范围和数据口径均存在不可比的因素，可能对数据增减变动带来较大影响，使用时务请斟酌。

Note: The data hereabove is collected by the residents income and livelihood survey, which is a sample survey for the purpose of understanding the income status of residents. The results of the survey effectively represent the income status of the urban and rural residents. However, due to the reform of national statistic system, there is great change in the samples of 2013, which leads to the incomparability in the scope of survey and data. Since it may greatly impact the increase or decrease of the data, the data hereabove should be used for reference only.

表7.16 主要年份居民消费价格指数和商品零售价格指数
CONSUMER PRICE INDICES AND GENERAL RETAIL PRICE INDICES IN MAJOR YEARS

年 份 Year	以1950年为100 1950=100		以1978年为100 1978=100		以上年为100 Preceding Year=100	
	居民消费价格指数 Consumer Price Index	商品零售价格指数 Retail Price Index	居民消费价格指数 Consumer Price Index	商品零售价格指数 Retail Price Index	居民消费价格指数 Consumer Price Index	商品零售价格指数 Retail Price Index
1951						
1952	106.1	108.7			97.3	97.2
1957	114.0	116.5			104.6	103.9
1962	145.8	158.1			95.2	95.0
1965	125.1	133.1			98.0	98.2
1970	129.2	137.9			99.6	99.5
1975	131.2	140.2			100.3	100.3
1978	135.4	145.1	100.0	100.0	102.9	103.2
1980	148.3	160.1	109.5	110.3	107.9	108.6
1985	179.4	191.7	132.4	132.0	109.9	110.0
1986	186.9	199.8	138.0	137.5	104.2	104.2
1987	205.2	220.8	151.5	151.9	109.8	110.5
1988	251.8	272.2	185.9	187.3	122.7	123.3
1989	294.9	317.1	217.7	218.2	117.1	116.5
1990	299.0	317.4	220.7	218.4	101.4	100.1
1991	319.9	336.8	236.1	231.7	107.0	106.1
1992	355.7	369.8	262.5	254.4	111.2	109.8
1993	422.2	430.1	311.6	295.9	118.7	116.3
1994	547.6	544.1	404.1	374.3	129.7	126.5
1995	653.8	632.8	482.5	435.3	119.4	116.3
1996	717.2	671.4	529.3	461.9	109.7	106.1
1997	741.2	682.6	546.8	470.4	103.3	101.7
1998	714.5	645.1	527.1	444.5	96.4	94.5
1999	709.5	622.5	523.4	428.9	99.3	96.5
2000	686.1	594.5	506.1	409.6	96.7	95.5
2001	697.8	588.6	514.7	405.5	101.7	99.0
2002	695.0	582.1	512.6	401.0	99.6	98.9
2003	699.2	579.2	515.7	399.0	100.6	99.5
2004	725.1	587.3	534.8	404.6	103.7	101.4
2005	730.9	579.7	539.1	399.3	100.8	98.7
2006	748.4	589.0	552.0	405.7	102.4	101.6
2007	783.6	610.8	577.9	420.7	104.7	103.7
2008	827.5	641.3	610.3	441.7	105.6	105.0
2009	814.3	624.0	600.5	429.8	98.4	97.3
2010	840.3	634.6	619.8	437.1	103.2	101.7
2011	884.9	664.2	652.6	457.4	105.3	104.7
2012	907.7	674.7	669.5	464.7	102.6	101.6
2013	931.8	687.0	687.2	473.2	102.7	101.8

表7.17 居民消费价格分类指数（2012－2013年）
CONSUMER PRICE INDICES BY CATEGORY (2012-2013)

上年=100 (preceding year=100)

项 目	Item	2012	2013
居民消费价格指数	**Consumer Price Index**	**102.6**	**102.7**
食 品	Food	104.7	104.1
#粮 食	Grain	107.7	103.0
油 脂	Oil and Fat	106.0	98.6
肉禽及其制品	Meat, Poultry and Processed Products	99.1	103.7
蛋	Eggs	100.6	109.1
水产品	Aquatic Products	106.7	102.7
菜	Vegetables	112.3	107.1
#鲜 菜	Fresh Vegetables	113.2	106.4
茶及饮料	Tea and Beverages	104.3	104.2
干鲜瓜果	Dried and Fresh Melons and Fruits	108.0	101.7
#鲜 果	Fresh Fruits	107.4	100.7
液体乳及乳制品	Milk and Its Products	104.4	106.1
在外用膳食品	Dinning Out	105.9	104.6
其它食品	Other Foods	107.6	100.8
烟 酒	Tobacco, Liquor	107.1	100.6
#烟 草	Tobacco	99.8	100.0
酒	Liquor	122.0	101.6
衣 着	Clothing	102.2	106.3
#服 装	Garments	101.1	106.2
家庭设备用品及维修服务	Household Facilities, Articles and Service	100.9	101.6
#耐用消费品	Durable Consumer Goods	99.9	100.4
家庭服务及加工维修服务	Household Services and Maintenance and Renovation	104.2	111.4
医疗保健和个人用品	Health Care and Personnal Articles	101.9	101.0
#医疗保健	Health Care	102.0	101.2
个人用品及服务	Personal Articles and Services	101.7	100.6
交通和通信	Transportation and Communications	98.3	98.3
#交 通	Transportation	101.3	99.3
通 信	Telecommunication	95.5	97.2
娱乐教育文化用品及服务	Recreational, Educational and Cultural Articles and Services	100.9	101.4
#教 育	Education	102.6	103.3
居 住	Residence	102.5	102.8

表7.18 商品零售价格分类指数（2012－2013年）
RETAIL PRICE INDICES BY CATEGORY (2012-2013)

上年=100 (preceding year =100)

项　目	Item	2012	2013
商品零售价格总指数	**General Retail Price Index**	**101.6**	**101.8**
食　品	Food	104.8	103.3
饮料、烟酒	Beverages, Tobacco and Liquor	106.2	102.0
服装、鞋帽	Garments, Shoes and Hats	101.8	106.3
纺织品	Textiles	96.4	100.8
家用电器及音像器材	Household Appliances and Video Materials	98.4	100.4
文化办公用品	Cultural and Office Appliances	98.2	98.7
日用品	Articles for Daily Use	102.5	100.5
体育娱乐用品	Sports and Recreation Articles	100.5	99.8
交通、通信用品	Transportation and Communication Articles	90.7	96.9
家　具	Furniture	98.5	99.6
化妆品	Cosmetics	102.3	102.6
金银珠宝	Gold, Silver and Jewelry	99.0	93.9
中西药品及医疗保健用品	Traditional Chinese & Western Medicines and Health Care Articles	102.7	101.3
书报杂志及电子出版物	Books, Newspaper, Magazines and Electronic Publications	101.9	100.7
燃　料	Fuels	102.1	100.7
建筑材料及五金电料	Building Materials and Hardware	102.6	103.1

表7.19 农产品生产价格指数(2004—2013年)
PRODUCERS' PRICE INDICES FOR AGRICULTURAL PRODUCTS (2004－2013)

上年=100 (preceding year =100)

指　标	Item	2004	2005	2006	2007	2008	2009	2010	2011	2012	2013
合　计	**Total**	**125.5**	**100.0**	**93.6**	**121.8**	**120.4**	**89.0**	**103.2**	**120.2**	**104.6**	**103.0**
农业产品	**Farm Products**	**120.3**	**102.2**	**100.4**	**108.6**	**108.9**	**104.2**	**109.1**	**113.8**	**106.0**	**103.1**
#谷　物	Cereal	139.6	101.3	97.3	108.2	108.5	100.4	108.4	114.4	108.0	102.5
#小　麦	Wheat	131.6	102.7	95.1	103.9	106.4	103.5	104.3	110.6	112.0	
稻　谷	Rice	141.5	101.2	97.8	108.2	109.2	100.8	106.8	116.2	107.1	101.7
玉　米	Corn	130.4	101.7	94.9	109.0	106.2	97.9	113.4	111.4	109.4	104.4
大　豆	Beans	122.1	97.4	100.0	107.9	115.4	98.9	106.6	111.5	105.8	102.8
油　料	Oil-bearing Crops	123.2	93.1	102.8	120.1	118.9	80.3	108.8	109.0	105.7	106.8
蔬　菜	Vegetables	106.0	103.8	102.5	109.8	106.6	110.5	107.9	111.1	108.7	103.7
水果及坚果	Fruits and Nuts	103.0	103.4	101.3	104.5	109.2	107.0	111.2	119.5	93.75	108.0
饲养动物及其产品	**Animal Husbandry Products**	**128.8**	**98.8**	**89.8**	**128.8**	**126.1**	**80.8**	**98.4**	**126.6**	**103.3**	**102.9**
#活　猪	Pig	131.2	97.5	86.9	132.2	127.2	77.1	94.4	134.5	101.8	101.7
牛	Cattle and Buffaloes	101.7	103.9	101.6	120.6	116.0	104.2	103.4	107.6	104.9	109.3
羊	Sheep and Goats	111.1	102.8	101.2	108.0	128.9	100.7	100.0	116.6	115.7	110.4
活家禽	Poultry	117.2	104.3	100.2	116.2	111.7	102.8	105.6	111.8	107.1	105.3
禽　蛋	Eggs	111.9	103.9	98.9	110.1	112.1	101.9	104.2	105.6	104.7	104.4
渔业产品	**Fishery Products**	**107.8**	**105.7**	**101.7**	**105.9**	**110.3**	**104.7**	**102.2**	**108.2**	**108.1**	**102.0**
#养殖淡水鱼	Bred Freshwater Fish								108.6	108.2	102.0
捕捞淡水鱼	Fished Freshwater Fish								110.5	104.1	

注：根据新《农业产值和价格综合统计报表制度》，原“肉禽（毛重）”指标替换为“活家禽”，原“淡水鱼”指标替换为“养殖淡水鱼”和“捕捞淡水鱼”。2011年采用新指标指数，2010年及以前采用旧指标指数。
Note: In accordance with the "Comprehensive Statistic Reporting Rules for Agriculture Output and Price", the former "poultry (gross weight)" is replaced by "poultry", while the former "freshwater fish" is replaced by "bred freshwater fish" and "fished freshwater fish". The new indices are used since 2011 while the old indices are used for the data before 2010.

表7.20 工业生产者购进价格指数（2012－2013年）
PPURCHASING PRICE INDICES OF RAW MATERIALS, FUELS AND POWER (2012-2013)

上年=100 (preceding year =100)

项　目	Item	2012	2013
工业生产者购进价格指数	**Purchasing Price Indices of Raw Material, Fuel and Power**	**99.5**	**97.6**
燃料、动力类	Fuel and Power	102.2	98.0
黑色金属材料类	Ferrous Metals	96.1	94.6
有色金属材料及电线类	Nonferrous Metals and Wires	96.4	95.9
化工原料类	Raw Chemical Materials	98.1	97.4
木材及纸浆类	Timber and Paper Pulp	100.2	99.5
建筑材料及非金属类	Building Materials and Non-metal Minerals	99.8	98.7
其他工业原材料及半成品类	Other Industrial Raw Materials and Semi-products	100.5	98.2
农副产品类	Agricultural Products	101.6	102.7
纺织原料类	Textile Materials	97.7	99.3

表7.21 工业生产者出厂价格指数（2012－2013年）
PPI BY CATEGORY (2012-2013)

上年=100 (preceding year =100)

指　标	Item	2012	2013
工业生产者出厂价格指数	**Producer Price Index for Industrial Products**	**99.9**	**98.0**
生产资料	Means of Production	99.6	97.6
采掘工业	Minming and Quarrying Industry	96.9	93.9
原料工业	Raw Materials Industry	100.1	96.6
加工工业	Processing Industry	99.6	98.1
生活资料	Consumer Goods	100.7	99.1
食　品	Food	102.4	101.0
衣　着	Clothing	101.5	101.0
一般日用品	Articles for Daily Use	98.5	99.4
耐用消费品	Durable Consumer Goods	100.4	97.7

表7.22 按工业行业分工业生产者出厂价格指数（2012－2013年）
PPI BY SECTOR (2012-2013)

上年=100 (preceding year =100)

行　业	Sector	2012	2013
工业生产者出厂价格指数	**Producer Price Index for Industrial Products**	**99.9**	**98.0**
煤炭开采和洗选业	Mining and Washing of Coal	95.3	91.5
石油和天然气开采业	Extraction of Petroleum and Natural Gas	100.0	100.0
黑色金属矿采选业	Mining and Processing of Ferrous Metal Ores	98.9	90.7
有色金属矿采选业	Mining and Processing of Non-Ferrous Metal Ores	98.8	97.2
非金属矿采选业	Mining and Processing of Nonmetal Ores	102.6	99.5
农副食品加工业	Processing of Food from Agricultural Products	101.3	103.1
食品制造业	Manufacture of Foods	102.7	100.4
酒、饮料和精制茶制造业	Manufacture of Liquor, Beverages and Refined Tea	102.3	100.5
烟草制品业	Manufacture of Tobacco	103.6	100.4
纺织业	Manufacture of Textile	96.5	100.0
纺织服装、服饰业	Manufacture of Textile Wearing Apparel and Dress Adornment	99.6	100.4
皮革、毛皮、羽毛及其制品和制鞋业	Manufacture of Leather, Fur, Feather Related Products and Footware	101.9	101.4
木材加工及木竹藤棕草制品业	Processing of Timber, Manufacture of Wood, Bamboo, Rattan, Palm and Straw Products	99.8	100.2
家具制造业	Manufacture of Furniture	100.8	100.8
造纸和纸制品业	Manufacture of Paper and Paper Products	100.1	98.0
印刷和记录媒介复制业	Printing, Reproduction of Recording Media	99.4	98.7
文教、工美、体育和娱乐用品制造业	Manufacture of Culture, Education, Handicraft, Fine Arts, Sports and Entertainment Articles	108.5	99.3
石油加工、炼焦和核燃料加工业	Processing of Petroleum, Coking, Processing of Nuclear Fuel	99.6	92.9
化学原料 和化学制品制造业	Manufacture of Raw Chemical Materials and Chemical Products	97.3	96.2
医药制造业	Manufacture of Medicines	102.3	100.8
化学纤维制造业	Manufacture of Chemical Fibers	89.5	89.9
橡胶和塑料制品业	Manufacture of Rubber and Plastics	99.0	97.6
非金属矿物制品业	Manufacture of Non-metallic Mineral Products	98.8	97.9
黑色金属冶炼和压延加工业	Smelting and Pressing of Ferrous Metals	94.7	94.2
有色金属冶炼和压延加工业	Smelting and Pressing of Nonferrous Metals	98.3	95.3
金属制品业	Manufacture of Metal Products	104.6	99.7
通用设备制造业	Manufacture of General Purpose Machinery	99.4	99.0
专用设备制造业	Manufacture of Special Purpose Machinery	100.8	99.5
汽车制造业	Manufacture of Motor Vehicles	100.0	98.2
铁路、船舶、航空航天和其他运输设备制造业	Manufacture of Railway, Ship, Aviation and Other Transporting Equipment	100.6	98.5
电气机械和器材制造业	Manufacture of Electrical Machinery and Equipment	100.7	97.9
计算机、通信和其他电子设备制造业	Manufacture of Communication Equipment, Computers and Other Electronic Equipment	99.3	96.9
仪器仪表制造业	Manufacture of Instrument and Apparatus	100.7	99.7
其他制造业	Other Manufacture	100.2	99.4
废弃资源综合利用业	Comprehensive Utilization of Waste Resources	96.5	89.1
金属制品、机械和设备修理业	Repair of Metal Products, Machinery and Equipment	99.5	96.4
电力、热力的生产和供应业	Production and Supply of Electric Power and Heat Power	106.0	99.9
燃气生产和供应业	Production and Supply of Gas	100.7	101.7
水的生产和供应业	Production and Supply of Water	101.3	100.8

表7.23 固定资产投资价格指数（1994－2013年）

PRICE INDICES OF INVESTMENT IN FIXED ASSETS (1994-2013)

上年=100 (preceding year =100)

年 份 Year	固定资产投资 Investment in Fixed Assets	其 中 of which		
		建筑安装工程 Construction and Installation	设备工、器具 Purchase of Equipment and Instruments	其他费用 Others
1994	108.9	109.4	107.4	109.8
1995	104.2	101.2	107.8	114.0
1996	108.1	108.5	100.4	129.1
1997	101.7	103.2	97.6	103.4
1998	98.7	100.0	94.9	99.5
1999	100.5	100.7	97.7	104.4
2000	102.5	103.1	97.0	108.7
2001	100.8	101.4	96.8	103.3
2002	100.7	101.9	96.2	100.4
2003	102.9	104.7	96.7	101.3
2004	105.1	107.0	98.8	102.7
2005	102.3	102.2	99.7	104.6
2006	101.7	101.1	100.7	104.3
2007	105.5	106.0	100.2	107.8
2008	110.2	113.7	100.6	106.6
2009	97.8	97.0	97.7	100.2
2010	102.1	102.7	99.6	101.9
2011	105.9	107.8	101.1	102.5
2012	101.8	102.1	99.1	101.9
2013	100.5	100.5	98.7	101.5

表7.24 住宅销售价格指数（1998－2013年）
SALES PRICE INDICES OF HOUSES (1998-2013)

上年=100 (preceding year =100)

年 份 Year	新建住宅 New Buildings	二手住宅 Second-hand House
1998	105.6	
1999	102.8	
2000	102.5	
2001	102.5	
2002	102.9	
2003	108.5	
2004	114.7	
2005	107.0	106.1
2006	103.2	101.9
2007	108.0	104.5
2008	107.2	103.8
2009	101.3	103.7
2010	110.8	107.4
2011	104.1	100.6
2012	99.2	99.6
2013	106.7	102.6

重/庆/统/计/年/鉴

主要统计指标解释

■ 城乡居民储蓄存款余额

指某一时点城乡居民存入银行及农村信用社的储蓄金额，包括城镇居民储蓄存款和农民个人储蓄存款，不包括居民的手存现金和工矿企业、部队、机关、团体等单位存款。

■ 城镇居民家庭就业人口

指城市（城镇）居民从事社会劳动并取得劳动报酬或经营收入的人口。就业人口包括国有经济单位职工、城镇集体经济单位职工、其他各种经济类型单位职工、城镇个体或私营企业主、个体或私营被雇者、离退休再就业人员、其他就业人口。本指标可以反映城市居民的就业情况，是计算就业面，负担系数的重要资料。

■ 城镇居民家庭总收入

指调查户中生活在一起的所有家庭成员在调查期得到的工资性收入、经营净收入、财产性收入、转移性收入之和，不包括出售财物收入和借贷收入。

■ 城市（城镇）居民家庭可支配收入

指调查户可用于最终消费支出和其他非义务性支出以及储蓄的总和，即居民家庭可以用来自由支配的收入。它是家庭总收入扣除交纳的个人所得税、个人交纳的社会保障支出以及调查户的记账补贴后的收入。计算公式为：

可支配收入=家庭总收入-交纳个人所得税-个人交纳的社会保障支出-记账补贴

■ 城镇居民家庭总支出

指家庭除借贷支出以外的全部实际支出。包括消费性支出、财产性支出、转移性支出、社会保障支出、购房与建房支出。

■ 城镇居民家庭消费性支出

指调查户用于本家庭日常生活的支出，包括食品、衣着、居住、家庭设备用品及服务、医疗保健、交通和通信、教育文化娱乐服务、其他商品和服务八大类等。

■ 城镇居民家庭人均服务性消费支出

指调查户用于本家庭支付社会提供的各种文化和生活方面的非商品性服务费用。包括为别人付款的服务。服务消费与商品消费不同，其特点在于其劳动过程和消费过程在时间与空间上的统一。这一指标是派生的，根据其他粮食及制品、食品加工服务费用、在外饮食、衣着加工服务费、家庭服务、医疗费、交通工具服务支出、交通费、通信服务、教育文化娱乐服务费、教育费用、房租、住房装潢支出、居住服务费和其他服务费中的服务性消费支出的比重生成。

■ 城镇居民家庭收入分组方法

将所有调查户依户人均可支配收入由低到高排队，按10%，10%，20%，20%，20%，10%，10%的比例依次分成：最低收入户、低收入户、中等偏下收入户、中等收入户、中等偏上收入户、高收入户、最高收入户等七组。总体中最低5%的户为困难户。

■ 恩格尔系数

指食物支出金额在消费性总支出金额中所占的比例。计算公式为：

恩格尔系数 = 食物支出总额 / 消费性总支出总额×100%

■ 农村居民家庭整半劳动力

整劳动力指男子18周岁到50周岁，女子18周岁到45周岁；半劳动力指男子16周岁到17周岁，51周岁到60周岁；女子16周岁到17周岁，46周岁到55周岁，同时具有劳动能力的人。虽然在劳动年龄之内，但已丧失劳动能力的人，不应算为劳动力；超过劳动年龄，但能经常参加劳动，计入半劳动力数内。常住人口中的职工，若这些职工为劳动力，就包括在本户的整半劳动力中。

主要统计指标解释

农村居民家庭总收入

指调查期内农村住户和住户成员从各种来源渠道得到的收入总和。按收入的性质划分为工资性收入、家庭经营收入、财产性收入和转移性收入。

农村居民家庭现金收入

指农村住户和住户成员在调查期内得到以现金形态表现的收入。按来源分成工资性收入、家庭经营现金收入、财产性收入、转移性收入。

农村居民家庭纯收入

指农村住户当年从各个来源得到的总收入相应地扣除所发生的费用后的收入总和。计算方法：

纯收入=总收入-家庭经营费用支出-税费支出-生产性固定资产折旧-调查补贴-赠送农村内部亲友支出

纯收入主要用于再生产投入和当年生活消费支出，也可用于储蓄和各种非义务性支出。“农民人均纯收入”按人口平均的纯收入水平，反映的是一个地区或一个农户农村居民的平均收入水平。

农村居民家庭总支出

指农村住户用于生产、生活和再分配的全部支出。家庭经营费用支出、购置生产性固定资产支出、生产性固定资产折旧、税费支出、生活消费支出、财产性支出和转移性支出。

农村居民家庭生活消费支出

指农村住户用于物质生活和精神生活方面的支出。生活消费支出包括食品、衣着、居住、家庭设备用品及服务、医疗保健、交通和通讯、文化教育娱乐用品及服务、其他商品和服务等消费。

农村居民家庭现金支出

指农村住户用于生产、生活和再分配所支付的现金。包括家庭经营费用支出、缴纳的税费、购买生产性固定资产、生活消费、财产性和转移性支出。

居民消费价格指数

居民消费价格指数是度量一组代表性消费商品及服务项目价格水平随着时间而变动的相对数，反映居民家庭购买的消费品及服务价格水平的变动情况。它是宏观经济分析和决策、价格总水平监测和调控以及国民经济核算的重要指标。其按年度计算的变动率通常被用来作为反映通货膨胀（或紧缩）程度的指标。

商品零售价格指数

商品的零售价格是商品在流通过程中最后一个环节的价格，是工业、商业、餐饮业和其他零售企业向城乡居民、机关团体出售生活消费品和办公用品的价格。通过系统地调查、搜集和整理市场商品零售价格资料，编制商品零售价格指数，以此反映市场商品零售价格的变动趋势和变动程度。其目的在于掌握商品价格的变动趋势，为国家宏观调控和国民经济核算提供参考依据。

农产品生产价格指数

是反映一定时期内，农产品生产者出售农产品价格水平变动趋势及幅度的相对数。该指数可以客观反映全国农产品生产价格水平和结构变动情况，满足农业与国民经济核算需求。其中某代表品生产价格指数是通过对全部有出售该产品行为的调查单位的个体指数进行几何平均求得的，类价格指数是通过对其所属的类（或代表品）的价格指数进行加权平均求得的。季度累计价格指数的计算方法与分季指数的计算方法相同。

工业生产者价格指数

即原来的工业品价格指数。它是反映工业产品价格变化趋势和变动幅度的统计指标，是工业企业的产品价格在不同时间和空间条件下平均变动的相对数。工业生产者价格包括工业品第一次出售时的出厂价格和企业作为中间投入的原材料、燃料、动力购进价格，简称为工业生产者出厂价格和工业生产者购进价格。工业生产者价格指数是进行国民经济核算和经济管理的重要依据。

固定资产投资价格指数

是反映全社会及各类工程固定资产投资中涉及的各类投资品和取费项目价格的变动趋势和变动幅度的相对数。编制固定资产投资价格指数可以消除按现价计算的固定资产投资指标中的价格变动因素。

住宅销售价格指数

是综合反映住宅商品价格水平总体变化趋势和变化幅度的相对数。中国住宅销售价格指数由70个大中城市的新建住宅销售价格指数和二手住宅销售价格指数组成。

Explanatory Notes on Main Statistical Indicators

Saving Deposits of Urban and Rural Residents

Refer to the total value of savings deposits of urban and rural households in banks and rural credit cooperatives at a given point of time, including the saving deposits of urban residents and the saving deposits of rural residents. The cash in hand by residents and the deposits of organizations such as enterprises, military units, government agencies, institutions, etc. are not included.

Employed Population in Urban (Town) Households

Refers to urban (town) residents engaged in certain work and receiving payment for their labor or income from their business operation, including those who work in state-owned or collective units and other various economic units; the owners and employees of urban private enterprises, reemployed retirees and other employed persons. This index indicates the employment condition of the urban residents, which is the key indicator for calculating employment rate and dependency ratio.

Total Income of Urban (Town) Households

Refers to the sum of wage and salary, net business income, income from properties, and income from transfers of members of the households under survey who live together during the period of survey, excluding income from selling of properties and income from borrowings.

Disposable Income of Urban (Town) Households

Refers to the actual income at the disposal of members of the surveyed households which can be used for final consumption, other non-compulsory expenditure and savings. This equals to total income minus income tax, personal contribution to social security and sample household subsidy for keeping dairies. Following formula is used:

Disposable income = total household income - individual income tax - personal contribution to social security

–sample household subsidy for keeping dairies

Total expenditure of Urban (Town) Households

Refers to total actual expenditure of households apart from the loan expenditure, including consuming expenditure, property expenditure, transferred expenditure, social security expenditure and housing expenditure.

Consumption Expenditure of Urban (Town) Households

Refers to total expenditure of the sample households for consumption in daily life, including expenditure on eight categories such as food, clothing, household appliances and services, health care and medical services, transport and communications, recreation, education and cultural services, housing, miscellaneous goods and services.

Expenditure of Urban (Town) Households on Consumption of Services

Refers to expenditure of households on non-commodity services of various kinds provided by the society, including the payment service for other people. Service consumption is different from commodity consumption. Services are offered and consumed at the same time and place. This is a derivative indicator, which is derived from the percentage of the service consumption expenditure in other expenditures such as grain and products, food processing service, dining out, clothing processing service, household service, medical service, transporting vehicle service, transit, telecommunication service, education, cultural and entertainment service, tuition fees, housing rent, interior decoration, residential service and other services.

Urban (Town) Households by Income Group

All households in the sample are grouped, by per capita disposable income of the household, into groups of lowest income, low income, lower middle income, middle income, upper middle income, high income and highest income, each group consisting of 10%, 10%, 20%, 20%, 20%, 10% and 10% of all households respectively. The lowest 5% of households are also referred to as poor households.

EXPLANATORY NOTES TO MAJOR STATISTICAL INDICATORS

□ Engel Coefficient

Refers to the percentage of expenditure on food in the total consumption expenditure, using the following formula:

Engel Coefficient = (expenditure on food / total consumption expenditure) x 100%

□ Full/Semi Labor Force

Full labor force refers to persons capable of work, aged 18-50 for males and 18-45 for females. Semi labor force refers to persons capable of work, aged 16-17 and 51-60 for males and 16-17 and 46-55 for females. Persons at their working ages but not capable of work are not to be included as labor force. Persons not at working ages but participating regularly in work are included in semi labor force. For staff and workers as resident population of the household, they are included as full or semi labor force of the household if they are in the labor force.

□ Total Income of Rural Households

Refers to the sum of income earned from various sources by the rural households and their members during the reference period, and is classified as income from wages and salaries, income from household operations, income from properties and income from transfers.

□ Cash Income of Rural Households

Refers to income received by rural households and their members in the form of cash during the reference period. It is classified, by source of income, into income from wages and salaries, cash income from household operations, income from properties and income from transfers.

□ Net Income of Rural Households

Refers to the total income of rural households from all sources minus all corresponding expenses. The formula for calculation is as follows:

Net income = total income –household operation expenses – taxes and fees paid – depreciation of fixed assets for production – subsidy for participating in household survey – gifts to rural relatives

Net income is mainly used as input for reproduction and as consumption expenditure of the year, and also used for savings and non-compulsory expenses of various forms. "Per capita net income of farmers" is the level of net income averaged by population which reflects the average income level of rural households in a given area.

□ Total Expenditure of Rural Households

Refers to total expenses of rural households on production, consumption and redistribution, including expenditure on household operations, on purchase of productive fixed assets, depreciation of productive fixed assets, taxes and fees, expenses on household consumption, expenses on properties and expenses on transfers.

□ Expenditure on Household Consumption of Rural Households

Refers to expenditure by rural households on their material and cultural life, including expenditure on food; clothing; housing; household appliances, articles and services; health and medical service; transportation and communications; articles and services on culture, education and recreation; and other goods and services.

□ Cash Expenditure of Rural Households

Refers to cash expenditure by rural households for production, consumption and redistribution during the reference period, including cash expenses on household operations, taxes and fees, purchase of productive fixed assets, household consumption, and expenses on properties and transfers.

□ Consumer Price Index

Reflects the relative change in prices of consumer goods and services in a certain period of time, Formation of consumer price index aims to study the impact of consumer price changes on the actual living cost of urban and rural residents and to provide scientific basis for central government and relevant departments in drawing up consumer up consumer policy, price policy, wage policy and monetary policy and in accounting the nation economy. It is also a key index reflecting the fluctuation of inflation.

□ Retail Price Index

Refers to the prices at which industrial, commercial, catering and other retail enterprises sell daily consumer goods and products for office use to urban and rural residents and institutions and social organizations. It reflects the general change in prices of retail commodities in a certain period of time. Formation of retail price index aims to keep abreast of price fluctuation of retail commodities and provide the reference basis for the central government in working out economic policies.

EXPLANATORY NOTES TO MAJOR STATISTICAL INDICATORS

□ Producer Price Indices for Farm Products

Reflect the trend and degree of changes in producers' prices received by farmers when they sell farm products during a given period. These indices depict the change in the level and struture of producer prices for farm products of the country and meet the needs of agricultural statistics and national accounts statistics. The producer price index for a given product is calculated as the geometrical mean of individual indices for all surveyed units which sell such product, and the indices for a product category is obtained as the weighted mean of price indices for all products in the category. Method for calculating accumulative quarterly indices is the same as for calculating the individual quarterly indices.

□ Producer Price Index

Formerly Industrial Product Price Index, is a statistic indicator reflecting the fluctuating tendency and extent of the price of manufactured goods. It is a relative ratio of the average price fluctuation of manufactured goods in different times and places. The price of manufactured goods includes the factory price of the manufactured goods at the first sale and the price of the raw materials, fuel and power purchased by the enterprises as intermediate input, which is an important basis for national economic accounting and economic administration.

□ Price Indices of Investment in Fixed Assets

Is a relative ratio reflecting the trend and degree of changes in prices of investment goods and charging projects in fixed assets of various engineering projects during a given period. This indicator is used to remove the factor of price change in the aggregates of investment at current prices.

□ Price Index of Residential Real Estate Sales

Is a relative ratio reflecting the general trend and variation degrees of the sales price of the residential real estate. This index of China is composed of the sales price of residential real estate and the sales price of second-hand residential real estate in 70 medium-large cities.

第8章

城镇建设

URBAN CONSTRUCTION

简要说明
BRIEF INTRODUCTION

本章资料反映全市城镇建设的基本情况。

城镇建设资料主要包括城镇建设用地、基础设施水平、市政设施、园林绿化、供水供气、公共交通、基础设施建设投资、房屋等，由市统计局固定资产投资处根据市建设委员会、市国土资源和房屋管理局资料整理提供。

The data in this chapter show the basic conditions of urban construction in Chongqing.

The statistics on urban construction mainly include the data of land for urban construction, urban infrastructure, municipal infrastructure, parks and green areas, tap water and gas supply, public traffic, investment in infrastructure construction and buildings and housing. The data concerned are provided by Chongqing Construction Commission and Chongqing Administration of Land, Resources and Housing, and sorted and compiled by Division of Statistics of Investment in Fixed Assets, Chongqing Municipal Bureau of Statistics.

表8.1 城市建设用地（2013年）
LAND FOR URBAN CONSTRUCTION (2013)

单位：平方公里 (sq.km)

项　目	Item	全　市 Total	其　中 of which #区合计 Total of Districts
建成区面积	**Built-up Area**	**1395.86**	**1114.92**
建设用地面积	**Land for Urban Construction**	**1182.5**	**920.55**
居住用地	Land for Residence	379.63	294.87
公共管理与公共服务用地	Land for Public Management and Public Services	104.37	83.95
商业服务业设施用地	Land for Commercialized Service Facilities	70.01	57.06
工业用地	Land for Industry	239.56	195.56
物流仓储用地	Land for Logistics and Warehousing	22.97	19.26
交通设施用地	Land for Transport Facilities	188.82	152.84
公用设施用地	Land for Public Facilities	42.47	25.64
绿　地	Green Land	134.67	91.37

注：1）“区合计”数为19个市辖区合计（下表同）。
2）2012年建委对用地面积分类作了调整，较2011年分类有所不同。
Note: a) "Total of Districts" refers to the total data of 19 municipale districts (the same below).
b) The category of land was adjusted by Construction Commission in 2012, so the category in 2012 is different from the one in 2011.

表8.2 城市基础设施水平（2012－2013年）
STATISTICS ON URBAN INFRASTRUCTURE (2012-2013)

项　目	Item	全　市 Total		其　中 of which #区合计 Total of Districts	
		2012	2013	2012	2013
人均日生活用水量（升）	Per Capita Daily Consumption of DomesticWater (liter)	138.96	144.18	148.75	154.04
用水普及率（%）	Percentage of Population with Access to Tap Water (%)	92.76	94.83	93.84	96.25
燃气普及率（%）	Percentage of Population with Access to Gas (%)	92.54	92.53	93.32	93.09
人均道路面积（平方米）	Per Capita Area of Paved Roads (sq.m)	10.40	10.89	10.67	11.23
污水处理厂集中处理率（%）	Rate of Intensive Treatment by Wastewater Treatment Plant (%)	89.77	93.20	89.01	92.90
人均公共绿地面积（平方米）	Per Capita Area of Public Green Land (sq.m)	17.41	17.10	18.13	18.04
建成区绿地率（%）	Green Land as Percentage of Built-up Area (%)	39.12	37.96	39.89	38.48
建成区绿化覆盖率（%）	Green Covered Area as Percentage of Built-up Area (%)	42.34	41.28	42.94	41.66

注：人均数为户籍人口口径。
Note: The data of average population refer to registration statistics.

表8.3 城市市政设施（2012－2013年）
MUNICIPAL INFRASTRUCTURE (2012-2013)

项　目	Item	全　市 Total		其　中 of which #区合计 Total of Districts	
		2012	2013	2012	2013
道路长度（公里）	Length of Paved Roads (km)	7660	8008	5956	6221
道路面积（万平方米）	Area of Paved Roads (10 000 sq.m)	15000	15992	11936	12723
#人行道	Sidewalk	4369	4641	3449	3658
桥梁数（座）	Number of Bridges (unit)	1494	1552	1201	1244
#立交桥	Overpass	260	269	255	264
路灯盏数（盏）	Number of Street Lights (unit)	422297	450139	305758	324720
排水管道长度（公里）	Length of Drainpipes (km)	12061	13005	8851	9497
#污水管道	Sewage Pipe	6280	6739	4588	4948
污水年排放量（万立方米）	Annual Discharged Volume of Wastewater (10 000 cu.m)	89603	97312	76782	82991
污水处理厂处理总量（万立方米）	Total Volume of Wastewater Treated by Wastewater Treatment Plant (10 000 cu.m)	80440	90699	68341	77097
防洪堤长度（公里）	Length of Flood Protecting Embankment (km)	412		240	

注：2013年开始不再统计防洪堤。
Note: The data of flood dam will no longer be taken into statistics since 2013.

表8.4 城市园林绿化（2012－2013年）
PARKS AND GREEN AREAS IN URBAN AREA (2012-2013)

指　标	Item	全　市 Total		其　中 of which #区合计 Total of Districts	
		2012	2013	2012	2013
绿化覆盖面积（公顷）	Green Covered Area (hectare)	63989	65563	51689	52996
#建成区	Built-up Area	56103	57615	45157	46452
园林绿地面积（公顷）	Area of Parks and Green Area (hectare)	58354	59582	47156	48123
#建成区	Built-up Area	51831	52985	41948	42898
公园绿地面积（公顷）	Area of Public Green Area (hectare)	25102	25099	20275	20436
公园个数（个）	Number of Parks and Zoos (unit)	407	419	276	278
公园面积（公顷）	Area of Parks and Zoos (hectare)	12246	12652	9973	10123

表8.5 城市供水及供气情况（2012－2013年）
STATISTICS ON TAP WATER AND GAS SUPPLY IN URBAN AREA (2012-2013)

指 标	Item	全 市 Total		其 中 of which #区合计 Total of Districts	
		2012	2013	2012	2013
城市供水	**Tap Water Supply in Urban Area**				
年末供水综合生产能力（万立方米/日）	Production Capacity of Tap Water Supply at Year-end (10 000 cu.m/day)	536.60	502.44	447.83	491.22
年末供水管道长度（公里）	Length of Water Supply Pipelines at Year-end (km)	12978	13028	9534	10619
供水总量（万立方米）	Total Volume of Water Supply (10 000 cu.m)	111968	113003	95903	104996
#生产运营用水	For Production Use	25105	20875	22843	25977
公共服务用水	For Public Services	11597	12133	9912	10517
居民家庭用水	For Residential Use	56007	58851	46894	50626
消防及其他用水	For Fire Fighting and Other Purposes	4399	4785	3750	4224
用水户数（户）	Households with Access to Tap Water (household)	3430705	3623684	2606141	2828767
#家庭用户	Residential Households	3106125	3246109	2368698	2536638
用水人口（万人）	Number of Residents with Access to Tap Water (10 000 persons)	1337.34	1340.30	1049.40	1090.47
城市供气	**Gas Supply in Urban Area**				
天然气供气总量（万立方米）	Total Volume of Natural Gas Supply (10 000 cu.m)	368840	370532	324965	324336
#家庭用量	For Residential Use	139174	133963	117964	110899
天然气用气户数（户）	Households with Access to Natural Gas (household)	4299066	4649205	3580097	3838796
#家庭用户	Residential Households	4021873	4440982	3325981	3677538
天然气用气人口（万人）	Population with Access to Natural Gas (10 000 persons)	1149.41	1183.84	934.02	955.21
天然气汽车加气站（个）	Number of CNG Stations for Motor Vehicles (unit)	93	88	79	73
液化石油气供气总量（吨）	Total Volume of Liquefied Petroleum Gas Supply (ton)	122001	116020	93315	87922
#家庭用量	For Residential Use	51546	49502	31468	29541
液化石油气用气户数（户）	Households with Access to Liquefied Petroleum Gas (household)	509844	515116	276309	269998
#家庭用户	Residential Households	376255	386683	204796	199822
液化石油气用气人口（万人）	Population with Access to Liquefied Petroleum Gas (10 000 persons)	184.78	174.43	109.56	99.54

表8.6 城市公共交通情况（2013年）
PUBLIC TRAFFIC IN URBAN AREA (2013)

指　标	Item	2012	2013
公共汽车	**Public Vehicles**		
年末营运线路网长度（公里）	Year-end Length of Public Transport Network (km)	8828	19574
公共汽车（辆）	Number of Public Vehicles (unit)	7982	12088
#天然气燃料车	CNG Vehicles	7396	9557
客运量（万人次）	Passenger Volume (10 000 person-times)	176968	242031
轻　轨	**Light Rail Transits**		
通车里程（公里）	Length of Light Rail Transits in Operation	131	170
车辆数（辆）	Number of Vehicles (unit)	558	702
客运量（万人次）	Passengers Traffic (10 000 person-times)	24363	40049
轮　渡	**Ferries**		
年末实有轮渡总数（艘）	Year-end Total Ferries (unit)	44	29
出租汽车	**Taxis**		
车辆数（辆）	Number of Vehicles (unit)	19108	20431

注：2012年及以前营运客车指主城公共汽车。
Note: The data of public vehicle in 2012 and before refers to the bus in the Central Metropolitan Area.

表8.7 公用事业和市政建设投资额（2012－2013年）
INVESTMENT IN PUBLIC UTILITIES AND MUNICIPAL CONSTRUCTION (2012-2013)

单位：万元 (10 000 yuan)

指　标	Item	2012	2013
公用事业	**Public Utilities**		
供　水	Tap Water Supply	151782	159264
燃　气	Gas Supply	47478	51052
轨道交通	Rail Transit	995152	816416
市政建设	**Municipal Construction**		
园林绿化	Parks and Green Areas	981030	820139
环境卫生	Environmental Sanitation	42216	102205

重/庆/统/计/年/鉴

主要统计指标解释

■ 供水综合生产能力

指按供水设施取水、净化、送水、出厂输水干管等环节设计能力计算的综合生产能力。包括在原设计能力基础上，经挖、革、改增加的生产能力。计算时，以四个环节中最薄弱的环节为主确定能力。

■ 供水管道长度

指从送水泵到用户水表之间所有管道的长度。不包括新安装尚未使用的管道。

■ 供水总量

指报告期供水企业（单位）供出的全部水量。包括有效供水量和漏损水量。

■ 生活用水量

包括公共服务用水和居民家庭用水。公共服务用水指为城市社会公共生活服务的用水。包括行政事业单位、部队营区和公共设施服务、社会服务业、批发零售贸易业、旅馆饮食业及其他公共服务业等单位用水。居民家庭用水指城市范围内所有居民家庭的日常生活用水。包括城市居民、农民家庭、公共供水站用水。

■ 城市人口用水普及率

指城市用水人口数与城市人口总数之比。计算公式为：

用水普及率=（城市用水人口数/城市人口数）×100%

■ 全年供气总量

指全年燃气企业（单位）向用户供应的燃气数量，包括销售量和损失量。

■ 城市用气普及率

指报告期末使用燃气的城市人口数与城市人口总数的比率。计算公式为：

用气普及率=城市用气人口数/城市人口总数×100%

■ 道路长度

指年末道路长度和与道路相通的广场、桥梁、隧道的长度，按车行道中心线计算。在统计时只统计路面宽度在3.5米（含3.5米）以上的各种铺装道路，包括开放型工业区和住宅区道路在内。

■ 道路面积

为车行道与人行道面积之和。

■ 城市桥梁

指为跨越天然或人工障碍物而修建的构筑物。包括跨河桥、立交桥、人行天桥以及人行地下通道等。包括永久性桥和半永久性桥。

■ 城市排水管道长度

指所有排水总管、干管、支管、检查井及连接井进出口等长度之和。

■ 年末运营车数

指年末公交企业（单位）用于运营业务的全部车辆数。以企业（单位）固定资产台帐中已投入运营的车辆数为准。

■ 城市园林绿地面积

指报告期末用作园林和绿化的各种绿地面积。包括公共绿地、居住区绿地、单位附属绿地、防护绿地、生产绿地、道路绿地和风景林地面积。不包括：

（1）屋顶绿化、垂直绿化、阳台绿化和室内绿化。

（2）以物质生产为主的林地、耕地、牧草地、果园和竹园等。

（3）城市总体规划中不列入绿地的水域。

■ 公共绿地

指向公众开放的市级、区级、居住区级各类公园、街旁游园，包括其范围内的水域。其中居住区级公园应不小于1万平方米，街旁游园的宽度不小于8米，面积不小于400平方米。

Explanatory Notes on Main Statistical Indicators

□ Production Capacity of Water Supply

Refers to the designed comprehensive production capacity of water facilities, covering the 4 links of water collection, purification, conveyance, and outflow through trunk pipelines. Increase capacity through transformation and innovation projects is included as well. The capacity is determined mainly on the weakest of the above-mentioned 4 links.

□ Length of Water Supply Pipelines at the Year-end

Refers to the total length of all the pipelines between the water pumps and the user's water meters, excluding pipelines newly installed but not used yet.

□ Annual Volume of Water Supply

Refers to the total volume of water supplied by water-works (units) during the reference period, including both the effective water supply and loss during the water supply.

□ Consumption of Water for Residential Use

Refers to the water consumption of households for daily life and the water consumption of public service facilities. The latter refers to water consumption for urban public services, including the consumption of government agencies and public institutions, military barracks, public facilities, wholesale and retail outlets, restaurants, hotels, and other units providing public services. Household water consumption refers to consumption of water for daily life of all households in the boundary of cities, including households of urban residents and farmers, and public water supply stations.

□ Percentage of Urban Population with Access to Tap Water

Refers to the ratio of the urban population with access to tap water to the total urban population. The formula is:

Percentage of Population with access to Tap Water = Urban Population with Access to Tap Water / Urban Population ×100%

□ Volume of Gas Supply

Refers to the total volume of gas provided to users by gas-producing enterprises (units) in a year, including the volume sold and the volume lost.

□ Percentage of Urban Population with Access to Gas

Refers to the ratio of the urban population with access to gas to the total urban population at the end of the reference period. The formula is:

Percentage of population with access to gas = (Urban population with access to gas / Urban population) ×100%

□ Length of Roads

Refers to the length of roads with paved surface including squares bridges and tunnels connected with roads by the end of the year. Length of the roads is measured by the central lines for vehicles for paved roads with a width of 3.5 meters and over, including roads in open-ended factory compounds and residential quarters.

□ Area of Roads

Is the summed of carriageway and sidewalk.

□ Urban Bridges

Refer to bridges built to cross over natural or man-made barriers, including bridges over rivers, overpasses for traffic and for pedestrian, underpasses for pedestrian, etc. Both permanent and semi-permanent bridges are included.

□ Length of Urban Sewage Pipes

Refers to the total length of general drainage, trunks, branch and inspection wells, connection wells, inlets and outlets, etc.

□ Number of Vehicles under Operation at the Year-end

Refers to the total number of vehicles under operation by public transport enterprises (units) at year-end, based on the records of operational vehicles by the enterprises (units).

EXPLANATORY NOTES TO MAJOR STATISTICAL INDICATORS

□ Area of Urban Gardens and Green Areas

Refers to the total area occupied for green projects at the end of the reference period, including public green land, green land in residential quarters, green land attached to institutions, protection green land, production green land, roadside green land and forest in scenic spots. It does not include the following:

(I) Greenery and plants on roofs, balconies, indoors and vertical green areas;

(II) Forest, cultivated land, grassland, orchards and bamboo grooves that are for production purpose;

(III) Water areas that are not included in urban master plan as green land.

□ Public Green Area

Refers to green areas open to the public such as municipal, community and neighborhood parks and roadside parks, including waters within parks. Neighborhood parks should occupy an area larger than 10,000 square meters, and the width of roadside parks should occupy an area larger than 400 square meters, with a width of more that 8 meters.

第9章

资源和环境

RESOURCES AND ENVIRONMENT

简要说明
BRIEF INTRODUCTION

资源主要内容包括自然资源、自然地理、气象状况。自然资源中土地、矿产资源数据由市国土资源和房屋管理局提供，林木资源数据由市林业局提供，水资源数据由市水利局提供。气象状况由市气象局提供。

自然地理、气象综合资料，由市统计局综合处根据有关部门资料进行整理和编辑。环境主要内容包括工业废水、废气、固体废物的排放处理和利用，工业污染治理投资，生活污染物排放等，由市统计局能源资源统计处根据市环境保护局、市水利局、市林业局等部门的资料整理提供。

The scope of resources mainly covers natural resources, natural geography and climate. The data of land and mineral resources in natural resources are provided by Chongqing Municipal Bureau of Land & Resources and House Administration; the data of forest resources are provided by Chongqing Forestry Administration; the data of water resources are provided by Chongqing Water Resources Bureau; and the data of climate are provided by Chongqing Meteorological Bureau.

The data of natural environment and climate are provided by the departments concerned and sorted and compiled by Division of Comprehensive Statistics of Municipal Bureau of Statistics. The statistics of environment mainly includes the discharge, treatment and utilization of industrial waste water, waste gas and solid wastes, the investment in industrial pollution treatment and the discharge of domestic pollutants, which are provided by Chongqing Environmental Protection Bureau, Chongqing Water Resources Bureau and Chongqing Forestry Administration, and sorted and compiled by Division of Energy Resource Statistics, Municipal Bureau of Statistics.

表9.1 自然资源（2012－2013年）
NATURAL RESOURCES (2012-2013)

项　目	Item	2012	2013
林木资源	**Forest Resources**		
活立木总蓄积量（万立方米）	Total Standing Forest Stock (10 000 cu.m)	19039.6	19039.6
森林面积（万公顷）	Forest Area (10 000 hectares)	347.2	347.2
森林蓄积量（万立方米）	Stock Volume of Forest (10 000 cu.m)	18197.5	189197.5
森林覆盖率（%）	Forest Coverage Rate (%)	42.1	42.1
水资源（当年量）	**Water Resources (current quantity)**		
降水深（毫米）	Precipitation (mm)	1080.6	1063.6
地表径流量（亿立方米）	Surface Runoff (100 million cu.m)	476.89	474.34
地下水量（亿立方米）	Groundwater Resources (100 million cu.m)	97.79	96.39
水力资源蕴藏量（万千瓦）	Hydropower Resources (10 000 kw)	2296	2342
#技术可开发量	Technical Developable Resources	981	1235
主要矿产资源（保有基础储量）	**Major Mineral Resources (Retained Basic Reserves)**		
天然气（亿立方米）	Natural Gas (100 million cu.m)	1928.31	2472.83
煤（万吨）	Coal (10 000 tons)	410700.00	427200.00
铁（矿石万吨）	Iron Ore (ore, 10 000 tons)	32200.00	32400.00
锰（矿石万吨）	Manganese Ore (ore, 10 000 tons)	5016.69	5143.69
锌（金属万吨）	Zinc Ore (metal, 10 000 tons)	31.51	30.03
铝　土（矿石万吨）	Aluminum Ore (ore, 10 000 tons)	9393.00	12360.80
汞（吨）	Mercury (ton)	14304.00	14304.00
锶（天青石万吨）	Strontium Ore (ore, 10 000 tons)	248.47	240.49
熔剂用灰岩（矿石万吨）	Limestone for Flux (ore, 10 000 tons)	20100.00	13200.00
冶金用白云岩（矿石万吨）	Dolomite for Metallurgy (ore, 10 000 tons)	8300.00	28900.00
冶金用石英砂岩（矿石万吨）	Quartzite for Metallurgy (ore, 10 000 tons)	864.29	964.08
陶瓷用砂岩（矿石万吨）	Sandstone for Ceramics (ore, 10 000 tons)	1586.20	1586.20
耐火粘土（矿石万吨）	Refractory Clay (ore, 10 000 tons)	8239.28	8384.15
重晶石（矿石万吨）	Barytes (ore, 10 000 tons)	800.19	854.60
毒重石（矿石万吨）	Witherite (ore, 10 000 tons)	1950.67	1877.11
盐　矿（矿石万吨）	Salt Mine (ore, 10 000 tons)	513100.00	512400.00

注：天然气数据为剩余技术可采储量，其他主要矿产资源为保有资源储量。
Note: The data of natural gas are technical recoverable reserves, and the data of other mineral resources are resource reserves.

表9.2 自然地理（2013年）
NATURAL ENVIRONMENT (2013)

位置：重庆位于北纬28度10分-32度13分，东经105度11分-110度11分之间，地处较为发达的东部地区和资源丰富的西部地区的结合部，东邻湖北、湖南，南靠贵州，西接四川，北连陕西，是长江上游最大的经济中心、西南工商业重镇和水陆交通枢纽。1997年3月14日，第八届全国人民代表大会第五次会议通过了设立重庆直辖市的决议，与北京、天津、上海同为四大直辖市。

面积：重庆幅员面积8.24万平方公里，南北长450公里，东西宽470公里。2013年全市共辖19个区：万州区、涪陵区、渝中区、大渡口区、江北区、沙坪坝区、九龙坡区、南岸区、北碚区、渝北区、巴南区、黔江区、长寿区、江津区、合川区、永川区、南川区、綦江区、大足区；19个县（自治县）：潼南县、铜梁县、荣昌县、璧山县、开县、忠县、梁平县、云阳县、奉节县、巫山县、巫溪县、城口县、垫江县、武隆县、丰都县、石柱县土家族自治县、彭水苗族土家族县、酉阳土家族苗族县、秀山土家族苗族县。

地势：重庆地势由南北向长江河谷逐级降低，西北部和中部以丘陵、低山为主，东南部靠大巴山和武陵山两座大山脉。

河流：主要河流有长江、嘉陵江、乌江、涪江、綦江、大宁河等。

气候：重庆属中亚热带湿润季风气候区，具有夏热冬暖，光热同季，无霜期长，雨量充沛，湿润多阴等特点。2013年平均气温19.9℃，年总降雨量1026.9毫米。

Location:

Chongqing is located at 28°10'～32°13' north latitude and 105°11'～110°11' east longitude. As a joint between the eastern areas with developed economy and the western areas with rich resources, with Hubei and Hunan on its east, Guizhou on its south, Sichuan on its west and Shaanxi on its north, Chongqing is the largest economic center in the upper reaches of the Yangtze River, an important industrial and commercial city in the southwest and a hub of land and water communications. On March 14, 1997, the resolution to establish Chongqing Municipality was passed on the 5th Session of the 8th National People's Congress, and Chongqing became the fourth municipality directly under the Central Government after Beijing, Tianjin and Shanghai.

Area:

Chongqing covers an area of 82,400 square kilometers, stretching 450 kilometers from north to south and 470 kilometers from east to west. In 2013, Chongqing has 19 districts, namely Wanzhou, Fuling Yuzhong, Dadukou, Jiangbei, Shapingba, Jiulongpo, Nan'an, Beibei, Yubei, Banan, Qianjiang, Changshou, Jiangjin, Hechuan, Yongchuan and Nanchuan, Qijiang , Dazu and 19 counties, namely Tongnan, Tongliang, Rongchang, Bishan, Kaixian, Zhongxian, Liangping, Yunyang, Fengjie, Wushan, Wuxi, Chengkou, Dianjiang, Wulong, Fengdu, Shizhu Tujia Autonomous County, Pengshui Miao Autonomous County, Youyang Tujia Autonomous County and Xiushan Tujia Autonomous County.

Topography:

The altitude of Chongqing declines gradually from the north and the south to the valley of the Yangtze River. There are mainly hills and low mountains in the northwest and central areas of Chongqing, while the two large mountains of Daba and Wuling are in the southeast of Chongqing.

River:

The rivers stretching through Chongqing mainly include Yangtze River, Jialing River, Wujiang River, Fujiang River, Qijiang River and Daning River.

Climate:

Chongqing has a humid subtropical monsoon climate, hot in summer and warm in winter with the rainy season coinciding with the hot season. It has the characteristics of long frost-free period, plenty of rainfall and a lot of humid and cloudy days. The annual average temperature of 2013 is 19.9℃, with the annual precipitation of 1026.9 mm.

表9.3 气象基本情况（1951－2013年）
BASIC STATISTICS ON CLIMATE (1951-2013)

年 份 Year	降水量（毫米） Precipitation (mm)	平均气温（℃） Average Temperature (℃)	日照时数（时） Sunshine Hours (hour)	平均相对湿度（%） Average Relative Humidity (%)	平均风速（米/秒） Average Wind Speed (m/s)	平均气压（百帕） Average Air Pressure (100 pa)
1951	1043.4	18.4		81	1.0	
1952	1227.9	18.5	1198.6	81	1.0	
1953	852.1	18.8	1245.6	80	0.9	
1954	1112.8	17.9	1061.2	81	0.9	981.2
1955	927.4	18.2	1388.6	77	0.8	982.0
1956	1497.4	18.2	1433.2	76	1.4	982.8
1957	1171.9	17.9	1094.2	80	1.3	983.3
1958	740.7	18.6	1260.7	77	1.4	983.3
1959	915.7	18.7	1378.3	76	1.4	983.0
1960	1026.0	18.4	1102.0	78	1.4	983.5
1961	787.7	18.7	1338.8	77	1.5	982.8
1962	1210.4	18.0	1323.9	80	1.4	983.3
1963	1072.8	18.9	1370.4	77	1.4	982.4
1964	1031.6	18.2	1170.4	80	1.5	982.9
1965	1318.9	18.1	1009.5	81	1.4	983.4
1966	958.9	18.6	1278.9	78	1.4	982.7
1967	1046.0	18.1	1216.3	79	1.4	983.4
1968	1384.5	17.7	1054.6	82	1.2	983.5
1969	1080.5	18.6	1357.1	76	1.2	982.8
1970	1097.5	18.1	1197.9	79	1.1	983.5
1971	854.3	18.6	1370.6	76	1.3	983.4
1972	1171.8	18.4	1284.1	78	1.3	982.9
1973	1092.3	18.9	1349.4	78	1.3	983.2
1974	1258.0	17.8	1068.3	79	1.3	983.0
1975	1025.4	18.5	1202.5	78	1.2	982.9
1976	1044.9	17.7	1129.2	79	1.1	983.5
1977	1151.2	18.1	1234.8	79	1.1	984.0
1978	1057.2	18.8	1495.7	77	1.2	983.5

注：此表为重庆市区资料。
Note: The table above shows the data of the downtown area of Chongqing.

9.3 续表 continued

年 份 Year	降水量 （毫米） Precipitation (mm)	平均气温 （℃） Average Temperature (℃)	日照时数 （时） Sunshine Hours (hour)	平均相对湿度 （%） Average Relative Humidity (%)	平均风速 （米/秒） Average Wind Speed (m/s)	平均气压 （百帕） Average Air Pressure (100 pa)
1979	1160.0	18.4	1222.2	80	1.1	983.4
1980	1062.6	18.2	1071.8	79	1.4	983.6
1981	1157.9	18.1	1188.0	79	1.4	983.5
1982	1185.2	17.7	992.3	81	1.1	983.6
1983	1138.1	18.1	954.4	80	0.9	983.9
1984	1035.1	17.8	1028.7	79	1.1	983.1
1985	1004.0	17.9	997.1	79	1.3	983.3
1986	1141.4	17.8	946.1	80	1.3	984.2
1987	910.2	18.6	946.3	78	1.2	983.4
1988	1254.0	18.0	840.6	80	1.1	983.6
1989	1137.4	17.7	855.0	81	1.0	983.8
1990	956.7	18.7	1083.7	79	1.2	983.2
1991	1180.6	18.2	874.8	81	1.1	983.5
1992	987.4	18.1	975.0	78	1.6	984.0
1993	1164.3	17.8	894.6	81	1.5	984.0
1994	982.5	18.7	1063.8	80	1.4	983.2
1995	923.5	18.3	993.6	79	1.3	983.7
1996	1398.3	17.7	899.4	81	1.3	983.6
1997	898.8	18.5	943.0	79	1.4	983.8
1998	1508.0	19.2	941.9	79	1.5	983.0
1999	1305.6	18.5	833.6	81	1.5	983.2
2000	1010.9	18.2	961.1	80	1.4	983.0
2001	814.8	18.8	1050.4	78	1.6	983.3
2002	1430.6	18.8	1117.1	80	1.6	983.3
2003	1025.0	18.9	875.7	80	1.6	983.2
2004	1182.1	18.4	974.7	78	1.3	984.0
2005	1019.8	18.6	903.9	77	1.4	982.5
2006	839.6	19.2	1114.3	75	1.4	982.9
2007	1439.2	19.0	856.2	81	1.3	983.3
2008	985.3	18.6	703.8	82	1.3	983.9
2009	1198.9	19.0	943.9	80	1.4	982.8
2010	1044.7	18.7	910.6	78	1.3	983.0
2011	992.8	17.7	1270.2	74	1.2	971.1
2012	1104.4	18.3	812.0	72	1.4	982.7
2013	1026.9	19.9	1187.5	71	1.4	982.6

表9.4 全年气象情况（2013年）
STATISTICS ON THE CLIMATE OF THE CURRENT YEAR (2013)

月 份 Month	降水量 （毫米） Precipitation (mm)	平均气温 （℃） Average Temperature (℃)	日照时数 （时） Sunshine Hours (hour)	平均相对湿度 (%) Average Relative Humidity (%)	平均风速 （米/秒） Average Wind Speed (m/s)	平均气压 （百帕） Average Air Pressure (100 pa)	雨日数 （天） Days of Rain (day)
全 年 Total	1026.9	19.9	1187.5	71.0	1.4	982.6	132
1	9.3	8.3	35.0	71.8	1.2	992.0	7
2	29.0	11.9	45.7	72.9	1.2	987.7	8
3	3.4	17.9	102.3	59.4	1.4	983.3	3
4	114.8	20.3	135.6	61.2	1.4	980.8	10
5	126.6	22.5	115.1	72.7	1.3	977.4	18
6	241.6	27.9	186.7	65.4	1.5	972.6	11
7	81.1	31.5	213.2	59.4	1.9	970.0	5
8	62.6	30.5	209.2	59.1	1.7	973.4	11
9	194.5	23.4	56.0	80.6	1.3	981.8	14
10	91.0	19.7	73.4	80.6	1.2	988.3	16
11	56.8	14.7	7.7	86.5	1.2	990.7	15
12	16.2	9.3	7.6	83.7	1.3	993.5	14

表9.5 环境保护情况（2012－2013年）
ENVIRONMENTAL PROTECTION (2012-2013)

项　目	Item	2012	2013
环保投资（亿元）	Investment in Environmental Protection (100 million yuan)	232.36	255.74
水资源总量（亿立方米）	Total Water Resources (100 million cu.m)	476.89	474.34
用水总量（亿立方米）	Total Use of Water (100 million cu.m)	82.94	83.91
生活污水排放量（万吨）	Discharged Volume of Domestic Sewage (10 000 tons)	101676.69	108936.73
化学需氧量排放量（万吨）	Discharged Volume of COD (10 000 tons)	40.28	39.18
二氧化硫排放量（万吨）	Discharged Volume of SO_2 (10 000 tons)	56.48	54.77
#生活二氧化硫排放量（万吨）	Discharged Volume of SO_2 from Daily Life (10 000 tons)	5.50	5.33
饮用水源水质达标率(%)	Rate of Drinking Water Sources up to Standard (%)	100.0	100.0
工业污染治理施工项目数（个）	On-going Projects of Industrial Pollution Treatment (unit)	111	51
工业污染治理项目完成投资（万元）	Completed Investment in Projects of Industrial Pollution Treatment (10 000 yuan)	64400	78880
工业污染治理竣工项目数（个）	Completed Projects of Industrial Pollution Treatment (unit)	206	70
工业固体废物综合利用率(%)	Rate of Industrial Solid Wastes Comprehensively Utilized (%)	81.6	84.0
森林覆盖率(%)	Forest Coverage (%)	41.0	42.1
自然保护区数（个）	Number of Nature Reserves (unit)	58	58
自然保护区面积（万公顷）	Area of Nature Reserves (10 000 hectares)	87.55	84.94
保护区面积占土地总面积比重(%)	Percentage of Nature Reserves to Total Land Area (%)	10.6	10.4
主城区区域环境噪声平均值（分贝）	Average Noises in Downtown (db)	54.0	53.4
主城区道路交通噪声（分贝）	Traffic Noises in Downtown (db)	67.2	67.4
主城区大气可吸入颗粒年日均值（毫克/立方米）	Annual Average Daily Inhalable Motes in Atmosphere in Downtown (mg/cu.m)	0.090	0.106
主城区二氧化硫年日均值（毫克/立方米）	Annual Average Daily SO_2 Concentration in Downtown (mg/cu.m)	0.037	0.032
主城区二氧化氮年日均值（毫克/立方米）	Annual Average Daily NO_2 Concentration in Downtown (mg/cu.m)	0.035	0.038
主城区环境空气质量优良天数比例(%)	Proportion of High Air Quality Days in Downtown (%)	92.9	56.4

注：1)森林覆盖率数据为2002年森林资源二类调查基础上的推算数，该调查一般五年一次。
　　2)2013年主城区环境空气质量优良天数比例按空气质量新标准评价。

Note: a) The data of forest coverage is calculated on the basis of Class II survey of forest resources in 2002, which is carried out every 5 years ordinarily.
b) The data of proportion of high air quality days in downtown is evaluated by the new air quality standard in 2013.

表9.6 工业“三废”排放处理及综合利用情况（1995－2013年）

DISCHARGE, TREATMENT AND COMPREHENSIVE UTILIZATION OF WASTE GAS, WASTE WATER AND SOLID WASTES (1995-2013)

年 份 Year	工业废水排放总量（万吨） Total Volume of Industrial Waste Water Discharged(10 000 tons)	工业废气（万吨） Industrial Waste Gas (10 000 tons) 工业废气排放总量（亿标立方米） Total Volume of Industrial Waste Gas Discharged (100 million cu.m)	工业二氧化硫排放量 Volume of SO_2 Discharged	工业烟（粉）尘排放量 Volume of Industrial Dustsand Fume Discharged
1995	95590	1979.00	71.45	22.39
1996	93889	1697.00	72.16	22.36
1997	101324	1794.00	71.43	33.18
1998	93997	1712.76	73.64	28.65
1999	90220	1839.33	75.88	26.44
2000	84344	1907.90	66.42	22.01
2001	81214	1856.24	56.94	21.41
2002	79872	1978.89	55.18	20.31
2003	81973	2276.94	59.97	22.23
2004	83031	3540.86	64.11	21.98
2005	84885	3654.55	68.32	21.28
2006	85866	5066.96	71.08	20.01
2007	69003	7616.62	68.31	18.23
2008	67027	7350.73	62.72	15.33
2009	65684	12586.52	58.61	10.77
2010	45180	10943.13	57.27	8.36
2011	33954	9121.07	53.13	17.12
2012	30611	8359.88	50.98	16.61
2013	33450	9532.44	49.44	17.98

年 份 Year	工业固体废物（万吨） Industrial Solid Wastes (10 000 tons) 产生量 Produced Volume	排放量 Discharged Volume	处置量 Treated Volume	综合利用量 Comprehensively Utilized Volume	综合利用率（%） Rate of Comprehensive Utilization（%）
1995	1092	230	68.34	467.79	50.37
1996	1174	229	61.06	510.06	58.10
1997	1279	273	49.16	623.00	54.27
1998	1368	229	43.75	597.00	61.78
1999	1512	291	42.40	655.47	64.32
2000	1305	238	37.64	626.01	71.00
2001	1300	168	87.85	881.64	65.30
2002	1348	160	68.78	960.95	68.20
2003	1336	142	73.54	967.98	68.43
2004	1489	118	62.09	1093.35	70.93
2005	1777	184	122.41	1329.39	72.07
2006	1815	133	123.99	1367.71	73.70
2007	2087	138	162.73	1623.36	76.71
2008	2311	149	73.24	1850.57	79.07
2009	2552	150	126.68	2076.74	79.80
2010	2869	134	155.20	2348.27	80.40
2011	3346	24	561.89	2590.56	76.86
2012	3164	5	487.18	2606.19	81.56
2013	3208	11	428.35	2728.19	84.01

表9.7 重点调查工业废气排放及处理情况（2013年）
WASTE GAS DISCHARGE AND TREATMENT BY THE INDUSTRIAL ENTERPRISES UNDER MAJOR SURVEY (2013)

行业	Sector	汇总工业企业数（个）Number of Industrial Enterprises (unit)	废气治理设施数（套）Number of Facilities for Waste Gas Treatment (set)
总　计	**Total**	**3147**	**4439**
采矿业	**Mining and Quarrying**	**410**	**53**
煤炭开采和洗选业	Mining and Washing of Coal	381	40
石油和天然气开采业	Extraction of Petroleum and Natural Gas	4	1
黑色金属矿采选业	Mining and Processing of Ferrous Metal Ores	10	4
有色金属矿采选业	Mining and Processing of Non-Ferrous Metal Ores	5	
非金属矿采选业	Mining and Processing of Nonmetal Ores	4	5
开采辅助活动	Mining Support Activities	6	3
其他采矿业	Mining of Other Ores		
制造业	**Manufacturing**	**2700**	**4228**
农副食品加工业	Processing of Food from Agricultural Products	321	75
食品制造业	Manufacture of Foods	56	48
酒、饮料和精制茶制造业	Liquor, Beverage and Refined Tea	298	65
烟草制品业	Manufacture of Tobacco	6	11
纺织业	Manufacture of Textile	67	44
纺织服装、服饰业	Textile and Garments	4	2
皮革、毛皮、羽毛及其制品和制鞋业	Manufacture of Leather, Fur, Feather and Related Products	16	11
木材加工和木、竹、藤、棕、草制品业	Processing of Timber, Manufacture of Wood, Bamboo,Rattan, Palm and Straw Products	15	21
家具制造业	Manufacture of Furniture	5	7
造纸及纸制品业	Manufacture of Paper and Paper Products	76	61
印刷和记录媒介复制业	Printing, Reproduction of Recording Media	7	7
文教、工美、体育和娱乐用品制造业	Manufacture of Culture, Education, Handicraft, Fine Arts, Sports and Entertainment Articles	1	2
石油加工、炼焦及核燃料加工业	Processing of Petroleum, Coking, Processing of Nuclear Fuel	10	6
化学原料及化学制品制造业	Manufacture of Raw Chemical Materials and Chemical Products	176	386
医药制造业	Manufacture of Medicines	71	84
化学纤维制造业	Manufacture of Chemical Fibers	3	11
橡胶和塑料制品业	Manufacture of Rubber and Plastics	38	74
非金属矿物制品业	Manufacture of Non-metallic Mineral Products	921	1840
黑色金属冶炼及压延加工业	Smelting and Pressing of Ferrous Metals	73	169
有色金属冶炼及压延加工业	Smelting and Pressing of Nonferrous Metals	36	136
金属制品业	Manufacture of Metal Products	117	301
通用设备制造业	Manufacture of General Purpose Machinery	72	110
专用设备制造业	Manufacture of Special Purpose Machinery	16	28
汽车制造业	Manufacture of Motor Vehicles	134	383
铁路、船舶、航空航天和其他运输设备制造业	Manufacture of Railway, Ship, Aviation and Other Transporting Equipment	74	128
电气机械和器材制造业	Manufacture of Electrical Machinery and Equipment	28	95
计算机、通信和其他电子设备制造业	Manufacture of Communication Equipment, Computers and Other Electronic Equipment	21	94
仪器仪表制造业	Manufacture of Measuring Instruments and Machinery	11	20
其他制造业	Other Manufacture	17	2
废弃资源综合利用业	Comprehensive Utilization of Waste Resources	5	2
金属制品、机械和设备修理业	Repair of Metal Products, Machinery and Equipment	5	5
电力、热力、燃气及水生产和供应业	**Production and Supply of Electric Power and Heat Power**	**37**	**158**
电力、热力的生产和供应业	Production and Supply of Electric Power and Heat Power	35	158
燃气生产和供应业	Production and Supply of Gas		
水的生产和供应业	Production and Supply of Water	2	

工业废气排放总量（亿标立方米） Total Volume of Industrial Waste Gas Discharged (100 million cu.m)	工业二氧化硫产生量（吨） Volume of Sulfur Dioxide Produced (ton)	工业二氧化硫排放量（吨） Volume of Sulphur Dioxide Discharged (ton)	工业烟(粉）尘产生量（吨） Volume of Fume and Dust Produced (ton)	工业烟（粉）尘排放量（吨） Volume of Fume and Dust Discharged (ton)
9532.44	**1300572.95**	**437488.58**	**19716336.42**	**163854.24**
35.16	**18576.09**	**4648.44**	**2834.21**	**2462.70**
17.21	2833.63	2816.86	2551.68	2400.04
3.47	1069.17	470.97	17.50	17.50
8.68	87.46	87.46	97.03	38.53
0.77	0.01	0.01	163.00	1.63
5.03	14585.81	1273.14	5.00	5.00
7508.95	**317052.39**	**223634.56**	**11645516.87**	**102990.52**
26.53	3117.74	3041.80	3352.96	2305.31
65.98	22082.83	10774.27	145111.98	2803.25
15.23	2749.23	2663.77	2882.23	973.06
49.14	740.50	465.04	3799.59	77.13
14.58	5402.36	5286.63	4870.17	1266.75
0.50	230.78	112.97	194.35	10.01
2.98	1783.99	1783.99	1532.21	229.22
22.94	428.57	428.57	14332.37	379.23
3.00	64.32	64.32	188.28	80.85
109.12	28558.48	12560.24	245289.45	4007.13
1.19	0.60	0.60	2.89	1.22
4.85			45.83	7.40
25.78	2011.93	1987.45	9080.01	1702.79
596.77	46681.79	30552.71	220389.69	11792.18
23.14	7176.03	5536.64	18633.97	1652.05
110.90	27960.00	4078.14	344089.91	3524.53
82.71	5058.42	2070.78	19941.38	686.53
3703.30	96191.44	88237.09	9763944.37	50343.85
1118.40	39646.40	27841.75	649602.63	16247.63
186.26	24632.23	23845.01	184768.46	1792.52
66.52	1043.53	1043.53	1665.43	431.34
89.48	341.34	341.34	1475.87	893.08
9.14	1.25	1.25	128.56	72.73
894.59	541.94	309.98	7659.41	881.23
87.32	164.05	164.05	989.56	402.70
91.12	283.02	283.02	284.73	258.35
82.76	1.87	1.87	113.16	7.52
9.15	4.95	4.95	88.35	8.91
1.99	152.66	152.66	175.52	143.03
0.82			0.53	0.06
12.76	0.14	0.14	883.02	8.94
1988.33	**964944.48**	**209205.57**	**8067985.34**	**58401.02**
1988.33	964944.48	209205.57	8067985.34	58401.02

表9.8 重点调查工业固体废物产生及处理利用情况（2013年）

GENERATION, TREATMENT AND UTILIZATION OF SOLID WASTES OF THE INDUSTRIAL ENTERPRISES UNDER MAJOR SURVEY (2013)

行业	Sector	企业数（个）Number of Enterprises (unit)
总计	**Total**	**3147**
采矿业	**Mining and Quarrying**	**410**
煤炭开采和洗选业	Mining and Washing of Coal	381
石油和天然气开采业	Extraction of Petroleum and Natural Gas	4
黑色金属矿采选业	Mining and Processing of Ferrous Metal Ores	10
有色金属矿采选业	Mining and Processing of Non-Ferrous Metal Ores	5
非金属矿采选业	Mining and Processing of Nonmetal Ores	4
开采辅助活动	Mining Support Activities	6
其他采矿业	Mining of Other Ores	
制造业	**Manufacturing**	**2700**
农副食品加工业	Processing of Food from Agricultural Products	321
食品制造业	Manufacture of Foods	56
酒、饮料和精制茶制造业	Liquor, Beverage and Refined Tea	298
烟草制品业	Manufacture of Tobacco	6
纺织业	Manufacture of Textile	67
纺织服装、服饰业	Textile and Garments	4
皮革、毛皮、羽毛及其制品和制鞋业	Manufacture of Leather, Fur, Feather and Related Products	16
木材加工和木、竹、藤、棕、草制品业	Processing of Timber, Manufacture of Wood, Bamboo, Rattan, Palm and Straw Products	15
家具制造业	Manufacture of Furniture	5
造纸及纸制品业	Manufacture of Paper and Paper Products	76
印刷和记录媒介复制业	Printing, Reproduction of Recording Media	7
文教、工美、体育和娱乐用品制造业	Manufacture of Culture, Education, Handicraft, Fine Arts, Sports and Entertainment Articles	1
石油加工、炼焦及核燃料加工业	Processing of Petroleum, Coking, Processing of Nuclear Fuel	10
化学原料及化学制品制造业	Manufacture of Raw Chemical Materials and Chemical Products	176
医药制造业	Manufacture of Medicines	71
化学纤维制造业	Manufacture of Chemical Fibers	3
橡胶和塑料制品业	Manufacture of Rubber and Plastics	38
非金属矿物制品业	Manufacture of Non-metallic Mineral Products	921
黑色金属冶炼及压延加工业	Smelting and Pressing of Ferrous Metals	73
有色金属冶炼及压延加工业	Smelting and Pressing of Nonferrous Metals	36
金属制品业	Manufacture of Metal Products	117
通用设备制造业	Manufacture of General Purpose Machinery	72
专用设备制造业	Manufacture of Special Purpose Machinery	16
汽车制造业	Manufacture of Motor Vehicles	134
铁路、船舶、航空航天和其他运输设备制造业	Manufacture of Railway, Ship, Aviation and Other Transporting Equipment	74
电气机械和器材制造业	Manufacture of Electrical Machinery and Equipment	28
计算机、通信和其他电子设备制造业	Manufacture of Communication Equipment, Computers and Other Electronic Equipment	21
仪器仪表制造业	Manufacture of Measuring Instruments and Machinery	11
其他制造业	Other Manufacture	17
废弃资源综合利用业	Comprehensive Utilization of Waste Resources	5
金属制品、机械和设备修理业	Repair of Metal Products, Machinery and Equipment	5
电力、热力、燃气及水生产和供应业	**Production and Supply of Electric Power and Heat Power**	**37**
电力、热力的生产和供应业	Production and Supply of Electric Power and Heat Power	35
燃气生产和供应业	Production and Supply of Gas	
水的生产和供应业	Production and Supply of Water	2

工业固体废物产生量（万吨） Volume of Industrial Solid Waste Produced (10 000 tons)	其中 of which #危险废物产生量 Volume of Hazardous Wastes Produced	工业固体废物综合利用量（万吨） Volume of Industrial Solid Wastes Comprehensively Utilized (10 000 tons)	工业固体废物贮存量（万吨） Volume of Industrial Solid Wastes in Stock (10 000 tons)	工业固体废物处置量（万吨） Volume of Industrial Solid Wastes Treated (10 000 tons)	工业固体废物倾倒丢弃量（万吨） Volume of Industrial Solid Waste Dumped (10 000 tons)
2996.57	**46.68**	**2543.98**	**76.05**	**403.83**	**10.33**
368.87	**0.02**	**336.13**	**5.67**	**19.35**	**8.91**
352.86		319.55	5.67	19.35	8.84
2.15		2.10			0.05
9.19		9.83			
4.66		4.64			0.02
	0.02				
1469.70	**43.88**	**1134.14**	**33.32**	**300.98**	**1.42**
5.62	0.04	4.33		0.77	0.52
31.17		31.12		0.05	
27.49		14.81		12.66	0.02
1.75		1.58		0.17	
2.80		2.64		0.15	
0.30		0.30			
0.21		0.20			
0.93		0.82		0.11	
0.10		0.10			
64.46		39.76		24.67	0.03
0.29		0.24		0.05	
8.85	0.01	8.85		0.01	
348.93	7.02	176.84	0.03	172.02	0.05
6.42	0.24	4.68	0.03	1.70	
45.18	31.42	44.13		1.00	0.05
13.50	0.06	9.13		4.36	
266.51	0.10	264.42		2.07	0.05
465.55	0.28	393.67		71.28	0.59
131.43	0.06	97.63	33.17	0.54	0.10
4.21	0.42	3.20	0.01	1.01	
3.87	0.16	1.55		2.32	
0.65	0.04	0.24		0.40	
29.33	1.60	26.21	0.01	3.15	
2.50	0.09	2.17		0.40	
1.87	0.10	0.39	0.05	1.43	
4.57	1.67	4.56	0.01		
0.25	0.01	0.23		0.02	
0.43		0.19		0.24	
	0.53				
0.55		0.16		0.39	
1158.00	**2.78**	**1073.71**	**37.06**	**83.49**	
1157.76	2.78	1073.71	37.06	83.25	
0.24				0.24	

表9.9 重点调查工业废水排放及处理情况（2013年）
WASTE WATER DISCHARGE AND TREATMENT BY THE INDUSTRIAL ENTERPRISES UNDER MAJOR SURVEY (2013)

单位：万吨 (10 000 tons)

行　业	Sector	企业数（个）Number of Enterprises (unit)	工业废水排放总量 Total Volume of Waste Water Discharged	废水治理设施数（套）Number of Facilities for Waste Water Control (set)
总　计	**Total**	**3147**	**30916.94**	**1670**
采矿业	**Mining and Quarrying**	**410**	**9320.75**	**191**
煤炭开采和洗选业	Mining and Washing of Coal	381	9256.76	176
石油和天然气开采业	Extraction of Petroleum and Natural Gas	4	29.81	3
黑色金属矿采选业	Mining and Processing of Ferrous Metal Ores	10	6.32	2
有色金属矿采选业	Mining and Processing of Non-Ferrous Metal Ores	5		3
非金属矿采选业	Mining and Processing of Nonmetal Ores	4	0.94	1
开采辅助活动	Mining Support Activities	6	26.92	6
其他采矿业	Mining of Other Ores			
制造业	**Manufacturing**	**2700**	**20250.18**	**1414**
农副食品加工业	Processing of Food from Agricultural Products	321	2070.74	161
食品制造业	Manufacture of Foods	56	782.13	42
酒、饮料和精制茶制造业	Liquor, Beverage and Refined Tea	298	1165.80	96
烟草制品业	Manufacture of Tobacco	6	28.72	3
纺织业	Manufacture of Textile	67	772.18	30
纺织服装、服饰业	Textile and Garments	4	18.49	5
皮革、毛皮、羽毛及其制品和制鞋业	Manufacture of Leather, Fur, Feather and Related Products	16	50.95	6
木材加工和木、竹、藤、棕、草制品业	Processing of Timber, Manufacture of Wood, Bamboo, Rattan, Palm and Straw Products	15	18.41	6
家具制造业	Manufacture of Furniture	5	5.22	2
造纸及纸制品业	Manufacture of Paper and Paper Products	76	5283.67	54
印刷和记录媒介复制业	Printing, Reproduction of Recording Media	7	4.67	2
文教、工美、体育和娱乐用品制造业	Manufacture of Culture, Education, Handicraft, Fine Arts, Sports and Entertainment Articles	1		
石油加工、炼焦及核燃料加工业	Processing of Petroleum, Coking, Processing of Nuclear Fuel	10	395.15	12
化学原料及化学制品制造业	Manufacture of Raw Chemical Materials and Chemical Products	176	3132.42	163
医药制造业	Manufacture of Medicines	71	873.66	67
化学纤维制造业	Manufacture of Chemical Fibers	3	1335.30	4
橡胶和塑料制品业	Manufacture of Rubber and Plastics	38	163.55	27
非金属矿物制品业	Manufacture of Non-metallic Mineral Products	921	675.31	116
黑色金属冶炼及压延加工业	Smelting and Pressing of Ferrous Metals	73	390.26	97
有色金属冶炼及压延加工业	Smelting and Pressing of Nonferrous Metals	36	445.52	46
金属制品业	Manufacture of Metal Products	117	369.17	69
通用设备制造业	Manufacture of General Purpose Machinery	72	236.87	65
专用设备制造业	Manufacture of Special Purpose Machinery	16	62.29	22
汽车制造业	Manufacture of Motor Vehicles	134	951.67	142
铁路、船舶、航空航天和其他运输设备制造业	Manufacture of Railway, Ship, Aviation and Other Transporting Equipment	74	263.86	83
电气机械和器材制造业	Manufacture of Electrical Machinery and Equipment	28	151.97	36
计算机、通信和其他电子设备制造业	Manufacture of Communication Equipment, Computers and Other Electronic Equipment	21	479.89	30
仪器仪表制造业	Manufacture of Measuring Instruments and Machinery	11	30.68	12
其他制造业	Other Manufacture	17	85.59	10
废弃资源综合利用业	Comprehensive Utilization of Waste Resources	5	0.29	2
金属制品、机械和设备修理业	Repair of Metal Products, Machinery and Equipment	5	5.79	4
电力、热力、燃气及水生产和供应业	**Production and Supply of Electric Power and Heat Power**	**37**	**1346.01**	**65**
电力、热力的生产和供应业	Production and Supply of Electric Power and Heat	35	1338.50	64
燃气生产和供应业	Production and Supply of Gas			
水的生产和供应业	Production and Supply of Water	2	7.52	1

表9.10 工业污染治理项目及投资情况（2012－2013年）
INDUSTRIAL POLLUTION TREATMENT PROJECTS AND INVESTMENT (2012-2013)

项　目	Item	2012	2013
企业数（个）	**Number of Enterprises (unit)**	**224**	**108**
施工项目数（个）	**Number of Projects under Construction (unit)**	**167**	**51**
治理废水	Treatment of Waste Water	79	19
治理废气	Treatment of Waste Gas	52	25
治理固体废物	Treatment of Solid Wastes	10	1
治理噪声	Treatment of Noise Pollution	9	1
治理其他	Treatment of Other Pollution	17	5
资金来源合计（万元）	**Total Funds (10 000 yuan)**	**64400**	**78880**
排污费补助	Pollution Discharge Fees Subsidy	5080	3696
政府其他补助	Other Government Subsidy	2326	10776
企业自筹	Self-raised Fund	56994	64408
资金使用合计（万元）	**Total Expenditures (10 000 yuan)**	**64400**	**78880**
治理废水	Treatment of Waste Water	28763	6399
治理废气	Treatment of Waste Gas	27018	71856
治理固体废物	Treatment of Solid Wastes	2346	13
治理噪声	Treatment of Noise Pollution	1371	44
治理其他	Treatment of Other Pollution	4902	568
本年竣工项目数（个）	**Number of Projects Completed in Current Year (unit)**	**206**	**70**
当年竣工项目新增设计处理利用“三废”能力	**Newly Added Designed Capacity of the Projects Completed in Current Year for the Treatment and Utilization of "Three Wastes"**		
废水（吨/日）	Waste Water (ton/day)	79930	5340
废气（万标立方米/时）	Waste Gas (10 000 cu.m/hour)	510	2333
固体废物（吨/日）	Solid Wastes (ton/day)	450	

表9.11 生活污染物排放情况（2012－2013年）
DISCHARGE OF DOMESTIC POLLUTANTS (2012-2013)

项　目	Item	2012	2013
生活污水排放量（万吨）	Volume of Domestic Waste Water Discharged (10 000 tons)	101677	108937
生活污水中化学需氧量排放量（吨）	Discharge of CCD in Domestic Waste Water (ton)	229448	218601
生活二氧化硫排放量（吨）	Discharge of Sulfur Dioxide from Daily Life (ton)	54984	53261
生活烟尘排放量（吨）	Discharge of Dust from Daily Life (ton)	9139	4401

重/庆/统/计/年/鉴

主要统计指标解释

自然资源

指人类可以直接从自然界获得，并用于生产和生活的物质资源。自然资源一般可以分成可再生资源和非再生资源两大类。可再生资源指在较短时间内可以再生、可以循环利用的资源，包括土地资源、水资源、气候资源、生物资源和海洋资源等。非再生资源指在使用后不能再生的资源，包括矿产资源和地热能源。

土地资源

土地指陆地的表层部分，它主要由岩石、岩石的风化物和土壤构成。土地资源按利用类型可以分为农用地、建筑用地和未利用地。农用地包括耕地、园地、林地、牧草地和水面。建筑用地包括居民点及工矿用地、交通用地和水利设施用地。未利用地指农用地和建筑用地以外的土地，包括滩涂、荒漠、戈壁、冰川和石山等。

耕地面积

指经过开垦用以种植各种农作物并经常进行耕耘的土地面积，包括种有作物的土地面积、休闲地、新开荒地和抛荒未满三年的土地面积。

林业用地面积

指生长乔木、竹类、灌木、沿海红树林等林木的土地面积，包括有林地、灌木林、疏林地、未成林造林地、迹地、苗圃等。

草地面积

指牧区和农区用于放牧牲畜或割草，植被盖度在5%以上的草原、草坡、草山等面积。包括天然的和人工种植或改良的草地面积。

森林资源

指森林、林木、林地以及依托森林、林木、林地生存的野生动物、植物和微生物。林木指树木和竹子。森林指以乔木为主体的植物群落，是集生的乔木及与共同作用的植物、动物、微生物和土壤、气候等的总体。

活立木总蓄积量

指一定范围内土地上全部树木蓄积的总量，包括森林蓄积、疏林蓄积、散生木蓄积和四旁（村旁、路旁、水旁、宅旁）树蓄积。

森林面积

指由乔木树种构成，郁闭度0.2以上（含0.2）的林地或冠幅宽度10米以上的林带的面积，即有林地面积。森林面积包括天然起源和人工起源的针叶林面积、阔叶林面积、针阔混交林面积和竹林面积，不包括灌木林地面积和疏林地面积。

森林蓄积量

指一定森林面积上存在着的林木树干部分的总材积。它是反映一个国家或地区森林资源总规模和水平的基本指标之一，也是反映森林资源的丰富程度、衡量森林生态环境优劣的重要依据。

森林覆盖率

指一个国家或地区森林面积占土地面积的百分比。森林覆盖率是反映森林资源的丰富程度和生态平衡状况的重要指标。在计算森林覆盖率时，森林面积包括郁闭度0.2以上的乔木林地面积和竹林地面积、国家特别规定的灌木林地面积、农田林网以及四旁（村旁、路旁、水旁、宅旁）林木的覆盖面积。计算公式为：

森林覆盖率（%）=森林面积/土地总面积×100%

水资源

水在自然界中以固体、液体和气态三种聚集状态存在，分布于海洋、陆地（包括土壤）以及大气之中，通过水循环形成水资源。水资源包括经人类控制并直接可供灌溉、发电、给水、航运、养殖等用途的地表水和地下水，以及江河、湖泊、井、泉、潮汐、港湾和养殖水域等。水资源是发展国民经济不可缺少的重要自然资源。

主要统计指标解释

■ 地表水和地下水

陆地上的水因空间分布不同，可以分为地表水和地下水。地表水指分别存在于河流、湖泊、沼泽、冰川和冰盖等水体中水分的总称，又称陆地水。地下水指储存在地面以下饱和岩土孔隙、裂隙及溶洞中的水。

■ 径流

指大气降水扣除损耗外，从地表和地下向流域出口断面汇集的水流。径流可分为地表径流、地下径流和壤中流。地表径流指沿地表向河流、湖泊、沼泽、海洋等汇集的水流；地下径流指沿潜水层或隔水层间的含水层，向河流、湖泊、沼泽、海洋等汇集的地下水水流。

■ 径流量

指在一定时段内通过河流某一过水断面的水量，用以反映一个国家或地区水资源的丰歉程度。计算公式为：

径流量=降水量－蒸发量

■ 矿产资源

矿产指由地质作用形成，具有利用价值的，呈固态、液态、气态的自然资源，是社会生产发展的重要物质基础。目前我国已发现矿种有170多种，按其特点和用途，可分为能源矿产（如煤炭、石油、天然气、地热）、金属矿产（如铁矿、锰矿、铜矿、铅矿、铝土矿）、非金属矿产（如金刚石、石灰石、粘土）和水气矿产（如地下水、矿泉水、二氧化碳气）四大类。其中：金属矿产按其物质成份和性质又可分为：黑色金属矿产、有色金属矿产、贵金属矿产、稀有金属矿产、稀土金属矿产、分散元素金属矿产六类。

■ 矿产基础储量

基础储量是查明矿产资源的一部分。它能满足现行采矿和生产所需的指标要求，是控制的、探明的并通过可行性或预可行性研究认为属于经济的、边界经济的部分，用未扣除设计、采矿损失的数量表示。

■ 气候

指地球与大气之间长期能量交换与质量交换所形成的一种自然环境状态，它是多种因素综合作用的结果。气候既是人类生活和生产的环境要素之一，又是供给人类生活和生产的重要资源。气温、降水、湿度等气象要素的多年平均值是用来描述一个地区气候状况的主要参数，而各种气象要素某年、某月的平均值（或总量）则可以反映出该时期天气气候状况的重要特征。

■ 气温

指空气的温度，我国一般以摄氏度（℃）为单位表示。气象观测的温度表是放在离地面约1.5米处通风良好的百叶箱里测量的，因此，通常说的气温指的是离地面1.5米处百叶箱的温度。其统计计算方法为：

月平均气温是全月各日的平均气温相加，除以该月的天数而得。

年平均气温是将12个月的月平均气温累加后除以12而得。

■ 相对湿度

指空气中实际所含水蒸气密度和同温度下饱和水蒸气密度的百分比值。其统计方法与气温相同。

■ 降水量

指从天空降落到地面的液态或固态（经融化后）水，未经蒸发、渗透、流失而在地面上积聚的深度。其统计计算方法为：

月降水量是将全月各日的降水量累加而得。

年降水量是将12个月的月降水量累加而得。

■ 日照时数

指太阳实际照射地面的时间。其统计方法与降水量相同。

■ 化学需氧量(COD)排放量

为工业废水中COD排放量与生活污水中COD排放量之和。化学需氧量指用化学氧化剂氧化水中有机污染物时所需的氧量。一般利用化学氧化剂将废水中可氧化的物质（有机物、亚硝酸盐、亚铁盐、硫化物等）氧化分解，然后根据残留的氧化剂的量计算出氧的消耗量，来表示废水中有机物的含量，反映水体有机物污染程度。COD值越高，表示水中有机污染物污染越重。

■ 二氧化硫排放量

指报告期内工业SO_2排放量与生活SO_2排放量之和。

主要统计指标解释

■ 工业废水排放量

指经过企业厂区所有排放口排到企业外部的工业废水量。包括生产废水、外排的直接冷却水、超标排放的矿井地下水和与工业废水混排的厂区生活污水，不包括外排的间接冷却水（清污不分流的间接冷却水应计算在内）。

■ 工业废水排放达标量

指报告期内废水中各项污染物指标都达到国家或地方排放标准的外排工业废水量，包括未经处理外排达标的，经废水处理设施处理后达标排放的，以及经污水处理厂处理后达标排放的。

■ 工业废气排放量

指报告期内企业厂区内燃料燃烧和生产工艺过程中产生的各种排入空气的含有污染物的气体的总量，以标准状态（273K，101325Pa）计算。测算公式为：

工业废气排放量=燃料燃烧过程中废气排放量+生产工艺过程中废气排放量

■ 工业二氧化硫排放量

指报告期内企业在燃料燃烧和生产工艺过程中排入大气的SO_2总量，计算公式为：

工业SO_2排放量=燃料燃烧过程中SO_2排放量+生产工艺过程中SO_2排放量

■ 工业烟尘排放量

指企业厂区内的燃料燃烧过程中产生的烟气中夹带的颗粒物排放量。

■ 工业粉尘排放量

指企业在生产工艺过程中排放的能在空气中悬浮一定时间的固体颗粒物排放量。如钢铁企业的耐火材料粉尘、焦化企业的筛焦系统粉尘、烧结机的粉尘、石灰窑的粉尘、建材企业的水泥粉尘等。不包括电厂排入大气的烟尘。

■ 工业固体废物产生量

指报告期内企业在生产过程中产生的固体状、半固体状和高浓度液体状废弃物的总量，包括危险废物、冶炼废渣、粉煤灰、炉渣、煤矸石、尾矿、放射性废物和其他废物等；不包括矿山开采的剥离废石和掘进废石（煤矸石和呈酸性或碱性的废石除外）。酸性或碱性废石是指采掘的废石其流经水、雨淋水的ＰＨ值小于4或ＰＨ值大于10.5者。

■ 工业固体废物综合利用量

指报告期内企业通过回收、加工、循环、交换等方式，从固体废物中提取或者使其转化为可以利用的资源、能源和其他原材料的固体废物量（包括当年利用往年的工业固体废物累计贮存量），如用作农业肥料、生产建筑材料、筑路等。综合利用量由原产生固体废物的单位统计。

■ 工业固体废物贮存量

指报告期内企业以综合利用或处置为目的，将固体废物暂时贮存或堆存在专设的贮存设施或专设的集中堆存场所内的数量。专设的固体废物贮存场所或贮存设施必须有防扩散、防流失、防渗漏、防止污染大气、水体的措施。

■ 工业固体废物处置量

指报告期内企业将固体废物焚烧或者最终置于符合环境保护规定要求的场所，并不再回取的工业固体废物量（包括当年处置往年的工业固体废物累计贮存量）。处置方法有填埋（其中危险废物应安全填埋）、焚烧、专业贮存场（库）封场处理、深层灌注、回填矿井及海洋处置（经海洋管理部门同意投海处理）等。

■ 工业固体废物排放量

指报告期内企业将所产生的固体废物排到固体废物污染防治设施、场所以外的数量，不包括矿山开采的剥离废石和掘进废石（煤矸石和呈酸性或碱性的废石除外）。

■ “三废”综合利用产品产值

指报告期内利用“三废”（废液、废气、废渣）作为主要原料生产的产品产值（现行价），已经销售或准备销售的应计算产品产值，留作生产上自用的不应计算产品产值。

主要统计指标解释

城镇生活污水排放量

指城镇居民每年排放的生活污水。用人均系数法测算。测算公式为：

城镇生活污水排放量=城镇生活污水排放系数×市镇非农业人口×365

生活及其他烟尘排放量

指除工业生产活动以外的所有社会、经济活动及公共设施的经营活动中燃烧所排放的烟尘纯重量。以生活及其他煤炭消费量为基础进行测算。

Explanatory Notes on Main Statistical Indicators

□ Natural Resources

Refer to material resources that could be obtained from the nature by human being and used for production and living. Natural resources in general can be classified as renewable resources and non-renewable resources. Renewable resources refer to resources that could be renewed and recycled during a relatively short period of time, including land resource, water resource, climate resource, biology resource and marine resource. Non-renewable resources include resources that could not be renewed, such as minerals and geothermal resource.

□ Land Resource

Land refers to the surface of the earth, consisting of mainly rocks and its weathering and earth. Land resource can be classified, by its utilization, as land for agriculture, land for construction and unused land. Land for agriculture included cultivated land, plantation land, forestland, grassland and waters. Land for construction includes land for residential purpose, for manufacturing and mining, for transportation and for water-conservancy projects. Unused land refers to land other than land for agriculture and construction, including beaches, deserts, Gobi glaciers and rock mountains.

□ Area of Cultivated Land

Refers to area of land reclaimed for the regular cultivation of various farm crops, including crop-cover land, fallow, newly reclaimed land and land laid idle for less than 3 years.

□ Area of Afforestated Land

Refers to area for Land for trees bamboo, bushes and mangrove, including forest-covered land, bush-covered land, sparse forest land, land planned for afforestation and nurseries of young trees.

□ Area of Grassland

Refers to areas of grassland, grass-slopes and grass-covered hills with a vegetation-covering rate of over 5% that are used for animal husbandry or harvesting of grass. It includes natural, cultivated and improved grassland areas.

□ Forest Resource

Refers to forests, trees, forestland and wild animals, plants and microorganism that live on forest and trees. Trees include trees and bamboo. Forest refers to the population of clusters of trees and other plants, animals and microorganism as well as the earth and climate that have interactions with the trees.

□ Total Standing Stock Volume

Refers to the total stock volume of trees growing in land, including trees in forest, tress in sparse forest, scattered trees and trees planted by the side of villages, farm houses and along roads and rivers.

□ Forest Area

Refers to the area of forest where trees and bamboo grow with canopy density above 0.2, including land of natural woods and planted woods, but excluding bush land and thin forest land. It reflects the total areas of afforestation.

□ Stock Volume of Forest

Refers to total stock volume of wood growing in forest area, which shows the total size and level of forest resources of a country or a region. It is also an important indicator illustrating the richness of forest resource and the status of forest ecological environment.

□ Forest Coverage Rate

Refers to the ratio of area of afforested land to total land area. It is a very important indicator that reflects the status of abundance of forest resource and balance of the ecosystem. Forest area includes the area of trees and bamboo grow with canopy density above 0.2, the area of shrubby tree according to regulations of the government, the area of forest land inside farm land and the area of trees planted by the side of villages, farm houses and along roads and rivers.The formula for calculating forest coverage rate is as follows.

Forestry coverage rate (%) = (Area of Afforested Land / Area of Total Land) × 100%

EXPLANATORY NOTES TO MAJOR STATISTICAL INDICATORS

□ Water Resource

Water exists in the nature in solid, liquid and gaseous states, is distributed in the ocean, land (including earth) and air, and constitutes the water resource through the circulation of water. Water resource includes the surface water and ground water that is controlled by the human being for irrigation, power-generation, water supply, navigation and cultivation. It also includes rivers, Lakes, wells, springs, tides, and gulf and water area for cultivation. Water resource as an important natural resource is indispensable for the development of the national economy.

□ Surface Water and Ground Water

Water on earth can be divided into surface water and ground water according to its distribution. Surface water refers to moisture exists in rivers, lakes, swamps, glaciers, icecaps and so on. It is also called land water. The underground water refers to water deposited under-ground in the cranny and the hole of saturated rock soil and in water-eroded cave.

□ Runoff

Refers to the water gathered at the way out of the cross section of drainage area either from the surface or underground after deducting the wastage of the precipitation. Runoff can be divided into surface runoff, underground runoff and within soil runoff. Surface runoff refers to water flow to the rivers, lakes, swamps, and seas on the surface of the earth. Underground runoff refers to water flow to rivers, swamps, and seas through the water-bearing stratum of confined layer or unconfined layer.

□ Volume of Runoff

Refers to the total volume of water running through a certain cross section of a river during a certain period of time, reflecting the water resource condition in a country or a region. The formula for calculating volume or runoff is as follows:

Runoff=Precipitation-Evaporation

□ Mineral Resources

Refer to useful minerals, with solid state, liquid state, gaseity, due to the geological process. Minerals are important natural resources, and important material base for social development. At present, there are more than 170 types of minerals discovered in China. They can be categorized into four groups: energy producing minerals (including coal, petroleum, natural gas and terrestrial heat), metallic minerals (including iron, manganese, copper, lead and bauxite), non metallic minerals (including diamond, limestone and clay), and water/gas related minerals (including ground water, mineral water and carbon dioxide). Metallic minerals can be further classified as ferrous, non-ferrous, noble metal, rare metal, rare earth metal and dispersed metals.

□ Ensured Mineral Reserves

Refer to the actual mineral reserves, which equal to the proven mineral reserves (including industrial reserves and prospective reserves) minus extracted parts and underground losses.

□ Climate

Refers to the natural environmental status formed by the long-time exchange of energy and mass between the earth and the atmosphere, and is the result of interaction of many factors. Climate is both one of the environment factors and also the important resources for the living and production activities of the human being. The average values across several years of meteorological factors such as temperature, rainfall and humidity are used as important parameters to describe the climate of a region, while the average values (or total values) of a given year of month of meteorological factors reflect the key characteristics of climate for that period of time.

□ Temperature

Refers to the air temperature. China uses centigrade (°C) as the unit. The thermometry used for weather observation is put in a breezy shutter, which is 1.5 meters high from the ground. Therefore, the commonly used temperature refers to the temperature in the breezy shutter 1.5 meters away from the ground. The calculation method is as follows:

Monthly average temperature is the summation of average daily temperature of one month divided by the actual days of that particular month.

Annual average temperature is the summation of monthly average of a year divided by 12 months.

□ Relative Humidity

Refers to the ratio of actual water vapor pressure to the saturation water vapor pressure under the current temperature. The calculation method is the same as that of temperature.

□ Volume of Precipitation

Refers to the deepness of liquid state of solid state (thawed) water falling from the sky to the ground that has not been evaporated, infiltrated or run off. The calculation method is as follows:

Monthly precipitation is the summation of daily precipitation of a month.

Annual precipitation is the summation of 12 months' precipitation of a year.

□ Sunshine Hours

Refer to the actual hours of sun irradiating the earth. The calculation method is the same as that of the precipitation.

□ COD Emission

Refers to the total volume of COD emitted from industrial activities and life activities.COD refers to the amount of oxygen required when chemical oxidants are used to oxidize organic pollutants in water. Chemical oxidants are used to oxidize possible material in water, such as organic material, nitrite, ferrous salt, sulfide and so on. Then according to residual amount of oxidants to calculate consumption of oxygen, it is said that how much organic pollutants are in water. A higher value of COD corresponds to more serious pollution by organic pollutants.

□ SO_2 Emission

Refer to the total volume of SO_2 emitted from industrial activities and life activities within a given period of time.

□ Volume of Industrial Waste Water Discharged

Refers to the volume of industrial waste water discharged, through all outlets, to the outside of industrial enterprises, including waste water produced, direct - cooling water, underground water from mines that does not meet the standard of discharge, and the domestic sewage mixed up with industrial waste water when discharged, but excluding discharged indirect - cooling water.

□ Volume of Waste Water up to the Standard for Discharge

Refers to the volume of discharged industrial wastewater that, with or without treatment, has come up to the national or local standards for discharge.

□ Industrial Waste Air Emission

Refers to discharge into atmosphere of waste air containing pollutants generated from fuel burning and production process in enterprises within a given period of time. It is calculated at standard status (273K, 101325Pa) as:

Industrial waste air emission = emission through fuel burning + emission through production process

□ Industrial SO_2 Emission

Refers to volume of sulphur dioxide emission from fuel burning and production process in premises of enterprises for a given period of time. Its calculation formula is:

Industrial SO_2 Emission = SO_2 Emission from fuel burning + SO_2 Emission from production process

□ Industrial Soot Emission

Refers to volume of soot in smoke emitted in process of fuel burning in premises of enterprises.

□ Industrial Dust Emission

Refers to volume of dust emitted by production process of enterprises and suspended in the air for a given period of time, including dust from refractory material of iron and steel works, dust from coke-screening systems and sintering machines of coke plants, dust from lime kilns and dust from cement production in building material enterprises, but excluding soot and dust emitted from power plants.

□ Volume of Industrial Solid Wastes Produced

Refers to total volume of solid, semi-solid and high concentration liquid residues produced by industrial enterprises from production process in a given period of time, including hazardous wastes, slag, coal ash, gangue, tailings, radioactive residues and other wastes, but excluding stones stripped or dug out in mining (gangue and acid or alkaline stones not included). A stone is acid or alkaline depending on the pH value of the water below 4 or above 10.5 when the stone is in or soaked by the water.

EXPLANATORY NOTES TO MAJOR STATISTICAL INDICATORS

□ Volume of Industrial Solid Wastes Utilized in a Comprehensive Way

Refers to volume of solid wastes from which useful materials can be extracted or which can be converted into usable resources, energy or other materials by means of reclamation, processing, recycling and exchange (including utilizing in the year the stocks of industrial solid wastes of the previous year). Examples of such utilizations include fertilizers, building materials and road materials. The information shall be collected by the producing units of the wastes.

□ Volume of Industrial Solid Wastes Stored up

Refers to the volume of industrial solid wastes temporarily stored up or piled with special facilities or piled in the special sites for the purpose of utilization or treatment in future. The special facilities or special sites for storing up solid wastes should have the measures against spreading or being washed away to other places, permeating the soil or causing air pollution or water contamination.

□ Volume of Industrial Solid Wastes Treated

Refers to quantity of industrial solid wastes which are burnt or placed ultimately in the sites meeting the requirements for environmental protection and not salvaged or recycled (including disposition in the year of those wastes of previous years). The disposition includes landfill (Safe landfills should be conducted for hazardous wastes), incineration, containment spaces, deep underground disposal, backfill in mining pits and disposal at sea (accepted by management of sea).

□ Volume of Industrial Solid Wastes Discharged

Refers to volume of industrial solid wastes discharged by producing enterprises to disposal facilities or to other sites. The wastes exclude stones stripped or dug from mining (gangue and acid or alkaline waste stones not included).

□ Output Value of Products Made from Utilization of Waste Gas, Waste Water and Industrial Solid Wastes

Refers to the value of products (calculated at current prices) made by industrial enterprises using recovered waste water, waste gas or solid wastes as main raw materials. Only the value of the products, which have been sold or are ready, to be sold should be included. The value of the products, which will be used in the production of the enterprises, should not be included.

□ Urban Consumption Waste Water Discharge

Refers to annual discharge of consumption waste water by urban households. Its calculation formula is:

Discharge = Discharge of Consumption Wastewater by Urban Households × Urban Non-agricultural Population × 365

□ Soot Emission by Consumption and Others

Refers to net volume of soot emitted by fuel burning from all social and economic activities and operation of public facilities other than industrial activities. It is calculated on the basis of coal consumption by households and others.

第10章

要素市场

MARKETS OF KEY FACTORS

简要说明
BRIEF INTRODUCTION

本章资料中的国有土地使用权出让与划拨、城市房产市场交易情况由市统计局固定资产投资处根据市国土资源和房屋管理局资料整理提供，亿元以上商品市场由市统计局贸易外经处提供，技术市场由市统计局社会科技处根据市科学技术委员会资料整理提供，人才市场、劳动力市场和证券市场情况由市统计局综合处根据市人才交流服务中心、市就业服务管理局、市发展和改革委员会和重庆证监局资料整理编辑。

货币流通、保险业务和有价证券的相关资料详见第十七章金融。

The data on transaction and allotment of the right to use the state-owned land and the real estate markets in urban areas are sorted and compiled by Division of Statistics of Investment in Fixed Assets, Chongqing Municipal Bureau of Statistics on the basis of the data provided by Chongqing Administration of Land, Resources and Housing; the data of the transaction of the commodity markets with transaction value over 100 million yuan are provided by Division of Trade and External Economic Relations Statistics, Chongqing Municipal Bureau of Statistics; the data of transactions of technology exchanges are provided by Division of Social and Technology Statistics, Chongqing Municipal Bureau of Statistics on the basis of the data from Chongqing Science and Technology Commission; the data of the human resource markets, labor force markets and securities markets are sorted and compiled by Division of Comprehensive Statistics, Chongqing Municipal Bureau of Statistics on the basis of the data from Chongqing Human Resource Exchanges Service Center, Chongqing Administration of Employment Services, Chongqing Development and Reform Commission and China Securities Regulatory Commission Chongqing Bureau.

See Chapter 17 Financial Intermediation for the data on currency, insurance and securities.

表10.1 国有土地使用权出让与划拨情况（2012－2013年）
TRANSACTIONS AND ALLOTMENT OF THE RIGHT TO USE THE STATE-OWNED LAND (2012-2013)

指　标	Item	2012	2013
土地使用权出让	**Transaction of Right to Use State-owned Land**		
地　块（宗）	Land Parcel (parcel)	1875	3172
面　积（公顷）	Land Area (hectare)	6706.04	8297.20
出让价款（亿元）	Value of Transaction (100 million yuan)	1209.43	1520.00
土地使用权划拨	**Allotment of Right to Use State-owned Land**		
地　块（宗）	Land Parcel (parcel)	887	991
面　积（公顷）	Land Area (hectare)	6229.36	5902.36

表10.2 城市房产市场交易情况（2012－2013年）
REAL ESTATE MARKETS IN URBAN AREA (2012-2013)

指　标	Item	2012	2013
房产转让	**Housing Transactions**		
成交面积（万平方米）	**Areaof Transactions (10 000 sq.m)**	**2934.54**	**2367.36**
#住　宅	Residential Buildings	2465.04	1955.28
商品房	Commercialized Buildings	2288.25	1398.23
存量房	Buildings in Stock	646.29	969.13
成交金额（亿元）	**Total Valueof Transactions (100 millionyuan)**	**1846.50**	**1714.03**
#住　宅	Residential Buildings	1470.91	1330.26
商品房	Commercialized Buildings	1555.82	1253.65
存量房	Buildings in Stock	290.68	460.38

注：本表为主城九区的数据。
Note: The table above shows the data of the 9 urban district.

表10.3 亿元以上商品市场交易情况（2012－2013年）

TRANSACTIONS OF COMMODITY MARKETS WITH TRANSACTION VALUE OVER 100 MILLION YUAN (2012-2013)

单位：万元 (10 000 yuan)

指　标	Item	摊位数量（个） Number of Stands (unit)		总成交额 Total Volume of Transactions	
		2012	2013	2012	2013
合　计	**Total**	**87047**	**91490**	**31307225**	**33072063**
食品、饮料、烟酒类	Food, Beverages, Tobacco and Liquor	25914	25760	6748089	7046755
服装鞋帽、针、纺织品类	Clothing, Shoes, Hats and Textiles	20169	20732	4407673	4907158
化妆品类	Cosmetics	806	816	155484	159610
金银珠宝类	Gold,Silver and Jewelry	19	20	8721	10695
日用品类	Articles for Daily Use	4829	5457	745138	937399
五金电料类	Hardwear and Electrical Materials	4247	4411	868009	1042840
体育、娱乐用品类	Sports and Entertainment Articles	352	327	56062	62467
书报杂志类	Newspapers and Magazines	61	46	1018	970
电子出版物及音像制品类	E-journal and Video Products	74	78	7554	9544
家用电器和音像制品类	Household Electric Appliances and Video Products	746	627	360718	342435
中西药品类	Traditional Chinese and Western Medicines	392	105	199233	18653
文化办公用品类	Cultural and Office Articles	2815	2767	1110497	566391
家具类	Furniture	2756	3671	1459055	1714109
通讯器材类	Communication Appliances	225	816	116871	236752
木材及制品类	Wood and Wooden Products	584	615	174860	180856
石油及制品类	Petroleum and Related Products	10	12	100	100
化工材料及制品类	Chemical Materials and Products	268	266	67969	67296
金属材料类	Metal Materials	3544	4079	8246969	7974175
建筑及装潢材料类	Building and Decoration Materials	8211	9394	2043204	2344871
机电产品及设备类	Mechanical and Electrical Products	3775	3882	1175105	1185729
#农机类	Agricultural Machinery	7	57	673	815
汽车类	Automobiles	2394	2707	2415572	2840369
种子饲料类	Seeds and Feedstuff	395	431	168359	204099
棉麻类	Cotton and Hemp	26	93	2192	3348
其他类	Others	4432	4375	768583	1215052

表10.4 技术市场交易情况（2013年）
TRANSACTIONS OF TECHNOLOGY EXCHANGES (2013)

单位：项、万元 (item, 10 000 yuan)

指　标	Item	技术买方 Purchases of Technology		技术卖方 Sales of Technology	
		项　数 Number	金　额 Value	项　数 Number	金　额 Value
总　计	**Total**	**4861**	**1645686**	**5068**	**1678491**
#企业法人	Corporations	2751	1473757	2634	1421947
事业法人	Public Institutions	1138	46400	2401	190376
机关法人	Governments	972	125529	33	66167

表10.5 人才市场人才流动情况（2012－2013年）
HUMAN RESOURCE MARKETS AND EXCHANGES (2012-2013)

指　标	Item	2012	2013
人力资源服务机构（个）	Human Resource Service Agencies (unit)	358	265
公共就业服务机构	Public Employment Service Agencies	42	21
人才公共服务机构	Human Resource Public Service Agencies	28	15
综合性公共就业和人才服务机构	Comprehensive Public Employment and Human Resources Service Organizations		17
国有性质的服务企业	State-owned Service Corporations	45	30
民营性质的服务企业	Private Service Corporations	237	182
#港、澳、台及外资性质的服务企业	Service Corporations with Funds from Hong Kong, Macao and Taiwan	6	4
中外合资性质的服务企业	Sino-foreign Joint Venture Service Corporations	6	2
设立人力资源市场个数（固定招聘场所）	Number of Human Resource Markets (Fixed Recruitment Places)	252	255
举办人力资源招聘会（次）	Number of Job Fairs (time)	11944	4159
登记求职或要求流动人员　（人）	Number of Registered Persons in Need of New Job (person)	2300800	2882108
参加人力资源招聘会人数（人）	Persons Participating in Job Fairs (person)	2502202	2085716
参加人力资源招聘会用人单位数（个）	Enterprises Participating in Job Fairs (unit)	176021	150449
现存档案总量	Total Amount of Current Archives	824909	855323
当年流动人员职称评定（人）	Number of Exchanged Persons Evaluated for Professional Titles in Current Year (person)	3416	4611
评定高级职称人数	Senior Titles	504	412
评定中级职称人数	Medium Titles	1289	1203
评定初级职称人数	Junior Titles	1623	2996

表10.6 公共就业服务机构介绍情况（2012－2013年）
STATISTICS ON THE PUBLIC JOB SERVICES AND INTERMEDIATION AGENCIES (2012-2013)

单位：人 (person)

指　标	Item	2012	2013
公共就业服务机构（个）	**Number of Job Services Agencies (unit)**		
＃区县及以上	At District & County Level and above	42	41
登记招聘单位数	**Number of Registered Employers**	**120467**	**95746**
登记招聘人数	**Number of Persons to Be Employed**	**1104566**	**1367898**
登记求职人次（人次）	**Number of Registered Job Applicants（person-time)**	**897848**	**906492**
＃女　性	Female	384570	385765
＃城镇登记失业人员	Registered Unemployed Persons in Urban Areas	380596	416073
＃高校毕业生	College Graduates	56157	70696
＃农村劳动力	Rural Labor Force	432683	370239
职业指导人数	**Number of Persons under Vocational Guidance**	**725011**	**735048**
介绍成功人次（人次）	**Number of Persons Employed through Job Services (person-times)**	**386045**	**416595**
＃女　性	Female	155651	184426
＃城镇登记失业人员	Registered Unemployed Persons in Urban Areas	151784	187865
＃高校毕业生	College Graduates	28595	41712
＃农村劳动力	Rural Labor Force	193583	169359

表10.7 证券市场基本情况（2012－2013年）
GENERAL STATISTICS ON SECURITY MARKETS (2012-2013)

指　标	Item	2012	2013
境内上市公司数（A、B股）（家）	Number of Listed Companies (A and B Shares) in Mainland (unit)	37	37
境内上市外资股（B股）（只）	Number of Listed Companies of Foreign Fund (B Shares) in Mainland (unit)	1	1
IPO和增发股票量(万股)	Number of Shares of IPO and Additional Equity Offer (10 000 shares)	43744	349506
股票总发行股本（亿股）	Total Capital Stock (100 million shares)	290.31	325.26
＃流通股本	Negotiable Capital	182.37	249.61
企业债发行额（亿元）	Volume Enterprise Bonds Issued(100 million yuan)	260.00	238.00
股票市价总值（亿元）	Total Market Capitalization of Shares (100 million yuan)	2185.45	2805.99
＃股票流通市值	Negotiable Market Capitalization	1247.57	2090.68
股票筹资额（亿元）	Raised Capital of Shares (100 million yuan)	30.0	131.2
投资者开户数（万户）	Total Accounts of Investors (10 000 accounts)	198.00	203.31
期货总成交额（亿元）	Total Future Turnover (100 million yuan)	62621.92	97873.58

注：股票发行量、总发行股本、市价总值和筹资额均不含H股。
Note: H share is not included in the number of shares, total capital stock, total market capitalization and raised capital of shares.

第11章

农业和农村经济

AGRICULTURE AND RURAL ECONOMY

简要说明
BRIEF INTRODUCTION

本章反映全市农业生产和农村经济的基本情况，内容主要包括农村基本情况、农业生产条件与生产情况、农作物播种面积、农林牧渔产品产量、农林牧渔业产值、农业商品产值和商品率、乡镇企业等方面的统计资料。

本章资料由国家统计局重庆调查总队根据市农委、市林业局、市水利局和调查总队等资料整理提供。乡镇企业的有关情况由重庆市统计局综合处根据市乡镇企业管理局提供的资料整理、编辑。

The data in this chapter show the basic conditions of agricultural production and rural economy, including basic statistics on rural areas, basic conditions of agricultural production, sown area of farm crops, output of farming, forestry, animal husbandry and fishery products, gross output value of farming, forestry, animal husbandry and fishery, output value of agricultural commodities and rate of commercialization, and township-owned enterprises.

The data in this chapter are provided by Chongqing Agriculture Commission, Municipal Bureau of Forestry, Municipal Bureau of Water Conservancy and NBS Survey Office in Chongqing, and sorted and compiled by NBS Survey Office in Chongqing. The data of township-owned enterprises are provided by Municipal Administration of Township-owned Enterprises and sorted and compiled by Division of Comprehensive Statistics, Municipal Bureau of Statistics.

表11.1 主要年份农村基本情况
BASIC STATISTICS ON RURAL AREAS IN MAJOR YEARS

年 份 Year	乡村户数 （万户） Number of Rural Households (10 000 households)	乡村人口 （万人） Rural Population (10 000 persons)	乡村从业人员 （万人） Rural Employed Population (10 000 persons)
1949		1446.24	650.59
1952		1546.01	692.81
1957		1685.98	762.15
1962		1506.16	692.19
1965		1676.21	755.99
1970		1977.85	857.78
1975		2264.67	921.67
1978		2316.54	926.32
1980	534.19	2294.08	980.75
1985	573.00	2355.39	1114.34
1986	596.13	2365.34	1154.26
1987	626.70	2391.29	1184.92
1988	650.27	2412.04	1218.03
1989	671.51	2427.70	1249.12
1990	686.26	2446.38	1273.06
1991	697.61	2471.48	1314.79
1992	699.94	2476.10	1350.71
1993	700.88	2463.53	1352.26
1994	710.34	2482.05	1356.59
1995	706.86	2454.17	1349.34
1996	709.86	2464.23	1330.44
1997	708.64	2452.75	1320.91
1998	709.84	2445.12	1316.95
1999	710.99	2442.47	1342.99
2000	710.28	2440.32	1352.60
2001	714.67	2438.79	1345.15
2002	718.31	2443.21	1342.17
2003	718.65	2436.47	1340.25
2004	714.99	2425.25	1361.54
2005	718.84	2430.93	1366.91
2006	714.86	2418.40	1382.62
2007	717.49	2413.95	1378.29
2008	724.06	2405.64	1379.89
2009	723.55	2385.95	1379.94
2010	727.77	2366.66	1379.35
2011	721.14	2324.50	1369.98
2012	724.14	2303.10	1365.29
2013	717.99	2262.40	1328.79

表11.2 主要年份农业生产条件
CONDITIONS OF AGRICULTURAL PRODUCTION IN MAJOR YEARS

年份 Year	有效灌溉面积（万公顷） Irrigated Area (10 000 hectares)	农用机械总动力（万千瓦） Total Agricultural Machinery Power (10 000 kw)	农村用电量（万千瓦时） Electricity Consumption in Rural Areas (10 000 kwh)	农用化肥施用量（折纯）（万吨） Consumption of Chemical Fertilizer (net) (10 000 tons)	农膜使用量（万吨） Consumption of Farm Plastic Film (10 000 tons)	农药使用量（万吨） Consumption of Chemical Pesticides (10 000 tons)
1949	5.48					
1952	6.73					
1957	13.40					
1962	21.31	4	1852			
1965	26.10	10	3791			
1970	31.92	22	12655			
1975	42.84	54	21045			
1978	56.27	101	28542	21.63	0.33	0.64
1980	60.42	155	37953	29.21	0.37	0.71
1985	60.98	219	63309	31.76	0.50	0.73
1986	60.12	240	71471	36.70	0.51	0.79
1987	59.27	259	83229	38.26	0.57	0.78
1988	58.41	278	79637	38.29	0.61	0.81
1989	57.56	291	89611	44.72	0.65	0.81
1990	58.02	300	97091	48.13	0.80	0.87
1991	58.55	316	104430	52.08	0.97	1.01
1992	58.96	324	115831	52.75	1.07	1.05
1993	59.26	343	134027	54.51	1.18	1.27
1994	59.53	366	160197	58.55	1.28	1.29
1995	59.79	386.05	174847	62.02	1.43	1.46
1996	60.08	409.91	196788	65.55	1.53	1.69
1997	61.14	454.07	227302	69.64	1.59	1.68
1998	61.41	506.64	242934	71.18	1.77	1.82
1999	62.05	558.54	260029	71.03	1.86	1.84
2000	62.60	586.47	278728	72.00	1.96	1.85
2001	63.19	628.07	301140	72.58	1.94	1.91
2002	64.12	665.57	338717	73.37	2.53	1.93
2003	64.97	695.67	366535	71.59	2.42	1.95
2004	61.68	728.31	384627	77.02	2.68	1.95
2005	61.81	775.96	428943	79.20	2.75	1.95
2006	62.13	820.01	460291	80.54	2.82	1.96
2007	63.37	860.31	484478	84.32	3.01	2.04
2008	65.89	903.15	550949	88.14	3.09	2.10
2009	67.20	967.41	614832	91.17	3.47	2.20
2010	68.53	1071.09	647738	91.82	3.66	2.10
2011	69.29	1141.00	703706	95.58	3.93	2.03
2012	70.30	1162.00	738000	96.02	4.09	1.95
2013	67.52	1198.88	761193	96.64	4.29	1.84

表11.3 农作物播种面积（1978－2013年）
SOWN AREA (1978-2013)

单位：公顷 (hectare)

年 份 Year	农作物总播种面积 Total Sown Area	其 中 of which					
		#粮 食 Grain	其 中 of which #稻 谷 Rice	#油 料 Oil-bearing Crops	其 中 of which #油菜籽 Rapeseeds	#蔬 菜 Vegetables	#烟 叶 Tobacco
1978	3498061	3177221	849243	92351	71374	95954	26582
1980	3345304	3048196	828317	116577	89369	78400	10416
1985	3214717	2748498	820140	176866	137367	140569	30956
1986	3232433	2710205	819858	183859	143792	159811	40897
1987	3241258	2697509	807797	180579	143292	160867	41729
1988	3287399	2727164	821305	185171	150612	171444	54056
1989	3381959	2788700	836231	188593	154505	177979	75726
1990	3438950	2847370	821986	203171	168751	183873	66607
1991	3526637	2889404	816684	224412	188989	197049	70859
1992	3522037	2874889	819262	215622	179402	200686	81258
1993	3513064	2870480	804560	184964	147692	222621	82461
1994	3493884	2877837	800342	174643	135505	225902	54997
1995	3526684	2876853	799482	201550	162572	236283	58939
1996	3585745	2889834	802279	202483	159584	257106	77657
1997	3605420	2881902	797955	191800	152222	267203	99482
1998	3614446	2900656	794636	192330	148896	290397	56603
1999	3592496	2862143	788576	197151	151801	301389	63969
2000	3590815	2773404	776636	226384	173185	327094	70775
2001	3555871	2714600	763964	225046	167911	366330	55210
2002	3464566	2606866	757195	236325	173930	359674	56012
2003	3307179	2410369	738486	236724	176836	386990	57237
2004	3435957	2516507	749300	244129	173815	390237	52995
2005	3444733	2501263	747949	252421	187333	399970	51508
2006	3073880	2155500	672300	187290	133680	417414	48879
2007	3134700	2195800	652130	192920	135370	432906	43553
2008	3215064	2215407	673538	215531	150170	481563	47749
2009	3308300	2229493	682041	237025	173643	552233	52579
2010	3359387	2243887	683907	254993	191847	589093	42733
2011	3413088	2259413	686485	257096	196200	618631	46165
2012	3477694	2259606	686996	271016	204557	652660	49989
2013	3515790	2253905	688657	283508	215603	681707	49323

表11.4 主要年份农林牧渔产品产量
OUTPUT OF FARMING, FORESTRY, ANIMAL HUSBANDRY AND FISHERY IN MAJOR YEARS

年份 Year	粮食（万吨） Grain (10 000 tons)	其中 of which #稻谷 Rice	#豆类 Beans	油料（万吨） Oil-bearing Crops (10 000 tons)	其中 of which #油菜籽 Rapeseeds	麻类（吨） Fiber Crops (ton)	甘蔗（万吨） Sugarcane (10 000 tons)
1949	402.68	246.57		0.90		1416	8.78
1952	470.97	281.33		3.19		1889	10.61
1957	596.55	316.39		5.13		1811	6.86
1962	378.23	191.26		1.40		598	1.04
1965	566.17	293.32		3.87		1048	14.47
1970	564.37	307.80		2.68		666	9.00
1975	603.72	325.84		4.13		632	24.87
1978	814.71	345.07	29.07	7.71	6.03	1659	31.20
1980	835.43	341.59	22.20	11.57	9.28	6172	36.64
1985	948.97	461.73	22.26	18.12	13.63	25787	30.24
1986	1004.92	493.41	25.02	20.91	15.85	21719	31.42
1987	1004.51	499.56	22.34	20.89	16.14	35995	29.43
1988	958.02	503.00	20.53	19.25	14.94	31013	29.32
1989	1044.88	541.81	17.25	18.78	14.38	18932	24.41
1990	1085.07	550.40	19.93	22.02	17.74	12707	20.55
1991	1115.28	535.90	21.53	26.92	22.81	11487	26.07
1992	1050.24	509.07	18.48	25.18	21.40	9716	14.33
1993	1052.72	479.90	21.90	21.70	17.22	9257	12.30
1994	1134.10	523.13	25.94	19.26	15.31	11471	9.39
1995	1153.68	532.63	30.38	25.12	20.54	11092	8.76
1996	1172.14	542.64	20.10	23.60	18.66	10898	8.27
1997	1184.63	552.44	21.90	23.34	18.34	11175	8.08
1998	1155.36	519.38	22.17	25.11	19.03	7541	7.28
1999	1143.05	533.01	21.93	24.09	17.33	6826	7.59
2000	1131.21	525.43	24.60	31.06	22.61	8406.00	9.06
2001	1035.35	466.45	23.32	29.96	21.91	8857.00	10.08
2002	1082.15	484.42	27.78	35.04	25.84	12139.00	12.06
2003	1087.20	494.29	32.21	38.27	28.51	9620.00	11.35
2004	1144.57	509.55	38.11	41.75	30.99	10209.00	11.77
2005	1168.19	521.43	42.16	42.71	31.81	12362.00	11.46
2006	808.40	344.90	29.24	28.94	23.47	11846.00	10.16
2007	1088.00	491.59	35.12	30.68	23.19	15399.00	11.26
2008	1153.20	529.39	37.78	35.68	26.54	16982.00	11.18
2009	1137.20	511.30	39.83	40.54	30.95	15869.00	11.57
2010	1156.13	518.57	41.93	44.45	34.22	14700.00	11.68
2011	1126.90	493.50	43.49	46.51	35.14	14455.00	11.80
2012	1138.54	498.00	45.04	50.11	37.71	10186.13	11.88
2013	1148.13	804.68	46.03	53.14	40.11	9461.00	10.94

表11.4 续表1 continued1

年份 Year	烟叶（吨） Tobacco (ton)	蔬菜（万吨） Vegetables (10 000 tons)	茶叶（吨） Tea (ton)	蚕茧（吨） Silkworm Cocoons (ton)	水果（万吨） Fruits (10 000 tons)	牛奶（吨） Cow Milk (ton)	禽蛋（万吨） Poultry Eggs (10 000 tons)
1949	8535		916	761	6.02	1171	
1952	9238		1059	1236	7.75	1292	
1957	8247		1914	1588	7.14	2621	
1962	2566		1981	1325	8.80	3925	
1965	4654		2369	2306	6.83	6576	
1970	1667		2927	6608	4.54	9651	
1975	8146		4884	10477	7.12	11940	
1978	22528	243.95	8004	15404	7.91	15891	4.46
1980	8098	229.86	9217	25751	15.69	17277	5.51
1985	36239	390.86	16172	33130	24.70	29677	8.77
1986	46724	421.94	16893	32693	28.61	32665	9.44
1987	44992	439.00	18267	35755	29.57	36474	9.98
1988	68928	460.93	18676	41748	20.50	39126	10.17
1989	62093	469.31	18568	42063	37.19	40308	11.24
1990	74393	499.61	18103	43502	35.08	46293	12.01
1991	98156	533.00	18264	47757	40.75	51988	12.94
1992	124705	541.38	17178	50686	41.38	56579	14.61
1993	113208	558.23	19522	54505	56.85	54880	15.71
1994	68904	569.83	21920	57408	52.87	48514	17.32
1995	77981	593.91	17452	27000	59.29	39153	19.18
1996	132355	637.03	15536	27402	56.62	40297	20.85
1997	164736	668.44	14996	28072	60.72	45129	23.50
1998	79970	711.30	15299	29226	74.10	46587	24.46
1999	95653	737.11	14441	24177	71.70	46614	26.29
2000	104082	775.42	14526	29098	81.68	55989	27.89
2001	80064	779.96	14142	32396	82.61	67791	29.79
2002	87052	833.84	14093	33856	113.41	80952	31.58
2003	86048	840.17	14320	27802	128.59	90608	35.36
2004	85036	863.57	16064	29376	137.22	85143	36.55
2005	90173	890.47	16545	31092	154.63	86076	39.15
2006	91945	888.76	17087	27488	145.74	83456	30.30
2007	71513	945.21	18853	29196	175.89	86095	32.30
2008	85513	994.52	21696	24388	193.28	77842	33.11
2009	99905	1177.45	22569	19464	212.87	79422	35.97
2010	81030	1309.54	25237	20321	238.47	79819	37.22
2011	93608	1407.97	27895	20118	261.16	80000	37.42
2012	102908	1509.34	31372	20594	291.19	77300	40.05
2013	96604	1600.64	34200	18161	318.86	67976	41.09

注：2006年起禽蛋产量已根据第二次农业普查数据重新进行了调整。
Note: Output of Poultry Eggs was adjusted according to the sencond National Agricultural Census since 2006.

表11.4 续表2 continued2

年份 Year	水产品（吨） Aquatic Products (ton)	肉猪出栏头数（万头） Slaughtered Fattened Hogs (10 000 heads)	猪年末头数（万头） Hogs at Year End (10 000 heads)	大牲畜年末存栏头数（万头） Large Animals at Year End (10 000 heads)	其中 of which #牛 Cattle and Buffaloes	肉类总产量（万吨） Output of Meat (10 000 tons)	其中 of which #猪肉 Pork
1949	3576	174.70		107.90		11.00	
1952	4119	254.80		122.50		16.00	
1957	6515	345.10		131.20		21.70	
1962	3791	76.90		115.60		6.90	
1965	6964	421.50		128.00		25.60	
1970	7649	414.50		150.20		23.10	
1975	10797	489.90		151.10		28.10	
1978	14362	542.70	914.98	142.15	141.58	40.51	37.38
1980	17734	797.63	1165.05	141.75	141.19	59.89	55.92
1985	42838	1140.06	1353.02	128.91	127.62	84.45	79.96
1986	47805	1190.22	1377.37	129.39	128.10	88.56	83.15
1987	51854	1243.78	1418.69	128.24	126.96	92.76	86.89
1988	58419	1345.77	1448.48	128.35	127.07	99.85	94.02
1989	65707	1375.38	1471.66	127.92	126.64	102.41	96.09
1990	65482	1375.79	1429.13	129.18	127.63	102.92	96.12
1991	71813	1429.45	1440.56	129.77	128.21	107.45	99.87
1992	74459	1469.47	1444.16	130.80	128.84	111.47	102.66
1993	89227	1492.99	1438.96	130.54	129.24	113.73	104.30
1994	103492	1555.69	1476.05	132.50	132.41	121.61	108.48
1995	121289	1610.14	1489.55	136.61	135.72	127.22	112.27
1996	140656	1637.51	1477.06	140.43	137.89	133.22	114.18
1997	160692	1699.74	1475.25	144.01	141.04	141.86	119.66
1998	178607	1720.14	1492.95	152.48	149.24	140.00	121.61
1999	191313	1703.19	1512.18	163.88	160.58	140.50	120.61
2000	200345	1724.96	1509.91	167.45	164.05	143.91	122.45
2001	196967	1746.85	1533.03	168.63	165.05	147.88	124.87
2002	211568	1781.69	1548.89	170.52	166.85	152.40	127.48
2003	224893	1828.49	1583.03	172.58	169.31	159.51	131.82
2004	239255	1909.32	1640.75	173.56	170.08	167.01	136.43
2005	250568	2006.39	1708.80	174.48	170.69	178.39	144.46
2006	226129	1732.70	1377.40	97.71	94.00	151.50	124.80
2007	255372	1783.20	1422.94	98.15	94.44	159.27	130.27
2008	190600	1898.67	1566.47	107.36	103.61	177.58	140.65
2009	203900	2003.11	1604.07	122.85	119.39	187.72	146.52
2010	224300	2010.51	1557.87	131.39	128.08	192.46	147.55
2011	275600	2020.87	1540.57	127.86	124.53	196.28	148.55
2012	330720	2050.76	1524.31	133.58	130.51	201.21	150.73
2013	385000	2104.46	1502.25	139.68	136.66	207.85	154.95

注：本表中除水产品外，其余数据从2006年起已根据第二次农业普查数据重新进行了调整。
Note: Except the data of aquatic products,the other data in this table have been adjusted according to the Sencend National Agricultural Census since 2006.

表11.5 主要年份农林牧渔业总产值

GROSS OUTPUT VALUE OF FARMING, FORESTRY, ANIMAL HUSBANDRY AND FISHERY IN MAJOR YEARS

单位：万元 (10 000 yuan)

年 份 Year	农林牧渔业总产值 Gross Output Value	其 中 of which				
		农 业 Farming	林 业 Forestry	牧 业 Animal Husbandry	渔 业 Fishery	农林牧渔服务业 Agricultural Services
1949	142123	111424	3837	26293	568	
1952	186367	140707	6523	38205	932	
1957	240351	176658	10816	51916	961	
1962	153506	120349	4605	28245	307	
1965	165688	122775	5799	36617	497	
1970	269234	192504	11128	64604	998	
1975	295062	210016	18048	65660	1338	
1978	357616	262881	17236	75731	1768	
1980	417925	296840	16160	102514	2411	
1985	739003	477570	43546	208842	9044	
1986	801998	516990	42045	231097	11867	
1987	902072	564063	40932	282816	14262	
1988	1104369	641751	49662	393394	19561	
1989	1243819	706771	49328	463300	24420	
1990	1460003	858133	55308	518757	27805	
1991	1595286	938353	60038	565193	31702	
1992	1713839	995009	70992	612498	35340	
1993	2073607	1197742	77531	749776	48558	
1994	2831816	1552652	86981	1127394	64789	
1995	3778259	2278927	106732	1304229	88371	
1996	4249903	2713807	115493	1311666	108937	
1997	4393508	2678892	117313	1468914	128389	
1998	4288839	2549365	150929	1444758	143787	
1999	4168780	2496237	115588	1409527	147428	
2000	4126272	2447376	108236	1419910	150750	
2001	4311666	2503968	112044	1544041	151613	
2002	4609755	2640760	135143	1661965	171887	
2003	4885655	2701156	145824	1776384	183251	79040
2004	6127723	3329516	184814	2309374	212464	91555
2005	6621943	3583035	199704	2494965	237959	106280
2006	5752428	3230078	223069	2042194	159087	98000
2007	7207260	4095523	178527	2644768	184442	104000
2008	8713871	4730118	217986	3441474	211481	112811
2009	9131080	5311679	258084	3194244	242699	124374
2010	10211328	6233343	304021	3265542	272083	136339
2011	12653319	7512246	380907	4253262	349432	157471
2012	14020347	8418088	434776	4539045	449928	178510
2013	15137376	9091758	480170	4828044	538155	199249

注：1）按照国民经济行业分类标准（GB/T4754-2002），从2003年起增加了农林牧渔服务业（下表同）。
2）2006年以来为第二次农普衔接。从2007年起，因口径变化，对农业和林业总产值进行了调整。

Note: a) According to the national standard of industry classification (GB/T4754-2002), the gross output value has included agricultural services since 2003 (the same below).
b) The numbers after 2006 are the coordination numbers of the Second National Agricultural Census. The total output value of agriculture and forestry has been modified since 2007 due to the change of statistical scope.

表11.6 主要年份农林牧渔业总产值增幅（上年=100）

GROSS OUTPUT VALUE INDICES OF FARMING, FORESTRY, ANIMAL HUSBANDRY AND FISHERY IN MAJOR YEARS (PRECEDING YEAR=100)

年 份 Year	农林牧渔业总产值 Gross Output Value	其 中 of which				
		农 业 Farming	林 业 Forestry	牧 业 Animal Husbandry	渔 业 Fishery	农林牧渔服务业 Agricultural Services
1952	119.9	116.8	123.7	135.7	111.2	
1957	129.0	126.7	144.5	133.4	156.4	
1962	63.9	69.9	58.0	39.4	49.5	
1965	151.1	137.2	125.4	275.5	194.9	
1970	101.5	100.3	88.5	109.7	107.3	
1975	108.2	110.6	129.7	94.6	134.0	
1978	123.2	126.7	119.1	109.7	121.2	
1980	115.3	105.9	99.6	165.8	121.0	
1985	144.1	130.9	210.2	169.8	292.2	
1986	105.8	106.3	83.9	109.3	119.4	
1987	102.7	102.1	89.0	106.3	110.3	
1988	101.8	97.3	99.1	111.7	115.2	
1989	106.4	108.4	99.9	103.0	111.0	
1990	102.7	101.1	96.4	106.4	106.8	
1991	106.2	105.3	102.1	108.2	113.9	
1992	101.9	98.7	110.4	107.3	100.9	
1993	104.1	103.4	104.8	104.6	120.8	
1994	105.6	103.5	101.8	109.0	115.4	
1995	106.3	105.1	106.7	107.7	116.8	
1996	102.8	101.8	101.3	103.6	116.2	
1997	103.3	102.0	95.8	105.4	115.7	
1998	102.4	101.5	117.2	101.6	112.4	
1999	99.8	100.7	75.7	100.4	108.5	
2000	101.0	100.3	86.6	102.9	104.5	
2001	102.1	100.3	109.7	104.1	101.9	
2002	101.7	99.7	102.3	104.2	105.6	
2003	104.6	103.5	119.6	104.8	106.8	
2004	105.7	105.5	108.8	104.9	108.4	116.5
2005	105.2	103.9	100.8	106.9	106.0	113.3
2006	96.8	94.9	99.9	99.6	89.0	105.7
2007	109.5	114.8	105.1	101.6	110.2	106.0
2008	107.1	107.7	104.5	106.7	104.0	104.3
2009	106.4	106.8	106.6	105.7	108.8	104.8
2010	105.9	106.7	110.2	103.8	110.0	104.4
2011	104.8	105.2	111.0	102.5	118.4	105.0
2012	105.1	105.1	109.9	103.4	120.0	104.0
2013	104.6	104.3	108.0	103.5	117.0	105.3

注：本表指数按可比价计算；其中1952年以1949年为100。
Note: Indices of this table are calculated at constant prices. The index of 1952 is calculated with the index of 1949 equal to 100.

表11.7 农林牧渔业总产值（2012－2013年）

GROSS OUTPUT VALUE OF FARMING, FORESTRY, ANIMAL HUSBANDRY AND FISHERY (2012-2013)

单位：万元 (10 000 yuan)

指　标	Item	农林牧渔业总产值 Gross Output Value		指　数 上年=100 Index Preceding Year=100
		2012	2013	
总　计	**Total**	**14020347**	**15137376**	**104.6**
农　业	Farming	8418088	9091758	104.3
谷物及其他作物	Cereal and Other Crops	3605416	3819231	100.9
#谷　物	Cereal	1994638	2041849	100.8
豆　类	Beans	307609	323494	102.2
油　料	Oil Crops	343660	391029	107.0
烟　草	Tobacco	171214	199907	108.0
蔬菜园艺作物	Vegetables and Gardening	3503338	3835116	105.4
#蔬　菜（含菜用瓜）	Vegetables (including Melons as Vegetables)	3214250	3505436	105.3
花　卉	Flowers	86437	100267	108.0
水果、坚果、饮料和香料作物	Fruits, Nuts, Drinks and Spices	1089455	1289727	109.6
#水果、坚果（含果用瓜）	Fruits and Nuts (including Melons as Fruits)	799654	954270	109.6
茶及其他饮料	Tea and Other Drinks	115832	122864	105.0
#茶	Tea	115832	122864	105.0
中药材	Traditional Chinese Medical Materials	219880	147684	109.0
林　业	Forestry	434776	480170	108.0
林木的培育和种植	Forest Cultivation	200999	239158	110.7
#造　林	Afforestation	72179	86357	119.6
竹木采运	Bamboo Felling and Transportation	40472	41741	
林产品	Forest Products	193305	199271	
牧　业	Animal Husbandry	4539045	4828044	103.5
牲畜饲养	Livestock Raising	291779	334960	
#牛	Cattle	192792	227172	107.5
奶产品	Milk Products	30441	27056	88.0
猪的饲养	Hog Raising	2507628	2610347	102.6
家禽饲养	Poultry Raising	1417402	1544078	104.2
#禽　蛋	Poultry Eggs	453007	485375	102.6
狩猎和捕捉动物	Animal Hunting	400		
其他畜牧业	Others	321837	338659	
#蚕　茧	Silkworm Cocoons	61703	56589	88.2
渔　业	Fishery	449928	538155	117.0
#内陆水域水产品	Aquatic Products in Inland Water Areas	449928	538155	117.0
#养　殖	By Breeding	408122	489061	117.2
#鱼　类	Fish	442990	531275	112.2
农林牧渔服务业	Agricultural Services	178510	199249	105.3

注：本表数据绝对值按现价计算，指数按可比价计算。
Note: The absolute figures in this table are calculated at current prices whereas the indices are calculated at constant prices.

表11.8 农村基本情况（2012－2013年）
BASIC STATISTICS ON RURAL AREAS (2012-2013)

指　标	Item	2012	2013
户　数（万户）	**Number Households (10 000 households)**	**724.14**	**717.99**
人　口（万人）	**Population (10 000 persons)**	**2303.09**	**2262.40**
乡村从业人员（万人）	**Rural Employed Population (10 000 persons)**	**1365.29**	**1328.79**
按性别分	By Sex		
男	Male	729.51	707.95
女	Female	635.78	620.84
按产业分	By Sector		
#第一产业	Primary Industry	586.86	563.69
农村基础设施（个）	**Rural Infrastructure (unit)**		
自来水受益村数	Number of Villages with Access to Tap Water	6173	6446
通汽车村数	Number of Villages with Highways	8474	8421
通电话村	Number of Villages with Telephones	8478	8428

注：从2001年起，民政部门调整乡、镇、村的区划，村个数均比往年减少。
Note: The number of villages is less than that in previous years for the administrative adjustment since 2001.

表11.9 农业生产条件（2012－2013年）
CONDITIONS OF AGRICULTURAL PRODUCTION (2012-2013)

指　标	Item	2012	2013
农业机械化情况	**Agricultural Mechanization**		
农业机械总动力（万千瓦）	Total Agricultural Machinery Power (10 000 kw)	1162.00	1198.88
农用大中型拖拉机数（万台）	Number of Large and Medium-sized Agricultural Tractors (10 000 units)	0.37	0.38
小型拖拉机数（万台）	Number of Small Tractors (10 000 units)	0.77	0.78
农用排灌动力机械台数（万台）	Number of Drainage and Irrigation Engines (10 000 units)	89.73	90.32
农用水泵（万台）	Pumps (10 000 units)	96.15	98.89
机动脱粒机（万台）	Motorized Threshing Machines (10 000 units)	61.86	63.11
农用运输车（万辆）	Farm Tracks (10 000 vehicles)	3.82	4.34
农业主要能源及物耗	**Main Agricultural Energy and Material Consumption**		
农村用电量（万千瓦时）	Electricity Consumed in Rural Areas (10 000 kwh)	738000	761193
乡村办电站（个）	Power Stations in Rural Areas (unit)	745	798
乡村办电站发电量（万千瓦时）	Capacity of Power Station in Rural Areas (10 000 kwh)	227076	245330
有效灌溉面积（公顷）	Irrigated Area (hectare)	702970	67.52
化肥施用量（折纯量）（万吨）	Consumption of Chemical Fertilizer (net) (10 000 tons)	96.02	96.64
#氮　肥	Nitrogenous Fertilizer	49.87	49.67
磷　肥	Phosphate Fertilizer	18.41	17.93
钾　肥	Potash Fertilizer	5.26	5.40
复合肥	Compound Fertilizer	22.48	23.64
农用塑料薄膜使用量（万吨）	Consumption of Farm Plastic Film (10 000 tons)	4.09	4.29
#地膜使用量	Consumption of Farm Plastic Film	2.09	2.22
地膜覆盖面积（公顷）	Area Covered by Farm Plastic Film (hectare)	310492	230515
农用柴油使用量（万吨）	Consumption of Diesel Oil (10 000 tons)	18.95	21.63
农药使用量（万吨）	Consumption of Chemical Pesticides (10 000 tons)	1.95	1.84

表11.10 主要农作物播种面积及产量（2012－2013年）
SOWN AREA AND OUTPUT OF MAJOR FARM CROPS (2012-2013)

指 标	Item	播种面积(公顷) Sown Area (hectare)		总产量(吨) Total Output (ton)		单位产量(公斤/公顷) Yield Per Unit (kg/ha)	
		2012	2013	2012	2013	2012	2013
粮 食	**Grain**	**2259606**	**2253905**	**11385449**	**11481297**	**5039**	**5094**
谷 物	Cereal	1305381	1292121	7991229	8046797	6122	6227.6
稻 谷	Rice	686996	688657	4980000	5030783	7249	7305.2
中 稻	Middle Rice	686996	688657	4980000	5030783	7249	7305.2
小 麦	Wheat	125396	107600	384500	337000	3066	3132.0
玉 米	Corn	468387	466733	2562600	2580815	5471	5529.5
高 粱	Sorghum	17700	22196	50980	84500	2880	3807.0
其他谷物	Other Cereal	6902	6935	13149	13699	1905	1975.3
豆 类	Beans	230120	236019	450400	460250	1957	1950.1
#大 豆	Soybean	99151	101517	195656	195959	1973	1930.3
薯 类	Tubers	724105	725765	2943820	2974250	4065	4098.1
#马铃薯	Potato	350168	356268	1182669	1216750	3377	3415.3
油 料	**Oil-bearing Crops**	**271016**	**283508**	**501142**	**531375**	**1849**	**1874.3**
#花 生	Peanut	58323	56679	113261	116642	1942	2058.0
油菜籽	Rapeseed	204557	215603	377102	401045	1844	1860.1
芝 麻	Sesame Seed	4501	7056	5226	7259	1161	1028.7
麻 类	**Fiber Crops**	**6835**	**5793**	**10186**	**9461**	**1490**	**1633.2**
#苎 麻	Ramie	6755	5729	10022	9364	1484	1634.5
黄红麻	Jute and Ambary Hemp	66	55	103	89	1552	1616.2
糖料（甘蔗）	**Sugar Crops (sugarcane)**	**3376**	**2948**	**118823**	**109360**	**35199**	**37091.3**
烟 叶	**Tobacco**	**49989**	**49323**	**102908**	**96604**	**2059**	**1958.6**
#烤 烟	Flue-cured Tobacco	38011	42948	76062	82384	2001	1918.2
蔬菜、瓜果	**Vegetables and Melons**	**674473**	**704265**	**15500620**	**16430403**	**22982**	**23329.9**
#蔬 菜（含菜用瓜）	Vegetables (including Melons as Vegetables)	652660	681707	15093438	16006420	23126	23479.9

表11.11 林牧渔业生产情况（2012－2013年）
OUTPUT OF FORESTRY, ANIMAL HUSBANDRY AND FISHERY (2012-2013)

指　标	Item	2012	2013
林　业（公顷）	**Forestry (hectare)**		
当年造林面积	Increased Forest Area in Current Year	200248	227283
年末封山育林面积	Year-end Area of Hillsides Closed for Afforestation	55296	75051
零星（四旁）植树（万株）	Scattered (Four-side) Tree Planting (10 000 plants)	9498	10512
育苗面积	Seeding Raising Area	13937	19995
当年苗木产量（万株）	Output of Plants in Current Year (10 000 plants)	62437.51	81500.28
中幼林抚育作业面积	Actual Tending Area for Young and Middle Forest	78607	133393
牧　业	**Animal Husbandry**		
年末大牲畜总头数（万头）	Number of Large Animals (year-end, 10 000 heads)	133.58	139.68
#农事劳役头数	Number of Draught Animals	44.95	43.44
年末生猪存栏头数（万头）	Number of Hogs (year-end, 10 000 heads)	1524.31	1502.25
年末羊只数（万只）	Number of Sheep and Goats (year-end, 10 000 heads)	181.15	185.23
年内出栏肥猪头数（万头）	Number of Slaughtered Fattened Hogs (10 000 heads)	2050.76	2104.46
年内出栏羊只数（万只）	Number of Slaughtered Sheep and Goats (10 000 heads)	212.37	227.43
年内出栏家禽（万只）	Number of Slaughtered Poultry (10 000 heads)	22222.59	23161.24
渔　业（公顷）	**Fishery (hectare)**		
水产品养殖面积	Cultured Areas of Aquatic Products	84342	88039
#池　塘	Ponds	47813	51027
水　库	Reservoirs	27980	28554

表11.12 林牧渔业主要产品产量（2012－2013年）
OUTPUT OF THE MAJOR PRODUCTS OF FORESTRY, ANIMAL HUSBANDRY AND FISHERY (2012-2013)

单位：吨 (ton)

指　标	Item	2012	2013
水　果	Fruits	2911934	3188578
#柑　桔	Citrus	1715248	1931925
肉　类	Meat	2012082	2078522
#猪　肉	Pork	1507300	1549503
禽　肉	Meat of Poultry	347488	357804
兔　肉	Meat of Rabbit	53593	60399
奶　类	Milk	77303	67979
#牛　奶	Cow Milk	77300	67976
蜂　蜜	Honey	13812	15689
水产品	Aquatic Products	330720	385000
#养　殖	Cultured Aquatic Products	315822	370200
年末实有茶园面积（公顷）	Area of Tea Plantations (year-end) (hectare)	35066	35940
#本年采摘面积	Picked Area in Current Year	25769	22567
年末果园面积（公顷）	Area of Orchards (year-end) (hectare)	282198	296381
#梨　园	Pear	34945	36736
#柑　桔	Citrus	161402	158346

表11.13 主要农产品产量与建国以来最高年产量的比较（2013年）

OUTPUT OF MAJOR AGRICULTURAL PRODUCTS IN COMPARISON WITH THE PEAK YEAR SINCE THE FOUNDATION OF PRC (2013)

单位：万吨 (10 000 tons)

指　标	Item	2013	建国以来最高产量 Output in the Peak Year Since the Foundation of PRC		2013年为建国以来最高年份的比重(%) 2013 as Percentage of Peak Year
			年　份 Year	产　量 Output	
粮食总产量	Total Output of Grain	1148.13	1997	1184.63	96.9
#稻　谷	Rice	503.08	1997	552.44	91.1
小　麦	Wheat	33.70	1995	156.24	21.6
玉　米	Corn	258.08	2011	257	100.4
豆　类	Beans	46.03	1958	45.34	101.5
薯　类	Tubers	297.43	2012	294.382	101.0
油菜籽	Rapeseed	40.11	2012	37.71	106.4
麻　类	Fiber Crops	0.95	1985	2.60	36.5
甘　蔗	Sugarcane	10.94	1980	36.64	29.9
烤　烟	Flue-cured Tobacco	8.24	1997	11.00	74.9
蔬菜类	Vegetables	1600.64	2012	1509.34	106.0
年末生猪存栏头数（万头）	Number of Hogs (year-end, 10 000 heads)	1502.25	2005	1708.80	87.9
肉　类	Meat	207.85	2012	201.21	103.3
#猪　肉	Pork	154.95	2012	150.73	102.8
禽　肉	Meat of Poultry	35.78	2012	34.75	103.0
奶　类	Milk	6.80	2003	9.06	75.1
禽　蛋	Poultry Eggs	41.09	2012	40.05	102.6
水产品	Aquatic Products	38.50	2012	33.07	116.4
蚕　茧	Silkworm Cocoon	1.82	1994	5.74	31.7
茶　叶	Tea	3.42	2012	3.14	108.9
水　果	Fruits	318.86	2012	291.19	109.5

表11.14 农业商品产值和商品率（2012－2013年）

OUTPUT VALUE OF AGRICULTURAL COMMODITIES AND RATE OF COMMERCIALIZATION (2012-2013)

指　标	Item	农业商品产值（万元） Output Value of Agricultural Commodities (10 000 yuan)		农业商品率（%） Rate of Commercialization (%)	
		2012	2013	2012	2013
总　计	**Total**	**8700536**	**9484770**	**62.9**	**63.5**
农　业	Farming	4473346	4919700	53.1	54.1
#粮　食	Grain	973227	1004985	33.1	33.0
蔬　菜	Vegetables	2099404	2463730	65.3	65.9
水　果	Fruits	619629	736907	73.0	73.7
林　业	Forestry	297416	331647	68.4	69.1
牧　业	Animal Husbandry	3564682	3794872	78.5	78.6
#猪	Hogs	1980993	2195284	79.0	79.1
渔　业	Fishery	365092	438552	81.1	81.5

表11.15 乡镇企业主要指标（2012－2013年）
MAIN INDICATORS OF TOWNSHIP-OWNED ENTERPRISES (2012-2013)

单位：万元 (10 000 yuan)

指　标	Item	2012	2013
企业单位数（个）	Number of Enterprises (unit)	77930	80123
#工　业	Industry	27731	29250
#集体企业	Collective-owned Enterprises	148	154
私有企业	Private Enterprises	27583	29091
从业人数（人）	Employees (person)	2454405	2501404
#集体企业	Collective-owned Enterprises	41543	42825
私有企业	Private Enterprises	2412862	2458579
总产值	Gross Output Value	76304113	86589908
#集体企业	Collective-owned Enterprises	370148	554175
私有企业	Private Enterprises	75933965	86035733
工业总产值	Gross Industrial Output Value	50379028	54565476
#集体企业	Collective-owned Enterprises	159700	237265
私有企业	Private Enterprises	50219328	55328301
乡镇企业增加值	Value-added of Township Enterprises	19801206	22038410
#工　业	Industry	13117705	14572678
营业收入	Business Income	75550731	85123417
#集体企业	Collective-owned Enterprises	456122	532275
私有企业	Private Enterprises	75094609	84585692
利润总额	Total Pre-tax Profits	3070042	3483269
实交税金	Taxes Payed	2214332	2438424
#所得税	Income Tax	338128	372347
工资总额	Total Wages	6893007	7917996
#集体企业	Collective-owned Enterprises	1142861	1312804
私有企业	Private Enterprises	5750146	6605192
年末固定资产原值	Original Value of Fixed Assets at Year-end	18001830	18370123
#集体企业	Collective-owned Enterprises	198200	202255
私有企业	Private Enterprises	17803630	18167868
银行（信用社）贷款余额	Bank (Credit Cooperative) Loan Balance	5321595	5410907

重/庆/统/计/年/鉴

主要统计指标解释

农林牧渔业总产值

指以货币表现的农、林、牧、渔业全部产品和对农林牧渔业生产活动进行的各种支持性服务活动的价值总量，它反映一定时期内农林牧渔业生产总规模和总成果。1957年以前的农林牧渔业总产值中包括了厩肥和农民自给性手工业(如农民自制衣服、鞋、袜，自己从事粮食初步加工等)。1958年及以后，林业中增加了村及村以下竹木采伐产值；牧业中取消了厩肥产值；副业中取消了农民自给性手工业产值，增加了村及村以下办的工业产值；渔业中增加了海洋捕捞水产品产值。1980年及以后，在副业中增加了农民家庭兼营工业商品部分的产值。从1984年起村及村以下工业产值划归工业。从1993年起取消副业，将野生动物的捕猎划入牧业、野生植物采集和农民家庭兼营商品性工业划归农业。从2003年起，执行新的国民经济行业分类标准，农林牧渔业总产值中包括了农林牧渔服务业产值。林业中增加了森林采运业产值。农业中取消了家庭兼营商品性工业产值，将野生林产品的采集划归林业。第一次农业普查以后，由于畜牧业产品年报数据与普查数据之间存在一定的差距，国家统计局农调总队对畜牧业年报数据与普查数据进行衔接，相应的畜牧业产值进行调整。第二次农业普查后，国家统计局再次对种植业、畜牧业、林业、渔业、服务业数据进行了衔接与调整。

农林牧渔业总产值的计算方法通常是按农、林、牧、渔业产品及其副产品的产量分别乘以各自单位产品价格求得；少数生产周期较长，当年没有产品或产品产量不易统计的，则采用间接方法匡算其产值；然后将五业产值相加即为农林牧渔业总产值。

粮食产量

指全社会的产量。包括国有经济经营的、集体统一经营的和农民家庭经营的粮食产量，还包括工矿企业办的农场和其他生产单位的产量。粮食除包括稻谷、小麦、玉米、高粱、谷子及其他杂粮外，还包括薯类和豆类。其产量计算方法，豆类按去豆荚后的干豆计算；薯类（包括甘薯和马铃薯，不包括芋头和木薯）1963年以前按每4公斤鲜薯折1公斤粮食计算，从1964年开始及以后改为按5公斤鲜薯折1公斤粮食计算。城市郊区作为蔬菜的薯类（如：马铃薯等）按鲜品计算，并且不作粮食统计。其他粮食一律按脱粒后的原粮计算。1989年以前全国粮食产量数据主要靠全面报表取得，1989年开始使用抽样调查数据。

油料产量

指全部油料作物的生产量。包括花生、油菜籽、芝麻、向日葵籽，胡麻籽（亚麻籽）和其他油料。不包括大豆，也不包括木本油料和野生油料。花生以带壳干花生计算。

水产品产量

指人工养殖的水产品和天然生长的水产品的捕捞量。包括海水的鱼类、虾蟹类、贝类和藻类以及内陆水域的鱼类、虾蟹类和贝类，不包括淡水生植物。水产品产量是通过各级水产和统计部门逐级上报取得数据。1995年及以前，贝类中牡蛎按鲜肉计算；蚶、蛤、蛏按5斤鲜品折1斤计算。1996年以后则统一按鲜品计算。

肉产量

指各种牲畜及家禽、兔等动物肉产量总计。猪、羊、骡、骆驼肉产量按去掉头蹄下水后带骨肉的胴体重量计算，牛肉产量按去骨后的净肉重量计算，兔禽肉产量按屠宰后去毛和内脏后的重量计算，可用住户调查资料推算。

期初（末）畜禽存栏头（只）数

指报告期初（末）农村各种合作经济组织和国营农场、农民个人、机关、团体、学校、工矿企业，部队等单位以及城镇居民饲养的大牲畜、猪、羊、家禽等畜禽的存栏头（只）数。

农作物播种面积

指实际播种或移植有农作物的面积，凡是实际种植有农作物的面积，不论种植在耕地上还是种植在非

主要统计指标解释

耕地上，均包括在农作物播种面积中。在播种季节基本结束后，因遭灾而重新改种和补种的农作物面积，也包括在内。它是反映我国耕地面积利用情况的一个重要指标。目前，农作物播种面积主要包括粮食、棉花、油料、糖料、麻类、烟叶、蔬菜和瓜类、药材和其它农作物九大类。

■ 有效灌溉面积

指具有一定的水源，地块比较平整，灌溉工程或设备已经配套，在一般年景下当年能够进行正常灌溉的耕地面积。在一般情况下，有效灌溉面积应等于灌溉工程或设备已经配备，能够进行正常灌溉的水田和水浇地面积之和。它是反映我国耕地抗旱能力的一个重要指标。

■ 农用化肥施用量

指本年内实际用于农业生产的化肥数量，包括氮肥、磷肥，钾肥和复合肥。化肥施用量要求按折纯量计算数量。折纯法化肥施用量是把氮肥、磷肥和钾肥分别按含氮、含五氧化二磷、含氧化钾的百分之一百成份折算后的数量。复合肥按其所含主要成分折算。公式为：

折纯量= 实物量 × 某种化肥有效成份含量的百分比

■ 农业机械总动力

指主要用于农、林、牧、渔业的各种动力机械的动力总和。包括耕作机械、排灌机械、收获机械、农用运输机械、植物保护机械、牧业机械、林业机械、渔业机械和其他农业机械［内燃机按引擎马力折成瓦（特）计算，电动机按功率折成瓦（特）计算］。不包括专门用于乡、镇、村、组办工业、基本建设、非农业运输、科学试验和教学等非农业生产方面用的动力机械与作业机械。

■ 乡村从业人员

指乡村人口中劳动年龄在16周岁以上实际参加生产经营活动并取得实物或货币收入的人员，包括劳动年龄内经常参加劳动的人员，也包括超过劳动年龄但经常参加劳动的人员，但不包括户口在家的在外学生、现役军人和丧失劳动能力的人，也不包括待业人员和家务劳动者。从业人员按从事主业时间最长（时间相同按收入）分为农业从业人员、工业从业人员、建筑业从业人员、交通运输业、仓储及邮电通信业从业人员、批零贸易及餐饮业从业人员、其他非农行业从业人员。

Explanatory Notes on Main Statistical Indicators

□ Gross Output Value of Farming Forestry, Animal Husbandry and Fishery

Refers to the total value of products of farming, forestry, animal husbandry and fishery, and total value of services rendered to support farming, forestry, animal husbandry and fishery activities. It reflects the total scale and results of agricultural production during a given period. Prior to 1957, Chinas gross agricultural output value included barnyard manure and handicraft products for self-consumption (clothes, shoes, stockings, and initial grain processing undertaken by peasants). Since 1958, cutting and felling of bamboo and trees by villages and other cooperative organizations under villages have been included in forestry; value of barnyard manure has been excluded from animal husbandry; self consumed handicrafts has been excluded from sideline occupations, while the output value of industries run by villages and cooperative organizations under village had been included in sideline occupations and the output value of fish catches by motor fishing boats has been added to fishery. Since 1980, the value of handicraft products made for sale by individuals in households had been added to sideline occupations. Since 1984, industries run by villages and under villages have been included in the sector of industry. Since 1993, the subdivision of sideline occupations has been canceled, and the hunting of wild animals has been classified into animal husbandry, and the gathering of wild plants and commodity industry run by rural household have been included in farming. A new industrial classification of economic activities was introduced in 2003. Under the new classification, value of services to farming, forestry, animal husbandry and fishery is included in the gross output value of agriculture, value of wood felling and transport is included in forestry, value of industrial output by rural households is not included in agriculture, and the collection of wild forest products is taken from agriculture and included in the forestry. The first agriculture census of China revealed some discrepancy between the production of animal products from the annual reports and that from the census. Efforts were made by the Rural Socio-economic Survey Organization of NBS to adjust the output value of animal husbandry to make the figures from the annual reports consistent with the census data. After the Second Agriculture Census of China, the National Bureau of Statistics adjustment the data of farming, animal husbandry, forestry, fisheries and services once again.

Gross output value of agriculture is obtained by first multiplying the output of each product or by product by its price, resulting in the output value of each single item. For a small number of products, annual output of which is not available or difficult to get due to the long production (growing) process involved, the output value is estimated through an indirect approach. The sum of output value of all products of farming, forestry, animal husbandry and fishery is then equal to the gross output value of agriculture.

□ Grain Yield

Refers to the total output in the whole country including grains produced by state farms, collective units, rural households, as well as by farms affiliated to industrial and mining enterprises and other production units. Grain includes rice, wheat, corn, sorghum, millet and other miscellaneous grains as well as tubers and bean. Output of beans refers to dry beans without pods. The output of tubers (sweet potatoes and potatoes, not including taros and cassava) was converted into that of grain at the ratio 4:1, i.e. 4 kilograms of fresh tubers was equivalent to 1 kilogram of grain up to 1963. Since 1964 the ratio for conversion has been 5:1. Tubers supplied as vegetables (such as potatoes) in cities and suburbs are calculated as fresh vegetables and their output is not included in the output of grain. Output of all other grains refers to husked grain. Data on grain production before 1989 were obtained through Comprehensive Statistical Reporting System. Since 1989, data from sample surveys are used.

□ Yield of Oil-bearing Crops

Refers to the total yield of oil-bearing crops of various kinds, including peanuts, (dry, in shell) rapeseeds, sesame, sunflower seeds, flax seeds, and other oil-bearing crops. Soybeans, oil-bearing woody plants, and oil-bearing crops are not included.

□ Output of Aquatic Products

Refers to catches of both artificially cultured and naturally grown aquatic products, including fish, shrimps, crabs and shellfish in sea and inland water as well as seaweed. Freshwater plants are not included. Data on output of aquatic products are reported by aquatic product and statistical agencies level by level. Before 1995, among the shellfish, the oyster was counted as fresh meat; 5 kilograms of ark shell, clams and frogs are equivalent to 1 kilogram of fresh aquatic products; they are all counted as fresh aquatic products since 1996.

□ Output of Meat

Refers to the total meat of livestock. Data, which refers to the meat of slaughtered hogs, cattle, sheep and goats with head, feet and offal taken away, and refers to the meat of slaughtered animials such as rabbit with feather, visceral taken away.

□ Number of Livestock or Poultry in Hand at the Beginning (or End) of the Reference Period

Refers to the total number of large animals, pigs, sheep, fowls, etc., raised by rural cooperative organizations, state farms, rural individuals, government agencies, schools, industrial and mining enterprises, army, and urban residents at the beginning (or end) of the reference period.

□ Sown Area of Crops

Refers to area of land sown or trans-planted with crops regardless of being in cultivated area or non-cultivated area. Area of land resown due to natural disasters is also included. At present, the sown area of crops mainly include the following 9 categories of crops: grain, cotton, oil-bearing crops, sugar crops, fiber crops, Tobacco, Vegetables and melons, medicinal materials and other farm crops.

□ Irrigated Area

Refers to areas that are effectively irrigated, i.e. level land, which has water source and complete sets of irrigation facilities to lift and move adequate water for irrigation purpose under normal conditions. Under normal conditions, irrigated area is the sum of watered fields and irrigated fields where irrigation systems or equipment have been installed for regular irrigation purpose. This important indicator reflects drought resistance capacity of the cultivated land in China.

□ Consumption of Chemical Fertilizers for Farming

Refers to the quantity of chemical fertilizers applied in agriculture in the year, including nitrogenous fertilizer, phosphate fertilizer, potash fertilizer, and compound fertilizer. The consumption of chemical fertilizers is required in calculation to convert the gross weight into weight containing 100% effective component (e.g. 100% nitrogen content in nitrogenous fertilizer, 100% phosphorous pentoxide content in phosphate fertilizer, 100% potassium oxide content in potash fertilizer). Compound fertilizer is converted with its major component. The formula is:

Volume of effective component= physical quantity × effective component of certain chemical fertilizer (%)

□ Total Power of Farm Machinery

Refers to total mechanical power of machinery used in farming, forestry, animal husbandry, and fishery, including sloughing, irrigation and drainage, harvesting, transport, plant protection, stockbreeding, forestry and fishery. The power of internal combustion engines is required to convert horsepower into watts and the power of electric motors is required to be converted into watts. Machinery employed for non-agricultural purposes, such as the machines used in township-run and village-run industry, construction, non-agricultural transport, scientific experiments and teaching, is excluded.

□ Rural Employed Persons

Refer to rural labor forces aged over 16 years old who are engaged in real production and management activities and receive payment in kind or wages, including those covered within the age frame and regularly participating in production activities, and those who are out of the range of age frame and also participating in production activities regularly. Excluding students studying in other places with their permanent residence registered in local areas, servicemen and persons incapable of working; also excluding those who are waiting for jobs and those engaged in household work. Persons employed are classified as rural employed persons; industrial employed persons; construction industry employed persons; transport, storage and telecommunications industries employed persons; whole sales and retail sales trade and catering industry employed persons and other non-agricalture employed persons according to the longest period of employment in major activities (or using income indicator when period of employment is the same).

第12章

工 业

INDUSTRY

简要说明 BRIEF INTRODUCTION

本章资料主要包括工业企业主要指标，规模以上（即指年主营业务收入2000万元及以上）工业企业单位数、主要经济指标和效益指标，国有控股工业企业的主要经济指标和效益指标，私营工业企业的主要经济指标和效益指标，外商投资和港澳台投资企业的主要经济指标和效益指标，大中型工业企业的主要经济指标和效益指标，主要工业产品产量以及占全国当年产量的比重。本章资料由市统计局工业处整理提供。

The data in this chapter cover the main indicators of industrial enterprises; the number, main economic indicators and benefit indicators of enterprises above designated size (enterprises with annual revenue from principal business 20 million yuan and above); the main economic indicators and benefit indicators of state-holding industrial enterprises, private industrial enterprises, industrial enterprises with Hong Kong, Macao, Taiwan and foreign funds and large and medium-sized industrial enterprises; the output of major industrial products and their percentage to nation total in this year. The data in this chapter are sorted and provided by Division of Industry Statistics, Chongqing Municipal Bureau of Statistics.

表12.1 工业企业主要指标（1978－2013年）
MAJOR INDICATORS OF INDUSTRIAL ENTERPRISES (1978-2013)

单位：万元 (10 000 yuan)

年 份 Year	单位数（个） Number of Enterprises (unit)	从业人员平均人数（人） Average Emloyment (person)	工业总产值 Industrial Gross Output Value	
			绝对值 Value	指 数（上年=100） Index Preceding Year=100
1978	8037	951217	643444	100.0
1980	10963	998963	772307	104.6
1985	9924	1251649	1408126	117.2
1986	12454	1473491	1604215	104.1
1987	11556	1511086	1921043	112.4
1988	11303	1552189	2529674	116.1
1989	10976	1587712	2991130	102.4
1990	10763	1610473	2993490	100.7
1991	10780	1652984	3424558	111.8
1992	9693	1662144	4191279	116.3
1993	9083	1752822	5847377	118.2
1994	9713	1692108	7185418	115.4
1995	11474	1724173	7651109	115.2
1996	2332	1474400	7304148	
1997	2210	1428600	7947952	114.4
1998	2000	1164200	7667894	100.7
1999	1975	1004400	8585525	118.9
2000	2040	907900	9623226	113.6
2001	2054	841900	10728325	115.5
2002	2072	820103	12283741	119.8
2003	2243	843341	15889928	126.7
2004	2634	900546	21427261	129.9
2005	2946	924204	25258684	118.6
2006	3214	968440	32142340	127.4
2007	3942	1082675	43632489	133.6
2008	6119	1321310	57558984	129.3
2009	6412	1372758	67729015	115.2
2010	7130	1465587	91435532	128.4
2011	4778	1457566	118470581	128.2
2012	4985	1549702	130951235	118.0
2013	5559	1694189	157854080	114.5

注：1）本表统计口径1996年以前为全部独立核算工业企业，1996年-2006年为全部国有及规模以上（即年主营业务收入在500万元及以上）非国有工业企业，2007年为规模以上（即年主营业务收入在500万元及以上）工业企业（下表同）。
2）工业总产值的绝对值按现价计算。由于工业统计制度变更，工业总产值指数2003年及以前按可比价计算，2004年起按现价计算。

Note: a) The statistic scope of this table is all the industrial enterprises with independent accounting system before 1996, is all the state-owned industrial enterprises and non-state-owned industrial enterprises over designated size (with annual revenue from principal business 5 million yuan and above) from 1996 to 2006, and is the industrial enterprises over designated size (with annual revenue from principal business 5 million yuan and above) in 2007 (the same below).
b) Gross output value of industry are calculated at current prices. As industry statistic system has been changed, the index of industrial gross output value in 2003 andprevious years is calculated at constant prices, while the index is calculated at current prices since 2004.

表12.1 续表 continued

单位：万元 (10 000 yuan)

年 份 Year	年末固定资产 Year-end Fixed Assets 原 值 Original Value	净 值 Net Value	流动资产合计 Total Circulating Assets	主营业务收入 Revenue from Principal Business	利税总额 Total Pre-tax Profits	利润总额 Total Profits
1978	706016	475301	298093	595593	119300	
1980	823370	540178	329897	708120	146213	
1985	1339800	923111	604983	1449426	260677	
1986	1445859	970019	743986	1559353	225749	
1987	1635303	1135872	908572	1897962	251220	
1988	1830786	1254850	1062157	2472560	358610	
1989	2063326	1405200	1441939	2734475	365348	
1990	2314886	1490850	1942657	2782262	253309	
1991	2585930	1647544	2418353	3338105	291455	
1992	2947902	1784094	2852708	4167995	365134	
1993	3424857	2106423	3484050	6124846	551046	
1994	4953046	2967592	4631636	6294911	573144	
1995	7307273	4057468	5702467	7524836	580345	
1996	7708153	5398622	5749079	7113430	480449	-49429
1997	8578673	5952377	6959065	7981695	460736	-116702
1998	9866758	6940364	7202796	7809127	393220	-193078
1999	10840971	7604150	7733524	8546131	572648	-67491
2000	11515782	7848443	8157646	9593576	855670	156449
2001	12056356	7958216	8874861	10732455	1016889	238170
2002	12730167	8282507	9228472	12357157	1320260	405426
2003	13424490	8576299	10305605	15950727	1910901	859689
2004	14970250	9738481	11641381	21088433	2420163	1155898
2005	16779752	11001178	13571979	25151726	2564825	1155912
2006	20266728	13551444	15484263	32008042	3192103	1557631
2007	24067348	16421036	18541937	42629860	5025623	2405387
2008	30254424	20829025	24807777	56676087	6017115	3086786
2009	34109428	22757818	28630140	66247114	7105030	3560249
2010	44634155	29639590	36084780	90390303	10118841	5185939
2011	50234507	30341715	45089210	113823442	11643029	6603471
2012	58315944	36101279	53572842	128803222	12244123	6453886
2013	72786258	46301592	62293267	155817793	17342546	9076025

表12.2 主要工业产品产量（1978－2013年）

OUTPUT OF MAJOR INDUSTRIAL PRODUCTS (1978-2013)

年 份 Year	天然气（亿立方米） Natural Gas (100 million cu.m)	发电量（亿千瓦时） Electricity (100 million kwh)	钢 材（万吨） Steel Products (10 000 tons)	铝 材（万吨） Aluminum Products (10 000 tons)	水 泥（万吨） Cement (10 000 tons)	汽 车（万辆） Motor Vehicles (10 000 units)	其中 of which #轿 车（万辆） Cars (10 000 units)	摩托车（万辆） Motorcycles (10 000 units)
1978	0.09	29.60	73.09	1.47	96.14	0.16		
1980	15.78	33.32	76.52	2.27	129.10	0.23		0.27
1985	24.47	36.67	86.35	4.50	262.78	0.89		47.18
1986	25.88	41.96	94.99	4.55	269.20	0.61		31.94
1987	28.39	54.73	111.36	5.00	308.29	0.90		27.14
1988	29.44	66.38	121.06	5.01	353.43	1.66		44.47
1989	31.96	72.64	102.59	4.99	345.39	2.02		36.85
1990	34.59	73.75	109.61	3.97	351.85	2.18		38.22
1991	35.86	84.05	105.67	5.51	428.56	3.04		48.48
1992	36.44	91.95	112.24	5.55	517.31	4.56		69.37
1993	37.14	118.41	162.74	5.79	562.32	6.82		120.38
1994	41.87	124.36	130.74	6.19	642.62	8.77		170.23
1995	45.00	127.62	120.68	5.93	820.57	11.47		220.17
1996	26.10	128.73	117.55	7.36	648.76	12.41	1.34	177.36
1997	30.69	139.88	116.08	9.31	862.10	16.07	2.89	177.04
1998	33.24	158.67	131.01	10.62	1173.59	15.74	3.56	126.90
1999	34.74	158.27	135.10	12.11	1197.60	21.85	4.46	174.93
2000	38.98	167.90	156.98	13.98	1402.78	24.59	4.82	191.07
2001	41.88	170.41	161.42	16.82	1511.18	24.38	4.31	253.53
2002	45.41	184.75	201.48	19.94	1679.52	33.13	6.78	323.42
2003	47.29	188.64	235.24	21.60	1927.00	40.45	12.06	441.32
2004	51.57	232.82	288.10	26.23	1906.23	42.89	15.73	473.07
2005	57.09	234.03	294.70	39.36	2100.69	42.15	15.33	420.84
2006	70.88	275.44	382.87	66.41	2533.84	51.99	26.30	534.60
2007	71.11	325.22	436.57	81.13	2819.92	70.80	41.80	638.25
2008	79.50	396.64	487.20	79.76	3230.51	76.64	40.72	774.90
2009	75.70	428.26	477.44	75.15	3610.99	118.65	63.30	761.74
2010	67.48	456.71	699.91	102.79	4598.04	161.58	85.17	849.23
2011	62.94	529.57	948.17	134.45	4935.15	172.20	93.67	879.59
2012	55.76	536.53	1150.22	94.41	5499.59	184.46	102.40	877.51
2013	50.91	586.13	1290.55	109.79	6120.40	215.06	108.14	810.94

表12.2 续表 continued

年 份 Year	电子计算机整机（万台） Computers (10 000 sets)	打印机（万台） Marking Machine (10 000 sets)	移动通信手持机（手机）（万台） Mobile Telephones (10 000 sets)	维纶纤维（万吨） PVA Fiber (10 000 tons)	硫 酸（万吨） Sulphuric Acid (10 000 tons)	啤 酒（万千升） Beer (10 000 kiloliters)	卷 烟（亿支） Cigarettes (100 million pieces)	农用化肥（万吨） Chemical Fertilizer (10 000 tons)
1978					12.76		87.70	20.23
1980					15.85		115.75	13.10
1985					15.09	3.47	246.70	15.23
1986					20.86	4.16	314.90	17.28
1987					23.25	5.18	346.95	21.70
1988					25.31	6.26	355.65	21.55
1989					27.33	5.90	356.20	21.60
1990					25.24	5.91	357.85	24.58
1991					33.10	6.67	368.85	28.24
1992					34.28	7.74	439.10	28.86
1993					25.96	15.61	437.10	31.73
1994					25.31	16.69	430.65	35.59
1995					48.84	18.89	502.25	54.37
1996				1.71	51.29	28.54	453.91	78.97
1997				1.23	52.00	40.05	507.38	66.07
1998				0.90	59.47	50.66	369.35	73.40
1999				0.63	61.83	50.81	482.85	74.27
2000				0.77	50.65	50.42	343.50	72.26
2001				1.03	65.77	39.91	338.50	77.57
2002				1.11	85.64	41.36	343.80	82.53
2003				1.18	99.18	44.42	387.50	89.97
2004				1.30	135.51	46.21	386.32	104.22
2005				1.56	150.08	53.87	396.08	121.89
2006				1.52	190.44	64.73	406.00	127.82
2007				1.57	223.78	76.49	426.00	154.20
2008				1.47	172.31	68.01	451.00	127.06
2009			374.93	1.23	202.29	72.77	476.00	152.00
2010	193.43		650.26	1.26	222.00	75.20	501.00	181.49
2011	2547.82		592.48	1.55	176.76	77.31	516.00	169.52
2012	4160.88	901.35	1095.76	1.41	221.54	77.23	551.00	206.63
2013	5593.34	1943.69	3695.78	1.79	209.35	80.04	571.00	204.33

表12.3 工业企业经济效益指标（1992－2013年）
INDICATORS ON ECONOMIC BENEFIT OF INDUSTRIAL ENTERPRISES (1992-2013)

单位：% (%)

年 份 Year	经济效益综合指数 Comprehensive Index of Economic Benefits	总资产贡献率 Ratio of Total Assets to Industrial Output Value	资本保值增值率 Ratio of Assets Appreciation YOY	资产负债率 Asset-Liability Ratio
1992	76.2			
1993	84.6			
1994	83.9			
1995	73.0			
1996	63.8	2.8	125.7	68.6
1997	60.3	2.7	113.9	68.4
1998	57.3	5.0	103.0	68.3
1999	67.7	5.5	101.4	67.1
2000	87.1	6.3	112.1	64.8
2001	95.2	6.9	108.3	62.7
2002	109.8	7.8	120.7	61.3
2003	129.7	9.9	115.8	60.8
2004	140.9	10.6	120.2	60.8
2005	139.4	10.0	116.2	59.7
2006	153.7	10.5	114.4	59.8
2007	187.7	12.6	118.2	59.7
2008	204.0	12.2	117.6	60.0
2009	204.4	12.1	114.6	60.3
2010	226.0	13.6	125.0	60.3
2011	244.1	13.7	120.5	60.7
2012	262.5	12.6	121.1	63.0
2013	254.1	14.2	118.0	63.8

表12.3 续表 continued

年 份 Year	流动资产周转率（次） Turnover Ratio of Circulating Assets (time)	成本费用利润率 Ratio of Profits to Cost	全员劳动生产率（元/人年） Overall Labor Productivity (yuan/person-year)	产品销售率 Sales as Percentage of Output
1992	1.4	3.2	7296	97.0
1993	1.6	3.1	10758	97.1
1994	1.4	2.7	12638	96.4
1995	1.2	0.7	11804	96.3
1996	1.3	-1.2	13546	96.5
1997	1.2	-1.8	14972	95.6
1998	1.1	-2.4	16690	97.2
1999	1.1	-1.1	23385	97.5
2000	1.2	1.7	31081	99.1
2001	1.2	2.3	37750	97.9
2002	1.3	3.4	46464	98.1
2003	1.5	5.7	55957	97.8
2004	1.8	5.8	66148	99.9
2005	1.9	4.9	77511	98.8
2006	2.1	5.2	87750	98.4
2007	2.3	6.1	127993	97.1
2008	2.4	5.8	156167	98.0
2009	2.3	5.8	159484	98.3
2010	2.5	6.1	183031	98.1
2011	2.6	6.0	213463	97.4
2012	2.4	5.4	223843	97.8
2013	2.5	6.2	230218	98.0

注：1）经济效益综合指数1997年前由资金利税率、增加值率、流动资产周转率、成本费用利润率、全员劳动生产率、产品销售率等六项指标构成，从1997年起由总资产贡献率、资本保值增值率、资产负债率、流动资产周转率、成本费用利润率、全员劳动生产率、产品销售率等七项指标构成。
2）由于部分指标无法取得，因此2008年资本保值增值率、全员劳动生产率采用2008年12月快报数代替，其余指标均取自2008年经济普查数。

Note: a) Comprehensive index of economic benefits before 1997 are composed of 6 items, namely ratio of pretax profits to total industrial assets, ratio of value-added to gross industrial output value, turnover ratio of circulating assets, ratio of profits to cost, overall labor productivity and sales as percentage of output, and since 1997 are composed of 7 items, namely ratio of total assets to industrial output value, ratio of assets appreciation YOY, asset-liability ratio, turnover ratio of circulating assets, ratio of profits to cost, overall labor productivity and sales as percentage of output.
b) Because some of the indices are not available, the index of industrial gross output value, value-added of industry and its index in 2008 are replaced by the accumulated value in December 2008, and other indices are the data from the census of economy in 2008.

表12.4 规模以上工业企业单位数（2012－2013年）
NUMBER OF INDUSTRIAL ENTERPRISES ABOVE DESIGNATED SIZE (2012-2013)

单位：个 (unit)

指　标	Item	2012	2013
总　计	**Total**	**4985**	**5559**
#国有控股企业	State-holding Enterprises	473	482
#亏损企业	Loss-generating Enterprises	645	571
按登记注册类型分	**By Status of Registration**		
内资企业	Domestic-funded Enterprises	4673	5214
国有企业	State-owned Enterprises	107	41
集体企业	Collective-owned Enterprises	56	46
股份合作企业	Cooperative Share Holding Enterprises	30	19
国有联营	State Joint Ownership Enterprises	2	
集体联营	Collective Joint Ownership Enterprises	1	1
国有与集体联营	Joint State-Collective Enterprises	2	1
其他联营	Other Joint Ownership Enterprises	1	1
国有独资公司	Soly State-funded Corporations	101	133
其他有限责任公司	Other Limited Liability Corporations	937	1249
股份有限公司	Share-holding Corporations Ltd.	138	161
私营独资	Soly Private-funded Enterprises	604	350
私营合作	Cooperative Private Enterprises	107	71
私营有限责任公司	Private Limited Liability Corporations	2284	2890
私营股份有限公司	Private Share-holding Corporations Ltd.	226	236
其他内资	Other Enterprises	77	15
港澳台商投资企业	Enterprises Funded by Hong Kong, Macao and Taiwan	124	138
合资经营	Joint-ventures	62	66
合作经营	Cooperative Enterprises	2	2
独　资	Enterprises with Sole Investment	57	66
投资股份有限公司	Share-holding Corporations Ltd.	3	4
其　他	Others		
外商投资企业	Foreign-funded Enterprises	188	207
中外合资经营	Joint-ventures	115	114
中外合作经营	Cooperative Enterprises	6	6
外资企业	Enterprises with Sole Investment	61	81
外商投资股份有限公司	Share-holding Corporations Ltd.	5	5
其　他	Others	1	1
按轻重工业分	**By Light and Heavy Industries**		
轻工业	Light Industry	1853	2016
重工业	Heavy Industry	3132	3543
按企业规模分	**By Size**		
大型企业	Large	192	211
中型企业	Medium	979	1047
小型企业	Small	3665	4156
微型企业	Mini	149	145

表12.5 规模以上工业企业主要产品产量占全国的比重（2013年）
OUTPUT OF MAJOR INDUSTRIAL PRODUCTS OF INDUSTRIA ENTERPRISES ABOVE DESIGNATED SIZED AS PERCENTAGE OF NATION TOTAL (2013)

产　品	Products	全　国 Nation Total	重　庆 Chongqing	重庆占全国比重（%） Chongqing as % of Nation Total
维纶纤维（万吨）	PVA Fiber (10 000 tons)	7.10	1.79	25.2
布（亿米）	Cloth (100 million m)	683.40	5.61	0.8
蚕　丝（万吨）	Silk (10 000 tons)	13.71	0.54	3.9
原　盐（万吨）	Salt (10 000 tons)	6460.30	236.28	3.7
卷　烟（亿支）	Cigarettes (100 million pieces)	25604.00	571.00	2.2
白　酒（万千升）	Liquor (10 000 kiloliters)	1226.70	17.49	1.4
啤　酒（万千升）	Beer (10 000 kiloliters)	5061.50	80.04	1.6
软饮料（万吨）	Soft Beverage (10 000 tons)	14926.90	288.41	1.9
乳制品（万吨）	Dairy Products (10 000 tons)	2697.80	13.74	0.5
发电量（亿千瓦小时）	Electricity (100 million kwh)	52451.10	586.13	1.1
天然气（亿立方米）	Natural Gas (100 million cu.m)	1129.40	50.91	4.5
生　铁（万吨）	Pig Iron (10 000 tons)	70897.00	556.22	0.8
粗　钢（万吨）	Crude Steel (10 000 tons)	77904.10	876.43	1.1
成品钢材（万吨）	Steel Products (10 000 tons)	106762.20	1290.55	1.2
铝　材（万吨）	Auminum Products (10 000 tons)	3962.50	109.79	2.8
水　泥（万吨）	Cement (10 000 tons)	241439.60	6120.40	2.5
硫　酸（万吨）	Sulphuric Acid (10 000 tons)	8077.60	209.35	2.6
纯　碱（万吨）	Soda Ash (10 000 tons)	2429.30	118.69	4.9
烧　碱（万吨）	Caustic Soda (10 000 tons)	2854.20	33.63	1.2
农用化学肥料（万吨）	Chemical Fertilizer (10 000 tons)	7153.60	204.33	2.9
合成氨（万吨）	Synthetic Ammonia (10 000 tons)	5745.30	200.10	3.5
中成药（万吨）	Traditional Chinese Medicine (10 000 tons)	310.60	8.25	2.7
冰醋酸（万吨）	Glacial Acetic Acid (10 000 tons)	429.90	33.45	7.8
精甲醇（万吨）	Refined Methanol (10 000 tons)	2878.50	89.91	3.1
涂　料（万吨）	Paint (10 000 tons)	1303.40	21.31	1.6
卫生陶瓷（万件）	Toilet Wares (10 000 tons)	19495.30	349.76	1.8
变压器（万千伏安）	Transformers (10 000 kilovolt-amperes)	152323.10	3866.22	2.5
汽　车（万辆）	Motor Vehicles (10 000 units)	2387.20	215.06	9.0
#轿　车	Cars	1330.10	108.14	8.1
摩托车（万辆）	Motorcycles (10 000 units)	2581.20	810.94	31.4
微型计算机设备(万台)	Microcomputers (10 000 sets)	35246.30	5593.34	15.9
显示器（万台）	Display(10 000 sets)	13257.00	994.81	7.5
打印机（万台）	Marking Machine(10 000 sets)	7379.00	1943.69	26.3
移动通信手持机(手机)(万台)	Mobile Telephone(10 000 sets)	153181.20	3695.78	2.4

表12.6 规模以上工业企业主要经济指标（2013年）

MAIN ECONOMIC INDICATORS OF INDUSTRIAL ENTERPRISES ABOVE DESIGNATED SIZE (2013)

指 标	Item	单位数（个） Number of Enterprises (unit)
总 计	**Total**	**5559**
#国有控股企业	State-owned and State-holding Enterprises	482
按登记注册类型分	**By Status of Registration**	
内资企业	Domestic-funded Enterprises	5214
#国有企业	State-owned	41
集体企业	Collective-owned	46
港澳台投资企业	Funded by Hong Kong, Macao and Taiwan	138
外商投资企业	Foreign-funded	207
按轻、重工业分	**By Light and Heavy Industries**	
轻工业	Light Industry	2016
重工业	Heavy Industry	3543
按企业规模分	**By Size**	
大型企业	Large	211
中型企业	Medium	1047
小型企业	Small	4156
微型企业	Mini	145
按行业分	**By Sector**	
煤炭开采和洗选业	Mining and Washing of Coal	371
石油和天然气开采业	Extraction of Petroleum and Natural Gas	1
黑色金属矿采选业	Mining and Processing of Ferrous Metal Ores	28
有色金属矿采选业	Mining and Processing of Non-Ferrous Metal Ores	3
非金属矿采选业	Mining and Processing of Nonmetal Ores	92
开采辅助活动	Mining Support Activities	
其他采矿业	Mining of Other Ores	
农副食品加工业	Processing of Food from Agricultural Products	366
食品制造业	Manufacture of Foods	113
酒、饮料和精制茶制造业	Liquor, Beverage and Refined Tea	77
烟草制品业	Manufacture of Tobacco	4
纺织业	Manufacture of Textile	135
纺织服装、鞋、帽制造业	Manufacture of Textile Wearing Apparel, Footware and Caps	78
皮革、毛皮、羽毛（绒）及其制品业	Manufacture of Leather, Fur, Feather and Related Products	84
木材加工及木竹藤棕草制品业	Processing of Timber, Manufacture of Wood, Bamboo, Rattan, Palm and Straw Products	52
家具制造业	Manufacture of Furniture	56
造纸及纸制品业	Manufacture of Paper and Paper Products	95
印刷业、记录媒介的复制	Printing, Reproduction of Recording Media	75
文教、工美、体育和娱乐用品制造业	Manufacture of Culture, Education, Handicraft, Fine Arts, Sports and Entertainment Articles	24
石油加工、炼焦及核燃料加工业	Processing of Petroleum, Coking, Processing of Nuclear Fuel	23
化学原料及化学制品制造业	Manufacture of Raw Chemical Materials and Chemical Products	259
医药制造业	Manufacture of Medicines	115
化学纤维制造业	Manufacture of Chemical Fibers	4
橡胶和塑料制品业	Manufacture of Rubber and Plastics	206
非金属矿物制品业	Manufacture of Non-metallic Mineral Products	503
黑色金属冶炼及压延加工业	Smelting and Pressing of Ferrous Metals	170
有色金属冶炼及压延加工业	Smelting and Pressing of Nonferrous Metals	100
金属制品业	Manufacture of Metal Products	215
通用设备制造业	Manufacture of General Purpose Machinery	271
专用设备制造业	Manufacture of Special Purpose Machinery	175
汽车制造业	Manufacture of Motor Vehicles	678
铁路、船舶、航空航天和其他运输设备制造业	Manufacture of Railway, Ship, Aviation and Other Transporting Equipment	520
电气机械及器材制造业	Manufacture of Electrical Machinery and Equipment	228
通信设备、计算机及其他电子设备制造业	Manufacture of Communication Equipment, Computers and Other Electronic Equipment	159
仪器仪表及文化、办公用机械制造业	Manufacture of Measuring Instruments and Machinery for Cultural Activity and Office Work	86
其他制造业	Other Manufacture	15
废弃资源综合利用业	Comprehensive Utilization of Waste Resources	17
金属制品、机械和设备修理业	Repair of Metal Products, Machinery and Equipment	7
电力、热力的生产和供应业	Production and Supply of Electric Power and Heat Power	82
燃气生产和供应业	Production and Supply of Gas	47
水的生产和供应业	Production and Supply of Water	25

单位：万元 (10 000 yuan)

从业人员平均人数（万人）Average Employment (10 000 persons)	工业总产值 Gross Industrial Output Value	工业销售产值 Sales Value of Industry	其　中 of which #出口交货值 Value of Export Delivery	实收资本 Paid-in Capital	其　中 of which #国家资本 State Capital	#外商资本 Foreign Capital
169.42	**157854080**	**154756667**	**22767548**	**20689021**	**3906584**	**1477782**
43.01	44253331	44059887	1684748	10027991	3660729	412054
140.32	114211743	111576970	5183466	15417156	3395192	128155
2.79	1197478	1173907	14248	677615	150897	
0.93	292236	289150		50832	1302	
13.65	16680149	16472307	9340413	2408632	207587	115181
15.45	26962188	26707390	8243670	2863232	303805	1234446
54.19	42746202	41278448	3005048	4942573	466167	191365
115.23	115107878	113478219	19762500	15746448	3440417	1286417
61.83	75411039	74359843	20044552	8511833	1355584	676156
56.03	40741395	39576733	1737915	6171475	1386754	494335
51.28	40902701	40051124	979596	5911412	1156906	293014
0.28	798946	768967	5485	94300	7339	14277
15.52	3713255	3646439	2630	1100551	107474	30
0.13	95404	95390		10515	2396	
0.53	135840	136382		28554	18845	
0.10	48496	47616		1118		
1.15	952781	939836		114240	39048	3400
6.42	6638016	6508997	114317	513754	118247	30185
2.35	1683708	1646727	50440	149404	9709	690
2.17	1660493	1570136	19746	219591	22115	34575
0.42	1555017	1562715		116518	81959	
2.57	1837466	1838033	239996	144717	9035	12373
2.48	1018173	936079	105209	68011	1401	1667
2.78	1446552	1437790	60072	37310	3	
0.71	359684	351841	12998	37715		
1.22	853793	843164	8849	66867	4028	6169
1.99	2126769	2013744	50631	706545	350	5129
1.39	1054777	1044122	25989	165231	4610	13274
0.87	558232	540888	27404	45988		
0.50	494963	505106		42495		
8.28	7603465	7409221	193255	1903250	453894	233920
4.41	3229872	3065530	154531	575293	58661	1577
0.09	46551	49343	109	2800		
4.55	4011676	3873538	211777	465868	23646	88849
11.31	8352081	8145093	160290	1706364	168180	135862
4.77	7390545	7339905		840689	37091	450
2.89	5545707	5466062	104316	946980	132304	
5.22	3788436	3645544	204138	413354	130693	6122
6.57	4958150	4745874	336105	787609	259769	79836
3.29	2778268	2711066	127768	321048	42819	2494
25.56	30113047	29905406	653193	2875967	319454	482301
17.21	13359706	12978568	1885798	1529356	86469	48534
6.43	8630326	7874629	278171	756875	87242	26492
14.55	21283295	21113666	16846394	908043	160818	198304
2.51	1397116	1344920	69881	300987	47362	24241
1.48	487269	804280	54680	287167	34031	6310
0.25	414787	434118		34395		
0.31	116786	117231		10483		
4.85	6775599	6730521	768864	1866799	1289358	
0.98	1099542	1104115		317878	74690	35000
0.66	238439	233034		268692	80884	

表12.6 续表1 continued 1

指 标	Item	资 产 Total Assets
总 计	**Total**	**134621071**
#国有控股企业	State-owned and State-holding Enterprises	63413520
按登记注册类型分	**By Status of Registration**	
内资企业	Domestic-funded Enterprises	101852441
#国有企业	State-owned	3055583
集体企业	Collective-owned	168725
港澳台投资企业	Funded by Hong Kong, Macao and Taiwan	14832023
外商投资企业	Foreign-funded	17936607
按轻、重工业分	**By Light and Heavy Industries**	
轻工业	Light Industry	30414809
重工业	Heavy Industry	104206263
按企业规模分	**By Size**	
大型企业	Large	70183657
中型企业	Medium	33044136
小型企业	Small	30761741
微型企业	Mini	631536
按行业分	**By Sector**	
煤炭开采和洗选业	Mining and Washing of Coal	5365323
石油和天然气开采业	Extraction of Petroleum and Natural Gas	45171
黑色金属矿采选业	Mining and Processing of Ferrous Metal Ores	208545
有色金属矿采选业	Mining and Processing of Non-Ferrous Metal Ores	40378
非金属矿采选业	Mining and Processing of Nonmetal Ores	624528
开采辅助活动	Mining Support Activities	
其他采矿业	Mining of Other Ores	
农副食品加工业	Processing of Food from Agricultural Products	2493900
食品制造业	Manufacture of Foods	1189553
酒、饮料和精制茶制造业	Liquor, Beverage and Refined Tea	1293420
烟草制品业	Manufacture of Tobacco	922636
纺织业	Manufacture of Textile	834430
纺织服装、鞋、帽制造业	Manufacture of Textile Wearing Apparel, Footware and Caps	471842
皮革、毛皮、羽毛（绒）及其制品业	Manufacture of Leather, Fur, Feather and Related Products	351341
木材加工及木竹藤棕草制品业	Processing of Timber, Manufacture of Wood, Bamboo, Rattan, Palm and Straw Products	248293
家具制造业	Manufacture of Furniture	557097
造纸及纸制品业	Manufacture of Paper and Paper Products	2100610
印刷业、记录媒介的复制	Printing, Reproduction of Recording Media	719946
文教、工美、体育和娱乐用品制造业	Manufacture of Culture, Education, Handicraft, Fine Arts, Sports and Entertainment Articles	411134
石油加工、炼焦及核燃料加工业	Processing of Petroleum, Coking, Processing of Nuclear Fuel	267003
化学原料及化学制品制造业	Manufacture of Raw Chemical Materials and Chemical Products	8663642
医药制造业	Manufacture of Medicines	3837372
化学纤维制造业	Manufacture of Chemical Fibers	27669
橡胶和塑料制品业	Manufacture of Rubber and Plastics	2236422
非金属矿物制品业	Manufacture of Non-metallic Mineral Products	9395979
黑色金属冶炼及压延加工业	Smelting and Pressing of Ferrous Metals	6846855
有色金属冶炼及压延加工业	Smelting and Pressing of Nonferrous Metals	4633927
金属制品业	Manufacture of Metal Products	3218017
通用设备制造业	Manufacture of General Purpose Machinery	4689297
专用设备制造业	Manufacture of Special Purpose Machinery	2175091
汽车制造业	Manufacture of Motor Vehicles	23766990
铁路、船舶、航空航天和其他运输设备制造业	Manufacture of Railway, Ship, Aviation and Other Transporting Equipment	10768087
电气机械及器材制造业	Manufacture of Electrical Machinery and Equipment	5369331
通信设备、计算机及其他电子设备制造业	Manufacture of Communication Equipment, Computers and Other Electronic Equipment	10184498
仪器仪表及文化、办公用机械制造业	Manufacture of Measuring Instruments and Machinery for Cultural Activity and Office Work	1414256
其他制造业	Other Manufacture	1280716
废弃资源综合利用业	Comprehensive Utilization of Waste Resources	194029
金属制品、机械和设备修理业	Repair of Metal Products, Machinery and Equipment	53276
电力、热力的生产和供应业	Production and Supply of Electric Power and Heat Power	14933324
燃气生产和供应业	Production and Supply of Gas	1381102
水的生产和供应业	Production and Supply of Water	1406044

单位：万元 (10 000 yuan)

其 中 of which	固定资产 Fixed Assets		负 债	其 中 of which
#流动资产 Circulating Assets	原 值 Original Value	净 值 Net Value	Total Liabilities	#流动负债 Total Circulating Liabilities
62293267	**72786258**	**46301592**	**85864184**	**65423263**
24482772	37805611	24778920	41968194	29830893
46349376	55478023	34511409	62349446	46665041
899958	2013202	1335210	1983455	1401486
89761	95630	62137	107375	99211
5911607	8441297	6171226	10725393	7313199
10032284	8866938	5618957	12789345	11445023
16002046	15094045	8847360	16719506	13079335
46291222	57692214	37454232	69144678	52343928
31954245	37491253	23471305	46278784	35546308
15424251	19104027	11425875	20637041	16137687
14527787	16074162	11328901	18678419	13612787
386984	116817	75511	269941	126481
1480372	2421264	1592087	2642601	1645814
19568	38826	9476	13101	12885
97416	68083	52640	157021	128714
30038	6327	3646	34890	34890
232073	297311	192621	277494	231439
1174579	1377936	901304	1203580	982694
607077	459350	343716	603551	472168
620915	759748	464969	695076	636183
681471	351491	138301	458890	344390
394446	465199	269173	334056	197717
279025	197381	144821	210695	176213
209678	1051136	99008	161940	111105
94945	122789	93033	122954	97615
381676	124581	88271	340648	295180
732529	1329652	969950	1110719	617782
334011	467871	274114	401381	277785
147304	239802	202506	172234	155539
146663	135301	72994	146138	139598
2956468	5852452	3798857	5432704	4133814
1873227	1410670	987682	2111599	1654444
14363	9956	6842	15244	14965
1018912	2136586	914589	1345981	918953
4177888	5318280	3600877	6107556	4583405
2426072	3993173	2971403	5088560	3643524
1825936	2534708	1850876	3440727	2545239
1719446	1386148	910238	1887070	1594342
3181790	1509518	922018	2836500	2475698
1281123	862236	499546	1299658	1114947
13035016	9422210	5600866	14722051	13029866
6520956	4181986	2331937	6890119	5573322
3658546	1489614	957811	3149681	2524522
5933066	4335651	3207262	8706502	7276666
1064835	361409	175148	850549	747678
701859	614058	331274	952237	755541
148374	278513	21695	165033	161575
31639	27675	20029	31345	23639
2077649	15560925	10192551	10280883	5311925
639783	605281	372259	781034	506651
342537	981162	715202	682185	274838

表12.6 续表2 continued 2

指 标	Item	所有者权益 Creditors' Equity
总 计	**Total**	**48021305**
#国有控股企业	State-owned and State-holding Enterprises	21174633
按登记注册类型分	**By Status of Registration**	
内资企业	Domestic-funded Enterprises	38901633
#国有企业	State-owned	1072119
集体企业	Collective-owned	59331
港澳台投资企业	Funded by Hong Kong, Macao and Taiwan	4087428
外商投资企业	Foreign-funded	5032244
按轻、重工业分	**By Light and Heavy Industries**	
轻工业	Light Industry	13399436
重工业	Heavy Industry	34621869
按企业规模分	**By Size**	
大型企业	Large	23630271
中型企业	Medium	12310660
小型企业	Small	11947501
微型企业	Mini	132874
按行业分	**By Sector**	
煤炭开采和洗选业	Mining and Washing of Coal	2693719
石油和天然气开采业	Extraction of Petroleum and Natural Gas	32070
黑色金属矿采选业	Mining and Processing of Ferrous Metal Ores	52060
有色金属矿采选业	Mining and Processing of Non-Ferrous Metal Ores	5191
非金属矿采选业	Mining and Processing of Nonmetal Ores	337788
开采辅助活动	Mining Support Activities	
其他采矿业	Mining of Other Ores	
农副食品加工业	Processing of Food from Agricultural Products	1263635
食品制造业	Manufacture of Foods	478293
酒、饮料和精制茶制造业	Liquor, Beverage and Refined Tea	594872
烟草制品业	Manufacture of Tobacco	463747
纺织业	Manufacture of Textile	492012
纺织服装、鞋、帽制造业	Manufacture of Textile Wearing Apparel, Footware and Caps	257045
皮革、毛皮、羽毛（绒）及其制品业	Manufacture of Leather, Fur, Feather and Related Products	184026
木材加工及木竹藤棕草制品业	Processing of Timber, Manufacture of Wood, Bamboo, Rattan, Palm and Straw Products	117980
家具制造业	Manufacture of Furniture	213291
造纸及纸制品业	Manufacture of Paper and Paper Products	981422
印刷业、记录媒介的复制	Printing, Reproduction of Recording Media	316187
文教、工美、体育和娱乐用品制造业	Manufacture of Culture, Education, Handicraft, Fine Arts, Sports and Entertainment Articles	230130
石油加工、炼焦及核燃料加工业	Processing of Petroleum, Coking, Processing of Nuclear Fuel	120419
化学原料及化学制品制造业	Manufacture of Raw Chemical Materials and Chemical Products	3224187
医药制造业	Manufacture of Medicines	1710748
化学纤维制造业	Manufacture of Chemical Fibers	12425
橡胶和塑料制品业	Manufacture of Rubber and Plastics	878380
非金属矿物制品业	Manufacture of Non-metallic Mineral Products	3273062
黑色金属冶炼及压延加工业	Smelting and Pressing of Ferrous Metals	1738190
有色金属冶炼及压延加工业	Smelting and Pressing of Nonferrous Metals	1163893
金属制品业	Manufacture of Metal Products	1314057
通用设备制造业	Manufacture of General Purpose Machinery	1840581
专用设备制造业	Manufacture of Special Purpose Machinery	871645
汽车制造业	Manufacture of Motor Vehicles	8827718
铁路、船舶、航空航天和其他运输设备制造业	Manufacture of Railway, Ship, Aviation and Other Transporting Equipment	3861475
电气机械及器材制造业	Manufacture of Electrical Machinery and Equipment	2166781
通信设备、计算机及其他电子设备制造业	Manufacture of Communication Equipment, Computers and Other Electronic Equipment	1439676
仪器仪表及文化、办公用机械制造业	Manufacture of Measuring Instruments and Machinery for Cultural Activity and Office Work	551606
其他制造业	Other Manufacture	292302
废弃资源综合利用业	Comprehensive Utilization of Waste Resources	29303
金属制品、机械和设备修理业	Repair of Metal Products, Machinery and Equipment	21932
电力、热力的生产和供应业	Production and Supply of Electric Power and Heat Power	4649991
燃气生产和供应业	Production and Supply of Gas	599254
水的生产和供应业	Production and Supply of Water	720217

单位：万元 (10 000 yuan)

主营业务收入 Revenue from Principal Business	主营业务成本 Cost of Principal Business	主营业务税金及附加 Tax and Extra Charges of Principal Business	本年应交增值税 VAT Payable	主营业务利润 Profit of Principal Business	利润总额 Total After-tax Profits	利税总额 Total Pre-tax Profits	工资总额 Total Wages
155817793	**133018897**	**2242513**	**5991852**	**20556382**	**9076025**	**17342546**	**9635231**
44416094	36995779	1470502	1915765	5949814	1915225	5313585	3246949
111446440	93730063	1677460	4947592	16038918	7108029	13763888	7934321
1180751	1045240	13022	49816	122489	-79005	-15291	204075
290374	240912	2586	13140	46876	13859	29714	35040
16780150	15777706	31684	247096	970760	313882	593325	725032
27591203	23511128	533370	797164	3546705	1654114	2985334	975878
41347068	33546731	1080493	1822858	6719845	3116165	6030525	2887574
114470725	99472166	1162021	4168994	13836538	5959860	11312022	6747656
75298135	65306740	1598524	2564202	8392871	3663069	7835908	4160935
39653293	33526146	286800	1815886	5840346	2528841	4635547	3012819
40089295	33500506	351131	1586932	6237658	2850015	4805632	2422309
777070	685504	6059	24831	85507	34099	65460	39168
3698668	2985695	57940	313308	655033	270277	642842	883544
100126	81729	1438	2788	16959	11053	15279	18275
137323	77412	2599	16823	57311	-774	19044	24992
49176	38862	656	4280	9658	7142	12078	4899
908330	714157	20358	43300	173815	62868	130079	61422
6494788	5629471	43351	234474	821967	376036	656247	328659
1740959	1362556	18422	74038	359981	141635	234306	106698
1600469	1144322	52327	90250	403820	158895	301557	130317
1455408	498759	738136	168407	218512	123774	1032891	85713
1870940	1624996	10191	110312	235753	127180	248631	132011
949701	749761	11687	25494	188252	92892	130139	104424
1431128	1204809	6996	43797	219323	125671	176623	130284
345293	289972	4161	11007	51161	22663	38043	30505
932157	748088	6278	31751	177790	80187	118388	57982
2032258	1680519	12506	77706	339233	178501	268713	99990
1005828	845895	7990	40629	151944	80509	129146	71384
555568	443418	3213	41546	108937	88370	133159	40045
513080	429848	5634	17096	77599	22131	44936	30644
7288837	6378851	56131	362800	853855	79763	500161	523564
3082026	2222014	19960	196832	840052	313131	530051	272868
47535	44896	394	1820	2245	3850	6064	3134
3862770	3253879	36787	164571	572104	281648	484112	225145
8151173	6749280	71879	416724	1330014	550834	1040584	582691
7265232	6727957	50452	354318	486823	106950	511778	279251
5358385	4998261	21813	170598	338311	143000	336107	156016
3756829	3098938	32424	187088	625468	321260	541980	296453
4742943	3819440	28012	194072	895491	409776	632923	367525
2751638	2162836	24699	109321	564103	292489	427961	188944
30416226	24627815	683406	1086609	5105004	2509617	4281597	1594995
12916401	11149069	93013	506021	1674319	709186	1309427	886623
8093420	6885711	44095	260976	1163615	587666	894540	361397
21499444	20751301	18388	161260	729755	284211	464939	651501
1337710	1084761	7154	51595	245796	109430	168361	141737
697525	636426	2028	8050	59072	-10912	-223	78112
424643	391434	2051	17837	31157	-3767	16126	11314
115308	96288	1188	9336	17832	12218	22853	22291
6748992	6145212	32899	348172	570881	256096	639457	494723
1210979	1060868	9521	22240	140591	111269	143790	94068
228578	183392	2339	14606	42848	39302	57859	61094

表12.7 规模以上工业企业经济效益指标（2013年）
INDICATORS ON ECONOMIC BENEFIT OF INDUSTRIAL ENTERPRISES ABOVE DESIGNATED SIZE (2013)

指 标	Item	总资产贡献率 Ratio of Total Assets to Industrial Output Value
总 计	**Total**	**14.2**
#国有控股企业	State-owned and State-holding Enterprises	9.7
按登记注册类型分	**By Status of Registration**	
内资企业	Domestic-funded Enterprises	14.9
#国有企业	State-owned	0.7
集体企业	Collective-owned	18.0
港澳台投资企业	Funded by Hong Kong, Macao and Taiwan	5.7
外商投资企业	Foreign-funded	17.2
按轻、重工业分	**By Light and Heavy Industries**	
轻工业	Light Industry	21.0
重工业	Heavy Industry	12.2
按企业规模分	**By Size**	
大型企业	Large	12.3
中型企业	Medium	15.5
小型企业	Small	17.2
微型企业	Mini	11.0
按行业分	**By Sector**	
煤炭开采和洗选业	Mining and Washing of Coal	12.7
石油和天然气开采业	Extraction of Petroleum and Natural Gas	33.8
黑色金属矿采选业	Mining and Processing of Ferrous Metal Ores	12.3
有色金属矿采选业	Mining and Processing of Non-Ferrous Metal Ores	29.9
非金属矿采选业	Mining and Processing of Nonmetal Ores	22.7
开采辅助活动	Mining Support Activities	
其他采矿业	Mining of Other Ores	
农副食品加工业	Processing of Food from Agricultural Products	27.1
食品制造业	Manufacture of Foods	21.4
酒、饮料和精制茶制造业	Liquor, Beverage and Refined Tea	24.9
烟草制品业	Manufacture of Tobacco	113.0
纺织业	Manufacture of Textile	31.3
纺织服装、鞋、帽制造业	Manufacture of Textile Wearing Apparel, Footware and Caps	28.8
皮革、毛皮、羽毛（绒）及其制品业	Manufacture of Leather, Fur, Feather and Related Products	51.6
木材加工及木竹藤棕草制品业	Processing of Timber, Manufacture of Wood, Bamboo, Rattan, Palm and Straw Products	16.6
家具制造业	Manufacture of Furniture	22.3
造纸及纸制品业	Manufacture of Paper and Paper Products	14.2
印刷业、记录媒介的复制	Printing, Reproduction of Recording Media	19.5
文教、工美、体育和娱乐用品制造业	Manufacture of Culture, Education, Handicraft, Fine Arts, Sports and Entertainment Articles	32.6
石油加工、炼焦及核燃料加工业	Processing of Petroleum, Coking, Processing of Nuclear Fuel	18.1
化学原料及化学制品制造业	Manufacture of Raw Chemical Materials and Chemical Products	7.7
医药制造业	Manufacture of Medicines	15.0
化学纤维制造业	Manufacture of Chemical Fibers	22.9
橡胶和塑料制品业	Manufacture of Rubber and Plastics	23.6
非金属矿物制品业	Manufacture of Non-metallic Mineral Products	12.6
黑色金属冶炼及压延加工业	Smelting and Pressing of Ferrous Metals	9.3
有色金属冶炼及压延加工业	Smelting and Pressing of Nonferrous Metals	9.4
金属制品业	Manufacture of Metal Products	18.0
通用设备制造业	Manufacture of General Purpose Machinery	14.6
专用设备制造业	Manufacture of Special Purpose Machinery	20.4
汽车制造业	Manufacture of Motor Vehicles	18.6
铁路、船舶、航空航天和其他运输设备制造业	Manufacture of Railway, Ship, Aviation and Other Transporting Equipment	13.5
电气机械及器材制造业	Manufacture of Electrical Machinery and Equipment	17.9
通信设备、计算机及其他电子设备制造业	Manufacture of Communication Equipment, Computers and Other Electronic Equipment	5.6
仪器仪表及文化、办公用机械制造业	Manufacture of Measuring Instruments and Machinery for Cultural Activity and Office Work	12.5
其他制造业	Other Manufacture	1.1
废弃资源综合利用业	Comprehensive Utilization of Waste Resources	12.8
金属制品、机械和设备修理业	Repair of Metal Products, Machinery and Equipment	43.1
电力、热力的生产和供应业	Production and Supply of Electric Power and Heat Power	6.6
燃气生产和供应业	Production and Supply of Gas	10.2
水的生产和供应业	Production and Supply of Water	4.7

单位：% (%)

资本保值增值率 Ratio of Assets Appreciation YOY	资产负债率 Asset-Liability Ratio	流动资产周转率（次） Turnover Ratio of Circulating Assets (time)	成本费用利润率 Ratio of Profits to Cost	全员劳动生产率（元/人年） Overall Labor Productivity (yuan/person-year)	产品销售率 Sales as Percentage of Output
118.0	**63.8**	**2.5**	**6.2**	**230218**	**98.0**
113.4	66.2	1.8	4.6	281147	99.6
116.0	61.2	2.4	6.9	223657	97.7
112.1	64.9	1.3	-6.2	118631	98.0
111.1	63.6	3.2	5.1	94274	98.9
132.6	72.3	2.8	1.9	174690	98.8
124.6	71.3	2.8	6.5	338855	99.1
116.8	55.0	2.6	8.3	229239	96.6
118.5	66.4	2.5	5.5	230678	98.6
118.1	65.9	2.4	5.1	269709	98.6
113.8	62.5	2.6	6.8	198438	97.1
122.1	60.7	2.8	7.7	215334	97.9
120.3	42.7	2.0	4.7	592930	96.3
114.1	49.3	2.5	7.9	118156	98.2
103.5	29.0	5.1	12.6	309247	100.0
99.1	75.3	1.4	-0.5	156310	100.4
268.5	86.4	1.6	17.4	191599	98.2
106.1	44.4	3.9	7.9	219327	98.6
122.6	48.3	5.5	6.2	226857	98.1
121.3	50.7	2.9	8.9	199591	97.8
107.4	53.7	2.6	11.3	269878	94.6
113.0	49.7	2.1	20.9	2726324	100.5
114.2	40.0	4.7	7.5	192703	100.0
120.6	44.7	3.4	10.8	123171	91.9
138.4	46.1	6.8	9.7	164764	99.4
94.9	49.5	3.6	7.2	119557	97.8
129.6	61.2	2.4	9.4	183412	98.8
120.7	52.9	2.8	9.8	298219	94.7
102.7	55.8	3.0	8.7	222268	99.0
104.4	41.9	3.8	18.8	198514	96.9
123.7	54.7	3.5	4.7	253315	102.1
100.2	62.7	2.5	1.1	235314	97.5
121.5	55.0	1.7	11.3	248109	94.9
116.6	55.1	3.3	8.4	118804	106.0
134.1	60.2	3.8	7.9	237104	96.6
119.1	65.0	2.0	7.3	224112	97.5
175.7	74.3	3.0	1.5	313146	99.3
115.7	74.3	2.9	2.7	418042	98.6
130.8	58.6	2.2	9.5	211140	96.2
114.4	60.5	1.5	9.4	202577	95.7
126.1	59.8	2.2	12.0	240844	97.6
123.3	61.9	2.3	9.1	281758	99.3
110.3	64.0	2.0	5.8	206442	97.2
122.6	58.7	2.2	7.9	285857	91.2
132.9	85.5	3.6	1.3	137121	99.2
114.6	60.1	1.3	8.6	168296	96.3
142.3	74.4	1.0	-1.5	95360	165.1
46.7	85.1	2.9	-0.9	319818	104.7
100.4	58.8	3.6	11.8	135972	100.4
108.5	68.9	3.3	3.9	433208	99.3
110.3	56.6	1.9	9.8	273408	100.4
110.3	48.5	0.7	16.9	191183	97.7

表12.7 续表 continued

指 标	Item	销售利润率 Rate of Return on Sale
总 计	**Total**	**11.1**
#国有控股企业	State-owned and State-holding Enterprises	12.0
按登记注册类型分	**By Status of Registration**	
内资企业	Domestic-funded Enterprises	12.4
#国有企业	State-owned	-1.3
集体企业	Collective-owned	10.2
港澳台投资企业	Funded by Hong Kong, Macao and Taiwan	3.5
外商投资企业	Foreign-funded	10.8
按轻、重工业分	**By Light and Heavy Industries**	
轻工业	Light Industry	14.6
重工业	Heavy Industry	9.9
按企业规模分	**By Size**	
大型企业	Large	10.4
中型企业	Medium	11.7
小型企业	Small	12.0
微型企业	Mini	8.4
按行业分	**By Sector**	
煤炭开采和洗选业	Mining and Washing of Coal	17.4
石油和天然气开采业	Extraction of Petroleum and Natural Gas	15.3
黑色金属矿采选业	Mining and Processing of Ferrous Metal Ores	13.9
有色金属矿采选业	Mining and Processing of Non-Ferrous Metal Ores	24.6
非金属矿采选业	Mining and Processing of Nonmetal Ores	14.3
开采辅助活动	Mining Support Activities	
其他采矿业	Mining of Other Ores	
农副食品加工业	Processing of Food from Agricultural Products	10.1
食品制造业	Manufacture of Foods	13.5
酒、饮料和精制茶制造业	Liquor, Beverage and Refined Tea	18.8
烟草制品业	Manufacture of Tobacco	71.0
纺织业	Manufacture of Textile	13.3
纺织服装、鞋、帽制造业	Manufacture of Textile Wearing Apparel, Footware and Caps	13.7
皮革、毛皮、羽毛（绒）及其制品业	Manufacture of Leather, Fur, Feather and Related Products	12.3
木材加工及木竹藤棕草制品业	Processing of Timber, Manufacture of Wood, Bamboo, Rattan, Palm and Straw Products	11.0
家具制造业	Manufacture of Furniture	12.7
造纸及纸制品业	Manufacture of Paper and Paper Products	13.2
印刷业、记录媒介的复制	Printing, Reproduction of Recording Media	12.8
文教、工美、体育和娱乐用品制造业	Manufacture of Culture, Education, Handicraft, Fine Arts, Sports and Entertainment Articles	24.0
石油加工、炼焦及核燃料加工业	Processing of Petroleum, Coking, Processing of Nuclear Fuel	8.8
化学原料及化学制品制造业	Manufacture of Raw Chemical Materials and Chemical Products	6.9
医药制造业	Manufacture of Medicines	17.2
化学纤维制造业	Manufacture of Chemical Fibers	12.8
橡胶和塑料制品业	Manufacture of Rubber and Plastics	12.5
非金属矿物制品业	Manufacture of Non-metallic Mineral Products	12.8
黑色金属冶炼及压延加工业	Smelting and Pressing of Ferrous Metals	7.0
有色金属冶炼及压延加工业	Smelting and Pressing of Nonferrous Metals	6.3
金属制品业	Manufacture of Metal Products	14.4
通用设备制造业	Manufacture of General Purpose Machinery	13.3
专用设备制造业	Manufacture of Special Purpose Machinery	15.6
汽车制造业	Manufacture of Motor Vehicles	14.1
铁路、船舶、航空航天和其他运输设备制造业	Manufacture of Railway, Ship, Aviation and Other Transporting Equipment	10.1
电气机械及器材制造业	Manufacture of Electrical Machinery and Equipment	11.1
通信设备、计算机及其他电子设备制造业	Manufacture of Communication Equipment, Computers and Other Electronic Equipment	2.2
仪器仪表及文化、办公用机械制造业	Manufacture of Measuring Instruments and Machinery for Cultural Activity and Office Work	12.6
其他制造业	Other Manufacture	0.0
废弃资源综合利用业	Comprehensive Utilization of Waste Resources	3.8
金属制品、机械和设备修理业	Repair of Metal Products, Machinery and Equipment	19.8
电力、热力的生产和供应业	Production and Supply of Electric Power and Heat Power	9.5
燃气生产和供应业	Production and Supply of Gas	11.9
水的生产和供应业	Production and Supply of Water	25.3

单位：%（%）

资本积累率 Rate of Capital Accumulation	流动比率 Current Ratio	速动比率 Quick Ratio	产权比率 Equity Ratio	人均实现利税（元） Per Capita Pre-tax Profits (yuan)	从业人员人均工资（元） Per Capita Wages of Employees (yuan)
15.3	**1.0**	**0.8**	**1.8**	**102365**	**56872**
11.8	0.8	0.6	2.0	123548	75496
13.8	1.0	0.8	1.6	98088	56543
10.8	0.6	0.5	1.9	-5474	73051
10.0	0.9	0.6	1.8	32061	37807
24.6	0.8	0.6	2.6	43478	53129
19.7	0.9	0.7	2.5	193229	63165
14.4	1.2	1.0	1.3	111283	53285
15.6	0.9	0.7	2.0	98171	58559
15.4	0.9	0.7	2.0	126741	67301
12.1	1.0	0.7	1.7	82735	53773
18.1	1.1	0.8	1.6	93710	47235
16.8	3.1	2.6	2.0	232126	138894
12.4	0.9	0.8	1.0	41415	56923
3.4	1.5	1.4	0.4	118995	142329
-0.9	0.8	0.6	3.0	36260	47585
62.8	0.9	0.4	6.7	126204	51192
5.7	1.0	0.9	0.8	113516	53602
18.4	1.2	0.9	1.0	102277	51222
17.6	1.3	1.0	1.3	99573	45344
6.9	1.0	0.6	1.2	139101	60112
11.5	2.0	0.9	1.0	2455757	203788
12.4	2.0	1.4	0.7	96921	51460
17.0	1.6	0.9	0.8	52437	42076
27.8	1.9	1.3	0.9	63582	46900
-5.3	1.0	0.6	1.0	53567	42953
22.8	1.3	1.1	1.6	97295	47651
17.2	1.2	1.0	1.1	135161	50294
2.7	1.2	0.9	1.3	92964	51385
4.2	1.0	0.7	0.8	153533	46172
19.2	1.1	0.7	1.2	89783	61227
0.2	0.7	0.5	1.7	60422	63249
17.7	1.1	0.9	1.2	120185	61871
14.2	1.0	0.8	1.2	70509	36436
25.4	1.1	0.8	1.5	106422	49493
16.0	0.9	0.8	1.9	91989	51511
43.1	0.7	0.4	2.9	107395	58600
13.5	0.7	0.5	3.0	116465	54062
23.6	1.1	0.8	1.4	103816	56785
12.6	1.3	1.0	1.5	96310	55925
20.7	1.2	0.9	1.5	130079	57430
18.9	1.0	0.8	1.7	167537	62411
9.4	1.2	1.0	1.8	76106	51532
18.4	1.5	1.1	1.5	139209	56241
24.8	0.8	0.6	6.1	31947	44767
12.8	1.4	1.1	1.5	67015	56417
29.7	0.9	0.7	3.3	-151	52710
-114.1	0.9	0.8	5.6	64789	45458
0.4	1.3	1.0	1.4	73789	71976
7.8	0.4	0.4	2.2	131961	102093
9.4	1.3	1.2	1.3	147311	96371
9.4	1.3	1.2	1.0	87294	92175

表12.8 国有控股工业企业主要经济指标（2013年）
MAIN ECONOMIC INDICATORS OF STATE-HOLDING INDUSTRIAL ENTERPRISES (2013)

指　标	Item	单位数（个） Number of Enterprises (unit)
总　计	**Total**	**482**
按登记注册类型分	**By Status of Registration**	
内资企业	Domestic-funded Enterprises	448
#国有企业	State-owned	41
集体企业	Collective-owned	
港澳台投资企业	Funded by Hong Kong, Macao and Taiwan	8
外商投资企业	Foreign-funded	26
按轻、重工业分	**By Light and Heavy Industries**	
轻工业	Light Industry	114
重工业	Heavy Industry	368
按企业规模分	**By Size**	
大型企业	Large	77
中型企业	Medium	177
小型企业	Small	219
微型企业	Mini	9
按行业分	**By Sector**	
煤炭开采和洗选业	Mining and Washing of Coal	19
石油和天然气开采业	Extraction of Petroleum and Natural Gas	1
黑色金属矿采选业	Mining and Processing of Ferrous Metal Ores	1
有色金属矿采选业	Mining and Processing of Non-Ferrous Metal Ores	
非金属矿采选业	Mining and Processing of Nonmetal Ores	4
开采辅助活动	Mining Support Activities	
其他采矿业	Mining of Other Ores	
农副食品加工业	Processing of Food from Agricultural Products	22
食品制造业	Manufacture of Foods	11
酒、饮料和精制茶制造业	Liquor, Beverage and Refined Tea	4
烟草制品业	Manufacture of Tobacco	4
纺织业	Manufacture of Textile	3
纺织服装、鞋、帽制造业	Manufacture of Textile Wearing Apparel, Footware and Caps	1
皮革、毛皮、羽毛（绒）及其制品业	Manufacture of Leather, Fur, Feather and Related Products	2
木材加工及木竹藤棕草制品业	Processing of Timber, Manufacture of Wood, Bamboo, Rattan, Palm and Straw Products	1
家具制造业	Manufacture of Furniture	
造纸及纸制品业	Manufacture of Paper and Paper Products	1
印刷业、记录媒介的复制	Printing, Reproduction of Recording Media	5
文教、工美、体育和娱乐用品制造业	Manufacture of Culture, Education, Handicraft, Fine Arts, Sports and Entertainment Articles	
石油加工、炼焦及核燃料加工业	Processing of Petroleum, Coking, Processing of Nuclear Fuel	2
化学原料及化学制品制造业	Manufacture of Raw Chemical Materials and Chemical Products	39
医药制造业	Manufacture of Medicines	15
化学纤维制造业	Manufacture of Chemical Fibers	
橡胶和塑料制品业	Manufacture of Rubber and Plastics	6
非金属矿物制品业	Manufacture of Non-metallic Mineral Products	32
黑色金属冶炼及压延加工业	Smelting and Pressing of Ferrous Metals	13
有色金属冶炼及压延加工业	Smelting and Pressing of Nonferrous Metals	16
金属制品业	Manufacture of Metal Products	8
通用设备制造业	Manufacture of General Purpose Machinery	24
专用设备制造业	Manufacture of Special Purpose Machinery	13
汽车制造业	Manufacture of Motor Vehicles	45
铁路、船舶、航空航天和其他运输设备制造业	Manufacture of Railway, Ship, Aviation and Other Transporting Equipment	23
电气机械及器材制造业	Manufacture of Electrical Machinery and Equipment	13
通信设备、计算机及其他电子设备制造业	Manufacture of Communication Equipment, Computers and Other Electronic Equipment	11
仪器仪表及文化、办公用机械制造业	Manufacture of Measuring Instruments and Machinery for Cultural Activity and Office Work	19
其他制造业	Other Manufacture	4
废弃资源综合利用业	Comprehensive Utilization of Waste Resources	1
金属制品、机械和设备修理业	Repair of Metal Products, Machinery and Equipment	
电力、热力的生产和供应业	Production and Supply of Electric Power and Heat Power	74
燃气生产和供应业	Production and Supply of Gas	24
水的生产和供应业	Production and Supply of Water	21

单位：万元 (10 000 yuan)

从业人员平均人数（万人） Average Emloyment (10 000 persons)	工业总产值 Gross Output Value	工业销售产值 Sales Value of Industry	其中 of which #出口交货值 Value of Export Delivery	实收资本 Paid-in Capital	其中 of which #国家资本 State Capital	#外商资本 Foreign Capital
43.01	**44253331**	**44059887**	**1684748**	**10027991**	**3660729**	**412054**
36.57	29937823	29821469	1335667	8049099	3286034	107997
2.79	1197478	1173907	14248	677615	150897	
2.39	2825709	2802350	5308	874902	192919	35000
4.05	11489799	11436069	343773	1103990	181776	269058
7.21	5659209	5900328	329310	1320153	415991	36442
35.80	38594122	38159560	1355438	8707838	3244738	375612
28.36	32345931	32392549	1403545	5702304	1336640	359293
11.46	7856061	7677029	210301	2517594	1263815	26421
3.18	4027309	3967686	69831	1789747	1057064	26341
0.01	24029	22624	1070	18346	3210	
5.89	844431	821120	2600	752130	105787	
0.13	95404	95390		10515	2396	
0.13	43250	46459		18845	18845	
0.24	263834	256631		39900	39038	
0.84	1085619	1049334	657	191729	101389	
0.48	347273	344114	973	62472	7305	
0.21	96040	85646		23721	21249	
0.42	1555017	1562715		116518	81959	
0.10	114960	134844	68572	11941	9000	
0.01	2991	3512		1401	1401	
0.23	65783	62232		6539		
	4904	4040				
0.01	3356	3224		758		
0.11	16353	17955	282	11682	3757	200
0.19	171102	191944		4951		
3.49	2840135	2797948	69828	921978	364761	16104
1.39	829161	796869	63951	168732	39687	
0.21	245505	238475		72728	10688	
1.60	1104761	1106542	120140	511194	160214	19854
1.97	2032863	2032402		509092	37042	
1.25	1886915	1832801	49679	746434	130039	
1.01	396441	331237	6144	172041	129815	
2.26	1567495	1466603	16693	409271	251167	21592
0.69	770940	752493	2153	96576	41048	
7.89	15879095	15826040	168309	1490389	261506	278288
2.06	1348015	1308300	172233	514823	86294	29933
0.73	742293	756991	9616	118532	84965	
0.65	969455	963587	87621	235702	146090	1650
1.28	715938	684934	30070	181620	46832	3125
1.29	374682	696478	46363	270366	34031	6310
0.08	22519	22127		8053		
4.78	6715773	6670642	768864	1837643	1288853	
0.76	888606	886744		264767	74690	35000
0.63	212421	209515		244953	80884	

表12.8 续表1 continued 1

指 标	Item	资 产 Total Assets
总 计	**Total**	**63413520**
按登记注册类型分	**By Status of Registration**	
内资企业	Domestic-funded Enterprises	49718987
#国有企业	State-owned	3055583
集体企业	Collective-owned	
港澳台投资企业	Funded by Hong Kong, Macao and Taiwan	6427791
外商投资企业	Foreign-funded	7266742
按轻、重工业分	**By Light and Heavy Industries**	
轻工业	Light Industry	6994118
重工业	Heavy Industry	56419402
按企业规模分	**By Size**	
大型企业	Large	43404362
中型企业	Medium	11358111
小型企业	Small	8585077
微型企业	Mini	65971
按行业分	**By Sector**	
煤炭开采和洗选业	Mining and Washing of Coal	3376967
石油和天然气开采业	Extraction of Petroleum and Natural Gas	45171
黑色金属矿采选业	Mining and Processing of Ferrous Metal Ores	110470
有色金属矿采选业	Mining and Processing of Non-Ferrous Metal Ores	
非金属矿采选业	Mining and Processing of Nonmetal Ores	162329
开采辅助活动	Mining Support Activities	
其他采矿业	Mining of Other Ores	
农副食品加工业	Processing of Food from Agricultural Products	427061
食品制造业	Manufacture of Foods	298786
酒、饮料和精制茶制造业	Liquor, Beverage and Refined Tea	211206
烟草制品业	Manufacture of Tobacco	922636
纺织业	Manufacture of Textile	29857
纺织服装、鞋、帽制造业	Manufacture of Textile Wearing Apparel, Footware and Caps	6191
皮革、毛皮、羽毛（绒）及其制品业	Manufacture of Leather, Fur, Feather and Related Products	35448
木材加工及木竹藤棕草制品业	Processing of Timber, Manufacture of Wood, Bamboo, Rattan, Palm and Straw Products	9447
家具制造业	Manufacture of Furniture	
造纸及纸制品业	Manufacture of Paper and Paper Products	1188
印刷业、记录媒介的复制	Printing, Reproduction of Recording Media	28731
文教、工美、体育和娱乐用品制造业	Manufacture of Culture, Education, Handicraft, Fine Arts, Sports and Entertainment Articles	
石油加工、炼焦及核燃料加工业	Processing of Petroleum, Coking, Processing of Nuclear Fuel	74231
化学原料及化学制品制造业	Manufacture of Raw Chemical Materials and Chemical Products	4490907
医药制造业	Manufacture of Medicines	1519127
化学纤维制造业	Manufacture of Chemical Fibers	
橡胶和塑料制品业	Manufacture of Rubber and Plastics	192126
非金属矿物制品业	Manufacture of Non-metallic Mineral Products	2353338
黑色金属冶炼及压延加工业	Smelting and Pressing of Ferrous Metals	5006609
有色金属冶炼及压延加工业	Smelting and Pressing of Nonferrous Metals	2893720
金属制品业	Manufacture of Metal Products	946965
通用设备制造业	Manufacture of General Purpose Machinery	2637243
专用设备制造业	Manufacture of Special Purpose Machinery	959000
汽车制造业	Manufacture of Motor Vehicles	13543412
铁路、船舶、航空航天和其他运输设备制造业	Manufacture of Railway, Ship, Aviation and Other Transporting Equipment	1735463
电气机械及器材制造业	Manufacture of Electrical Machinery and Equipment	1299808
通信设备、计算机及其他电子设备制造业	Manufacture of Communication Equipment, Computers and Other Electronic Equipment	1000766
仪器仪表及文化、办公用机械制造业	Manufacture of Measuring Instruments and Machinery for Cultural Activity and Office Work	795625
其他制造业	Other Manufacture	1207930
废弃资源综合利用业	Comprehensive Utilization of Waste Resources	26285
金属制品、机械和设备修理业	Repair of Metal Products, Machinery and Equipment	
电力、热力的生产和供应业	Production and Supply of Electric Power and Heat Power	14678153
燃气生产和供应业	Production and Supply of Gas	1085207
水的生产和供应业	Production and Supply of Water	1302121

单位：万元 (10 000 yuan)

其 中 of which	固定资产 Fixed Assets		负 债	其 中 of which
#流动资产 Circulating Assets	原 值 Original Value	净 值 Net Value	Total Liabilities	#流动负债 Total Circulating Liabilities
24482772	**37805611**	**24778920**	**41968194**	**29830893**
18564246	30283010	19763971	32161089	22190184
899958	2013202	1335210	1983455	1401486
1945007	4330874	3088428	4675760	3171884
3973519	3191727	1926521	5131345	4468825
3455753	3397947	2055968	4391393	3308807
21027020	34407665	22722952	37576802	26522086
17400024	24755301	15306530	27932729	20844167
4751727	6759736	4446454	7888830	5864873
2307265	6256871	4996670	6095510	3084014
23756	33703	29267	51125	37839
817101	1227827	691368	1710083	993987
19568	38826	9476	13101	12885
33604	52220	45600	98590	76031
66550	129777	64525	102906	98462
152353	278830	211759	158562	131589
143508	125612	89770	226662	169334
151252	37481	26825	185492	177968
681471	351491	138301	458890	344390
21723	5888	3051	18718	14284
5542	3271	611	1511	1445
26874	11817	4992	16209	10874
4044			2852	
879	563	309	339	339
11619	28099	14524	13968	11506
42446	53728	18987	44494	40774
1311864	3192133	2001853	3070951	2353029
757358	587133	433021	1036939	772353
47777	175245	128894	126640	69758
898657	1617832	1118423	1781889	1278356
1581978	2791735	2350180	3949174	2727949
814019	1899434	1414827	2299083	1554566
431356	516492	424932	527319	454128
1963052	673018	415978	1652550	1420236
604085	249328	184466	695658	588402
7078751	5094488	2998155	8013065	7068802
951297	719343	351631	1277123	1052588
1002157	172837	108170	1005961	741708
705110	321831	204026	684374	577630
598866	165420	85735	544536	465097
676411	570406	303036	923347	729680
16358	7812	4248	16569	16398
2063320	15319125	9978674	10085544	5224821
482913	482144	301850	601342	404602
318912	904427	650724	623756	246923

表12.8 续表2 continued 2

指　标	Item	所有者权益 Creditors' Equity
总　计	**Total**	**21174633**
按登记注册类型分	**By Status of Registration**	
内资企业	Domestic-funded Enterprises	17286754
#国有企业	State-owned	1072119
集体企业	Collective-owned	
港澳台投资企业	Funded by Hong Kong, Macao and Taiwan	1752030
外商投资企业	Foreign-funded	2135848
按轻、重工业分	**By Light and Heavy Industries**	
轻工业	Light Industry	2563517
重工业	Heavy Industry	18611115
按企业规模分	**By Size**	
大型企业	Large	15230094
中型企业	Medium	3454150
小型企业	Small	2481301
微型企业	Mini	9087
按行业分	**By Sector**	
煤炭开采和洗选业	Mining and Washing of Coal	1655061
石油和天然气开采业	Extraction of Petroleum and Natural Gas	32070
黑色金属矿采选业	Mining and Processing of Ferrous Metal Ores	11880
有色金属矿采选业	Mining and Processing of Non-Ferrous Metal Ores	
非金属矿采选业	Mining and Processing of Nonmetal Ores	59423
开采辅助活动	Mining Support Activities	
其他采矿业	Mining of Other Ores	
农副食品加工业	Processing of Food from Agricultural Products	268498
食品制造业	Manufacture of Foods	72075
酒、饮料和精制茶制造业	Liquor, Beverage and RRefined Tea	26101
烟草制品业	Manufacture of Tobacco	463747
纺织业	Manufacture of Textile	11140
纺织服装、鞋、帽制造业	Manufacture of Textile Wearing Apparel, Footware and Caps	4680
皮革、毛皮、羽毛（绒）及其制品业	Manufacture of Leather, Fur, Feather and Related Products	19239
木材加工及木竹藤棕草制品业	Processing of Timber, Manufacture of Wood, Bamboo, Rattan, Palm and Straw Products	
家具制造业	Manufacture of Furniture	
造纸及纸制品业	Manufacture of Paper and Paper Products	850
印刷业、记录媒介的复制	Printing, Reproduction of Recording Media	14754
文教、工美、体育和娱乐用品制造业	Manufacture of Culture, Education, Handicraft, Fine Arts, Sports and Entertainment Articles	
石油加工、炼焦及核燃料加工业	Processing of Petroleum, Coking, Processing of Nuclear Fuel	29737
化学原料及化学制品制造业	Manufacture of Raw Chemical Materials and Chemical Products	1419274
医药制造业	Manufacture of Medicines	481876
化学纤维制造业	Manufacture of Chemical Fibers	
橡胶和塑料制品业	Manufacture of Rubber and Plastics	65487
非金属矿物制品业	Manufacture of Non-metallic Mineral Products	569443
黑色金属冶炼及压延加工业	Smelting and Pressing of Ferrous Metals	1057322
有色金属冶炼及压延加工业	Smelting and Pressing of Nonferrous Metals	582041
金属制品业	Manufacture of Metal Products	419646
通用设备制造业	Manufacture of General Purpose Machinery	984692
专用设备制造业	Manufacture of Special Purpose Machinery	263342
汽车制造业	Manufacture of Motor Vehicles	5343198
铁路、船舶、航空航天和其他运输设备制造业	Manufacture of Railway, Ship, Aviation and Other Transporting Equipment	458240
电气机械及器材制造业	Manufacture of Electrical Machinery and Equipment	293847
通信设备、计算机及其他电子设备制造业	Manufacture of Communication Equipment, Computers and Other Electronic Equipment	316391
仪器仪表及文化、办公用机械制造业	Manufacture of Measuring Instruments and Machinery for Cultural Activity and Office Work	243563
其他制造业	Other Manufacture	248650
废弃资源综合利用业	Comprehensive Utilization of Waste Resources	9715
金属制品、机械和设备修理业	Repair of Metal Products, Machinery and Equipment	
电力、热力的生产和供应业	Production and Supply of Electric Power and Heat Power	4590158
燃气生产和供应业	Production and Supply of Gas	483774
水的生产和供应业	Production and Supply of Water	674723

单位：万元 (10 000 yuan)

主营业务收入 Revenue from Principal Business	主营业务成本 Cost of Principal Business	主营业务税金及附加 Tax and Extra Charges of Principal Business	主营业务利润 Profit of Principal Business	利润总额 Total After-tax Profits	利税总额 Total Pre-tax Profits	工资总额 Total Wages
44416094	**36995779**	**1470502**	**5949814**	**1915225**	**5313585**	**3246949**
29597793	24975649	991698	3630447	997975	3395002	2694558
1180751	1045240	13022	122489	-79005	-15291	204075
2832666	2765369	7387	59910	-126690	-67959	182709
11985635	9254760	471417	2259457	1043941	1986542	369683
5618967	3988812	779154	851001	226813	1394759	476859
38797127	33006967	691347	5098813	1688413	3918827	2770090
32582521	26678364	1403579	4500579	1574746	4418239	2284360
7869830	7002327	44123	823379	108092	467346	754222
3940316	3293696	22505	624115	234160	428641	206391
23427	21392	295	1741	-1773	-640	1976
776562	715789	15026	45747	-14386.9	76996.3	369336
100126	81729	1438	16959	11052.5	15278.9	18275
51080	41125	535	9420	-5075.6	-331.6	6565
237040	207861	3125	26055	3778	17997.9	12322
1042988	887898	9070	146020	48312.4	108416.5	47180
355682	290050	9185	56447	8518.5	33628.2	23270
85653	50236	1013	34403	295.7	7808.8	10273
1455408	498759	738136	218512	123774.2	1032891.2	85713
115050	104886	158	10006	281.3	3320.8	3769
3166	1775	35	1355	6.1	400.4	1051
60964	54564	284	6116	2612.6	5374.2	6564
4040	3569	36	435	62.5	143.1	82
3004	2826	14	164	43.4	150.6	181
19834	16620	132	3082	21.6	1239.6	3402
196220	160279	2275	33665	11302.6	22353.6	15491
2784210	2486065	7608	290538	-105893.9	28885.1	278894
818066	620797	5045	192224	35202.7	119404.2	92256
210632	180772	1150	28710	8883	17779.1	12987
1103368	948295	10329	144745	-24111.8	53616.5	103508
1975501	2042305	1219	-68024	-244611	-233758.8	127182
1671923	1645249	1744	24931	-50553.5	-27148.7	77324
452947	376189	1498	75260	20147.6	86679.2	66134
1444565	1086704	9545	348317	161829.4	244133.8	147462
805176	601724	11856	191596	112464.4	154326.3	57051
16381973	12791276	578817	3011880	1450821.9	2635355.9	678364
1197342	1059882	13219	124241	-6660.8	61346	113238
927147	836451	1487	89209	6669.8	25262.7	47601
945167	904619	882	39666	-23248	-15807.4	50881
684434	574937	3301	106195	34262.4	61766.7	82098
588886	544093	1094	43699	-19547.7	-13300.3	69306
25049	17569	285	7194	825	3573.9	4713
6690980	6098257	32539	560184	253835.2	634108.2	491789
997003	895776	6402	94826	78538.7	99850.2	84727
204910	166853	2021	36037	35773.1	51844.2	57963

表12.9 国有控股工业企业经济效益指标（2013年）

INDICATORS ON ECONOMIC BENEFIT OF STATE-HOLDING INDUSTRIAL ENTERPRISES (2013)

指 标	Item	总资产贡献率 Ratio of Total Assets to Industrial Output Value
总 计	**Total**	**9.7**
按轻、重工业分	**By Light and Heavy Industries**	
轻工业	Light Industry	21.2
重工业	Heavy Industry	8.3
按企业规模分	**By Size**	
大型企业	Large	11.3
中型企业	Medium	5.6
小型企业	Small	7.5
微型企业	Mini	-0.6
按行业分	**By Sector**	
煤炭开采和洗选业	Mining and Washing of Coal	2.7
石油和天然气开采业	Extraction of Petroleum and Natural Gas	33.8
黑色金属矿采选业	Mining and Processing of Ferrous Metal Ores	3.9
有色金属矿采选业	Mining and Processing of Non-Ferrous Metal Ores	
非金属矿采选业	Mining and Processing of Nonmetal Ores	15.4
开采辅助活动	Mining Support Activities	
其他采矿业	Mining of Other Ores	
农副食品加工业	Processing of Food from Agricultural Products	25.7
食品制造业	Manufacture of Foods	14.5
酒、饮料和精制茶制造业	Liquor, Beverage and Refined Tea	6.2
烟草制品业	Manufacture of Tobacco	113.0
纺织业	Manufacture of Textile	11.3
纺织服装、服饰业	Manufacture of Textile Wearing Apparel, Footware and Caps	5.3
皮革、毛皮、羽毛及其制品和制鞋业	Manufacture of Leather, Fur, Feather and Related Products	15.9
木材加工和木、竹、藤、棕、草制品业	Processing of Timber, Manufacture of Wood, Bamboo, Rattan, Palm and Straw Products	2.6
家具制造业	Manufacture of Furniture	
造纸和纸制品业	Manufacture of Paper and Paper Products	12.7
印刷和记录媒介复制业	Printing, Reproduction of Recording Media	8.0
文教、工美、体育和娱乐用品制造业	Manufacture of Culture, Education, Handicraft, Fine Arts, Sports and Entertainment Articles	
石油加工、炼焦和核燃料加工业	Processing of Petroleum, Coking, Processing of Nuclear Fuel	31.9
化学原料和化学制品制造业	Manufacture of Raw Chemical Materials and Chemical Products	2.5
医药制造业	Manufacture of Medicines	9.6
化学纤维制造业	Manufacture of Chemical Fibers	
橡胶和塑料制品业	Manufacture of Rubber and Plastics	13.5
非金属矿物制品业	Manufacture of Non-metallic Mineral Products	4.9
黑色金属冶炼和压延加工业	Smelting and Pressing of Ferrous Metals	-2.9
有色金属冶炼和压延加工业	Smelting and Pressing of Nonferrous Metals	1.0
金属制品业	Manufacture of Metal Products	10.1
通用设备制造业	Manufacture of General Purpose Machinery	10.4
专用设备制造业	Manufacture of Special Purpose Machinery	16.7
汽车制造业	Manufacture of Motor Vehicles	19.5
铁路、船舶、航空航天和其他运输设备制造业	Manufacture of Railway, Ship, Aviation and Other Transporting Equipment	4.8
电气机械和器材制造业	Manufacture of Electrical Machinery and Equipment	4.2
计算机、通信和其他电子设备制造业	Manufacture of Communication Equipment, Computers and Other Electronic Equipment	-1.3
仪器仪表制造业	Manufacture of Measuring Instruments and Machinery for Cultural Activity and Office Work	8.3
其他制造业	Other Manufacture	-0.1
废弃资源综合利用业	Comprehensive Utilization of Waste Resources	13.9
金属制品、机械和设备修理业	Repair of Metal Products, Machinery and Equipment	
电力、热力生产和供应业	Production and Supply of Electric Power and Heat Power	6.7
燃气生产和供应业	Production and Supply of Gas	8.6
水的生产和供应业	Production and Supply of Water	4.5

单位：% (%)

资本保值增值率 Ratio of Assets Appreciation YOY	资产负债率 Asset-Liability Ratio	流动资产周转率（次） Turnover Ratio of Circulating Assets (time)	成本费用利润率 Ratio of Profits to Cost	全员劳动生产率（元/人年） Overall Labor Productivity (yuan/person-year)	产品销售率 Sales as Percentage of Output
113.4	**66.2**	**1.8**	**4.6**	**281147**	**99.6**
110.3	62.8	1.6	4.8	319853	104.3
113.9	66.6	1.9	4.5	273350	98.9
114.3	64.4	1.9	5.2	310331	100.1
115.2	69.5	1.7	1.4	182189	97.7
106.2	71.0	1.7	6.3	375876	98.5
136.0	77.5	1.0	-7.1	627813	94.2
107.9	50.6	1.0	-1.7	78222	97.2
103.5	29.0	5.1	12.6	309247	100.0
75.4	89.3	1.5	-8.1	78352	107.4
116.3	63.4	3.6	1.7	214825	97.3
142.4	37.1	6.9	5.0	271768	96.7
87.3	75.9	2.5	2.5	164321	99.1
94.8	87.8	0.6	0.4	126203	89.2
113.0	49.7	2.1	20.9	2726324	100.5
69.6	62.7	5.3	0.3	244083	117.3
	24.4	0.6	0.2	62581	117.4
113.3	45.7	2.3	4.4	67909	94.6
180.3	30.2	1.0	1.6		82.4
120.0	28.5	3.4	1.5	153785	96.1
90.4	48.6	1.7	0.1	49425	109.8
96.5	59.9	4.6	6.2	232942	112.2
91.5	68.4	2.1	-3.7	199054	98.5
103.1	68.3	1.1	4.4	226726	96.1
142.9	65.9	4.4	4.4	197494	97.1
105.8	75.7	1.2	-2.1	181339	100.2
219.8	78.9	1.3	-11.1	120404	100.0
98.3	79.5	2.1	-2.9	358566	97.1
102.4	55.7	1.1	4.6	115901	83.6
114.1	62.7	0.7	12.4	218661	93.6
148.4	72.5	1.3	16.2	357500	97.6
122.8	59.2	2.3	9.8	473194	99.7
96.1	73.6	1.3	-0.6	156796	97.1
100.7	77.4	0.9	0.7	167294	102.0
91.2	68.4	1.3	-2.4	247461	99.4
115.8	68.4	1.1	5.0	160565	95.7
138.2	76.4	0.9	-3.0	84203	185.9
113.1	63.0	1.5	3.9	164502	98.3
108.9	68.7	3.2	3.9	435223	99.3
106.3	55.4	2.1	8.3	277465	99.8
109.2	47.9	0.6	16.9	180580	98.6

表12.9 续表 continued

指 标	Item	销售利润率 Rate of Return on Sale
总 计	**Total**	**12.0**
按轻、重工业分	**By Light and Heavy Industries**	
轻工业	Light Industry	24.8
重工业	Heavy Industry	10.1
按企业规模分	**By Size**	
大型企业	Large	13.6
中型企业	Medium	5.9
小型企业	Small	10.9
微型企业	Mini	-2.7
按行业分	**By Sector**	
煤炭开采和洗选业	Mining and Washing of Coal	9.9
石油和天然气开采业	Extraction of Petroleum and Natural Gas	15.3
黑色金属矿采选业	Mining and Processing of Ferrous Metal Ores	-0.7
有色金属矿采选业	Mining and Processing of Non-Ferrous Metal Ores	
非金属矿采选业	Mining and Processing of Nonmetal Ores	7.6
开采辅助活动	Mining Support Activities	
其他采矿业	Mining of Other Ores	
农副食品加工业	Processing of Food from Agricultural Products	10.4
食品制造业	Manufacture of Foods	9.5
酒、饮料和精制茶制造业	Liquor, Beverage and Refined Tea	9.1
烟草制品业	Manufacture of Tobacco	71.0
纺织业	Manufacture of Textile	2.9
纺织服装、服饰业	Manufacture of Textile Wearing Apparel, Footware and Caps	12.7
皮革、毛皮、羽毛及其制品和制鞋业	Manufacture of Leather, Fur, Feather and Related Products	8.8
木材加工和木、竹、藤、棕、草制品业	Processing of Timber, Manufacture of Wood, Bamboo, Rattan, Palm and Straw Products	3.5
家具制造业	Manufacture of Furniture	
造纸和纸制品业	Manufacture of Paper and Paper Products	5.0
印刷和记录媒介复制业	Printing, Reproduction of Recording Media	6.3
文教、工美、体育和娱乐用品制造业	Manufacture of Culture, Education, Handicraft, Fine Arts, Sports and Entertainment Articles	
石油加工、炼焦和核燃料加工业	Processing of Petroleum, Coking, Processing of Nuclear Fuel	11.4
化学原料和化学制品制造业	Manufacture of Raw Chemical Materials and Chemical Products	1.0
医药制造业	Manufacture of Medicines	14.6
化学纤维制造业	Manufacture of Chemical Fibers	
橡胶和塑料制品业	Manufacture of Rubber and Plastics	8.4
非金属矿物制品业	Manufacture of Non-metallic Mineral Products	4.9
黑色金属冶炼和压延加工业	Smelting and Pressing of Ferrous Metals	-11.8
有色金属冶炼和压延加工业	Smelting and Pressing of Nonferrous Metals	-1.6
金属制品业	Manufacture of Metal Products	19.1
通用设备制造业	Manufacture of General Purpose Machinery	16.9
专用设备制造业	Manufacture of Special Purpose Machinery	19.2
汽车制造业	Manufacture of Motor Vehicles	16.1
铁路、船舶、航空航天和其他运输设备制造业	Manufacture of Railway, Ship, Aviation and Other Transporting Equipment	5.1
电气机械和器材制造业	Manufacture of Electrical Machinery and Equipment	2.7
计算机、通信和其他电子设备制造业	Manufacture of Communication Equipment, Computers and Other Electronic Equipment	-1.7
仪器仪表制造业	Manufacture of Measuring Instruments and Machinery for Cultural Activity and Office Work	9.0
其他制造业	Other Manufacture	-2.3
废弃资源综合利用业	Comprehensive Utilization of Waste Resources	14.3
金属制品、机械和设备修理业	Repair of Metal Products, Machinery and Equipment	
电力、热力生产和供应业	Production and Supply of Electric Power and Heat Power	9.5
燃气生产和供应业	Production and Supply of Gas	10.0
水的生产和供应业	Production and Supply of Water	25.3

单位：%(%)

资本积累率 Rate of Capital Accumulation	流动比率 Current Ratio	速动比率 Quick Ratio	产权比率 Equity Ratio	人均实现利税（元） Per Capita Pre-tax Profits (yuan)	从业人员人均工资（元） Per Capita Wages of Employees (yuan)
11.8	**0.8**	**0.6**	**2.0**	**123548**	**75496**
9.4	1.0	0.8	1.7	193432	66133
12.2	0.8	0.6	2.0	109471	77382
12.5	0.8	0.7	1.8	155815	80561
13.2	0.8	0.6	2.3	40797	65840
5.8	0.8	0.6	2.5	134594	64807
26.5	0.6	0.4	5.6	-50825	156833
7.3	0.8	0.8	1.0	13074	62713
3.4	1.5	1.4	0.4	118995	142329
-32.6	0.4	0.2	8.3	-2595	51367
14.0	0.7	0.6	1.7	75085	51408
29.8	1.2	0.9	0.6	129314	56274
-14.6	0.9	0.6	3.1	70440	48743
-5.5	0.9	0.5	7.1	36337	47803
11.5	2.0	0.9	1.0	2455757	203788
-43.7	1.5	1.2	1.7	31900	36207
	3.8	3.6	0.3	28000	73469
11.7	2.5	1.7	0.8	23519	28727
44.5					
203.9	2.6	2.2	0.4	23905	28683
-10.6	1.0	0.7	1.0	10855	29789
-3.7	1.0	0.3	1.5	116183	80516
-9.3	0.6	0.4	2.2	8266	79814
3.0	1.0	0.8	2.2	85797	66290
30.0	0.7	0.2	1.9	83235	60800
5.5	0.7	0.6	3.1	33588	64842
54.5	0.6	0.2	3.7	-118804	64638
-1.8	0.5	0.4	4.0	-21803	62098
2.4	1.0	0.8	1.3	85957	65583
12.4	1.4	1.1	1.7	108172	65338
32.6	1.0	0.8	2.6	223079	82467
18.6	1.0	0.8	1.5	334093	85998
-4.1	0.9	0.7	2.8	29716	54852
0.7	1.4	1.1	3.4	34730	65440
-9.6	1.2	1.0	2.2	-24334	78326
13.6	1.3	0.9	2.2	48437	64380
27.7	0.9	0.7	3.7	-10293	53634
	1.0	0.9	1.7	44955	59283
8.2	0.4	0.4	2.2	132609	102846
5.9	1.2	1.1	1.2	130917	111088
8.4	1.3	1.2	0.9	82911	92696

表12.10 私营工业企业主要经济指标（2013年）
MAIN ECONOMIC INDICATORS OF PRIVATE INDUSTRIAL ENTERPRISES (2013)

指 标	Item	单位数（个） Number of Enterprises (unit)
总 计	**Total**	**3547**
按登记注册类型分	**By Status of Registration**	
私营独资企业	Solely Private-funded Enterprises	350
私营合伙企业	Private Partnership Enterprises	71
私营有限责任公司	Private Limited Liability Companies	2890
私营股份有限公司	Private Share-holding Companies	236
按轻、重工业分	**By Light and Heavy Industries**	
轻工业	Light Industry	1393
重工业	Heavy Industry	2154
按企业规模分	**By Size**	
大型企业	Large	53
中型企业	Medium	530
小型企业	Small	2862
微型企业	Mini	102
按行业分	**By Sector**	
煤炭开采和洗选业	Mining and Washing of Coal	272
石油和天然气开采业	Extraction of Petroleum and Natural Gas	
黑色金属矿采选业	Mining and Processing of Ferrous Metal Ores	27
有色金属矿采选业	Mining and Processing of Non-Ferrous Metal Ores	2
非金属矿采选业	Mining and Processing of Nonmetal Ores	66
开采辅助活动	Mining Support Activities	
其他采矿业	Mining of Other Ores	
农副食品加工业	Processing of Food from Agricultural Products	255
食品制造业	Manufacture of Foods	68
酒、饮料和精制茶制造业	Liquor, Beverage and Refined Tea	47
烟草制品业	Manufacture of Tobacco	
纺织业	Manufacture of Textile	107
纺织服装、鞋、帽制造业	Manufacture of Textile Wearing Apparel, Footware and Caps	53
皮革、毛皮、羽毛（绒）及其制品业	Manufacture of Leather, Fur, Feather and Related Products	66
木材加工及木竹藤棕草制品业	Processing of Timber, Manufacture of Wood, Bamboo, Rattan, Palm and Straw Products	30
家具制造业	Manufacture of Furniture	46
造纸及纸制品业	Manufacture of Paper and Paper Products	61
印刷业、记录媒介的复制	Printing, Reproduction of Recording Media	46
文教、工美、体育和娱乐用品制造业	Manufacture of Culture, Education, Handicraft, Fine Arts, Sports and Entertainment Articles	16
石油加工、炼焦及核燃料加工业	Processing of Petroleum, Coking, Processing of Nuclear Fuel	14
化学原料及化学制品制造业	Manufacture of Raw Chemical Materials and Chemical Products	130
医药制造业	Manufacture of Medicines	60
化学纤维制造业	Manufacture of Chemical Fibers	2
橡胶和塑料制品业	Manufacture of Rubber and Plastics	145
非金属矿物制品业	Manufacture of Non-metallic Mineral Products	332
黑色金属冶炼及压延加工业	Smelting and Pressing of Ferrous Metals	120
有色金属冶炼及压延加工业	Smelting and Pressing of Nonferrous Metals	52
金属制品业	Manufacture of Metal Products	158
通用设备制造业	Manufacture of General Purpose Machinery	175
专用设备制造业	Manufacture of Special Purpose Machinery	116
汽车制造业	Manufacture of Motor Vehicles	406
铁路、船舶、航空航天和其他运输设备制造业	Manufacture of Railway, Ship, Aviation and Other Transporting Equipment	374
电气机械及器材制造业	Manufacture of Electrical Machinery and Equipment	155
通信设备、计算机及其他电子设备制造业	Manufacture of Communication Equipment, Computers and Other Electronic Equipment	60
仪器仪表及文化、办公用机械制造业	Manufacture of Measuring Instruments and Machinery for Cultural Activity and Office Work	44
其他制造业	Other Manufacture	7
废弃资源综合利用业	Comprehensive Utilization of Waste Resources	9
金属制品、机械和设备修理业	Repair of Metal Products, Machinery and Equipment	5
电力、热力的生产和供应业	Production and Supply of Electric Power and Heat Power	2
燃气生产和供应业	Production and Supply of Gas	16
水的生产和供应业	Production and Supply of Water	3

单位：万元 (10 000 yuan)

从业人员平均人数（万人）Average Emloyment (10 000 persons)	工业总产值 Gross Output Value	工业销售产值 Sales Value of Industry	其　中 of which #出口交货值 Value of Export Delivery	实收资本 Paid-in Capital	其　中 of which #国家资本 State Capital	#外商资本 Foreign Capital
72.48	**58716963**	**57402265**	**2322632**	**4553378**	**23825**	**10875**
4.33	2680982	2624547	18984	134426	232	
1.35	615341	605826	1083	58903		
61.04	49423379	48275599	1827036	3799542	22643	10875
5.75	5997262	5896293	475529	560507	950	
29.79	22907338	22356745	1529692	1562007	10746	10875
42.68	35809626	35045520	792940	2991371	13080	
11.56	13437024	13264404	1230208	756183	7842	8875
26.14	19037399	18470272	593816	1390594	8876	2000
34.58	25864860	25299089	496398	2386637	7104	
1911.00	377680	368501	2210	19964	3	
6.61	2145615	2126081	30	231563	1080	
0.40	92590	89923		9709		
0.08	26960	26154		1030		
0.65	500565	498171		47798	10	
3.87	3631904	3562210	67451	192002	6887	
1.05	646764	633383	12732	50066	2405	
0.85	699507	659320	19746	52570		
1.87	1328196	1308192	128790	107018		8875
1.27	542262	502351	51651	24414		
2.05	1229693	1225534	22493	22527	3	
0.40	223427	220814		22826		
0.75	455368	450246		39484	250	
0.80	621431	617443	8400	27933		
0.60	505858	498222	13819	61068	669	
0.50	459088	456044	18137	23017		
0.17	204008	199879		19337		
2.69	2371600	2280845	68767	244001		
1.39	1046882	997778	531	142064	150	
0.03	21151	24030		1500		
2.41	1854307	1809770	101828	131984	2021	
6.67	4783369	4678008	30091	569453	300	
2.04	4270486	4235306		266206		
1.15	2309086	2246938	35678	95468		
3.27	2718005	2656488	151492	158826	578	
2.85	2172570	2097301	161660	177860	403	
1.73	1411318	1374251	91078	118184		
9.96	7204016	7044452	134746	532813	8070	
10.08	8192290	8009604	978549	562304		2000
3.39	4572870	4466795	142039	402480		
1.72	1728901	1665118	62812	72496	1000	
0.70	330922	326759	12268	55071		
0.12	66796	63040	7846	3865		
0.09	143356	140486		16453		
0.07	43807	44329		1301		
0.01	7290	7290		1328		
0.15	136199	142634		44623		
0.03	18510	17075		22739		

表12.10 续表1 continued1

指　标	Item	资　产 Total Assets
总　计	**Total**	**32482941**
按登记注册类型分	**By Status of Registration**	
私营独资企业	Solely Private-funded Enterprises	948207
私营合伙企业	Private Partnership Enterprises	243270
私营有限责任公司	Private Limited Liability Companies	26773553
私营股份有限公司	Private Share-holding Companies	4517912
按轻、重工业分	**By Light and Heavy Industries**	
轻工业	Light Industry	12388653
重工业	Heavy Industry	20094288
按企业规模分	**By Size**	
大型企业	Large	8409956
中型企业	Medium	10279018
小型企业	Small	13512636
微型企业	Mini	281331
按行业分	**By Sector**	
煤炭开采和洗选业	Mining and Washing of Coal	1262080
石油和天然气开采业	Extraction of Petroleum and Natural Gas	
黑色金属矿采选业	Mining and Processing of Ferrous Metal Ores	98075
有色金属矿采选业	Mining and Processing of Non-Ferrous Metal Ores	18508
非金属矿采选业	Mining and Processing of Nonmetal Ores	233841
开采辅助活动	Mining Support Activities	
其他采矿业	Mining of Other Ores	
农副食品加工业	Processing of Food from Agricultural Products	1272861
食品制造业	Manufacture of Foods	368431
酒、饮料和精制茶制造业	Liquor, Beverage and Refined Tea	329793
烟草制品业	Manufacture of Tobacco	
纺织业	Manufacture of Textile	666294
纺织服装、鞋、帽制造业	Manufacture of Textile Wearing Apparel, Footware and Caps	244474
皮革、毛皮、羽毛（绒）及其制品业	Manufacture of Leather, Fur, Feather and Related Products	259876
木材加工及木竹藤棕草制品业	Processing of Timber, Manufacture of Wood, Bamboo, Rattan, Palm and Straw Products	169588
家具制造业	Manufacture of Furniture	246577
造纸及纸制品业	Manufacture of Paper and Paper Products	261282
印刷业、记录媒介的复制	Printing, Reproduction of Recording Media	269572
文教、工美、体育和娱乐用品制造业	Manufacture of Culture, Education, Handicraft, Fine Arts, Sports and Entertainment Articles	251778
石油加工、炼焦及核燃料加工业	Processing of Petroleum, Coking, Processing of Nuclear Fuel	97043
化学原料及化学制品制造业	Manufacture of Raw Chemical Materials and Chemical Products	1464268
医药制造业	Manufacture of Medicines	871500
化学纤维制造业	Manufacture of Chemical Fibers	14309
橡胶和塑料制品业	Manufacture of Rubber and Plastics	796462
非金属矿物制品业	Manufacture of Non-metallic Mineral Products	3602105
黑色金属冶炼及压延加工业	Smelting and Pressing of Ferrous Metals	1431543
有色金属冶炼及压延加工业	Smelting and Pressing of Nonferrous Metals	959879
金属制品业	Manufacture of Metal Products	1476320
通用设备制造业	Manufacture of General Purpose Machinery	1036666
专用设备制造业	Manufacture of Special Purpose Machinery	713627
汽车制造业	Manufacture of Motor Vehicles	5154765
铁路、船舶、航空航天和其他运输设备制造业	Manufacture of Railway, Ship, Aviation and Other Transporting Equipment	5322833
电气机械及器材制造业	Manufacture of Electrical Machinery and Equipment	2277772
通信设备、计算机及其他电子设备制造业	Manufacture of Communication Equipment, Computers and Other Electronic Equipment	649038
仪器仪表及文化、办公用机械制造业	Manufacture of Measuring Instruments and Machinery for Cultural Activity and Office Work	271547
其他制造业	Other Manufacture	26657
废弃资源综合利用业	Comprehensive Utilization of Waste Resources	60887
金属制品、机械和设备修理业	Repair of Metal Products, Machinery and Equipment	12904
电力、热力的生产和供应业	Production and Supply of Electric Power and Heat Power	1731
燃气生产和供应业	Production and Supply of Gas	237209
水的生产和供应业	Production and Supply of Water	50845

单位：万元 (10 000 yuan)

其 中 of which	固定资产 Fixed Assets		负 债	其 中 of which
#流动资产 Circulating Assets	原 值 Original Value	净 值 Net Value	Total Liabilities	#流动负债 Total Circulating Liabilities
17299286	**17021593**	**9654919**	**18686156**	**14923667**
352546	631365	421309	393499	300729
82509	151438	90298	90909	68324
14386311	13957341	7854388	15656232	12735569
2477919	2281448	1288924	2545516	1819046
6611013	7020116	3714122	6525130	4947892
10688273	10001476	5940797	12161026	9975775
4809733	4111059	2239813	5113725	4055923
5067521	6712454	3395658	6006482	4731055
7274518	6151533	3993582	7413855	6082429
147513	46547	25866	152094	54260
475909	716535	504343	544018	418350
63813	15863	7040	58431	52682
13417	1998	934	13690	13690
107716	117893	89277	114096	78032
563769	814011	485599	586113	416263
177524	137904	109773	182282	122485
169363	162180	117875	150088	113993
297992	381518	211910	235193	113609
150184	103079	71484	124686	103490
142723	1001626	83376	108948	65848
61017	84874	66765	86962	70390
127229	77731	60453	108159	74168
130876	123221	79843	130936	102159
114937	173278	102660	138361	75377
44457	222970	189887	122369	116606
71846	32456	19915	74079	71650
703978	909636	598687	839486	740936
431369	309312	227678	470162	342649
7739	7558	4817	3273	3273
418896	775379	256086	449085	347381
1570699	2098492	1366541	2182789	1604219
654479	969919	497809	924185	729536
576089	326227	250031	624187	483596
745252	501015	311503	817773	701347
576762	459468	257070	600582	517325
421875	239052	174628	320191	268483
3032204	2367784	1364527	3621364	3128851
3333926	2539435	1327816	3202282	2554073
1385358	722056	514646	1215223	998728
341728	351707	151723	281414	238598
191573	116048	46017	126209	113013
19269	8832	6070	13451	11482
36876	13721	11017	40106	39246
4186	11207	8013	4008	3551
199	780	248	403	29
122434	91712	51644	151672	79945
11623	35117	27215	19899	8615

表12.10 续表2 continued2

指 标	Item	所有者权益 Creditors' Equity
总 计	**Total**	**13541829**
按登记注册类型分	**By Status of Registration**	
私营独资企业	Solely Private-funded Enterprises	538831
私营合伙企业	Private Partnership Enterprises	149406
私营有限责任公司	Private Limited Liability Companies	10890357
私营股份有限公司	Private Share-holding Companies	1963235
按轻、重工业分	**By Light and Heavy Industries**	
轻工业	Light Industry	5732363
重工业	Heavy Industry	7809466
按企业规模分	**By Size**	
大型企业	Large	3263168
中型企业	Medium	4232623
小型企业	Small	6008865
微型企业	Mini	37173
按行业分	**By Sector**	
煤炭开采和洗选业	Mining and Washing of Coal	700665
石油和天然气开采业	Extraction of Petroleum and Natural Gas	
黑色金属矿采选业	Mining and Processing of Ferrous Metal Ores	40180
有色金属矿采选业	Mining and Processing of Non-Ferrous Metal Ores	4520
非金属矿采选业	Mining and Processing of Nonmetal Ores	110932
开采辅助活动	Mining Support Activities	
其他采矿业	Mining of Other Ores	
农副食品加工业	Processing of Food from Agricultural Products	664177
食品制造业	Manufacture of Foods	178460
酒、饮料和精制茶制造业	Liquor, Beverage and RefinedTea	175717
烟草制品业	Manufacture of Tobacco	
纺织业	Manufacture of Textile	422957
纺织服装、鞋、帽制造业	Manufacture of Textile Wearing Apparel, Footware and Caps	118836
皮革、毛皮、羽毛（绒）及其制品业	Manufacture of Leather, Fur, Feather and Related Products	145653
木材加工及木竹藤棕草制品业	Processing of Timber, Manufacture of Wood, Bamboo, Rattan, Palm and Straw Products	82014
家具制造业	Manufacture of Furniture	135538
造纸及纸制品业	Manufacture of Paper and Paper Products	122806
印刷业、记录媒介的复制	Printing, Reproduction of Recording Media	128850
文教、工美、体育和娱乐用品制造业	Manufacture of Culture, Education, Handicraft, Fine Arts, Sports and Entertainment Articles	124063
石油加工、炼焦及核燃料加工业	Processing of Petroleum, Coking, Processing of Nuclear Fuel	22519
化学原料及化学制品制造业	Manufacture of Raw Chemical Materials and Chemical Products	619835
医药制造业	Manufacture of Medicines	393495
化学纤维制造业	Manufacture of Chemical Fibers	11036
橡胶和塑料制品业	Manufacture of Rubber and Plastics	341676
非金属矿物制品业	Manufacture of Non-metallic Mineral Products	1403613
黑色金属冶炼及压延加工业	Smelting and Pressing of Ferrous Metals	489878
有色金属冶炼及压延加工业	Smelting and Pressing of Nonferrous Metals	334101
金属制品业	Manufacture of Metal Products	646547
通用设备制造业	Manufacture of General Purpose Machinery	427847
专用设备制造业	Manufacture of Special Purpose Machinery	389844
汽车制造业	Manufacture of Motor Vehicles	1506531
铁路、船舶、航空航天和其他运输设备制造业	Manufacture of Railway, Ship, Aviation and Other Transporting Equipment	2109230
电气机械及器材制造业	Manufacture of Electrical Machinery and Equipment	1024336
通信设备、计算机及其他电子设备制造业	Manufacture of Communication Equipment, Computers and Other Electronic Equipment	364969
仪器仪表及文化、办公用机械制造业	Manufacture of Measuring Instruments and Machinery for Cultural Activity and Office Work	140771
其他制造业	Other Manufacture	13163
废弃资源综合利用业	Comprehensive Utilization of Waste Resources	21088
金属制品、机械和设备修理业	Repair of Metal Products, Machinery and Equipment	8896
电力、热力的生产和供应业	Production and Supply of Electric Power and Heat Power	1328
燃气生产和供应业	Production and Supply of Gas	84814
水的生产和供应业	Production and Supply of Water	30947

单位：万元 (10 000 yuan)

主营业务收入 Revenue from Principal Business	主营业务成本 Cost of Principal Business	主营业务税金及附加 Tax and Extra Charges of Principal Business	主营业务利润 Profit of Principal Business	利润总额 Total After-tax Profits	利税总额 Total Pre-tax Profits	工资总额 Total Wages
57613757	**48657156**	**473424**	**8483177**	**4100586**	**7082200**	**3621684**
2627264	2091346	35389	500529	249436	409705	209952
608298	466251	12741	129307	59262	107650	76921
48528297	41291893	386368	6850037	3362338	5879473	3010498
5849898	4807666	38927	1003304	429549	685371	324312
22506370	18771764	189347	3545258	1676352	2778582	1508039
35107388	29885392	284077	4937919	2424234	4303618	2113645
13380810	11669202	84735	1626873	854459	1511072	751432
18566067	15586313	145135	2834619	1361671	2407306	1285416
25280894	21068521	239470	3972903	1868749	3133540	1557917
385987	333120	4085	48782	15707	30282	26919
2192242	1692766	31834	467643	226794	450214	350643
86243	36287	2064	47892	4302	19376	18427
27714	21640	564	5510	3100	5523	3724
484061	364757	13411	105894	43067	82456	36332
3571469	3065124	26850	479495	236138	400418	185806
624345	494915	4761	124669	39430	65996	40057
657613	509132	17041	131441	63230	115598	51244
1358870	1172516	8658	177695	97700	194582	94963
517544	407334	5434	104776	51720	70970	47367
1219958	1028317	4867	186775	111325	152843	104510
213635	181987	2727	28920	13459	22077	16119
454125	348403	3942	101781	35479	53616	31724
627985	530095	5884	92006	48560	80425	33977
494343	419838	5156	69349	32367	57461	28711
459343	380170	2472	76702	58824	97699	28461
202207	180118	1484	20605	212	8019	8590
2250012	1963348	32184	254481	117657	266071	125155
994241	734567	7376	252298	88921	144077	69454
21342	19079	95	2168	1580	3099	1857
1793956	1521411	10937	261609	125150	203181	111859
4679763	3905963	40616	733184	354821	611623	322232
4225995	3765715	37746	422535	274813	582650	109254
2311838	2118416	10846	182576	81582	196766	50621
2644562	2182314	25863	436385	245518	366122	185712
2105132	1726039	13869	365224	174780	278830	140660
1372147	1098465	8996	264686	133673	201554	87090
7015782	5953913	54735	1007134	471847	773417	488832
8046902	6967876	47161	1031865	436624	794958	536783
4520577	3840440	31327	648811	326729	499024	178567
1700859	1430983	7867	262009	133398	180937	80878
318468	253963	1939	62566	31146	43089	29645
63934	53133	668	10132	4015	7685	5782
148323	128771	804	18748	3967	9366	3275
44329	34643	396	9290	4639	8226	4506
6665	5711	86	869	721	979	232
140010	107453	2536	30021	20401	28560	6084
17224	11557	231	5437	2896	4714	2549

表12.11 私营工业企业经济效益指标（2013年）
INDICATORS ON ECONOMIC BENEFIT OF PRIVATE INDUSTRIAL ENTERPRISES (2013)

指　标	Item	总资产贡献率 Ratio of Total Assets to Industrial Output Value
总　计	**Total**	**23.2**
按轻、重工业分	**By Light and Heavy Industries**	
轻工业	Light Industry	23.8
重工业	Heavy Industry	22.9
按企业规模分	**By Size**	
大型企业	Large	19.1
中型企业	Medium	25.2
小型企业	Small	24.5
微型企业	Mini	11.8
按行业分	**By Sector**	
煤炭开采和洗选业	Mining and Washing of Coal	36.8
石油和天然气开采业	Extraction of Petroleum and Natural Gas	
黑色金属矿采选业	Mining and Processing of Ferrous Metal Ores	21.9
有色金属矿采选业	Mining and Processing of Non-Ferrous Metal Ores	29.9
非金属矿采选业	Mining and Processing of Nonmetal Ores	36.4
开采辅助活动	Mining Support Activities	
其他采矿业	Mining of Other Ores	
农副食品加工业	Processing of Food from Agricultural Products	32.5
食品制造业	Manufacture of Foods	19.8
酒、饮料和精制茶制造业	Liquor, Beverage and Refined Tea	37.4
烟草制品业	Manufacture of Tobacco	
纺织业	Manufacture of Textile	30.7
纺织服装、服饰业	Manufacture of Textile Wearing Apparel, Footware and Caps	31.0
皮革、毛皮、羽毛及其制品和制鞋业	Manufacture of Leather, Fur, Feather and Related Products	60.2
木材加工和木、竹、藤、棕、草制品业	Processing of Timber, Manufacture of Wood, Bamboo, Rattan, Palm and Straw Products	14.1
家具制造业	Manufacture of Furniture	23.4
造纸和纸制品业	Manufacture of Paper and Paper Products	32.2
印刷和记录媒介复制业	Printing, Reproduction of Recording Media	22.9
文教、工美、体育和娱乐用品制造业	Manufacture of Culture, Education, Handicraft, Fine Arts, Sports and Entertainment Articles	39.3
石油加工、炼焦和核燃料加工业	Processing of Petroleum, Coking, Processing of Nuclear Fuel	9.8
化学原料和化学制品制造业	Manufacture of Raw Chemical Materials and Chemical Products	20.7
医药制造业	Manufacture of Medicines	17.8
化学纤维制造业	Manufacture of Chemical Fibers	23.5
橡胶和塑料制品业	Manufacture of Rubber and Plastics	27.1
非金属矿物制品业	Manufacture of Non-metallic Mineral Products	18.1
黑色金属冶炼和压延加工业	Smelting and Pressing of Ferrous Metals	42.9
有色金属冶炼和压延加工业	Smelting and Pressing of Nonferrous Metals	23.1
金属制品业	Manufacture of Metal Products	26.4
通用设备制造业	Manufacture of General Purpose Machinery	28.1
专用设备制造业	Manufacture of Special Purpose Machinery	29.1
汽车制造业	Manufacture of Motor Vehicles	16.4
铁路、船舶、航空航天和其他运输设备制造业	Manufacture of Railway, Ship, Aviation and Other Transporting Equipment	16.3
电气机械和器材制造业	Manufacture of Electrical Machinery and Equipment	23.1
计算机、通信和其他电子设备制造业	Manufacture of Communication Equipment, Computers and Other Electronic Equipment	28.5
仪器仪表制造业	Manufacture of Measuring Instruments and Machinery for Cultural Activity and Office Work	16.7
其他制造业	Other Manufacture	32.4
废弃资源综合利用业	Comprehensive Utilization of Waste Resources	20.4
金属制品、机械和设备修理业	Repair of Metal Products, Machinery and Equipment	65.0
电力、热力生产和供应业	Production and Supply of Electric Power and Heat Power	57.0
燃气生产和供应业	Production and Supply of Gas	13.0
水的生产和供应业	Production and Supply of Water	9.4

单位：% (%)

资本保值增值率 Ratio of Assets Appreciation YOY	资产负债率 Asset-Liability Ratio	流动资产周转率（次） Turnover Ratio of Circulating Assets (time)	成本费用利润率 Ratio of Profits to Cost	全员劳动生产率（元/人年） Overall Labor Productivity (yuan/person-year)	产品销售率 Sales as Percentage of Output
122.4	**57.5**	**3.3**	**7.7**	**219844**	**97.8**
120.7	52.7	3.4	8.1	213899	97.6
123.6	60.5	3.3	7.5	223994	97.9
124.3	60.8	2.8	6.8	296454	98.7
113.0	58.4	3.7	8.0	201877	97.0
128.5	54.9	3.5	8.1	205895	97.8
96.2	54.1	2.6	4.3	565483	97.6
116.7	43.1	4.6	11.8	153394	99.1
108.4	59.6	1.4	5.4	181381	97.1
472.4	74.0	2.1	13.1	131464	97.0
97.2	48.8	4.5	10.6	223405	99.5
122.6	46.1	6.3	7.1	226363	98.1
120.0	49.5	3.5	6.8	166301	97.9
121.4	45.5	3.9	11.0	285302	94.3
115.8	35.3	4.6	8.0	193048	98.5
128.1	51.0	3.5	11.1	125470	92.6
149.1	41.9	8.6	10.1	188733	99.7
83.6	51.3	3.5	6.8	121350	98.8
142.7	43.9	3.6	8.5	166314	98.9
137.0	50.1	4.8	8.5	207236	99.4
120.0	51.3	4.3	7.1	229889	98.5
82.8	48.6	10.3	14.7	265517	99.3
121.6	76.3	2.8	0.1	316348	98.0
123.5	57.3	3.2	5.5	242561	96.2
126.2	54.0	2.3	10.0	222500	95.3
107.2	22.9	2.8	8.0	170875	113.6
128.4	56.4	4.3	7.6	207971	97.6
117.9	60.6	3.0	8.3	217334	97.8
128.1	64.6	6.5	7.0	490591	99.2
128.9	65.0	4.0	3.7	399202	97.3
154.3	55.4	3.6	10.5	242709	97.7
110.8	57.9	3.7	9.1	197386	96.5
111.6	44.9	3.3	10.9	228143	97.4
117.8	70.3	2.3	7.3	181236	97.8
113.8	60.2	2.4	5.7	225839	97.8
137.3	53.4	3.3	7.8	284816	97.7
206.6	43.4	5.0	8.6	251288	96.3
106.5	46.5	1.7	10.6	152885	98.7
147.3	50.5	3.3	6.8	158020	94.4
100.3	65.9	4.0	2.9	300688	98.0
112.9	31.1	10.6	12.1	188991	101.2
101.5	23.3	33.6	12.3	357459	100.0
134.6	63.9	1.1	16.6	251121	104.7
154.6	39.1	1.5	21.6	371011	92.3

表12.11 续表 continued

指 标	Item	销售利润率 Rate of Return on Sale
总 计	**Total**	**12.3**
按轻、重工业分	**By Light and Heavy Industries**	
轻工业	Light Industry	12.4
重工业	Heavy Industry	12.3
按企业规模分	**By Size**	
大型企业	Large	11.3
中型企业	Medium	13.0
小型企业	Small	12.4
微型企业	Mini	7.9
按行业分	**By Sector**	
煤炭开采和洗选业	Mining and Washing of Coal	20.5
石油和天然气开采业	Extraction of Petroleum and Natural Gas	
黑色金属矿采选业	Mining and Processing of Ferrous Metal Ores	22.5
有色金属矿采选业	Mining and Processing of Non-Ferrous Metal Ores	19.9
非金属矿采选业	Mining and Processing of Nonmetal Ores	17.0
开采辅助活动	Mining Support Activities	
其他采矿业	Mining of Other Ores	
农副食品加工业	Processing of Food from Agricultural Products	11.2
食品制造业	Manufacture of Foods	10.6
酒、饮料和精制茶制造业	Liquor, Beverage and Refined Tea	17.6
烟草制品业	Manufacture of Tobacco	
纺织业	Manufacture of Textile	14.3
纺织服装、服饰业	Manufacture of Textile Wearing Apparel, Footware and Caps	13.7
皮革、毛皮、羽毛及其制品和制鞋业	Manufacture of Leather, Fur, Feather and Related Products	12.5
木材加工和木、竹、藤、棕、草制品业	Processing of Timber, Manufacture of Wood, Bamboo, Rattan, Palm and Straw Products	10.3
家具制造业	Manufacture of Furniture	11.8
造纸和纸制品业	Manufacture of Paper and Paper Products	12.8
印刷和记录媒介复制业	Printing, Reproduction of Recording Media	11.6
文教、工美、体育和娱乐用品制造业	Manufacture of Culture, Education, Handicraft, Fine Arts, Sports and Entertainment Articles	21.3
石油加工、炼焦和核燃料加工业	Processing of Petroleum, Coking, Processing of Nuclear Fuel	4.0
化学原料和化学制品制造业	Manufacture of Raw Chemical Materials and Chemical Products	11.8
医药制造业	Manufacture of Medicines	14.5
化学纤维制造业	Manufacture of Chemical Fibers	14.5
橡胶和塑料制品业	Manufacture of Rubber and Plastics	11.3
非金属矿物制品业	Manufacture of Non-metallic Mineral Products	13.1
黑色金属冶炼和压延加工业	Smelting and Pressing of Ferrous Metals	13.8
有色金属冶炼和压延加工业	Smelting and Pressing of Nonferrous Metals	8.5
金属制品业	Manufacture of Metal Products	13.8
通用设备制造业	Manufacture of General Purpose Machinery	13.3
专用设备制造业	Manufacture of Special Purpose Machinery	14.7
汽车制造业	Manufacture of Motor Vehicles	11.0
铁路、船舶、航空航天和其他运输设备制造业	Manufacture of Railway, Ship, Aviation and Other Transporting Equipment	9.9
电气机械和器材制造业	Manufacture of Electrical Machinery and Equipment	11.0
计算机、通信和其他电子设备制造业	Manufacture of Communication Equipment, Computers and Other Electronic Equipment	10.6
仪器仪表制造业	Manufacture of Measuring Instruments and Machinery for Cultural Activity and Office Work	13.5
其他制造业	Other Manufacture	12.0
废弃资源综合利用业	Comprehensive Utilization of Waste Resources	6.3
金属制品、机械和设备修理业	Repair of Metal Products, Machinery and Equipment	18.6
电力、热力生产和供应业	Production and Supply of Electric Power and Heat Power	14.7
燃气生产和供应业	Production and Supply of Gas	20.4
水的生产和供应业	Production and Supply of Water	27.4

单位：%（%）

资本积累率 Rate of Capital Accumulation	流动比率 Current Ratio	速动比率 Quick Ratio	产权比率 Equity Ratio	人均实现利税（元） Per Capita Pre-tax Profits (yuan)	从业人员人均工资（元） Per Capita Wages of Employees (yuan)
18.3	**1.2**	**0.9**	**1.4**	**97719**	**49971**
17.1	1.3	1.1	1.1	93260	50616
19.1	1.1	0.8	1.6	100831	49521
19.6	1.2	1.0	1.6	130668	64979
11.5	1.1	0.8	1.4	92091	49174
22.2	1.2	0.9	1.2	90618	45053
-3.9	2.7	2.2	4.1	158459	140864
14.3	1.1	1.0	0.8	68120	53055
7.8	1.2	1.1	1.5	48756	46369
78.8	1.0	0.3	3.0	71732	48362
-2.8	1.4	1.2	1.0	126061	55545
18.4	1.4	1.0	0.9	103502	48028
16.6	1.5	1.1	1.0	62680	38045
17.6	1.5	0.9	0.9	136205	60380
13.7	2.6	2.0	0.6	103949	50731
21.9	1.5	0.8	1.1	55842	37271
32.9	2.2	1.6	0.8	74442	50901
-19.6	0.9	0.5	1.1	54646	39899
29.9	1.7	1.3	0.8	71785	42475
27.0	1.3	1.0	1.1	100468	42445
16.7	1.5	1.3	1.1	95913	47923
-20.8	0.4	0.2	1.0	194116	56549
17.7	1.0	0.7	3.3	47450	50827
19.0	1.0	0.7	1.4	98812	46479
20.7	1.3	1.0	1.2	103697	49989
6.7	2.4	1.9	0.3	99003	59323
22.1	1.2	0.9	1.3	84168	46337
15.1	1.0	0.8	1.6	91682	48303
21.9	0.9	0.7	1.9	285347	53506
22.4	1.2	0.8	1.9	171115	44022
35.2	1.1	0.7	1.3	112046	56834
9.8	1.1	0.8	1.4	97695	49284
10.4	1.6	1.2	0.8	116546	50358
15.1	1.0	0.8	2.4	77634	49068
12.1	1.3	1.1	1.5	78891	53270
27.2	1.4	1.1	1.2	147213	52678
51.6	1.4	0.9	0.8	105447	47134
6.1	1.7	1.4	0.9	61901	42587
32.1	1.7	0.7	1.0	63879	48062
0.3	0.9	0.8	1.9	100386	35102
11.4	1.2	0.7	0.5	115859	63459
1.4	7.0	6.7	0.3	117904	27964
25.7	1.5	1.5	1.8	194417	41415
35.3	1.4	1.3	0.6	176551	95479

表12.12 内资工业企业主要经济指标（2013年）
MAIN ECONOMIC INDICATORS OF INDUSTRIAL ENTERPRISES WITH DOMESTIC FUNDS (2013)

指　标	Item	单位数（个） Number of Enterprises (unit)
总　计	**Total**	**5214**
#国有控股企业	State-owned and State-holding Enterprises	448
按登记注册类型分	**By Status of Registration**	
#国有企业	State-owned	41
集体企业	Collective-owned	46
按轻、重工业分	**By Light and Heavy Industries**	
轻工业	Light Industry	1923
重工业	Heavy Industry	3291
按企业规模分	**By Size**	
大型企业	Large	156
中型企业	Medium	928
小型企业	Small	3996
微型企业	Mini	134
按行业分	**By Sector**	
煤炭开采和洗选业	Mining and Washing of Coal	370
石油和天然气开采业	Extraction of Petroleum and Natural Gas	1
黑色金属矿采选业	Mining and Processing of Ferrous Metal Ores	28
有色金属矿采选业	Mining and Processing of Non-Ferrous Metal Ores	3
非金属矿采选业	Mining and Processing of Nonmetal Ores	91
开采辅助活动	Mining Support Activities	
其他采矿业	Mining of Other Ores	
农副食品加工业	Processing of Food from Agricultural Products	354
食品制造业	Manufacture of Foods	110
酒、饮料和精制茶制造业	Liquor, Beverage and Refined Tea	69
烟草制品业	Manufacture of Tobacco	4
纺织业	Manufacture of Textile	131
纺织服装、鞋、帽制造业	Manufacture of Textile Wearing Apparel, Footware and Caps	66
皮革、毛皮、羽毛（绒）及其制品业	Manufacture of Leather, Fur, Feather and Related Products	83
木材加工及木竹藤棕草制品业	Processing of Timber, Manufacture of Wood, Bamboo, Rattan, Palm and Straw Products	50
家具制造业	Manufacture of Furniture	54
造纸及纸制品业	Manufacture of Paper and Paper Products	84
印刷业、记录媒介的复制	Printing, Reproduction of Recording Media	70
文教、工美、体育和娱乐用品制造业	Manufacture of Culture, Education, Handicraft, Fine Arts, Sports and Entertainment Articles	21
石油加工、炼焦及核燃料加工业	Processing of Petroleum, Coking, Processing of Nuclear Fuel	23
化学原料及化学制品制造业	Manufacture of Raw Chemical Materials and Chemical Products	238
医药制造业	Manufacture of Medicines	111
化学纤维制造业	Manufacture of Chemical Fibers	4
橡胶和塑料制品业	Manufacture of Rubber and Plastics	192
非金属矿物制品业	Manufacture of Non-metallic Mineral Products	482
黑色金属冶炼及压延加工业	Smelting and Pressing of Ferrous Metals	168
有色金属冶炼及压延加工业	Smelting and Pressing of Nonferrous Metals	93
金属制品业	Manufacture of Metal Products	208
通用设备制造业	Manufacture of General Purpose Machinery	253
专用设备制造业	Manufacture of Special Purpose Machinery	164
汽车制造业	Manufacture of Motor Vehicles	604
铁路、船舶、航空航天和其他运输设备制造业	Manufacture of Railway, Ship, Aviation and Other Transporting Equipment	505
电气机械及器材制造业	Manufacture of Electrical Machinery and Equipment	216
通信设备、计算机及其他电子设备制造业	Manufacture of Communication Equipment, Computers and Other Electronic Equipment	104
仪器仪表及文化、办公用机械制造业	Manufacture of Measuring Instruments and Machinery for Cultural Activity and Office Work	75
其他制造业	Other Manufacture	15
废弃资源综合利用业	Comprehensive Utilization of Waste Resources	17
金属制品、机械和设备修理业	Repair of Metal Products, Machinery and Equipment	7
电力、热力的生产和供应业	Production and Supply of Electric Power and Heat Power	79
燃气生产和供应业	Production and Supply of Gas	44
水的生产和供应业	Production and Supply of Water	23

单位：万元 (10 000 yuan)

从业人员平均人数（万人）Average Emloyment (10 000 persons)	工业总产值 Gross Output Value	工业销售产值 Sales Value of Industry	其中 of which #出口交货值 Value of Export Delivery	实收资本 Paid-in Capital	其中 of which #国家资本 State Capital	其中 of which #外商资本 Foreign Capital
140.32	**114211743**	**111576970**	**5183466**	**15417156**	**3395192**	**128155**
36.57	29937823	29821469	1335667	8049099	3286034	107997
2.79	1197478	1173907	14248	677615	150897	
0.93	292236	289150		50832	1302	
49.11	37660826	36444287	2588063	3813975	447521	21827
91.21	76550917	75132683	2595403	11603181	2947671	106327
41.92	41378054	40536581	3293155	5527795	1053730	119682
49.17	34466908	33497096	1058901	4812308	1277468	5983
48.96	37809036	37005770	829200	5010132	1060781	2490
0.28	557745	537524	2210	66921	3213	
15.49	3700595	3633779	2630	1100519	107474	30
0.13	95404	95390		10515	2396	
0.53	135840	136382		28554	18845	
0.10	48496	47616		1118		
1.14	950759	937796		110840	39048	
6.12	5906137	5786393	87394	460965	111725	
2.12	1475117	1444924	50440	137857	9709	690
1.43	1126221	1066792	19746	122264	21249	753
0.42	1555017	1562715		116518	81959	
2.32	1688920	1678145	210195	138719	9035	8875
1.85	788889	737062	52201	32726	1401	
2.76	1444541	1435865	58867	36865	3	
0.70	350796	342976	12998	37115		
0.88	537587	531591	8651	52264	250	
1.22	950155	929480	31891	84214	350	
1.21	900564	894349	16701	120387	4610	200
0.58	498557	481990	19179	27919		
0.50	494963	505106		42495		
7.85	6828324	6655172	186420	1492296	386850	
4.28	3084493	2936080	94069	543141	58661	
0.09	46551	49343	109	2800		
3.35	2984648	2923175	101834	205351	13909	
10.13	7305529	7125870	39152	1123812	168180	
3.07	5572060	5525183		396087	37091	
2.72	4915815	4798015	89666	873289	132304	
5.02	3694237	3552130	190033	379466	130693	
5.79	4062988	3871262	184116	610252	232629	712
2.95	2469295	2406303	121533	259500	41048	
20.06	17986372	17787500	519680	1828575	133628	97711
16.53	12519593	12180040	1691162	1427136	81360	5000
5.71	7980772	7256474	241171	675265	87242	2450
3.10	2727406	2625176	293018	306936	146012	4800
2.24	1123415	1084331	37067	258599	44862	625
1.48	487269	804280	54680	287167	34031	6310
0.25	414787	434118		34395		
0.31	116786	117231		10483		
4.66	6244130	6199052	768864	1658506	1103065	
0.67	814338	818911		175728	74690	
0.58	184380	178976		206516	80884	

表12.12 续表1 continued1

指 标	Item	资 产 Total Assets
总 计	**Total**	**101852441**
#国有控股企业	State-owned and State-holding Enterprises	49718987
按登记注册类型分	**By Status of Registration**	
#国有企业	State-owned	3055583
集体企业	Collective-owned	168725
按轻、重工业分	**By Light and Heavy Industries**	
轻工业	Light Industry	25838643
重工业	Heavy Industry	76013799
按企业规模分	**By Size**	
大型企业	Large	46343766
中型企业	Medium	27423798
小型企业	Small	27603408
微型企业	Mini	481469
按行业分	**By Sector**	
煤炭开采和洗选业	Mining and Washing of Coal	5360697
石油和天然气开采业	Extraction of Petroleum and Natural Gas	45171
黑色金属矿采选业	Mining and Processing of Ferrous Metal Ores	208545
有色金属矿采选业	Mining and Processing of Non-Ferrous Metal Ores	40378
非金属矿采选业	Mining and Processing of Nonmetal Ores	614195
开采辅助活动	Mining Support Activities	
其他采矿业	Mining of Other Ores	
农副食品加工业	Processing of Food from Agricultural Products	2159641
食品制造业	Manufacture of Foods	971404
酒、饮料和精制茶制造业	Liquor, Beverage and Refined Tea	735711
烟草制品业	Manufacture of Tobacco	922636
纺织业	Manufacture of Textile	799607
纺织服装、鞋、帽制造业	Manufacture of Textile Wearing Apparel, Footware and Caps	331782
皮革、毛皮、羽毛（绒）及其制品业	Manufacture of Leather, Fur, Feather and Related Products	350236
木材加工及木竹藤棕草制品业	Processing of Timber, Manufacture of Wood, Bamboo, Rattan, Palm and Straw Products	245614
家具制造业	Manufacture of Furniture	289208
造纸及纸制品业	Manufacture of Paper and Paper Products	512382
印刷业、记录媒介的复制	Printing, Reproduction of Recording Media	586105
文教、工美、体育和娱乐用品制造业	Manufacture of Culture, Education, Handicraft, Fine Arts, Sports and Entertainment Articles	301169
石油加工、炼焦及核燃料加工业	Processing of Petroleum, Coking, Processing of Nuclear Fuel	267003
化学原料及化学制品制造业	Manufacture of Raw Chemical Materials and Chemical Products	7563038
医药制造业	Manufacture of Medicines	3665329
化学纤维制造业	Manufacture of Chemical Fibers	27669
橡胶和塑料制品业	Manufacture of Rubber and Plastics	1318133
非金属矿物制品业	Manufacture of Non-metallic Mineral Products	7360449
黑色金属冶炼及压延加工业	Smelting and Pressing of Ferrous Metals	2075566
有色金属冶炼及压延加工业	Smelting and Pressing of Nonferrous Metals	4173687
金属制品业	Manufacture of Metal Products	3132048
通用设备制造业	Manufacture of General Purpose Machinery	4068763
专用设备制造业	Manufacture of Special Purpose Machinery	1922477
汽车制造业	Manufacture of Motor Vehicles	16109994
铁路、船舶、航空航天和其他运输设备制造业	Manufacture of Railway, Ship, Aviation and Other Transporting Equipment	10367232
电气机械及器材制造业	Manufacture of Electrical Machinery and Equipment	4800223
通信设备、计算机及其他电子设备制造业	Manufacture of Communication Equipment, Computers and Other Electronic Equipment	1543298
仪器仪表及文化、办公用机械制造业	Manufacture of Measuring Instruments and Machinery for Cultural Activity and Office Work	1253634
其他制造业	Other Manufacture	1280716
废弃资源综合利用业	Comprehensive Utilization of Waste Resources	194029
金属制品、机械和设备修理业	Repair of Metal Products, Machinery and Equipment	53276
电力、热力的生产和供应业	Production and Supply of Electric Power and Heat Power	14298407
燃气生产和供应业	Production and Supply of Gas	754005
水的生产和供应业	Production and Supply of Water	1148983

单位：万元 (10 000 yuan)

其　中 of which	固定资产 Fixed Assets		负　债	其　中 of which
#流动资产 Circulating Assets	原　值 Original Value	净　值 Net Value	Total Liabilities	#流动负债 Total Circulating Liabilities
46349376	**55478023**	**34511409**	**62349446**	**46665041**
18564246	30283010	19763971	32161089	22190184
899958	2013202	1335210	1983455	1401486
89761	95630	62137	107375	99211
13777502	12603241	7147834	14244853	11142346
32571874	42874782	27363575	48104593	35522695
20931982	24446204	14572717	28261564	21249957
12424417	16191591	9438570	17119741	13226019
12712096	14740292	10433739	16731284	12071321
280881	99936	66383	236856	117744
1478021	2417989	1590946	2638749	1644963
19568	38826	9476	13101	12885
97416	68083	52640	157021	128714
30038	6327	3646	34890	34890
228662	290961	187009	269096	226674
937679	1268855	832653	965231	752117
499174	374990	282254	548569	417797
418358	320047	212721	399911	341404
681471	351491	138301	458890	344390
377873	441641	252351	316454	186708
187315	153220	112509	152494	129351
209042	1051136	99008	161354	110519
93410	121695	92132	122387	97506
148579	85862	66308	131156	85858
211351	210929	138641	278347	164856
277221	371190	213128	324991	206895
81855	231867	197653	141480	132966
146663	135301	72994	146138	139598
2529901	5011167	3265013	4878362	3828002
1781191	1357381	948787	2021955	1566886
14363	9956	6842	15244	14965
737488	1105649	382889	728610	555554
3444298	3822247	2615339	4707789	3713745
990435	1316551	682484	1304260	1056718
1602680	2347890	1724272	3135121	2250500
1669843	1324146	878454	1840949	1548223
2777357	1258614	768466	2498275	2173138
1133421	591391	434386	1162160	992879
8587717	6613514	3848958	9640902	8243115
6232302	4017992	2254765	6640256	5338596
3276610	1284325	819178	2856047	2278001
954723	761921	332789	857682	733654
930417	317211	153750	778793	687430
701859	614058	331274	952237	755541
148374	278513	21695	165033	161575
31639	27675	20029	31345	23639
1972305	14363873	9712323	9961493	5104710
381786	385079	238351	424462	267995
326974	728459	516999	488213	212087

表12.12 续表2 continued2

指 标	Item	所有者权益 Creditors' Equity
总 计	**Total**	**38901633**
#国有控股企业	State-owned and State-holding Enterprises	17286754
按登记注册类型分	**By Status of Registration**	
#国有企业	State-owned	1072119
集体企业	Collective-owned	59331
按轻、重工业分	**By Light and Heavy Industries**	
轻工业	Light Industry	11403160
重工业	Heavy Industry	27498473
按企业规模分	**By Size**	
大型企业	Large	17807600
中型企业	Medium	10227692
小型企业	Small	10742544
微型企业	Mini	123797
按行业分	**By Sector**	
煤炭开采和洗选业	Mining and Washing of Coal	2692944
石油和天然气开采业	Extraction of Petroleum and Natural Gas	32070
黑色金属矿采选业	Mining and Processing of Ferrous Metal Ores	52060
有色金属矿采选业	Mining and Processing of Non-Ferrous Metal Ores	5191
非金属矿采选业	Mining and Processing of Nonmetal Ores	335852
开采辅助活动	Mining Support Activities	
其他采矿业	Mining of Other Ores	
农副食品加工业	Processing of Food from Agricultural Products	1167789
食品制造业	Manufacture of Foods	414841
酒、饮料和精制茶制造业	Liquor, Beverage and Refined Tea	332329
烟草制品业	Manufacture of Tobacco	463747
纺织业	Manufacture of Textile	474791
纺织服装、鞋、帽制造业	Manufacture of Textile Wearing Apparel, Footware and Caps	178319
皮革、毛皮、羽毛（绒）及其制品业	Manufacture of Leather, Fur, Feather and Related Products	183546
木材加工及木竹藤棕草制品业	Processing of Timber, Manufacture of Wood, Bamboo, Rattan, Palm and Straw Products	115979
家具制造业	Manufacture of Furniture	154894
造纸及纸制品业	Manufacture of Paper and Paper Products	226494
印刷业、记录媒介的复制	Printing, Reproduction of Recording Media	258736
文教、工美、体育和娱乐用品制造业	Manufacture of Culture, Education, Handicraft, Fine Arts, Sports and Entertainment Articles	150918
石油加工、炼焦及核燃料加工业	Processing of Petroleum, Coking, Processing of Nuclear Fuel	120419
化学原料及化学制品制造业	Manufacture of Raw Chemical Materials and Chemical Products	2677925
医药制造业	Manufacture of Medicines	1628348
化学纤维制造业	Manufacture of Chemical Fibers	12425
橡胶和塑料制品业	Manufacture of Rubber and Plastics	578254
非金属矿物制品业	Manufacture of Non-metallic Mineral Products	2634397
黑色金属冶炼及压延加工业	Smelting and Pressing of Ferrous Metals	752187
有色金属冶炼及压延加工业	Smelting and Pressing of Nonferrous Metals	1016071
金属制品业	Manufacture of Metal Products	1274209
通用设备制造业	Manufacture of General Purpose Machinery	1561755
专用设备制造业	Manufacture of Special Purpose Machinery	756530
汽车制造业	Manufacture of Motor Vehicles	6251000
铁路、船舶、航空航天和其他运输设备制造业	Manufacture of Railway, Ship, Aviation and Other Transporting Equipment	3710714
电气机械及器材制造业	Manufacture of Electrical Machinery and Equipment	1892885
通信设备、计算机及其他电子设备制造业	Manufacture of Communication Equipment, Computers and Other Electronic Equipment	667408
仪器仪表及文化、办公用机械制造业	Manufacture of Measuring Instruments and Machinery for Cultural Activity and Office Work	462748
其他制造业	Other Manufacture	292302
废弃资源综合利用业	Comprehensive Utilization of Waste Resources	29303
金属制品、机械和设备修理业	Repair of Metal Products, Machinery and Equipment	21932
电力、热力的生产和供应业	Production and Supply of Electric Power and Heat Power	4334464
燃气生产和供应业	Production and Supply of Gas	328728
水的生产和供应业	Production and Supply of Water	657128

单位：万元 (10 000 yuan)

主营业务收入 Revenue from Principal Business	主营业务成本 Cost of Principal Business	主营业务税金及附加 Tax and Extra Charges of Principal Business	主营业务利润 Profit of Principal Business	利润总额 Total After-tax Profits	利税总额 Total Pre-tax Profits	工资总额 Total Wages
111446440	**93730063**	**1677460**	**16038918**	**7108029**	**13763888**	**7934321**
29597793	24975649	991698	3630447	997975	3395002	2694558
1180751	1045240	13022	122489	-79005	-15291	204075
290374	240912	2586	46876	13859	29714	35040
36335348	29410723	1034208	5890417	2703947	5354263	2597766
75111092	64319340	643251	10148501	4404082	8409624	5336555
40308688	34132154	1071431	5105103	2197470	5109068	3007847
33658723	28401260	260475	4996988	2145053	4000799	2618229
36929300	30725580	340496	5863224	2734766	4596543	2275991
549729	471069	5059	73602	30740	57478	32254
3686008	2975989	57398	652621	269885	640866	881231
100126	81729	1438	16959	11053	15279	18275
137323	77412	2599	57311	-774	19044	24992
49176	38862	656	9658	7142	12078	4899
905836	711051	20356	174430	63795	130940	60966
5793416	4972135	42262	779019	359503	617940	308388
1450327	1136381	16830	297115	116698	195622	92863
1065363	786019	31316	248028	115754	205456	80570
1455408	498759	738136	218512	123774	1032891	85713
1710939	1480338	9908	220693	117162	227900	114347
743321	582246	10299	150777	80528	109626	78346
1429117	1202884	6996	219237	125615	176568	130087
336026	282523	4033	49470	21467	36096	30240
534457	414702	4567	115188	40737	63354	37262
941725	787108	8897	145720	70868	117542	54921
857541	725770	7241	124530	66532	108519	58410
496042	406308	2675	87059	66377	107311	31624
513080	429848	5634	77599	22131	44936	30644
6548529	5759159	53561	735810	61939	453943	497366
2962541	2147964	19499	795078	284359	496445	262299
47535	44896	394	2245	3850	6064	3134
2893082	2425801	29626	437656	225115	396285	158326
7121096	5916911	63407	1140778	523584	936208	501973
5514315	4894013	50088	570214	352119	749940	166922
4694271	4417392	19706	257173	79106	247535	145822
3656532	3009127	31793	615612	317560	534555	286893
3866082	3132695	23577	709811	304462	492340	315358
2442217	1895856	23638	522723	265764	391790	169634
17715435	14909020	205539	2600876	1257484	2050233	1142078
12121129	10451222	81357	1588550	671955	1223705	855123
7475980	6369815	41591	1064573	521136	795089	317950
2631753	2196398	13593	421763	195821	290562	164689
1091583	888461	5807	197315	83697	129455	122928
697525	636426	2028	59072	-10912	-223	78112
424643	391434	2051	31157	-3767	16126	11314
115308	96288	1188	17832	12218	22853	22291
6218693	5712765	28747	477181	172687	517161	477915
824004	700826	7047	116131	76658	102289	58291
178958	143533	1982	33443	34949	49568	52127

表12.13 内资工业企业经济效益指标（2013年）

INDICATORS ON ECONOMIC BENEFIT OF INDUSTRIAL ENTERPRISES WITH DOMESTIC FUNDS (2013)

指 标	Item	总资产贡献率 Ratio of Total Assets to Industrial Output Value
总 计	**Total**	**14.9**
按轻、重工业分	**By Light and Heavy Industries**	
轻工业	Light Industry	21.9
重工业	Heavy Industry	12.5
按企业规模分	**By Size**	
大型企业	Large	12.1
中型企业	Medium	16.2
小型企业	Small	18.3
微型企业	Mini	12.7
按行业分	**By Sector**	
煤炭开采和洗选业	Mining and Washing of Coal	12.6
石油和天然气开采业	Extraction of Petroleum and Natural Gas	33.8
黑色金属矿采选业	Mining and Processing of Ferrous Metal Ores	12.3
有色金属矿采选业	Mining and Processing of Non-Ferrous Metal Ores	29.9
非金属矿采选业	Mining and Processing of Nonmetal Ores	23.1
开采辅助活动	Mining Support Activities	
其他采矿业	Mining of Other Ores	
农副食品加工业	Processing of Food from Agricultural Products	29.6
食品制造业	Manufacture of Foods	22.2
酒、饮料和精制茶制造业	Liquor, Beverage and Refined Tea	29.9
烟草制品业	Manufacture of Tobacco	113.0
纺织业	Manufacture of Textile	30.1
纺织服装、服饰业	Manufacture of Textile Wearing Apparel, Footware and Caps	34.6
皮革、毛皮、羽毛及其制品和制鞋业	Manufacture of Leather, Fur, Feather and Related Products	51.7
木材加工和木、竹、藤、棕、草制品业	Processing of Timber, Manufacture of Wood, Bamboo, Rattan, Palm and Straw Products	16.0
家具制造业	Manufacture of Furniture	23.7
造纸和纸制品业	Manufacture of Paper and Paper Products	24.6
印刷和记录媒介复制业	Printing, Reproduction of Recording Media	20.0
文教、工美、体育和娱乐用品制造业	Manufacture of Culture, Education, Handicraft, Fine Arts, Sports and Entertainment Articles	36.1
石油加工、炼焦和核燃料加工业	Processing of Petroleum, Coking, Processing of Nuclear Fuel	18.1
化学原料和化学制品制造业	Manufacture of Raw Chemical Materials and Chemical Products	8.1
医药制造业	Manufacture of Medicines	14.8
化学纤维制造业	Manufacture of Chemical Fibers	22.9
橡胶和塑料制品业	Manufacture of Rubber and Plastics	31.8
非金属矿物制品业	Manufacture of Non-metallic Mineral Products	14.0
黑色金属冶炼和压延加工业	Smelting and Pressing of Ferrous Metals	38.0
有色金属冶炼和压延加工业	Smelting and Pressing of Nonferrous Metals	8.1
金属制品业	Manufacture of Metal Products	18.2
通用设备制造业	Manufacture of General Purpose Machinery	13.3
专用设备制造业	Manufacture of Special Purpose Machinery	21.1
汽车制造业	Manufacture of Motor Vehicles	13.4
铁路、船舶、航空航天和其他运输设备制造业	Manufacture of Railway, Ship, Aviation and Other Transporting Equipment	13.1
电气机械和器材制造业	Manufacture of Electrical Machinery and Equipment	17.9
计算机、通信和其他电子设备制造业	Manufacture of Communication Equipment, Computers and Other Electronic Equipment	19.5
仪器仪表制造业	Manufacture of Measuring Instruments and Machinery for Cultural Activity and Office Work	11.0
其他制造业	Other Manufacture	1.1
废弃资源综合利用业	Comprehensive Utilization of Waste Resources	12.8
金属制品、机械和设备修理业	Repair of Metal Products, Machinery and Equipment	43.1
电力、热力生产和供应业	Production and Supply of Electric Power and Heat Power	5.9
燃气生产和供应业	Production and Supply of Gas	13.7
水的生产和供应业	Production and Supply of Water	4.5

单位：% (%)

资本保值增值率 Ratio of Assets Appreciation YOY	资产负债率 Asset-Liability Ratio	流动资产周转率（次） Turnover Ratio of Circulating Assets (time)	成本费用利润率 Ratio of Profits to Cost	全员劳动生产率（元/人年） Overall Labor Productivity (yuan/person-year)	产品销售率 Sales as Percentage of Output
116.0	**61.2**	**2.4**	**6.9**	**223657**	**97.7**
117.6	55.1	2.6	8.2	225372	96.8
115.4	63.3	2.3	6.2	222734	98.2
113.2	61.0	1.9	5.8	269511	98.0
114.0	62.4	2.7	6.8	194135	97.2
122.5	60.6	2.9	8.1	212229	97.9
118.4	49.2	2.0	6.0	545537	96.4
114.2	49.2	2.5	7.9	118015	98.2
103.5	29.0	5.1	12.6	309247	100.0
99.1	75.3	1.4	-0.5	156310	100.4
268.5	86.4	1.6	17.4	191599	98.2
106.5	43.8	4.0	8.0	219464	98.6
125.3	44.7	6.2	6.7	219491	98.0
124.4	56.5	2.9	8.9	190520	98.0
122.0	54.4	2.6	12.5	278421	94.7
113.0	49.7	2.1	20.9	2726324	100.5
111.2	39.6	4.5	7.6	194321	99.4
123.1	46.0	4.0	12.1	128787	93.4
138.2	46.1	6.8	9.7	165309	99.4
94.3	49.8	3.6	7.0	117589	97.8
134.7	45.4	3.6	8.3	162190	98.9
128.5	54.3	4.5	8.2	210347	97.8
107.4	55.5	3.1	8.4	216763	99.3
87.3	47.0	6.1	15.5	247703	96.7
123.7	54.7	3.5	4.7	253315	102.1
100.7	64.5	2.6	1.0	223999	97.5
121.0	55.2	1.7	10.6	243715	95.2
116.6	55.1	3.3	8.4	118804	106.0
128.5	55.3	3.9	8.5	246451	97.9
124.1	64.0	2.1	8.0	217563	97.5
133.8	62.8	5.6	6.9	422192	99.2
112.3	75.1	2.9	1.7	395710	97.6
131.4	58.8	2.2	9.7	214308	96.2
116.6	61.4	1.4	8.5	187161	95.3
124.3	60.5	2.2	12.3	243797	97.5
116.5	59.8	2.1	7.6	205924	98.9
110.5	64.1	1.9	5.8	204155	97.3
122.0	59.5	2.3	7.5	290540	90.9
146.8	55.6	2.8	8.1	207721	96.3
127.3	62.1	1.2	7.9	153472	96.5
142.3	74.4	1.0	-1.5	95360	165.1
46.7	85.1	2.9	-0.9	319818	104.7
100.4	58.8	3.6	11.8	135972	100.4
108.5	69.7	3.2	2.8	411032	99.3
109.3	56.3	2.2	10.2	290023	100.6
110.8	42.5	0.6	19.8	168832	97.1

表12.13 续表 continued

指　标	Item	销售利润率 Rate of Return on Sale
总　计	**Total**	**12.4**
按轻、重工业分	**By Light and Heavy Industries**	
轻工业	Light Industry	14.7
重工业	Heavy Industry	11.2
按企业规模分	**By Size**	
大型企业	Large	12.7
中型企业	Medium	11.9
小型企业	Small	12.5
微型企业	Mini	10.5
按行业分	**By Sector**	
煤炭开采和洗选业	Mining and Washing of Coal	17.4
石油和天然气开采业	Extraction of Petroleum and Natural Gas	15.3
黑色金属矿采选业	Mining and Processing of Ferrous Metal Ores	13.9
有色金属矿采选业	Mining and Processing of Non-Ferrous Metal Ores	24.6
非金属矿采选业	Mining and Processing of Nonmetal Ores	14.5
开采辅助活动	Mining Support Activities	
其他采矿业	Mining of Other Ores	
农副食品加工业	Processing of Food from Agricultural Products	10.7
食品制造业	Manufacture of Foods	13.5
酒、饮料和精制茶制造业	Liquor, Beverage and Refined Tea	19.3
烟草制品业	Manufacture of Tobacco	71.0
纺织业	Manufacture of Textile	13.3
纺织服装、服饰业	Manufacture of Textile Wearing Apparel, Footware and Caps	14.8
皮革、毛皮、羽毛及其制品和制鞋业	Manufacture of Leather, Fur, Feather and Related Products	12.4
木材加工和木、竹、藤、棕、草制品业	Processing of Timber, Manufacture of Wood, Bamboo, Rattan, Palm and Straw Products	10.7
家具制造业	Manufacture of Furniture	11.9
造纸和纸制品业	Manufacture of Paper and Paper Products	12.5
印刷和记录媒介复制业	Printing, Reproduction of Recording Media	12.7
文教、工美、体育和娱乐用品制造业	Manufacture of Culture, Education, Handicraft, Fine Arts, Sports and Entertainment Articles	21.6
石油加工、炼焦和核燃料加工业	Processing of Petroleum, Coking, Processing of Nuclear Fuel	8.8
化学原料和化学制品制造业	Manufacture of Raw Chemical Materials and Chemical Products	6.9
医药制造业	Manufacture of Medicines	16.8
化学纤维制造业	Manufacture of Chemical Fibers	12.8
橡胶和塑料制品业	Manufacture of Rubber and Plastics	13.7
非金属矿物制品业	Manufacture of Non-metallic Mineral Products	13.2
黑色金属冶炼和压延加工业	Smelting and Pressing of Ferrous Metals	13.6
有色金属冶炼和压延加工业	Smelting and Pressing of Nonferrous Metals	5.3
金属制品业	Manufacture of Metal Products	14.6
通用设备制造业	Manufacture of General Purpose Machinery	12.7
专用设备制造业	Manufacture of Special Purpose Machinery	16.0
汽车制造业	Manufacture of Motor Vehicles	11.6
铁路、船舶、航空航天和其他运输设备制造业	Manufacture of Railway, Ship, Aviation and Other Transporting Equipment	10.1
电气机械和器材制造业	Manufacture of Electrical Machinery and Equipment	10.6
计算机、通信和其他电子设备制造业	Manufacture of Communication Equipment, Computers and Other Electronic Equipment	11.0
仪器仪表制造业	Manufacture of Measuring Instruments and Machinery for Cultural Activity and Office Work	11.9
其他制造业	Other Manufacture	
废弃资源综合利用业	Comprehensive Utilization of Waste Resources	3.8
金属制品、机械和设备修理业	Repair of Metal Products, Machinery and Equipment	19.8
电力、热力生产和供应业	Production and Supply of Electric Power and Heat Power	8.3
燃气生产和供应业	Production and Supply of Gas	12.4
水的生产和供应业	Production and Supply of Water	27.7

单位：% (%)

资本积累率 Rate of Capital Accumulation	流动比率 Current Ratio	速动比率 Quick Ratio	产权比率 Equity Ratio	人均实现利税（元） Per Capita Pre-tax Profits (yuan)	从业人员人均工资（元） Per Capita Wages of Employees (yuan)
13.8	**1.0**	**0.8**	**1.6**	**98088**	**56543**
14.9	1.2	1.0	1.3	109016	52892
13.3	0.9	0.7	1.8	92203	58510
11.6	1.0	0.8	1.6	121881	71754
12.3	0.9	0.7	1.7	81372	53252
18.3	1.1	0.8	1.6	93882	46486
15.5	2.4	1.9	1.9	208103	116776
12.4	0.9	0.8	1.0	41381	56901
3.4	1.5	1.4	0.4	118995	142329
-0.9	0.8	0.6	3.0	36260	47585
62.8	0.9	0.4	6.7	126204	51192
6.1	1.0	0.9	0.8	114598	53358
20.2	1.3	0.9	0.8	100957	50384
19.6	1.2	0.9	1.3	92340	43834
18.1	1.2	0.8	1.2	143425	56244
11.5	2.0	0.9	1.0	2455757	203788
10.1	2.0	1.5	0.7	98436	49390
18.8	1.5	0.8	0.9	59386	42441
27.6	1.9	1.3	0.9	63863	47051
-6.0	1.0	0.6	1.1	51625	43249
25.8	1.7	1.3	0.9	71985	42339
22.2	1.3	1.0	1.2	96432	45057
6.9	1.3	1.1	1.3	89560	48205
-14.6	0.6	0.4	0.9	185051	54534
19.2	1.1	0.7	1.2	89783	61227
0.7	0.7	0.5	1.8	57846	63379
17.3	1.1	0.9	1.2	115930	61252
14.2	1.0	0.8	1.2	70509	36436
22.2	1.3	1.0	1.3	118280	47256
19.4	0.9	0.8	1.8	92451	49570
25.2	0.9	0.7	1.7	244447	54409
10.9	0.7	0.5	3.1	91009	53613
23.9	1.1	0.8	1.4	106487	57151
14.2	1.3	1.0	1.6	85086	54500
19.6	1.1	0.8	1.5	132801	57499
14.1	1.0	0.9	1.5	102195	56928
9.5	1.2	1.0	1.8	74012	51719
18.1	1.4	1.1	1.5	139318	55712
31.9	1.3	0.9	1.3	93654	53083
21.4	1.4	1.0	1.7	57852	54935
29.7	0.9	0.7	3.3	-151	52710
-114.1	0.9	0.8	5.6	64789	45458
0.4	1.3	1.0	1.4	73789	71976
7.9	0.4	0.4	2.3	111077	102647
8.5	1.4	1.4	1.3	151675	86433
9.7	1.5	1.5	0.7	84877	89259

表12.14 外商投资和港澳台投资工业企业主要经济指标（2013年）

MAIN ECONOMIC INDICATORS OF INDUSTRIAL ENTERPRISES WITH HONG KONG, MACAO, TAIWAN AND FOREIGN FUNDS (2013)

指　标	Item	单位数（个）Number of Enterprises (unit)
总　计	**Total**	**345**
#国有控股企业	State-owned and State-holding Enterprises	34
按登记注册类型分	**By Status of Registration**	
#港澳台投资企业	Funded by Hong Kong, Macao and Taiwan	138
外商投资企业	Foreign-funded	207
按轻、重工业分	**By Light and Heavy Industries**	
轻工业	Light Industry	93
重工业	Heavy Industry	252
按企业规模分	**By Size**	
大型企业	Large	55
中型企业	Medium	119
小型企业	Small	160
微型企业	Mini	11
按行业分	**By Sector**	
煤炭开采和洗选业	Mining and Washing of Coal	1
石油和天然气开采业	Extraction of Petroleum and Natural Gas	
黑色金属矿采选业	Mining and Processing of Ferrous Metal Ores	
有色金属矿采选业	Mining and Processing of Non-Ferrous Metal Ores	
非金属矿采选业	Mining and Processing of Nonmetal Ores	1
开采辅助活动	Mining Support Activities	
其他采矿业	Mining of Other Ores	
农副食品加工业	Processing of Food from Agricultural Products	12
食品制造业	Manufacture of Foods	3
酒、饮料和精制茶制造业	Liquor, Beverage and Refined Tea	8
烟草制品业	Manufacture of Tobacco	
纺织业	Manufacture of Textile	4
纺织服装、鞋、帽制造业	Manufacture of Textile Wearing Apparel, Footware and Caps	12
皮革、毛皮、羽毛（绒）及其制品业	Manufacture of Leather, Fur, Feather and Related Products	1
木材加工及木竹藤棕草制品业	Processing of Timber, Manufacture of Wood, Bamboo, Rattan, Palm and Straw Products	2
家具制造业	Manufacture of Furniture	2
造纸及纸制品业	Manufacture of Paper and Paper Products	11
印刷业、记录媒介的复制	Printing, Reproduction of Recording Media	5
文教、工美、体育和娱乐用品制造业	Manufacture of Culture, Education, Handicraft, Fine Arts, Sports and Entertainment Articles	3
石油加工、炼焦及核燃料加工业	Processing of Petroleum, Coking, Processing of Nuclear Fuel	21
化学原料及化学制品制造业	Manufacture of Raw Chemical Materials and Chemical Products	
医药制造业	Manufacture of Medicines	4
化学纤维制造业	Manufacture of Chemical Fibers	
橡胶和塑料制品业	Manufacture of Rubber and Plastics	14
非金属矿物制品业	Manufacture of Non-metallic Mineral Products	21
黑色金属冶炼及压延加工业	Smelting and Pressing of Ferrous Metals	2
有色金属冶炼及压延加工业	Smelting and Pressing of Nonferrous Metals	7
金属制品业	Manufacture of Metal Products	7
通用设备制造业	Manufacture of General Purpose Machinery	18
专用设备制造业	Manufacture of Special Purpose Machinery	11
汽车制造业	Manufacture of Motor Vehicles	74
铁路、船舶、航空航天和其他运输设备制造业	Manufacture of Railway, Ship, Aviation and Other Transporting Equipment	15
电气机械及器材制造业	Manufacture of Electrical Machinery and Equipment	12
通信设备、计算机及其他电子设备制造业	Manufacture of Communication Equipment, Computers and Other Electronic Equipment	55
仪器仪表及文化、办公用机械制造业	Manufacture of Measuring Instruments and Machinery for Cultural Activity and Office Work	11
其他制造业	Other Manufacture	
废弃资源综合利用业	Comprehensive Utilization of Waste Resources	
金属制品、机械和设备修理业	Repair of Metal Products, Machinery and Equipment	
电力、热力的生产和供应业	Production and Supply of Electric Power and Heat Power	3
燃气生产和供应业	Production and Supply of Gas	3
水的生产和供应业	Production and Supply of Water	2

单位：万元 (10 000 yuan)

从业人员平均人数（万人）Average Emloyment (10 000 persons)	工业总产值 Gross Output Value	工业销售产值 Sales Value of Industry	其 中 of which: #出口交货值 Value of Export Delivery	实收资本 Paid-in Capital	其 中 of which: #国家资本 State Capital	#外商资本 Foreign Capital
29.10	**43642337**	**43179697**	**17584083**	**5271864**	**511392**	**1349627**
6.44	14315508	14238419	349081	1978892	374695	304058
13.65	16680149	16472307	9340413	2408632	207587	115181
15.45	26962188	26707390	8243670	2863232	303805	1234446
5.08	5085376	4834161	416986	1128598	18647	169537
24.02	38556961	38345536	17167097	4143267	492746	1180090
19.91	34032985	33823262	16751397	2984038	301854	556474
6.86	6274486	6079638	679015	1359168	109286	488352
2.32	3093665	3045355	150396	901280	96126	290524
0.01	241201	231443	3275	27379	4126	14277
0.03	12660	12660		32		
	2022	2039		3400		3400
0.30	731880	722604	26923	52789	6522	30185
0.23	208591	201803		11547		
0.74	534272	503344		97326	866	33822
0.25	148546	159888	29801	5998		3498
0.64	229283	199016	53008	35285		1667
0.01	2011	1925	1205	445		
0.01	8888	8866		600		
0.34	316206	311573	197	14603	3778	6169
0.77	1176614	1084265	18740	622331		5129
0.18	154214	149774	9289	44843		13074
0.29	59675	58898	8226	18069		
0.43	775141	754050	6835	410954	67044	233920
0.13	145379	129451	60463	32152		1577
1.20	1027029	950362	109943	260516	9737	88849
1.19	1046552	1019223	121137	582552		135862
1.70	1818486	1814723		444602		450
0.17	629892	668047	14650	73692		
0.20	94198	93414	14104	33888		6122
0.79	895162	874612	151990	177357	27140	79125
0.34	308973	304763	6236	61548	1771	2494
5.49	12126675	12117906	133513	1047392	185826	384591
0.67	840114	798527	194636	102220	5109	43534
0.72	649553	618155	37000	81610		24042
11.45	18555889	18488490	16553375	601107	14806	193504
0.27	273702	260589	32814	42387	2500	23616
0.19	531469	531469		208293	186293	
0.30	285204	285204		142150		35000
0.08	54059	54059		62176		

表12.14 续表1 continued1

指 标	Item	资 产 Total Assets
总 计	**Total**	**32768630**
#国有控股企业	State-owned and State-holding Enterprises	13694533
按登记注册类型分	**By Status of Registration**	
#港澳台投资企业	Funded by Hong Kong, Macao and Taiwan	14832023
外商投资企业	Foreign-funded	17936607
按轻、重工业分	**By Light and Heavy Industries**	
轻工业	Light Industry	4576166
重工业	Heavy Industry	28192464
按企业规模分	**By Size**	
大型企业	Large	23839892
中型企业	Medium	5620338
小型企业	Small	3158333
微型企业	Mini	150067
按行业分	**By Sector**	
煤炭开采和洗选业	Mining and Washing of Coal	4626
石油和天然气开采业	Extraction of Petroleum and Natural Gas	
黑色金属矿采选业	Mining and Processing of Ferrous Metal Ores	
有色金属矿采选业	Mining and Processing of Non-Ferrous Metal Ores	
非金属矿采选业	Mining and Processing of Nonmetal Ores	10333
开采辅助活动	Mining Support Activities	
其他采矿业	Mining of Other Ores	
农副食品加工业	Processing of Food from Agricultural Products	334259
食品制造业	Manufacture of Foods	218148
酒、饮料和精制茶制造业	Liquor, Beverage and Refined Tea	557708
烟草制品业	Manufacture of Tobacco	
纺织业	Manufacture of Textile	34822
纺织服装、鞋、帽制造业	Manufacture of Textile Wearing Apparel, Footware and Caps	140060
皮革、毛皮、羽毛（绒）及其制品业	Manufacture of Leather, Fur, Feather and Related Products	1105
木材加工及木竹藤棕草制品业	Processing of Timber, Manufacture of Wood, Bamboo, Rattan, Palm and Straw Products	2679
家具制造业	Manufacture of Furniture	267889
造纸及纸制品业	Manufacture of Paper and Paper Products	1588228
印刷业、记录媒介的复制	Printing, Reproduction of Recording Media	133841
文教、工美、体育和娱乐用品制造业	Manufacture of Culture, Education, Handicraft, Fine Arts, Sports and Entertainment Articles	109966
石油加工、炼焦及核燃料加工业	Processing of Petroleum, Coking, Processing of Nuclear Fuel	
化学原料及化学制品制造业	Manufacture of Raw Chemical Materials and Chemical Products	1100604
医药制造业	Manufacture of Medicines	172043
化学纤维制造业	Manufacture of Chemical Fibers	
橡胶和塑料制品业	Manufacture of Rubber and Plastics	918288
非金属矿物制品业	Manufacture of Non-metallic Mineral Products	2035530
黑色金属冶炼及压延加工业	Smelting and Pressing of Ferrous Metals	4771289
有色金属冶炼及压延加工业	Smelting and Pressing of Nonferrous Metals	460240
金属制品业	Manufacture of Metal Products	85970
通用设备制造业	Manufacture of General Purpose Machinery	620534
专用设备制造业	Manufacture of Special Purpose Machinery	252614
汽车制造业	Manufacture of Motor Vehicles	7656996
铁路、船舶、航空航天和其他运输设备制造业	Manufacture of Railway, Ship, Aviation and Other Transporting Equipment	400855
电气机械及器材制造业	Manufacture of Electrical Machinery and Equipment	569107
通信设备、计算机及其他电子设备制造业	Manufacture of Communication Equipment, Computers and Other Electronic Equipment	8641200
仪器仪表及文化、办公用机械制造业	Manufacture of Measuring Instruments and Machinery for Cultural Activity and Office Work	160622
其他制造业	Other Manufacture	
废弃资源综合利用业	Comprehensive Utilization of Waste Resources	
金属制品、机械和设备修理业	Repair of Metal Products, Machinery and Equipment	
电力、热力的生产和供应业	Production and Supply of Electric Power and Heat Power	634916
燃气生产和供应业	Production and Supply of Gas	627097
水的生产和供应业	Production and Supply of Water	257061

单位：万元 (10 000 yuan)

其 中 of which	固定资产 Fixed Assets		负 债	其 中 of which
#流动资产 Circulating Assets	原 值 Original Value	净 值 Net Value	Total Liabilities	#流动负债 Total Circulating Liabilities
15943891	**17308236**	**11790183**	**23514739**	**18758222**
5918526	7522601	5014949	9807105	7640709
5911607	8441297	6171226	10725393	7313199
10032284	8866938	5618957	12789345	11445023
2224544	2490804	1699526	2474653	1936989
13719347	14817432	10090657	21040086	16821233
11022263	13045049	8898588	18017220	14296351
2999834	2912437	1987304	3517299	2911668
1815691	1333870	895163	1947135	1541465
106103	16881	9128	33085	8738
2351	3275	1141	3851	851
3410	6350	5612	8397	4765
236900	109081	68652	238350	230578
107903	84360	61462	54982	54371
202558	439701	252248	295165	294780
16573	23558	16822	17602	11008
91710	44160	32312	58201	46862
636			586	586
1536	1095	901	566	109
233097	38719	21963	209492	209322
521178	1118723	831309	832372	452926
56790	96681	60987	76390	70890
65450	7935	4853	30754	22573
426568	841286	533845	554341	305812
92035	53288	38895	89644	87558
281424	1030936	531700	617371	363399
733590	1496033	985537	1399767	869660
1435636	2676622	2288919	3784300	2586806
223256	186818	126604	305606	294739
49603	62002	31784	46121	46118
404433	250904	153552	338226	302560
147702	270845	65160	137499	122067
4447299	2808695	1751909	5081149	4786751
288654	163994	77172	249863	234726
381936	205289	138634	293635	246521
4978342	3573730	2874473	7848820	6543012
134418	44198	21398	71756	60248
105345	1197052	480229	319390	207215
257996	220201	133908	356572	238656
15562	252703	198203	193972	62751

表12.14 续表2 continued2

指　标	Item	所有者权益 Creditors' Equity
总　计	**Total**	**9119672**
#国有控股企业	State-owned and State-holding Enterprises	3887878
按登记注册类型分	**By Status of Registration**	
#港澳台投资企业	Funded by Hong Kong, Macao and Taiwan	4087428
外商投资企业	Foreign-funded	5032244
按轻、重工业分	**By Light and Heavy Industries**	
轻工业	Light Industry	1996276
重工业	Heavy Industry	7123396
按企业规模分	**By Size**	
大型企业	Large	5822671
中型企业	Medium	2082968
小型企业	Small	1204957
微型企业	Mini	9076
按行业分	**By Sector**	
煤炭开采和洗选业	Mining and Washing of Coal	775
石油和天然气开采业	Extraction of Petroleum and Natural Gas	
黑色金属矿采选业	Mining and Processing of Ferrous Metal Ores	
有色金属矿采选业	Mining and Processing of Non-Ferrous Metal Ores	
非金属矿采选业	Mining and Processing of Nonmetal Ores	1936
开采辅助活动	Mining Support Activities	
其他采矿业	Mining of Other Ores	
农副食品加工业	Processing of Food from Agricultural Products	95846
食品制造业	Manufacture of Foods	63452
酒、饮料和精制茶制造业	Liquor, Beverage and Refined Tea	262543
烟草制品业	Manufacture of Tobacco	
纺织业	Manufacture of Textile	17221
纺织服装、鞋、帽制造业	Manufacture of Textile Wearing Apparel, Footware and Caps	78726
皮革、毛皮、羽毛（绒）及其制品业	Manufacture of Leather, Fur, Feather and Related Products	480
木材加工及木竹藤棕草制品业	Processing of Timber, Manufacture of Wood, Bamboo, Rattan, Palm and Straw Products	2001
家具制造业	Manufacture of Furniture	58397
造纸及纸制品业	Manufacture of Paper and Paper Products	754928
印刷业、记录媒介的复制	Printing, Reproduction of Recording Media	57451
文教、工美、体育和娱乐用品制造业	Manufacture of Culture, Education, Handicraft, Fine Arts, Sports and Entertainment Articles	79211
石油加工、炼焦及核燃料加工业	Processing of Petroleum, Coking, Processing of Nuclear Fuel	
化学原料及化学制品制造业	Manufacture of Raw Chemical Materials and Chemical Products	546262
医药制造业	Manufacture of Medicines	82400
化学纤维制造业	Manufacture of Chemical Fibers	
橡胶和塑料制品业	Manufacture of Rubber and Plastics	300126
非金属矿物制品业	Manufacture of Non-metallic Mineral Products	638665
黑色金属冶炼及压延加工业	Smelting and Pressing of Ferrous Metals	986003
有色金属冶炼及压延加工业	Smelting and Pressing of Nonferrous Metals	147822
金属制品业	Manufacture of Metal Products	39849
通用设备制造业	Manufacture of General Purpose Machinery	278826
专用设备制造业	Manufacture of Special Purpose Machinery	115115
汽车制造业	Manufacture of Motor Vehicles	2576718
铁路、船舶、航空航天和其他运输设备制造业	Manufacture of Railway, Ship, Aviation and Other Transporting Equipment	150761
电气机械及器材制造业	Manufacture of Electrical Machinery and Equipment	273896
通信设备、计算机及其他电子设备制造业	Manufacture of Communication Equipment, Computers and Other Electronic Equipment	772267
仪器仪表及文化、办公用机械制造业	Manufacture of Measuring Instruments and Machinery for Cultural Activity and Office Work	88858
其他制造业	Other Manufacture	
废弃资源综合利用业	Comprehensive Utilization of Waste Resources	
金属制品、机械和设备修理业	Repair of Metal Products, Machinery and Equipment	
电力、热力的生产和供应业	Production and Supply of Electric Power and Heat Power	315527
燃气生产和供应业	Production and Supply of Gas	270525
水的生产和供应业	Production and Supply of Water	63090

单位：万元 (10 000 yuan)

主营业务收入 Revenue from Principal Business	主营业务成本 Cost of Principal Business	主营业务税金及附加 Tax and Extra Charges of Principal Business	主营业务利润 Profit of Principal Business	利润总额 Total After-tax Profits	利税总额 Total Pre-tax Profits	工资总额 Total Wages
44371353	**39288834**	**565054**	**4517465**	**1967996**	**3578659**	**1700910**
14818301	12020129	478804	2319367	917251	1918583	552391
16780150	15777706	31684	970760	313882	593325	725032
27591203	23511128	533370	3546705	1654114	2985334	975878
5011721	4136008	46284	829428	412218	676261	289808
39359632	35152826	518769	3688037	1555779	2902397	1411102
34989447	31174586	527093	3287768	1465599	2726840	1153088
5994570	5124886	26326	843358	383788	634747	394590
3159995	2774926	10635	374434	115249	209089	146317
227340	214436	1000	11905	3360	7982	6915
12660	9707	542	2412	392	1976	2313
2494	3107	3	-616	-927	-861	456
701373	657336	1089	42948	16533	38307	20271
290633	226175	1592	62866	24937	38685	13835
535106	358303	21011	155792	43142	96101	49747
160001	144658	283	15060	10019	20731	17664
206380	167515	1389	37476	12364	20513	26079
2011	1925		86	56	56	196
9268	7449	128	1690	1196	1947	265
397699	333387	1711	62602	39450	55035	20720
1090533	893411	3610	193513	107633	151172	45069
148288	120125	749	27414	13977	20627	12974
59526	37111	538	21878	21993	25848	8421
740308	619693	2570	118046	17824	46218	26197
119485	74050	461	44974	28772	33606	10569
969687	828079	7161	134448	56533	87828	66819
1030077	832369	8472	189236	27250	104375	80717
1750916	1833944	364	-83391	-245170	-238162	112329
664115	580870	2107	81139	63893	88573	10195
100297	89811	631	9855	3700	7425	9560
876861	686745	4435	185681	105314	140583	52168
309420	266980	1061	41380	26725	36172	19311
12700790	9718795	477867	2504128	1252133	2231364	452917
795272	697847	11656	85769	37231	85722	31499
617441	515895	2504	99041	66530	99452	43447
18867691	18554903	4795	307993	88391	174377	486812
246127	196300	1347	48481	25733	38906	18809
530299	432447	4152	93700	83409	122296	16808
386976	360042	2473	24460	34611	41501	35777
49620	39859	357	9405	4354	8290	8967

表12.15 外商投资和港澳台投资工业企业经济效益指标（2013年）

INDICATORS ON ECONOMIC BENEFIT OF INDUSTRIAL ENTERPRISES WITH HONG KONG, MACAO, TAIWAN AND FOREIGN FUNDS (2013)

指 标	Item	总资产贡献率 Ratio of Total Assets to Industrial Output Value
总 计	**Total**	**12.0**
按轻、重工业分	**By Light and Heavy Industries**	
轻工业	Light Industry	15.6
重工业	Heavy Industry	11.4
按企业规模分	**By Size**	
大型企业	Large	12.5
中型企业	Medium	12.3
小型企业	Small	7.7
微型企业	Mini	5.6
按行业分	**By Sector**	
煤炭开采和洗选业	Mining and Washing of Coal	43.3
石油和天然气开采业	Extraction of Petroleum and Natural Gas	
黑色金属矿采选业	Mining and Processing of Ferrous Metal Ores	
有色金属矿采选业	Mining and Processing of Non-Ferrous Metal Ores	
非金属矿采选业	Mining and Processing of Nonmetal Ores	-5.7
开采辅助活动	Mining Support Activities	
其他采矿业	Mining of Other Ores	
农副食品加工业	Processing of Food from Agricultural Products	11.1
食品制造业	Manufacture of Foods	17.6
酒、饮料和精制茶制造业	Liquor, Beverage and Refined Tea	18.2
烟草制品业	Manufacture of Tobacco	
纺织业	Manufacture of Textile	60.2
纺织服装、服饰业	Manufacture of Textile Wearing Apparel, Footware and Caps	15.0
皮革、毛皮、羽毛及其制品和制鞋业	Manufacture of Leather, Fur, Feather and Related Products	5.0
木材加工和木、竹、藤、棕、草制品业	Processing of Timber, Manufacture of Wood, Bamboo, Rattan, Palm and Straw Products	72.8
家具制造业	Manufacture of Furniture	20.7
造纸和纸制品业	Manufacture of Paper and Paper Products	10.8
印刷和记录媒介复制业	Printing, Reproduction of Recording Media	17.5
文教、工美、体育和娱乐用品制造业	Manufacture of Culture, Education, Handicraft, Fine Arts, Sports and Entertainment Articles	23.0
石油加工、炼焦和核燃料加工业	Processing of Petroleum, Coking, Processing of Nuclear Fuel	5.3
化学原料和化学制品制造业	Manufacture of Raw Chemical Materials and Chemical Products	
医药制造业	Manufacture of Medicines	20.8
化学纤维制造业	Manufacture of Chemical Fibers	
橡胶和塑料制品业	Manufacture of Rubber and Plastics	11.8
非金属矿物制品业	Manufacture of Non-metallic Mineral Products	7.6
黑色金属冶炼和压延加工业	Smelting and Pressing of Ferrous Metals	-3.1
有色金属冶炼和压延加工业	Smelting and Pressing of Nonferrous Metals	21.4
金属制品业	Manufacture of Metal Products	10.0
通用设备制造业	Manufacture of General Purpose Machinery	23.0
专用设备制造业	Manufacture of Special Purpose Machinery	14.7
汽车制造业	Manufacture of Motor Vehicles	29.3
铁路、船舶、航空航天和其他运输设备制造业	Manufacture of Railway, Ship, Aviation and Other Transporting Equipment	22.1
电气机械和器材制造业	Manufacture of Electrical Machinery and Equipment	17.9
计算机、通信和其他电子设备制造业	Manufacture of Communication Equipment, Computers and Other Electronic Equipment	3.2
仪器仪表制造业	Manufacture of Measuring Instruments and Machinery for Cultural Activity and Office Work	24.8
其他制造业	Other Manufacture	
废弃资源综合利用业	Comprehensive Utilization of Waste Resources	
金属制品、机械和设备修理业	Repair of Metal Products, Machinery and Equipment	
电力、热力生产和供应业	Production and Supply of Electric Power and Heat Power	21.6
燃气生产和供应业	Production and Supply of Gas	5.9
水的生产和供应业	Production and Supply of Water	5.8

单位：% (%)

资本保值增值率 Ratio of Assets Appreciation YOY	资产负债率 Asset-Liability Ratio	流动资产周转率（次） Turnover Ratio of Circulating Assets (time)	成本费用利润率 Ratio of Profits to Cost	全员劳动生产率（元/人年） Overall Labor Productivity (yuan/person-year)	产品销售率 Sales as Percentage of Output
127.9	**71.8**	**2.8**	**4.7**	**261859**	**98.9**
113.0	54.1	2.3	9.0	266660	95.1
133.3	74.6	2.9	4.1	260845	99.5
138.6	75.6	3.2	4.4	270125	99.4
113.1	62.6	2.0	6.8	229277	96.9
119.4	61.7	1.7	3.7	280824	98.4
162.8	22.1	2.1	1.5	2849799	96.0
43.8	83.3	5.4	3.2	180919	100.0
64.8	81.3	0.7	-27.1	171887	100.9
95.8	71.3	3.0	2.4	379369	98.7
112.6	25.2	2.7	9.4	281499	96.8
92.8	52.9	2.6	9.0	253237	94.2
257.7	50.6	9.7	6.7	177725	107.6
115.3	41.6	2.3	6.3	106866	86.8
148.9	53.0	3.2	2.7	49681	95.7
149.3	21.1	6.0	14.7	244633	99.8
117.2	78.2	1.7	10.9	238885	98.5
118.3	52.4	2.1	11.2	437465	92.2
87.3	57.1	2.6	10.5	259848	97.1
150.0	28.0	0.9	52.0	99263	98.7
97.9	50.4	1.7	2.5	441686	97.3
135.7	52.1	1.3	31.0	395092	89.0
147.3	67.2	3.5	6.2	210979	92.5
102.2	68.8	1.4	2.7	280058	97.4
230.3	79.3	1.2	-12.3	116068	99.8
160.7	66.4	3.0	10.7	783949	106.1
110.7	53.7	2.0	3.8	131886	99.2
102.7	54.5	2.2	13.5	316163	97.7
137.4	54.4	2.1	9.3	215209	98.6
144.2	66.4	2.9	11.3	558658	99.9
106.2	62.3	2.8	4.9	262772	95.1
126.3	51.6	1.6	12.1	248685	95.2
122.7	90.8	3.8	0.5	117993	99.6
95.7	44.7	1.8	11.5	289093	95.2
93.0	50.3	5.0	18.2	976914	100.0
111.6	56.9	1.5	9.1	236269	100.0
105.7	75.5	3.2	7.7	356825	100.0

表12.15 续表 continued

指　标	Item	销售利润率 Rate of Return on Sale
总　计	**Total**	**8.1**
按轻、重工业分	**By Light and Heavy Industries**	
轻工业	Light Industry	13.5
重工业	Heavy Industry	7.4
按企业规模分	**By Size**	
大型企业	Large	7.8
中型企业	Medium	10.6
小型企业	Small	6.6
微型企业	Mini	3.5
按行业分	**By Sector**	
煤炭开采和洗选业	Mining and Washing of Coal	15.6
石油和天然气开采业	Extraction of Petroleum and Natural Gas	
黑色金属矿采选业	Mining and Processing of Ferrous Metal Ores	
有色金属矿采选业	Mining and Processing of Non-Ferrous Metal Ores	
非金属矿采选业	Mining and Processing of Nonmetal Ores	-34.5
开采辅助活动	Mining Support Activities	
其他采矿业	Mining of Other Ores	
农副食品加工业	Processing of Food from Agricultural Products	5.5
食品制造业	Manufacture of Foods	13.3
酒、饮料和精制茶制造业	Liquor, Beverage and Refined Tea	18.0
烟草制品业	Manufacture of Tobacco	
纺织业	Manufacture of Textile	13.0
纺织服装、服饰业	Manufacture of Textile Wearing Apparel, Footware and Caps	9.9
皮革、毛皮、羽毛及其制品和制鞋业	Manufacture of Leather, Fur, Feather and Related Products	2.8
木材加工和木、竹、藤、棕、草制品业	Processing of Timber, Manufacture of Wood, Bamboo, Rattan, Palm and Straw Products	21.0
家具制造业	Manufacture of Furniture	13.8
造纸和纸制品业	Manufacture of Paper and Paper Products	13.9
印刷和记录媒介复制业	Printing, Reproduction of Recording Media	13.9
文教、工美、体育和娱乐用品制造业	Manufacture of Culture, Education, Handicraft, Fine Arts, Sports and Entertainment Articles	43.4
石油加工、炼焦和核燃料加工业	Processing of Petroleum, Coking, Processing of Nuclear Fuel	
化学原料和化学制品制造业	Manufacture of Raw Chemical Materials and Chemical Products	6.2
医药制造业	Manufacture of Medicines	28.1
化学纤维制造业	Manufacture of Chemical Fibers	
橡胶和塑料制品业	Manufacture of Rubber and Plastics	9.1
非金属矿物制品业	Manufacture of Non-metallic Mineral Products	10.1
黑色金属冶炼和压延加工业	Smelting and Pressing of Ferrous Metals	-13.6
有色金属冶炼和压延加工业	Smelting and Pressing of Nonferrous Metals	13.3
金属制品业	Manufacture of Metal Products	7.4
通用设备制造业	Manufacture of General Purpose Machinery	16.0
专用设备制造业	Manufacture of Special Purpose Machinery	11.7
汽车制造业	Manufacture of Motor Vehicles	17.6
铁路、船舶、航空航天和其他运输设备制造业	Manufacture of Railway, Ship, Aviation and Other Transporting Equipment	10.8
电气机械和器材制造业	Manufacture of Electrical Machinery and Equipment	16.1
计算机、通信和其他电子设备制造业	Manufacture of Communication Equipment, Computers and Other Electronic Equipment	0.9
仪器仪表制造业	Manufacture of Measuring Instruments and Machinery for Cultural Activity and Office Work	15.8
其他制造业	Other Manufacture	
废弃资源综合利用业	Comprehensive Utilization of Waste Resources	
金属制品、机械和设备修理业	Repair of Metal Products, Machinery and Equipment	
电力、热力生产和供应业	Production and Supply of Electric Power and Heat Power	23.1
燃气生产和供应业	Production and Supply of Gas	10.7
水的生产和供应业	Production and Supply of Water	16.7

单位：% (%)

资本积累率 Rate of Capital Accumulation	流动比率 Current Ratio	速动比率 Quick Ratio	产权比率 Equity Ratio	人均实现利税（元） Per Capita Pre-tax Profits (yuan)	从业人员人均工资（元） Per Capita Wages of Employees (yuan)
21.8	**0.9**	**0.6**	**2.6**	**122993**	**58458**
11.5	1.2	0.9	1.2	133209	57086
25.0	0.8	0.6	3.0	120834	58748
27.9	0.8	0.6	3.1	136975	57922
11.5	1.0	0.8	1.7	92503	57505
16.3	1.2	0.9	1.6	90082	63038
38.6	12.1	11.3	3.7	1376138	1192155
-128.2	2.8	2.5	5.0	56937	66657
-54.3	0.7	0.6	4.3	-260939	138121
-4.4	1.0	0.7	2.5	129590	68576
11.2	2.0	1.8	0.9	164896	58972
-7.8	0.7	0.4	1.1	130679	67647
61.2	1.5	1.1	1.0	82890	70627
13.3	2.0	1.1	0.7	32263	41017
32.8	1.1	1.0	1.2	4244	14977
33.0	14.1	4.7	0.3	177018	24127
14.7	1.1	1.1	3.6	163453	61538
15.4	1.2	1.0	1.1	196531	58592
-14.6	0.8	0.6	1.3	116207	73092
33.3	2.9	2.5	0.4	89938	29300
-2.2	1.4	1.1	1.0	107408	60882
26.3	1.1	0.7	1.1	262543	82567
32.1	0.8	0.5	2.1	73275	55748
2.2	0.8	0.7	2.2	88043	68087
56.6	0.6	0.2	3.8	-140302	66173
37.8	0.8	0.6	2.1	533569	61413
9.6	1.1	0.7	1.2	36997	47634
2.6	1.3	1.1	1.2	179018	66430
27.2	1.2	1.0	1.2	106450	56829
30.7	0.9	0.7	2.0	406123	82434
5.8	1.2	1.1	1.7	127696	46923
20.9	1.6	1.3	1.1	138338	60436
18.5	0.8	0.6	10.2	15228	42513
-4.5	2.2	1.7	0.8	141681	68496
-7.5	0.5	0.4	1.0	644001	88510
10.4	1.1	1.1	1.3	137556	118585
5.4	0.3	0.2	3.1	105208	113788

表12.16 大中型工业企业主要经济指标（2013年）

MAIN ECONOMIC INDICATORS OF LARGE & MEDIUM-SIZED INDUSTRIAL ENTERPRISES (2013)

指 标	Item	单位数（个）Number of Enterprises (unit)	从业人员平均人数（万人）Average Emloyment (10 000 persons)	工业总产值 Gross Output Value
总 计	**Total**	**1258**	**117.86**	**116152433**
#国有控股企业	State-holding Enterprises	254	39.81	40201992
按登记注册类型分	**By Status of Registration**			
内资企业	Domestic-funded Enterprises	1084	91.09	75844962
#国有企业	State-owned	24	2.55	1118917
集体企业	Collective-owned	9	0.55	123573
港澳台投资企业	Funded by Hong Kong, Macao and Taiwan	66	12.70	15633941
外商投资企业	Foreign-funded	108	14.07	24673530
按轻、重工业分	**By Light and Heavy Industries**			
轻工业	Light Industry	447	35.20	28728613
重工业	Heavy Industry	811	82.65	87423820

指 标	Item	固定资产净值 Net Value of Fixed Assets	负 债 Total Liabilities	其 中 of which #流动负债 Total Circulating Liabilities
总 计	**Total**	**34897180**	**66915825**	**51683995**
#国有控股企业	State-holding Enterprises	19752983	35821560	26709040
按登记注册类型分	**By Status of Registration**			
内资企业	Domestic-funded Enterprises	24011287	45381305	34475976
#国有企业	State-owned	1212600	1848637	1315614
集体企业	Collective-owned	44728	60135	58481
港澳台投资企业	Funded by Hong Kong, Macao and Taiwan	5951928	10108624	6922519
外商投资企业	Foreign-funded	4933964	11425896	10285500
按轻、重工业分	**By Light and Heavy Industries**			
轻工业	Light Industry	6426914	12754619	9896165
重工业	Heavy Industry	28470265	54161206	41787830

单位：万元 (10 000 yuan)

工业销售产值 Sales Value of Industry	其 中 of which #出口交货值 Value of Export Delivery	实收资本 Paid-in Capital	其 中 of which #国家资本 State Capital	#外商资本 Foreign Capital	资 产 Total Assets	其 中 of which #流动资产 Circulating Assets	固定资产原值 Original Value of Fixed Assets
113936576	**21782467**	**14683308**	**2742339**	**1170490**	**103227794**	**47378496**	**56595280**
40069578	1613846	8219898	2600455	385714	54762473	22151751	31515037
74033676	4352055	10340103	2331198	125665	73767564	33356399	40637795
1089774	14241	627712	101015		2835565	817868	1815106
121906		37520			83793	30031	62278
15447378	9280854	2174999	202134	81100	13843594	5309100	8145398
24455522	8149558	2168206	209007	963726	15616635	8712997	7812087
27658095	2406073	3523593	300217	163437	22565236	12026530	11385331
86278481	19376394	11159715	2442121	1007053	80662558	35351966	45209949

所有者权益 Creditors' Equity	主营业务收入 Revenue from Principal Business	主营业务成本 Cost of Principal Business	主营业务税金及附加 Tax and Extra Charges of Principal Business	主营业务利润 Profit of Principal Business	利润总额 Total After-tax Profits	利税总额 Total Pre-tax Profits	工资总额 Total Wages
35940930	**114951428**	**98832886**	**1885324**	**14233217**	**6191910**	**12471455**	**7173754**
18684244	40452351	33680690	1447702	5323958	1682838	4885585	3038582
28035292	73967410	62533414	1331905	10102091	4342523	9109867	5626076
986920	1097111	974758	12284	110069	-78218	-20003	190650
23658	121319	98540	1000	21779	1844	8267	19453
3727066	15665695	14800590	26274	838831	254720	494268	663536
4178573	25318322	21498882	527145	3292295	1594667	2867319	884142
9711511	27737734	22234629	951226	4551879	2042933	4305698	2037807
26229419	87213694	76598257	934099	9681338	4148977	8165756	5135947

表12.17 大中型工业企业经济效益指标（2013年）

INDICATORS ON ECONOMIC BENEFIT OF LARGE & MEDIUM-SIZED INDUSTRIAL ENTERPRISES (2013)

指　标	Item	总资产贡献率 Ratio of Total Assets to Industrial Output Value
总　计	**Total**	**13.3**
#国有控股企业	State-holding Enterprises	10.1
按登记注册类型分	**By Status of Registration**	13.3
内资企业	Domestic-funded Enterprises	13.6
#国有企业	State-owned	0.5
集体企业	Collective-owned	10.3
港澳台投资企业	Funded by Hong Kong, Macao and Taiwan	5.4
外商投资企业	Foreign-funded	18.8
按轻、重工业分	**By Light and Heavy Industries**	13.3
轻工业	Light Industry	20.2
重工业	Heavy Industry	11.4

指　标	Item	销售利润率 Rate of Return on Sale
总　计	**Total**	**10.9**
#国有控股企业	State-holding Enterprises	12.1
按登记注册类型分	**By Status of Registration**	10.9
内资企业	Domestic-funded Enterprises	12.3
#国有企业	State-owned	-1.8
集体企业	Collective-owned	6.8
港澳台投资企业	Funded by Hong Kong, Macao and Taiwan	3.2
外商投资企业	Foreign-funded	11.3
按轻、重工业分	**By Light and Heavy Industries**	10.9
轻工业	Light Industry	15.5
重工业	Heavy Industry	9.4

单位：% (%)

资本保值增值率 Ratio of Assets Appreciation YOY	资产负债率 Asset-Liability Ratio	流动资产周转率（次） Turnover Ratio of Circulating Assets (time)	成本费用利润率 Ratio of Profits to Cost	全员劳动生产率（元/人年） Overall Labor Productivity (yuan/person-year)	产品销售率 Sales as Percentage of Output
116.6	**64.8**	**2.4**	**5.7**	**235826**	**98.1**
114.5	65.4	1.8	4.4	273459	99.7
116.6	64.8	2.4	5.7	235826	98.1
113.5	61.5	2.2	6.3	228824	97.6
112.9	65.2	1.3	-6.6	120241	97.4
68.5	71.8	4.0	1.6	72888	98.7
135.7	73.0	3.0	1.6	171975	98.8
124.8	73.2	2.9	6.8	338826	99.1
116.6	64.8	2.4	5.7	235826	98.1
114.6	56.5	2.3	8.2	243635	96.3
117.3	67.2	2.5	5.0	232500	98.7

资本积累率 Rate of Capital Accumulation	流动比率 Current Ratio	速动比率 Quick Ratio	产权比率 Equity Ratio	人均实现利税（元） Per Capita Pre-tax Profits (yuan)	从业人员人均工资（元） Per Capita Wages of Employees (yuan)
14.2	**0.9**	**0.7**	**1.9**	**105820**	**60869**
12.7	0.8	0.7	1.9	122719	76325
14.2	0.9	0.7	1.9	105820	60869
11.9	1.0	0.8	1.6	100014	61767
11.4	0.6	0.5	1.9	-7830	74624
-45.9	0.5	0.3	2.5	15004	35304
26.3	0.8	0.5	2.7	38912	52237
19.9	0.9	0.7	2.7	203830	62851
14.2	0.9	0.7	1.9	105820	60869
12.8	1.2	1.0	1.3	122307	57886
14.7	0.9	0.7	2.1	98798	62140

表12.18 规模以上工业企业主要产品产量（2012－2013年）

OUTPUT OF MAJOR PRODUCTS OF INDUSTRIAL ENTERPRISES ABOVE DESIGNATED SIZE (2012-2013)

产　品	Products	2012	2013
化学纤维（万吨）	Chemical Fiber (10 000 tons)	3.95	4.60
纱（吨）	Yarn (ton)	154286	184181
布（万米）	Cloth (10 000 m)	46234.07	56089.70
印染布（万米）	Printed and Dyed Fabric (10 000 m)	18709.14	20071.30
毛　线（吨）	Knitting Wool (ton)	686	618
蚕　丝（吨）	Silk (ton)	3545	5443
丝织品(蚕丝及交织机织物（含蚕丝≥50%）(万米)	Silk Products (silk and mixture fabric (with content of silk ≥50%) (10 000 m)	1802.59	1524.10
电视机（万部）	TV Sets (10 000 units)	125.82	0.89
#彩色电视机	Color TV Sets	125.82	0.89
微型计算机设备（台）	Microcomputers (units)	41608803	55933412
#笔记本计算机	Laptops	40305683	54709065
显示器（万台）	Display(10 000 setss)	808	995
打印机（万台）	Marking Machine(10 000 setss)	901	1944
移动通信手持机（手机）（万台）	Mobile Telephones(10 000 setss)	1096	3696
摩托车（万辆）	Motorcycles (10 000 units)	877.51	810.94
机制纸及纸板（吨）	Machine-made Paper and Paperboard (ton)	1727969	2509071
日用陶瓷制品（万件）	Household Ceramics(10 000 pcs)	373	350
日用玻璃制品（吨）	Daily-use Glassware (ton)	393805	386473
合成洗涤剂（吨）	Synthetic Detergents (ton)	96196	54012
干电池（折一号电池）（万只）	Dry Cells (equivalent to No.1 battery) (10 000 units)	11910.15	14348.80
卷　烟（亿支）	Cigarettes (100 million pieces)	551.00	571.00
白　酒（万千升）	Liquor (10 000 kiloliters)	18.22	17.49
啤　酒（万千升）	Beer (10 000 kiloliters)	77.23	80.04
罐　头（吨）	Canned Food (ton)	45415	80018
食用植物油（吨）	Edible Vegetable Oil (ton)	631362	851027
皮　鞋（万双）	Leather Shoes (10 000 pairs)	6056.25	7615.80
服　装（万件）	Garments (10 000 pcs)	9716.50	10949.10
乳制品（万吨）	Dairy Products (10 000 tons)	11.24	13.74
无酒精饮料（软饮料）（吨）	Non-alcoholic Beverage (soft) (ton)	2613289	2884102
焦　炭（万吨）	Coke (10 000 tons)	332.33	348.51
发电量（万千瓦时）	Electricity (10 000 kwh)	5365289.93	5861300.00
天然气（万立方米）	Natural Gas (10 000 cu.m)	557635.00	509072.00
生　铁（万吨）	Pig Iron (10 000 tons)	517.26	556.22
粗　钢（万吨）	Crude Steel (10 000 tons)	545.59	876.43
钢　材（万吨）	Steel Products (10 000 tons)	1150.22	1290.55
#大型钢材	Large		0.72
中小型钢材	Medium	78.05	61.81
中厚钢板	Medium Rolled-steel	169.21	139.73
无缝钢管	Seamless Steel Pipe	16.92	17.96

表12.18 续表 continued

产　品	Products	2012	2013
铝　材（吨）	Auminum Products (ton)	944143	1097862
硫　酸（吨）	Sulphuric Acid (ton)	2215398	2093532
盐　酸（吨）	Hydrochloric Acid (ton)	77495	69716
烧　碱（吨）	Caustic Soda (ton)	283876	336346
精甲醇（商品量）（吨）	Fine Methyl Alcohol (commodities) (ton)	1046356	899149
涂　料（吨）	Paint (ton)	169584	213053
塑料制品（吨）	Plastics (ton)	904814	1137037
合成橡胶（吨）	Synthetic Rubber (ton)	21848	26490
化学原料药（吨）	Chemical Raw Material (ton)	8660	13169
中成药（吨）	Traditional Chinese Medicine (ton)	77486	82466
轮胎外胎（万条）	Tire (10 000 units)	3880.87	3250.97
水　泥（万吨）	Cement (10 000 tons)	5499.59	6120.40
人造板（立方米）	Artificial Boards (cu.m)	673877.14	868025.10
矿山设备（吨）	Mining Equipment (ton)	85981	
起重设备（起重机）（吨）	Hoist and Derrick (ton)	46761	55427
房间空气调节器（台）	Air-Conditioners (unit)	8049890	9849869
发电设备（千瓦）	Generating Equipment (kw)	1615378	3064924
交流电动机（万千瓦）	AC Motors(10 000 kw)	289.59	376.44
变压器（万千伏安）	Transformer Products (10 000 kva)	2841.89	3866.22
金属切削机床（台）	Metal-cutting Machines (unit)	4471	4645
汽　车（辆）	Motor Vehicles (unit)	1844554	2150555
#轿　车	Cars	1024024	1081381
内燃机（发动机）（万千瓦）	Internal Combustion Engines (10 000 kw)	7217.96	18375.09
泵（台）	Industry Pumps (unit)	508213	661057
风　机（台）	Air Pumps (unit)	36280	64020
气体压缩机（台）	Gas Compressors (unit)	236260	236437
轴　承（万套）	Bearings (10 000 sets)	10231.26	10279.10
工业锅炉（蒸吨）	Industry Boilers (ton)	1789.10	1382.70
民用钢质船舶（载重吨）	Civil Steel Ships (ton)	1673239	1437824
合成氨（吨）	Synthetic Ammonia (ton)	1902619	2001001
化肥（100%）（吨）	Chemical Fertilizer (100%) (ton)	2066258	2043340
#氮　肥	Nitrogen Fertilizer	1408235	1518266
磷　肥	Phosphate Fertilizer	656094	522095
配混合饲料（吨）	Mingled Forage (ton)	1963337	2765712
化学农药原药（吨）	Chemical Pesticides (ton)	3600	2349

主要统计指标解释

工业

指从事自然资源的开采，对采掘品和农产品进行加工和再加工的物质生产部门。具体包括：（1）对自然资源的开采，如采矿、晒盐、森林采伐等（不包括禽兽捕猎和水产捕捞）；（2）对农副产品的加工、再加工，如粮油加工、食品加工、轧花、缫丝、纺织、制革等；（3）对采掘品的加工、再加工，如炼铁、炼钢、化工生产、石油加工、机器制造、木材加工等，以及电力、自来水、煤气的生产和供应等；（4）对工业品的修理、翻新，如机器设备的修理、交通运输工具（包括小卧车）的修理等。

工业统计调查单位为独立核算法人工业企业。

独立核算法人工业企业指从事工业生产经营活动的单位。独立核算法人工业企业应同时具备以下条件：①依法成立，有自己的名称、组织机构和场所，能够承担民事责任；②独立拥有和使用资产，承担负债，有权与其他单位签订合同；③独立核算盈亏，并能够编制资产负债表。

本年鉴中涉及的企业登记注册类型：

（1）国有企业：指企业全部资产归国家所有，并按《中华人民共和国企业法人登记管理条例》规定登记注册的非公司制的经济组织。不包括有限责任公司中的国有独资公司。

（2）集体企业：指企业资产归集体所有，并按《中华人民共和国企业法人登记管理条例》规定登记注册的经济组织。

（3）股份合作企业：指以合作制为基础，由企业职工共同出资入股，吸收一定比例的社会资产投资组建，实行自主经营，自负盈亏，共同劳动，民主管理，按劳分配与按股分红相结合的一种集体经济组织。

（4）联营企业：两个及两个以上相同或不同所有制性质的企业法人或事业单位法人，按自愿、平等、互利的原则，共同投资组成的经济组织称为联营企业。联营企业包括国有联营企业、集体联营企业、国有与集体联营企业和其他联营企业。

国有联营企业：指所有联营单位均为国有。

集体联营企业：指所有联营单位均为集体。

国有与集体联营企业：指联营单位既有国有也有集体。

其他联营企业：指上述三种联营企业之外的其他联营形式的企业。

（5）有限责任公司：根据《中华人民共和国公司登记管理条例》规定登记注册，由两个以上，五十个以下的股东共同出资，每个股东以其所认缴的出资额对公司承担有限责任，公司以其全部资产对其债务承担责任的经济组织称为有限责任公司。有限责任公司分为国有独资公司以及其他有限责任公司。

国有独资公司：指国家授权的投资机构或者国家授权的部门单独投资设立的有限责任公司。

其他有限责任公司：指国有独资公司以外的其他有限责任公司。

（6）股份有限公司：指根据《中华人民共和国公司登记管理条例》规定登记注册，其全部注册资本由等额股份构成并通过发行股票筹集资本，股东以其认购的股份对公司承担有限责任，公司以其全部资产对其债务承担责任的经济组织。

（7）私营企业：指由自然人投资设立或由自然人控股，以雇佣劳动为基础的营利性经济组织。包括按照《公司法》、《合伙企业法》、《私营企业暂行条例》以及《个人独资企业法》规定登记注册的私营有限责任公司、私营股份有限公司、私营合伙企业、私营独资企业和个人独资企业。

（8）其他内资企业：指上述第（1）至第（7）之外的其他内资经济组织。

（9）与港澳台商合资经营企业：指港澳台地区投资者与内地企业依照《中华人民共和国中外合资经营企业法》及有关法律的规定，按合同规定的比例投资设立、分享利润和分担风险的企业。

（10）与港澳台商合作经营企业：指港澳台地区投资者与内地企业依照《中华人民共和国中外合作经营企业法》及有关法律的规定，依照合作合同的约定进行投资或提供条件设立、分配利润和分担风险的企业。

（11）港澳台商独资经营企业：指依照《中华人民共和国外资企业法》及有关法律的规定，在内地由港

主要统计指标解释

澳台地区投资者全额投资设立的企业。

（12）港澳台商投资股份有限公司：指根据国家有关规定，经外经贸部依法批准设立，其中港、澳、台商的股本占公司注册资本的比例达25%以上的股份有限公司。凡其中港、澳、台商的股本占公司注册资本的比例小于25%的，属于内资企业中的股份有限公司。

（13）中外合资经营企业：指外国企业或外国人与中国内地企业依照《中华人民共和国中外合资经营企业法》及有关法律的规定，按合同规定的比例投资设立、分享利润和分担风险的企业。

（14）中外合作经营企业：指外国企业或外国人与中国内地企业依照《中华人民共和国中外合作经营企业法》及有关法律的规定，依照合作合同的约定进行投资或提供条件设立、分配利润和分担风险的企业。

（15）外资企业：指依照《中华人民共和国外资企业法》及有关法律的规定，在中国内地由外国投资者全额投资设立的企业。

（16）外商投资股份有限公司：指根据国家有关规定，经外经贸部依法批准设立，其中外资的股本占公司注册资本的比例达25%以上的股份有限公司。凡其中外资股本占公司注册资本的比例小于25%的，属于内资企业中的股份有限公司。

国有控股企业

是指在企业的全部实收资本中，国有经济成分的出资人拥有的实收资本(股本)所占企业全部实收资本(股本)的比例大于50%的国有绝对控股。

在企业的全部实收资本中，国有经济成分的出资人拥有的实收资本(股本)所占比例虽未大于50%，但相对大于其他任何一方经济成分的出资人所占比例的国有相对控股；或者虽不大于其他经济成分，但根据协议规定拥有企业实际控制权的国有协议控股。

投资双方各占50%，且未明确由谁绝对控股的企业，若其中一方为国有经济成分的，一律按国有控股处理。

轻工业

指主要提供生活消费品和制作手工工具的工业。按其所使用的原料不同，可分为两大类：(1)以农产品为原料的轻工业，是指直接或间接以农产品为基本原料的轻工业。主要包括食品制造、饮料制造、烟草加工、纺织、缝纫、皮革和毛皮制作、造纸以及印刷等工业；(2)以非农产品为原料的轻工业，是指以工业品为原料的轻工业。主要包括文教体育用品、化学药品制造、合成纤维制造、日用化学制品、日用玻璃制品、日用金属制品、手工工具制造、医疗器械制造、文化和办公用机械制造等工业。

重工业

指为国民经济各部门提供物质技术基础的主要生产资料的工业。按其生产性质和产品用途，可以分为下列三类：(1)采掘(伐)工业，是指对自然资源的开采，包括石油开采、煤炭开采、金属矿开采、非金属矿开采等工业；(2)原材料工业，指向国民经济各部门提供基本材料、动力和燃料的工业。包括金属冶炼及加工、炼焦及焦炭、化学、化工原料、水泥、人造板以及电力、石油和煤炭加工等工业；(3)加工工业，是指对工业原材料进行再加工制造的工业。包括装备国民经济各部门的机械设备制造工业、金属结构、水泥制品等工业，以及为农业提供的生产资料如化肥、农药等工业。

根据上述划分原则，修理业中以重工业产品为修理作业对象的划为重工业，反之划为轻工业。

工业总产值

指工业企业在本年内生产的以货币形式表现的工业最终产品和提供工业劳务活动的总价值量。

(1)工业总产值计算应遵循的原则

①工业生产的原则。即凡是企业在本年内生产的最终产品和提供的劳务，均应包括在内。其中的最终产品，不管是否在本年内销售，只要是本年内生产的，就应包括在内。凡不是工业生产的产品，均不得计入工业总产值。

②最终产品的原则。即企业生产的成品价值必须是本企业生产的，经检验合格不需再进行任何加工的最终产品。企业对外销售的半成品也应视为最终产品计入工业总产值。而在本企业内各车间转移的半成品和在制品只能计算其期末期初差额价值。

③“工厂法”原则。即以法人工业企业作为一个整体计算工业总产值，是其本年内生产的最终产品和提供劳务的总价值量。

(2)工业总产值的内容

主要统计指标解释

包括三部分：生产的成品价值、对外加工费收入、自制半成品在制品期末期初差额价值。

①成品价值：指企业在本年内生产，并在本年内不再进行加工，经检验合格、包装入库的已经销售和准备销售的全部工业成品(包括半成品)价值合计。成品价值中包括企业生产的自制设备及提供给本企业在建工程、其他非工业部门和生活福利部门等单位使用的成品价值，但不包括用订货者来料加工的成品(半成品)价值。

工业总产值是按现行价格计算的。成品价值按成品实物量乘以本年不含应交增值税(销项税额)的产品实际销售平均单价计算。会计核算中按成本价格转帐的自制设备和自产自用的成品，按成本价格计算生产成品价值。

②对外加工费收入：指企业在本年内完成的对外承做的工业品加工(包括用订货者来料加工生产)的加工费收入和对外工业品修理作业所收取的加工费收入。对外加工费收入按不含应交增值税(销项税额)的价格计算，可根据会计“产品销售收入”科目的有关资料取得。

对于以对外加工生产为主，对外加工费收入所占比重较大的企业，如果对外加工费收入出现跨年度支付的情况，为保证总产值生产口径计算的准确性，则应将对外加工费收入按实际情况调整，记录本年应实际收取的对外加工费收入。

③自制半成品在制品期末期初差额价值。为了使工业总产值与工业中间投入中的物耗价值一致，以便同口径地计算工业增加值，规定本指标的计算原则是：凡是企业会计产品成本核算中计算半成品、在制品成本，则工业总产值中必须包括自制半成品在制品期末期初差额价值。反之则不包括。

自制半成品在制品期末期初差额价值等于自制半成品在制品期末价值减去期初价值后的余额，如果期末价值小于期初价值，该指标为负值，企业在计算产值时，应按负值计算，不能作为零处理。

(3)工业总产值计算的几种具体规定

①凡自备原材料，不论其加工繁简程度如何，一律按全价，即包括自备原材料的价值，计算工业总产值。

②凡来料加工，加工企业一律按财务上结算的加工费计算工业总产值，即不包括定货者来料的价值。一般分两种情况：a、工业企业之间的来料加工，加工企业(即承包单位)按财务上结算的加工费计算工业总产值；委托加工的企业(即发包单位)按全价计算工业总产值。b、工业企业与非工业企业之间的来料加工，当工业企业作为加工企业时一律按加工费计算工业总产值。

③自制半成品、在制品期末期初差额价值，原则上应计入工业总产值，但如果会计产品成本核算中不计算自制半成品、在制品成本，则不计入工业总产值；如果会计产品成本核算中计算自制半成品、在制品成本的，则计入工业总产值。

■ 工业销售产值

指以货币形式表现的，工业企业在本年内销售的本企业生产的工业产品或提供工业性劳务价值的总价值量。工业销售产值包括的内容为：(1)销售成品价值；(2)对外加工费收入。区分来料加工与自备原材料生产的依据同工业总产值中的规定。

■ 出口交货值

指工业企业交给外贸部门或自营（委托）出口（包括销往香港、澳门、台湾），用外汇价格结算的产品价值，以及外商来样、来料加工、来件装配和补偿贸易等生产的产品价值。在计算出口交货值时，要把外汇价格按交易时的汇率折算成人民币计算。

■ 资产合计

指企业拥有或控制的能以货币计量的经济资源，包括各种财产、债权和其他权利。资产按其流动性(即资产的变现能力和支付能力)划分为：流动资产、长期投资、固定资产、无形资产、递延资产和其他资产。根据会计“资产负债表”中“资产总计”项的期末数填列。

(1) 流动资产：指企业可以在一年内或者超过一年的一个生产周期内变现或者耗用的资产，包括现金及各种存款、短期投资，应收及预付款项、存货等。根据会计“资产负债表”中“流动资产合计”项的期末数填列。

(2) 固定资产：指企业使用期限超过一年的房屋、建筑物、机器、机械、运输工具以及其他与生产、经营有关的设备、器具、工具等。不属于生产经营主要设备的物品，单位价值在2000元以上，并且使用年限超过2年的，也应当作为固定资产。“固定资产合计”根据会计“资产负债表”中“固定资产合计”项的期末数填列。

主要统计指标解释

■ 负债合计

指企业所承担的能以货币计量，将以资产或劳务偿付的债务，偿还形式包括货币、资产或提供劳务。

负债一般按偿还期长短分为流动负债和长期负债。根据会计“资产负债表”中“负债合计”的期末数填列。

（1）流动负债：指企业在一年内或超过一年的一个营业周期内需要偿还的债务，包括短期借款、应付票据、应付帐款、预收帐款、应付工资、应交税金、应付利润、预提费用等。根据企业会计“资产负债表”中“流动负债合计”的期末数填报。

（2）长期负债：指企业偿还期在一年以上或者超过一年的一个营业周期以上的债务，包括长期借款、长期应付款、应付债券等。根据会计“资产负债表”中的“长期负债合计”的期末数填报。

■ 所有者权益

指所有者在企业资产中享有的经济利益，它等于企业资产减去负债后的余额。包括实收资本（或股本）、资本公积、盈余公积、未分配利润等。根据会计“资产负债表”中的“所有者权益合计”项的期末数填列。

■ 主营业务收入

指企业经营主要业务所取得的收入总额。根据会计“利润表”中对应指标的本年累计数填列。若执行2006年《企业会计制度》的企业，用“营业收入”的本期累计数代替。

■ 主营业务成本

指企业经营主要业务发生的实际成本。根据会计“利润表”中对应指标的本年累计数填列。若执行2006年《企业会计制度》的企业，用“营业成本”的本期累计数代替。

■ 主营业务税金及附加

指企业经营主要业务应负担的营业税、消费税、城市维护建设税、资源税、土地增值税、教育费附加。根据会计“利润表”中对应指标的本年累计数填列。若执行2006年《企业会计制度》的企业，用“营业税金及附加”的本期累计数代替。

■ 营业利润

指企业从事生产经营活动所取得的利润，即主营业务收入减主营业务成本和主营业务税金及附加，加其他业务利润，减去营业费用、管理费用、财务费用后的金额。本指标根据会计“利润表”中对应指标的“本年累计数”填列。

■ 应交增值税

指企业按税法规定，从事货物销售或提供加工、修理修配劳务等增加货物价值的活动本期应交纳的税金。指企业在报告期应交增值税额。计算公式为：

本年应交增值税=销项税额-(进项税额-进项税额转出)-出口抵减内销产品应纳税额-减免税款+出口退税

■ 利润总额

企业在生产经营过程中各种收入扣除各种耗费后的盈余，反映企业在报告期内实现的亏盈总额，包括营业利润、补贴收入、投资净收益和营业外收支净额。根据会计“利润表”中的对应指标的本期累计数填列。

■ 利税总额

指企业利润总额、产品销售税金及附加、应交增值税之和。

■ 工业经济效益综合指数

是综合衡量地区工业经济效益总体水平的一种特殊相对数，是反映一定时期工业经济运行质量的主要指标。工业经济效益综合指数由总资产贡献率、资本保值增值率、资产负债率、流动资产周转率、成本费用利润率、全员劳动生产率和产品销售率的实际数值分别除以该项指标的全国标准值，并乘以各自的权数，加总后除以总权数求得。该指标可从静态水平和动态趋势上较为全面地反映各地区工业经济效益的变化情况，并可在一定程度上消除地区对比的不可比因素。

■ 总资产贡献率

反映企业全部资产的获利能力，是企业经营业绩和管理水平的集中体现，是评价和考核企业盈利能力的核心指标。计算公式为：

总资产贡献率（%）=（利润总额+税金总额+利息支出）/平均资产总额×100%

主要统计指标解释

■ 资本保值增值率

反映企业净资产的变动状况，是企业发展能力的集中体现。计算公式为：

资本保值增值率（%）＝报告期期末所有者权益/上年同期期末所有者权益×100%

■ 资产负债率

该指标既反映企业经营风险的大小，也反映企业利用债权人提供的资金从事经营活动的能力。计算公式为：资产负债率（%）=负债总额/资产总额×100%

■ 流动资产周转次数

指在一定时期内流动资产完成的周转次数，反映流动资产的周转速度。计算公式为：

流动资产周转次数＝产品销售收入/全部流动资产平均余额

■ 成本费用利润率

指在一定时期内实现的利润与成本费用之比，是反映工业生产成本及费用投入的经济效益指标，同时也是反映降低成本的经济效益的指标。计算公式为：

成本费用利润率（%）＝利润总额/成本费用总额×100%

■ 全员劳动生产率

指根据产品的价值量指标计算的平均每一就业人员在单位时间内的产品生产量。是考核企业经济活动的重要指标，是企业生产技术水平、经营管理水平、职工技术熟练程度和劳动积极性的综合表现。目前，我国的全员劳动生产率是将工业企业的增加值除以同一时期全部就业人员的平均人数来计算的。计算公式为：

全员劳动生产率＝工业增加值/全部从业人员平均人数

■ 产品销售率

指工业销售产值与同期全部工业总产值之比，反映工业产品已实现销售的程度，分析工业产销衔接情况，研究工业产品满足社会需求程度的指标。计算公式为：

产品销售率（%）＝现价工业销售产值/报告期现价工业总产值×100%

■ 销售利润率

指企业利润与销售收入的比率。计算公式为：

销售利润率（%）＝利润/销售收入×100%

■ 资本积累率

指企业所有者权益增长额与年初所有者权益的比率。计算公式为：

资本积累率（%）＝所有者权益增长额/年初所有者权益×100%

■ 流动比率

指流动资产与流动负债的比率，它表明每一元流动负债有多少流动资产作为偿还的保证，反映企业用可在短期内转变为现金的流动资产偿还到期流动负债的能力。计算公式为：

流动比率＝流动资产/流动负债

■ 速动比率

指企业速动资产与流动负债的比率。计算公式为：

速动比率＝速动资产/流动负债

■ 产权比率

指企业负债总额与所有者权益的比率，是企业财务结构稳健与否的重要标志，也称资本负债率。计算公式为：

产权比率＝负债总额/所有者权益

Explanatory Notes on Main Statistical Indicators

□ Industry

Refers to the material production sector which is engaged in extraction of natural resources and processing and reprocessing of minerals and agricultural products, including I) extraction of natural resources, such as mining, salt production, logging (but not including hunting and fishing); II) processing and reprocessing of farm and sideline produces, such as rice husking, flour milling, wine making, oil pressing, cotton ginning, silk reeling, spinning and weaving, and leather making; III) manufacture of industrial products, such as steel making, iron smelting, chemicals manufacturing, petroleum processing, machine building, timber processing; water and gas production and electricity generation and supply; IV) repairing of industrial products such as the repairing of machinery and means of transport (including cars). Prior to 1984, the rural industry run by villages and cooperative organizations under village was classified into agriculture. Since 1984, it has been grouped into industry.

In industrial statistics surveys, the units of enquiry are corporate industrial enterprises with independent accounting systems.

Corporate industrial enterprises with independent accounting systems refer to enterprises engaging in industrial production activities, which meet the following requirements: (I) They are established legally, having their own names, organizations, location and able to take civil liability; (II) They possess and use their assets independently, assume liabilities and are entitled to sign contracts with other units; (III) They are financially independent and compile their own balance sheets.

Types of enterprise registration involved in this yearbook are as the following:

(I)State-owned Enterprises: refer to non-corporation economic units where the entire assets are owned by the state and which have registered in accordance with the Regulation of the People's Republic of China on the Management of Registration of Corporate Enterprises. Excluded from this category are sole state-funded corporations in the limited liability corporations.

(II)Collective-owned Enterprises: refer to economic units where the assets are owned collectively and which have registered in accordance with the Regulation of the People's Republic of China on the Management of Registration of Corporate Enterprises.

(III)Cooperative Enterprises: refer to a form of collective economic units (enterprises) where capitals come mainly from employees as their shares, with certain proportion of capital from the outside, where production is organized on the basis of independent operation, independent accounting for profits and losses, joint work, democratic management, and a distribution system that integrates remuneration according to work with dividend according to capital share.

(IV)Joint Ownership Enterprises: refer to economic units established by two or more corporate enterprises or corporate institutions of the same or different ownership, through joint investment on the basis of equality, voluntary participation and mutual benefits. They include state joint ownership enterprises, collective joint ownership enterprises, joint state-collective enterprises, other joint ownership enterprises. They include:

a)State-owned joint-operation enterprises (joint operation between State-owned enterprises);

b)Collective joint-operation enterprises (joint operation between collective enterprises);

c)State-collective joint-operation enterprises (joint operation between state and collective enterprises);

d)Other joint-operation enterprises(joint operation exclude state and collective enterprises).

(V)Limited Liability Corporations: refer to economic units established with investment from 2-50 investors and registered in accordance with the Regulation of the People's Republic of China on the Management of Registration of Corporations, each investor bearing limited liability to the corporation depending on its share of investment, and the corporation bearing liability to its debt to the maximum of its total assets. Limited liability corporations include exclusive state-funded limited liability corporations and other limited liability corporations.

Exclusive state-funded limited liability corporations: State-authorized investment institutions or departments of State has authorized the establishment of a separate investment in the limited liability company.

Other limited liability corporations:corporation exclude exclusive state-funded limited liability company.

(VI)Share holding Corporations Ltd.: refer to economic units registered in accordance with the Regulation of the People's Republic of China on the Management of Registration of Corporations, with total registered capitals divided into equal shares and raised through issuing stocks. Each investor bears limited liability to the corporation depending on the holding of shares, and the corporation bears liability to its debt to the maximum of its total assets.

(VII)Private Enterprises: refer to profit-making economic units invested and established by natural persons, or controlled by natural persons using employed labor. Included in this category are private limited liability corporations, private share-holding corporations Ltd., private partnership enterprises and private-funded enterprises registered in accordance with the Corporation Law, Partnership Enterprises Law and Interim Regulations on Private Enterprise.

(VIII)Other Domestic-funded Enterprises: refer to domestic-funded economic units other than those mentioned above.

(IX)Joint-venture Enterprises with Funds from Hong Kong, Macao and Taiwan: refer to enterprises jointly established by invertors from Hong Kong, Macao and Taiwan with enterprises in the mainland of China in accordance with the Law of the People's Republic of China on Sino-foreign Joint Venture Enterprises and other relevant laws, where the share of investment, profits and risks is stipulated in the contract.

(X)Cooperative Enterprises with Funds from Hong Kong Macau and Taiwan: established by investors from Hong Kong, Macau and Taiwan with enterprises in the mainland of China in accordance with the Law of the People's Republic of China on Sino-foreign Cooperative Enterprises and other relevant laws, where the investment or provision of facilities, and the share of profits and risks is stipulated in the cooperative contract.

(XI)Enterprises with Sole (exclusive) Investment from Hong Kong, Macau and Taiwan: refer to enterprises established in the mainland of China with exclusive investment from investors from Hong Kong, Macau and Taiwan in accordance with the Law of the People's Republic of China on Foreign-Funded Enterprises and other relevant laws.

(XII)Share-holding Corporations Ltd. with Investment from Hong Kong, Macau and Taiwan: refer to share-holding corporations Ltd. established with the approval from the former Ministry of Foreign Trade and Economic Relations in line with relevant state regulations, where the share of investment from Hong Kong, Macau or Taiwan businessmen exceeds 25% of the total registered capital of the corporation. In case the share of investment from Hong Kong, Macau or Taiwan is less than 25% of the total registered capital, the enterprise is to be classified as domestic-funded share-holding corporation Ltd.

(XIII)Joint-venture Enterprises with Foreign Investment: refer to enterprises jointly established by foreign enterprises or foreigners with enterprises in the mainland of China in accordance with the Law of the People's Republic of China on Sino-foreign Joint Venture Enterprises and other relevant laws, where the share of investment, profits and risks is stipulated in the contract.

(XIV)Cooperation Enterprises with Foreign Investment: refer to enterprises jointly established by foreign enterprises or foreigners with enterprises in the mainland of China in accordance with the Law of the People's Republic of China on Sino-foreign Cooperative Enterprises and other relevant laws, where the investment or provision of facilities, and the share of profits and risks is stipulated in the cooperative contract.

(XV)Enterprises with Sole (exclusive) Foreign Investment: refer to enterprises established in the mainland of China with exclusive investment from foreign investors in accordance with the Law of the People's Republic of China on Foreign-Funded Enterprises and other relevant laws.

(XVI)Share-holding Corporations Ltd. with Foreign Investment: refer to share-holding corporations Ltd. established with the approval from the Ministry of Foreign Trade and Economic Relations in line with relevant state regulations, where the share of investment from foreign investors exceeds 25% of the total registered capital of the corporation. In case the share of foreign investment is less than 25% of the total registered capital, the enterprise is to be classified as domestic-funded share-holding corporation Ltd.

☐ State-holding Enterprises

Refer to a classification of enterprises of mixed ownership. It means the state-owned asset of total assets is more than that of other owners. The classification shows the status of share held by state-owned economy.

☐ Light Industry

Refers to the industry that produces consumer goods and hand tools. It consists of two categories, depending on the materials used:

(I) Industries using farm products as raw materials. These are the branches of light industry which directly or indirectly use farm products as basic raw materials, including the manufacture of food

EXPLANATORY NOTES TO MAJOR STATISTICAL INDICATORS

and beverages, tobacco processing, textile, clothing, fur and leather manufacturing, paper making, printing, etc.

(II) Industries using non-farm products as raw materials. These are the branches of light industry which use manufactured goods as raw materials, including the manufacture of cultural, educational articles and sports goods, chemicals, synthetic fibre, chemical products for daily use, glass products for daily use, metal products for daily use, hand tools, medical apparatus and instruments, and the manufacture of cultural and office machinery.

□ Heavy Industry

Refers to the industry which produces capital goods, and provides various sectors of the national economy with necessary material and technical basis for production. It consists of the following three branches according to the purpose of production or the use of products:

(I) Mining, quarrying and logging industry, which refers to the industry that extracts natural resources, including extraction of petroleum, coal, metal and non-metal ores.

(II) Raw materials industry refers to the industry that provides various sectors of the national economy with raw materials, fuels and power. It includes smelting and processing of metals, coking and coke chemistry, chemical materials and building materials such as cement, plywood, and power, petroleum refining and coal dressing.

(III) Manufacturing industry which refers to the industry that processes raw materials. It includes machine-building industries which equip sectors of the national economy; industries producing metal structure and cement products; and industries producing means of agricultural production, such as chemical fertilizers and pesticides.

In accordance with the above principles of classification, the repairing trades, which are engaged primarily in repairing products of heavy industry, are classified as heavy industry while those which are engaged in repairing products of light industry are classified as light industry.

□ Gross Industrial Output Value

Refers to the total volume of final industrial products produced and industrial services provided in this year.

(I)Principles for calculations

①Statistics on industrial production follow the principle that all products produced by the enterprises and accepted through quality check during the reference period are to be included no matter whether they are sold or not during the reference period.

②Determination of final products follows the principle that all products that are included in the calculation of gross industrial output value are the final products of the enterprise which have been accepted through quality check and require no further processing. If an enterprise has semi-finished products to sell, these intermediate products are considered as the final products of the enterprise.

Finished and semi-finished products which tranfer in the workshop can only calculate the difference value between the end and the beginning.

③Gross industrial output value is calculated following the principle of factory approach, i.e. industrial enterprise is used as the basic accounting unit in calculating the gross industrial output value. By this approach, value of the same product is not to be double-counted, and the output value of different workshops (branch factories) within the enterprise should not be added. However, this approach allows the possibility of double counting between enterprises.

(II) Content

Gross industrial output value consists of 3 components: value of the finished products during the reference period, income from processing for external parties, and value of change in semi-finished products between the end and the beginning of the reference period.

①Value of finished products during the reference period: refers to the value of all finished (semi-finished) industrial products that are produced during the reference period without the need for further processing, checked for acceptance, packed and put into the warehouse of the enterprise, including the value of own-produced equipment and the value of products provided to the projects under construction of the enterprise, and to other non-industrial or welfare units. Value of finished products does not include the value of finished products (semi-finished products) that are produced using the materials from the clients who place the orders.

Value of finished products during the reference period is calculated by the quantity of products produced using own materials multiplied by the average unit prices at which products are sold (excluding value-added tax). Own-produced equipment and products produced for own use are valued at cost prices as in the case of enterprise accounting.

②Income from external processing: refers to income from contracted external processing of industrial products (including processing of industrial products using materials from the clients), and the income from industrial repairing work provided to other parties. Income from external processing is calculated using information from the item "products sales income" in the enterprise accounting at the prices with value-added tax excluded.

If the income from external processing is paid beyond one year, Enterprises which the share of income from processing service is significant should adjust and record actual income from external processing this year.

③Value of change in semi-finished products between the end and the beginning of the reference period.If the enterprise accounting excludes the cost of semi-finished products,then it should not be included in the gross industrial output value,and the reverse if otherwise.

Value of change in semi-finished products between the end and the beginning of the reference period:refers to the value of change in semi-finished products between the end and the beginning of the reference period. If the value of the end is less than the beginning, the index is negative and not dealted as zero.

(III) Method of calculation

①All products produced using own materials are to be calculated with full value in reporting the gross industrial output value irrespective of the complexity of production.

②For external processing, it allows calculate using processing fee.There are two cases: a、Between industrial enterprises.For gross industrial output value, processing enterprises calculate using processing fee and Commissioned processing calculate using full price.b、Between industrial enterprise and non-industrial enterprise.When industrial enterprise is processing enterprise,it allows caluculate using processing fee.

③The value of change in semi-finished products should be included in the gross industrial output value if it is included in the accounting record of the enterprise, otherwise it should not be included.

□ Industrial Sales Value

Is the total volume of industrial products produced and sold by industrial enterprises in a given period in monetary terms. It includes: (I) the value of finished-products; (II) the value for external processing. The difference between all products produced using own materials and external processing for calculation of industrial sales value is as same as the calculation of gross industry output value.

□ Value of Export Delivery

Refers to the value of products exported via foreign trade agencies or by the industrial enterprises on their own (including the export to Hong Kong, Macao and Taiwan), as well as the value of products in the productions like processing with foreign designs, processing on given materials, assembling of supplied parts and compensation trade, which is settled by foreign exchanges. The value of export delivery should be calculated in RMB according to the exchange rate at the time of trade.

□ Total Assets

Refer to all assets which are owned or controlled by enterprises, including circulating assets, long-term investment, fixed assets, intangible assets and deferred assets, other long-term assets, and deferred taxes, etc. The summation of above items is equal to total assets shown in the balance sheets of the enterprises. Total assets correspond to the summation item of total assets shown in the balance sheets of the enterprises

(I) Circulating assets (working capital) refer to assets which can be cashed in or spent or consumed in an operating cycle of one year or over one year, including cash, all kinds of deposits, short term investment, receivables, advance payment, stock, etc. Circulating assets correspond to the summation item of circulation assets shown in the balance sheets of the enterprises.

(II) Fixed assets refer to the assets with high unit value can keep its original body in use and last for a long period. Refers to the use of more than one year of housing, buildings, machines, machinery, transport equipment and other production and business-related equipment, apparatus, tools, etc. Some items which are not belong to the production and operation of major equipment, but the unit value of more than 2,000 yuan, and the use of more than two years, should also be as fixed assets. Fixed assets correspond to the summation item of fixed assets shown in the balance sheets of the enterprises.

□ Total Liabilities

Refer to the debts that enterprises are responsible for repayment, including liquid liabilities and long-term liabilities. The forms of reimbursement are including currency,assets and providing labor services.Total liabilities correspond to the summation item of liabilities shown in the balance sheets of the enterprises.

(I) Liquid liabilities (also called quick liabilities or immediate

EXPLANATORY NOTES TO MAJOR STATISTICAL INDICATORS

liabilities) refer to enterprises total debt payable within an operating cycle of one year or over one year, including short term loans, payables and advance payments, wages payable, taxes payable and profit payable, etc. Liquid liabilities correspond to the summation item of liquid liabilities shown in the balance sheets of the enterprises.

(II) Long-term liabilities refers to total debt payable within an operating cycle of one year or over one year, including long-term loans, payable liabilities, long-term payables, etc. Long-term liabilities correspond to the summation item of long-term shown in the balance sheets of the enterprises.

□ Creditors' Equity

Refers to investors' ownership of net assets of the enterprise. It is equal to the total assets of the enterprise minus its total liabilities, including the primary input from investors, capital accumulation fund, surplus accumulation fund and undistributed profit.It is the last digital of "creditors' equity" in "balance sheet". Creditors equity correspond to the summation item of creditors' equity shown in the balance sheets of the enterprises.

□ Revenue from Principal Business

Refers to the toal of revenue from principal business. It is the annual accumulation of the corresponding item in the "profit table" of the accountant. For enterprises that follow the 2006 Enterprise Accounting Standards, the year-end accumulation of Operating income is used as a substitute.

□ Cost of Principal Business

Refers to real costs from principal business. It is the annual accumulation of the corresponding item in the "profit table" of the accountant. For enterprises that follow the 2006 Enterprise Accounting Standards, the year-end accumulation of Operating costs is used as a substitute.

□ Tax and Extra Charges from Principal Business

Refer to the tax and charges including the business tax, consumption tax, city maintenance and construction tax, resources tax, land increasing value tax and extra charges for education and etc. It is the annual accumulation of the corresponding item in the "profit table" of the accountant. For enterprises that follow the 2006 Enterprise Accounting Standards, the year-end accumulation of tax and extra charges from the sales of products is used as a substitute.

□ Profit from business

Refers to the profits from operation activities, that is the main business income minus the cost of main business and main business tax and surcharges, add other business profits, minus operating expenses, management fees, finance charges. It is the annual accumulation of the corresponding item in the "profit table" of the accountant.

□ Value Added Tax Payable

Refers to the amount of the value-added tax, which should be paid by the enterprises in the reporting period.According to the tax laws, increasing the activities of the current value of the goods,such as the sale of goods or the provision of processing, repair workshop and other services should pay taxes.It is calculated as follows:

Value added tax payable=tax on sales-(tax on purchases-transferred tax on purchases)- Tax credits-tax cut +export rebate

□ Total Profits

Refers to the annual accumulation of the corresponding item in the "profit table" of the accountant. It is the profits gained from the revenues in the reference period, including business profits, subsidies, net income of investment and net income of other business.

□ Total Value of Profit and Tax (Pre-tax Profits)

Refers to the sum of the total profits, products sales tax and surcharges and the value added tax payable of industrial enterprises. It is also called Pre-tax profits.

□ Industrial Comprehensive Index of Economic Efficiency

Is a special kind of relative figure to comprehensively measure overall economic efficiency of regional industry, showing the quality of industrial economic efficiency of the reference period. Industrial comprehensive index of economic efficiency is calculated with 7 items of ratio of total assets to industrial output value, ratio of creditors' equity of current year to that of previous year, ratio of liabilities to assets, turnover ratio of output value, circulating funds, ratio of profits to cost, overall labor productivity, ratio of sales to products. The actual figure of every indicator above is divided by responding national standard numerical value, and the results multiply correlative weight coefficients, then the total number is divided by general weight coefficient. The index comprehensively reflects the changes of regional industrial economic efficiency in static and dynamic status, eliminating the incomparable factors at a certain extent.

□ Ratio of Total Assets to Industrial Output Value

Reflects the profit-making capability of all assets of the enterprise and is a key indicator manifesting the performance and management and evaluating the profit-making potential of the enterprise. It is calculated as follows:

Ratio of Total Assets to Industrial Output (%) = [(Total profits + Total taxes + Interest payment) / average assets] × 100%

□ Capital Maintenance and Appreciation Rate

Reflects the changes of an enterprise's net assets. It epitomizes the growth capability of an enterprise. Its calcuating formula is:

Capital Maintenance and appreciation rate = Ownership equity at the end of the reporting period/Ownership equity at the same period of the previous year.

□ Ratio of Liabilities to Assets

Reflect both the operation risk and the capability of the enterprise in making use of the capital from the creditors. It is calculated as follows:

Ratio of liabilities to assets (%) = Total liabilities/total assets×100%

□ Turnover Ratio of Circulating Funds

Refers to times of turnover of circulating funds in a given period of time, which reflects the speed of the turnover of working capital and is calculated as follows:

Turnover Ratio of Circulating Funds (%) = Sales Revenue of Products/Average Balance of Total Circulating Funds×100%

□ Ratio of Profits to Costs

Refers to the ratio of profits realized in a given period to the total costs in the same period, which reflects the economic efficiency of input cost and is calculated as follows:

Ratio of Profits to Cost (%) =Total Profits/Total Costs×100%

□ Overall Labor Productivity

Refers to the average output per employed person in industrial enterprises in value terms. At present, the value added and the average number of staff and workers of an industrial enterprises in a given period are used to calculate the overall labor productivity. The formula used is:

Overall Labor Productivity = (Value Added of Industry) / (Average Number of Staff and Workers)

□ Ratio of Sales to Products

Refers to the ratio of total sales in a given period to the gross output value in the same period, which reflects the extent of industrial output sold and is calculated as follows:

Ratio of Sales to Products (%) =Total Sales (at Current Prices) / Gross Output Value (at Current Prices) ×100%

□ Ratio of Profits to Sales

Refers to the ratio of total profits to the sales revenue in a given period and is calculated as follows:

Ratio of Profits to Sales (%) =Total Profits /Sales Revenue×100%

□ Ratio of Accumulated Capital to Original Capital

Refers to the ratio of the increased volume of creditors' equity to the creditors' equity at the year's beginning. The formula used is:

Ratio of Accumulated Capital to Original Capital (%) = Increased Volume of Creditors' Equity / Creditors' Equity at Year's Beginning×100%

□ Current Ratio

Refers to the ratio of the circulating assets to the circulating liabilities, i.e. the amount of circulating assets as the guarantee to pay off each yuan of circulating liabilities, which reflects the ability of the enterprise to pay off the due circulating liabilities with the circulating assets realizable in a short period of time. The formula is:

Current Ratio (%) = Circulating Assets / Circulating Liabilities

EXPLANATORY NOTES TO MAJOR STATISTICAL INDICATORS

□ Quick Ratio

Refers to the ratio of quick assets to circulating liabilities of the enterprise, and is calculated as the follows:

Quick Ratio = Quick Assets / Circulating Liabilities

□ Ratio of Equity to Production

Refers to the ratio of total liabilities to creditors' equity. It is the sign of financial stability of the enterprises, and also called ratio of total liabilities to total capital. The formula is:

Ratio of Equity to Production = Total Liabilities / Creditors' Equity

第13章

建筑业

CONSTRUCTION

简要说明
BRIEF INTRODUCTION

本章资料包括全市按登记注册地统计的建筑业基本情况、建筑企业房屋施工及竣工面积和劳务分包建筑业企业主要指标、各类建筑施工企业主要经济指标等，由市统计局固定资产投资处提供。全市建筑业增加值情况参见本书第二章国民经济核算。

The data in this chapter include the general information of all the construction enterprises with the place of registration in Chongqing, the main indicators on the floor space of buildings under construction and completed of construction enterprises and on the labor subcontractors in construction industry, as well as the main economic indicators on various construction enterprises. The data in this chapter are provided by Division of Statistics of Investment in Fixed Assets, Chongqing Municipal Bureau of Statistics. See Chapter 2 National Economic Accounting of this book for the value added of construction industry.

表13.1 建筑业基本情况（1985－2013年）
BASIC STATISTICS ON CONSTRUCTION INDUSTRY (1985-2013)

年　份 Year	企业数 （个） Number of Enterprises (unit)	年末从业人数 （万人） Number of Employed Persons at Year-end (10 000 persons)	总产值 （万元） Gross Output Value (10 000 yuan)	房屋建筑施工面积 （万平方米） Floor Space of Buildings under Construction (10 000 sq.m)	房屋建筑竣工面积 （万平方米） Floor Space of Buildings Completed (10 000 sq.m)
1985	298	14.12	96201	684.85	340.18
1986	291	17.12	112719	674.54	345.37
1987	303	18.08	138515	740.55	350.79
1988	399	20.71	183070	866.76	372.69
1989	400	20.60	196510	853.54	391.35
1990	445	20.89	220685	905.58	450.19
1991	465	21.50	262155	915.31	458.23
1992	482	23.58	340256	1015.59	490.88
1993	607	22.47	426228	1238.22	537.78
1994	561	26.61	656959	1456.78	577.22
1995	556	28.24	810548	1678.02	656.38
1996	1473	64.43	2052964	4065.24	2276.97
1997	1501	68.98	2440552	4451.06	2562.73
1998	1655	80.46	2896198	5275.68	2837.02
1999	1735	75.49	3175927	5481.86	2974.82
2000	1785	73.37	3486579	6088.49	3083.72
2001	1721	83.99	4368064	7962.27	4341.38
2002	1778	82.05	5015839	8707.39	4711.06
2003	1760	81.80	5862095	9754.10	4939.62
2004	2442	86.91	6902774	10184.46	5167.65
2005	2310	83.10	7835658	10722.57	5155.18
2006	2455	86.72	8950918	11522.42	5309.27
2007	2486	96.97	11287118	13866.76	5750.65
2008	2483	105.42	14963195	15618.93	6485.30
2009	2465	118.88	19152495	16475.84	7473.16
2010	2467	139.33	25343196	19489.39	8292.00
2011	2530	134.84	33288252	21976.19	8989.56
2012	2575	138.59	39756696	26269.73	11601.82
2013	2578	170.45	47312167	29884.62	12240.32

注：1) 1993年实行一套表制度，附营建筑企业有所增加；1996年以前口径范围包括全民、城镇集体建筑安装企业，1996年-2001年为资质等级四级以上的建筑企业(下表同)。
2) 2002年起建筑业执行新建筑资质，2002年房屋建筑施工、竣工面积和2003年起所有数据不含劳务分包企业(下表同)。

Note: a) As the system of one suit of tables was implemented in 1993, the affiliated construction enterprises increased. The statistics scope before 1996 included the whole people-owned, collective-owned construction and installation enterprises; while the statistics scope from 1996 to 2001 included the construction and installation enterprises of qualification Grade-4 and above (the same below).
b) The new grade system was carried out in construction in 2002. The data of floor space under construction and completed in 2002, and all the data since 2003 exclude the data of labor subcontractors (the same below).

表13.2 建筑业企业房屋施工及竣工面积（2012－2013年）

FLOOR SPACE OF BUILDINGS UNDER CONSTRUCTION AND COMPLETED BY CONSTRUCTION ENTERPRISES (2012-2013)

指　标	Item	2012	2013
房屋建筑施工面积（万平方米）	**Floor Space of Buildings under Construction (10 000 sq.m)**	**26269.73**	**29884.62**
#本年新开工面积	Floor Space of Buildings Newly Started This Year	12616.55	13539.90
#实行投标承包面积	Floor Space Contracted by Bidding	18272.26	18869.84
#本年新开工	Newly Started This Year	9401.55	9069.20
房屋建筑竣工面积（万平方米）	**Floor Space of Buildings Completed (10 000 sq.m)**	**11601.82**	**12240.32**
住宅房屋	Residential Buildings	8762.20	9170.92
商业及服务用房屋	Buildings for Business and Services	534.84	725.37
#批发和零售业用房	Buildings for Wholesale and Retail	187.62	191.96
住宿和餐饮业用房	Buildings for Hotels and Catering Services	59.42	89.97
居民服务业用房	Buildings for Residential Services	226.90	407.41
办公用房	Office Buildings	394.01	422.17
科研、教育、医疗用房屋	Buildings for Scientific Research、Education、Medical	324.92	353.75
#科学研究用房屋	Buildings for Scientific Research	24.05	33.48
教育用房屋	Buildings for Education	227.33	222.09
医疗用房屋（卫生医疗用房）	Buildings for Health and Medical Cares	73.55	98.18
文化、体育和娱乐用房	Buildings for Culture, Sports and Entertainment	71.34	99.10
厂房及建筑物	Works and Buildings	1134.19	1002.72
#厂房	Works	698.47	636.99
仓库	Warehouses	36.02	54.45
其他未列明的房屋建筑物	Other Buildings	344.30	411.84

表13.3 劳务分包建筑业企业主要指标（2012－2013年）

MAIN INDICATORS ON LABOR SUBCONTRACTORS IN CONSTRUCTION INDUSTRY (2012-2013)

单位：万元 (10 000 yuan)

指　标	Item	2012	2013
企业数（个）	Number of Enterprises (unit)	358	318
年末从业人数（人）	Number of Persons Employed at Year-end (person)	178814	195523
企业总收入	Total Revenue	882886	1437830
#劳务收入	Revenue from Labor Services	877219	1207183
税　金	Tax	34235	57634
利润总额	Total Profits	9897	19396
从业人员劳动报酬	Earnings of Employed Persons	623627	662173

表13.4 建筑施工企业主要经济指标（2012－2013年）
MAIN ECONOMIC INDICATORS ON CONSTRUCTION ENTERPRISES (2012-2013)

指　标	Type	2012	2013
企业数（个）	**Number of Enterprises (unit)**	**2575**	**2578**
年末从业人数（万人）	**Number of Employed Persons at Year-end (10 000 persons)**	**138.59**	**170.45**
总产值（万元）	**Gross Output Value (10 000 yuan)**	**39756696**	**47312167**
按登记注册类型分	By Status of Registration		
内资企业	Domestic-funded Enterprises	39672862	47283058
#国　有	State-owned Enterprises	6581461	5848044
其他有限责任	Other Limited Liability Enterprises	15594514	20800796
私　营	Private Enterprises	12897464	16781164
按构成分	By Constitution		
#建筑工程	Construction	35903846	42834259
安装工程	Installation	2547809	2878035
按行业分	By Sector		
#房屋和土木工程建筑业	Construction of Buildings and Civil Engineering	36873011	43701387
#房屋工程建筑业	Buildings	28290481	34535651
建筑安装业	Construction Installation	1391977	1766437
建筑装饰业	Construction Decoration	999493	1233821
按资质等级分	By Grade		
施工总承包	General Contractors of Construction	36417875	43630879
#一　级	First Grade	18510466	21794773
二　级	Second Grade	11019250	13687422
专业承包	Specialized Contractors of Construction	3338821	3681288
#一　级	First Grade	1689384	1582464
二　级	Second Grade	872189	1090451
竣工产值（万元）	**Output Value of Completed Construction (10 000 yuan)**	**21825418**	**25372732**
按登记注册类型分	By Status of Registration		
内资企业	Domestic-funded Enterprises	21820411	25352627
#国　有	State-owned Enterprises	2104821	2276404
其他有限责任	Other Limited Liability Enterprises	8684040	10481745
私　营	Private Enterprises	8337038	9730423
按行业分	By Sector		
#房屋和土木工程建筑业	Construction of Buildings and Civil Engineering	20386598	23714561
#房屋工程建筑业	Buildings	16945677	19746888
建筑安装业	Construction Installation	747363	779875
建筑装饰业	Construction Decoration	426714	585408
按资质等级分	By Grade		
施工总承包	General Contractors of Construction	20239699	23595316
#一　级	First Grade	9326783	10265352
二　级	Second Grade	6802113	8308354
专业承包	Specialized Contractors of Construction	1585720	1777416
#一　级	First Grade	671137	716825
二　级	Second Grade	431176	533207
房屋建筑施工面积（万平方米）	**Floor Space of Buildings under Construction (10 000 sq.m)**	**26269.73**	**29884.62**
房屋建筑竣工面积（万平方米）	**Floor Space of Buildings Completed (10 000 sq.m)**	**11601.82**	**12240.32**
年末自有机械设备台数（万台）	**Number of Machinery and Equipment Self-owned (year-end)(10 000 sets)**	**18.28**	**18.67**
年末自有机械设备总功率（万千瓦）	**Total Power of Machinery and Equipment Self-owned (year-end)(10 000 kw)**	**461.57**	**461.98**

表13.5 国有建筑施工企业主要经济指标（2012－2013年）
MAIN ECONOMIC INDICATORS ON STATE-OWNED CONSTRUCTION ENTERPRISES (2012-2013)

指　标	Type	2012	2013
企业数（个）	**Number of Enterprises (unit)**	**126**	**106**
年末从业人数（万人）	**Number of Employed Persons at Year-end (10 000 persons)**	**9.89**	**13.52**
总产值（万元）	**Gross Output Value (10 000 yuan)**	**6581461**	**5848044**
按构成分	By Constitution		
#建筑工程	Construction	5930843	5270944
安装工程	Installation	361412	300131
按行业分	By Sector		
#房屋和土木工程建筑业	Construction of Buildings and Civil Engineering	6144751	5513835
#房屋工程建筑业	Buildings	2517266	2005455
建筑安装业	Construction Installation	80847	71388
建筑装饰业	Construction Decoration	171591	11541
按资质等级分	By Grade		
施工总承包	General Contractors of Construction	6136074	5471698
#一　级	First Grade	3795622	3493840
二　级	Second Grade	1394405	1567011
专业承包	Specialized Contractors of Construction	445387	376346
#一　级	First Grade	279451	236081
二　级	Second Grade	116066	84068
竣工产值（万元）	**Output Value of Completed Construction (10 000 yuan)**	**2104821**	**2276404**
按行业分	By Sector		
#房屋和土木工程建筑业	Construction of Buildings and Civil Engineering	1938834	2150115
#房屋工程建筑业	Buildings	1040818	865509
建筑安装业	Construction Installation	63093	31222
建筑装饰业	Construction Decoration	5505	1915
按资质等级分	By Grade		
施工总承包	General Contractors of Construction	1898741	2020647
#一　级	First Grade	966371	817970
二　级	Second Grade	650049	959330
专业承包	Specialized Contractors of Construction	206080	255757
#一　级	First Grade	98435	167315
二　级	Second Grade	71457	58017
房屋建筑施工面积（万平方米）	**Floor Space of Buildings under Construction (10 000 sq.m)**	**2190.46**	**1379.87**
房屋建筑竣工面积（万平方米）	**Floor Space of Buildings Completed (10 000 sq.m)**	**539.40**	**401.97**
年末自有机械设备台数（万台）	**Number of Machinery and Equipment Self-owned (year-end)(10 000 sets)**	**2.73**	**2.19**
年末自有机械设备总功率（万千瓦）	**Total Power of Machinery and Equipment Self-owned (year-end)(10 000 kw)**	**126.72**	**70.74**

表13.6 其他有限责任制建筑施工企业主要经济指标（2012－2013年）

MAIN ECONOMIC INDICATORS ON OTHER CONSTRUCTION ENTERPRISES OF LIMITED LIABILITY (2012-2013)

指 标	Type	2012	2013
企业数（个）	**Number of Enterprises (unit)**	**766**	**828**
年末从业人数（万人）	**Number of Employed Persons at Year-end (10 000 persons)**	**54.51**	**72.16**
总产值（万元）	**Gross Output Value (10 000 yuan)**	**15594514**	**20800796**
按构成分	By Constitution		
#建筑工程	Construction	14065746	18730987
安装工程	Installation	1072269	1309941
按行业分	By Sector		
#房屋和土木工程建筑业	Construction of Buildings and Civil Engineering	14441525	19228783
#房屋工程建筑业	Buildings	11315797	15433839
建筑安装业	Construction Installation	709609	900199
建筑装饰业	Construction Decoration	270550	483112
按资质等级分	By Grade		
施工总承包	General Contractors of Construction	14106100	19282073
#一 级	First Grade	8867795	11938689
二 级	Second Grade	3623115	4749526
专业承包	Specialized Contractors of Construction	1488415	1518723
#一 级	First Grade	987534	807372
二 级	Second Grade	232285	282938
竣工产值（万元）	**Output Value of Completed Construction (10 000 yuan)**	**8684040**	**10481745**
按行业分	By Sector		
#房屋和土木工程建筑业	Construction of Buildings and Civil Engineering	8107183	9816306
#房屋工程建筑业	Buildings	6988307	9006046
建筑安装业	Construction Installation	382817	376691
建筑装饰业	Construction Decoration	126616	192728
按资质等级分	By Grade		
施工总承包	General Contractors of Construction	7985373	9779122
#一 级	First Grade	4539199	5443085
二 级	Second Grade	2334597	2805675
专业承包	Specialized Contractors of Construction	698667	702623
#一 级	First Grade	422565	258970
二 级	Second Grade	84159	182853
房屋建筑施工面积（万平方米）	**Floor Space of Buildings under Construction (10 000 sq.m)**	**10830.63**	**13890.17**
房屋建筑竣工面积（万平方米）	**Floor Space of Buildings Completed (10 000 sq.m)**	**4644.14**	**5504.89**
年末自有机械设备台数（万台）	**Number of Machinery and Equipment Self-owned (year-end)(10 000 sets)**	**7.71**	**8.90**
年末自有机械设备总功率（万千瓦）	**Total Power of Machinery and Equipment Self-owned (year-end)(10 000 kw)**	**165.53**	**218.26**

表13.7 私营建筑施工企业主要经济指标（2012－2013年）
MAIN ECONOMIC INDICATORS ON PRIVATE CONSTRUCTION ENTERPRISES (2012-2013)

指　标	Type	2012	2013
企业数（个）	**Number of Enterprises (unit)**	**1425**	**1456**
年末从业人数（万人）	**Number of Employed Persons at Year-end (10 000 persons)**	**62.04**	**74.67**
总产值（万元）	**Gross Output Value (10 000 yuan)**	**12897464**	**16781164**
按构成分	By Constitution		
#建筑工程	Construction	11739492	15383244
安装工程	Installation	751781	988957
按行业分	By Sector		
#房屋和土木工程建筑业	Construction of Buildings and Civil Engineering	11908688	15365711
#房屋工程建筑业	Buildings	11444002	14745963
建筑安装业	Construction Installation	408262	599138
建筑装饰业	Construction Decoration	446278	646830
按资质等级分	By Grade		
施工总承包	General Contractors of Construction	11782248	15298172
#一　级	First Grade	3873233	4902153
二　级	Second Grade	5008658	6520009
专业承包	Specialized Contractors of Construction	1115216	1482992
#一　级	First Grade	277770	373203
二　级	Second Grade	478842	618788
竣工产值（万元）	**Output Value of Completed Construction (10 000 yuan)**	**8337038**	**9730423**
按行业分	By Sector		
#房屋和土木工程建筑业	Construction of Buildings and Civil Engineering	7764154	9010926
#房屋工程建筑业	Buildings	7488570	8660971
建筑安装业	Construction Installation	219677	249863
建筑装饰业	Construction Decoration	253277	366718
按资质等级分	By Grade		
施工总承包	General Contractors of Construction	7742324	9054137
#一　级	First Grade	2428714	2422775
二　级	Second Grade	3247988	4040067
专业承包	Specialized Contractors of Construction	594715	676286
#一　级	First Grade	130911	188990
二　级	Second Grade	251103	256840
房屋建筑施工面积（万平方米）	**Floor Space of Buildings under Construction (10 000 sq.m)**	**9741.66**	**10965.02**
房屋建筑竣工面积（万平方米）	**Floor Space of Buildings Completed (10 000 sq.m)**	**5035.17**	**4948.31**
年末自有机械设备台数（万台）	**Number of Machinery and Equipment Self-owned (year-end) (10 000 sets)**	**5.99**	**6.60**
年末自有机械设备总功率（万千瓦）	**Total Power of Machinery and Equipment Self-owned (year-end)(10 000 kw)**	**138.56**	**143.41**

表13.8 施工总承包建筑施工企业主要经济指标（2012－2013年）
MAIN ECONOMIC INDICATORS ON GENERAL CONTRACTORS OF CONSTRUCTION (2012-2013)

指 标	Type	2012	2013
企业数（个）	**Number of Enterprises (unit)**	**1575**	**1605**
年末从业人数（万人）	**Number of Employed Persons at Year-end (10 000 persons)**	**128.45**	**159.01**
总产值（万元）	**Gross Output Value (10 000 yuan)**	**36417875**	**43630879**
按登记注册类型分	By Status of Registration		
内资企业	Domestic-funded Enterprises	36337605	43607948
#国 有	State-owned Enterprises	6136074	5471698
其他有限责任	Other Limited Liability Enterprises	14106100	19282073
私 营	Private Enterprises	11782248	15298172
按构成分	By Constitution		
#建筑工程	Construction	34110254	40696182
安装工程	Installation	1308243	1637975
按行业分	By Sector		
#房屋和土木工程建筑业	Construction of Buildings and Civil Engineering	35372943	42323277
#房屋工程建筑业	Buildings	28025990	34211913
建筑安装业	Construction Installation	590150	746536
建筑装饰业	Construction Decoration	166921	167010
按资质等级分	By Grade		
#一 级	First Grade	18510466	21794773
二 级	Second Grade	11019250	13687422
竣工产值（万元）	**Output Value of Completed Construction (10 000 yuan)**	**20239699**	**23595316**
按登记注册类型分	By Status of Registration		
内资企业	Domestic-funded Enterprises	20239699	23577261
#国 有	State-owned Enterprises	1898741	2020647
其他有限责任	Other Limited Liability Enterprises	7985373	9779122
私 营	Private Enterprises	7742324	9054137
按行业分	By Sector		
#房屋和土木工程建筑业	Construction of Buildings and Civil Engineering	19731645	23082719
#房屋工程建筑业	Buildings	16828082	19657971
建筑安装业	Construction Installation	282717	277445
建筑装饰业	Construction Decoration	37625	45752
按资质等级分	By Grade		
#一 级	First Grade	9326783	10265352
二 级	Second Grade	6802113	8308354
房屋建筑施工面积（万平方米）	**Floor Space of Buildings under Construction (10 000 sq.m)**	**26062.71**	**29640.17**
房屋建筑竣工面积（万平方米）	**Floor Space of Buildings Completed (10 000 sq.m)**	**11491.11**	**12140.39**
年末自有机械设备台数（万台）	**Number of Machinery and Equipment Self-owned (year-end)(10 000 sets)**	**15.94**	**16.05**
年末自有机械设备总功率（万千瓦）	**Total Power of Machinery and Equipment Self-owned (year-end)(10 000 kw)**	**409.47**	**411.65**

表13.9 专业承包建筑施工企业主要经济指标（2012－2013年）

MAIN ECONOMIC INDICATORS ON SPECIALIZED CONTRACTORS OF CONSTRUCTION (2012-2013)

指　标	Type	2012	2013
企业数（个）	**Number of Enterprises (unit)**	**1000**	**973**
年末从业人数（万人）	**Number of Employed Persons at Year-end (10 000 persons)**	**10.14**	**11.44**
总产值（万元）	**Gross Output Value (10 000 yuan)**	**3338821**	**3681288**
按登记注册类型分	By Status of Registration		
内资企业	Domestic-funded Enterprises	3335257	3675110
#国　有	State-owned Enterprises	445387	376347
其他有限责任	Other Limited Liability Enterprises	1488415	1518723
私　营	Private Enterprises	1115216	1482992
按构成分	By Constitution		
#建筑工程	Construction	1793593	2138077
安装工程	Installation	1239567	1240060
按行业分	By Sector		
#房屋和土木工程建筑业	Construction of Buildings and Civil Engineering	1500067	1377136
#房屋工程建筑业	Buildings	264491	323738
建筑安装业	Construction Installation	801827	1019902
建筑装饰业	Construction Decoration	832572	1066811
按资质等级分	By Grade		
#一　级	First Grade	1689384	1582464
二　级	Second Grade	872189	1090451
竣工产值（万元）	**Output Value of Completed Construction (10 000 yuan)**	**1585720**	**1777415**
按登记注册类型分	By Status of Registration		
内资企业	Domestic-funded Enterprises	1580713	1775366
#国　有	State-owned Enterprises	206080	255756
其他有限责任	Other Limited Liability Enterprises	698667	702622
私　营	Private Enterprises	594715	676286
按行业分	By Sector		
#房屋和土木工程建筑业	Construction of Buildings and Civil Engineering	654953	631843
#房屋工程建筑业	Buildings	117595	88917
建筑安装业	Construction Installation	464645	502430
建筑装饰业	Construction Decoration	389089	539656
按资质等级分	By Grade		
#一　级	First Grade	671137	716825
二　级	Second Grade	431176	533207
房屋建筑施工面积（万平方米）	**Floor Space of Buildings under Construction (10 000 sq.m)**	**207.03**	**244.45**
房屋建筑竣工面积（万平方米）	**Floor Space of Buildings Completed (10 000 sq.m)**	**110.71**	**99.93**
年末自有机械设备台数（万台）	**Number of Machinery and Equipment Self-owned (year-end)(10 000 sets)**	**2.34**	**2.62**
年末自有机械设备总功率（万千瓦）	**Total Power of Machinery and Equipment Self-owned (year-end)(10 000 kw)**	**52.10**	**50.33**

表13.10 房屋和土木工程建筑施工企业主要经济指标（2012－2013年）

MAIN ECONOMIC INDICATORS ON CONSTRUCTION ENTERPRISES OF BUILDINGS AND CIVIL ENGINEERING (2012-2013)

指　标	Type	2012	2013
企业数（个）	**Number of Enterprises (unit)**	**1615**	**1646**
年末从业人数（万人）	**Number of Employed Persons at Year-end (10 000 persons)**	**127.57**	**157.57**
总产值（万元）	**Gross Output Value (10 000 yuan)**	**36873011**	**43701387**
按登记注册类型分	By Status of Registration		
内资企业	Domestic-funded Enterprises	36872461	43699037
#国　有	State-owned Enterprises	6144751	5513835
其他有限责任	Other Limited Liability Enterprises	14441525	19228783
私　营	Private Enterprises	11908688	15366686
按构成分	By Constitution		
#建筑工程	Construction	34813313	41281687
安装工程	Installation	1156779	1300117
按资质等级分	By Grade		
施工总承包	General Contractors of Construction	35372943	42323277
#一　级	First Grade	18107097	21387672
二　级	Second Grade	10655562	13109716
专业承包	Specialized Contractors of Construction	1500067	1378110
#一　级	First Grade	995945	792886
二　级	Second Grade	312702	368865
竣工产值（万元）	**Output Value of Completed Construction (10 000 yuan)**	**20386598**	**23714561**
按登记注册类型分	By Status of Registration		
内资企业	Domestic-funded Enterprises	20386598	23712711
#国　有	State-owned Enterprises	1938834	2150115
其他有限责任	Other Limited Liability Enterprises	8107183	9816306
私　营	Private Enterprises	7764154	9010926
按资质等级分	By Grade		
施工总承包	General Contractors of Construction	19731645	23082719
#一　级	First Grade	9229084	10228675
二　级	Second Grade	6584669	8041557
专业承包	Specialized Contractors of Construction	654953	631842
#一　级	First Grade	383364	346628
二　级	Second Grade	145978	136335
房屋建筑施工面积（万平方米）	**Floor Space of Buildings under Construction (10 000 sq.m)**	**26028.42**	**29582.06**
房屋建筑竣工面积（万平方米）	**Floor Space of Buildings Completed (10 000 sq.m)**	**11512.51**	**12117.24**
年末自有机械设备台数（万台）	**Number of Machinery and Equipment Self-owned (year-end) (10 000 sets)**	**16.30**	**16.66**
年末自有机械设备总功率（万千瓦）	**Total Power of Machinery and Equipment Self-owned (year-end) (10 000 kw)**	**434.09**	**429.52**

表13.11 建筑安装企业主要经济指标（2012－2013年）
MAIN ECONOMIC INDICATORS ON CONSTRUCTION ENTERPRISES OF INSTALLATION (2012-2013)

指　标	Type	2012	2013
企业数（个）	**Number of Enterprises (unit)**	**352**	**343**
年末从业人数（万人）	**Number of Employed Persons at Year-end (10 000 persons)**	**5.41**	**6.25**
总产值（万元）	**Gross Output Value (10 000 yuan)**	**1391977**	**1766437**
按登记注册类型分	By Status of Registration		
内资企业	Domestic-funded Enterprises	1312257	1745857
#国　有	State-owned Enterprises	80847	71388
其他有限责任	Other Limited Liability Enterprises	709609	900199
私　营	Private Enterprises	408262	599138
按构成分	By Constitution		
#建筑工程	Construction	254319	474263
安装工程	Installation	1028210	1228077
按资质等级分	By Grade		
施工总承包	General Contractors of Construction	590150	746536
#一　级	First Grade	302740	300987
二　级	Second Grade	99024	237956
专业承包	Specialized Contractors of Construction	801827	1019901
#一　级	First Grade	163508	204090
二　级	Second Grade	291740	337023
竣工产值（万元）	**Output Value of Completed Construction (10 000 yuan)**	**747363**	**779875**
按登记注册类型分	By Status of Registration		
内资企业	Domestic-funded Enterprises	747363	763669
#国　有	State-owned Enterprises	63093	31222
其他有限责任	Other Limited Liability Enterprises	382817	376691
私　营	Private Enterprises	219677	249863
按资质等级分	By Grade		
施工总承包	General Contractors of Construction	282717	277445
#一　级	First Grade	92489	28748
二　级	Second Grade	58160	99655
专业承包	Specialized Contractors of Construction	464645	502430
#一　级	First Grade	69159	72801
二　级	Second Grade	141759	163500
房屋建筑施工面积（万平方米）	**Floor Space of Buildings under Construction (10 000 sq.m)**	**215.41**	**263.59**
房屋建筑竣工面积（万平方米）	**Floor Space of Buildings Completed (10 000 sq.m)**	**74.50**	**102.92**
年末自有机械设备台数（万台）	**Number of Machinery and Equipment Self-owned (year-end) (10 000 sets)**	**0.76**	**0.77**
年末自有机械设备总功率（万千瓦）	**Total Power of Machinery and Equipment Self-owned (year-end) (10 000 kw)**	**7.48**	**7.07**

表13.12 建筑装饰企业主要经济指标（2012－2013年）
MAIN ECONOMIC INDICATORS ON CONSTRUCTION ENTERPRISES OF DECORATION (2012-2013)

指 标	Type	2012	2013
企业数（个）	**Number of Enterprises (unit)**	**481**	**458**
年末从业人数（万人）	**Number of Employed Persons at Year-end (10 000 persons)**	**4.33**	**5.18**
总产值（万元）	**Gross Output Value (10 000 yuan)**	**999493**	**1233821**
按登记注册类型分	By Status of Registration		
内资企业	Domestic-funded Enterprises	996365	1228442
#国 有	State-owned Enterprises	171591	11541
其他有限责任	Other Limited Liability Enterprises	270550	483112
私 营	Private Enterprises	446278	646830
按构成分	By Constitution		
#建筑工程	Construction	607275	757509
安装工程	Installation	263050	273793
按资质等级分	By Grade		
施工总承包	General Contractors of Construction	166921	167010
#一 级	First Grade	100629	106114
二 级	Second Grade	45419	33617
专业承包	Specialized Contractors of Construction	832572	1066811
#一 级	First Grade	433307	487518
二 级	Second Grade	228735	344990
竣工产值（万元）	**Output Value of Completed Construction (10 000 yuan)**	**426714**	**585408**
按登记注册类型分	By Status of Registration		
内资企业	Domestic-funded Enterprises	421707	584159
#国 有	State-owned Enterprises	5505	1915
其他有限责任	Other Limited Liability Enterprises	126616	192728
私 营	Private Enterprises	253277	366718
按资质等级分	By Grade		
施工总承包	General Contractors of Construction	37625	45752
#一 级	First Grade	5210	7929
二 级	Second Grade	18925	19632
专业承包	Specialized Contractors of Construction	389089	539656
#一 级	First Grade	182680	235444
二 级	Second Grade	131180	215779
房屋建筑施工面积（万平方米）	**Floor Space of Buildings under Construction (10 000 sq.m)**	**6.02**	**14.17**
房屋建筑竣工面积（万平方米）	**Floor Space of Buildings Completed (10 000 sq.m)**		**1.25**
年末自有机械设备台数（万台）	**Number of Machinery and Equipment Self-owned (year-end) (10 000 sets)**	**0.89**	**0.77**
年末自有机械设备总功率（万千瓦）	**Total Power of Machinery and Equipment Self-owned (year-end) (10 000 kw)**	**10.77**	**14.20**

表13.13 建筑施工企业按资质等级分主要财务和经济效益指标（2013年）

MAIN INDICATORS ON FINANCE AND ECONOMIC BENEFIT OF CONSTRUCTION ENTERPRISES BY GRADE (2013)

单位：万元 (10 000 yuan)

指 标	Item	合 计 Total	其中 of which 施工总承包 General Contractors	专业承包 Specialized Contractors
企业数（个）	Number of Enterprises (unit)	2578	1605	973
年末从业人数（万人）	Number of Employed Persons at Year-end (10 000 persons)	170.45	159.01	11.44
自有固定资产原价	Original Value of Fixed Assets Owned	4010699	3450484	560215
自有固定资产净价	Net Value of Fixed Assets Owned	2542995	2199687	343308
自有机械设备年末台数（万台）	Number of Machinery and Equipment Self-owned (year-end) (10 000 sets)	18.67	16.05	2.62
自有机械设备年末净值	Net Value of Machinery and Equipment Self-owned (year-end)	1006639	891490	115149
自有机械设备年末总功率（万千瓦）	Total Power of Machinery and Equipment Self-owned (year-end) (10 000 kw)	461.98	411.65	50.33
总产值	Gross Output Value	47312167	43630879	3681288
实收资本	Paid-in Capital	6910172	5814198	1095974
资产合计	Total Assets	40485867	36224898	4260969
#流动资产	Current Assets	32122549	28703144	3419405
固定资产	Fixed Assets	3768192	3325066	443126
负债合计	Total Liabilities	28849081	25804816	3044265
流动负债	Current Liabilities	25684730	22977193	2707537
非流动负债	Non-current Liabilities	1815398	1628334	187064
所有者权益	Creditors' Equity	11634780	10418285	1216495
利税总额	Total Pre-tax Profits	4199923	3899804	300119
#利润总额	Total Profits	2558194	2378067	180127
营业收入	Operating Revenue	45928652	42089027	3839625
#主营业务收入	Revenue from Major Business	45891311	42060229	3831082
房屋建筑施工面积（万平方米）	Floor Space of Buildings under Construction (10 000 sq.m)	29884.62	29640.17	244.45
房屋建筑竣工面积（万平方米）	Floor Space of Buildings Completed (10 000 sq.m)	12240.32	12140.39	99.93
全员劳动生产率：	Overall Labor Productivity			
按总产值计算（元/人）	In Terms of Gross Output Value (yuan/person)	294417	291194	338864
技术装备率（元/人）	Value of Machines Per Laborer (yuan/person)	5906	5606	10066
动力装备率（千瓦/人）	Power of Machines Per Laborer (kw/person)	3	3	4
房屋建筑面积竣工率（%）	Rate of Floor Space of Buildings Completed (%)	41.0	41.0	40.9
资产负债率（%）	Asset-Liability Ratio (%)	71.3	71.2	71.4

表13.14 建筑施工企业按行业分主要财务和经济效益指标（2013年）
MAIN INDICATORS ON FINANCE AND ECONOMIC BENEFIT OF CONSTRUCTION ENTERPRISES BY SECTOR (2013)

单位：万元 (10 000 yuan)

指　标	Item	合　计 Total	其　中 of which 房屋和土木工程建筑业 Building and Civil Engineering	建筑安装业 Construction Installation	建筑装饰业 Construction Decoration
企业数（个）	Number of Enterprises (unit)	2578	1646	343	458
年末从业人数（万人）	Number of Employed Persons at Year-end (10 000 persons)	170.45	157.57	6.25	5.18
自有固定资产原价	Original Value of Fixed Assets Owned	4010699	3336940	394968	122891
自有固定资产净价	Net Value of Fixed Assets Owned	2542995	2071636	283429	76591
自有机械设备年末台数（万台）	Number of Machinery and Equipment Self-owned (year-end) (10 000 sets)	18.67	16.66	0.77	0.77
自有机械设备年末净值	Net Value of Machinery and Equipment Self-owned (year-end)	1006639	939581	17701	20699
自有机械设备年末总功率（万千瓦）	Total Power of Machinery and Equipment Self-owned (year-end) (10 000 kw)	461.98	429.52	7.07	14.20
总产值	Gross Output Value	47312167	43701387	1766437	1233821
实收资本	Paid-in Capital	6910172	5756564	718246	279277
资产合计	Total Assets	40485867	36124974	2413897	1141906
＃流动资产	Current Assets	32122549	28716891	1811679	948655
固定资产	Fixed Assets	3768192	3103317	405773	120933
负债合计	Total Liabilities	28849081	25820499	1764187	720840
流动负债	Current Liabilities	25684730	23065097	1446390	663263
非流动负债	Non-current Liabilities	1815398	1501910	269261	23179
所有者权益	Creditors' Equity	11634780	10303379	649178	420687
利税总额	Total Pre-tax Profits	4199923	3890843	142739	103923
利润总额	Total Profits	2558194	2367552	85033	57482
营业收入	Operating Revenue	45928652	42121991	1870405	1308996
＃主营业务收入	Revenue from Major Business	45891311	42094535	1868575	1303002
房屋建筑施工面积（万平方米）	Floor Space of Buildings under Construction (10 000 sq.m)	29884.62	29582.06	263.59	14.17
房屋建筑竣工面积（万平方米）	Floor Space of Buildings Completed (10 000 sq.m)	12240.32	12117.24	102.92	1.25
全员劳动生产率：	Overall Labor Productivity				
按总产值计算（元/人）	In Terms of Gross Output Value (yuan/person)	294417	294302	306604	237406
技术装备率（元/人）	Value of Machines Per Laborer (yuan/person)	5906	5963	2831	3999
动力装备率（千瓦/人）	Power of Machines Per Laborer (kw/person)	3	3	1	3
房屋建筑面积竣工率（%）	Rate of Floor Space of Buildings Completed (%)	41.0	41.0	39.0	8.8
资产负债率（%）	Asset-Liability Ratio (%)	71.3	71.5	73.1	63.1

主要统计指标解释

建筑业统计单位

指从事房屋、构筑物建造和设备安装活动的法人企业。建筑业法人企业应具有建筑业资质并能够独立核算，同时其应具备以下条件：①依法成立，有自己的名称、组织机构和场所，能够承担民事责任；②独立拥有和使用资产，承担负债，有权与其他单位签订合同；③独立核算盈亏，能够编制资产负债表。

建筑业总产值

是以货币形式表现的建筑业企业在一定时期内生产的建筑业产品和提供的服务的总和。建筑业总产值包括：

（1）建筑工程产值：指列入建筑工程预算内的各种工程价值。

（2）安装工程产值：指设备安装工程价值，不包括被安装设备本身的价值。

（3）其他产值：建筑业总产值中除建筑工程、安装工程以外的产值。包括房屋构筑物修理产值、非标准设备制造产值、总包企业向分包企业收取的管理费以及不能明确划分的施工活动所完成的产值。

a. 房屋构筑物修理产值：指房屋和构筑物修理所完成的产值，但不包括被修理房屋、构筑物本身价值和生产设备的修理产值。

b. 非标准设备制造产值：指加工制造没有定型的非标准生产设备的加工费和原材料价值(如化工厂、炼油厂用的各种罐、槽，矿井生产统一使用的各种漏斗、三角槽、阀门等)以及附属加工厂为本企业承建工程制作的非标准设备的价值。

建筑业增加值

指建筑业企业在报告期内以货币形式表现的建筑业生产经营活动的最终成果。

从2004年第一次全国经济普查开始，建筑业现价增加值按生产法和分配法(收入法)两种方法计算，以收入法的计算结果为准，即从收入的角度出发，根据生产要素在生产过程中应得的收入份额计算。具体计算方法：经济普查年度建筑业增加值按照《经济普查年度GDP核算方案》计算，非经济普查年度建筑业增加值按照《非经济普查年度GDP核算方案》计算。

房屋建筑施工面积

指在报告期内施过工的全部房屋建筑面积，包括本期新开工的房屋面积、上期施工跨入本期继续施工的房屋面积、上期停缓建在本期恢复施工的房屋面积、本期竣工的房屋面积及本期施工后又停缓建的房屋面积。

房屋建筑竣工面积

指在报告期内房屋建筑按照设计要求全部完工，达到了使用条件，经验收鉴定合格，正式移交使用单位的房屋建筑面积。

CHONGQING STATISTICAL YEARBOOK

Explanatory Notes on Main Statistical Indicators

☐ Statistical Unit in the Construction Industry

Refers to a corporate enterprise engaged in the construction of buildings and structures and in the installation of equipment. A corporate construction enterprise should have qualification certificates with independent accounting system, and should meet the following 3 requirements: a) being set up in line with relevant legal basis, having its full name, organization and location, and capable of taking civil liabilities; b) independently possessing and using its assets and assuming its liabilities, and entitled to sign contracts with other institutions; and c) making independent accounts of its profits and losses, and capable of compiling its own balance sheet.

☐ Gross Output Value of Construction

Refers to total of construction products and services, expressed in money terms, produced or rendered by construction and installation enterprises during a given period of time. It includes:

(I) Output value of construction projects: the value of projects covered by the project budgets;

(II) Output value of installation projects: the value of the installation of equipment, (excluding the value of the equipment to be installed);

(III) Other output values: the output value of construction industry apart from that of construction projects and installation projects. It includes: output value of repair of buildings and structures; output value of non-standard equipment manufacturing; overhead expenses received by contracted enterprises from the sub-contracted enterprises and the completed output value of construction activities for which there is no clear definition.

a. Output value of repair of buildings and structures: the value created through the repairs of buildings or structures. It does not include the value of buildings or structures being repaired and the value of the repair of production equipment;

b. Output value of manufactured non-standard equipment: the value of non-standard production equipment, including raw materials and manufacturing cost, made for the construction project (i.e., chemical plant; kettles or tanks used by refineries; various fillers, triangle tanks, valves used by mines). It also includes the output value of equipment manufactured by subsidiary workshops.

☐ Value-added of Construction

Refers to the final result of the activities of production and operation of enterprises of the construction industry in monetary terms during the reference period.

Starting from the 2004 economic census, value-added of construction is calculated by both production approach and income approach, with the figures from the income approach as the final figures., Under the income approach,, calculation starts from the perspective of income and is based on the share of income derived from the production process by the relevant factors of production.. Specifically, value-added of construction for the Census years is calculated in accordance with the Programme of Compilation of GDP and National Accounts for the Year of Economic Census, and value-added of construction for other years is calculated in accordance with the Programme of Compilation of GDP and National Accounts for the Non Economic Census Years.

☐ Floor Space of Buildings Under Construction

Refers to floor space of buildings under construction during the reference period, including the floor space of buildings for which construction has newly started; buildings for which construction has started earlier and is continuing during the reference period; and buildings for which construction has been suspended earlier but has restarted during the reference period; buildings completed during the reference period; and buildings under construction but construction has subsequently been during the reference period.

☐ Floor Space of Buildings Completed

Refers to the floor space of buildings that are completed in the reference period in accordance with the requirements of the design, up to the standard for being put into use, and having been checked and accepted by departments concerned as qualified ones.

第14章

运输和邮电

TRANSPORT,POSTAL AND TELECOMMUNICATION SERVICES

简要说明 BRIEF INTRODUCTION

本章反映全市交通运输业和邮电通信业情况，主要包括货物和旅客运输量、港口吞吐量、交通基础设施和运输营运工具、民用车辆和船舶、主要港口码头泊位和仓库、邮电业务、电信主要通信能力和邮电通信水平。本章资料由市统计局服务业统计处负责整理编辑。

交通运输有关资料来源于市交通委员会、市公安局、成都铁路局、民航重庆安全监督管理局和市统计局。邮电通信业资料来源于市邮政局和市通信管理局。

The data in this chapter show the conditions of transport, postal and telecommunication services, mainly covering the data of freight and passenger traffic, freight handled at ports, transport infrastructure and means, civil motor vehicles and transport vessels, berths and warehouses at major ports, business volume of postal and telecommunication services, main communication capacity of telecommunications and level of postal and telecommunication services. The data in this chapter are sorted and compiled by Division of Service Statistics, Chongqing Municipal Bureau of Statistics.

The data of transport are provided by Communications Commission of Chongqing Municipality, Chongqing Public Security Bureau, Chengdu Railway Bureau, CAAC Chongqing Safety Supervision and Administrative Bureau and Chongqing Municipal Bureau of Statistics. The data of postal and telecommunication services are provided by Post Bureau of Chongqing and Chongqing Communications Administration.

表14.1 主要年份客货运输量及周转量

PASSENGER AND FREIGHT TRAFFIC AND PASSENGER-KILOMETERS AND FREIGHT TON-KILOMETERS IN MAJOR YEARS

年份 Year	客运量（万人） Passenger Traffic (10 000 persons)	旅客周转量（万人公里） Passenger-kilometers (10 000 person-km)	货运量（万吨） Freight Traffic (10 000 tons)	货物周转量（万吨公里） Freight ton-kilometers (10 000 ton-km)
1952	82		134	31531
1957	121		842	632103
1962	965	12619	808	147390
1965	1707	23268	2365	141406
1970	2136	27461	2536	111415
1975	3602	40180	3226	276337
1978	5294	293741	4816	1189803
1980	7846	417025	4469	1106294
1985	16923	975571	13513	2004938
1986	18308	1119673	14860	2184266
1987	21002	1160714	15618	2296505
1988	21119	1206942	22881	2470614
1989	22692	1185786	20764	2676052
1990	20332	1068775	15546	2452448
1991	26598	1176783	16186	2702591
1992	32924	1543492	17419	3005694
1993	34025	1724473	18841	3282548
1994	36340	1890785	21130	3077590
1995	39731	2104270	22796	3359847
1996	42370	2094740	24339	3150421
1997	46199	2242533	23979	2972254
1998	49020	2346281	25328	2684566
1999	52442	2434000	25190	2742000
2000	56969	2577859	26852	3063900
2001	59244	2662900	28212	3253200
2002	61918	2776900	29787	3376300
2003	58290	2526100	32565	3680300
2004	63495	2994200	36434	5180300
2005	60436	3018038	39200	6248968
2006	61228	3015761	42808	8213853
2007	77187	3938936	49973	10497955
2008	107191	4430156	63651	14864332
2009	114598	4814394	68491	16442995
2010	126804	5497718	81385	20103977
2011	141499	6808274	96782	25302835
2012	157800	7553916	86398	26480626
2013	171388	8437540	97404	29996599

注：1）1996年起铁路数据按重庆现地域进行了调整。
2）2012年，据交通专项调查数据，对公路货运量和货运周转量进行了调整。
Note: a) The data of railway have been adjusted according to present administrative divisions of Chongqing since 1996.
b) The data of freight traffic and freight ton-kilometers were adjusted according to the transport survey data in 2012.

表14.2 主要年份港口吞吐量和公路线路里程
VOLUME OF FREIGHT HANDLED AT PORTS AND LENGTH OF HIGHWAYS IN MAJOR YEARS

年 份 Year	港口货物吞吐量（万吨） Freight Handled at Ports (10 000 tons)	其 中 of which		公路线路里程（公里） Length of Highways (km)	其 中 of which
		进 港 In-port	出 港 Out-port		高速公路 Expressways
1952	61.80	26.60	35.20	743	
1957	356.10	73.10	283.00	1021	
1962	173.50	93.40	80.10	6044	
1965	217.10	115.70	101.40	7221	
1970	267.00	161.00	106.00	7538	
1975	228.90	108.90	120.00	9753	
1978	369.80	184.10	185.70	15421	
1980	378.20	194.10	184.10	16811	
1985	438.30	195.40	242.90	19377	
1986	532.70	303.40	229.30	19666	
1987	553.70	292.28	261.42	19942	
1988	570.30	296.14	274.16	20609	
1989	651.93	330.74	321.19	20944	
1990	572.50	275.70	296.80	21162	
1991	566.10	262.77	303.33	21474	
1992	664.90	326.80	338.10	21804	
1993	687.70	299.50	388.20	21990	
1994	665.65	289.26	376.39	22148	
1995	853.00	390.00	463.00	22556	
1996	1076.00	492.00	584.00	26892	114
1997	2548.70	977.20	1571.50	27045	114
1998	2477.30	1186.60	1290.70	27210	134
1999	2599.84	1610.44	989.40	28086	134
2000	2448.00	1485.00	963.00	30354	232
2001	2839.87	1690.39	1149.48	30654	320
2002	3004.00	1718.41	1285.59	31060	399
2003	3243.76	1796.24	1447.52	31407	580
2004	4539.00	2337.09	2201.91	32344	714
2005	5251.30	2758.11	2493.19	98218	748
2006	5420.43	2747.65	2672.78	100299	778
2007	6433.54	3330.46	3103.08	104705	1049
2008	7892.80	4349.38	3543.42	108632	1165
2009	8611.62	4833.29	3778.33	110951	1577
2010	9668.42	5682.24	3986.18	116949	1861
2011	11605.67	7338.72	4266.95	118562	1861
2012	12502.40	7670.01	4832.39	120728	1909
2013	13676.00	8618.55	5057.34	122846	2312

注：2006年起，公路线路里程包括村道，2005年数据按同口径进行了调整。
Note: The length of highways has included village roads since 2006, and the data of 2005 has been adjusted according to the same scope.

表14.3 主要年份邮电通信指标
INDICATORS OF POSTAL AND TELECOMMUNICATION SERVICES IN MAJOR YEARS

年 份 Year	邮政局、所（个） Number of Postal Offices (unit)	邮电业务总量（万元） Total Business Volume of Postal and Telecommunication Services (10 000 yuan)	其中 of which #电信 Telecommunication Services	邮电业务收入（万元） Business Revenue from Postal and Telecommunication Services (10 000 yuan)	其中 of which #电信 Telecommunication Services
1952	1023	12		133	
1957	1846	33		874	
1962	1747	102		1000	
1965	1751	245		1461	
1970	2166	267		1371	
1975	1933	2190		1726	
1978	1925	2650		2103	
1980	1917	5071		2650	
1985	1853	7268		5796	
1986	1862	8264		6840	
1987	1896	9719		7675	
1988	1918	11853		10120	
1989	2025	14351		11734	
1990	2056	18999		14222	
1991	2047	23708		20585	
1992	2075	31305		27608	
1993	2041	47627		41653	
1994	1957	70543		71212	
1995	2220	109627		157568	
1996	2314	159929		167313	
1997	1821	233471	211458	223052	184899
1998	1958	345932	319375	264846	219493
1999	1958	519537	490494	401767	349001
2000	2018	858200	822824	544369	482075
2001	2154	706000	635041	663200	593050
2002	2202	867600	791573	770500	695409
2003	2218	1213062	1128172	870787	788000
2004	2121	1686491	1592416	1006050	918555
2005	2068	2101467	1996000	1121730	1030130
2006	2008	2761750	2634708	1197759	1099750
2007	1981	3658095	3505910	1315347	1194089
2008	1927	4247535	4065296	1518100	1397500
2009	1838	4898417	4646833	1633300	1477100
2010	1775	1997363	1795756	1790807	1598773
2011	1678	2426432	2167301	2023921	1776624
2012	1635	2771655	2458900	2311346	2006441
2013	1684	3298926	2907701	2573186	2187644

注：1996年前邮政电信合营，1996年前电信数据包含在邮电通信指标中；邮电业务总量2001年前为1990年不变价，2001年至2009年为2000年不变价口径；2010年及以后为2010年不变价口径。

Note: Before 1996, postal services and telecommunication services are managed together, so the data of telecommunication service before 1996 is included in the postal and telecommunication services. The data of total business volume of postal and telecommunication services before 2001 are calculated at 1990 constant price, the data from 2001 to 2009 are calculated at 2000 constant price,while the data of 2010 and afterwards are calculated at 2010 constant price.

表14.4 邮电业务主要指标（1985－2013年）

MAIN INDICATORS OF POSTAL AND TELECOMMUNICATION SERVICES (1985-2013)

年 份 Year	函 件（万件） Number of Letters (10 000 pcs)	特快专递（万件） Pieces of Express Mail Services (10 000 pcs)	邮政部门报刊累计数（万份） Accumulated Issue of Newspapers and Magazines (10 000 copies)	长途电话（万分钟） Long-distance Calls (10 000 minutes)	移动电话用户（万户） Mobile Telephone Subscribers (10 000 subscribers)	固定互联网络用户（万户） Subscribers of Internet Services (10 000 subscribers)	本地电话年末用户（万户） Subscribers of Local Telephone at Year-end (10 000 subscribers)	其中 of which #城 市电话用户 Urban Telephone Subscribers
1985	8961		32750	477			3.80	3.10
1986	10210		34696	515			4.83	3.42
1987	11755	1	36902	595			5.39	3.93
1988	12432	1	40591	707			6.07	4.58
1989	11609	2	16162	724			6.62	5.17
1990	11544	2	16037	873	0.08		7.25	5.70
1991	11539	3	17540	1227	0.09		8.87	7.15
1992	13618	7	18216	2132	0.15		12.63	10.69
1993	16013	22	18464	3519	0.59		18.53	16.30
1994	16519	40	15491	7022	1.73		29.00	25.39
1995	14633	52	16453	11650	3.62		37.24	32.10
1996	14100	63	15572	18288	9.00	0.03	66.50	56.33
1997	12159	68	28025	23527	19.15	0.20	126.25	108.91
1998	12715	97	30922	23912	40.73	0.76	156.28	123.52
1999	13266	145	33532	22210	79.90	2.49	197.88	148.22
2000	11542	210	31232	23424	160.00	10.00	268.43	186.93
2001	13561	260	27506	22555	245.80	28.60	337.70	221.40
2002	18038	235	27177	23607	424.70	55.60	413.63	262.34
2003	20497	272	25945	23408	619.40	88.65	533.40	343.80
2004	18426	334	19833	26115	811.61	122.16	642.39	425.49
2005	12499	348	22369	27450	943.40	128.66	688.91	456.51
2006	9553	386	22455	27018	1064.60	140.60	725.50	469.07
2007	6579	520	22178	28379	1176.90	169.30	723.13	459.27
2008	5476	1608	23475	233680	1281.70	189.57	688.10	435.10
2009	5218	2240	25281	254955	1440.92	203.80	627.73	397.80
2010	4927	2829	24942	386223	1664.40	263.10	582.70	376.40
2011	6146	4068	31217	582024	1801.19	326.78	571.25	384.54
2012	5706	5498	32440	936647	2069.65	388.07	575.71	409.31
2013	5348	10615	34834	746564	2380.78	505.00	580.33	430.29

注：1）2008年起对长途电话通话时长统计口径作了调整，同时长途电话计量单位改为通话时长计量（万分钟）。1985年-2007年长途电话计量单位为（万次）；
2）2009年起特快专递包括快递公司数据，2008年数据按同口径进行了调整。

Note:a) Since 2008, the data of long-distance calls has been calculated by hold-on time (10 000 min). From 1985 to 2007, the data of long-distance calls is calculated at 10 000 times.
b) Since 2009, the data of express mail services has included the data of express delivery companies and the data of 2008 has been adjusted according to the same scope.

表14.5 交通基础设施和交通运输营运工具（2012－2013年）
TRANSPORT INFRASTRUCTURE AND TRANSPORT MEANS (2012-2013)

指　标	Item	2012	2013
交通基础设施	**Transport Infrastructure**		
公路线路里程（公里）	Length of Highways (km)	120728	122846
按行政等级分	By Administrative Level		
#国　道	National	3157	3157
省　道	Provincial	8153	8565
按技术等级分	By Technical Level		
等级公路	Expressway and Class I-IV Highways	86810	90358
#高速公路	Expressway	1909	2312
一级公路	First Class	579	618
二级公路	Second Class	7608	7669
等外公路	Highways Below Class IV	33918	32488
公路桥梁数量（座）	Number of Highway-bridges (unit)	9819	10153
公路桥梁总延米（延米）	Extended Length of Highway-bridges (extended meter)	620520	700664
铁路营运里程（公里）	Length of Railways in Operation (km)	1452	1680
内河航道里程（公里）	Length of Navigable Inland Waterways (km)	4451	4451
#等级航道	Standard Waterways	1866	1866
与重庆正班通航城市（个）	Number of Navigable Citys from Chongqing (city)	120	130
国　内	Domestic Routes	83	96
国　际（地区）	International (regional) Routes	37	34
交通运输营运工具	**Transport Means**		
公路营运载货汽车（辆）	Business Trucks (unit)	234844	257327
公路营运载客汽车（辆）	Business Buses and Cars(unit)	49728	51733
运输船舶实有数（艘）	Transportation Vessels(unit)	4011	3700
#交通部门	Transportation Department	2411	2379
机动船	Motor Vessels	2330	2309
驳　船	Barges	81	70
重庆机场飞行起降架次（万架次）	Throughput of Civil Aircrafts in Chongqing Airport(10 000 flights)	19.90	21.35

表14.6 民用车辆、船舶拥有量（2012－2013年）

POSSESSION CIVIL MOTOR VEHICLES AND TRANSPORT VESSELS (2012-2013)

指　标	Item	2012	2013
民用车辆拥有量（辆）	**Possession of Civil Motor Vehicles (unit)**	**3898647**	**4076180**
#私人民用车辆拥有量	Private Vehicles	3458210	3615390
#载客汽车	Buses and Cars	1024801	1312873
载货汽车	Trucks	142227	166966
#汽　车	Motor Vehicles	1595725	1929330
载客汽车	Buses and Cars	1254214	1565415
载货汽车	Trucks	315642	344434
其它汽车	Others	25869	19481
摩托车	Motorcycles	2266020	2111131
民用船舶拥有量（艘）	**Possession of Civil Transport Vessels (unit)**	**4011**	**3700**
#私人船舶拥有量	Private Vessels	1600	1321
#机动船	Motor Vessels	1586	1311
#客　船	Passenger Vessels	787	671
货　船	Cargo Vessels	792	633
驳　船	Barges	14	10
#机动船	Motor Vessels	3916	3620
#客　船	Passenger Vessels	1331	1189
货　船	Cargo Vessels	2560	2408
驳　船	Barges	95	80

表14.7 客货运输量、周转量及港口吞吐量（2012－2013年）

PASSENGER AND FREIGHT TRAFFIC, PASSENGER-KILOMETERS AND FREIGHT TON-KILOMETERS AND VOLUME OF FREIGHTS HANDLED IN PORTS (2012-2013)

指　标	Item	2012	2013
客运量总计（万人）	**Total Passenger Traffic (10 000 persons)**	**157800.40**	**171388.36**
铁　路	Railway	3040.33	3251.43
公　路	Highway	152249.00	165445.00
水　路	Waterway	1256.00	1230.00
民　航	Civil Aviation	1255.08	1461.93
旅客周转量总计（亿人公里）	**Total Passenger-kilometers (100 million person-km)**	**755.39**	**843.75**
铁　路	Railway	110.93	119.80
公　路	Highway	470.63	521.62
水　路	Waterway	11.32	10.60
民　航	Civil Aviation	162.52	191.73
货运量总计（万吨）	**Total Freight Traffic (10 000 tons)**	**86398.43**	**97403.63**
铁　路	Railway	2240.52	2336.66
公　路	Highway	71272.00	80695.00
水　路	Waterway	12874.00	14360.00
民　航	Civil Aviation	11.92	11.97
货物周转量总计（亿吨公里）	**Total Freight Ton-kilometers (100 million ton-km)**	**2648.06**	**2999.66**
铁　路	Railway	174.63	175.30
公　路	Highway	731.85	839.82
水　路	Waterway	1739.95	1982.91
民　航	Civil Aviation	1.63	1.63
港口货物吞吐量（万吨）	**Total Cargo Handled at Ports (10 000 tons)**	**12502.40**	**13675.89**
#集装箱	In Which: Containers	894.00	1040.84
进港量	In-port	7670.01	8618.55
出港量	Out-port	4832.39	5057.34
空港吞吐量	**Throughput of Airports**		
旅　客（万人）	Passengers (10 000 persons)	2241.92	2568.64
货　物（万吨）	Cargo (10 000 tons)	27.04	28.20

注：1）2012年将四川航空纳入统计范围，交通运输客运货运量（周转量）同期出现相应变化。
2）2011年起，空港吞吐量包含黔江武陵机场。

Note: a) Sichuan Airline was taken into statistics in 2012, so the data of passenger and freight traffic (turnover) in 2012 is changed.
b) The data of Qianjiang Wuling Airport has been included in the throughput of airports since 2011.

表14.8 主要港口码头泊位数（2012－2013年）
NUMBER OF BERTHS IN MAJOR PORTS (2012-2013)

指　标	Item	2012	2013
码头岸线长度（米）	**Length of Quay Line (m)**	**16655**	**16905**
生产用	For Productive Use	14155	14405
非生产用	For Non-productive Use	2500	2500
泊位个数（个）	**Number of Berths (unit)**	**193**	**195**
生产用	For Productive Use	152	154
非生产用	For Non-productive Use	41	41

表14.9 主要港口码头仓库（2012－2013年）
WAREHOUSES IN MAJOR PORTS (2012-2013)

指　标	Item	2012	2013
年末职工人数（人）	Number of Staff and Workers at Year-end (person)	7786	7281
仓库总面积（平方米）	Total Area of Warehouses (sq.m)	264200	264200
堆场总面积（平方米）	Total Area of Stacking Yard (sq.m)	856269	996269
集装箱吞吐量（吨）	Containers Handled at Ports (ton)	7962004	9469004
国际集装箱	International Containers	3410958	3830421
国内集装箱	Domestic Containers	4551046	5638583
集装箱吞吐量（TEU）	Containers Handled at Ports (TEU)	684322	797297
国际集装箱	International Containers	345034	393927
国内集装箱	Domestic Containers	339288	403370

注：TEU是“折合20英尺标准箱”的英文缩写。
Note: TEU is the abbreviation of " Twenty-foot Equivalent Unit".

表14.10 邮电业务基本情况（2012－2013年）
BASIC CONDITIONS OF POSTAL AND TELECOMMUNICATION SERVICES (2012-2013)

指　标	Item	2012	2013
邮政局（所）数（处）	Number of Postal Offices (unit)	1635	1684
邮电业务总量（万元）	Business Volume of Postal and Telecommunication Services(10 000 yuan)	2771655	3298926
邮　政	Postal Services	312755	391225
电　信	Telecommunication Services	2458900	2907701
函件（万件）	Number of Letters (10 000 pcs)	5706	5348
包件（万件）	Number of Parcels (10 000 pcs)	107	115
特快专递（万件）	Pieces of Express Mail Services (10 000 pcs)	5498	10615
邮政部门报刊累计数（万份）	Accumulated Issue of Newspapers and Magazines (10 000 copies)	32440	34834
集邮业务（万枚）	Stamps for Collection (10000 pcs)	2569	2618
长途电话（万分钟）	Long-distance Calls (10 000 min)	936647	746564
本地固定电话用户（万户）	Number of Fixed Telephone Subscribers at Year-end (10 000 subscribers)	575.71	580.33
城市电话用户	Urban Telephone Subscribers	409.31	430.29
#住宅电话	Householde Fixed Telephone Subscribers	290.07	298.83
乡村电话用户	Rural Telephone Subscribers	166.40	150.03
#住宅电话	Householde Fixed Telephone Subscribers	145.54	129.59
公用电话（万户）	Public Telephones (10 000 subscribers)	31.98	30.51
移动电话年末用户（万户）	Mobile Telephone Subscribers at Year-end (10 000 subscribers)	2069.65	2380.78
固定互联网络用户（万户）	Internet Subscribers (10 000 subscribers)	388.07	505.00

注：邮电业务总量2010年起为2010年不变价口径。
Note: The data of total business volume of postal and telecommunication services in 2010 is calculated at 2010 constant price.

表14.11 快递业务量（1997－2013年）
BUSINESS VOLUME OF EXPRESS SERVICES(1997-2013)

年 份 Year	快 递 (万件) Pieces of Express Mail Services (10 000 pcs)	快递业务收入 (万元) Revenue from Express Service (10 000 yuan)
1997	67.0	2127.0
1998	98.0	3201.0
1999	144.0	4245.0
2000	208.0	7544.0
2001	260.0	10484.0
2002	229.0	6600.0
2003	271.0	8031.0
2004	335.0	7611.0
2005	349.0	8401.0
2006	385.0	11153.0
2007	519.0	13941.0
2008	1651.3	35346.1
2009	2240.0	48879.2
2010	2829.4	60268.1
2011	4068.3	76828.8
2012	5497.9	103426.5
2013	10614.8	136957.5

表14.12 电信主要通信能力（2012－2013年）
MAIN COMMUNICATION CAPACITY OF TELECOMMUNICATIONS (2012-2013)

项　目	Item	2012	2013
长话业务电路（2M）	Capacity of Long-distance Telephone Lines (2M)	496583	587713
固定交换机容量（万门）	Capacity of Local Telephone Exchanges (10 000 lines)	1130	1126
移动用户交换机容量（万户）	Capacity of Mobile Telephone Exchanges (10 000 subscribers)	3715	3810
移动电话基站数（个）	Number of Base Stations of Mobile Telephones (unit)	47177	54454
移动电话信道数（万个）	Number of Signal Channels of Mobile Telephones (10 000 lines)	177	179
短信息中心容量（万条）	Capacity of SMS Center (10 000 messages)	9864	10980
光缆线路长度（万公里）	Length of Long-distance Optical Cable Lines (km)	37	44

注：长话业务电路（2M）口径调整，指标包含原数据通信网长途电路，对2012年及同期数据进行了修正。
Note: The statistic scope of Capacity of Long-distance Telephone Lines (2M) was adjusted, which includes the previous data of Long-distance Lines in Telecommunication Network, and the data in 2012 and the previous year has been adjusted.

表14.13 邮电通信水平（2012－2013年）
POSTAL AND TELECOMMUNICATION SERVICES AVAILABLE (2012-2013)

项　目	Item	2012	2013
平均每一邮政局所服务面积（平方公里）	Average Area Served by Every Post Office (sq.km)	50.40	48.93
平均每一邮政局所服务人口（万人）	Average Population Served by Every Post Office (10 000 persons)	1.80	1.76
平均每百人邮电业务总量（元）	Total Business Volume of Postal and Telecommunication Services per 100 Persons (yuan)	94114	111075
平均每人每年发函件数（件）	Annual Average Number of Letters Mailed Per Capita (piece)	1.94	1.80
平均每人每年自邮政部门订报刊数（份）	Annual Average Number of Newspapers and Magazines Subscribed from Postal Departments Per Capita (piece)	11.02	11.73
平均每百人拥有电话机（含移动）（部）	Number of Telephone Sets (including mobile phones) Owned Per 100 Persons (unit)	89.83	99.70
平均每百人拥有移动电话（部）	Number of Mobile Telephones Owned Per 100 Persons (unit)	70.28	80.16

注：人均指标按年末常住人口计算。
Note: The per capital indicators are calculated upon the permanent population at year-end.

主要统计指标解释

货(客)运量

指在一定时期内，各种运输工具实际运送的货物(旅客)数量。是反映运输业为国民经济和人民生活服务的数量指标，也是制定和检查运输生产计划，研究运输发展规模和速度的重要指标。货运按吨计算，客运按人计算。货物不论运输距离长短或货物类别，均按实际重量统计；旅客不论行程远近或票价多少，均按一人一次作为客运量统计。半价票，小孩票也按一人统计。

货物(旅客)周转量

指在一定时期内，由各种运输工具运送的货物(旅客)数量与其相应运输距离的乘积之总和。是反映运输业生产总成果的重要指标，也是编制和检查运输生产计划，计算运输效率、劳动生产率以及核算运输单位成本的主要基础资料。通常以吨公里和人公里为计算单位。计算货物周转量通常按发出站与到达站之间的最短距离，也就是计费距离计算。计算公式为：

货物(旅客)周转量=Σ货物(旅客)运输量×运输距离

公路里程

指在一定时期内实际达到《公路工程技术标准JTG B01-2003》规定的等级公路，并经公路主管部门正式验收交付使用的公路里程数。包括大中城市的郊区公路以及通过小城镇街道部分的公路里程和公路桥梁长度、隧道长度、渡口宽度等，不包括大中城市的街道、厂矿、林区生产用道和农业生产用道的里程。两条或多条公路共同经由同一路段，只计算一次，不得重复计算里程长度。它是反映公路建设发展规模的重要指标，也是计算运输网密度等指标的基础资料。

内河航道里程

也称内河通航里程，指在一定时期内，能通航运输船舶及排筏的天然河流、湖泊水库、运河及通航渠道的长度。包括全年季节性通航累计三个月以上的航道，不包括仅供零散流放竹、木排的河道。它是反映内河水运网规模、水平和发展情况的主要指标。

民用汽车拥有量

指报告期末，在公安交通管理部门按照《机动车注册登记工作规范》，已注册登记领有民用车辆牌照的全部汽车数量。汽车拥有量统计的主要分类：根据汽车结构分为载客汽车、载货汽车及其他汽车；根据汽车所有者不同分为个人(私人)汽车、单位汽车；根据汽车的使用性质分为营运汽车、非营运汽车和特种汽车；根据汽车大小规格不同载客汽车分为大型、中型、小型和微型，载货汽车分为重型、中型、轻型和微型。

邮电业务总量

指以货币表现的邮电通信企业为社会提供各类邮电通信服务的总数量。邮电业务量按专业分类包括函件、包件、汇票、报刊发行、邮政快件、特快专递、邮政储蓄、集邮、传真、长途电话、出租电路、移动电话、分组交换数据通信、出租代维等。计算方法为各类产品乘以相应的平均单价(不变价)之和，再加上出租电路和设备、代用户维护电话交换机和线路等的服务收入。它综合反映了一定时期邮电业务发展的总成果，是研究邮电业务量构成和发展趋势的重要指标。计算公式为：

邮电业务总量=Σ(各类邮电业务量×不变单价)+出租代维及其他业务收入=邮政业务总量+电信业务总量

本地电话用户

指接入本地电信运营商固定电话网上的电话用户。包括：住宅用户、单位用户、公用电话用户等。按电话用户位置又分为城市电话用户和乡村电话用户。1997年以前，“市内电话用户”是指接入县城及县以上城市的电话网上的电话用户；“农村电话用户”是指接入县邮电局农话台及县以下农村电话交换点，以县城为中心(除市话用户外)联通县、乡

主要统计指标解释

（镇）、行政村、村民小组的用户。从1997年起，电话用户数分组调整为以用户所在区域划分为“城市电话用户”和“乡村电话用户”，与过去的按市内电话和农村电话划分方法不同。而电话用户总数、电话机总部数统计范围不变。

■ 城市电话用户

指直辖市、省辖市、地级市、县级市的市区、市郊区及县城（包括县人民政府所在地的县城关区或行政建制相当于县人民政府所在地的镇）范围内接入局用交换机的电话用户数，包括分布在农村地区的独立工矿区、林区、驻军等接入局用交换机的电话用户数。

■ 乡村电话用户

指县城关区以下的集镇和农村接入局用交换机的电话用户数。

■ 住宅电话用户

指安装在居民住宅或农民家里并按照住宅电话用户登记注册和收费的电话用户。包括私人付费、单位付费和按规定免费的住宅电话用户。

■ 移动电话用户

指通过移动电话交换机进入移动电话网、占用移动电话号码的各类电话用户。包括签约用户和智能网预付费用户。一个移动电话号码统计为一户。

■ 局用交换机容量

是指安装在电信运营企业内用于接续本地固定电话的电话交换机容量、有倍增设备按倍增后的数量计数。包括现用和备用的人工或自动交换机的全部容量。不包括用户交换机容量。

■ 移动电话交换机容量

指移动电话交换机根据一定话务模型和交换机处理能力计算出来的最大同时服务用户的数量。

Explanatory Notes on Main Statistical Indicators

□ Freight (Passenger) Traffic

Refers to the volume of freight (passenger) transported with various means. Freight transport is calculated in tons and passenger traffic is calculated in the number of persons. Despite the type of freight and traveling distance, the freight transport is calculated in the actual weight of the goods; and despite the traveling distance and ticket price, the passenger traffic is calculated by the principle that one person can be counted only once in one travel. The passenger who travels with a half-price ticket or a child ticket is also calculated as one person. The freight (passenger) traffic provides a quantitative measure to show how the transport industry serves the national economy and people, and is also an important indicator for planning the transport industry and for studying the development scale and speed of the transport industry.

□ Freight Ton-kilometers (Passenger-kilometers)

Refer to the sum of the products of the volume of transported cargo (passengers) multiplying by the transport distance. It is an important indicator to reflect the achievement of transportation industry. Normally, the shortest distance between the departure station and the destination station (i.e., the payable distance) is the basis to calculate the freight ton-kilometers. This is an important indicator to show the total results of the transport industry, to prepare and examine the transport plan and to measure the efficiency, the labour productivity and the unit cost of transport. The formula is as follows:

Freight Ton-kilometers (Passenger-Kilometers) = ∑ [Freight (Passenger) Traffic × Distance of Transportation]

□ Length of Highways

Refers to the length of highways which are built in conformity with the grades specified by the highway engineering standard formulated by the Ministry of Communications, and have been formally checked and accepted by the departments of highways and put into use. The length of highways includes that of the suburb highways at large and medium-sized cities, highways passing through streets at small cities and towns, and also the length of bridge and ferries. It does not include the length of streets in big and medium-sized cities and highways built for the production purpose at factories, mines, forest areas and agricultural areas. If two more highways go the same section of the way, the length of the section is only calculated for once and no duplication is allowed. The length of highways is an important indicator to show the development of the highway construction and to provide essential information to calculate the transport network density.

□ Length of Navigable Inland Waterways

An indicator reflecting the size and development of inland water network, it refers to the length of the natural rivers, lakes, reservoirs, canals, and ditches open to navigation during a given period, which enables the transport by ships and rafts. It includes the channels open to navigation for over an accumulative 3 months in a year, yet this does not include the river courses which are only used to float odd logs and bamboo rafts.

□ Possession of Civil Motor Vehicles

Refer to the total numbers of vehicles that are registered and received vehicles' license tags according to the Work Standard for Motor Vehicles Registration formulated by transport management office under department of public security at the end of reference period. They are divided into following categories according to the structure of motor vehicles: passenger vehicles, trucks and others; and private vehicles and vehicles for units use according to ownerships; working vehicles, non-working vehicles and special motor vehicles according to kind of usage; large passenger vehicles, medium passenger vehicles and small passenger vehicles, heavy trucks, light-heavy trucks and light trucks according to sizes of vehicles.

□ Business Volume of Postal and Telecommunication Services

Refers to the total amount of post and telecommunications services, expressed in value terms, provided by the post and telecommunications departments for the society. Postal and telecommunication services can be classified as letters, parcels, remittance, issue of newspapers and magazines, fast mail service, express mail service, saving deposits, stamps for collection, public and individual telegraph service, facsimiles, long-distance

EXPLANATORY NOTES TO MAJOR STATISTICAL INDICATORS

telephone service, leasing of telephone lines, urban paging service, mobile telephone service, data transfer and transmission, etc.. The accounting approach is to multiply the service products of all types with their average unit price (constant price) to get sum of business value, plus income from other services such as leasing of telephone lines and equipment, maintenance of telephone switchboards and lines on behalf of customers. This indicator reflects the overall results of post and telecommunications service during a given period, and is important to study the composition of business service and the development of post and telecommunications service. The formula is as follows:

Business Volume of Postal and Telecommunication Services = ∑ (Transaction of Post and Telecommunication Services × Constant Price) + Income from Leasing, Maintenance and other Services = Business Volume of Postal Services + Business Volume of Telecommunication Services

□ Local Telephone Subscribers

Refer to subscribers that are connected to the local telecommunication service provider through fix line network, including household subscribers, institutional subscribers and public telephones. They are also classified as city subscribers and rural subscribers according to locations. Before 1997, city subscribers referred to those connected to city telephone networks in county towns and cities, while village subscribers referred to those connected to village telephone stations at and below counties. Since 1997, the classification of telephone subscribers was modified on the basis of physical location of the subscribers as urban telephone subscribers and rural telephone subscribers, which is different from the previous classification of categorizing local telephones and rural telephones, while the definition of total subscribers and total number of telephones remain unchanged.

□ Urban Telephone Subscribers

Refer to subscribers telephone subscribers, located at municipalities, cities under the jurisdiction of province, cities at prefectural level, downtown and suburb of city at county level town and county towns (including country towns where county government located, and towns of county level according to the administrative organizational system), that are connected to the public line telephone network, including rural mineral area, forest area, military area.

□ Rural Telephone Subscribers

Refer to telephone subscribers, located at counties (towns) and villages outside the range of cities according to administrative jurisdiction.

□ Household Telephone Subscribers

Refer to telephone sets installed in resident dwellings, including those with telephone charges paid by individuals, by public units and free of charge.

□ Mobile Telephone Subscribers

Refer to the persons who own mobile telephone numbers and are connected with the mobile telephone communication network through the mobile telephone switchboards, including contracted subscribers and pre-paid subscribers for intelligent network. One mobile telephone is taken as a subscriber.

□ Capacity of Office Telephone Exchanges

Refers to the capacity (measured in gate) of telephone exchanges installed in the offices of telecommunication service providers for communication between fixed telephones. It includes the capacity of both manual and automatic exchanges in use and for stand-by purpose, excluding the capacity of subscribers exchanges.

□ Capacity of Mobile Telephone Exchanges

Refers to the capacity of the maximum services provided to subscribers at one time basing on a certain model and transacting capacity of the mobile telephone exchanges.

第15章

国内贸易

DOMESTIC TRADE

简要说明
BRIEF INTRODUCTION

本章主要内容有社会消费品零售总额，批发和零售业商品销售总额，限额以上批发零售和住宿餐饮业企业财务状况、限额以上住宿业和限额以上餐饮业基本经营情况，以及限额以上批发和零售业、住宿和餐饮业连锁经营情况。本章资料由市统计局贸易外经处提供。

The data in this chapter cover the total sales of the consumer goods, total sales of wholesale and retail trade, the financial indicators of wholesale and retail, hotel and catering enterprises above designated size, the operation of hotels and the enterprises in catering trade above designated size, and the operation of chain enterprises above designated size in wholesale, retail, hotel and catering trade. All the data in this chapter are provided by Division of Trade and External Economic Relations Statistics, Municipal Bureau of Statistics.

表15.1 社会消费品零售总额（1949－2013年）

TOTAL RETAIL SALES OF CONSUMER GOODS (1949-2013)

单位：万元 (10 000 yuan)

年份 Year	社会消费品零售总额 Total Retail Sales of Consumer Goods	其中 of which				
		国有经济 State-owned	集体经济 Collective-owned	个体及私营经济 Self-employed Individual and Private	外资及港澳台经济 Funded by Hong Kong,Macao, Taiwan & Foreign Entrepreneurs	其他 Others
1949	46167					
1950	50695					
1951	55644					
1952	61973	19332	9941	32009		691
1953	77007	28033	13017	34889		1068
1954	83302	38415	19862	23381		1644
1955	84015	37910	18769	25264		2072
1956	98852	50892	39094	4648		4218
1957	108061	55533	43171	4458		4899
1958	119981	72248	40787	2705		4241
1959	141591	106899	26508	3006		5178
1960	156655	116749	28958	7877		3071
1961	133022	101961	20412	8403		2246
1962	124248	87477	27335	6987		2449
1963	112094	74490	31651	3913		2040
1964	122995	85845	32817	2405		1928
1965	134722	94009	35935	2318		2460
1966	147697	103011	38259	3585		2842
1967	155358	110170	40829	1502		2857
1968	132702	91591	37960	535		2616
1969	152531	110384	38638	638		2871
1970	163612	118044	40460	2120		2988
1971	172626	124688	42034	2739		3165
1972	191113	135637	45994	5863		3619
1973	195825	141100	48694	2376		3655
1974	197474	140839	50050	2682		3903
1975	217537	148811	53318	11876		3532
1976	218022	111129	95330	8200		3363
1977	233979	118830	102849	8402		3898
1978	250188	126981	112537	6599		4071

表15.1 续表 continued

单位：万元 (10 000 yuan)

年 份 Year	社会消费品零售总额 Total Retail Sales of Consumer Goods	其 中 of which				
		国有经济 State-owned	集体经济 Collective -owned	个体及私营经济 Self-employed Individual and Private	外资及港澳台经济 Funded by Hong Kong,Macao, Taiwan & Foreign Entrepreneurs	其 他 Others
1979	301563	156918	130798	8043		5804
1980	366349	178516	162400	17649		7784
1981	405952	193060	180443	24020		8429
1982	431269	201845	188198	30649		10577
1983	466704	212294	190909	53632		9869
1984	538909	229611	202957	93137		13204
1985	690779	256981	261103	155266		17429
1986	780787	290656	260816	207041		22274
1987	926227	343448	302177	253031		27571
1988	1191747	430347	372593	350032		38775
1989	1332450	445314	380342	344338		162456
1990	1371244	464257	370361	352587		184039
1991	1569138	524150	448634	359098		237256
1992	2031140	661857	554059	494300		320924
1993	2573768	933913	704291	492283	2372	440909
1994	3343325	1079062	664616	880747	3166	715734
1995	4161295	1004126	752266	1223620	23727	1157556
1996	4986299	1106800	792017	1550975	25224	1511283
1997	5681890	1137394	853410	1529836	34914	2126336
1998	6193991	1029384	710562	2103320	82477	2268248
1999	6670104	1129936	643832	2562478	115128	2218730
2000	7199508	1075849	675284	2855855	163455	2429065
2001	7823114	1190283	634269	3243281	205648	2549633
2002	8535962	1166478	544491	3717999	208733	2898261
2003	9346711	1117167	406950	4449249	221716	3151629
2004	10683290	864210	201479	7404246	210630	2002725
2005	12278119	1062661	210209	8242314	266333	2496602
2006	14315133	1741735	235363	9545634	345925	2446476
2007	17111165	1446490	254185	11391396	523912	3495182
2008	21471209	1215973	366449	13829885	751017	5307885
2009	24790110	1113998	310118	16949474	1807967	4608553
2010	29386000	1881433	435520	18017116	835625	8216306
2011	34878070	3150573	480803	21006935	2756570	7483189
2012	40337046	3238729	493929	22500985	3201223	10902180
2013	45997683	2324383	498171	29648385	1686208	11840536

表15.2 社会消费品零售总额（2012－2013年）
TOTAL RETAIL SALES OF CONSUMER GOODS (2012-2013)

单位：万元 (10 000 yuan)

指　标	Item	2012	2013
总　计	**Total**	**40337046**	**45997683**
按销售单位所在地分	**By Location**		
城　镇	City	38379803	43750520
#城　区	County	27011715	30817340
乡　村	Under County Level	1957243	2247163
按登记注册类型分	**By Type of Registration**		
国有经济	State-owned	3238729	2324383
集体经济	Collective-owned	493929	498171
个体及私营经济	Individual and Private	22500985	29648385
外资及港澳台经济	Funded by Hong Kong, Macao, Taiwan & Foreign Entrepreneurs	3201223	1686208
其他经济	Others	10902180	11840536
按行业分	**By Sector**		
批发和零售业	Wholesale and Retail Services	33609346	38441934
住宿和餐饮业	Catering Trade	6002595	6675749
其他行业	Others	725105	880000

表15.3 限额以上住宿和餐饮业法人企业基本经营情况（2012－2013年）
BASIC CONDITIONS OF ENTERPRISES ABOVE DESIGNATED SIZE IN HOTELS AND CATERING SERVICES (2012-2013)

单位：万元 (10 000 yuan)

指　标	Item	2012	2013
营业额	Business Revenue	2125980	2326820
客房收入	From Hotel Rooms	351948	402526
餐费收入	From Meals	1612203	1748170
商品销售收入	From Commodities	86784	87556
其他收入	Other Income	75045	88568
住宿餐饮设施	Infrastructure of Hotels and Catering Services		
床位数（个）	Number of Beds (unit)	89816	93071
餐位数（位）	Number of Catering Seats (unit)	673272	738094

表15.4 批发和零售业商品销售总额（2013年）
TOTAL SALES OF ENTERPRISES IN WHOLESALE AND RETAIL TRADE (2013)

单位：万元 (10 000 yuan)

指　标	Item	销售总额 Total Sales	其 中 of which 批 发 Wholesale	零 售 Retail
总　计	**Total**	**142824523**	**104382590**	**38441933**
限额以上批发和零售法人企业	**Enterprises above Designated Size in Wholesales and Retail Trade**	**95214370**	**67202323**	**28012047**
按登记注册类型分	**By Type Registration**			
内资企业	Domestic-funded Enterprises	86563371	60000763	26562608
国有企业	State-owned Enterprises	8639182	7444393	1194789
集体企业	Collective-owned Enterprises	725355	657235	68120
股份合作企业	Cooperative Enterprises	585910	513843	72067
联营企业	Joint-owned Enterprises	15083		15083
有限责任公司	Limited-liability Companies	45623622	34351751	11271871
股份有限公司	Share Holding Corporation Ltd.	9630618	3818446	5812172
私营企业	Private Enterprises	20905572	12975626	7929946
其他企业	Other Enterprises	438029	239468	198561
港澳台商投资企业	Enterprises Funded by Hong Kong, Macao and Taiwan	7013940	6325457	688483
外商投资企业	Foreign-funded Enterprises	1637059	876102	760957
按行业分	**By Sector**			
农、林、牧产品批发业	Wholesale of Farm, Forestry and Animal Husbandry Products	634514	548219	86295
食品、饮料及烟草制品批发业	Wholesale of Food, Beverages and Tobaccos	10563385	10048103	515282
纺织、服装及家电用品批发业	Wholesale of Textiles, Garments and Household Electric Appliances	14200491	13859166	341325
文化、体育用品及器材批发业	Wholesale of Culture, Sports Appliances and Equipment	736068	722433	13635
医药及医疗器材批发业	Wholesale of Medicines and Medical Appliances	4964900	3662349	1302551
矿产品、建材及化工产品批发业	Wholesale of Mineral Products, Building Materials and Chemical Products	28487031	25965541	2521490
机械设备、五金交电及电子产品批发业	Wholesale of Machinery, Hardware and Electronic Products	7839322	7463006	376316
贸易经纪与代理业	Trade Broker and Agency	1390	1390	
其他批发业	Other Wholesale not Classified Elsewhere	1604006	1503910	100096
综合零售业	Retail Trade	7225432	496499	6728933
食品、饮料及烟草制品专门零售业	Special Retail of Food, Beverages and Tobaccos	878192	157130	721062
纺织、服装及日用品专门零售业	Special Retail of Textiles, Garments and Daily Consumer Articles	773141	31415	741726
文化、体育用品及器材专门零售业	Retail of Culture, Sports Appliances and Equipment	1142781	551806	590975
医药及医疗器材专门零售业	Retail of Medicines and Medical Appliances	1127350	339787	787563
汽车、摩托车、燃料及零配件专门零售业	Retail of Motor Vehicles, Motorcycles, Fuel and Parts	10406651	1101719	9304932
家用电器及电子产品专门零售业	Special Retail of Household Electric Appliances and Electronic Products	2247994	157034	2090960
五金、家具及室内装修材料专门零售业	Special Retail of Hardware, Furniture and Decoration Materials	2049940	577144	1472796
货摊、无店铺及其他零售业	Stalls, Non-shop and Other Retails	331781	15673	316108

表15.5 限额以上批发和零售业主要商品分类销售额（2012－2013年）

SALES OF MAIN COMMODITIES OF THE ENTERPRISES ABOVE DESIGNATED SIZE IN WHOLESALE AND RETAIL TRADE BY CATEGORY (2012-2013)

单位：亿元 (100 million yuan)

指标	Item	销售额 Total Sales		其中 of which			
				批发 Wholesale		零售 Retail	
		2012	2013	2012	2013	2012	2013
总计	**Total**	**9400.33**	**9722.84**	**6377.02**	**6613.34**	**3023.31**	**3109.50**
粮油、食品、饮料、烟酒类	Grain and Oil, Food, Beverages, Tobacco and Liquor	1385.19	1620.62	922.91	1138.67	462.28	481.95
肉禽蛋类	Meat, Poultry and Eggs	78.66	75.70	31.45	31.80	47.21	43.90
其他食品类	Other Food	666.08	800.39	337.89	459.86	328.19	340.53
饮料类	Beverages	44.33	50.69	13.17	16.57	31.16	34.12
烟酒类	Tobacco and Liquor	596.12	693.84	540.40	630.44	55.72	63.40
服装鞋帽、针、纺织品类	Clothing, Shoes, Hats and Textiles	330.83	345.27	35.52	32.92	295.32	312.35
服装类	Clothing	248.37	257.80	18.62	15.13	229.75	242.67
鞋帽类	Shoes and Hats	45.01	49.87	1.41	2.44	43.60	47.43
针、纺织品类	Knitwear and Textiles	37.46	37.60	15.49	15.36	21.97	22.24
化妆品类	Cosmetics	32.33	49.56	4.67	18.18	27.66	31.38
金银珠宝类	Gold, Silver and Jewelry	74.84	111.61	31.85	61.07	42.99	50.54
日用品类	Articles for Daily Use	151.25	165.47	34.58	33.45	116.67	132.02
#洗涤用品类	Washing Articles	47.98	49.55	9.67	7.54	38.30	42.01
儿童玩具类	Children Toys	4.72	5.06	1.02	0.78	3.70	4.28
五金、电料类	Hardware and Electrical Materials	65.15	47.54	24.07	20.12	41.08	27.42
体育、娱乐用品类	Sports and Recreation Articles	7.82	11.55	0.63	2.33	7.19	9.22
书报杂志类	Newspapers and Magazines	36.51	34.48	18.99	17.85	17.52	16.63
电子出版物及音像制品类	E-journal and Video Products	3.61	3.95	1.20	1.28	2.41	2.67
家用电器和音像器材类	Household Appliances and Video Appliances	1353.65	1536.23	1129.16	1277.77	224.50	258.46
中西药品类	Traditional Chinese and Western Medicines	435.73	541.11	273.13	331.97	162.60	209.14
#西药	Western Medicines	336.74	419.36	213.51	263.61	123.23	155.75
中草药及中成药	Traditional Chinese Medicines	68.27	74.12	44.88	43.17	23.39	30.95
文化办公用品类	Cultural and Office Articles	938.56	92.80	753.59	20.68	184.97	72.12
家具类	Furniture	192.09	185.28	43.99	50.26	148.10	135.02
通讯器材类	Communication Appliances	121.47	121.06	75.73	70.61	45.74	50.45
煤炭及制品类	Coal and Related Products	278.44	335.40	267.29	322.91	11.15	12.49
木材及制品类	Wood and Wooden Products	36.03	13.20	36.03	13.20		
石油及制品类	Petroleum and Related Products	746.51	955.34	443.96	621.32	302.56	334.02
化工材料及制品类	Chemical Materials and Related Products	380.23	458.45	380.23	458.45		
#化肥类	Fertilizer	172.83	205.48	172.83	205.48		
金属材料类	Metal Materials	880.48	1055.13	880.48	1055.13		
建筑及装潢材料类	Building and Decoration Materials	315.46	270.00	173.88	154.05	141.58	115.95
机电产品设备类	Mechanical and Electrical Products	278.05	299.53	228.17	242.72	49.87	56.81
#农机类	Agricultural Machinery	9.79	11.17	9.79	11.17		
汽车类	Automobiles	1047.06	1104.99	388.41	393.98	658.65	711.01
种子饲料类	Seed and Feedstuff	8.21	10.31	8.21	10.31		
棉麻类	Cotton, Hemp	11.59	9.01	10.74	8.31	0.84	0.70
其他类	Others	289.24	344.96	209.59	255.79	79.64	89.17

表15.6 限额以上批发业法人企业财务状况（2013年）
FINANCIAL INDICATORS OF WHOLESALE ENTERPRISES ABOVE DESIGNATED SIZE (2013)

指　标	Item	法人企业数（个）Number of Enterprises (unit)	流动资产合计 Total Circulating Assets	固定资产合计 Total Fixed Assets
总　计	**Total**	**2097**	**20207943**	**1515936**
#国有控股	State Holding	247	7199598	763886
按批发行业小类分	**By Wholesale Sector**			
农、林、牧产品批发	Wholesale of Farm, Forestry and Animal Husbandry Products	55	124002	42883
谷物、豆及薯类批发	Wholesale of Cereal, Bean and Tuber	18	55715	23555
种子批发	Wholesale of Seeds	7	17483	4338
饲料批发	Wholesale of Feedstuff	8	2505	2641
棉、麻批发	Wholesale of Cotton and Fiber Crops	3	22640	4868
林业产品批发	Wholesale of Forestry Products	7	18323	1447
牲畜批发	Wholesale of Livestocks	5	2910	3164
其他农牧产品批发	Wholesale of Other Farm Produce and Livestock Products	7	4426	2869
食品、饮料及烟草制品批发	Wholesale of Food, Beverages and Tobaccos	308	3001712	435827
米、面制品及食用油批发	Wholesale of Rice, Flour and Edible Oil	69	1277305	155078
糕点、糖果及糖批发	Wholesale of Cake, Candy and Sugar	12	37960	5933
果品、蔬菜批发	Wholesale of Fruits and Vegetables	50	32707	18314
肉、禽、蛋、奶及水产品批发	Wholesale of Meat, Poultry, Eggs and Aquatic Products	23	34625	24876
盐及调味品批发	Wholesale of Salts and Condiments	9	175900	23850
营养和保健品批发	Wholesale of Nutraceutical Products	5	12778	2314
酒、饮料及茶叶批发	Wholesale of Liqor, Beverages and Tea	74	183244	20269
烟草制品批发	Wholesale of Tobaccos	39	1187752	176819
其他食品批发	Wholesale of other Food	27	59442	8374
纺织、服装及家庭用品批发	Wholesale of Textiles, Garments and Household Articles	107	2625976	21808
纺织品、针织品及原料批发	Wholesale of Textiles, Knitwear and Raw Materials	14	94527	1969
服装批发	Wholesale of Garments	13	73402	6395
鞋帽批发	Wholesale of Shoes and Hats	1	780	
化妆品及卫生用品批发	Wholesale of Cosmetics and Sanitary Articles	12	109426	2477
厨房、卫生间用具及日用杂货批发	Wholesale of Kitchen Utensils, Toilet Ware and Daily Consumer Articles Sundry Goods	9	22525	907
灯具、装饰物品批发	Wholesale of Light Fittings and Decorative Articles	3	18181	620
家用电器批发	Wholesale of Household Electric Appliances	43	2168344	6654
其他家庭用品批发	Wholesale of Other Household Articles	12	138791	2786
文化、体育用品及器材批发	Wholesale of Cultural and Sports Articles and Equipment	30	456304	17140
文具用品批发	Wholesale of Cultural Articles	3	10068	70
体育用品及器材批发	Wholesale of Sports Articles	2	30400	257
图书批发	Wholesale of Books	3	37168	485
报刊批发	Wholesale of Newspapers and Magazines	1	13439	269
音像制品及电子出版物批发	Wholesale of E-journals and Video Products			
首饰、工艺品及收藏品批发	Wholesale of Jewelry, Handicrafts and Collections	15	349111	14377
其他文化用品批发	Wholesale of Other Cultural Goods	6	16118	1682
医药及医疗器材批发	Wholesale of Medicines and Medical Appliances	211	1921064	108461
西药批发	Wholesale of Western Medicines	163	1538197	95955
中药批发	Wholesale of Traditional Chinese Medicines	22	85969	5845
医疗用品及器材批发	Wholesale of Medical Articles and Appliances	26	296898	6661
矿产品、建材及化工产品批发	Wholesale of Mineral Products, Building Materials and Chemical Products	973	8940362	765299
煤炭及制品批发	Wholesale of Coal and Related Products	206	1357933	115469
石油及制品批发	Wholesale of Petroleum and Related Products	94	1415009	395480
非金属矿及制品批发	Wholesale of Nonmetal Mineral and Related Products	10	53156	5389
金属及金属矿批发	Wholesale of Metal and Metal Mineral	216	2756604	116632
建材批发	Wholesale of Building Materials	233	2012894	66020
化肥批发	Wholesale of Fertilizers	79	473701	26193
农药批发	Wholesale of Pesticides	1	784	1184
农用薄膜批发	Wholesale of Films for Agriculture	4	7937	161

单位：万元(10 000 yuan)

累计折旧 Total Depreciation	其 中 of which 本年折旧 Depreciation in This Year	资产总计 Total Assets	负债合计 Total Liabilities	实收资本 Paid-in Capital	主营业务收入 Revenue of Principal Business	主营业务成本 Cost of Principal Business	主营业务税金及附加 Taxes and Extra Charges on Principal Business
765630	**136457**	**24011794**	**17764097**	**2643355**	**63789749**	**58444785**	**519546**
498887	70545	9149966	5951078	1057074	24244092	22006917	306763
21015	4086	224134	109708	47216	530900	475025	3425
15951	3122	123219	55139	16290	284554	259551	796
1135	280	26510	10451	11596	22383	17173	866
312	155	8015	3457	3760	28452	24466	883
1421	128	30044	23643	2254	92510	87795	34
802	166	20643	12486	7108	45873	38472	144
304	87	6562	1945	1510	18898	14640	294
1090	149	9141	2589	4699	38229	32927	409
282408	35845	3943476	2183971	277802	9962244	8338301	305892
62956	6729	1640706	1166322	75991	2465785	2325400	6270
1503	639	47529	42495	3049	127798	118855	482
3683	1569	66528	31752	24413	311145	246883	3183
5312	1392	82333	24896	30177	259421	218683	2298
11391	1662	286580	176681	56109	323341	283742	486
666	168	15560	13279	1619	40660	37236	197
8357	2176	210542	171554	16751	572928	491469	5641
186700	21140	1524743	511789	59535	5604908	4393437	285935
1842	371	68956	45204	10158	256258	222597	1402
13786	5452	2725344	2606143	63528	12288627	11341215	16701
657	331	97732	75714	16873	306974	290807	250
3981	2923	91662	72107	11311	386834	262740	1963
		991	451	270	1217	1125	
1642	252	135790	105246	9260	266675	205622	1412
602	134	27241	24393	3253	37122	30210	378
100	41	18869	13082	645	59036	51399	2013
5741	1378	2209245	2188888	16989	11078970	10368924	10510
1063	395	143815	126261	4927	151800	130387	175
9311	2780	484388	327399	73958	682805	588539	2354
66	18	10362	7163	3150	24165	21492	109
167	46	31025	31491	163	15569	13345	143
391	121	41295	29669	10200	32147	19626	148
432	89	14734	10724	2000	3819	8001	1106
7731	2384	368972	235254	55977	559482	485892	784
524	123	18001	13098	2468	47624	40185	64
43031	9815	2336189	1632159	222374	4438035	4103348	9450
36463	6926	1826156	1406195	178308	3659405	3429616	7053
2541	1592	95663	69237	20786	386193	335803	767
4027	1297	414371	156726	23281	392438	337929	1630
343475	65445	10715925	8243690	1359508	26974152	25600940	90522
37306	8923	1643003	1304529	225559	3909710	3595575	24486
225390	34939	2182709	1271114	539881	6919866	6523045	16718
1193	363	61448	45298	9542	188361	181877	224
31279	9007	3100022	2406961	280482	6820813	6624533	9112
17697	5252	2198077	1971986	174431	4004248	3792312	21386
15300	2753	564431	447979	49994	1760915	1659382	12483
28	26	2069	565	336	14917	14085	
60	2	8158	6559	750	16914	12820	29

表15.6 续表1 continued1

指　标	Item	法人企业数（个） Number of Enterprises (unit)	流动资产合计 Total Circulating Assets	固定资产合计 Total Fixed Assets
其他化工产品批发	Wholesale of Other Chemical Products	130	862345	38771
机械设备、五金产品及电子产品批发	Wholesale of Machinery, Hardware and Electronic Products	302	2791803	97387
农业机械批发	Wholesale of Agricultural Machinery	20	38723	5850
汽车批发	Wholesale of Automobiles	90	789775	38396
汽车零配件批发	Wholesale of Automobile Fittings	26	235071	5171
摩托车及零配件批发	Wholesale of Motorcycle and Fittings	46	604535	13351
五金产品批发	Wholesale of Hardware	23	38784	3283
电气设备批发	Wholesale of Electric Equipment	11	33295	3322
计算机、软件及辅助设备批发	Wholesale of Computers, Software and Assistant Equipment	7	600785	8173
通讯及广播电视设备批发	Wholesale of Communication, Broadcast and TV Equipment	9	38093	5535
其他机械设备及电子产品批发	Wholesale of Other Machinery and Electronic Products	70	412740	14307
贸易经纪与代理	Trade Broker and Agency	1	182	
贸易代理	Trade Agency	1	182	
拍　卖	Auction			
其他贸易经纪与代理	Other Trade Broker and Agency			
其他批发业	Other Wholesales	110	346538	27131
再生物资回收与批发	Wholesale of Recycled Materials	90	245375	24076
其他未列明批发业	Other Wholesale not Classified Elsewhere	20	101163	3056
按登记注册类型分	**By Type of Registration**			
内资企业	Domestic-funded Enterprises	2074	18934991	1493025
国有企业	State-owned Enterprises	74	1612874	236040
集体企业	Collective-owned Enterprises	16	154876	3397
股份合作企业	Cooperative Enterprises	11	223787	9521
联营企业	Joint-owned Enterprises			
国有联营企业	State Joint-owned Enterprises			
集体联营企业	Collective Joint-owned Enterprises			
国有与集体联营企业	State-Collective Joint-owned Enterprises			
其他联营企业	Other Joint-owned Enterprises			
有限责任公司	Limited Liability Corporations	916	11239260	509540
国有独资公司	Solely State-owned Corporations	55	2502378	94203
其他有限责任公司	Other Limited Liability Corporations	861	8736881	415337
股份有限公司	Share-holding Corporations Ltd.	74	1160489	315142
私营企业	Private Enterprises	952	4505384	412156
私营独资企业	Private-funded Enterprises	32	37744	5412
私营合伙企业	Private Partnership Enterprises	9	7966	1173
私营有限责任公司	Private Limited Liability Corporations	883	4375300	396726
私营股份有限公司	Private Share-holding Corporatinos Ltd.	28	84375	8844
其他企业	Other Enterprises	31	38321	7229
港、澳、台商投资企业	Enterprises with Funds from Hong Kong, Macao and Taiwan	10	841105	2314
与港澳台商合资经营企业	Joint-venture Enterprises	2	71826	286
与港澳台商合作经营企业	Cooperative Enterprises			
港澳台商独资企业	Enterprises with Sole Fund	6	760369	1657
港澳台商投资股份有限公司	Share-holding Corporations Ltd.	2	8909	371
其他港澳台投资企业	Other Enterprises with Funds from Hong Kong, Macao and Taiwan			
外商投资企业	Foreign-funded Enterprises	13	431847	20598
中外合资经营企业	Joint-venture Enterprises	4	104682	9723
中外合作经营企业	Cooperative Enterprises			
外资企业	Enterprises with Sole Fund	7	325825	10817
外商投资股份有限公司	Share-holding Corporations Ltd.	1	30	31
其他外商投资企业	Other Foreign-funded Enterprises	1	1310	27

单位：万元(10 000 yuan)

累计折旧 Total Depreciation	其中 of which 本年折旧 Depreciation in This Year	资产总计 Total Assets	负债合计 Total Liabilities	实收资本 Paid-in Capital	主营业务收入 Revenue of Principal Business	主营业务成本 Cost of Principal Business	主营业务税金及附加 Taxes and Extra Charges on Principal Business
15222	4179	956008	788700	78533	3338408	3197311	6086
38205	8937	3154207	2388507	489597	7297141	6664816	70745
2057	561	52228	32318	6079	119557	100199	1356
9230	2743	952009	778914	111642	1625813	1365653	45915
2249	743	242802	194259	17070	858479	778972	1343
8844	1798	674459	580061	95023	1629131	1517167	8509
1472	430	44689	20257	15925	162747	144306	3746
2722	224	44680	34209	10441	73293	68196	363
1024	380	638582	368761	180904	1376390	1325560	1555
1371	193	49685	26666	7384	40276	35988	132
9237	1865	455075	353062	45129	1411455	1328775	7826
		182	18	163	2168	1622	98
		182	18	163	2168	1622	98
14398	4098	427950	272502	109209	1613677	1330979	20360
12038	3381	315748	180153	100885	1154485	996875	18988
2360	717	112202	92350	8325	459192	334104	1372
757503	132913	22651128	16748480	2514241	57185798	52221680	513608
216348	27128	2130657	945635	131624	7136726	5857766	287182
4523	802	169271	144536	7376	590729	569934	2925
8366	1594	241720	222143	7192	462668	427560	2828
212445	46148	12882434	10403754	1278254	32493971	30247486	123247
63192	9687	2990494	2350671	211050	6893663	6547088	10239
149254	36462	9891940	8053083	1067204	25600308	23700399	113008
173232	25674	1831730	894036	409956	4064266	3733515	15164
140958	31095	5345371	4111121	671534	12219900	11191192	79628
1332	606	44313	39318	7111	172323	147245	2335
307	98	10366	7108	2690	54314	48785	395
135862	29478	5184028	3991811	640599	11713054	10750641	73220
3458	912	106664	72883	21135	280210	244521	3677
1631	472	49946	27256	8306	217538	194227	2635
1497	243	859012	677598	42167	5578776	5295971	5170
329	12	72357	25696	14130	84709	82969	158
1155	219	777365	651582	18996	5375841	5101446	4991
13	12	9290	320	9041	118226	111556	21
6630	3301	501654	338019	86947	1025175	927134	768
2145	2037	137888	94516	30268	312706	281543	249
4405	1246	362090	242433	56161	687460	624225	516
19	19	339		307	3232	1799	
61		1337	1071	210	21776	19567	3

表15.6 续表2 continued2

指　标	Item	其他业务利润 Profits from Other Business	销售费用 Selling Expense	管理费用 Overhead
总　计	**Total**	**125270**	**1766071**	**853922**
#国有控股	State Holding	32506	424001	440746
按批发行业小类分	**By Wholesale Sector**			
农、林、牧产品批发	Wholesale of Farm, Forestry and Animal Husbandry Products	211	9045	10266
谷物、豆及薯类批发	Wholesale of Cereal, Bean and Tuber	117	3491	5149
种子批发	Wholesale of Seeds	4	786	817
饲料批发	Wholesale of Feedstuff	90	740	621
棉、麻批发	Wholesale of Cotton and Fiber Crops		1059	1233
林业产品批发	Wholesale of Forestry Products	1	1215	792
牲畜批发	Wholesale of Livestocks		689	475
其他农牧产品批发	Wholesale of Other Farm Produce and Livestock Products		1066	1179
食品、饮料及烟草制品批发	Wholesale of Food, Beverages and Tobaccos	22864	254433	358519
米、面制品及食用油批发	Wholesale of Rice, Flour and Edible Oil	4300	32891	24034
糕点、糖果及糖批发	Wholesale of Cake, Candy and Sugar	2607	5592	3476
果品、蔬菜批发	Wholesale of Fruits and Vegetables	38	22857	5696
肉、禽、蛋、奶及水产品批发	Wholesale of Meat, Poultry, Eggs and Aquatic Products	1118	6544	4688
盐及调味品批发	Wholesale of Salts and Condiments	4801	13378	11123
营养和保健品批发	Wholesale of Nutraceutical Products	43	1489	940
酒、饮料及茶叶批发	Wholesale of Liqor, Beverages and Tea	4184	27841	12255
烟草制品批发	Wholesale of Tobaccos	4517	126941	292969
其他食品批发	Wholesale of other Food	1257	16900	3338
纺织、服装及家庭用品批发	Wholesale of Textiles, Garments and Household Articles	1746	672782	71546
纺织品、针织品及原料批发	Wholesale of Textiles, Knitwear and Raw Materials	20	2699	3015
服装批发	Wholesale of Garments	132	26721	15695
鞋帽批发	Wholesale of Shoes and Hats		85	
化妆品及卫生用品批发	Wholesale of Cosmetics and Sanitary Articles	550	35570	4529
厨房、卫生间用具及日用杂货批发	Wholesale of Kitchen Utensils, Toilet Ware and Daily Consumer Articles Sundry Goods		4246	2172
灯具、装饰物品批发	Wholesale of Light Fittings and Decorative Articles	10	2107	1060
家用电器批发	Wholesale of Household Electric Appliances	1034	596515	43463
其他家庭用品批发	Wholesale of Other Household Articles		4840	1613
文化、体育用品及器材批发	Wholesale of Cultural and Sports Articles and Equipment	21967	52412	14590
文具用品批发	Wholesale of Cultural Articles	42	1423	552
体育用品及器材批发	Wholesale of Sports Articles		861	472
图书批发	Wholesale of Books	31	6992	2784
报刊批发	Wholesale of Newspapers and Magazines	21412	11939	1062
音像制品及电子出版物批发	Wholesale of E-journals and Video Products			
首饰、工艺品及收藏品批发	Wholesale of Jewelry, Handicrafts and Collections	95	27766	7686
其他文化用品批发	Wholesale of Other Cultural Goods	386	3430	2034
医药及医疗器材批发	Wholesale of Medicines and Medical Appliances	19683	114890	93822
西药批发	Wholesale of Western Medicines	18217	77758	68869
中药批发	Wholesale of Traditional Chinese Medicines	71	10678	8143
医疗用品及器材批发	Wholesale of Medical Articles and Appliances	1395	26454	16810
矿产品、建材及化工产品批发	Wholesale of Mineral Products, Building Materials and Chemical Products	32677	400980	186657
煤炭及制品批发	Wholesale of Coal and Related Products	13885	66161	39407
石油及制品批发	Wholesale of Petroleum and Related Products	856	170017	32733
非金属矿及制品批发	Wholesale of Nonmetal Mineral and Related Products	269	988	2377
金属及金属矿批发	Wholesale of Metal and Metal Mineral	2912	59627	36416
建材批发	Wholesale of Building Materials	12789	46391	35355
化肥批发	Wholesale of Fertilizers	1536	17598	15236
农药批发	Wholesale of Pesticides	29	158	100
农用薄膜批发	Wholesale of Films for Agriculture		135	177

单位：万元 (10 000 yuan)

其　中 of which 税金 Tax	营业利润 Business Profit	营业外收入 Total Profits	其　中 of which 补贴收入 Subsidize Revenue	利润总额 Payroll Payable	应交所得税 VAT Income Tax	应付职工薪酬(本年贷方累计发生额) Payroll Payable	应交增值税 VAT Payable
43338	**2159729**	**127742**	**70316**	**2010133**	**282241**	**670279**	**1070469**
14439	1022586	71166	54017	1011267	166033	303049	407672
699	30790	3027	1740	27625	1378	9302	2724
161	14506	2184	1003	15044	405	3972	652
77	2407	299	258	1669	32	1301	484
133	1713	12	12	1055	168	381	119
255	1886	507	444	2405	367	730	147
15	5266	2		4186	311	1049	303
8	2666	17	17	2679	95	745	194
51	2346	7	7	587		1123	825
8584	689401	61262	46149	680240	116527	203602	370914
931	45721	11573	5909	47438	2643	21724	87457
44	1471	29	25	1389	335	3382	1295
295	35086	314	99	31473	971	8589	2310
144	28504	353	69	22984	2458	8594	2423
583	14311	52	3	8398	866	9693	3889
42	625	1		698	66	837	358
292	38155	2653	79	32988	4153	14581	14541
6098	510155	45612	39305	519707	102868	129701	253290
155	15373	675	659	15166	2168	6502	5352
9911	185426	3188	676	204913	49418	43688	113998
297	8454	137	74	2128	258	2703	1213
838	64689	20		88056	15982	4505	12138
	4			4	1	4	
76	18673	1925	476	21153	290	8595	3044
6	36	84	79	120	58	1914	289
24	1906	1		1907	479	822	177
8651	77014	999	47	76564	30626	23051	96265
19	14650	23		14983	1725	2096	874
219	43648	2493	1900	47506	4002	46278	4291
	585	18	18	603	21	1103	77
	22	11		33		710	96
11	2808	632	623	3332	108	3479	395
13	3004	161		3164	1134	9530	152
91	34963	1258	1256	37699	2692	29974	3321
104	2266	413	3	2675	47	1482	251
3228	132171	2319	732	119463	9811	79142	83496
2238	80631	1699	507	67091	7151	63632	73222
247	29385	223		29905	876	7244	3002
743	22155	398	225	22467	1784	8266	7272
12734	628731	17865	9855	475133	35292	202879	226311
3590	166312	3002	1450	134287	11357	32015	51342
1748	176768	6444	5510	133863	5509	91768	52320
112	3173	174	15	3365	186	1141	1444
2900	82699	3323	796	69470	6425	24258	68391
2091	84463	668	117	58086	3838	20026	20326
1020	49130	2202	1595	34356	2538	13875	14516
19	544			544	136	45	
	3705	1	1	3705	3	198	

表15.6 续表3 continued3

指 标	Item	其他业务利润 Profits from Other Business	销售费用 Selling Expense	管理费用 Overhead
其他化工产品批发	Wholesale of Other Chemical Products	402	39906	24857
机械设备、五金产品及电子产品批发	Wholesale of Machinery, Hardware and Electronic Products	25244	237705	96660
农业机械批发	Wholesale of Agricultural Machinery	80	5889	3057
汽车批发	Wholesale of Automobiles	5192	80005	38585
汽车零配件批发	Wholesale of Automobile Fittings	450	44315	11389
摩托车及零配件批发	Wholesale of Motorcycle and Fittings	332	46466	15910
五金产品批发	Wholesale of Hardware		3336	2865
电气设备批发	Wholesale of Electric Equipment	75	2393	1216
计算机、软件及辅助设备批发	Wholesale of Computers, Software and Assistant Equipment	15148	26063	5481
通讯及广播电视设备批发	Wholesale of Communication, Broadcast and TV Equipment	1489	2053	2003
其他机械设备及电子产品批发	Wholesale of Other Machinery and Electronic Products	2478	27185	16156
贸易经纪与代理	Trade Broker and Agency		86	41
贸易代理	Trade Agency		86	41
拍 卖	Auction			
其他贸易经纪与代理	Other Trade Broker and Agency			
其他批发业	Other Wholesales	878	23738	21823
再生物资回收与批发	Wholesale of Recycled Materials	418	16713	17627
其他未列明批发业	Other Wholesale not Classified Elsewhere	460	7025	4196
按登记注册类型分	**By Type of Registration**			
内资企业	Domestic-funded Enterprises	125120	1590741	821210
国有企业	State-owned Enterprises	8562	162347	305547
集体企业	Collective-owned Enterprises	580	8241	3010
股份合作企业	Cooperative Enterprises		11179	4418
联营企业	Joint-owned Enterprises			
国有联营企业	State Joint-owned Enterprises			
集体联营企业	Collective Joint-owned Enterprises			
国有与集体联营企业	State-Collective Joint-owned Enterprises			
其他联营企业	Other Joint-owned Enterprises			
有限责任公司	Limited Liability Corporations	77832	968069	279674
国有独资公司	Solely State-owned Corporations	14211	84115	57131
其他有限责任公司	Other Limited Liability Corporations	63620	883953	222543
股份有限公司	Share-holding Corporations Ltd.	6403	129787	46605
私营企业	Private Enterprises	31727	307059	178967
私营独资企业	Private-funded Enterprises		8355	3282
私营合伙企业	Private Partnership Enterprises	17	2076	716
私营有限责任公司	Private Limited Liability Corporations	30287	282091	169045
私营股份有限公司	Private Share-holding Corporatinos Ltd.	1424	14537	5924
其他企业	Other Enterprises	16	4060	2990
港、澳、台商投资企业	Enterprises with Funds from Hong Kong, Macao and Taiwan	84	135632	15886
与港澳台商合资经营企业	Joint-venture Enterprises		449	613
与港澳台商合作经营企业	Cooperative Enterprises			
港澳台商独资企业	Enterprises with Sole Fund		134583	14743
港澳台商投资股份有限公司	Share-holding Corporations Ltd.	84	601	530
其他港澳台投资企业	Other Enterprises with Funds from Hong Kong, Macao and Taiwan			
外商投资企业	Foreign-funded Enterprises	66	39697	16826
中外合资经营企业	Joint-venture Enterprises	10	12106	9782
中外合作经营企业	Cooperative Enterprises			
外资企业	Enterprises with Sole Fund	56	27148	6692
外商投资股份有限公司	Share-holding Corporations Ltd.		380	240
其他外商投资企业	Other Foreign-funded Enterprises		63	113

单位：万元 (10 000 yuan)

其 中 of which 税金 Tax	营业利润 Business Profit	营业外收入 Total Profits	其 中 of which 补贴收入 Subsidize Revenue	利润总额 Payroll Payable	应交所得税 VAT Income Tax	应付职工薪酬(本年贷方累计发生额) Payroll Payable	应交增值税 VAT Payable
1254	61937	2051	372	37457	5300	19553	17973
5742	249386	28165	2653	252028	28573	70106	157833
177	7168	353	321	4439	268	2813	1896
2369	113471	758	475	113845	13329	14349	108614
610	22748	656	458	23073	4364	9850	-897
408	36463	1254	839	25835	2533	17191	19474
363	7560	14	8	6525	589	2110	1561
5	716	32	11	560	98	1889	360
572	30402	23473	84	53875	4892	5179	4624
286	1098	93		1142	227	1555	409
954	29761	1531	456	22735	2273	15172	21793
	256					19	
	256					19	
2219	199921	9424	6610	203226	37240	15264	110903
2069	87252	9191	6610	89473	6710	10612	90351
150	112668	233		113753	30531	4652	20552
39525	2005018	99677	63233	1823698	251909	640662	1028303
6724	540542	47916	40860	546397	101854	146524	272073
50	6261	1569	15	7822	672	3399	2167
1170	14076	7	7	12243	2393	1367	1523
20753	829662	33159	17718	741445	101133	253428	433776
3044	158386	10664	7460	174339	22681	47106	71643
17709	671276	22495	10258	567106	78452	206321	362133
2096	149854	6639	1114	120945	5525	77768	37081
8608	451012	10271	3503	384303	39448	155362	280182
350	12308	76		8978	255	4514	2965
108	2101			899	100	708	326
7939	425685	10093	3492	365036	38138	144113	271052
211	10918	102	11	9390	955	6027	5839
124	13612	116	17	10544	884	2815	1501
3580	119679	7225	5793	128692	26760	10088	47537
56	2642	1		2643	399	596	144
3523	111522	7224	5793	120534	26360	9225	46268
1	5515			5515		268	1125
233	35032	20840	1290	57743	3572	19529	-5370
156	7233	566	410	7658	2421	5007	-7476
76	24955	20255	880	49285	1151	13611	1258
	813	19		832		150	
	2031			-31		761	848

表15.7 限额以上零售业法人企业财务状况（2013年）

FINANCIAL INDICATORS OF RETAIL ENTERPRISES ABOVE DESIGNATED SIZE (2013)

指　标	Item	法人企业数（个）Number of Enterprises (unit)	流动资产合计 Total Circulating Assets	固定资产合计 Total Fixed Assets
总　计	**Total**	**2358**	**6272089**	**1545712**
#国有控股	State Holding	120	1817634	526640
按零售行业小类分	**By Retail Sector**			
综合零售	Comprehensive Retails	259	1758503	566457
百货零售	Department Stores	134	1426236	421170
超级市场零售	Supermarkets	78	309649	114485
其他综合零售	Other Comprehensive Retails	47	22618	30802
食品、饮料及烟草制品专门零售	Special Retail of Food, Beverages and Tobaccos	215	175834	61697
粮油零售	Retail of Grains and Edible Oil	32	45876	18418
糕点、面包零售	Retail of Cakes and Bread	8	7967	6356
果品、蔬菜零售	Retail of Fruits and Vegetables	15	23027	3649
肉、禽、蛋、奶及水产品零售	Retail of Meat, Poultry, Eggs and Aquatic Products	45	34532	15711
营养和保健品零售	Retail of Nutraceutical Products	2	1241	86
酒、饮料及茶叶零售	Retail of Liqor, Beverages and Tea	61	24393	8795
烟草制品零售	Retail of Tobaccos	3	9844	45
其他食品零售	Retail of Other Food	49	28954	8638
纺织、服装及日用品专门零售	Special Retail of Textile, Garments and Daily Consumer Articles	147	298464	115981
纺织品及针织品零售	Retail of Textiles and Knitwear	17	14872	7273
服装零售	Retail of Garments	79	191872	70060
鞋帽零售	Retail of Shoes and Hats	15	42879	29027
化妆品及卫生用品零售	Retail of Cosmetics and Sanitary Articles	7	4745	859
钟表、眼镜零售	Retail of Clocks, Watches and Glasses	13	40903	6444
箱、包零售	Retail of Suitcases and Bags	1	86	70
厨房用具及日用杂品零售	Retail of Kitchen Utensils and Daily Consumer Articles Sundry Goods	6	956	1356
自行车零售	Retail of Bicycles			
其他日用品零售	Retail of Other General Merchandise	9	2151	893
文化、体育用品及器材专门零售	Special Retail of Cultural and Sports Articles	52	343727	122913
文具用品零售	Retail of Cultural Articles	23	13849	3584
体育用品及器材零售	Retail of Sports Articles	3	2853	69
图书、报刊零售	Retail of Books, Newspaper and Magazines	7	298438	94259
音像制品及电子出版物零售	Retail of Video Products and E-journals	1	24	4
珠宝首饰零售	Retail of Jewelry	10	20266	1072
工艺美术品及收藏品零售	Retail of Handicrafts and Collections	4	120	185
乐器零售	Retail of Musical Instrument			
照相器材零售	Retail of Cameras	1	1074	5
其他文化用品零售	Retail of Other Cultural Goods	3	7103	23734
医药及医疗器材专门零售	Special Retail of Medicine and Medical Appliances	141	382554	41164
药品零售	Retail of Medicine	121	363287	40060
医疗用品及器材零售	Retail of Medical Articles and Appliances	20	19268	1104
汽车、摩托车、燃料及零配件专门零售	Special Retail of Automobiles, Motorcycles, Fuel and Spare Parts	864	2388650	436199
汽车零售	Retail of Automobiles	586	2080314	285987
汽车零配件零售	Retail of Automobile Fittings	28	37436	5320
摩托车及零配件零售	Retail of Motorcycles and Parts	144	53274	7247
机动车燃料零售	Retail of Motor Fuel	106	217626	137645
家用电器及电子产品专门零售	Special Retail of Household Electric Appliances and Electronic Products	364	557443	117633
家用视听设备零售	Retail of Household Audio and Video Appliances	75	157159	68867
日用家电设备零售	Retail of Household Electric Appliances	140	244763	23449

单位：万元 (10 000 yuan)

累计折旧 Total Depreciation	其 中 of which 本年折旧 Depreciation in This Year	资产总计 Total Assets	负债合计 Total Liabilities	实收资本 Paid-in Capital	主营业务收入 Revenue of Principal Business	主营业务成本 Cost of Principal Business	主营业务税金及附加 Taxes and Extra Charges on Principal Business
685486	**147552**	**9474767**	**6310444**	**1620324**	**23738563**	**20317622**	**250597**
269416	39923	2899835	1911082	335926	7135475	6285796	34047
314745	64550	2793189	1871963	384540	6105722	5175167	55291
258187	31387	2119633	1438676	231288	4169508	3517784	42009
51277	31594	617571	416312	119027	1718834	1473042	8624
5280	1569	55985	16976	34225	217380	184341	4658
25114	7420	329832	139122	105471	855410	715284	9995
9585	2943	75529	47377	4441	179460	160824	1101
2547	1174	14673	6183	500	47755	27359	1398
2137	244	44035	15910	7581	55480	47753	298
7225	1584	104924	18860	70698	214624	179607	1691
46	14	2279	1257	83	18089	17256	51
1592	727	35439	18834	7098	144900	117474	3278
28	10	9941	7664	2100	48002	41950	352
1955	724	43012	23037	12969	147100	123062	1828
24222	7005	497317	341023	129416	730278	526459	10858
3797	516	26210	10210	2038	26228	18592	519
11531	3931	316123	234006	94186	492150	356061	5966
4010	1167	90881	58005	22868	94399	69331	1877
376	106	5606	3283	1034	20058	14261	291
3475	584	52726	33373	6526	73652	50528	916
18	9	166		15	655	376	40
78	75	2444	336	1657	5186	3875	183
938	617	3160	1810	1093	17949	13436	1065
60370	5190	586660	362168	52263	1130689	833957	7548
1077	232	18108	12979	2657	51770	42671	513
59	18	2923	1992	1150	4844	3955	11
57893	4436	504960	323328	15850	374761	296308	250
		68	186	1000	653	447	3
708	239	22734	18614	3190	67508	60282	805
32	9	354	69	87	3499	2540	22
4	3	1287	1215	100	3608	3282	2
598	254	36227	3786	28230	624047	424473	5941
25767	4391	534769	411617	83264	1028191	874260	7492
25138	4103	513525	398519	78541	987978	843922	7081
629	288	21245	13098	4723	40213	30337	411
159650	40799	3369329	2430926	596306	9534803	8620963	52295
98057	29245	2716979	2062537	406516	7159203	6486528	39362
2816	429	44498	31047	7861	172103	155452	1308
4091	990	68874	40157	13184	345704	291506	3772
54686	10135	538978	297185	168746	1857792	1687477	7853
31915	8194	714300	433988	130644	2091306	1817486	21902
16401	4117	235708	93928	57221	609337	530218	3894
8267	2399	276322	198762	34120	791966	676976	12557

表15.7 续表1 continued1

指 标	Item	法人企业数（个）Number of Enterprises (unit)	流动资产合计 Total Circulating Assets	固定资产合计 Total Fixed Assets
计算机、软件及辅助设备零售	Retail of Computers, Software and Assistant Equipment	102	94310	14908
通信设备零售	Retail of Communication Equipment	34	56532	10137
其他电子产品零售	Retail of Other Electronic Products	13	4678	273
五金、家具及室内装饰材料专门零售	Special Retail of Hardware, Furniture and Decoration Materials	247	250072	72069
五金零售	Retail of Hardware	42	40599	5547
灯具零售	Retail of Light Fittings	11	5947	3110
家具零售	Retail of Furniture	62	158541	37343
涂料零售	Retail of Paint	4	586	818
卫生洁具零售	Retail of Sanitary Ware	5	169	137
木质装饰材料零售	Retail of Wooden Decorative Materials	6	962	386
陶瓷、石材装饰材料零售	Retail of Ceramics and Stone Decorative Materials	24	15079	3226
其他室内装饰材料零售	Retail of Other Indoor Decoration Materials	93	28189	21502
货摊、无店铺及其他零售业	Stall, Non-shop and Other Retails	69	116841	11600
货摊食品零售	Retail of Food by Mobile Stalls			
货摊纺织、服装及鞋零售	Retail of Textiles, Garments and Shoes by Mobile Stalls			
货摊日用品零售	Retail of Daily Consumer Articles by Mobile Stalls			
互联网零售	E-commerce Retails	6	10469	295
邮购及电视、电话零售	Retails by Post, TV and Telephone			
旧货零售	Retail of Used Goods	1	7725	33
生活用燃料零售	Retail of Fuel for Daily Use	22	5949	3561
其他未列明零售业	Other Retails not Classified Elsewhere	40	92698	7711
按登记注册类型分	**By Type of Registration**			
内资企业	Domestic-funded Enterprises	2322	5686171	1450679
国有企业	State-owned Enterprises	25	43961	45658
集体企业	Collective-owned Enterprises	21	9740	2650
股份合作企业	Cooperative Enterprises	16	7360	4059
联营企业	Joint-owned Enterprises	3	1654	580
国有联营企业	State Joint-owned Enterprises	1	931	25
集体联营企业	Collective Joint-owned Enterprises	1	88	82
国有与集体联营企业	State-Collective Joint-owned Enterprises	1	635	472
其他联营企业	Other Joint-owned Enterprises			
有限责任公司	Limited Liability Corporations	762	2647595	544362
国有独资公司	Solely State-owned Corporations	13	46002	7477
其他有限责任公司	Other Limited Liability Corporations	749	2601593	536885
股份有限公司	Share-holding Corporations Ltd.	65	1148370	357927
私营企业	Private Enterprises	1385	1754756	486267
私营独资企业	Private-funded Enterprises	224	51059	37881
私营合伙企业	Private Partnership Enterprises	11	1342	1401
私营有限责任公司	Private Limited Liability Corporations	1085	1600952	420499
私营股份有限公司	Private Share-holding Corporatinos Ltd.	65	101404	26487
其他企业	Other Enterprises	45	72736	9176
港、澳、台商投资企业	Enterprises Funded by Hong Kong, Macao and Taiwan	23	401479	72706
与港澳台商合资经营企业	Joint-venture Enterprises	5	97702	6744
与港澳台商合作经营企业	Cooperative Enterprises			
港澳台商独资企业	Enterprises with Sole Fund	17	303778	65962
港澳台商投资股份有限公司	Share-holding Corporations Ltd.			
其他港澳台投资企业	Other Enterprises with Funds from Hong Kong, Macao and Taiwan	1		
外商投资企业	Foreign-funded Enterprises	13	184438	22327
中外合资经营企业	Joint-venture Enterprises	1	5861	458
中外合作经营企业	Cooperative Enterprises	3	49497	17099
外资企业	Enterprises with Sole Fund	8	123825	4715
外商投资股份有限公司	Share-holding Corporations Ltd.	1	5256	55
其他外商投资企业	Other Foreign-funded Enterprises			

单位：万元 (10 000 yuan)

累计折旧 Total Depreciation	其 中 of which 本年折旧 Depreciation in This Year	资产总计 Total Assets	负债合计 Total Liabilities	实收资本 Paid-in Capital	主营业务收入 Revenue of Principal Business	主营业务成本 Cost of Principal Business	主营业务税金及附加 Taxes and Extra Charges on Principal Business
4404	994	117853	84899	26526	439345	383694	2558
2568	563	79342	52984	10966	217315	196475	2700
275	122	5075	3415	1813	33343	30123	193
39981	9163	489052	243971	94047	1942959	1460094	82348
2019	396	52206	36797	14187	223112	198735	4907
425	120	10307	7591	1539	16821	14169	116
26302	4731	348883	173880	51312	1376161	989611	69202
92	42	1770	422	855	12542	9774	419
18	10	355	37	128	3378	2216	106
140	18	1707	1025	237	7942	6529	185
733	291	22233	6961	9347	58029	45050	1276
10252	3557	51591	17259	16442	244975	194009	6138
3723	841	160320	75667	44373	319206	293952	2868
39	15	10997	12620	1335	136732	135606	42
49		7758	7610	500	8062	7265	10
954	253	10861	5261	3250	53521	42414	1329
2681	572	130704	50175	39288	120892	108667	1486
563300	138494	8696840	5821077	1434495	22724883	19498437	239113
28813	4620	191223	119959	11097	931365	860629	2350
1860	233	13863	7455	5698	51334	43414	396
2048	445	13962	6456	4520	51987	44181	801
337	58	2248	509	1318	12777	11695	59
13	6	957	422	500	1862	1434	3
18	10	172		88	868	651	43
306	42	1119	87	731	10047	9610	13
229828	71167	3730574	2657706	589325	9686252	8376632	62174
3574	576	55748	43316	5069	208731	189528	515
226254	70591	3674826	2614390	584257	9477521	8187104	61659
146714	22894	1810004	1100941	263691	4297933	3707441	28494
150704	38112	2843948	1852504	546261	7489816	6282312	139412
7729	2883	96567	39872	21186	480296	377819	9322
601	265	3034	518	1528	30864	22759	952
136471	33176	2582577	1716645	488412	6636617	5588054	124031
5903	1787	161770	95469	35135	342038	293680	5108
2997	965	91018	75547	12585	203419	172133	5426
86125	6998	541341	356305	136818	541272	432498	8519
6532	578	124784	79271	12283	161725	134298	1604
79593	6420	416557	277034	124534	379547	298200	6915
36061	2060	236586	133062	49011	472408	386688	2965
3178	46	6322	6309		22240	18313	128
27325	1125	80338	47978	27153	169246	137925	1260
4986	860	140289	74178	18358	269551	220805	1524
572	29	9637	4598	3500	11371	9645	53

表15.7 续表2 continued2

指 标	Item	其他业务利润 Profits from Other Business	销售费用 Selling Expense	管理费用 Overhead
总 计	**Total**	**237468**	**1288263**	**601271**
#国有控股	State Holding	122518	496190	177172
按零售行业小类分	**By Retail Sector**			
综合零售	Comprehensive Retails	171506	632216	185960
百货零售	Department Stores	119666	431922	136197
超级市场零售	Supermarkets	51084	192031	45041
其他综合零售	Other Comprehensive Retails	757	8263	4722
食品、饮料及烟草制品专门零售	Special Retail of Food, Beverages and Tobaccos	2863	42084	24519
粮油零售	Retail of Grains and Edible Oil	1269	3534	5419
糕点、面包零售	Retail of Cakes and Bread	1	11572	2506
果品、蔬菜零售	Retail of Fruits and Vegetables	85	982	1358
肉、禽、蛋、奶及水产品零售	Retail of Meat, Poultry, Eggs and Aquatic Products	664	12017	4284
营养和保健品零售	Retail of Nutraceutical Products		153	149
酒、饮料及茶叶零售	Retail of Liqor, Beverages and Tea	68	4590	5724
烟草制品零售	Retail of Tobaccos	727	4114	372
其他食品零售	Retail of Other Food	49	5123	4708
纺织、服装及日用品专门零售	Special Retail of Textile, Garments and Daily Consumer Articles	9240	75442	65837
纺织品及针织品零售	Retail of Textiles and Knitwear	37	1489	2257
服装零售	Retail of Garments	5577	53432	46351
鞋帽零售	Retail of Shoes and Hats		3853	9418
化妆品及卫生用品零售	Retail of Cosmetics and Sanitary Articles		3424	512
钟表、眼镜零售	Retail of Clocks, Watches and Glasses	3626	12187	6385
箱、包零售	Retail of Suitcases and Bags		22	24
厨房用具及日用杂品零售	Retail of Kitchen Utensils and Daily Consumer Articles Sundry Goods		159	230
自行车零售	Retail of Bicycles			
其他日用品零售	Retail of Other General Merchandise		878	660
文化、体育用品及器材专门零售	Special Retail of Cultural and Sports Articles	45	42829	38597
文具用品零售	Retail of Cultural Articles	9	2014	1799
体育用品及器材零售	Retail of Sports Articles		419	410
图书、报刊零售	Retail of Books, Newspaper and Magazines	9	27897	27947
音像制品及电子出版物零售	Retail of Video Products and E-journals			16
珠宝首饰零售	Retail of Jewelry	16	3396	1916
工艺美术品及收藏品零售	Retail of Handicrafts and Collections		126	207
乐器零售	Retail of Musical Instrument			
照相器材零售	Retail of Cameras	11	247	91
其他文化用品零售	Retail of Other Cultural Goods		8731	6212
医药及医疗器材专门零售	Special Retail of Medicine and Medical Appliances	6864	61340	42205
药品零售	Retail of Medicine	6783	57227	39929
医疗用品及器材零售	Retail of Medical Articles and Appliances	81	4113	2276
汽车、摩托车、燃料及零配件专门零售	Special Retail of Automobiles, Motorcycles, Fuel and Spare Parts	26016	257152	147784
汽车零售	Retail of Automobiles	18686	177484	123770
汽车零配件零售	Retail of Automobile Fittings	1	5275	3846
摩托车及零配件零售	Retail of Motorcycles and Parts	34	8349	5627
机动车燃料零售	Retail of Motor Fuel	7295	66044	14541
家用电器及电子产品专门零售	Special Retail of Household Electric Appliances and Electronic Products	15176	94273	40432
家用视听设备零售	Retail of Household Audio and Video Appliances	37	33461	7920
日用家电设备零售	Retail of Household Electric Appliances	6702	42039	17199

单位：万元 (10 000 yuan)

其 中 of which 税 金 Tax	营业利润 Business Profit	营业外收入 Total Profits	其 中 of which 补贴收入 Subsidize Revenue	利润总额 Payroll Payable	应交所得税 VAT Income Tax	应付职工薪酬(本年贷方累计发生额) Payroll Payable	应交增值税 VAT Payable
27652	**1339834**	**63704**	**7713**	**1180625**	**120891**	**798760**	**420914**
7459	240782	13816	3992	211022	20749	298334	160505
7515	209875	25461	2122	214995	34798	336081	126756
6658	146865	9951	1134	155486	27517	230001	105705
635	50050	3797	987	48627	6914	99851	19099
222	12959	11713	1	10882	367	6228	1952
1767	58127	4901	3099	44037	4780	33984	9384
971	8274	2405	1536	7912	126	2710	1333
45	4761	180	92	3648	758	5629	795
106	4161	64	10	1960	1932	1484	303
177	14749	910	268	11893	743	7817	3427
11	607	35	15	279	42	309	51
271	12208	127		10119	527	12203	1828
3	942			942	168	137	188
183	12425	1180	1177	7286	485	3695	1459
1320	52010	1703	566	35195	5889	63413	19414
37	3031	14		3733	348	1685	424
581	31607	436	2	17612	3983	44940	12029
374	6601	563	477	4807	490	6247	1140
17	1515			1263	94	505	2030
162	6415	690	87	5278	902	8751	2769
2	172			172		8	9
36	713			560	48	382	129
112	1956			1769	24	895	884
187	201517	581	298	201261	1381	25094	4291
59	5202	19		4930	679	2856	1008
	45			43		773	60
7	16176	366	215	16408	501	18056	1183
	187			187		118	2
4	762	155	83	758	13	2268	1653
81	593			345	43	215	104
	-4			-4		251	19
37	178557	42		178595	145	559	263
916	39571	4040	119	31668	3040	51057	17368
879	36617	3964	95	29462	2723	48296	15776
37	2954	77	24	2206	317	2761	1592
7887	395481	22762	316	317533	32904	181837	165948
5957	278442	21483	251	237753	27235	137231	86913
141	6287	144	26	4938	1594	4070	4402
581	34099	68	31	27918	1001	6139	3576
1208	76653	1067	7	46923	3075	34397	71056
3739	105664	1939	414	89643	5901	64601	28919
253	30015	198	23	27397	1490	13631	9686
2710	30976	725	35	25266	2610	32247	10555

表15.7 续表3 continued3

指 标	Item	其他业务利润 Profits from Other Business	销售费用 Selling Expense	管理费用 Overhead
计算机、软件及辅助设备零售	Retail of Computers, Software and Assistant Equipment	1027	9621	8145
通信设备零售	Retail of Communication Equipment	7047	8532	5933
其他电子产品零售	Retail of Other Electronic Products	364	621	1236
五金、家具及室内装饰材料专门零售	Special Retail of Hardware, Furniture and Decoration Materials	4157	75677	49443
五金零售	Retail of Hardware	582	3704	3223
灯具零售	Retail of Light Fittings		490	784
家具零售	Retail of Furniture	3010	63261	36173
涂料零售	Retail of Paint	10	370	289
卫生洁具零售	Retail of Sanitary Ware		56	99
木质装饰材料零售	Retail of Wooden Decorative Materials		185	199
陶瓷、石材装饰材料零售	Retail of Ceramics and Stone Decorative Materials		1252	1402
其他室内装饰材料零售	Retail of Other Indoor Decoration Materials	555	6358	7274
货摊、无店铺及其他零售业	Stall, Non-shop and Other Retails	1599	7252	6494
货摊食品零售	Retail of Food by Mobile Stalls			
货摊纺织、服装及鞋零售	Retail of Textiles, Garments and Shoes by Mobile Stalls			
货摊日用品零售	Retail of Daily Consumer Articles by Mobile Stalls			
互联网零售	E-commerce Retails	19	2045	448
邮购及电视、电话零售	Retails by Post, TV and Telephone			
旧货零售	Retail of Used Goods		349	181
生活用燃料零售	Retail of Fuel for Daily Use		2304	1637
其他未列明零售业	Other Retails not Classified Elsewhere	1580	2554	4228
按登记注册类型分	**By Type of Registration**			
内资企业	Domestic-funded Enterprises	212732	1194065	545848
国有企业	State-owned Enterprises	930	31788	7906
集体企业	Collective-owned Enterprises	17	1829	1682
股份合作企业	Cooperative Enterprises		1866	1717
联营企业	Joint-owned Enterprises		690	-22
国有联营企业	State Joint-owned Enterprises		327	70
集体联营企业	Collective Joint-owned Enterprises		88	23
国有与集体联营企业	State-Collective Joint-owned Enterprises		275	-115
其他联营企业	Other Joint-owned Enterprises			
有限责任公司	Limited Liability Corporations	86360	486960	227837
国有独资公司	Solely State-owned Corporations	2143	7992	4531
其他有限责任公司	Other Limited Liability Corporations	84218	478968	223306
股份有限公司	Share-holding Corporations Ltd.	101536	349637	118736
私营企业	Private Enterprises	23758	313617	181683
私营独资企业	Private-funded Enterprises	1704	17708	12111
私营合伙企业	Private Partnership Enterprises		1287	1298
私营有限责任公司	Private Limited Liability Corporations	21044	276920	159337
私营股份有限公司	Private Share-holding Corporatinos Ltd.	1010	17702	8937
其他企业	Other Enterprises	131	7678	6309
港、澳、台商投资企业	Enterprises Funded by Hong Kong, Macao and Taiwan	14103	47358	29590
与港澳台商合资经营企业	Joint-venture Enterprises	6830	11476	9081
与港澳台商合作经营企业	Cooperative Enterprises			
港澳台商独资企业	Enterprises with Sole Fund	7273	35882	20509
港澳台商投资股份有限公司	Share-holding Corporations Ltd.			
其他港澳台投资企业	Other Enterprises with Funds from Hong Kong, Macao and Taiwan			
外商投资企业	Foreign-funded Enterprises	10633	46841	25833
中外合资经营企业	Joint-venture Enterprises	761	3350	1333
中外合作经营企业	Cooperative Enterprises	6743	18199	13392
外资企业	Enterprises with Sole Fund	2636	24009	10354
外商投资股份有限公司	Share-holding Corporations Ltd.	493	1283	754
其他外商投资企业	Other Foreign-funded Enterprises			

单位：万元 (10 000 yuan)

其 中 of which 税金 Tax	营业利润 Business Profit	营业外收入 Total Profits	其 中 of which 补贴收入 Subsidize Revenue	利润总额 Payroll Payable	应交所得税 VAT Income Tax	应付职工薪酬(本年贷方累计发生额) Payroll Payable	应交增值税 VAT Payable
588	34695	600	341	27455	759	10845	6470
183	8841	416	15	8536	888	6702	1903
4	1137	1		989	154	1175	304
3746	270936	1833	555	240575	31700	29952	46150
104	12520	1053	20	9389	569	3043	1838
120	1216			1216	47	636	227
1911	215170	744	529	204399	28993	12330	37821
2	1674			181		224	303
10	859			859		54	24
22	814			566	74	163	66
47	8820	1	1	7525	501	1534	630
1531	29865	34	5	16440	1517	11968	5240
575	6654	484	225	5718	499	12741	2685
12	-2860	157	118	-2955	13	1880	175
	152			152		192	85
91	5320	67		3350	72	1248	602
472	4042	260	107	5172	413	9421	1823
27020	1287270	62824	7526	1121431	106954	757249	386459
440	30391	1329	1190	23431	198	18100	46019
74	3815	41		3427	487	2723	358
91	2900	33	28	2192	152	1524	451
15	339			276	67	641	140
7	14			11	3	425	27
	59					79	4
8	265			265	63	137	109
8372	547290	28812	3822	496537	34942	308104	130189
168	5487	727	224	7582	163	3891	1909
8204	541803	28085	3597	488955	34780	304213	128281
6755	179747	8396	1517	150501	18209	213737	84043
11108	513237	24112	970	439087	52330	208758	125214
970	58257	59	4	46137	1287	15835	6910
789	4389	1		3511	124	475	953
8711	435169	23768	965	377226	50093	180577	111751
639	15422	284	1	12214	826	11871	5600
166	9552	101		5979	570	3662	45
493	28673	517	133	33450	8037	24562	23923
57	10391	222	123	10501	2249	6192	18730
436	18283	295	10	22949	5789	18371	5193
139	23891	363	54	25745	5900	16949	10531
	-73	13		-61		619	491
2	7596	215		7833	1665	8455	3246
71	16154	127	54	17756	4103	7329	6546
66	213	8		217	132	545	248

表15.8 限额以上住宿业法人企业财务状况（2013年）
FINANCIAL INDICATORS OF HOTELS ABOVE DESIGNATED SIZE (2013)

指 标	Item	法人企业数（个）Number of Enterprises (unit)	流动资产合计 Total Circulating Assets	固定资产原价 Original Value of Fixed Assets
合 计	**Total**	**347**	**765648**	**1146223**
#国有控股	State Holding	55	50730	193321
按住宿业行业小类分	**By Classification of Hotels**			
旅游饭店	Tourist Hotels	215	627662	1024653
一般旅馆	General Hotels	107	126805	99723
其他住宿业	Other Accommodation Services	25	11181	21846
按登记注册类型分	**By Type of Registration**			
内资企业	Domestic-funded Enterprises	337	681789	893095
国有企业	State-owned Enterprises	21	13440	85321
集体企业	Collective-owned Enterprises	9	5030	11511
股份合作企业	Cooperative Enterprises	1	67	1759
联营企业	Joint-owned Enterprises			
国有联营企业	State Joint-owned Enterprises			
集体联营企业	Collective Joint-owned Enterprises			
国有与集体联营企业	State-Collective Joint-owned Enterprises			
其他联营企业	Other Joint-owned Enterprises			
有限责任公司	Limited Liability Corporations	133	309538	501769
国有独资公司	Solely State-owned Corporations	10	11912	21643
其他有限责任公司	Other Limited Liability Corporations	123	297627	480126
股份有限公司	Share-holding Corporations Ltd.	13	118026	39565
私营企业	Private Enterprises	151	234041	245148
私营独资企业	Private-funded Enterprises	16	3749	10936
私营合伙企业	Private Partnership Enterprises	4	3212	4498
私营有限责任公司	Private Limited Liability Corporations	117	168059	193720
私营股份有限公司	Private Share-holding Corporatinos Ltd.	14	59022	35994
其他企业	Other Enterprises	9	1647	8023
港、澳、台商投资企业	Enterprises Funded by Hong Kong, Macao and Taiwan	5	17067	122125
与港澳台商合资经营企业	Joint-venture Enterprises	3	12848	43729
与港澳台商合作经营企业	Cooperative Enterprises			
港澳台商独资企业	Enterprises with Sole Fund	1	1020	53
港澳台商投资股份有限公司	Share-holding Corporations Ltd.			
其他港澳台投资企业	Other Enterprises with Funds from Hong Kong, Macao and Taiwan	1	3199	78343
外商投资企业	Foreign-funded Enterprises	5	66792	131003
中外合资经营企业	Joint-venture Enterprises			
中外合作经营企业	Cooperative Enterprises			
外资企业	Enterprises with Sole Fund	5	66792	131003
外商投资股份有限公司	Share-holding Corporations Ltd.			
其他外商投资企业	Other Foreign-funded Enterprises			

单位：万元(10 000 yuan)

累计折旧 Total Depreciation	其中 of which 本年折旧 Depreciation in Current Year	资产总计 Total Assets	负债合计 Total Liabilities	实收资本 Paid-in Capital	主营业务收入 Revenue of Principal Business	主营业务成本 Cost of Principal Business	主营业务税金及附加 Taxes and Extra Charges on Principal Business
427643	**83858**	**2004327**	**1588260**	**471492**	**677761**	**296537**	**36246**
87453	14520	221893	169167	60045	123123	51183	7172
396539	75998	1716978	1344317	409631	563434	237000	29912
25366	5808	249796	196740	56514	86546	45872	4893
5738	2052	37553	47203	5347	27781	13666	1441
291855	65113	1755753	1397532	418910	612734	281119	32704
38359	6088	85719	76112	14415	41817	17718	2266
5783	579	12785	12416	2604	14621	6088	789
546	183	3058	1700	580	1127	789	59
159731	39100	974734	792728	257897	307547	138549	16643
12190	1887	27749	24959	8413	18534	9279	1020
147541	37213	946985	767769	249485	289013	129269	15623
20864	6647	146564	129794	13180	31971	14109	1714
63771	11543	525439	382839	127167	204914	96762	10569
4878	870	18456	11052	4176	10051	5304	468
2477	349	5263	2476	2146	5197	2165	221
49127	8509	398485	274767	106476	169162	80835	8698
7288	1816	103236	94545	14369	20505	8458	1181
2801	973	7454	1943	3066	10738	7104	664
58416	4726	86300	90770	14525	24366	4251	1333
12021	2420	50081	54824	13525	10899	1576	594
13		1059	786	1000	2761	236	151
46382	2306	35160	35160		10706	2438	588
77372	14019	162275	99958	38057	40660	11168	2209
77372	14019	162275	99958	38057	40660	11168	2209

表15.8 续表 continued

指 标	Item	其他业务利润 Profits from Other Business	销售费用 Selling Expense	管理费用 Overhead
合 计	**Total**	**2267**	**158666**	**145485**
#国有控股	State Holding	456	31134	32515
按住宿业行业小类分	**By Classification of Hotels**			
旅游饭店	Tourist Hotels	1537	140649	125816
一般旅馆	General Hotels	657	13359	12389
其他住宿业	Other Accommodation Services	73	4658	7280
按登记注册类型分	**By Type of Registration**			
内资企业	Domestic-funded Enterprises	1919	139419	131373
国有企业	State-owned Enterprises	216	11265	10931
集体企业	Collective-owned Enterprises		3547	3270
股份合作企业	Cooperative Enterprises		39	55
联营企业	Joint-owned Enterprises			
国有联营企业	State Joint-owned Enterprises			
集体联营企业	Collective Joint-owned Enterprises			
国有与集体联营企业	State-Collective Joint-owned Enterprises			
其他联营企业	Other Joint-owned Enterprises			
有限责任公司	Limited Liability Corporations	1365	73873	76594
国有独资公司	Solely State-owned Corporations	3	2488	6521
其他有限责任公司	Other Limited Liability Corporations	1362	71385	70072
股份有限公司	Share-holding Corporations Ltd.	52	7009	5510
私营企业	Private Enterprises	238	42829	33802
私营独资企业	Private-funded Enterprises	42	997	1455
私营合伙企业	Private Partnership Enterprises		1398	771
私营有限责任公司	Private Limited Liability Corporations	147	35589	24742
私营股份有限公司	Private Share-holding Corporatinos Ltd.	50	4846	6834
其他企业	Other Enterprises	48	858	1211
港、澳、台商投资企业	Enterprises Funded by Hong Kong, Macao and Taiwan		5384	7734
与港澳台商合资经营企业	Joint-venture Enterprises		4351	2889
与港澳台商合作经营企业	Cooperative Enterprises			
港澳台商独资企业	Enterprises with Sole Fund		632	1572
港澳台商投资股份有限公司	Share-holding Corporations Ltd.			
其他港澳台投资企业	Other Enterprises with Funds from Hong Kong, Macao and Taiwan		401	3273
外商投资企业	Foreign-funded Enterprises	348	13864	6377
中外合资经营企业	Joint-venture Enterprises			
中外合作经营企业	Cooperative Enterprises			
外资企业	Enterprises with Sole Fund	348	13864	6377
外商投资股份有限公司	Share-holding Corporations Ltd.			
其他外商投资企业	Other Foreign-funded Enterprises			

单位：万元 (10 000 yuan)

其中 of which 税金 Tax	营业利润 Business Profit	营业外收入 Total Profits	其中 of which 补贴收入 Subsidize Revenue	利润总额 Payroll Payable	应交所得税 VAT Income Tax	应付职工薪酬(本年贷方累计发生额) Payroll Payable
7651	**27987**	**8979**	**1920**	**21815**	**5841**	**147848**
1398	669	2221	1412	-1627	533	32345
6630	17073	8469	1827	12984	4597	124919
906	10090	348	40	8040	1086	16592
115	823	162	53	792	159	6336
6899	11483	8918	1920	5295	4200	133085
1034	822	794	419	666	283	9935
143	895	31	21	750	118	2594
1	173					100
2434	-8756	5761	1245	-10928	942	73624
96	-508	24		-283	74	7217
2338	-8248	5737	1245	-10645	869	66407
227	2544	331	5	2525	540	7968
2979	14353	1999	230	10981	2265	37738
112	887	24		627		1302
29	524			339	6	599
754	16211	1830	202	13353	2050	29713
2084	-3269	144	27	-3338	209	6124
82	1452	3		1300	52	1127
30	4119	4		4114		6064
29	1229	4		1224		2835
	150			150		629
	2740			2740		2600
722	12385	57		12407	1642	8699
722	12385	57		12407	1642	8699

表15.9 限额以上餐饮业法人企业财务状况（2013年）
FINANCIAL INDICATORS OF CATERING ENTERPRISES ABOVE DESIGNATED SIZE (2013)

指 标	Item	法人企业数（个） Number of Enterprises (unit)	流动资产合计 Total Circulating Assets	固定资产原价 Original Value of Fixed Assets
总 计	**Total**	**1015**	**464274**	**586963**
#国有控股	State Holding	20	56807	59264
按餐饮业行业小类分	**By Sector**			
正餐服务	Dinner Services	964	425350	520994
快餐服务	Fast Food Services	17	28456	37080
饮料及冷饮服务	Beverage and Cold Beverage Services	2	176	352
茶馆服务	Tea House Services			
咖啡馆服务	Cafe Services	1	26	79
酒吧服务	Bar Services			
其他饮料及冷饮服务	Other Beverage and Cold Beverage Services	1	150	273
其他餐饮业	Other Catering Services	32	10292	28536
小吃服务	Snack Services	1	247	184
餐饮配送服务	Food Delivery Services	3	6446	5454
其他未列明餐饮业	Other Catering Business	28	3599	22898
按登记注册类型分	**By Type of Registration**			
内资企业	Domestic-funded Enterprises	1007	414652	522284
国有企业	State-owned Enterprises	5	23289	18314
集体企业	Collective-owned Enterprises	31	3028	4711
股份合作企业	Cooperative Enterprises	3	209	1963
联营企业	Joint-owned Enterprises	1		
国有联营企业	State Joint-owned Enterprises	1		
集体联营企业	Collective Joint-owned Enterprises			
国有与集体联营企业	State-Collective Joint-owned Enterprises			
其他联营企业	Other Joint-owned Enterprises			
有限责任公司	Limited Liability Corporations	261	152918	169440
国有独资公司	Solely State-owned Corporations	3	19166	9808
其他有限责任公司	Other Limited Liability Corporations	258	133752	159632
股份有限公司	Share-holding Corporations Ltd.	16	53867	55342
私营企业	Private Enterprises	646	174356	260327
私营独资企业	Private-funded Enterprises	187	11416	43508
私营合伙企业	Private Partnership Enterprises	18	1504	4139
私营有限责任公司	Private Limited Liability Corporations	415	154808	200078
私营股份有限公司	Private Share-holding Corporatinos Ltd.	26	6628	12603
其他企业	Other Enterprises	44	6985	12187
港、澳、台商投资企业	Enterprises Funded by Hong Kong, Macao and Taiwan	2	4513	26024
与港澳台商合资经营企业	Joint-venture Enterprises	1	931	16075
与港澳台商合作经营企业	Cooperative Enterprises			
港澳台商独资企业	Enterprises with Sole Fund	1	3582	9949
港澳台商投资股份有限公司	Share-holding Corporations Ltd.			
其他港澳台投资企业	Other Enterprises with Funds from Hong Kong, Macao and Taiwan			
外商投资企业	Foreign-funded Enterprises	6	45110	38655
中外合资经营企业	Joint-venture Enterprises			
中外合作经营企业	Cooperative Enterprises			
外资企业	Enterprises with Sole Fund	6	45110	38655
外商投资股份有限公司	Share-holding Corporations Ltd.			
其他外商投资企业	Other Foreign-funded Enterprises			

单位：万元 (10 000 yuan)

累计折旧 Total Depreciation	其 中 of which 本年折旧 Depreciation in Current Year	资产总计 Total Assets	负债合计 Total Liabilities	实收资本 Paid-in Capital	主营业务收入 Revenue of Principal Business	主营业务成本 Cost of Principal Business	主营业务税金及附加 Taxes and Extra Charges on Principal Business
166827	**52205**	**1087594**	**577174**	**286457**	**1595193**	**939403**	**79307**
16718	4104	106642	59292	17147	50344	31086	2444
145787	40305	977039	506097	262904	1425273	856923	70940
14454	9826	72921	51483	11431	106542	42541	5833
200	28	334	204	130	5157	3860	112
10		101	21	80	3924	3012	50
190	28	233	183	50	1233	848	62
6385	2046	37300	19390	11992	58220	36080	2422
14	14	1693	1093	600	245	141	13
1725	311	11025	3136	3000	10912	5760	153
4647	1721	24582	15162	8392	47063	30180	2256
146972	45195	967063	525273	227348	1404970	826927	66339
7536	1559	38941	29263	7903	14283	9743	576
1555	436	6961	3087	2031	30333	19270	518
447	271	1846	499	1152	5259	3218	325
51201	19003	344183	199191	68829	388740	215944	17933
3912	334	25522	6451	400	6771	3751	538
47289	18669	318661	192741	68429	381969	212193	17395
19615	1542	110491	63065	8767	69782	39909	3807
63487	21168	444831	218522	132677	860825	517347	41328
10261	3277	48950	12748	19865	129215	75767	6612
911	252	5498	1582	3653	19584	13540	864
49624	16155	367608	193671	101041	679608	409006	32019
2691	1484	22775	10521	8118	32419	19034	1833
3133	1217	19811	11648	5989	35748	21497	1853
5513	2057	30094	23253	8191	16232	3832	881
2834	1050	16213	11519	6123	4842	325	239
2679	1007	13881	11734	2068	11390	3507	643
14341	4953	90437	28649	50919	173991	108645	12086
14341	4953	90437	28649	50919	173991	108645	12086

表15.9 续表 continued

指　标	Item	其他业务利润 Profits from Other Business	销售费用 Selling Expense	管理费用 Overhead
总　计	**Total**	**6178**	**259886**	**125624**
#国有控股	State Holding	265	7298	9320
按餐饮业行业小类分	**By Sector**			
正餐服务	Dinner Services	5728	208828	110547
快餐服务	Fast Food Services	95	44576	8238
饮料及冷饮服务	Beverage and Cold Beverage Services		304	39
茶馆服务	Tea House Services			
咖啡馆服务	Cafe Services		8	25
酒吧服务	Bar Services			
其他饮料及冷饮服务	Other Beverage and Cold Beverage Services		296	14
其他餐饮业	Other Catering Services	354	6177	6800
小吃服务	Snack Services		46	655
餐饮配送服务	Food Delivery Services		1640	1824
其他未列明餐饮业	Other Catering Business	354	4492	4321
按登记注册类型分	**By Type of Registration**			
内资企业	Domestic-funded Enterprises	5936	197678	96670
国有企业	State-owned Enterprises	226	2814	3641
集体企业	Collective-owned Enterprises	70	911	1052
股份合作企业	Cooperative Enterprises	44	269	230
联营企业	Joint-owned Enterprises			
国有联营企业	State Joint-owned Enterprises			
集体联营企业	Collective Joint-owned Enterprises			
国有与集体联营企业	State-Collective Joint-owned Enterprises			
其他联营企业	Other Joint-owned Enterprises			
有限责任公司	Limited Liability Corporations	1481	79144	30882
国有独资公司	Solely State-owned Corporations		824	1036
其他有限责任公司	Other Limited Liability Corporations	1481	78320	29846
股份有限公司	Share-holding Corporations Ltd.	233	7498	3827
私营企业	Private Enterprises	3649	102716	55102
私营独资企业	Private-funded Enterprises	1245	6046	5832
私营合伙企业	Private Partnership Enterprises	28	1871	1134
私营有限责任公司	Private Limited Liability Corporations	2198	88260	45503
私营股份有限公司	Private Share-holding Corporatinos Ltd.	179	6540	2634
其他企业	Other Enterprises	233	4326	1937
港、澳、台商投资企业	Enterprises Funded by Hong Kong, Macao and Taiwan	31	8996	4309
与港澳台商合资经营企业	Joint-venture Enterprises		1366	2717
与港澳台商合作经营企业	Cooperative Enterprises			
港澳台商独资企业	Enterprises with Sole Fund	31	7631	1593
港澳台商投资股份有限公司	Share-holding Corporations Ltd.			
其他港澳台投资企业	Other Enterprises with Funds from Hong Kong, Macao and Taiwan			
外商投资企业	Foreign-funded Enterprises	211	53212	24644
中外合资经营企业	Joint-venture Enterprises			
中外合作经营企业	Cooperative Enterprises			
外资企业	Enterprises with Sole Fund	211	53212	24644
外商投资股份有限公司	Share-holding Corporations Ltd.			
其他外商投资企业	Other Foreign-funded Enterprises			

单位：万元 (10 000 yuan)

其 中 of which 税金 Tax	营业利润 Business Profit	营业外收入 Total Profits	其 中 of which 补贴收入 Subsidize Revenue	利润总额 Payroll Payable	应交所得税 VAT Income Tax	应付职工薪酬(本年贷方累计发生额) Payroll Payable
7441	**220387**	**3101**	**957**	**208401**	**16178**	**248759**
287	3621	163	51	3362	884	12508
6426	204791	2701	948	197547	14372	225632
27	8461	372		7176	1440	15786
	838			3		106
	824					75
	14			3		31
987	6297	28	9	3674	366	7235
1	-608			-609	1	329
779	1637	6	5	1370	231	2888
208	5268	23	4	2913	135	4018
7153	210029	2702	870	198773	14137	208012
43	-914	106		-1290	36	4517
17	8436	28	2	7023	51	2847
121	1172			1172		609
1500	43486	896	140	34196	4176	56376
56	2022	46	46	2068	442	2584
1443	41463	850	95	32128	3734	53792
172	13761	186	185	13875	2234	16065
5077	138504	1425	503	138706	7480	122278
1015	35626	241	6	28516	1383	12254
169	1722	13	8	1498	48	2812
3592	99048	1099	483	105899	5817	101637
302	2107	72	6	2793	232	5575
224	5585	61	40	5092	160	5320
192	1424	36		788		4861
175	-19			-51		1142
18	1443	36		838		3719
96	8935	364	87	8840	2041	35887
96	8935	364	87	8840	2041	35887

表15.10 按行业和业态分连锁零售企业基本情况(2013年)

BASIC CONDITIONS OF CHAIN RETAIL ENTERPRISES BY SECTOR AND BUSINESS CATERGORIES (2013)

指 标	Item	总店数(个) Number of Head Stores (unit)	门店总数(个) Number of Stores (unit)	年末从业人数(人) Engaged Persons at Year-end (persons)	年末零售营业面积(平方米) Operating Area of Retail Enterprises at Year-end(sq.m)	商品销售额(万元) Total Sales of Commodities (10 000 yuan)	商品购进总额(万元) Purchases Value (10 000 yuan)	统一配送商品购进额(万元) Centralized Purchase and Delivery (10 000 yuan)
总 计	**Total**	**71**	**9697**	**86026**	**3712902**	**7147479**	**5298523**	**5185477**
按行业分	**By Sector**							
#综合零售	Integrated Retail	26	3766	63296	2908844	5461017	3717297	3699722
食品、饮料及烟草制品专门零售	Retail of Food, Beverages and Tobaccos	6	431	1222	9695	30859	28930	28930
纺织、服装及日用品专门零售	Special Retail of Textiles, Garments and Daily Consumer Articles	10	164	2244	62776	106457	55686	18966
文化、体育用品及器材专门零售	Retail of Culture, Sports Appliances and Equipments	2	272	2605	84500	363448	362487	362487
医药及医疗器材专门零售	Retail of Medicines and Medical Appliances	19	4933	13131	308271	441177	362463	307072
汽车、摩托车、燃料及零配件专门零售	Retail of Motor Vehicles, Motorcycles, Fuel and Parts	4	25	119	2255	7201	6136	2775
家用电器及电子产品专门零售	Special Retail of Household Electric Appliances and Electronic Products	4	106	3409	336561	737321	765524	765524
五金、家具及室内装修材料专门零售	Special Retail of Hardware, Furniture and Decoration Materials							
无店铺及其他零售	Non-shop and Other Retails							
按业态分	**By Business Categories**							
便利店	Convenience Store	1	44	98	787	6422	6428	6428
折扣店	Discount Store							
超市	Supermarket	18	3314	18110	647124	539940	526174	514988
大型超市	Hypermarket	2	86	22139	551589	1135771	1062476	1062476
仓储会员店	Warehouse Club							
百货店	Department Store	5	322	22949	1709344	3778885	2122219	2115830
专业店	Specialty Store	33	5335	18917	606332	1337337	1233524	1152495
#加油站	Gas Station							
专卖店	Franchised Store	12	596	3813	197726	349124	347702	333260
家居建材商店	Building Material Store							
厂家直销中心	Factory Outlets Center							
其他	Other Store							

表15.11 按行业分连锁餐饮企业基本情况（2013年）

BASIC CONDITIONS OF CHAIN CATERING ENTERPRISES BY SECTOR (2013)

指 标	Item	总店数（个）Number of Head Stores (unit)	门店总数（个）Number of Stores (unit)	年末从业人员（人）Engaged Persons at Year-end (persons)	年末餐饮营业面积（平方米）Operating Area of Catering Enterprises at Year-end(sq.m)	餐位数（位）Number of Dining-seats (unit)	营业额（万元）Business Revenue (10 000 yuan)	商品购进总额（万元）Total Purchases Value (10 000 yuan)	统一配送商品购进额（万元）Centralized Purchase and Delivery (10 000 yuan)
总 计	**Total**	23	2408	106141	1470522	661190	1172876	791669	169472
正餐服务业	Restaurant	19	2247	102471	1447604	652538	1120088	764527	142330
快餐服务业	Fast Food	2	62	3200	19737	7779	40759	18861	18861
饮料及冷饮服务业	Beverages and Cold Drinks								
其他餐饮服务业	Others	2	99	470	3181	873	12030	8281	8281

表15.12 批发和零售业连锁经营情况(2013年)

OPERATION OF CHAIN ENTERPRISES IN WHOLESALE AND RETAIL（2013）

指 标	Item	合 计 Total		其 中 of which #直营店 Regular Chain	
		2012	2013	2012	2013
门店总数（个）	Number of Stores(unit)	11517	12453	3319	3535
年末从业人员数（人）	Engaged Persons at Year-end(person)	90936	98721	76906	82930
年末零售营业面积（平方米）	Business Area of Catering Services at Year-end (sq.m)	3882447	4072692	3568916	3693655
连锁门店商品购进额(万元)	Total Purchases Value of Chain Retail Stores(10 000yuan)	8891889	8484407	8711111	8208939
#统一配送商品购进额	Purchases of Centralized Delivery	5333031	5567049	5215769	5374568
#自有配送中心配送商品购进额	Purchases of Self-owned Delivery Center	3470942	3791594	3379844	3668161
非自有配送中心配送商品购进额	Purchases of Non-self-owned Delivery Center	751843	1406895	735573	1359422
连锁门店商品销售额(万元)	Total Sales (10 000Wholesale & Retail)	9754702	10677341	9528020	10382571
#零售额	Retail	7236936	7411215	7070965	7204179

表15.13 住宿和餐饮业连锁经营情况(2013年)
OPERATION OF CHAIN ENTERPRISES IN HOTELS AND CATERING SERVICES (2013)

指 标	Item	合 计 Total		其 中 of which #直营店 Regular Chain	
		2012	2013	2012	2013
门店总数（个）	Number of Stores(unit)	2179	2408	440	523
年末从业人员数（人）	Engaged Persons at Year-end(person)	106713	106141	20721	19662
年末餐饮营业面积（平方米）	Business Area of Catering Services at Year-end (sq.m)	1431893	1470522	373146	388497
客房数（间）	Number of Rooms	216	266	216	266
床位数（个）	Number of beds(unit)	416	516	416	516
餐位数（位）	Number of Catering Seats(unit)	643950	661190	131267	138047
连锁门店商品购进额(万元)	Total Purchases Value of Chain Retail Stores(10 000 yuan)	732024	791669	227509	239645
#统一配送商品购进额	Purchases of Centralized Delivery	149260	169472	90180	99103
#自有配送中心配送商品购进额	Purchases of Self-owned Delivery Center	94581	113109	61280	69442
非自有配送中心配送商品购进额	Purchases of Non-self-owned Delivery Center	51736	53219	27901	28509
连锁门店营业额（万元）	Business Revenue of Chain Retail Stores(10 000 yuan)	1255047	1172876	394497	383169
#餐费收入	From Meals	1247230	1167254	386680	377547
商品销售额	Total Sales of Commodities	7238	3783	7238	3783

重/庆/统/计/年/鉴

主要统计指标解释

社会消费品零售总额

指企业（单位、个体户）通过交易直接售给个人、社会集团非生产、非经营用的实物商品金额，以及提供餐饮服务所取得的收入金额。个人包括城乡居民和入境人员，社会集团包括机关、社会团体、部队、学校、企事业单位、居委会或村委会等。

批发业

指批发商向批发、零售单位及其他企事业、机关单位批量销售生活用品和生产资料的活动，以及从事进出口贸易和贸易经纪与代理的活动。批发商可以对所批发的货物拥有所有权，并以本单位、公司的名义进行交易活动；也可以不拥有货物的所有权，而以中介身份做代理销售商。还包括各类商品批发市场中固定摊位的批发活动。

零售业

指百货商店、超级市场、专门零售商店、品牌专卖店、售货摊等主要面向最终消费者（如居民等）的销售活动。包括以互联网、邮政、电话、售货机等方式的销售活动，还包括在同一地点，后面加工生产，前面销售的店铺（如前店后厂的面包房）。不包括：谷物、种子、饲料、牲畜、矿产品、生产用原料、化工原料、农用化工产品、机械设备（乘用车、计算机及通信设备等除外）等生产资料的销售（列入批发业）；非零售单位附带的零售活动，如汽车修理单位销售汽车零件（列入单位主业所对应的行业类别中）；商业零售单位所在商厦的物业管理（列入物业管理）；商业零售单位所在的商品市场、商业大厦的市场管理活动（列入市场管理）。

批发和零售业商品购进、销售、库存额

指各种登记注册类型的批发和零售业企业(单位)以本企业(单位)为总体的，从国内、国外市场购进的商品总量，销售和出口的商品总量，库存的商品总量等情况。该指标可以反映商品流转过程中商品的购进、销售、库存之间的比例关系和存在的问题。

商品销售额

指对本单位以外的单位和个人出售的商品金额（包括售给本单位消费用的商品，含增值税）。商品销售包括（1）售给城乡居民和社会集团消费用的商品；（2）售给农业、工业、建筑业、运输邮电业、服务业、公用事业等国民经济各行业用于生产、经营用的商品，包括售予批发和零售业作为转卖或加工后转卖的商品；（3）对国（境）外直接出口的商品。不包括：（1）未通过买卖行为付出的商品，如随机构变动移交给其他企业单位的商品、借出的商品、归还受其他单位委托代保管的商品、付出的加工原料和赠送给其他单位的样品等；（2）经本单位介绍，由买卖双方直接结算，本单位只收取手续费的业务；（3）购货退回的商品；（4）商品损耗和损失；（5）出售本单位自用的废旧物资。

住宿业

指有偿为顾客提供临时住宿的服务活动。不包括提供长期住宿场所的活动，如出租房屋、公寓等（列入房地产开发经营）。

餐饮业

指在一定场所，对食物进行现场烹饪、调制，并出售给顾客主要供现场消费的服务活动。

营业额

指住宿和餐饮业单位在经营活动中因提供服务或销售商品等取得的收入。包括：客房收入、餐费收入、商品销售额和其他收入。其中，客房收入指住宿和餐饮业单位在经营活动中因提供住宿服务取得的收入。餐费收入指住宿和餐饮业单位因为顾客提供就餐服务取得的收入，包括经烹饪、调制加工后出售的各种食品，如主食、炒菜、凉拌菜等的收入。

主要统计指标解释

连锁总店（总部）

指负责连锁企业资源（商号、商誉、经营模式、服务标准、管理模式等等）的开发、配置、控制或使用等功能的企业核心管理机构。连锁经营是指经营同类商品或服务，使用统一商号的若干店铺，在同一总店（总部）的管理下，采取统一采购或特许经营等方式，实现规模效益的组织形式，包括直营连锁、特许连锁和自愿连锁三种形式。其中，直营连锁是指连锁店铺由连锁公司全资或控股开设，在总部的直接控制下，开展统一经营的连锁经营形式；特许连锁是指拥有注册商标、企业标志、专利、专有技术等经营资源的企业（特许人），以合同形式将其拥有的经营资源许可其他经营者（被特许人）使用，被特许人按合同约定在统一的经营模式下开展经营，并向特许人支付特许经营费用的连锁经营形式；自愿连锁是指若干个店铺或企业自愿组合起来，在不改变各自资产所有权关系的情况下，以同一个品牌形象面对消费者，以共同进货为纽带开展的连锁经营形式。

Explanatory Notes on Main Statistical Indicators

□ Total Retail Sales of Consumer Goods

Refer to the amount obtained by enterprises (units, self-employed individuals) through direct sales of non-production and non-business physical commodity to individuals, social institutions, and revenue from providing catering services. Individuals include rural and urban households, population from abroad, social institutions include government agencies, social organizations, military units, schools, institutions, neighbourhood (village) committees.

□ Wholesale Trade

Refers to the activities of wholesaler selling at wholesale commodities for daily use and capital goods to enterprises of wholesale and retail trades and other enterprises, institutions and government offices, including the activities of wholesaler engaged in import and export and acting as a trade agent. The wholesaler may have the right of ownership over the commodities of wholesale and trade in the name of its own's or a company, the wholesaler may not have the right of ownership, only acts an agent. The wholesale trade also include the activities of wholesaler at the fixed stalls of the wholesale market of different commodities.

□ Retail Trade

Refers to the activities of department store, supermarket, franchised store, brand store, retail stall and on-the-spot-making-selling store selling commodities to the final consumers (citizens) by any means including internet, post, telephone, sales machine. Retail trade excludes the activities of sales of capital goods such a grain, seed, feed, livestock, mineral products, raw material for production, industrial chemicals, chemical products for farm, machine and equipment (vehicle, computer and communication equipment), and the activities of supplementary sales of non-retailer such as the sales of spare parts of car repair business (listed as branch in correspondence with principle business), property management of buildings of retail units (listed as property management); market management of commercial markets and buildings of retail units (listed as market management) .

□ Purchase, Sales and Stock of Commodities by Wholesale and Retail Trades

Refer to the total volume of commodities purchased, total volume of sales and exports, and the stock of commodities by wholesale and retail enterprises (establishments) of different status of registration from domestic and overseas markets. This indicator reflects the relationship among purchase, sales and stock of commodities in the circulation of goods and reveals the existing problems.

□ Total Sales of Commodities

Refer to value of commodities sold by the establishments to other establishments and individuals (including goods sold for self consumption, including the value-added tax). The commodities include: (I) commodities sold to urban and rural residents and social groups for their consumption; (II) commodities sold to establishments in all industries for their production and operation, including agriculture, industry, construction, transportation, post and telecommunications, catering services, and public utility including commodities sold to wholesale and retail establishments for re-selling, with or without further processing; and (III) commodities for direct export to abroad. Excluded are (I) extended commodities without trading, such as goods handed over to other enterprises and institutions because of the change of organizations, lent goods, returned goods preserved for others, extended processing materials and samples donated to others, (II) goods of direct settlement between buyer and seller with handling fees introduced by others, (III) goods returned after purchase, (IV) damaged and spoiled goods, (V) waste and used goods of self use,

□ Hotel Services

Refer to the charged accommodation services provided to customers, excluding the long term accommodation service activities such as rental housing and apartments(it is under real estate development and management).

□ Catering Services

Refer to the activities of enterprises providing on-the-spot services of selling food cooked and prepared to the customer in certain sites

□ Business Revenue

Refers to revenue of hotels and catering services received from providing services or selling commodities through business activities, including income from hotels, from catering services, from selling of commodities and from other services. Income from hotels refers to income of hotels and catering services by providing lodging services through business activities. Income from catering services refers to income of hotels and catering services by providing catering services, including selling of cooked or prepared foods, such as staple food, cooked dishes, or cold dishes.

□ Chain Head Stores (headquarter)

Refer to the core leading stores responsible for development, allocation, administration and utilization of resources (name of stores, brand of stores, operation model, service standard, management way, etc.) of chain stores. Chain stores refers to the stores engaged in providing homogeneous commodities or services, with the central leadership of head store (headquarters) and guided by common policies, conduct centralized purchase and distributed selling of commodities, in order to gain better efficiency through standardized operation. The chain stores include regular chain stores, franchise chain stores and voluntary chain stores.

Regular Chain store refers to chain stores that are invested or controlled by the headquarters. They operate under direct and unified management from the headquarters.

Franchise chain store refers to the chain stores (franchisees) which are franchised with operation resources such as trade marks, names, patent and operation know-how by the franchisors in form of contract and pay the operation fees to the franchisors.

Voluntary chain store refers to the stores operate jointly on the voluntary bases while maintaining their status of independent legal entities with full ownership of their assets. They sell goods of same brand from same channel of resource to the consumers.

第16章

对外经济贸易和旅游业

FOREIGN ECONOMIC RELATIONS,TRADE AND TOURISM

本章内容包括全市进出口、利用外资、对外承包工程和劳务合作、旅游情况，以及利用内资方面的资料。进出口、利用外资、对外承包工程和劳务合作、旅游和国外友好城市交流资料由市统计局贸易外经处分别根据重庆海关、市对外贸易经济委员会、市旅游局和市政府外事办公室的有关资料加工整理，利用内资数据由市统计局贸易外经处提供。

The data in this chapter include the statistics on imports & exports, utilization of foreign capital, contracted projects and labor cooperation with foreign countries (territories) and tourism as well as the utilization of domestic capital. The data of imports & exports, utilization of foreign capital, contracted projects and labor cooperation with foreign countries and territories, tourism and communications with foreign twin cities and tourism are provided by Chongqing Customs, Chongqing Foreign Trade and Economic Relations Commission, Chongqing Tourism Administration and Foreign Affairs Office of Chongqing Municipal Government, and sorted and compiled by Division of Trade and External Economic Relations Statistics, Chongqing Municipal Bureau of Statistics. The data of utilization of domestic capital are provided by Division of Trade and External Economic Relations Statistics of Municipal Bureau of Statistics.

表16.1 人民币汇率(年平均价)(1985－2013年)
REFERENCE EXCHANGE RATE OF RENMINBI (PERIOD AVERAGE) (1985-2013)

单位：人民币元 (RMB yuan)

年 份 Year	100美元 100 US Dollars	100日元 100 Japanese Yen	100港元 100 Hong Kong Dollars	100欧元 100 Euros
1985	293.66	1.2457	37.57	
1986	345.28	2.0694	44.22	
1987	372.21	2.5799	47.74	
1988	372.21	2.9082	47.70	
1989	376.51	2.7360	48.28	
1990	478.32	3.3233	61.39	
1991	532.33	3.9602	68.45	
1992	551.46	4.3608	71.24	
1993	576.20	5.2020	74.41	
1994	861.87	8.4370	111.53	
1995	835.10	8.9225	107.96	
1996	831.42	7.6352	107.51	
1997	828.98	6.8600	107.09	
1998	827.91	6.3488	106.88	
1999	827.83	7.2932	106.66	
2000	827.84	7.6864	106.18	
2001	827.70	6.8075	106.08	
2002	827.70	6.6237	106.07	800.58
2003	827.70	7.1466	106.24	936.13
2004	827.68	7.6552	106.23	1029.00
2005	819.17	7.4484	105.30	1019.53
2006	797.18	6.8570	102.62	1001.90
2007	760.40	6.4632	97.46	1041.75
2008	694.51	6.7427	89.19	1022.27
2009	683.10	7.2986	88.12	952.70
2010	676.95	7.7279	87.13	897.25
2011	645.88	8.1050	82.97	900.11
2012	631.25	7.9037	81.38	810.67
2013	619.32	6.3323	79.85	822.19

表16.2 进出口总值（1987－2013年）
TOTAL VALUE OF IMPORTS AND EXPORTS (1987-2013)

单位：万美元(USD 10 000)

年 份 Year	进出口总值 Total Imports and Exports	其 中 of which 进 口 Imports	 出 口 Exports	进出口差额 Balance of Imports and Exports
1987	29681	12235	17446	5211
1988	41078	18907	22171	3264
1989	60299	31247	29052	-2195
1990	68095	35366	32729	-2637
1991	61950	22701	39249	16548
1992	74244	33377	40867	7490
1993	85470	44310	41160	-3150
1994	123957	52430	71527	19097
1995	141859	57126	84733	27607
1996	158543	99178	59365	-39813
1997	167843	89828	78015	-11813
1998	103386	51975	51411	-564
1999	121044	72005	49039	-22966
2000	178547	79025	99522	20497
2001	183384	73136	110248	37112
2002	179401	70282	109119	38837
2003	259488	100979	158509	57530
2004	385735	176616	209119	32503
2005	429283	177229	252054	74825
2006	547013	211821	335192	123371
2007	744546	293774	450772	156998
2008	952121	379939	572182	192243
2009	770859	342851	428008	85157
2010	1242634	493759	748875	255116
2011	2921786	937973	1983813	1045840
2012	5320358	1463315	3857043	2393728
2013	6870410	2190661	4679749	2489088

表16.3 利用外资基本情况（1985－2013年）
BASIC STATISTICS ON UTILIZATION OF FOREIGN CAPITAL (1985-2013)

单位：万美元(USD 10 000)

年 份 Year	新签利用外资协议（合同）数（个） Number of Newly Signed Agreements (Contracts) of Foreign Capital Utilization (unit)	其 中 of which #外商直接投资 Foreign Direct Investment	协议合同金额 Value of Agreements and Contracts	其 中 of which #外商直接投资 Foreign Direct Investment	实际利用外资额 Foreign Capital Actually Utilized	其 中 of which #外商直接投资 Foreign Direct Investment
1985	28		3991		2499	427
1986	21	6	2957	1528	3596	790
1987	31	10	3320	774	4509	1924
1988	72	18	54862	1913	13153	2069
1989	39	15	3887	7141	22479	756
1990	81	55	19133	6245	14489	332
1991	110	80	12074	4252	16143	977
1992	516	443	59665	37919	29745	10247
1993	795	681	106629	72892	41970	25915
1994	453	364	65266	47932	65644	44953
1995	341	280	112473	74567	61554	37926
1996	233	160	35873	24232	44151	21878
1997	289	229	77109	46017	98208	38466
1998	263	222	75099	47577	55163	43107
1999	199	169	70115	50688	32699	23893
2000	237	190	86888	35716	34532	24436
2001	191	172	71884	44261	42442	25649
2002	169	148	64824	50215	45034	28089
2003	218	187	71397	55301	56654	31112
2004	281	258	66621	66315	68214	40508
2005	266	208	81877	80213	70423	51575
2006	252	223	112960	111558	87667	69595
2007	263	240	440891	440499	122011	102857
2008	197	135	283124	208757	285688	245196
2009	220	161	379861	244278	419178	337577
2010	261	232	628902	402848	636956	304264
2011	361	326	633609	624570	1057862	582575
2012	294	248	559368	505724	1057661	352418
2013	248	192	405748	382459	1059715	414353

注：1）2004年起，新签利用外资协议（合同）数、协议合同金额均不含对外借款。
2）2007年起，外商直接投资数据为上报国家商务部口径。

Note: a) Foreign loans have been excluded from the number of newly signed agreements (contracts) of foreign capital utilization and the value of agreements and contracts since 2004.
b) The data of foreign direct investment has become the data reported to the Ministry of Commerce since 2007.

表16.4 对外承包工程和劳务合作（1985 – 2013年）

CONTRACTED PROJECTS AND LABOR COOPERATION WITH FOREIGN COUNTRIES AND TERRITORIES (1985-2013)

单位：万美元(USD 10 000)

年 份 Year	签订合同数 (个) Number of Contracts (unit)	合同金额 Value of Contracts	实际完成营业额 Value of Turnover Fulfilled
1985	9	2109	572
1986	18	1571	337
1987	15	1540	572
1988	13	2640	2683
1989	27	2605	2574
1990	14	2971	2189
1991	16	4329	2436
1992	19	3765	2896
1993	13	9440	2704
1994	45	4106	4132
1995	33	4032	3757
1996	35	6654	3160
1997	22	2607	2725
1998	24	1969	3203
1999	235	4591	3842
2000	231	9232	5806
2001	232	11590	6700
2002	117	12200	7959
2003	94	13450	8810
2004	81	14805	10078
2005	70	18498	12138
2006	72	21447	16050
2007	67	30714	20585
2008	55	86398	30673
2009	80	104463	36885
2010	48	81560	45074
2011	49	66797	43738
2012	42	107550	58406
2013	104	111288	103450

注：因统计制度变更，2011年起数据均为对外承包工程。

Note: Due to the modification of statistics system, the data only includes the contracted projects with foreign countries and territories since 2011.

表16.5 国际旅游人数和外汇收入（1983－2013年）

NUMBER OF INTERNATIONAL TOURISTS AND FOREIGN EXCHANGE EARNINGS (1983-2013)

年 份 Year	接待旅游人数（人次） Number of Tourists (person-time)	其 中 of which		旅游外汇收入（万美元） Foreign Exchange Earnings from Tourism (USD 10 000)	平均每人逗留天数（天） Average Staying Period per Capita (day)
		＃外国人 Foreigners	＃港澳台同胞 Compatriots from Hong Kong, Macao and Taiwan		
1983	23032	18706	3997	26	1.3
1984	28094	21110	6505	259	1.7
1985	49508	40460	8370	527	2.1
1986	55152	44290	8904	860	1.7
1987	60894	52177	8253	1063	1.5
1988	64181	45193	18711	1281	1.5
1989	41248	21454	19595	1027	1.6
1990	69609	19913	49570	1823	1.3
1991	81745	29625	51950	2354	1.6
1992	141165	52949	88050	3997	1.3
1993	135596	59140	76025	4819	1.4
1994	138593	93408	44180	5432	1.5
1995	142892	93625	48942	6333	2.0
1996	161761	108163	53238	7090	2.3
1997	259414	154919	103720	10548	2.7
1998	163738	116288	47211	8837	3.2
1999	184936	133629	51173	9726	3.2
2000	266081	192863	73218	13837	3.2
2001	313254	219214	94040	16341	3.1
2002	461484	310934	150550	21802	2.7
2003	234521	181744	52777	11323	2.8
2004	434423	338892	95531	20308	2.7
2005	523872	418076	105796	26436	3.0
2006	603239	488249	114990	30872	3.2
2007	761676	622427	139249	38231	3.2
2008	871907	742792	129115	44977	3.0
2009	1048125	847967	200158	53721	3.0
2010	1370231	1039598	330633	70320	3.4
2011	1864016	1326135	537881	96806	3.9
2012	2242834	1526320	716514	116832	3.4
2013	2422605	1619340	803265	126831	3.1

表16.6 按商品类别分的进出口总值（2012－2013年）
TOTAL IMPORTS AND EXPORTS VALUE BY COMMODITY CATEGORY (2012-2013)

单位：万美元(USD 10 000)

商品类别	Categories of Commodities	进口 Imports		出口 Exports	
		2012	2013	2012	2013
总　值	**Total Value**	**1463315**	**2190661**	**3857043**	**4679749**
#初级产品	Primary Goods	196906	258993	29287	41333
工业制成品	Mamufactured Goods	1266409	1931668	3827756	4638416
按进出口商品类章分	**By Category of Imported and Exported Goods**				
活动物、动物产品	Live Animals and Animal Products	687	1356	9242	10340
植物产品	Vegetable Products	82183	91442	2604	13292
动植物油脂及分解产品、精制食用油脂，动植物蜡	Animal or Vegetable Fats and Oils and Their Cleavage Products, Prepared Edible Fats, Animal or Vegetable Waxes	2674	6119	82	120
食品、饮料、酒及醋；烟草及烟草代用品的制品	Prepared Foodstuffs; Beverages, Spirits and Vinegar; Tobacco and Manufactured Tobacco Substitutes	2109	3458	11290	11353
矿产品	Mineral Products	62534	108837	2895	3736
化学工业及其相关工业的产品	Products of the Chemical or Industries Allied	58141	65006	84777	97180
塑料及其制品、橡胶及其制品	Plastics and Articles ThereofRubber and Articles Thereof	48290	66779	215352	136029
生皮、皮革、毛皮及制品；鞍具及挽具；旅行用品、手提包及类似品；动物肠线（蚕胶丝除外）制品	Raw Hides and Skins, Leather, Fur Skins and Articles Thereof; Saddlery and Harness; Travel Goods, Handbags and Similar Containers; Articles of Animal Gut (Other Than Silk-Worm Gut)	855	768	125078	73875
木及木制品；木炭；软木及软木制品；稻草、秸杆、针茅或其他编结材料制品；蓝筐及柳条编结品	Wood and Articles of Wood; Wood Charcoal; Cork and Articles of Cork; Manufactures of Straw, of Esparto or of Other Plaiting Materials; Basket Ware and Wickerwork	416	302	1217	1786
木浆及其他纤维状纤维素浆；回收（废碎）纸或纸板；纸、纸板及其制品	Pulp of Wood or of Other Fibrous Cellulosic Material; Waste and Scrap of Paper or Paperboard; Paper and Paperboard and Articles Thereof	20681	27280	50591	35284

表16.6 续表 continued

单位：万美元(USD 10 000)

商品类别	Categories of Commodities	进口 Imports		出口 Exports	
		2012	2013	2012	2013
纺织原料及纺织制品	Textiles and Textile Articles	6279	7560	139956	171788
鞋、帽、伞、杖、鞭及其零件；已加工的羽毛及其制品；人造花；人发制品	Footwear, Headgear, Umbrellas, Sun Umbrellas, Walking-Sticks, Seat-Sticks, Whips, Riding-Crops and Parts Thereof; Prepared Feathers and Articles Made Therewith; Artificial Flowers; Articles of Human Hair	398	685	135015	72450
石料、石膏、水泥、石棉、云母及类似材料的制品；陶瓷产品；玻璃及其制品	Articles of Stone, Plaster, Cement, Asbestos, Mica or Similar Materials; Ceramic Products; Glass and Glassware	1108	2397	202555	152588
天然或养殖珍珠、宝石或半宝石、贵金属、包贵金属	Natural or Cultured Pearls, Precious or Semi-Precious Stones, Precious Metals, Metals Clad With Precious Metal	485	18615	320	225484
贱金属及其制品	Base Metals and Articles of Base Metal	48579	51237	234887	173546
机器、机械器具、电气设备及其零件；录音机及放声机、电视图象、声音的录制和重放设备及其零件、附件	Machinery and Mechanical Appliances; Electrical Equipment; Parts Thereof; Sound Recorders and Reproducers, Television Image and Sound Recorders and Reproducers; and Parts and Accessories of Such Articles	963178	1332351	1814982	2855655
车辆、航空器、船舶及运输设备	Vehicles, Aircraft, Vessels and Associated Transport Equipment	89408	116736	304876	337297
光学、照相、电影、计量、检验、医疗或外科用仪器及设备、精密仪器及设备；钟表；乐器；上述物品的零件、附件	Optical, Photographic, Cinematographic, Measuring, Checking, Precision, Medical or Surgical Instruments and Apparatus; Clocks And Watches; Musical Instruments; Parts and Accessories Thereof	72696	70614	58168	37766
武器、弹药及其零件、附件	Arms and Ammunition; Parts and Accessories Thereof			22	30
杂项制品	Miscellaneous Manufactured Articles	2610	3920	459533	268387
艺术品、收藏品及古玩	Works of Art, Collectors' Pieces and Antiques	4	27	3598	1763
特殊交易品及未分类商品	Commodities and Transactions not Classified According to Kind		215173	3	

表16.7 按贸易方式分的进出口总值（2012－2013年）
TOTAL VALUE OF IMPORTS AND EXPORTS BY CUSTOMS REGIME (2012-2013)

单位：万美元(USD 10 000)

指 标	Item	进出口总值 Total Imports and Exports		其 中 of which 进 口 Imports		出 口 Exports	
		2012	2013	2012	2013	2012	2013
总 计	**Total**	**5320358**	**6870410**	**1463315**	**2190661**	**3857043**	**4679749**
一般贸易	Ordinary Trade	2794598	2641526	622990	755611	2171608	1885915
国家间国际组织无偿援助和赠送的物资	Donations by Foreign Countries and International Associations	155	789			155	789
其他境外捐赠物资	Other Donations from Abroad	3	28	3	28		
加工贸易	Processing Trade	1730878	3282175	194468	616021	1536410	2666154
补偿贸易	Compensation Trade						
来料加工装配贸易	Processing and Assembling Trade	29944	34729	25576	29207	4368	5522
进料加工贸易	Feeding Processing Trade	1700934	3247446	168892	586813	1532042	2660633
加工贸易进口设备	Equipment Importation for Processing Trade	87	14	87	14		
寄售代销贸易	Consignment Trade						
边境小额贸易（边民互市贸易除外）	Petty Trade in Border Areas (exluding the barter trade between border residents)						
对外承包工程出口货物	Goods Exportation for Contracted Projects with Foreign Countries	2699	6316			2699	6316
租赁贸易	Leasing Trade	115	190			115	190
外商投资企业作为投资进口的设备物品	Imported Equipment and Materials as Investment of Foreign-Funded Enterprises	9756	18822	9756	18822		
出料加工贸易	Outward Processing Trade						
易货贸易	Barter Trade		6				6
免税外汇商品	Tax-Free Commodities on Foreign Exchange						
保税监管场所进出境货物	Inbound and Outbound Goods in Bonded Warehouses	4545	11568	4403	7107	142	4461
海关特殊监管区域物流货物	Transit Goods in Specialized Bonded Warehouses	655389	863965	624287	789664	31102	74301
海关特殊监管区域进口设备	Imported Equipment in Specialized Bonded Warehouses	6479	2445	6479	2445		
其 他	Others	115654	42566	842	949	114812	41617

表16.8 按国别（地区）分的进出口总值（2012－2013年）
IMPORTS AND EXPORTS BY COUNTRIES OR REGIONS (2012-2013)

单位：万美元(USD 10 000)

国别（地区）	Country (Region)	进出口总值 Total Imports and Exports		其中 of which 进口 Imports		出口 Exports	
		2012	2013	2012	2013	2012	2013
进出口贸易总值	**Total**	**5320358**	**6870410**	**1463315**	**2190661**	**3857043**	**4679749**
亚　洲	**Asia**	**2190519**	**3384969**	**1013002**	**1521227**	**1177517**	**1863742**
#巴　林	Bahrain	11705	3060		1	11705	3059
孟加拉国	Bangladesh	5247	11257	533	997	4714	10260
文　莱	Brunei	5803	7237			5803	7237
缅　甸	Myanmar	33915	43921	2		33913	43921
柬埔寨	Cambodia	4395	7798	8	148	4387	7650
朝鲜民主主义人民共和国	DPRK	226	10160		2673	226	7487
香　港	Hong Kong	100139	636825	1366	154921	98773	481904
印　度	India	109355	195251	7498	6489	101857	188762
印度尼西亚	Indonesia	114830	145162	11539	10473	103291	134689
伊　朗	Iran	36028	24561	3923	2811	32105	21750
伊拉克	Iraq	7466	6237			7466	6237
以色列	Israel	17990	10583	540	599	17450	9984
日　本	Japan	188887	176950	133661	107904	55226	69046
约　旦	Jordan	8488	5731			8488	5731
科威特	Kuwait	4722	5344	2329	1617	2393	3727
老　挝	Laos	5458	5190	73	1	5385	5189
黎巴嫩	Lebanon	4532	8511		1	4532	8510
澳　门	Macao	5463	7238	24		5439	7238
马来西亚	Malaysia	425592	529682	301468	389374	124124	140308
蒙　古	Mongolia	2489	2233			2489	2233
阿　曼	Oman	7780	8889		1	7780	8888
巴基斯坦	Pakistan	30313	30482	13	2	30300	30480
菲律宾	Philippines	81551	121273	46427	80638	35124	40635
卡塔尔	Qatar	1887	8022	313	1581	1574	6441
沙特阿拉伯	Saudi Arabia	57779	38238	3345	5206	54434	33032
新加坡	Singapore	122306	165921	26042	51019	96264	114902
韩　国	South Korea	127634	190072	86871	124458	40763	65614
斯里兰卡	Sri Lanka	4730	4594	114	61	4616	4533
泰　国	Thailand	130947	113030	72133	46311	58814	66719
土耳其	Turkey	36110	39550	1788	1706	34322	37844
阿拉伯联合酋长国	UAE	93950	159456	159	21	93791	159435
也门共和国	Yemen	7899	4796			7899	4796
越　南	Vietnam	57103	78789	18157	20886	38946	57903
中华人民共和国	China	171887	292729	171887	292729		
台　湾	Taiwan	154734	268542	121052	218440	33682	50102
非　洲	**Africa**	**295126**	**261140**	**1574**	**63443**	**293552**	**197697**
#阿尔及利亚	Algeria	20651	22066			20651	22066
安哥拉	Angola	21509	10557			21509	10557
贝　宁	Benin	4834	2802			4834	2802
喀麦隆	Cameroon	1352	2502			1352	2502
吉布提	Djibouti	3019	3215			3019	3215
埃　及	Egypt	18092	9323	403	195	17689	9128

表16.8 续表1 continued1

单位：万美元(USD 10 000)

国别(地区)	Country (Region)	进出口总值 Total Imports and Exports		其中 of which 进口 Imports		出口 Exports	
		2012	2013	2012	2013	2012	2013
埃塞俄比亚	Ethiopia	1873	1999		3	1873	1996
加　蓬	Gabon	2087	733	171	234	1916	499
加　纳	Ghana	43684	10481		4758	43684	5723
几内亚	Guinea	2713	2527			2713	2527
科特迪瓦(象牙海岸)	Cote d'Ivoire	1409	1310			1409	1310
肯尼亚	Kenya	9303	9410	1	1	9302	9409
利比利亚	Liberia	2767	1324			2767	1324
利比亚	Libya	3966	2643			3966	2643
马达加斯加	Madagascar	860	1841	3	2	857	1839
马拉维	Malawi	1617	955			1617	955
毛里求斯	Mauritius	1776	893	1	1	1775	892
摩洛哥	Morocco	10943	6486	42	212	10901	6274
莫桑比克	Mozambique	3079	5645		574	3079	5071
尼日利亚	Nigeria	17489	26121	63	13	17426	26108
塞内加尔	Senegal	1288	1137			1288	1137
南非(阿扎尼亚)	South Africa	55853	96343	851	53439	55002	42904
苏　丹	Sudan	10138	4867			10138	4867
坦桑尼亚	Tanzania	3790	6200		1	3790	6199
多　哥	Togo	38507	14766			38507	14766
突尼斯	Tunisia	4152	3202	34	33	4118	3169
乌干达	Uganda	831	1344			831	1344
扎伊尔	Zaire	1079	5023		3978	1079	1045
赞比亚	Zambia	1281	299			1281	299
欧　洲	**Europe**	**1280778**	**1519730**	**221803**	**260548**	**1058975**	**1259182**
#比利时	Belgium	38443	30541	3297	3044	35146	27497
丹　麦	Demark	6342	6190	625	729	5717	5461
英　国	UK	115512	105346	12410	26371	103102	78975
德　国	Germany	366588	582002	110457	126719	256131	455283
法　国	France	132444	63660	22429	6537	110015	57123
爱尔兰	Ireland	1536	1877	254	498	1282	1379
意大利	Italy	56243	75755	14733	36806	41510	38949
卢森堡	Luxemburg	1613	399	11	86	1602	313
荷　兰	Netherland	244570	314285	8419	5920	236151	308365
希　腊	Greece	7044	8705	99	22	6945	8683
葡萄牙	Portugal	7811	6590	1180	1052	6631	5538
西班牙	Spain	61345	34184	16114	6868	45231	27316
阿尔巴尼亚	Albania	3832	454		1	3832	453
奥地利	Austria	5962	6436	2651	2793	3311	3643
保加利亚	Bulgaria	2589	1635	65	72	2524	1563
芬　兰	Finland	49406	59943	1581	1409	47825	58534
匈牙利	Hungary	5617	5103	850	1015	4767	4088
马耳他	Malta	11129	6364	543	623	10586	5741
挪　威	Norway	3038	4167	131	371	2907	3796
波　兰	Poland	32483	26060	1150	1824	31333	24236

表16.8 续表2 continued2

单位：万美元(USD 10 000)

国 别（地区）	Country (Region)	进出口总值 Total Imports and Exports		其 中 of which			
				进 口 Imports		出 口 Exports	
		2012	2013	2012	2013	2012	2013
罗马尼亚	Romania	5910	7853	1195	3575	4715	4278
瑞 典	Sweden	12752	25335	3148	6635	9604	18700
瑞 士	Switzerland	9432	19231	4394	13663	5038	5568
爱沙尼亚	Estonia	2831	1201	75	40	2756	1161
拉脱维亚	Latvia	1446	1298	9	18	1437	1280
立陶宛	Lithuania	5349	9277		15	5349	9262
格鲁吉亚	Georgia	1824	1889		51	1824	1838
阿塞拜疆	Azerbaijan	1849	1562			1849	1562
俄罗斯	Russia	41746	72576	1462	2015	40284	70561
乌克兰	Ukraine	10445	9294	228	1131	10217	8163
斯洛文尼亚共和国	Slovenia	3194	3889	58	23	3136	3866
克罗地亚共和国	Croatia	1531	1608	9	37	1522	1571
捷克共和国	Czech	13354	16727	2735	6230	10619	10497
斯洛伐克共和国	Slovakia	12539	6219	11459	4321	1080	1898
塞尔维亚	Serbia	1170	640	2	10	1168	630
拉丁美洲	**Latin America**	**432182**	**422045**	**58843**	**116940**	**373339**	**305105**
#阿根廷	Argentina	43547	33616	9078	5026	34469	28590
巴哈马	Bahama	1201	246			1201	246
巴 西	Brazil	110684	139167	39507	84274	71177	54893
智 利	Chile	40225	31843	252	4320	39973	27523
哥伦比亚	Colombia	20072	23024	169	184	19903	22840
哥斯达黎加	Costarica	2810	2236	1352	523	1458	1713
古 巴	Cuba	1101	1264			1101	1264
多米尼加共和国	Dominica	2279	1963	99	213	2180	1750
厄瓜多尔	Ecuador	5154	5393	17	41	5137	5352
危地马拉	Guatemala	3714	3201	3	7	3711	3194
洪都拉斯	Honduras	7077	2304	3	4	7074	2300
牙买加	Jamaica	7460	1761			7460	1761
墨西哥	Mexico	91998	102012	3247	17087	88751	84925
尼加拉瓜	Nicaragua	805	5736		13	805	5723
巴拿马	Panama	31025	13668	11	3	31014	13665
巴拉圭	Paraguay	13145	6132	30		13115	6132
秘 鲁	Peru	18127	21016	243	86	17884	20930
萨尔瓦多	El Salvado	1274	1001			1274	1001
乌拉圭	Uruguay	16490	15680	4144	4134	12346	11546
委内瑞拉	Venezuela	9597	7788	685	886	8912	6902
北美洲	**North America**	**1004647**	**1136146**	**134967**	**165720**	**869680**	**970426**
#加拿大	Canada	73453	71579	11645	8536	61808	63043
美 国	America	931193	1064565	123321	157184	807872	907381
大洋洲	**Oceania**	**117097**	**144067**	**33118**	**60470**	**83979**	**83597**
#澳大利亚	Australia	103658	132695	32889	59259	70769	73436
新西兰	New Zealand	9583	10081	229	1211	9354	8870
东盟组织	**ASEAN**	**981901**	**1218005**	**475848**	**598850**	**506053**	**619155**
欧盟组织	**EU**	**1204308**	**1407667**	**215546**	**243243**	**988762**	**1164424**

表16.9 主要商品出口数量和金额（2012－2013年）
MAIN EXPORT COMMODITIES IN VOLUME AND VALUE (2012-2013)

单位：万美元(USD 10 000)

品 名	Name	数 量 Volume		金 额 Value	
		2012	2013	2012	2013
肉及杂碎（吨）	Meat and Sweetbread (ton)	5964	7283	3700	3526
#猪 肉（吨）	Pork (ton)	2847	2746	1201	1191
冻 鸡（吨）	Frozen Chicken (ton)	462	2385	141	754
粮 食（吨）	Cereals (ton)	538	1761	151	780
#谷物及谷物粉（吨）	Cereal and Cereal Powder (ton)	432	656	133	162
#稻谷和大米（吨）	Rice (ton)	432	551	133	158
薯类及含有淀粉的块茎（吨）	Tuber (ton)	99	1066	17	612
蔬 菜（吨）	Vegetables (ton)	20646	23187	2637	3521
#鲜或冷藏蔬菜（吨）	Fresh or Frozen Vegetable (ton)	2118	3805	299	832
干的食用菌类（吨）	Dried Edible Mushroom (ton)	97	244	172	430
鲜、干水果及坚果（吨）	Fresh and Dried Fruit and Nuts (ton)	74	869	8	94
茶 叶（吨）	Tea (ton)	4600	5385	430	499
猪肉罐头（吨）	Dried Capsicum (ton)	3920	4165	989	1067
蘑菇罐头（吨）	Canned Mushroom (ton)	524	1255	96	216
肠 衣（吨）	Casings (ton)	2254	1817	2120	1433
填充用羽毛；羽绒（吨）	Feathers and Down for Stuffing (ton)	885	1127	4170	5417
中药材及中式成药（吨）	Tranditional Chinese Medicaments and Materials (ton)	543	18969	821	10389
#植物性药材（吨）	Botanical Medicine Materials (ton)	505	18942	805	10373
烤 烟（吨）	Tobacco (ton)	6742	8896	2914	3796
肥 料（吨）	Fertilizer (ton)	127642	125941	4922	4253
#矿物肥料及化肥（吨）	Mineral Fertilizer and Chemical Fertilizer (ton)	85050	92807	4030	3706
#尿 素（吨）	Carbamide (ton)	3079	32974	143	1103
胶合板及类似多层板（立方米）	Plywood (cubic meter)	983	4787	63	175
印刷品（吨）	Presswork (ton)	4858	5671	4842	4524
生 丝（吨）	Raw Silk (ton)	199	34	921	183
粘土及其他耐火矿物（吨）	Clay and Other Fire-resisting Minerals (ton)	11642	41005	311	961
#天然石墨（吨）	Native Graphite	146	6932	6	305
天然碳酸镁；氧化镁（吨）	Native Magnesium Carbonate and Magnesium Hydroxide (ton)	96	6859	1	101
稀土及其制品（吨）	Rare Earth and Products (ton)	53	27	195	105
钨 品（吨）	Tungsten Products (ton)	34	37	141	134
#钨及其制品（吨）	Tungsten and It's Products (ton)		27	4	109
碳酸钠(纯碱)（吨）	Sodium Carbonate (ton)	158288	142014	3290	2680
合成有机染料（吨）	Synthetic Organic Dyestuffs (ton)	2469	1323	1397	789
医药品（吨）	Medical and Pharmaceutical Products (ton)	3844	6271	8201	10558
#抗菌素（制剂除外）（吨）	Bacteriophage (Excluding Preparation) (ton)	206	153	3095	2329
医用敷料（吨）	Medical Dressing	916	527	451	411
洗衣粉（吨）	Washing Powder	1738	1729	631	301
农 药（吨）	Pesticide (ton)	2512	3536	1188	1426
初级形状的聚氯乙烯（吨）	PVC in Primary Forms (ton)	70	205	28	123
新的充气橡胶轮胎（吨）	Rubber Tyres (ton)	32206	39339	10944	13083
家用或装饰用木制品（吨）	Wood Products for Household or Decoration Use (ton)	271	180	111	99
纸及纸板(未切成形的)（吨）	Paper and Paperboard (Unchopped in shape)(ton)	12626	20355	9573	9506
#牛皮纸（吨）	Kraftpaper (ton)	2388	893	1829	435

表16.9 续表1 continued

单位：万美元(USD 10 000)

品　名	Name	数　量 Volume		金　额 Value	
		2012	2013	2012	2013
纺织纱线、织物及制品	Yarn, Textile and Products			59890	68910
#棉纱线（吨）	Cotton Yarn (ton)	1542	1559	915	1059
丝织物	Silk Textile			1470	1211
棉机织物	Cotton Textile			1920	2044
亚麻及苎麻机织物（万米）	Flax and Ramie Textile(10 000 meters)	585	2407	3588	13074
合成短纤与棉混纺机织物（万米）	Synthetic Staple Fibres and Cotton Blended Textile (10 000 meters)	758	997	837	1103
地　毯（万平方米）	Carpet (10 000 sq. meters)	220	156	1266	1220
塑料编织袋(周转袋除外)（万条）	PP Bags (10 000 pcs)	1354	865	396	240
水泥及水泥熟料（吨）	Cement Clinker (ton)	1656	9376	24	177
花岗岩石材及制品（吨）	Granite and Products (ton)	8770	21598	5049	4947
平板玻璃（万平米）	Sheet Glass(10 000 sq.meters)	160	609	546	1350
玻璃制品（吨）	Glass Products (ton)	85932	61908	57015	30908
#玻璃器皿（吨）	Glass Ware (ton)	59184	39412	43340	22936
陶瓷产品（吨）	Porcelain and Pottery Ware (ton)	150908	173014	92059	65456
#家用陶瓷（吨）	Ceramics for Household Purpose (ton)	15016	14006	3466	7891
建筑用陶瓷（吨）	Ceramics for Building Use (ton)	85248	131341	31623	34518
装饰用陶瓷（吨）	Ceramics for Decoration Use (ton)	44009	21173	50292	18652
钢　材（吨）	Rolled Steel (ton)	190541	97708	18764	13091
#钢铁棒材（吨）	Bar Iron and Steel (ton)	3939	7656	698	775
角钢及型钢（吨）	Angle Steel and Structural Steel (ton)	5971	8623	482	1105
钢铁板材（吨）	Sheet Iron and Steel (ton)	167153	60292	14093	6038
钢铁线材（吨）	Iron and Steel Wire (ton)	3516	6009	580	755
钢铁管配件（吨）	Iron and Steel Pipe and Fittings (ton)	3421	3870	1065	1120
未锻造的铜及铜材（吨）	Unwrought Copper and Rolled Copper (ton)	950	4188	717	3414
#铜　材（吨）	Rolled Copper (ton)	950	4186	717	3412
未锻造的铝及铝材（吨）	Unwrought Aluminum and Rolled Aluminum (ton)	48484	46544	14093	13526
#未锻造的铝(包括铝合金)（吨）	Unwrought Aluminum (including Aluminum Alloy) (ton)	3412	1488	765	314
铝　材（吨）	Rolled Aluminum (ton)	45072	45056	13328	13213
镁及其制品(包括废碎料)（吨）	Magnesium and Products (Including Scrap) (ton)	13349	12662	4208	3491
未锻造的锰（吨）	Unwrought Manganese (ton)	626	14927	193	3199
钢铁或铜制标准紧固件（吨）	Iron or Copper Nails, Bolts, etc. (ton)	8593	7501	3287	2660
不锈钢厨具、餐具等家用器具（吨）	Household Utensils like Stainless Steel Cookers and Tableware (ton)	4232	4097	1793	1625
手用或机用工具（吨）	Tools for Manual or Mechanical Use (ton)	21007	13719	10405	7404
电　扇（百台）	Electric Fan (100 sets)	10459	17364	852	1688
空气调节器（百台）	Air Conditioner (100 sets)	182	113	310	396
冰　箱（百台）	Refrigerator (100 sets)	47	46	111	219
纺织机械及零件	Textile Machinery			1430	1845
工业用缝纫机（百台）	Sewing Machine for Industrial Use (100 sets)	139	125	286	371
金属加工机床（台）	Machine Tools (set)	237810	200588	1246	1764
#车　床（台）	Lathe (set)	614	1108	64	174
电子计算器(包括袖珍数据记录机)（千台）	Electronic Calculator (including mini data recorder) (1 000 sets)	6723	3675	950	838
自动数据处理设备及其部件（千台）	Automatic Data Processing Machines and Components (1 000 sets)	61635	87004	1380148	2246906
#自动数据处理设备（千台）	Automatic Data Processing Machines (1 000 sets)	35443	48797	1254183	1985132
#便携式电脑（千台）	Notebook Computer (1 000 sets)	35443	48683	1254123	1980908
微型电脑（千台）	Micro Computer (1 000 sets)		114	6	4175

表16.9 续表2 continued

单位：万美元(USD 10 000)

品　名	Name	数　量 Volume		金　额 Value	
		2012	2013	2012	2013
中央处理部件（千台）	CPU Components (1 000 sets)	196	179	2111	2648
显示器（千台）	Displays (1 000 sets)	3126	3306	30022	29129
#液晶显示器（千台）	LCD (1 000 sets)	3126	3306	30022	29129
存储部件（千台）	Storage Components (1 000 sets)	1394	1810	5372	5101
键盘、鼠标器（千个）	Keyboards and Mouses (1 000 sets)	6040	10112	3161	3941
自动数据处理设备的零件（吨）	Parts for Auto Data Processing Equipment (ton)	4268	3735	25091	23648
打印机(包括多功能一体机)（千台）	Printers (Including Multi-Purpose Printers) (1 000 sets)	7015	17781	82280	217335
液晶显示板（万个）	LCD Panel (10 000 pcs)	38	56	1497	1914
轴　承（万套）	Bearing (10 000 sets)	1060	1930	2253	3617
电动机及发电机（万台）	Electric Motors and Generators (10 000 sets)	269	238	2574	1796
变压器（万个）	Transformer (10 000 units)	8830	9342	5117	5803
静止式变流器（万个）	Static Converters (10 000 units)	2725	3513	7492	8936
原电池（万个）	Primary Cells and Batteries (10 000 units)	11188	9675	585	946
蓄电池（万个）	Battery (10 000 pcs)	266	559	4636	9246
#铅酸蓄电池（万个）	Lead-Acid Batteries (10 000 units)	30	89	591	3842
太阳能电池（万个）	Solar Batteries (10 000 units)	55	89	213	788
电话机（万台）	Telephone (10 000 sets)	39	124	3250	11062
#手持或车载无线电话机（万台）	Mobile Phone or Car Phone (10 000 sets)	26	93	3085	10503
扬声器（万个）	Speaker (10 000 pcs)	185	263	467	1963
录、放像机（百台）	Video Recorder and Player (100 sets)	2864	5626	1786	1372
#DVD播放机（百台）	DVD Player (100 sets)	1192	1878	1362	934
声音录制或重放设备（百台）	Audio Recording or Replay Equipment (100 sets)	606	3895	136	400
收音设备(包括收录音机及散件)（百台）	Radio Sets (including Sound Recording Apparatus) (100 sets)	36949	20292	2423	2204
电视机（包括整套散件）（百台）	TV Sets (Including Components) (100 sets)	39	2363	99	2427
#彩色电视机(包括整套散件)（百台）	Colored TV Sets (Including Components) (100 sets)	39	2358	99	2419
录放音、像机及唱机的零附件	Components and Accessories of Sound and Video Recorder and Player			1255	399
电视、收音机及电讯设备零附件（吨）	Parts of TV sets, Radio Sets and Telecommunication Equipment (ton)	2514	2242	3096	2601
电容器（吨）	Capacitor (ton)	153	219	667	1751
印刷电路（万块）	Printed Circuit Board (10 000 pcs)	556	2491	987	3684
通断保护电路装置及零件	Electrical Apparatus for Switching or Protecting Electrical Circuits			6204	4280
节能灯（万只）	ESL (10 000 pcs)	22	408	44	401
二极管及类似半导体器件（百万个）	Diode and Semi Conductors (1 million pcs)	1479	1660	2216	22777
集成电路（百万个）	IC (1 million pcs)	245	930	9815	56389
#处理器及控制器（万个）	Processor and Controller (10 000 pcs)	20727	86494	8808	47982
存储器（万个）	Computer Memory (10 000 pcs)	868	486	413	558
放大器（万个）	Amplifier (10 000 pcs)	51	96	115	273
电线和电缆（吨）	Insulated Wire or Cable (ton)	1802	5625	1580	5008
汽车(包括整套散件)（辆）	Motor Vehicles (including parts) (unit)	105941	115167	62062	78256
#小轿车（辆）	Car (unit)	37378	17609	25246	11997
小客车（九座及以下的）（辆）	Minivan (Less Than 9 Seats) (unit)	15497	44645	10225	36710
货　车（辆）	Truck (unit)	51010	51848	21344	26823
汽车零件	Parts of Motor Vehicles			32338	43823

表16.9 续表3 continued

单位：万美元(USD 10 000)

品　名	Name	数　量 Volume		金　额 Value	
		2012	2013	2012	2013
摩托车（辆）	Motorcycles (unit)	3648324	3639277	165593	170175
自行车（辆）	Bicycle (unit)	31397	105144	68	471
摩托车及自行车的零件	Parts of Motorcycles and Bicycles			25785	29769
船　舶（艘）	Ships (unit)	6857	439	7277	5247
#液货船(包括液化天然气船)（艘）	Liquid Cargo Ships (Including Liquid Gas Ships) (unit)	3	5	6948	5050
照相机（万架）	Camera (10 000 sets)	6	4	41	94
眼镜及其零件	Glasses and Parts			4108	2666
医疗仪器及器械	Medical Instruments and Appliances			3207	3736
手　表（万只）	Watch (10 000 pcs)	1909	1734	3522	2906
#电动手表（万只）	Electronic Watch (10 000 pcs)	1906	1724	3503	2890
日用钟（万只）	Clocks (10 000 sets)	1276	526	4826	2655
家具及其零件	Furniture			217671	125664
床垫、寝具及类似品	Mattress and Bed Linens			10843	5563
灯具、照明装置及类似品	Lights, Illumination Devices and Similar Products			131387	80482
箱包及类似容器	Suitcases, Bags and Similar Containers			122919	70846
体育用品及设备	Sports Appliances and Equipment			17127	8670
服装及衣着附件	Garments and Accessories			103550	123692
#织物制服装	Textile Garments			80625	104185
#非针织钩编织物服装	Non Knitted or Crocheted Garments			16006	35644
针织或钩编的服装	Knitted or Crocheted Garments			64619	68541
皮革服装（万件）	Leather Garments (10 000 pcs)	8	8	119	291
裘皮服装（吨）	Fur Garments (ton)	1	31	48	643
皮革手套（万双）	Leather Glove (10 000 pairs)	187	31	410	430
织物制手套（万双）	Textile Glove (10 000 pairs)	2676	1781	1622	1365
织物制袜子（万双）	Textile Sock (10 000 pairs)	10116	5227	2498	2126
帽　类（万个）	Hat (10 000 pcs)	4563	4240	5301	3987
鞋　类	Footwear			94997	48014
#鞋（万双）	Shoe (10 000 pairs)	4470	3280	89666	44856
#底面以橡塑制的鞋（万双）	Shoe with Rubber Sole (10 000 pairs)	183	1033	2395	10133
皮面鞋（万双）	Leather Shoe (10 000 pairs)	230	339	3603	5083
橡塑底纺织为面的鞋（万双）	Textile Shoe (10 000 pairs)	158	413	2763	6384
鞋靴零件;护腿及类似品（吨）	Footwear Accessories, Leg Warmer and Similar Products (ton)	4996	3037	5332	3158
塑料制品（吨）	Plastic Articles (ton)	118272	81264	172694	87350
玩　具	Toys			1108	1269
游戏机（万台）	Video Game Consoles (10 000 sets)	281	176	5089	3332
圣诞用品（吨）	Articles for Christmas (ton)	12479	7844	35945	15336
足球、篮球、排球（万个）	Football, Basketball and Volleyball (10 000 pcs)	376	139	941	453
艺术品、收藏品及古董	Artworks, Collections and Antiques			3598	1763
贵金属或包贵金属的首饰	Precious Metal Jewelry			31	47688
伞（万把）	Umbrella (10 000 pcs)	372	195	2023	1221
农产品	Agricultural Products			24427	36980
机电产品	Mechanical and Electrical Products			2595092	3501691
高新技术产品	High and New-tech Products			1493151	2483624

表16.10 主要商品进口数量和金额（2012－2013年）
MAIN IMPORT COMMODITIES IN VOLUME AND VALUE (2012-2013)

单位：万美元(USD 10 000)

品名	Name	数量 Volume		金额 Value	
		2012	2013	2012	2013
粮 食（吨）	Cereals (ton)	1193305	1448881	77714	90834
#大 豆（吨）	Soybean (ton)	119	1444	74027	88464
食用植物油（吨）	Edible Vegetable Oil (ton)	20145	40032	2516	5052
#菜子油和芥子油（吨）	Canola Oil (ton)	20125	39823	2506	4954
酒 类（升）	Liquor (liter)	2187533	1482736	1385	712
#葡萄酒（升）	Wine (liter)	2166981	1474591	1376	706
饲料用鱼粉（吨）	Fish Meal (ton)	2502	20240	351	2401
天然橡胶(包括胶乳)（吨）	Natural Rubber (including Latex) (ton)	12387	28132	4091	7729
合成橡胶(包括胶乳)（吨）	Synthetic Rubber (including Latex) (ton)	5263	12924	2432	4445
锯 材（立方米）	Sawn Timber (cubic meter)	11104	5061	339	140
纸 浆（吨）	Paper Pulp (ton)	56593	62359	4068	4343
棉 花（吨）	Cotton (ton)	11732	8362	3069	2191
铁矿砂及其精矿（万吨）	Iron Ore (10 000 tons)	341	606	45356	81038
锰矿砂及其精矿（吨）	Manganese Ore (ton)	7175	31757	171	549
铬矿砂及其精矿（吨）	Chromium Ore (ton)	1598	17181	35	381
煤及褐煤（吨）	Coal and Lignite Coal (ton)	123886	569024	2140	8624
#炼焦煤（吨）	Agglomerating Coal (ton)	123886	466810	2140	7607
成品油（吨）	Refined Oil (ton)	621	5902	262	725
二甲苯（吨）	Xylene (ton)	198686	185639	30243	27763
苯乙烯（吨）	Ethenylbenzene (ton)		4000		680
乙二醇（吨）	Ethylene Glycol (ton)	9086	10712	961	1130
医药品（吨）	Pharmaceutical Products (ton)	135	152	1828	2121
#抗菌素(制剂除外)（吨）	Bacteriophage (Excluding Preparation) (ton)	9	19	786	1156
聚合物油漆及清漆（吨）	Polymers Paint and Varnish (ton)	590	702	185	195
初级形状的塑料（吨）	Primary-Shaped Plastics (ton)	112348	171992	18152	30475
#初级形状的聚乙烯（吨）	Primary-Shaped Polytene (ton)	36608	60776	5120	9073
初级形状的低密度聚乙烯（吨）	Primary-Shaped Low-Density Polytene (ton)	35536	39002	4914	5923
初级形状的聚丙烯（吨）	Primary-Shaped Polypropylene (ton)	4255	2379	665	453
初级形状的苯乙烯聚合物（吨）	Primary-Sahped Styrene Polymer (ton)	6091	37117	1343	7647
#ABS树脂（吨）	ABS Resin (ton)	4618	30172	1054	6191
初级形状的聚酯（吨）	Primary-Shaped Polyester (ton)	2846	3841	1023	1423
#聚酯切片(PET)（吨）	PET (ton)	103	298	166	250
聚酰胺切片（吨）	Polyamide Chips (ton)	248	238	134	134
非泡沫塑料的板、片、膜、箔（吨）	Non-Foam-Plastic Plates, Sheets, Films and Foils (ton)	1700	1253	1515	989
废 纸（吨）	Waste Paper (ton)	588649	687276	12536	16074
纸及纸板(未切成形的)（吨）	Paper and Paperboard (Unchopped in Shape) (ton)	2005	3360	878	924
#涂布纸（吨）	Coated Paper (ton)	80	1446	108	311
纺织纱线、织物及制品	Yarn, Textile and Products			2098	1941
#棉纱线（吨）	Cotton Yarn (ton)	359	388	227	121
棉机织物	Cotton Textile			635	282
合成纤维长丝机织物（万米）	Synthetic Filament Yarn Textile (10 000 m)	71	139	241	360
服装及衣着附件	Garment and Accessories			1068	3541
玻璃纤维及其制品（吨）	Glass Fiber and Products (ton)	132	182	119	176
废金属（吨）	Waste Metal (ton)	116971	75999	20264	12974
#废 铝（吨）	Waste Aluminum (ton)	116971	75999	20264	12974
钢 材（吨）	Rolled Steel (ton)	93036	111070	10118	11917
#角钢及型钢（吨）	Angle Steel and Structural Steel (ton)	1463	3384	188	653
钢铁板材（吨）	Sheet Iron and Steel (ton)	89066	107330	9088	10671
钢铁制标准紧固件（吨）	Iron Nails, Bolts, etc. (ton)	8029	13504	5852	9332
未锻造的铜及铜材（吨）	Unwrought Copper and Rolled Copper (ton)	13	6025	128	4390
#未锻造的铜(包括铜合金)（吨）	Unwrought Copper (Including Copper Alloy) (ton)		6003		4195
未锻造的铝及铝材（吨）	Unwrought Aluminum and Rolled Aluminum (ton)	731	748	255	280
#铝 材（吨）	Rolled Aluminum (ton)	347	348	155	142

表16.10 续表 continued

单位：万美元(USD 10 000)

品　名	Name	数　量 Volume		金　额 Value	
		2012	2013	2012	2013
活塞式内燃机的零件（吨）	Parts of Piston Combustion Engines (ton)	12195	10049	21061	17096
液泵及液体提升机（台）	Liquid Pump and Liquid Lifter (unit)	842575	858085	8192	8686
制冷设备用压缩机（台）	Compressors for Refrigeration (unit)	881	7112	852	469
空气调节器（台）	Air Conditioner (set)	2953	20	375	190
冷冻机和制冷设备（台）	Freezer and Refrigeration Appliances (set)	159	369	51	910
非家用型水的过滤、净化机器（台）	Water Filter Machine Not for Home Use (set)	69	1816	125	241
机械提升搬运装卸设备及零件	Mechanical Lifting, Handling, Loading and Unloading Equipment and Parts			5779	9457
建筑及采矿用机械及零件	Building and Mining Machinery and Parts			1037	1006
制造纸及纸制品用机械及零件	Paper and Paper Products Manufacture Machinery and Parts			1242	2157
印刷、装订机械及零件	Printing and Binding Machinery and Parts			65203	128450
纺织机械及零件	Textile Machinery and Parts			784	805
金属加工机床（台）	Machine Tools (set)	905	834	53271	35643
#加工中心（台）	Processing Centers (set)	400	273	21326	14919
数控机床（台）	CNC Machine Tools (set)	300	264	24320	14925
金属轧机及零件	Rolling Mill and Parts			1552	682
橡胶或塑料加工机械及零件	Rubber or Plastic Processing Machinery and Parts			7648	1166
型模及金属铸造用型箱	Dies and Boxes for Metal Casting			3040	1794
阀　门（万套）	Valves (10 000 sets)	213	273	3093	5761
自动数据处理设备及其部件（千台）	Automatic Data Processing Machines and Components (1 000 sets)	48352	81370	161741	204267
#自动数据处理设备（千台）	Automatic Data Processing Machines (1 000 sets)			321	196
存储部件（千台）	Memory Unit (1 000 sets)	39869	64049	159401	195026
自动数据处理设备的零件（吨）	Parts for Auto Data Processing Equipment (ton)	694	816	41295	66721
制造单晶柱或晶圆用的机器及装置（台）	Crystal Column or Wafer Manufacturing Machines and Devices (set)	28	13	256	270
制造半导体或电路用的机器及装置（台）	Machines and Devices for the Manufacture of Semiconductor Devices and IC (set)	304	48	3217	452
制造平板显示器用的机器及装置（台）	Machines and Devices for the Manufacture of Flat Display (set)	1	76	17	4807
电动机及发电机（万台）	Electric Motors and Generators (10 000 sets)	3348	6642	4647	10269
发电机组及旋转式变流机（台）	Generator Unit and Rotary Converter (set)	157	1942	244	1630
变压、整流、电感器及零件	Transformers, Rectifiers, Inductors and Parts			12989	13981
蓄电池（万个）	Battery (10 000 pcs)	12540	14553	20827	23440
无线电导航雷达及遥控设备（台）	Radio Navigation Radars and Remote Control Equipment (set)	479950	1003370	732	1481
摄像机、数字照相机及摄录一体机（百台）	Video Camera and Digital Camera (100 sets)	141766	102320	4687	4837
电视、收音机及电讯设备的零附件（吨）	Parts of TV sets, Radio Sets and Telecommunication Equipment (ton)	89	153	767	1414
电容器（吨）	Capacitors (ton)	601	815	8222	8566
电阻器（吨）	Resistor (ton)	51	53	569	643
印刷电路（万块）	Printed Circuit (10 000 units)	11340	13348	3642	4286
通断保护电路装置及零件	Electrical Apparatus for Switching or Protecting Electrical Circuits			12629	23851
二极管及类似半导体器件（百万个）	Diode and Semi Conductors (1 million pcs)	3449	5337	9445	14425
集成电路（百万个）	IC (1 million pcs)	1526	2420	408043	596848
电线和电缆（吨）	Insulated Wire or Cable (ton)	2910	4497	4533	7456
汽车(包括整套散件)（辆）	Motor Vehicles (including parts) (unit)	150	71	1259	661
#小轿车（辆）	Car (unit)	26	20	107	113
货　车（辆）	Truck (unit)	30	31	219	235
专用汽车（辆）	Special Vehicle (unit)	13	1	535	208
汽车零件	Parts of Motor Vehicles			76184	119166
飞　机（架）	Plane (unit)	3	4	10583	856
液晶显示板（万个）	LCD Panel (10 000 units)	799	1120	12560	4542
医疗仪器及器械	Medical Instruments and Appliances			11190	9827
计量检测分析自控仪器及器具	Metering, Testing, Analyzing and Auto Controlling Instruments and Appliances			44157	49244
印刷品（吨）	Printed Matters (ton)	255	408	2438	5449
塑料制品（吨）	Plastic Articles (ton)	2219	2550	2730	3383
农产品	Agricultural Products			90797	105014
机电产品	Mechanical and Electrical Products			1142848	1541492
高新技术产品	High and New-tech Products			837347	1147623

表16.11 利用外资情况（2012－2013年）
UTILIZATION OF FOREIGN CAPITAL (2012-2013)

单位：万美元(USD 10 000)

指　标	Item	2012	2013
新签利用外资协议（合同）数(个)	**Number of Newly Signed Agreements (Contracts) of Foreign Capital Utilization (unit)**	**294**	**248**
外商直接投资	Foreign Direct Investment	248	192
外商其他投资	Other Foreign Investment	46	56
协议（合同）额	**Value of Agreements (Contracts)**	**559368**	**405748**
外商直接投资	Foreign Direct Investment	505724	382459
外商其他投资	Other Foreign Investment	53644	23289
实际利用外资额	**Foreign Capital Actually Utilized**	**1057661**	**1059715**
外商直接投资	Foreign Direct Investment	352418	414353
外商其他投资	Other Foreign Investment	4314	56750
对外借款	Foreign Loans	73155	113904
其他利用外资	Other Foreign Capital Utilized	627774	474708

注：1) 2004年起，新签利用外资协议(合同)数、协议合同金额数均不含对外借款。
　　2) 2007年起，外商直接投资数据为上报国家商务部口径。
Note:a) Foreign loans have been excluded from the number of newly signed agreements (contracts) of foreign capital utilization and the value of agreements and contracts since 2004.
　　b) The data of foreign direct investment has become the data reported to the Ministry of Commerce since 2007.

表16.12 对外承包工程和劳务合作（2012－2013年）
CONTRACTED PROJECTS AND LABOR SERVICES WITH FOREIGN COUNTRIES AND TERRITORIES (2012-2013)

指　标	Item	2012	2013
对外承包工程签订合同数（个）	Number of Contracts Signed	42	104
对外承包工程合同金额（万美元）	Value of Contracts (USD 10 000)	107550	111288
对外承包工程营业额（万美元）	Value of Turnover Fulfilled (USD 10 000)	58406	103450
对外劳务合作派出人数（人）	Labor Exported (person)	10060	10416

表16.13 实际利用内资（1996–2013年）
ACTUAL UTILIZATION OF DOMESTIC CAPITAL (1996-2013)

单位：万元(10 000 yuan)

年 份 Year	总 计 Total	按资金来源分 By Source of Domestic Capital			按产业分 By Sector		
		东部地区 Eastern Region	中部地区 Middle Region	西部地区 Western Region	第一产业 Primary Industry	第二产业 Secondary Industry	第三产业 Tertiary Industry
1996	341109	228986	25379	86744	2831	105369	232909
1997	378156	253856	28135	96165	3139	116812	258205
1998	395891	265762	29454	100675	3286	122291	270314
1999	406169	272661	30219	103289	3371	125466	277332
2000	430388	288919	32021	109448	3572	132947	293869
2001	463819	311381	34517	117921	3857	143292	316670
2002	515296	314469	64164	136663	12748	180584	321964
2003	572766	357869	78764	136133	15593	260960	296213
2004	868731	600433	85290	183008	18667	471589	378475
2005	2058990	1480168	146817	432005	38813	949952	1070225
2006	2982509	2408160	140849	433500	30800	1262178	1689531
2007	4300287	3284574	274940	740773	39961	2232621	2027705
2008	8428422	6608697	549696	1270029	90772	4077438	4260212
2009	14680196	11432656	1017089	2230451	334215	7069998	7275983
2010	26382949	20152791	2075639	4154519	730882	11385667	14266400
2011	49198400	34891428	4993544	9313428	1598697	22073414	25526289
2012	59146368	39987932	5689892	13468544	2283784	27139587	29722997
2013	60071981	41347326	5886121	12838534	2409618	23814257	33848106

表16.14 外商直接投资项目（企业）数、合同额和实际投资额（2012－2013年）

CONTRACTED VALUE AND ACTUAL INVESTMENT OF PROJECTS (ENTERPRISES) FUNDED BY FOREIGN DIRECT INVESTMENT (2012-2013)

单位：万美元(USD 10 000)

指 标	Item	签定项目（合同）数（个） Number of Projects (Contracts) Signed (unit)		
		2012	2013	至当年底累计 Year-end Accumulation
总 计	**Total**	**248**	**192**	**5713**
按投资方式分	**By Investment Mode**			
合资经营	Joint Venture	73	44	2702
合作经营	Cooperative Operation	2	4	296
独资经营	Solely Foreign-Funded	172	144	2700
股份制	Share Holding	1		11
合作开发	Cooperative Operation			
其 他	Others			4
按行业分	**By Sector**			
第一产业	Primary Industry	8	3	150
第二产业	Secondary Industry	96	49	3294
工 业	Industry	95	48	3067
建筑业	Construction	1	1	227
第三产业	Tertiary Industry	144	140	2269
批发和零售业	Wholesale and Retail Trades	34	29	214
交通运输、仓储及邮政业	Transport, Storage, Post and Communication	8	8	119
住宿和餐饮业	Hotels and Catering Services	9	8	250
信息传输、软件和信息技术服务业	Information Transmission, Computer Services and Softwares	9	8	79
金融业	Financial Intermediation	2	8	20
房地产业	Real Estate	22	14	651
租赁和商务服务业	Leasing and Business Services	50	52	801
科学研究和技术服务业	Scientific Research, Technical Service and Geologic Prospecting	4	5	32
水利、环境和公共设施管理业	Management of Water Conservancy, Environment and Public Facilities	2	3	28
居民服务、修理和其他服务业	Services to Households and Other Services	3	1	30
教 育	Education			22
文化、体育与娱乐业	Culture, Sports and Entertainment	1	3	16
其 他	Others		1	7
按主要国别（地区）分	**By Country (Region)**			
香 港	Hong Kong	110	90	2538
印度尼西亚	Indonesia			15
日 本	Japan	11	9	260
韩 国	South Korea	9	8	115
澳 门	Macao	2	1	52
马来西亚	Malaysia	2	1	65
台 湾	Taiwan	30	19	895
泰 国	Thailand	1		50
新加坡	Singapore	14	10	220
比利时	Belgium		1	5
法 国	France	1	1	39
瑞 典	Sweden			10
瑞 士	Switzerland	1		7
英 国	UK	2	1	70
美 国	USA	11	7	535
加拿大	Canada	4	4	122
澳大利亚	Australia	1		69
新西兰	New Zealand			17

注：1)本表当年底累计数据除实际利用外资累计数按行业分组和按主要国别分组为1998年开始的累计数外，其余均为1979年开始的累计数。
2)2007年起，外商直接投资数据为上报商务部口径。
3)因减资或股权转移，合同（协议）额可能为负数。

单位：万美元(USD 10 000)

协议投资额 Contracted Foreign Investment			实际利用额 Foreign Capital Actually Utilized		
2012	2013	至当年底累计 Year-end Accumulation	2012	2013	至当年底累计 Year-end Accumulation
505724	**382459**	**3684997**	**352418**	**414353**	**2829065**
112404	51197	1111400	83374	61584	907802
16311	6298	227522		6516	89892
373587	326615	2285139	269004	329643	1762940
3422	-1651	57236	40	16610	64578
		3700			3853
2323	396	64064	583	240	8842
145399	80512	1362018	115650	96655	895868
144673	80496	1298516	115650	96639	884828
726	16	63502		16	11039
358002	301551	2258915	236185	317458	1772486
25613	11841	104648	12525	4662	45312
15566	24475	113607	11190	8348	53311
3199	-2524	51230	644	142	23567
3777	5478	16529	640	5341	8062
4266	22611	51433	4270	22196	52627
266613	184198	1494772	162227	200308	1264010
24154	54418	321853	21337	57761	222982
205	-1590	2021	55	100	546
12544	1660	52065	22473	16523	55014
2063	1621	43148	824	1619	40628
		5028			4742
2	-565	1883		450	1020
	-72	698		8	665
355720	296657	2441365	236666	274364	1761754
		2017			75
13042	10050	109956	10839	7719	81069
1425	1367	27357	2002	1103	17156
965	-147	8991	1203	434	3374
1002	90	11463	200	607	4076
1069	353	62551	305	508	30368
2		8710			1325
71094	23659	226287	48346	24719	188751
	94	279		54	161
20	4056	15911	120		9934
	5	4557		878	3736
640		1510		96	4436
540	19	25409	739	80	14381
1295	-209	83426	28	197	31435
3025	-685	24626	115		6576
-215	12	9373	466	11	4011
-198		2251			198

Note: a) In terms of the data of "Year-end Accumulation" in the table above, except the data of "Foreign Capital Actually Utilized" by sector and by country (region) which are accumulated since 1998, all the other data are accumulated since 1979.
b) The data of foreign direct investment has become the data reported to the Ministry of Commerce since 2007.
c) Due to capital reduction or stock transfer, the value of contracts (agreements) might be negative.

表16.15 实际利用内资项目资金来源情况（2012－2013年）
ACTUAL UTILIZATION OF DOMESTIC CAPITAL BY SOURCE (2012-2013)

单位：万元(10 000 yuan)

项　目	Item	2012	2013
总　计	**Total**	**59146368**	**60071981**
按资金来源分组	By Source of Domestic Capital		
#北　京	Beijing	10135786	10167220
天　津	Tianjin	581246	656588
河　北	Hebei	453573	824821
山　西	Shanxi	250375	415521
内蒙古	Inner Mongolia	54718	101899
辽　宁	Liaoning	615418	452538
吉　林	Jilin	436374	35692
黑龙江	Heilongjiang	139641	174156
上　海	Shanghai	5275056	4951286
江　苏	Jiangsu	3380965	3229249
浙　江	Zhejiang	5317630	5892945
安　徽	Anhui	830140	865487
福　建	Fujian	3378495	3367216
江　西	Jiangxi	482989	393557
山　东	Shandong	1575582	1745051
河　南	Henan	443498	758720
湖　北	Hubei	1971758	2261466
湖　南	Hunan	1135116	981522
广　东	Guangdong	8932689	9870873
广　西	Guangxi	453871	229848
海　南	Hainan	341494	189539
四　川	Sichuan	9704750	9392725
贵　州	Guizhou	604939	895910
云　南	Yunnan	1121399	875586
西　藏	Tibet	36901	29439
陕　西	Shaanxi	1028950	845096
甘　肃	Gansu	106422	12413
青　海	Qinghai	40678	55647
宁　夏	Ningxia	70435	48005
新　疆	Xinjiang	245480	351966
#东部地区	Eastern Region	39987932	41347326
中部地区	Middle Region	5689892	5886121
西部地区	Western Region	13468544	12838534

表16.16 实际利用内资项目资金行业分布情况（2012–2013年）
ACTUAL UTILIZATION OF DOMESTIC CAPITAL BY SECTOR (2012-2013)

单位：万元(10 000 yuan)

项　目	Item	2012	2013
总　计	**Total**	**59146368**	**60071981**
按行业分	**By Sector**		
第一产业	Primary Industry	2283784	2409618
第二产业	Secondary Industry	27139588	23814257
采矿业	Mining and Quarrying	978872	764430
制造业	Manufacturing	20424309	17429410
电力、燃气及水的生产和供应业	Production and Supply of Electricity, Gas and Water	2203105	1982220
建筑业	Construction	3533302	3638197
第三产业	Tertiary Industry	29722996	33848106
批发和零售业	Wholesale and Retail Trades	1771252	2023309
交通运输、仓储和邮政业	Transport, Storage and Post	2616402	2814748
住宿和餐饮业	Hotels and Catering Services	660892	884721
信息传输、软件和信息技术服务业	Information Transmission, Software and IT Service	443748	311819
金融业	Financial Intermediation	1155278	2654791
房地产业	Real Estate	17504268	19605803
租赁和商务服务业	Leasing and Business Services	1572836	2038326
科学研究和技术服务业	Scientific Research and Technical Service	456162	518343
水利、环境和公共设施管理业	Management of Water Conservancy, Environment and Public Utilities	1634073	1383989
居民服务、修理和其他服务业	Services to Households, Repair and Other Services	727956	510641
教　育	Education	357350	257692
卫生和社会工作	Health and Social Undertakings	102036	119305
文化、体育和娱乐业	Culture, Sports and Entertainment	720743	724619
公共管理、社会保障和社会组织	Public Management, Social Security and Social Organization		

表16.17 1000万元以上利用内资项目合同（协议、计划）资金来源情况（2012－2013年）
UTILIZATION OF CONTRACTED (AGREED, PLANNED) DOMESTIC CAPITAL ABOVE 10 MILLION YUAN BY SOURCE (2012-2013)

单位：万元(10 000 yuan)

项 目	Item	外省投入的项目合同（协议、计划）资金 From Outside Chongqing Total Contracted (Agreed , Planned) Capital	
		2012	2013
总 计	**Total**	**204717477**	**235164906**
按资金来源分	**By Source of Domestic Capital**		
#北 京	Beijing	42982204	45963484
天 津	Tianjin	1814205	2279505
河 北	Hebei	2111584	3267933
山 西	Shanxi	2017521	1970342
内蒙古	Inner Mongolia	119800	288000
辽 宁	Liaoning	1170738	1365007
吉 林	Jilin	313048	30836
黑龙江	Heilongjiang	409380	558280
上 海	Shanghai	17685086	22412415
江 苏	Jiangsu	11224147	12229113
浙 江	Zhejiang	18713024	20715111
安 徽	Anhui	2138942	2809213
福 建	Fujian	10468939	11108378
江 西	Jiangxi	1981818	1990690
山 东	Shandong	6042876	6891246
河 南	Henan	1036749	2165309
湖 北	Hubei	5783490	5917498
湖 南	Hunan	2331410	2644410
广 东	Guangdong	32642736	42848502
广 西	Guangxi	854442	547975
海 南	Hainan	412411	342026
四 川	Sichuan	31191293	33148834
贵 州	Guizhou	2025770	2472865
云 南	Yunnan	5095740	6436873
西 藏	Tibet	59235	88235
陕 西	Shaanxi	2799908	3010252
甘 肃	Gansu	75123	44970
青 海	Qinghai	216208	250408
宁 夏	Ningxia	97050	271596
新 疆	Xinjiang	897600	1095600
按区域分组	**By District**		
#东部地区	Eastern Region	146010808	169877673
中部地区	Middle Region	15591962	17778982
西部地区	Western Region	43114707	47508251

表16.18 1000万元以上实际利用内资项目资金来源情况（2012–2013年）

ACTUALLY UTILIZATION OF DOMESTIC CAPITAL ABOVE 10 MILLION YUAN BY SOURCE (2012-2013)

单位：万元(10 000 yuan)

项 目	Item	实际利用内资 Domestic Capital Actually Utilized	
		2012	2013
总 计	**Total**	**54890476**	**56060199**
按资金来源分	**By Source of Domestic Capital**		
#北 京	Beijing	9865579	9966263
天 津	Tianjin	522898	608154
河 北	Hebei	326833	741165
山 西	Shanxi	191856	348928
内蒙古	Inner Mongolia	19820	73607
辽 宁	Liaoning	500424	356100
吉 林	Jilin	406200	210
黑龙江	Heilongjiang	119851	157767
上 海	Shanghai	5006169	4636059
江 苏	Jiangsu	3073732	2960232
浙 江	Zhejiang	4907446	5629338
安 徽	Anhui	743320	787615
福 建	Fujian	3058792	3109498
江 西	Jiangxi	419066	306987
山 东	Shandong	1409900	1615699
河 南	Henan	371829	658057
湖 北	Hubei	1844081	2087531
湖 南	Hunan	964157	871002
广 东	Guangdong	8538210	9552442
广 西	Guangxi	439060	169290
海 南	Hainan	304170	154136
四 川	Sichuan	9036575	8511926
贵 州	Guizhou	456664	738220
云 南	Yunnan	991254	763936
西 藏	Tibet	12898	23542
陕 西	Shaanxi	972559	808441
甘 肃	Gansu	67523	
青 海	Qinghai	23357	46551
宁 夏	Ningxia	65924	44758
新 疆	Xinjiang	230329	332745
按区域分组	**By District**		
#东部地区	Eastern Region	37514153	39329086
中部地区	Middle Region	5060360	5218097
西部地区	Western Region	12315963	11513016

表16.19 1000万元以上利用内资项目合同（协议、计划）资金行业分布及登记注册类型情况（2012－2013年）

UTILIZATION OF CONTRACTED (AGREED, PLANNED) DOMESTIC CAPITAL ABOVE 10 MILLION YUAN BY SECTOR AND BY REGISTRATION (2012-2013)

单位：万元(10 000 yuan)

项　目	Item	外省投入的项目合同（协议、计划）资金 From Outside Chongqing Total Contracted (Agreed , Planned) Capital	
		2012	2013
总　计	**Total**	**204717477**	**235164906**
按行业分	**By Sector**		
第一产业	Primary Industry	7605791	9087537
第二产业	Secondary Industry	91839730	91751479
采矿业	Mining and Quarrying	2866866	2568560
制造业	Manufacturing	66952879	68562609
电力、燃气及水的生产和供应业	Production and Supply of Electricity, Gas and Water	9061899	8330943
建筑业	Construction	12958086	12289367
第三产业	Tertiary Industry	105271956	134325890
批发和零售业	Wholesale and Retail Trades	3940175	5091870
交通运输、仓储和邮政业	Transport, Storage and Post	8906395	12120619
住宿和餐饮业	Hotels and Catering Services	1071838	1660773
信息传输、软件和信息技术服务业	Information Transmission, Software and IT Service	4330090	4243235
金融业	Financial Intermediation	2762308	3974914
房地产业	Real Estate	68492234	88311731
租赁和商务服务业	Leasing and Business Services	4285515	5925493
科学研究和技术服务业	Scientific Research and Technical Service	2085900	2066400
水利、环境和公共设施管理业	Management of Water Conservancy, Environment and Public Utilities	4123030	4197024
居民服务、修理和其他服务业	Services to Households, Repair and Other Services	1377382	1807682
教　育	Education	685977	584167
卫生和社会工作	Health and Social Undertakings	100600	109600
文化、体育和娱乐业	Culture, Sports and Entertainment	3110512	4232382
公共管理、社会保障和社会组织	Public Management, Social Security and Social Organization		
按登记注册类型分	**By Registration**		
国有企业	State-owned Enterprises	12903274	10896699
集体企业	Collective-owned Enterprises	17000	704000
股份合作企业	Cooperative Enterprises	883188	826688
联营企业	Joint-owned Enterprises	204058	29400
有限责任公司	Limited Liabilities Corporation	120378803	150541716
股份有限公司	Share-holding Ltd.	55135782	57991162
私营企业	Private Enterprises	11970341	10266205
其他企业	Other Enterprises	1296560	1356380
港、澳、台商投资企业	Enterprises Funded by Hong Kong, Macao and Taiwan	1302880	1257880
外商投资企业	Foreign-funded Enterprises	374375	1083375
个　人	Individual	163475	124260
其　他	Others	87741	87141

表16.20 1000万元以上利用内资项目资金行业分布及登记注册类型情况（2012–2013年）

UTILIZATION OF DOMESTIC CAPITAL ABOVE 10 MILLION YUAN BY SECTOR AND BY REGISTRATION (2012-2013)

单位：万元(10 000 yuan)

项 目	Item	实际利用内资 Domestic Capital Actually Utilized	
		2012	2013
总 计	**Total**	**54890476**	**56060199**
按行业分	**By Sector**		
第一产业	Primary Industry	1898626	2163559
第二产业	Secondary Industry	25657685	22445293
采矿业	Mining and Quarrying	829916	717922
制造业	Manufacturing	19534826	16425595
电力、燃气及水的生产和供应业	Production and Supply of Electricity, Gas and Water	2147353	1956076
建筑业	Construction	3145590	3345700
第三产业	Tertiary Industry	27334165	31451347
批发和零售业	Wholesale and Retail Trades	1165213	1315945
交通运输、仓储和邮政业	Transport, Storage and Post	2457657	2684688
住宿和餐饮业	Hotels and Catering Services	267648	494617
信息传输、软件和信息技术服务业	Information Transmission, Software and IT Service	270108	177180
金融业	Financial Intermediation	1085056	2588815
房地产业	Real Estate	17285941	19445709
租赁和商务服务业	Leasing and Business Services	1277903	1734892
科学研究和技术服务业	Scientific Research and Technical Service	410624	475884
水利、环境和公共设施管理业	Management of Water Conservancy, Environment and Public Utilities	1585130	1359707
居民服务、修理和其他服务业	Services to Households, Repair and Other Services	618580	372984
教 育	Education	268827	175257
卫生和社会工作	Health and Social Undertakings	34793	40705
文化、体育和娱乐业	Culture, Sports and Entertainment	606685	584964
公共管理、社会保障和社会组织	Public Management, Social Security and Social Organization		
按登记注册类型分	**By Registration**		
国有企业	State-owned Enterprises	3121665	2993478
集体企业	Collective-owned Enterprises	16210	254790
股份合作企业	Cooperative Enterprises	400526	240567
联营企业	Joint-owned Enterprises	236210	9490
有限责任公司	Limited Liabilities Corporation	32980150	35454094
股份有限公司	Share-holding Ltd.	13524232	12602205
私营企业	Private Enterprises	3757266	2553716
其他企业	Other Enterprises	407303	165634
港、澳、台商投资企业	Enterprises Funded by Hong Kong, Macao and Taiwan	237830	151341
外商投资企业	Foreign-funded Enterprises	131462	69004
个 人	Individual	60791	43339
其 他	Others	16831	22541

表16.21 旅游基本情况（2012－2013年）
BASIC STATISTICS ON TOURISM (2012-2013)

指　标	Item	2012	2013
国际旅游者人数（人次）	**International Tourists (person-time)**	**2242834**	**2422605**
外国人	Foreigners	1526320	1619340
#亚　洲	Asia	521100	729829
#日　本	Japan	187444	196109
韩　国	South Korea	67318	158332
印度尼西亚	Indonesia	20718	29640
马来西亚	Malaysia	70422	69009
新加坡	Singapore	89711	98657
泰　国	Thailand	50691	118883
欧　洲	Europe	409036	358469
#英　国	UK	67049	70932
法　国	France	51442	61489
德　国	Gemany	158714	89663
意大利	Italy	26868	28119
俄罗斯	Russia	27190	18140
美　洲	America	358082	306963
#美　国	USA	272644	231019
加拿大	Canada	69658	61863
大洋洲	Oceania	78133	70240
#澳大利亚	Australia	70264	60196
非　洲	Africa	27389	15563
香港同胞	Compatriots from Hong Kong	444367	327514
澳门同胞	Compatriots from Macao	10969	15523
台湾同胞	Compatriots from Taiwan	261178	460228
来渝国际旅游者平均逗留天数（天）	**Average Period Foreign Tourists Staying in Chongqing (day)**	**3.4**	**3.1**
旅行社组织国内居民出境旅游人数（万人天）	**Number of Outbound Chinese Tourists Organized by Travel Agencies (10 000 person-days)**	**373.80**	**690.64**
国际旅游外汇收入（万美元）	**Foreign Exchange Earnings from International Tourism (USD 10 000)**	**116832**	**126831**
星级饭店数（个）	**Number of Star-Rated Hotel (unit)**	**266**	**257**
年末旅行社数（个）	**Number of Travel Agencies at Year-end (unit)**	**478**	**514**
出境旅行社	International Travel Agencies	33	50
一般旅行社	Domestic Travel Agencies	445	464
年末旅行社从业人员（人）	**Number of Employees of Travel Agencies at Year-end (person)**	**7927**	**9558**
出境旅行社	International Travel Agencies	4345	5588
一般旅行社	Domestic Travel Agencies	3582	3970

表16.22 星级饭店基本情况（2012－2013年）
BASIC STATISTICS ON STAR-RATED HOTELS (2012-2013)

指　标	Item	2012	2013
星级饭店数（个）	**Number of Star-rated Hotels (unit)**	**266**	**257**
按星级分	By Star Level		
#五星级	5-star	19	24
四星级	4-star	55	54
三星级	3-star	133	135
按注册类型分	By Registration		
内　资	Domestic Funded	257	248
外商及港澳台投资	Foreign-funded and Funded by Hong Kong, Macao and Taiwan	9	9
按饭店客房规模分	By Capacity		
300间以上	With 300 Rooms and Above	14	15
200-299间	With 200-299 Rooms	19	21
100-199间	With 100-199 Rooms	83	80
99间以下	With Less Than 100 Rooms	150	141
星级饭店客房数（间）	**Number of Rooms in Star-rated Hotels (unit)**	**30658**	**29994**
#五星级	5-star	6306	7405
四星级	4-star	8666	8669
三星级	3-star	11973	12008
星级饭店床位数（张）	**Number of Beds in Star-rated Hotels (unit)**	**52128**	**50325**
#五星级	5-star	9249	11118
四星级	4-star	14197	14212
三星级	3-star	21356	21262

表16.23 重庆与国外友好城市交流（2012－2013年）
COMMUNICATIONS WITH FOREIGN TWIN CITIES (2012-2013)

指　标	Item	2012	2013
与国外结成友好城市累计数（个）	**Total Number of Foreign Twin Cities with Chongqing (unit)**	**29**	**31**
出访交流考查	**People Sent for Study Tour**		
批　数（批）	Number of Groups (group)	42	22
人（人次）	Number of People (person-time)	351	129
派出进修生	**People Sent Abroad for Further Studies**		
批　数（批）	Number of Groups (group)	3	4
人（人次）	Number of People (person-time)	50	6
接待来访团组	**Visitor Groups Received**		
批　数（批）	Number of Groups (group)	15	23
人（人次）	Number of People (person-time)	194	335

重/庆/统/计/年/鉴

主要统计指标解释

进出口总额

指实际进出我国国境的货物总金额。包括对外贸易实际进出口货物，来料加工装配进出口货物，国家间、联合国及国际组织无偿援助物资和赠送品，华侨、港澳台同胞和外籍华人捐赠品，租赁期满归承租人所有的租赁货物，进料加工进出口货物，边境地方贸易及边境地区小额贸易进出口货物(边民互市贸易除外)，中外合资企业、中外合作经营企业、外商独资经营企业进出口货物和公用物品，到、离岸价格在规定限额以上的进出口货样和广告品(无商业价值、无使用价值和免费提供出口的除外)，从保税仓库提取在中国境内销售的进口货物，以及其他进出口货物。该指标可以观察一个国家在对外贸易方面的总规模。我国规定出口货物按离岸价格统计，进口货物按到岸价格统计。

商品经营单位所在地进、出口额

指在所在地海关注册登记的有进出口经营权的企业实际进、出口额。

进出口统计国别（地区）

进口货物统计原产国（地），出口货物统计最终目的国（地）。原产国指进口货物的生产、开采或加工制造的国家。对经过几个国家加工制造的进口货物，以最后一个对货物进行经济上可以视为实质性加工的国家作为该货物的原产国。原产国确实不详时，按“国别不详”统计。最终目的国指出口货物已知的消费、使用或进一步加工制造的国家。最终目的国不能确定时，按货物出口时尽可能预知的最后运往国统计。

外商直接投资

指外国投资者在我国境内通过设立外商投资企业、合伙企业、与中方投资者共同进行石油资源的合作勘探开发以及设立外国公司分支机构等方式进行投资。外国投资者可以用现金、实物、无形资产、股权等投资，还可以用从外商投资企业获得的利润进行再投资。

外商其他投资

指除对外借款和外商直接投资以外的各种利用外资的形式。包括企业在境内外股票市场公开发行的以外币计价的股票发行价总额，国际租赁进口设备的应付款，补偿贸易中外商提供的进口设备、技术、物料的价款，加工装配贸易中外商提供的进口设备、物料的价款。

入境游客

指来中国（大陆）观光、度假、探亲访友、就医疗养、购物、参加会议或从事经济、文化、体育、宗教活动的外国人、港澳台同胞等游客（即入境旅游人数）。统计时，入境游客按每入境一次统计。

旅游外汇收入

指入境旅游者在中国（大陆）境内旅行、游览过程中用于交通、参观展览、住宿、餐饮、购物、娱乐等全部花费。

对外承包工程

指各对外承包公司以招标议标承包方式承揽的下列业务：（1）承包国外工程建设项目；（2）承包我国对外经援项目；（3）承包我国驻外机构的工程建设项目；（4）承包我国境内利用外资进行建设的工程项目；（5）与外国承包公司合营或联合承包工程项目时我国公司分包部分；（6）对外承包兼营的房屋开发业务。对外承包工程的营业额是以货币表现的本期内完成的对外承包工程的工作量，包括以前年度签订的合同和本年度新签订的合同在报告期内完成的工作量。

对外劳务合作

指以收取工资的形式向业主或承包商提供技术和劳动服务的活动。我国对外承包公司在境外开办的合营企业，中国公司同时又提供劳务的，其劳务部分也纳入劳务合作统计。劳务合作营业额按报告期内向雇主提交的结算数(包括工资、加班费和奖金等)统计。

主要统计指标解释

■ 内资

指重庆市以外中华人民共和国境内（不包括港、澳、台地区）的企、事业单位、社会团体及其他投资者，来渝以从事经济社会活动为主要目的，遵循市场机制法则，本着互利互惠的原则进行的独资、合资、参股合作等而流入的资金。它不包括中央和各级政府无偿捐赠等。

Explanatory Notes on Main Statistical Indicators

□ Total Imports and Exports at Customs

Refer to the real value of commodities imported and exported across the border of China. They include the actual imports and exports through foreign trade, imported and exported goods under the processing and assembling trades and materials, supplies and gifts as aid given gratis between governments and by the United Nations and other international organizations, and contributions donated by overseas Chinese, compatriots in Hong Kong and Macao and Chinese with foreign citizenship, leasing commodities owned by tenant at the expiration of leasing period, the imported and exported commodities processed with imported materials, commodities trading in border areas (excluding mutual exchange goods), the imported and exported commodities and articles for public use of the Sino-foreign joint ventures, cooperative enterprises and ventures with sole foreign investment. Also included is import or export of samples and advertising goods for which CIF or FOB value are beyond the permitted ceiling (excluding goods of no trading or use value and free commodities for export), imported goods sold in China from bonded warehouses and other imported or exported goods. The indicator of the total imports and exports at customs can be used to observe the total size of external trade in a country. In accordance with the stipulation of the Chinese government, imports are calculated at CIF, while exports are calculated at FOB.

□ Import Export Value by Location of Commodity Management Units

Refers to actual value of imports and exports carried out by corporations which have been registered by the local Customs house and are vested with right to run import export business.

□ Imports and Exports by Countries (Regions)

Refers to the origin countries (regions) of imports and the destination countries (regions) of export. The origin countries refer to the countries where the imported products were produced, exploited, processed or manufactured. As for the imported products processed and manufactured by more than one country, the country where those products were actually processed from the economic point of view for the last time should be regarded as the origin country. Where the origin is unclear, it should be calculated as "Origin Unknown". The destination countries refer to the countries where the exported products will be consumed, used or further processed and manufactured. Where the final destination is unclear, it should be calculated as the last known destination.

□ Foreign Direct Investment

Refers to foreign investment in China through the establishment of foreign invested enterprises, cooperative exploration and development of petroleum resources with domestic investors and the establishment of branch organizations of foreign enterprises.Foreign investment can be made in forms of cash, physical investment, technical know-how and reinvestment of the foreign enterprises with the profits gained from the investment.

□ Other Foreign Investment

Refers to all forms of utilization of foreign capitals other than foreign borrowings and foreign direct investment. It includes the total value of stock shares in foreign currencies issued by enterprises at domestic or foreign stock exchanges, rent payable for the imported equipment through international leasing arrangement, cost of imported equipment, technology and materials provided by foreign counterparts in compensation trade and processing and assembly trade.

□ Visitor arrivals

Refer to the number of foreigners, Chinese compatriots from Hong Kong, Macao and Taiwan Chinese (mainland) who come to China (mainland) for sight-seeing, vacation, visiting relatives, medical treatment, shopping, attending conference, or to engage in economic, cultural, sports and religious activities. In compiling statistics, each time of entering China is counted as one person-time.

□ Foreign Exchange Earnings from Tourism

Refer to the total expenditures cost in the process of foreigners' tourism in the mainland of China, including traffic, visit, accommodation, table, shopping and amusement expenditures.

EXPLANATORY NOTES TO
MAJOR STATISTICAL INDICATORS

□ Overseas Contracted Project

Refers to projects undertaken by Chinese contractors (project contracting companies) through bidding process. They include: (I) overseas civil engineering construction projects financed by foreign investors; (II) overseas projects financed by the Chinese government through its foreign aid programs; (III) construction projects of Chinese diplomatic missions, trade offices and other institutions stationed abroad; (IV) construction projects in China financed by foreign investment; (V) sub-contracted projects to be taken by Chinese contractors through a joint umbrella project with foreign contractor(s); (VI) housing development projects. The business income from international contracted projects is the work volume of contracted projects completed during the reference period, expressed in monetary terms, including completed work on projects signed in previous years.

□ Overseas Labour Services

Refer to the activities of providing technology and labour services to employers or contractors in the forms of receiving salaries and wages. Labour services providing by contractual joint ventures of Chinese international contracting corporations should be included in the statistics of service co-operation with foreign countries. The business income of labour service cooperation is the income in the form of wages and salaries, overtime pay, bonuses and other remuneration received from the employers during the reference period.

□ Domestic Capital

Refers to capital inpoured by the way of sole investment, joint venture and cooperative operation from the corporations, social unions and other investors within China boundaries but outside Chongqing municipality (excluding Hong Kong, Macao, Taiwan) who consider engaging economic and social activities as their main destination in Chongqing, and follow the market system on behalf of equality. It excludes the subscription for no payment of central and local governments.

第17章

金融业

FINANCIAL STATISTICS

简要说明
BRIEF INTRODUCTION

本章资料包括全市金融机构信贷收支、证券和保险业情况，由市统计局综合处根据有关部门资料整理编辑。资料分别来源于中国人民银行重庆营业部、重庆市发展和改革委员会、重庆证监局、重庆保监局和重庆保险行业协会。

The data in this chapter include the statistics on credit funds balance of financial institutions, securities and insurance, which are sorted and compiled by Division of Comprehensive Statistics, Chongqing Municipal Bureau of Statistics. The data are provided by Chongqing Business Department of the People's Bank of China, Chongqing Development and Reform Commission, China Securities Regulatory Commission Chongqing Bureau, China Insurance Regulatory Commission Chongqing Bureau and Insurance Association of Chongqing.

表17.1 主要金融机构数（2012－2013年）

NUMBER OF MAIN FINANCIAL INSTITUTIONS (2012-2013)

单位：个(unit)

指　标	Item	2012	2013
银行机构	**Banks**		
法人/市级分行	Corporate Entity / Branch at Municipal Level	80	86
#法　人	Corporate Entity	36	42
#村镇银行	Village and Township Bank	24	30
#市级分行	Branches at Municipal Level	44	44
中　资	Domestic Funded	32	32
外　资	Foreign Funded	12	12
支　行	Sub-branches	2110	2292
分理处	Banking Offices	2070	1995
储蓄所	Saving Offices	42	25
保险机构	**Insurance Institutions**		
保险公司法人机构	Corporate Entity of Insurance Companies	3	3
内资保险公司	Dometic-funded Insurance Companies		
省（市）级分公司	Branches at Provincial (Municipal) Level	36	36
中心支公司	Central Sub-branches	68	74
支公司	Sub-branches	418	430
营销服务部	Marketing & Service Departments	564	574
中外合资、外资保险公司	Insurance Joint-venturse with Foreign Investment and Wholly Foreign-owned Insurance Companies	6	6
外资保险公司代表处	Agencies of Foreign-funded Insurance Companies	1	1
专业保险中介机构	Professional Insurance Intermediary Institutions		
保险代理公司	Insurance Agent Companies	25	31
保险公估公司	Insurance Assessment Companies	8	7
保险经纪公司	Insurance Broker Companies	18	19
证券机构	**Security Institutions**		
证券公司	Security Companies	1	1
证券分公司	Branch Companies	4	8
营业部	Business Departments	112	141

注：1）中外合资、外资金融机构数只统计到省（市）级。
2）保险机构数不含中国出口信用保险公司重庆营业管理部。
3）银行机构数含信托公司、财务公司、金融租赁公司和汽车金融公司等银行业金融机构。

Note: a) Joint-venture financial institutions with foreign investment and wholly foreign-owned financial institutions are accounted up to provincial (municipal) level only.
b) Chongqing Business Department of China Export & Credit Insurance Corporation is not incuded in the number of insurance institutions.
c) The number of banks includes the financial institutions like trust companies, financial companies, financial leasing companies and automobile financial companies, etc.

表17.2 金融机构（含外资）存贷款年末余额（1980－2013年）

YEAR-END DEPOSIT AND LOAN BALANCE OF FINANCIAL INSTITUTIONS (INCLUDING FOREIGN-FUNDED INSTITUTIONS) (1980-2013)

单位：亿元 (100 million yuan)

年份 Year	本外币存款余额 Total Deposit Balance of RMB and Foreign Currencies	人民币存款余额 Total Deposit Balance of RMB	其中 of which #企业存款 Enterprise Deposits	#储蓄存款 Urban and Rural Saving Deposits	本外币贷款余额 Total Loan Balance of RMB and Foreign Currencies	人民币贷款余额 Total Loan Balance of RMB	其中 of which 短期贷款 Short-term Loans	中长期贷款 Medium & Long-term Loans
1980		29.15	11.32	6.22		42.19	40.96	1.23
1981		33.98	11.86	8.35		50.29	47.69	2.21
1982		38.66	12.44	10.56		55.30	51.50	3.05
1983		45.22	15.29	13.34		63.25	58.14	4.32
1984		70.86	25.40	18.39		84.53	70.42	11.76
1985		62.38	22.87	25.41		101.56	84.85	14.89
1986		84.57	27.94	34.79		131.70	110.61	18.86
1987		110.37	31.84	44.46		163.63	125.85	22.99
1988		123.47	38.22	50.50		183.32	141.01	25.90
1989		146.71	39.27	68.17		214.41	167.66	29.65
1990		198.00	48.51	92.17		268.40	205.63	38.30
1991		253.57	63.76	121.95		336.85	249.51	58.82
1992		315.70	83.75	154.45		408.64	294.63	78.75
1993		386.86	89.57	198.05		495.71	357.59	98.88
1994		518.27	143.26	285.40		596.96	409.16	136.46
1995		676.70	193.38	401.45		755.39	501.66	185.89
1996	885.91	846.43	266.42	500.71	968.71	913.93	601.10	219.05
1997	1147.92	1098.67	429.42	580.67	1224.01	1156.13	873.14	248.06
1998	1359.52	1306.04	483.80	724.54	1443.65	1358.61	978.51	299.59
1999	1638.21	1580.80	544.00	909.10	1693.64	1611.68	1093.09	398.22
2000	1982.21	1904.71	645.54	1085.36	1966.40	1881.29	1246.81	470.70
2001	2377.99	2294.05	750.81	1317.17	1969.97	1871.98	1043.84	631.26
2002	2903.42	2821.04	909.43	1595.01	2338.17	2244.72	1191.70	754.57
2003	3512.82	3438.61	1098.15	1896.56	2976.67	2774.81	1378.85	1010.69
2004	4105.09	4039.61	1230.85	2189.73	3309.13	3246.28	1362.75	1346.91
2005	4784.76	4727.72	1337.05	2545.85	3779.28	3719.52	1471.86	1810.83
2006	5587.50	5519.75	1551.98	2949.05	4443.84	4388.28	1510.73	2392.26
2007	6662.36	6576.68	1997.71	3228.15	5197.08	5131.69	1597.12	3220.70
2008	8102.00	8021.95	2377.48	3988.96	6384.03	6320.81	1617.52	4093.50
2009	11084.82	10933.00	3770.43	4908.68	8856.56	8766.06	1499.85	6563.63
2010	13613.97	13454.98	4666.88	5839.66	10999.87	10888.15	1686.11	8705.32
2011	16128.87	15832.81	8254.56	6990.25	13195.16	13001.39	2529.81	9968.14
2012	19423.90	18934.83	9851.06	8361.64	15594.18	15131.22	3626.89	10919.76
2013	22789.17	22202.10	11697.54	9622.31	18005.69	17381.55	4613.86	12105.13

注：2011年起“企业存款”更名为“单位存款”。
Note:The index of "enterprise deposit" is replaced by "corporate deposit" since 2011.

表17.3 金融机构（含外资）本外币信贷收支表（2012－2013年）

SOURCES AND USES OF RMB AND FOREIGN CURRENCIES CREDIT FUNDS OF FINANCIAL INSTITUTIONS (INCLUDING FOREIGN-FUNDED INSTITUTIONS) (2012-2013)

单位：亿元 (100 million yuan)

项 目	Item	2012	2013
各项存款余额	Total Deposit Balance	19423.90	22789.17
单位存款	Corporate Deposit	10306.85	12247.08
活期存款	Demand Deposits	4541.28	4773.64
定期存款	Fixed Deposits	2354.34	2974.15
个人存款	Personal deposit		9893.28
储蓄存款	Urban and Rural Saving Deposits	8384.98	9648.41
各项贷款余额	Total Loan Balance	15594.18	18005.69
短期贷款	Short-term Loans	4028.62	5153.08
中长期贷款	Medium & Long-term Loans	10976.89	12183.85
有价证券及投资	Securities and Investment	1505.73	1325.73
有价证券	Securities	637.79	703.55
股权及其他投资	Equity and Other Investment	867.94	622.18

注：1）外币折本币所用汇率为当年最后一个交易日的中间汇率。
2）2011年起“企事业单位存款”更名为“单位存款”。

Note: a) The exchange rates between foreign currencies and RMB are the middle rates on the last trading day in current year.
b) The index of "deposits of enterprises and public institutions" is replaced by "corporate deposit" since 2011.

表17.4 金融机构（含外资）人民币信贷收支表（2012－2013年）
SOURCES AND USES OF RMB CREDIT FUNDS OF FINANCIAL INSTITUTIONS (INCLUDING FOREIGN-FUNDED INSTITUTIONS) (2012-2013)

单位：亿元 (100 million yuan)

项　目	Item	2012	2013
各项存款余额	Total Deposit Balance	18934.83	22202.10
单位存款	Corporate Deposits	9851.06	11697.54
#活期存款	Demand Deposits	4387.02	4662.58
定期存款	Fixed Deposits	2170.21	2766.33
通知存款	Call Deposits	160.16	110.65
保证金存款	Margine Deposits	1427.02	1520.76
个人存款	Personal Deposits	8472.51	9866.12
储蓄存款	Savings Deposits	8361.64	9622.31
保证金存款	Margine Deposits	13.52	19.22
结构性存款	Structured Deposits	97.35	224.59
财政性存款	Fiscal Deposits	186.27	150.48
临时性存款	Temporary Deposits	24.65	17.53
委托存款	Trusted Deposits	48.84	64.98
其他存款	Other Deposits	351.50	405.44
外汇买卖(来源方)	Purchases and Sales of Foreign Exchange (on Source Side)		713.60
各项贷款余额	Total Loan Balance	15131.22	17381.55
#短期贷款	Short-term Loans	3626.89	4613.86
#个人短期消费贷款	Personal Short-term Consumer Loans	172.84	253.42
中长期贷款	Medium & Long-term Loans	10919.76	12105.13
#个人中长期消费贷款	Personal Medium & Long-term Consumer Loans	3034.76	3781.67
票据融资	Bill Financing	348.87	326.06
#贴　现	Discount	348.87	326.06
有价证券	Negotiable securities	1505.73	703.55
股权及其他投资	Equity and Other Investment		622.18
同业往来	Inter-bank Loans		193.64
外汇占款(运用方)	Funds Outstanding for Foreign Exchange (on User Side)		717.75
固定资产	Fixed Assets	212.82	245.91
库存现金	Cash on Hand	124.60	134.87

表17.5 按行业分金融机构（不含外资）本外币贷款结构（2012－2013年）
LOAN COMPOSITION OF RMB AND FOREIGN CURRENCIES OF FINANCIAL INSTITUTIONS (EXCLUDING FOREIGN-FUNDED INSTITUTIONS) (BY SECTOR) (2012-2013)

单位：亿元 (100 million yuan)

项　目	Item	2012	2013
贷款总计	**Total Loans**	**15245.31**	**17675.38**
按行业分	**By Sector**		
#农、林、牧、渔业	Farming, Forestry, Animal Husbandry and Fishery	218.30	243.88
采矿业	Mining and Quarrying	292.42	232.83
制造业	Manufacturing	2217.48	2520.27
电力、燃气及水的生产和供应业	Production and Supply of Electricpower,Gas & Water	504.11	538.68
建筑业	Construction	1033.43	1094.85
批发和零售业	Wholesale and Retail Trades	921.85	1185.30
交通运输、仓储和邮政业	Transport, Storage and Post	1517.58	1845.73
住宿和餐饮业	Hotels and Catering Services	102.80	124.30
信息传输、软件和信息技术服务业	Information Transmission, Software and IT Services	27.70	40.62
金融业	Financial Intermediation	35.16	41.51
房地产业	Real Estate	1310.77	1384.95
租赁和商务服务业	Leasing and Business Services	1098.38	1133.40
科学研究和技术服务业	Scientific Research and Technology Services	19.33	25.15
水利、环境和公共设施管理业	Administration of Water Conservancy, Environment and Public Utilities	1679.28	1781.28
居民服务、修理和其他服务业	Household Services and Repairs and Other Services	26.07	40.25
教　育	Education	99.76	115.13
卫生和社会工作	Health and Social Work	48.14	62.38
文化、体育和娱乐业	Culture, Sports and Entertainment	44.12	43.78
公共管理、社会保障和社会组织	Public Administration, Social Security and Social Organization	14.94	10.88
对境外贷款	Loans Abroad	8.62	10.42
个人贷款	Individual Loans	4025.07	5199.80

表17.6 金融机构（含外资）房地产贷款投向表（2012－2013年）

LOANS TO REAL ESTATE FROM FINANCIAL INSTITUTIONS (INCLUDING FOREIGN-FUNDED INSTITUTIONS) (2012-2013)

单位：亿元 (100 million yuan)

项　目	Item	2012	2013
合　计	Total Loans	4242.64	5121.68
房地产开发贷款	Loans to Real Estate Development	1307.20	1469.73
地产开发贷款	Loans to Land Development	251.25	255.09
#政府土地储备机构贷款	Loans to Government Land Reserve Institutions	196.17	186.67
房产开发贷款	Loans to Housing Development	1055.95	1214.64
住房开发贷款	Loans to Residential Housing Development	842.57	981.01
#保障性住房开发贷款	Loans to Low-income Housing Development	229.03	274.77
商业用房开发贷款	Loans to Housing for Commercial Use	190.53	204.03
其他房产开发贷款	Loans to Other Housing Development	22.85	29.61
购房贷款	Housing Purchase Loan	2935.44	3651.95
企业购房贷款	Enterprise Housing Purchase Loan	10.75	56.87
商业用房贷款	Loan for Housing for Commercial Use	10.03	56.83
住房贷款	Loan for Housing for Residential Use	0.72	0.03
个人购房贷款	Individual Housing Loan	2924.19	3594.70
个人商业用房贷款	Loan for Housing for Commercial Use	112.23	160.52
个人住房贷款	Loan for Housing for Residential Use	2811.96	3434.18
新建房贷款	Loan for Newly Built Housing	2312.03	2708.13
#抵押贷款	Mortgage Loan	2273.81	2648.50
再交易房贷款	Loan for Second-hand Housing	499.93	726.06
个人购买保障性住房贷款	Individual Loan for Purchasing Low-income Housing	14.32	12.29

注：“保障性住房开发贷款”在2012年之前为“经济适用房开发贷款”。
Note: The index of "loans to low-income housing development" was formerly "loans to affordable housing development" before 2012.

表17.7 金融机构（含外资）—境内大中小型企业人民币贷款情况统计表（2012－2013年）

STATISTICS ON THE RMB LOANS TO THE DOMESTIC LARGE, MEDIUM AND SMALL ENTERPRISES FROM FINANCIAL INSTITUTIONS (INCLUDING FOREIGN-FUNDED INSTITUTIONS) (2012-2013)

单位：亿元 (100 million yuan)

项 目	Item	大型企业贷款		中型企业贷款		小型企业贷款	
		2012	2013	2012	2013	2012	2013
境内企业贷款合计	**Total Loans to Domestic Enterprises**	**3861.36**	**4136.29**	**4067.37**	**4199.59**	**2058.92**	**2424.41**
＃农、林、牧、渔业	Farming, Forestry, Animal Husbandry and Fishery	24.12	30.83	73.35	94.95	98.26	89.05
采矿业	Mining and Quarrying	104.18	104.07	99.36	63.78	55.67	41.35
制造业	Manufacturing	709.82	752.10	641.64	604.76	393.61	515.24
电力、燃气及水的生产和供应业	Production and Supply of Electricpower,Gas & Water	165.35	141.27	164.36	161.64	138.30	182.11
建筑业	Construction	314.10	365.32	433.15	475.58	243.68	199.09
批发和零售业	Wholesale and Retail Trades	143.48	185.49	387.02	423.56	294.37	426.64
交通运输、仓储和邮政业	Transport, Storage and Post	825.73	1004.26	366.71	298.28	104.37	249.13
＃政府投融资平台	Government Investment and Financing Platform	636.27	736.95	179.31	98.50	3.72	35.02
住宿和餐饮业	Hotels and Catering Services	22.10	17.04	59.95	76.71	17.86	26.10
信息传输、计算机服务和软件业	Data Transmission, Computer Services and Software	13.40	10.11	5.55	12.25	5.39	8.76
金融业	Financial Intermediation	16.82	6.08	6.96	23.24	7.49	11.38
房地产业	Real Estate	348.71	370.39	782.32	790.07	113.79	99.10
＃政府投融资平台	Government Investment and Financing Platform	126.24	58.24	119.46	114.13		11.20
租赁和商务服务业	Leasing and Business Services	401.69	371.53	462.78	523.65	216.47	218.90
＃政府投融资平台	Government Investment and Financing Platform	246.99	217.46	227.78	283.75		64.25
科学研究和技术服务业	Scientific Research and Technology Service	8.76	12.84	2.35	1.70	1.83	4.23
水利、环境和公共设施管理业	Administration of Water Conservancy, Environment and Public Utilities	726.32	726.58	537.71	603.87	351.85	333.02
＃政府投融资平台	Government Investment and Financing Platform	583.08	420.29	401.08	384.68		152.25
居民服务、修理和其他服务业	Household Services and Other Services	0.97	0.83	16.86	18.47	5.73	10.26
教育	Education	10.07	10.79	12.07	9.66	2.21	2.84
卫生和社会工作	Health and Social Work	1.73	1.30	4.44	3.66	2.18	4.12
文化、体育和娱乐业	Culture, Sports and Entertainment	22.19	20.75	9.97	13.79	3.83	2.93
公共管理、社会保障和社会组织	Public Administration, Social Security and Social Organization	1.82	4.70	0.80		2.00	0.15
境内企业贷款合计	**Total Loans to Domestic Enterprises**	**3861.36**	**4136.29**	**4067.37**	**4199.59**	**2058.92**	**2424.41**
正常类贷款	Pass Loan	3746.68	4005.66	3895.01	4027.82	1967.31	2326.42
关注类贷款	Special Mention Loan	113.16	130.32	150.30	159.17	75.66	78.17
次级类贷款	Substandard Loan	1.06	0.06	14.62	7.40	9.02	12.11
可疑类贷款	Doubtful Loan	0.25	0.25	4.94	3.05	5.65	5.85
损失类贷款	Loss Loan	0.20		2.49	2.15	1.29	1.85
境内企业贷款合计	**Total Loans to Domestic Enterprises**	**3861.36**	**4136.29**	**4067.37**	**4199.59**	**2058.92**	**2424.41**
信用贷款	Fiduciary Loan	940.71	924.07	575.81	463.23	287.31	266.37
保证贷款	Guaranteed Loan	759.05	871.64	950.83	922.79	517.59	763.88
抵（质）押贷款	Mortgage Loan	2161.59	2340.58	2540.74	2813.57	1254.02	1394.16
境内企业贷款合计	**Total Loans to Domestic Enterprises**	**3861.36**	**4136.29**	**4067.37**	**4199.59**	**2058.92**	**2424.41**
国有控股企业	State-holding Enterprise	3204.67	3322.54	2069.38	2039.24	1076.20	1127.28
集体控股企业	Collective-holding Enterprise	66.44	65.39	316.31	300.44	100.07	93.18
私人控股企业	Private-holding Enterprise	452.62	593.34	1458.92	1685.69	847.93	1168.20
港澳台商控股企业	Hong Kong, Macao or Taiwan-holding Enterprise	45.51	91.61	154.95	125.68	14.51	23.87
外商控股企业	Foreign-holding Enterprise	92.12	63.41	67.80	48.54	20.22	11.88

注：境内企业授信户数仅在单家法人机构表中列示。
Note: The nubmer of domestic enterprise accounts is only listed in the table of single corporate entity.

表17.8 上市公司情况（1993－2013年）
STATISTICS ON LISTED COMPANIES (1993-2013)

单位：个 (unit)

年份 Year	全市总计 Total	其中 of which					
		上交所 Shanghai Stock Exchange	深交所 Shenzhen Stock Exchange	仅发A股公司 A Share Only	发A、B股公司 A&B Shares	仅发B股公司 B Share Only	发B、H股公司 A&H Shares
1993	3	1	2	3			
1994	5	2	3	5			
1995	7	3	4	6		1	
1996	11	4	7	10		1	
1997	19	8	11	17	1	1	
1998	19	8	11	17	1	1	
1999	22	9	13	20	1	1	
2000	25	11	14	23	1	1	
2001	26	12	14	24	1	1	
2002	27	13	14	25	1	1	
2003	27	13	14	25	1	1	
2004	29	14	15	27	1	1	
2005	29	14	15	27	1	1	
2006	29	14	15	27	1	1	
2007	30	15	15	27	1	1	1
2008	31	15	16	28	1	1	1
2009	31	15	16	28	1	1	1
2010	34	16	18	31	1	1	1
2011	36	20	16	33	1	1	1
2012	37	19	18	34	1	1	1
2013	37	19	18	34	1	1	1

注：本表不包括仅发H股的公司。
Note: Companies with H share only are not included in this tables.

表17.9 有价证券发行情况（1981－2013年）
ISSUANCE OF SECURITIES (1981-2013)

单位：亿元 (100 million yuan)

年 份 Year	企业债券发行额 Issued Value of Corporate Bonds	股票发行量（万股） Amount of Issued Shares（10 000shares）	其 中 of which		股票筹资额 Raised Capital	其 中 of which	
			A 股 A Shares	B 股 B Shares		A 股 A Shares	B 股 B Shares
1981							
1982							
1983							
1984							
1985							
1986	1.50						
1987	0.59						
1988	1.85						
1989	0.39						
1990	1.95						
1991	3.90						
1992	5.45						
1993	4.18	7220	7220		2.08	2.08	
1994	1.17	3000	3000		1.13	1.13	
1995		17200	5200	12000	5.30	0.52	4.78
1996	3.60	50610	15610	35000	10.41	4.56	5.85
1997	4.85	42039	42039		26.76	26.76	
1998	3.40	5000	5000		3.75	3.75	
1999	4.10	10000	10000		7.21	7.21	
2000		29600	29600		22.63	22.63	
2001		3108	3108		4.73	4.73	
2002	15.00	2000	2000		3.16	3.16	
2003		3275	3275		3.74	3.74	
2004		22285	22285		15.65	15.65	
2005	17.00						
2006	30.00	31133	31133		14.63	14.63	
2007	20.00	51929	51929		26.37	26.37	
2008	45.00	22062	22062		12.73	12.73	
2009	105.00	237708	237708		17.56	17.56	
2010	91.00	809055	809055		149.00	149.00	
2011	74.00	192243	192243		158.02	158.02	
2012	260.00	43744	43744		30.00	30.00	
2013	238.00	349506	385319	-35813	131.23	131.23	

注：股票发行量和筹资额均不含H股。
Note: The amount of issued shares and raised capital don't include H share.

表17.10 保险业务基本情况（1996－2013年）
BASIC STATISTICS ON INSURANCE BUSINESS (1996-2013)

单位：亿元 (100 million yuan)

年 份 Year	保费收入 Premium	其中 of which 财产保险 Property Insurance	人身保险 Life Insurance	赔款及给付 Claim and Payments	其中 of which 财产保险 Property Insurance	人身保险 Life Insurance
1996	12.82	8.05	4.77	6.48	4.44	2.04
1997	19.52	9.03	10.49	7.18	4.39	2.79
1998	22.77	9.31	13.46	10.64	6.55	4.09
1999	25.39	10.04	15.35	8.91	4.96	3.95
2000	27.71	10.72	16.99	8.27	5.28	2.99
2001	33.72	11.32	22.40	11.25	5.91	5.34
2002	46.17	13.31	32.86	14.20	7.57	6.63
2003	57.93	15.24	42.69	14.53	8.56	5.97
2004	66.51	17.45	49.06	16.25	9.43	6.82
2005	73.10	19.46	53.64	17.59	10.54	7.05
2006	93.24	24.17	69.07	20.51	12.08	8.43
2007	124.68	33.10	91.58	35.25	18.44	16.81
2008	200.55	37.76	162.80	45.64	22.59	23.05
2009	244.70	47.05	197.65	56.63	28.88	27.75
2010	321.08	65.96	255.12	62.10	32.05	30.05
2011	311.81	81.63	230.19	73.98	39.31	34.66
2012	331.03	95.20	235.83	91.78	52.23	39.55
2013	359.23	112.52	246.71	124.60	62.98	61.62

表17.11 按险种分的保险业务指标（2012－2013年）
STATISTICS ON INSURANCE BUSINESS BY CLASSIFICATION (2012-2013)

单位：万元(10 000 yuan)

项 目	Item	保 费 Premium 2012	2013	赔款及给付 Claim and Payment 2012	2013
合 计	**Total**	**3310267**	**3592327**	**917825**	**1246005**
财产保险	**Property Insurance**	**952043**	**1125205**	**522301**	**629849**
企业财产保险	Enterprise Property Insurance	43038	46810	16643	19104
家庭财产保险	Family Property Insurance	1473	1920	386	466
机动车辆保险	Motor Vehicle Insurance	780590	911970	448766	542444
工程保险	Engineering Insurance	8896	20859	6342	5296
责任保险	Liability Insurance	41480	48114	20538	21013
信用保险	Export Credit Insurance	8425	10143	3389	3984
保证保险	Guarantee Insurance	23187	32965	1303	2347
船舶保险	Ship Insurance	9990	8833	5637	6550
货物运输保险	Freight Transport Insurance	15829	16355	8619	11281
特殊风险保险	Special Risks Insurance	54	518	192	17
农业保险	Agriculture Insurance	19033	26629	10451	17339
其他保险	Other Insurances	46	88	35	9
人身保险	**Life Insurance**	**2358224**	**2467123**	**395524**	**616155**
人寿保险	Life Insurance	2069964	2084162	300297	491603
健康保险	Health Insurance	171942	244802	60187	89797
意外伤害保险	Personal Accident Insurance	116318	138158	35040	34756

重/庆/统/计/年/鉴

主要统计指标解释

■ 信贷资金

指金融机构以信用方式积聚和分配的货币资金。金融机构信贷资金的来源有各项存款、金融债券发行、应付及暂收款、对国际金融机构负债、流通中货币、各项准备、所有者权益和其他项目等；信贷资金的运用有各项贷款、有价证券及投资、应收及预付款、委托投资、金银占款、外汇占款、库存现金、财政借款及在国际金融机构中的资产等。

■ 存款

指企业、机关、团体或居民根据资金必须收回的原则，把货币资金存入银行或其他信贷机构保管并取得一定利息的一种信用活动形式。根据存款对象或性质的不同可划分为企业存款、财政存款、机关团体存款、基本建设存款、储蓄存款、农村存款、委托存款、其他存款等科目。它是银行信贷资金的主要来源。

■ 贷款

指银行或其他信贷机构根据资金必须归还的原则，按一定利率，为企业、个人等提供资金的一种信用活动形式。我国银行贷款分为短期贷款、委托及信托类贷款、其他类贷款等。

■ 金融机构往来

指各金融机构之间的资金往来，包括同业存放款和同业拆借款。

■ 准备金

指各金融机构在中央银行的存款及缴存中央银行的法定准备金。

■ 证券

由债券购买者承购的或因销售产品而拥有的，可在金融市场上交易并代表一定债权的书面证明。包括政府债券、金融债券、企业债券、商业票据、股票、支付固定收入但不提供法人企业残余价值分享权的优先股等。

■ 股票

指股票购买者及直接投资者对其投资企业净资产所拥有的权益。股票是股份公司签发的证明股东投资并按其所持股份享有权益和承担义务的权益性证券。

■ 保险公司

在中国境内的、经过保险监督部门批准设立，并依法登记注册的各类商业保险公司。

■ 保费

指投保人为取得保险人在约定范围内所承担赔偿责任而支付给保险人的费用。

■ 赔款

指保险人根据保险合同的规定，向被保险人支付的赔偿保险责任损失的金额。

■ 给付

包括死伤医疗给付和满期给付。死伤医疗给付是指保险人根据人寿保险及长期健康保险合同的规定，因被保险人在保险期内发生保险责任范围内的保险事故支付给被保险人（或受益人）的金额。满期给付是指被保险人生存期满，保险人按人寿保险合同规定支付给被保险人的满期保险金额。

Explanatory Notes on Main Statistical Indicators

Credit Funds

Refer to the funds issued as loans by banking institutions. The sources of credit funds of the banking institutions included deposits, issue of financial bonds, account-payable and temporary gathering, liabilities to international financial institutions, currency in circulation, various reserves, owners rights and interests and other items. The credit funds can be used in forms of loans, securities and investment, account receivable and advance payment, entrusted investment, gold, foreign exchange, cash on hand, government debt and assets in the international financial institutions.

Deposit

Is a form of credit by which enterprises, institutions, organizations or households can put money into banks and other credit institutions for safekeeping and interest earning under the principle of free withdrawal. According to different depositors, deposits are divided into enterprise deposits, treasury deposits, deposits of government agencies and organizations, capital construction deposits, savings deposits, rural saving deposits, entrusted deposits and other deposits. Deposits are major sources of the credit funds of banks.

Loan

Is a form of credit by which banks and other credit institutions provide funds at certain interest rate to enterprises and individuals in the light of the principle of unconditional repayment. Loans from Chinese banks include short-term loan, medium-term and long-term loans, entrusted loans, and other loans.

Transactions between Financial Institutions

Refer to flow of capital between financial institutions, including inter-bank deposits and loans.

Reserve Funds

Refer to savings of financial institutions in the central bank and designated reserves to the central bank.

Securities

Refer to written certificates representing creditors' rights, purchased by bond holders or owned by selling products, which can be transacted at the financial markets. They include government bonds, financial bonds, corporation bonds, commercial drafts, stocks, preferential stocks that provide fixed income without the right to share the residual value of corporations, etc.

Stocks

Refer to the rights by stockholders and direct investors on the net assets of corporations they invested in. Stocks refer to negotiable securities on creditor's rights, issued by stock companies certifying the investment by stockholders and their rights and duties depending on their stocks.

Insurance Companies

Refer to commercial insurance companies of various forms registered by law and established in China with the approval of insurance regulatory agencies.

Premium

Is the fee paid by the insurant based on a proportion of the benefit he or she may get from the insurance plus the insurance value. It includes the income from the deposit of property insurance and personal insurance.

Settled Claim

Is the compensation paid by the insurer to the insurant in accordance with the insurance contract.

Payment

Includes payment for death, injury or medical treatment and mature payment. Payment for death, injury or medical treatment refers to the money paid to the insurant (of the beneficiary) in accordance with the life of health insurance contract when the insurant encounters accidents within the insured period covered in the contract. Mature payment refers to the mature payment to the insurant in accordance with the life insurance contract at the end of the insured period for the loss which has been checked and found to be in the range of liability of the insurance after an accident has happened to the insured property or to a person who has insured his life. It is further divided into settled and unsettled claim.

第18章

教育、科技和文化业

EDUCATION,SCIECE,TECHNOLOGY AND CULTURE

本章资料主要包括全市教育事业、科学技术活动和文化事业的基本情况，由市统计局社会科技统计处根据调查资料和有关部门资料整理编辑。

教育部分包括各类教育的学校、教师和学生情况，由市教育委员会提供；专利资料由市知识产权局提供；商标申请注册来源于市工商行政管理局；产品质量监督抽查由市质量技术监督局提供；文化部分主要包括图书馆、文物、群众艺术文化、广播电视、新闻出版等情况，资料主要来自市文化委。

The data in this chapter include the basic statistics on education, scientific & technological activities and culture undertakings. All the data are compiled by Division of Social and Technology Statistics, Chongqing Municipal Bureau of Statistics on the basis of the data from survey and related departments.

The statistics of education cover the data of schools, teachers and students of various kinds, which were provided by Chongqing Education Commission. The data of patent are provided by Chongqing Intellectual Property Office. The data of trademark application and registration are provided by Chongqing Administration for Industry and Commerce. The data of sampling supervision & check on quality of products are provided by Chongqing Bureau of Quality and Technical Supervision. The data of culture mainly include public libraries, cultural relics, mass arts & culture, radio and television, and press and publication, which are provided by Chongqing Cultural Commission.

表18.1 主要年份各级各类学校数
NUMBER OF SCHOOLS BY LEVEL AND TYPE IN MAJOR YEARS

单位：所 (unit)

年 份 Year	普通高等学校 Regular Institutions of Higher Education	普通中学 Regular Secondary Schools	小 学 Primary Schools	特殊教育学校 Special Schools	幼儿园 Kindergartens
1952	7	128	12920		
1957	9	249	16201		
1962	10	402	14148		
1965	11	696	31503		
1970	11	1700	21253		
1975	8	1366	25465		
1978	13	2948	25002		
1980	16	1989	25120		
1985	18	1788	22793	7	5800
1986	19	1739	22486	19	5230
1987	19	1759	22094	18	5542
1988	20	1753	21629	20	5009
1989	20	1751	20972	23	4726
1990	20	1753	20248	24	5232
1991	20	1762	19829	29	4486
1992	20	1766	19496	32	4814
1993	20	1746	18849	30	4061
1994	20	1725	18175	31	4094
1995	22	1638	19637	30	6046
1996	22	1651	16779	36	5538
1997	22	1606	16261	37	5741
1998	22	1555	15737	37	5412
1999	23	1552	15223	42	6007
2000	22	1568	14730	42	6659
2001	29	1607	13076	44	3726
2002	29	1574	12031	38	3477
2003	33	1564	10966	41	3093
2004	34	1511	10409	43	3408
2005	35	1414	9558	43	3287
2006	38	1373	8754	44	3376
2007	38	1361	7990	43	3351
2008	47	1325	7575	41	3582
2009	51	1304	7096	36	3700
2010	53	1273	5544	36	4105
2011	59	1259	5248	36	4114
2012	60	1231	4810	36	4401
2013	63	1200	4728	36	4547

注：1）2001年起幼儿园资料按教育部对幼儿园数的认定标准统计，与以往年数不可比（下表同）。
2）2008年学校数含“独立学院”数。

Note: a) The data of kindergartens have been in accordance with the definition by Ministry of Education since 2001, not comparable with that of previous years (the same below).
b) Number of schools in 2008 includes the number of "non-university tertiary".

表18.2 主要年份各级各类学校在校学生数

NUMBER OF STUDENTS ENROLLMENT BY LEVEL AND TYPE IN MAJOR YEARS

单位：人 (person)

年 份 Year	普通高等学校 Regular Institutions of Higher Education	普通中学 Regular Secondary Schools	小 学 Primary Schools	特殊教育学校 Special Schools	幼儿园 Kindergartens
1952	6437	61345	1524145		
1957	15211	181423	1539805		
1962	21173	163628	1640036		
1965	17408	266504	1967997		
1970	4235	651232	2130534		
1975	10194	963304	3415196		
1978	16357	1631581	4035934		
1980	25349	1323181	4316902		
1985	39871	1102702	3857331	418	296336
1986	44454	1107545	3610433	543	306591
1987	47644	1122462	3279059	571	409209
1988	49981	1124510	2858642	669	389185
1989	48449	1111706	2581889	831	351175
1990	49331	1080755	2393235	803	413552
1991	49964	978204	2314986	1179	505799
1992	54121	868431	2361261	1966	549271
1993	63795	790396	2500362	1850	445940
1994	71118	876008	2595400	1415	534177
1995	73398	977079	2638555	1783	577162
1996	79929	1012654	2737051	1832	588854
1997	83764	1002915	2854307	1706	590464
1998	86913	1083691	2884385	2325	613298
1999	101601	1282599	2802741	9007	625666
2000	132512	1477861	2761308	21160	640804
2001	170006	1540317	2777859	18383	599282
2002	211221	1574357	2797557	17199	587645
2003	255266	1663728	2779441	14483	572538
2004	303913	1707489	2718999	15973	544759
2005	357926	1735166	2609754	12463	536266
2006	405118	1794129	2523824	12151	530842
2007	445800	1834364	2384527	11773	535457
2008	485013	1907856	2243916	12172	574187
2009	523279	1920158	2081367	13189	632170
2010	565868	1908158	1999407	14618	708711
2011	613026	1838917	1954818	16978	842846
2012	670174	1747002	1943177	13083	892635
2013	707610	1678976	1989128	15622	893338

注：本章普通高等学校数据均含研究生（以下各表同）。
Note: The data of regular institutions of higher education in this chapter include the postgraduates (the same applies to the following tables).

表18.3 主要年份各级各类学校专任教师数
NUMBER OF FULL-TIME TEACHERS BY LEVEL AND TYPE IN MAJOR YEARS

单位：人 (person)

年 份 Year	普通高等学校 Regular Institutions of Higher Education	普通中学 Regular Secondary Schools	小 学 Primary Schools	特殊教育学校 Special Schools	幼儿园 Kindergartens
1952	839	3385	41698		
1957	2193	7940	52530		
1962	3297		55213		
1965	3336		78503		
1970	3177	24970	73695		
1975	3574	42893			
1978	3914				
1980	5025	60953	125304		
1985	8061	58886	119119	74	11937
1986	8236	55071	113724	101	12054
1987	8622	57044	112163	113	15090
1988	8823	60450	111596	145	15873
1989	8726	61938	109691	186	15898
1990	8677	64056	110580	186	17443
1991	8596	64934	111305	277	19313
1992	8696	65030	111667	321	19244
1993	8777	63555	113834	326	18388
1994	9186	65316	116603	360	19729
1995	9409	67498	117497	353	19948
1996	9400	69503	117711	383	20111
1997	9432	70661	119881	411	20665
1998	9498	72333	121062	400	20962
1999	9987	76158	120229	469	21088
2000	10449	81766	119014	569	22598
2001	12125	85030	118623	474	12067
2002	13954	87427	117543	510	11666
2003	16013	89560	115212	543	12141
2004	18214	92051	114007	541	12351
2005	20184	93997	114326	556	13220
2006	23717	95782	113724	584	13615
2007	26089	99807	119831	652	14270
2008	28398	103111	119161	670	15507
2009	29883	106544	117460	699	16579
2010	31070	109303	116057	715	19966
2011	33110	110951	115343	763	22807
2012	35744	112452	114036	804	26735
2013	37130	113880	115204	852	30199

表18.4 研究生基本情况（1996－2013年）
BASIC STATISTICS ON POSTGRADUATES (1996-2013)

单位：人 (person)

年 份 Year	在校学生数 Total Enrollment	招生数 New Enrollment	毕业生数 Graduates
1996	2953	1052	762
1997	3199	1108	847
1998	3726	1389	862
1999	5032	2132	991
2000	6233	2686	1084
2001	8358	3410	1401
2002	11110	4423	1616
2003	14763	6392	2715
2004	19367	8202	3426
2005	24363	9436	4193
2006	29000	10475	5492
2007	32145	11312	7483
2008	35005	12376	8925
2009	39080	14159	9759
2010	43149	14851	10347
2011	45213	15341	12351
2012	46569	15925	13844
2013	48210	16324	14189

表18.5 主要年份文化机构数
NUMBER OF CULTURAL INSTITUTIONS IN MAJOR YEARS

单位：个 (unit)

年 份 Year	艺术表演团体 Specialized Troupes	文化馆、艺术馆 Cultural Centers and Art Centers	图书馆 Libraries
1975	54	33	10
1978	54	36	10
1980	55	35	21
1985	54	35	25
1986	52	35	26
1987	51	35	26
1988	45	35	27
1989	44	35	35
1990	42	39	36
1991	42	39	38
1992	42	39	38
1993	41	39	41
1994	36	40	41
1995	36	40	42
1996	39	46	42
1997	39	47	42
1998	39	47	42
1999	36	46	42
2000	35	44	42
2001	36	44	42
2002	32	44	43
2003	32	44	44
2004	29	44	44
2005	29	42	43
2006	78	41	43
2007	84	41	43
2008	177	41	43
2009	160	41	43
2010	381	41	43
2011	282	41	43
2012	244	41	43
2013	443	41	43

注：艺术表演团体数据2006年起统计口径调整为含系统内、系统外两部分。
Note: The data of specialized troupes has included the units either inside or outside the public-owned system since 2006.

表18.6 教育事业基本情况（2012－2013年）
BASIC STATISTICS ON EDUCATION (2012-2013)

单位：人、所 (person, unit)

指　标	Item	2012	2013
学校数	**Number of Schools**		
高等学校	Higher Education	64	67
普通高等学校	Regular Institutions of Higher Education	60	63
本科院校	Universities with Full Undergraduate Courses	24	24
#独立学院	Non-university Tertiary	7	6
专科院校	Colleges with Specialized Courses	36	39
成人高等学校	Institutions of Higher Education for Adult	4	4
高中阶段学校	Senior Secondary Education	489	482
普通高中	Regular Senior Secondary Schools	262	261
中等职业学校	Vocational Secondary Schools	227	221
义务教育学校	Compulsory Education	5779	5667
普通初中	Regular Jnior Secondary Schools	969	939
普通小学	Regular Primary Schools	4810	4728
特殊教育学校	Special Education	36	36
幼儿园	Kindergartens	4401	4547
工读学校	Schools for Juvenile Delinquents	4	3
成人中学	Secondary Schools for Adult	63	12
成人小学	Primary Schools for Adult	381	334
#扫盲班	Literacy Courses	147	161
在校学生数	**Total Enrollment**		
高等教育	Higher Education	934601	1008925
研究生	Postgraduates	46569	48210
博　士	Doctor's Degree	5255	5435
硕　士	Master's Degree	41314	42775
普通本专科	Regular Undergraduates and College Students	623605	659400
本　科	Enrolled in Full Undergraduate Courses	397249	420129
专　科	Enrolled in Specialized Courses	226356	239271
成人本专科	Adult Undergraduates and College Students	127843	144674
本　科	Enrolled in Full Undergraduate Courses	31106	32588
专　科	Enrolled in Specialized Courses	96737	112086
在职人员攻读博硕士学位	Employees Enrolled in Graduate Programs Leading to Doctor and Master Degree	14902	19581
网络本专科	Students Enrolled in Internet-based Courses	121682	137060
本　科	Enrolled in Full Undergraduate Courses	54621	62573
专　科	Enrolled in Specialized Courses	67061	74487
高中阶段教育	Senior Secondary Education	1151744	1174343
普通高中	Regular Senior Secondary Schools	659744	661384

表18.6 续表1 continued1

单位：人、所 (person, unit)

指　标	Item	2012	2013
中等职业教育	Vocational Secondary Education	492000	512959
义务教育	Compulsory Education	3030435	3006720
普通初中	Regular Jnior Secondary Schools	1087258	1017592
普通小学	Regular Primary Schools	1943177	1989128
特殊教育	Special Education	13083	15622
学前教育	Pre-school Education	892635	893338
工读学校	Schools for Juvenile Delinquents	70	35
成人中学	Secondary Schools for Adult	8257	1753
成人小学	Primary Schools for Adult	36315	48191
#扫盲班	Literacy Courses	3492	16868
招生数	**New Enrollment**		
高等教育	Higher Education	340835	352167
研究生	Postgraduates	15925	16324
博　士	Doctor's Degree	1241	1240
硕　士	Master's Degree	14684	15084
普通本专科	Regular Undergraduates and College Students	199815	192014
本　科	Enrolled in Full Undergraduate Courses	114134	108947
专　科	Enrolled in Specialized Courses	85681	83067
成人本专科	Adult Undergraduates and College Students	58946	61672
本　科	Enrolled in Full Undergraduate Courses	12271	12490
专　科	Enrolled in Specialized Courses	46675	49182
在职人员攻读博硕士学位	Employees Enrolled in Graduate Programs Leading to Doctor and Master Degree	6207	8179
网络本专科	Students Enrolled in Internet-based Courses	59942	73978
本　科	Enrolled in Full Undergraduate Courses	25505	33147
专　科	Enrolled in Specialized Courses	34437	40831
高中阶段教育	Senior Secondary Education	391680	394205
普通高中	Regular Senior Secondary Schools	225080	221024
中等职业教育	Vocational Secondary Education	166600	173181
义务教育	Compulsory Education	692319	705883
普通初中	Regular Jnior Secondary Schools	340251	330158
普通小学	Regular Primary Schools	352068	375725
特殊教育	Special Education	2090	3316
学前教育	Pre-school Education	482232	445590
工读学校	Schools for Juvenile Delinquents	33	13
成人中学	Secondary Schools for Adult		
成人小学	Primary Schools for		
#扫盲班	Literacy Courses		

表18.6 续表2 continued2

单位：人 (person)

指　标	Item	2012	2013
毕业生数	**Graduates**		
高等教育	Higher Education	238866	254079
研究生	Postgraduates	13844	14189
博　士	Doctor's Degree	997	895
硕　士	Master's Degree	12847	13294
普通本专科	Regular Undergraduates and College Students	137635	148684
本　科	Enrolled in Full Undergraduate Courses	75002	82490
专　科	Enrolled in Specialized Courses	62633	66194
成人本专科	Adult Undergraduates and College Students	43913	40101
本　科	Enrolled in Full Undergraduate Courses	10256	9787
专　科	Enrolled in Specialized Courses	33657	30314
在职人员攻读博硕士学位	Employees Enrolled in Graduate Programs Leading to Doctor and Master Degree		
网络本专科	Students Enrolled in Internet-based Courses	43474	51105
本　科	Enrolled in Full Undergraduate Courses	19482	21939
专　科	Enrolled in Specialized Courses	23992	29166
高中阶段教育	Senior Secondary Education	347016	350048
普通高中	Regular Senior Secondary Schools	203616	214128
中等职业教育	Vocational Secondary Education	143400	135920
义务教育	Compulsory Education	739162	703930
普通初中	Regular Jnior Secondary Schools	403096	377479
普通小学	Regular Primary Schools	336066	326451
特殊教育	Special Education	1836	2101
学前教育	Pre-school Education	374737	390541
工读学校	Schools for Juvenile Delinquents	33	8
成人中学	Secondary Schools for Adult	7175	1239
成人小学	Primary Schools for Adult	47087	69973
#扫盲班	Literacy Courses	2998	25981
教职工数	**Teachers and Staff**		
高等学校	Higher Education	54144	54989
普通高等学校	Regular Institutions of Higher Education	52932	53790
本科院校	Universities with Full Undergraduate Courses	37691	37998
#独立学院	Non-university Tertiary	6573	5776
专科院校	Colleges with Specialized Courses	15241	15792
成人高等学校	Institutions of Higher Education for Adult	1212	1199
高中阶段、义务教育学校	Senior Secondary Education and Compulsory Education	272008	274466
普通中学	Regular Secondary Schools	133154	133838
中等职业	Vocational Secondary Schools	23460	23824

表18.6 续表3 continued3

单位：人 (person)

指 标	Item	2012	2013
普通小学	Regular Primary Schools	115394	116804
特殊教育学校	Special Education	927	971
幼儿园	Pre-school Education	52971	59744
工读学校	Schools for Juvenile Delinquents	55	33
成人中学	Secondary Schools for Adult	189	44
成人小学	Primary Schools for Adult	876	888
#扫盲班	Literacy Courses	304	393
专任教师数	**Full-time Teachers**		
高等学校	Higher Education	36368	37728
普通高等学校	Regular Institutions of Higher Education	35744	37130
本科院校	Universities with Full Undergraduate Courses	25260	25992
#独立学院	Non-university Tertiary	4621	4120
专科院校	Colleges with Specialized Courses	10484	11138
成人高等学校	Institutions of Higher Education for Adult	624	598
高中阶段学校	Senior Secondary Education	55292	57338
普通高中	Regular Senior Secondary Schools	36392	37698
中等职业教育	Vocational Secondary Schools	18900	19640
义务教育	Compulsory Education	190096	191386
普通初中	Regular Jnior Secondary Schools	76060	76182
普通小学	Regular Primary Schools	114036	115204
特殊教育学校	Special Education	804	852
幼儿园	Kindergartens	26735	30199
工读学校	Schools for Juvenile Delinquents	45	23
成人中学	Secondary Schools for Adult	147	31
成人小学	Primary Schools for Adult	404	451
#扫盲班	Literacy Courses	169	230
每一教师负担学生数	**Student-Teacher Ratio**		
小 学	Primary Schools	17.0	17.3
普通初中	Regular Jnior Secondary Schools	14.3	13.4
普通高中	Regular Senior Secondary Schools	18.1	17.5
中职（不含技工校）	Secondary Vocational Schools (not including technical schools)	26.1	24.4
普通高等学校	Regular Institutions of Higher Education	17.2	17.3
每十万人口在校学生数	**Student Enrollment per 100 000 population**		
高等教育	Higher Education	2734	2894
高中阶段	Senior Secondary Education	3946	3988
初中阶段	Jnior Secondary Education	3725	3455
小 学	Primary Education	6657	6754
幼儿园	Kindergartens	3058	3033

表18.7 各级学校入学率及升学率（2012－2013年）

NET ENROLLMENT RATIO AND PROMOTION RATE OF SCHOOLS BY LEVEL (2012-2013)

单位：%（%）

指　标	Item	2012	2013
小学学龄儿童入学率	Net Enrollment Ratio of Primary Schools	99.98	99.98
初中适龄人口入学率	Net Enrollment Ratio of Junior Secondary Schools	99.43	99.85
高中阶段毛入学率	Gross Enrollment Ratio of Senior Secondary Schools	84.99	88.96
高等教育毛入学率	Gross Enrollment Ratio of Higher Education	34.1	35.0
初中毕业生升学率	Promotion Rate of Junior Secondary School Graduates	94.99	96.27
#升普通高中	To Regular Senior Secondary Schools	55.84	58.55
小学毕业生升学率	Promotion Rate of Primary School Graduates	101.25	101.14

表18.8 普通高等学校分科学生数（2013年）

STUDENT ENROLLMENT IN REGULAR INSTITUTIONS OF HIGHER EDUCATION BY FIELD OF STUDY (2013)

单位：人 (person)

项　目	Item	在校学生数 Total Enrollment	其　中 of which #本　科 Undergratudate Courses	招生数 New Enrollment	其　中 of which #本　科 Undergratudate Courses	毕业生数 Graduates	其　中 of which #本　科 Undergratudate Courses
总　计	**Total**	**468339**	**420129**	**125271**	**108947**	**96679**	**82490**
哲　学	Philosophy	651	285	163	81	167	17
经济学	Economics	25533	24013	6613	6093	4814	4480
法　学	Law	29783	23405	8159	5966	7399	5264
教育学	Education	14985	11864	4525	3440	3198	2218
文　学	Literature	58974	55419	14964	13768	13844	12525
历史学	History	2203	1924	699	605	457	356
理　学	Science	30104	26518	8200	6958	7170	5950
工　学	Engineering	138132	122609	36710	31674	27833	23553
农　学	Agriculture	8610	7310	2453	1997	1924	1540
医　学	Medicine	23844	19124	6122	4367	4360	2959
管理学	Management	91769	85218	24664	22446	17705	16242
艺术学	Art	43751	42440	11999	11552	7808	7386

注：1)本表仅指研究生、普通本科学生。不含普通专科、成人本专科学生、网络本专科学生和在职人员攻读学位人员。
　　2)不含在渝军事院校。

Note: a) The table hereabove only covers the data of postgraduates and undergraduates. The data of junior college, adult undergraduates and adult junior college are not included.
　　b) The data of military universities in Chongqing are not included.

表18.9 中等职业教育学校分科学生情况（2013年）
STUDENTS IN VOCATIONAL SECONDARY SCHOOLS BY FIELD OF STUDY (2013)

单位：人 (person)

项 目	Item	毕业生数 Graduates	招生数 New Enrollment	在校学生数 Total Enrollment
总 计	**Total**	**102518**	**122154**	**362827**
农林类	Agriculture and Forestry	8117	5835	21218
资源与环境类	Resources and Environment	335	246	1013
能源类	Energy	262	100	562
土木水利工程类	Civil and Hydraulic Engineering	4686	11052	26449
加工制造类	Manufacturing	20244	19004	58397
石油化工类	Petroleum and Chemicals	181	240	865
轻纺食品类	Textile & Light and Food	1333	1410	4156
交通运输类	Communication & Transportation	6833	13027	33103
信息技术类	Information Technology	22746	22527	73419
医药卫生类	Medicine and Health	9517	11146	32562
休闲保健类	Leisure and Health Care	397	679	1567
财经商贸类	Finance, Economy and Trade	8143	10098	28804
旅游类	Tourism	4698	7905	20792
文化艺术	Culture and Art	3458	4583	12904
体育类	Sports	291	297	704
教育类	Education	8562	11878	41459
司法类	Judicature	566	681	1703
社会公共事务类	Social and Public Affairs	573	376	1150
其 他	Others	1576	1070	2000

注：本表不含技工学校。
Note: The data of vestibule schools are not included in this table.

表18.10 各级学校在校女学生和女专任教师数（2012－2013年）

NUMBER OF FEMALE STUDENTS AND FEMALE FULL-TIME TEACHERS BY SCHOOL LEVEL (2012-2013)

单位：人 (person)

项　目	Item	2012	2013
女学生数	**Number of Female Students**	**2926573**	**2946430**
高等教育	Higher Education	465510	513425
研究生	Postgraduate	23210	23913
普通本专科学校	Institutions of Higher Education	326790	352213
高中教育阶段	High School Education	583822	566440
普通高中	Regular High School	337822	339700
中等职业教育	Vocational Secondary Schools	246000	226740
义务教育	Compulsory Education	1429510	1419491
普通初中	Regular Junior Secondary School	516841	481929
普通小学	Regular Primary School	912669	937562
女学生占学生总数的百分比(%)	**Percentage of Female Students to Total Students (%)**	**48.2**	**47.9**
高等教育	Higher Education	49.8	50.9
研究生	Postgraduate	49.8	49.6
普通本专科学校	Institutions of Higher Education	52.4	53.4
高中教育阶段	High School Education	50.7	48.2
普通高中	Regular High School	51.2	51.4
中等职业教育	Vocational Secondary Schools	50.0	44.2
义务教育	Compulsory Education	47.2	47.2
普通初中	Regular Junior Secondary School	47.5	47.4
普通小学	Regular Primary School	47.0	47.1
女专任教师数	**Number of Female Full-time Teachers**	**166533**	**174745**
普通高等学校	Institutions of Higher Education	16015	16953
高中阶段学校	High School Education	25935	27281
普通高中	Regular High School	16485	17448
中等职业学校	Vocational Secondary Schools	9450	9833
义务教育学校	Compulsory Education	97194	99632
普通初中	Regular Junior Secondary School	35253	35852
普通小学	Regular Primary School	61941	63780
女专任教师占专任教师总数的百分比(%)	**Percentage of Female Full-time Teachers to Total Full-time Teachers (%)**	**53.7**	**55.0**
普通高等学校	Institutions of Higher Education	44.8	45.7
高中阶段学校	High School Education	46.9	47.6
普通高中	Regular High School	45.3	46.3
中等职业学校	Vocational Secondary Schools	50.0	50.1
义务教育学校	Compulsory Education	51.1	52.1
普通初中	Regular Junior Secondary School	46.4	47.1
普通小学	Regular Primary School	54.3	55.4

表18.11 科技经费、科技奖励情况（2012－2013年）

FUNDS AND REWARDS FOR SCIENTIFIC AND TECHNOLOGICAL RESEARCH (2012-2013)

单位：项 (item)

指　标	Item	2012	2013
科学支出(万元)	**Expenditure of Scientific Research (10 000 yuan)**	**298409**	**392584**
市　级	Municipal	125727	124999
区　县	District and Country	172682	267585
科技奖励情况（项）	**Rewards for Scientific and Technological Research (unit)**		
国家科学技术奖励	National Rewards for Scientific and Technological Research	6	6
最高科学技术奖	Top Science and Technology Award		
自然科学奖	Award for Natural Sciences		
一等奖	1st Prize		
二等奖	2nd Prize		
技术发明奖	Award for Technological Invention		1
一等奖	1st Prize		
二等奖	2nd Prize		1
科技进步奖	Award for Science and Technology Progress	6	5
特　等	Special Prize		
一等奖	1st Prize	1	1
二等奖	2nd Prize	5	4
国际科学技术合作奖	International Science and Technology Cooperation Award		
重庆市科学技术奖励	Chongqing Rewards for Scientific and Technological Research	175	193
科技突出贡献奖	Prize for The Outstanding Contribution in Science and Technology Research		1
自然科学奖	Award for Natural Sciences	17	22
一等奖	1st Prize	3	3
二等奖	2nd Prize	8	6
三等奖	3rd Prize	6	13
技术发明奖	Award for Technological Invention	5	9
一等奖	1st Prize	1	2
二等奖	2nd Prize	2	1
三等奖	3rd Prize	2	6
科技进步奖	Award for Science and Technology Progress	153	149
一等奖	1st Prize	13	9
二等奖	2nd Prize	53	49
三等奖	3rd Prize	87	91
企业技术创新奖	Aword for Enterprises Technology Innovation		10
国际科学技术合作奖	Aword for International Science and Technology cooperation		2

表18.12 科学技术协会活动情况（2013年）

ACTIVITIES OF SCIENCE AND TECHNOLOGY ASSOCIATIONS (2013)

指 标	Item	合 计 Total	其中 of which 市级科协 Science and Technology Associations at Municipal Level	市级学会 Learned Societies at Municipal Level	区县科协 Science and Technology Associations below Municipal Level
国内学术会议	**Domestic Academic Meetings**				
举办次数（次）	Number of Meetings (time)	618	41	420	157
参加人数（人次）	Number of Participants (person-times)	106492	11175	75088	20229
交流论文数（篇）	Number of Theses Presented (piece)	13532	1230	10195	2107
境内国际学术会议	**International Academic Conference in Chongqing**				
举办次数(次)	Number of Conferences (time)	55	10	45	
参加人数（人次）	Number of Participants (person-time)	11819	4100	7719	
境外专家学者（人次）	Foreign Experts and Scholars (person-time)	571	240	331	
交流论文（篇）	Number of Theses Presented (piece)	3177	463	2714	
科普活动	**Science Popularization Activities**				
举办科普宣讲活动（次）	Number of Science Popularization Lectures (time)	1869	143	790	936
宣讲活动受众人数（万人次）	Number of Audience (10 000 person-time)	384.24	82.40	169.14	132.70
举办青少年科学营（次）	Number of Science and Technology Summer (Winter) Camps for Teenagers (time)	18	1	6	11
参加人数（人次）	Number of Participants (person-time)	1760	310	435	1015
举办青少年科技竞赛（项）	Number of Teenagers Science and Technology Competitions (unit)	218	12	29	177
参加人数（万人次）	Number of Participants (10 000 person-time)	328.35	200.07	25.21	103.07
获奖人数（人次）	Number of Prize Winners (person-time)	23299	3548	6323	13428

表18.13 研究与试验发展（R&D）活动基本情况（2013年）
BASIC STATISTICS ON R&D ACTIVITIES (2013)

指　标	Item	合　计 Total	科研机构 Research Institutes	高等院校 Colleges & Universities
有R&D活动的单位数（个）	Units Engaged in R&D Activities (unit)	887	29	85
R&D经费内部支出（万元）	Inner Expenditure of R&D Funds (10 000 yuan)	1764911	127825	175320
# 基础研究	Basic Research	69563	9251	59322
应用研究	Application Research	160252	57079	79775
试验发展	Testing Development	1535096	61495	36223
# 日常性支出	Daily Expenditure	1448575	77531	130196
# 人员劳务费	Remuneration for Personnel	478775	29638	32583
# 资产性支出	Expenditure for Assets	316336	50294	45124
#仪器和设备	Facilities	274124	27302	33395
# 政府资金	Funds from Government	241133	89187	82020
企业资金	Funds from Enterprises	1453276	6999	73132
国外资金	Foreign Funds	4516	223	798
其他资金	Others	65987	31417	19370
R&D人员（人）	R&D Personnel (person)	83722	5818	17245
# 女　性	Female	21156	1837	6070
# 全时人员	Full-time Employees	51574	4452	5270
# 博士毕业	With Doctor's Degree	5665	481	4544
硕士毕业	With Master's Degree	12837	1742	6874
本科毕业	With Bachelor's Degree	26419	2455	5141
R&D人员全时当量（人年）	Full-time Personnel (person-year)	52612	5139	6868
# 研究人员	Researchers	25085	3310	5881
# 基础研究	Personnel of Basic Research	3667	584	2976
应用研究	Personnel of Application Research	6891	2283	3327
试验发展	Personnel of Testing Development	42054	2272	565
R&D项目（课题）数（项）	Number of R&D Projects (Topics)	24792	1217	17017
R&D项目（课题）人员全时当量（人年）	Number of Full-time Persons for Each R&D Project (Topic) (person-year)	46239	4292	6862
R&D项目（课题）经费支出（万元）	Expenditure for R&D Projects (Topics) (10 000 yuan)	1426118	56744	141928
研究机构机构数（个）	Number of Research Institutions	906	31	295
研究机构R&D人员（人）	R&D Personnel in Research Institutions (person)	33856	5818	3591
# 博士和硕士	With Doctor's Degree and Master's Degree	8034	2223	2858
研究机构R&D经费支出（万元）	Research Institutions' Expenditure for R&D (10 000 yuan)	826763	127825	39654
研究机构仪器设备原价（万元）	Original Price of Instruments and Equipment in Research Institutions (10 000 yuan)	1044755	251392	184751
# 进　口	Imported	312636	67354	66083
专利申请数（件）	Number of Patent Applications (pcs)	15628	450	2427
# 发明申请	Invention Patent	4560	340	1499
有效发明专利数（件）	Number of Effective Invention Patents (pcs)	8669	298	3240
专利所有权转让及许可数（件）	Number of Patent Right Transfers and Permissions (pcs)	203	7	51
专利所有权转让及许可收入（万元）	Income from Patent Right Transfers and Permissions (10 000 yuan)	6939	2800	854
形成国家或行业标准数（项）	Number of National or Industrial Standards Newly Formed (items)	470	14	
发表科技论文（篇）	Number of Scientific and Technical Theses Published (theses)	36555	1717	29645
出版科技著作（种）	Scientific and Technical Works Published (kind)	1187	41	1092

表18.13 续表 continued

指　标	Item	企　业 Enterprises	其中 of which #工业企业 Industrial Enterprises	其　他 Others
有R&D活动的单位数（个）	Units Engaged in R&D Activities (unit)	712	668	61
R&D经费内部支出（万元）	Inner Expenditure of R&D Funds (10 000 yuan)	1445419	1388199	16348
# 基础研究	Basic Research	758	649	232
应用研究	Application Research	18054	11310	5343
试验发展	Testing Development	1426606	1376240	10772
# 日常性支出	Daily Expenditure	1226456	1173951	14392
# 人员劳务费	Remuneration for Personnel	407987	388412	8567
# 资产性支出	Expenditure for Assets	218963	214248	1956
# 仪器和设备	Facilities	211563	208136	1863
# 政府资金	Funds from Government	60083	57189	9844
企业资金	Funds from Enterprises	1369162	1316325	3983
国外资金	Foreign Funds	3496	2968	
其他资金	Others	12679	11717	2521
R&D人员（人）	R&D Personnel (person)	57775	53781	2884
# 女　性	Female	12230	11309	1019
# 全时人员	Full-time Employees	40977	37936	875
# 博士毕业	With Doctor's Degree	487	376	153
硕士毕业	With Master's Degree	3514	2776	707
本科毕业	With Bachelor's Degree	18193	16891	630
R&D人员全时当量（人年）	Full-time Personnel (person-year)	39141	36605	1464
# 研究人员	Researchers	14941	13544	952
# 基础研究	Personnel of Basic Research	67	53	40
应用研究	Personnel of Application Research	734	591	547
试验发展	Personnel of Testing Development	38340	35962	877
R&D项目（课题）数（项）	Number of R&D Projects (Topics)	6094	5794	464
R&D项目（课题）人员全时当量（人年）	Number of Full-time Persons for Each R&D Project (Topic) (person-year)	33909	31745	1177
R&D项目（课题）经费支出（万元）	Expenditure for R&D Projects (Topics) (10 000 yuan)	1217141	1176841	10305
研究机构机构数（个）	Number of Research Institutions	557	546	23
研究机构R&D人员（人）	R&D Personnel in Research Institutions (person)	23908	23664	539
# 博士和硕士	With Doctor's Degree and Master's Degree	2764	2667	189
研究机构R&D经费支出（万元）	Research Institutions' Expenditure for R&D (10 000 yuan)	654043	651789	5241
研究机构仪器设备原价（万元）	Original Price of Instruments and Equipment in Research Institutions (10 000 yuan)	602879	589676	5732
# 进　口	Imported	176533	173333	2667
专利申请数（件）	Number of Patent Applications (pcs)	12678	12221	73
# 发明申请	Invention Patent	2687	2509	34
有效发明专利数（件）	Number of Effective Invention Patents (pcs)	5115	4792	16
专利所有权转让及许可数（件）	Number of Patent Right Transfers and Permissions (pcs)	145	142	
专利所有权转让及许可收入（万元）	Income from Patent Right Transfers and Permissions (10 000 yuan)	3285	3222	
形成国家或行业标准数（项）	Number of National or Industrial Standards Newly Formed (items)	455	443	1
发表科技论文（篇）	Number of Scientific and Technical Theses Published (theses)	3131	2095	2062
出版科技著作（种）	Scientific and Technical Works Published (kind)	5		49

表18.14 大中型工业企业科技机构情况（2013年）

SCIENTIFIC AND TECHNOLOGICAL INSTITUTIONS OF LARGE & MEDIUM-SIZED INDUSTRIAL ENTERPRISES (2013)

项　目	Item	科技机构数（个）Number of Institutions (unit)	科技机构科技活动人数（人）Personnel of Institutions (person)	科技机构经费内部支出（万元）Inner Expenditures for Science and Technology (10 000 yuan)
总　计	**Total**	**356**	**29430**	**831348**
按隶属关系分	**By Relationship**			
中　央	Central	68	11056	418226
地　方	Local	288	18374	413122
按登记注册类型分	**By Registration**			
内资企业	Domestic-funded	310	25593	650995
国有企业	State-owned	20	1590	22022
集体企业	Collective-owned			
股份合作企业	Cooperative Enterprise			
联营企业	Joint Ownership Enterprises			
有限责任公司	Limited Liability Corporations	133	9700	219988
股份有限公司	Share Holding Limited Corporations	50	7388	231598
私营企业	Private Enterprises	107	6915	177387
其他企业	Private Limited Liability Corporations			
港、澳、台商投资企业	Enterprises Funded by Hong Kong, Macao and Taiwan	29	1050	19200
合资经营企业	Joint-venture Enterprises	15	441	7419
合作经营企业	Cooperative Enterprises			
独资经营企业	Enterprises with Sole Funded from Hong Kong,Macao and Taiwan	7	297	5686
投资股份有限公司	Share-holding Corporations Ltd. with Investment from Hong Kong, Macao and Taiwan	7	312	6095
外商投资企业	Foreign Funded Enterprises	17	2787	161153
中外合资经营企业	Joint-venture Enterprises	12	2289	148468
中外合作经营企业	Cooperation Enterprises	1	215	7225
外资企业	Enterprises with Sole Fund	3	122	1938
外商投资股份有限公司	Share-holding Corporations Ltd.	1	161	3522
按行业分	**By Sector**			
采矿业	Mining	1	45	359
煤炭开采和洗选业	Mining and Washing of Coal			
石油和天然气开采业	Extraction of Petroleum and Natural Gas			
黑色金属矿采选业	Mining and Processing of Ferrous Metal Ores			
有色金属矿采选业	Mining and Processing of Non-Ferrous Metal Ores			
非金属矿采选业	Mining and Processing of Nonmetal Ores	1	45	359
开采辅助活动	Mining Support Activities			
其他采矿业	Mining of Other Ores			
制造业	Manufacture	353	29171	828022
农副食品加工业	Processing of Food from Agricultural Products	11	372	4499
食品制造业	Manufacture of Foods	12	253	4476

表18.14 续表 continued

项　目	Item	科技机构数（个） Number of Institutions (unit)	科技机构科技活动人数（人） Personnel of Institutions (person)	科技机构经费内部支出（万元） Inner Expenditures for Science and Technology (10 000 yuan)
酒、饮料和精制茶制造业	Liquor, Beverage and Refined Tea	6	354	3755
烟草制品业	Manufacture of Tobacco			
纺织业	Manufacture of Textile	2	57	2717
纺织服装、服饰业	Manufacture of Textile Wearing Apparel, Footware and Caps			
皮革、毛皮、羽毛及其制品和制鞋业	Manufacture of Leather, Fur, Feather and Related Products	2	87	1530
木材加工和木、竹、藤、棕、草制品业	Processing of Timber, Manufacture of Wood, Bamboo, Rattan, Palm and Straw Products			
家具制造业	Manufacture of Furniture	2	46	128
造纸和纸制品业	Manufacture of Paper and Paper Products	4	74	1903
印刷和记录媒介复制业	Printing, Reproduction of Recording Media	1	15	12
文教、工美、体育和娱乐用品制造业	Manufacture of Culture, Education, Handicraft, Fine Arts, Sports and Entertainment Articles	1	52	510
石油加工、炼焦和核燃料加工业	Processing of Petroleum, Coking, Processing of Nuclear Fuel	1	87	1304
化学原料和化学制品制造业	Manufacture of Raw Chemical Materials and Chemical Products	28	1657	29959
医药制造业	Manufacture of Medicines	35	1604	38116
化学纤维制造业	Manufacture of Chemical Fibers			
橡胶和塑料制品业	Manufacture of Rubber and Plastics	2	13	80
非金属矿物制品业	Manufacture of Non-metallic Mineral Products	23	1029	12952
黑色金属冶炼和压延加工业	Smelting and Pressing of Ferrous Metals	6	243	2668
有色金属冶炼和压延加工业	Smelting and Pressing of Nonferrous Metals	9	782	21619
金属制品业	Manufacture of Metal Products	6	110	2555
通用设备制造业	Manufacture of General Purpose Machinery	29	2075	48063
专用设备制造业	Manufacture of Special Purpose Machinery	10	1125	18862
汽车制造业	Manufacture of Motor Vehicles	61	11033	440173
铁路、船舶、航空航天和其他运输设备制造业	Manufacture of Railway, Ship, Aviation and Other Transporting Equipment	42	4105	128986
电气机械和器材制造业	Manufacture of Electrical Machinery and Equipment	20	862	15741
计算机、通信和其他电子设备制造业	Manufacture of Communication Equipment, Computers and Other Electronic Equipment	10	377	7778
仪器仪表制造业	Manufacture of Measuring Instruments and Machinery for Cultural Activity and Office Work	16	1281	11996
其他制造业	Other Manufacture	3	136	773
废弃资源综合利用业	Comprehensive Utilization of Waste Resources	11	1342	26868
金属制品、机械和设备修理业	Repair of Metal Products, Machinery and Equipment			
电力、热力、燃气及水生产和供应业	Production and Supply of Electric Power, Heat Power and Gas	2	214	2967
电力、热力生产和供应业	Production and Supply of Electric Power and Heat Power	1	206	2928
燃气生产和供应业	Production and Supply of Gas	1	8	39
水的生产和供应业	Production and Supply of Water			

表18.15 规模以上工业企业科技机构情况（2013年）
SCIENTIFIC AND TECHNOLOGICAL INSTITUTIONS OF INDUSTRIAL ENTERPRISES ABOVE DESIGNATED SIZE (2013)

项　目	Item	科技机构数（个）Number of Institutions (unit)	科技机构科技活动人数（人）Personnel of Institutions (person)	科技机构经费内部支出（万元）Inner Expenditures for Science and Technology (10 000 yuan)
总　计	**Total**	**546**	**33606**	**891236**
按隶属关系分	**By Relationship**			
中　央	Central	69	11098	418693
地　方	Local	477	22508	472543
按登记注册类型分	**By Registration**			
内资企业	Domestic-funded	490	29496	703538
国有企业	State-owned	21	1632	22489
集体企业	Collective-owned			
股份合作企业	Cooperative Enterprise			
联营企业	Joint Ownership Enterprises			
有限责任公司	Limited Liability Corporations	182	11113	241587
股份有限公司	Share Holding Limited Corporations	62	7905	238386
私营企业	Private Enterprises	225	8846	201076
其他企业	Private Limited Liability Corporations			
港、澳、台商投资企业	Enterprises Funded by Hong Kong, Macao and Taiwan	33	1205	22326
合资经营企业	Joint-venture Enterprises	17	563	10170
合作经营企业	Cooperative Enterprises			
独资经营企业	Enterprises with Sole Funded from Hong Kong,Macao and Taiwan	9	330	6061
投资股份有限公司	Share-holding Corporations Ltd. with Investment from Hong Kong, Macao and Taiwan	7	312	6095
外商投资企业	Foreign Funded Enterprises	23	2905	165372
中外合资经营企业	Joint-venture Enterprises	15	2372	150963
中外合作经营企业	Cooperation Enterprises	1	215	7225
外资企业	Enterprises with Sole Fund	6	157	3662
外商投资股份有限公司	Share-holding Corporations Ltd.	1	161	3522
按行业分	**By Sector**			
采矿业	Mining	1	45	359
煤炭开采和洗选业	Mining and Washing of Coal			
石油和天然气开采业	Extraction of Petroleum and Natural Gas			
黑色金属矿采选业	Mining and Processing of Ferrous Metal Ores			
有色金属矿采选业	Mining and Processing of Non-Ferrous Metal Ores			
非金属矿采选业	Mining and Processing of Nonmetal Ores	1	45	359
开采辅助活动	Mining Support Activities			
其他采矿业	Mining of Other Ores			
制造业	Manufacture	542	33342	887895
农副食品加工业	Processing of Food from Agricultural Products	23	558	6166
食品制造业	Manufacture of Foods	15	289	5516

表18.15 续表 continued

项　目	Item	科技机构数（个）Number of Institutions (unit)	科技机构科技活动人数（人）Personnel of Institutions (person)	科技机构经费内部支出（万元）Inner Expenditures for Science and Technology (10 000 yuan)
酒、饮料和精制茶制造业	Liquor, Beverage and Refined Tea	11	419	4859
烟草制品业	Manufacture of Tobacco			
纺织业	Manufacture of Textile	9	109	5201
纺织服装、服饰业	Manufacture of Textile Wearing Apparel, Footware and Caps	2	23	83
皮革、毛皮、羽毛及其制品和制鞋业	Manufacture of Leather, Fur, Feather and Related Products	2	87	1530
木材加工和木、竹、藤、棕、草制品业	Processing of Timber, Manufacture of Wood, Bamboo, Rattan, Palm and Straw Products			
家具制造业	Manufacture of Furniture	3	52	130
造纸和纸制品业	Manufacture of Paper and Paper Products	4	74	1903
印刷和记录媒介复制业	Printing, Reproduction of Recording Media	1	15	12
文教、工美、体育和娱乐用品制造业	Manufacture of Culture, Education, Handicraft, Fine Arts, Sports and Entertainment Articles	1	52	510
石油加工、炼焦和核燃料加工业	Processing of Petroleum, Coking, Processing of Nuclear Fuel	3	140	3061
化学原料和化学制品制造业	Manufacture of Raw Chemical Materials and Chemical Products	37	2192	37501
医药制造业	Manufacture of Medicines	63	2210	50053
化学纤维制造业	Manufacture of Chemical Fibers			
橡胶和塑料制品业	Manufacture of Rubber and Plastics	5	61	139
非金属矿物制品业	Manufacture of Non-metallic Mineral Products	33	1197	17217
黑色金属冶炼和压延加工业	Smelting and Pressing of Ferrous Metals	9	291	3598
有色金属冶炼和压延加工业	Smelting and Pressing of Nonferrous Metals	15	900	23704
金属制品业	Manufacture of Metal Products	8	128	2659
通用设备制造业	Manufacture of General Purpose Machinery	43	2284	50151
专用设备制造业	Manufacture of Special Purpose Machinery	27	1474	22134
汽车制造业	Manufacture of Motor Vehicles	82	11681	447521
铁路、船舶、航空航天和其他运输设备制造业	Manufacture of Railway, Ship, Aviation and Other Transporting Equipment	48	4179	129443
电气机械和器材制造业	Manufacture of Electrical Machinery and Equipment	39	1290	21785
计算机、通信和其他电子设备制造业	Manufacture of Communication Equipment, Computers and Other Electronic Equipment	21	716	12089
仪器仪表制造业	Manufacture of Measuring Instruments and Machinery for Cultural Activity and Office Work	24	1443	13291
其他制造业	Other Manufacture	3	136	773
废弃资源综合利用业	Comprehensive Utilization of Waste Resources	11	1342	26868
金属制品、机械和设备修理业	Repair of Metal Products, Machinery and Equipment			
电力、热力、燃气及水生产和供应业	Production and Supply of Electric Power, Heat Power and Gas	3	219	2982
电力、热力生产和供应业	Production and Supply of Electric Power and Heat Power	1	206	2928
燃气生产和供应业	Production and Supply of Gas	2	13	54
水的生产和供应业	Production and Supply of Water			

表18.16 大中型工业企业R&D人员情况（2013年）

STATISTICS ON R&D PERSONNEL IN LARGE & MEDIUM-SIZED INDUSTRIAL ENTERPRISES (2013)

项 目	Item	R&D人员数（人） R&D Personnel (person)	其 中 of which		R&D人员折合全时当量（人年） Full-time Personnel (person-year)	其 中 of which
			#参加项目人员 Researchers	#R&D全时人员 Full-time Employees		#试验发展人员 Personnel of Testing Development
总 计	**Total**	**45993**	**40195**	**32873**	**31760**	**31188**
按隶属关系分	**By Relationship**					
中 央	Central	14254	12082	11241	11171	10852
地 方	Local	31739	28113	21632	20588	20336
按登记注册类型分	**By Registration**					
内资企业	Domestic-funded	38914	34025	27445	27386	26816
国有企业	State-owned	1981	1722	1015	1333	1312
集体企业	Collective-owned					
股份合作企业	Cooperative Enterprise					
联营企业	Joint Ownership Enterprises					
有限责任公司	Limited Liability Corporations	19504	16601	13481	14238	13916
股份有限公司	Share Holding Limited Corporations	8146	7322	6644	6013	5798
私营企业	Private Enterprises	9283	8380	6305	5801	5790
其他企业	Private Limited Liability Corporations					
港、澳、台商投资企业	Enterprises Funded by Hong Kong, Macao	1849	1697	1593	828	828
合资经营企业	Joint-venture Enterprises	1344	1252	1171	391	391
合作经营企业	Cooperative Enterprises					
独资经营企业	Enterprises with Sole Funded from Hong Kong,Macao and Taiwan	313	298	245	246	246
投资股份有限公司	Share-holding Corporations Ltd. with Investment from Hong Kong, Macao and Taiwan	192	147	177	192	192
外商投资企业	Foreign Funded Enterprises	5230	4473	3835	3545	3544
中外合资经营企业	Joint-venture Enterprises	4083	3399	3029	3069	3068
中外合作经营企业	Cooperation Enterprises	308	288	224	80	80
外资企业	Enterprises with Sole Fund	713	682	482	339	339
外商投资股份有限公司	Share-holding Corporations Ltd.	126	104	100	57	57
按行业分	**By Sector**					
采矿业	Mining	1109	1085	476	670	669
煤炭开采和洗选业	Mining and Washing of Coal	573	563	129	168	167
石油和天然气开采业	Extraction of Petroleum and Natural Gas					
黑色金属矿采选业	Mining and Processing of Ferrous Metal Ores	493	482	304	466	466
有色金属矿采选业	Mining and Processing of Non-Ferrous Metal Ores					
非金属矿采选业	Mining and Processing of Nonmetal Ores	43	40	43	36	36
开采辅助活动	Mining Support Activities					
其他采矿业	Mining of Other Ores					

表18.16 续表 continued

项　目	Item	R&D人员数(人) R&D Personnel (person)	其　中 of which #参加项目人员 Researchers	#R&D全时人员 Full-time Employees	R&D人员折合全时当量(人年) Full-time Personnel (person-year)	其　中 of which #试验发展人员 Personnel of Testing Development
制造业	Manufacture	44495	38765	32283	30862	30300
农副食品加工业	Processing of Food from Agricultural Products	422	339	187	377	371
食品制造业	Manufacture of Foods	1113	1009	314	441	441
酒、饮料和精制茶制造业	Liquor, Beverage and Refined Tea	403	365	239	180	180
烟草制品业	Manufacture of Tobacco	159	84	159	46	46
纺织业	Manufacture of Textile	83	80	43	44	44
纺织服装、服饰业	Manufacture of Textile Wearing Apparel, Footware and Caps					
皮革、毛皮、羽毛及其制品和制鞋业	Manufacture of Leather, Fur, Feather and Related Products	40	35	40	5	5
木材加工和木、竹、藤、棕、草制品业	Processing of Timber, Manufacture of Wood, Bamboo, Rattan, Palm and Straw Products					
家具制造业	Manufacture of Furniture	227	215	110	186	186
造纸和纸制品业	Manufacture of Paper and Paper Products	591	589	590	87	87
印刷和记录媒介复制业	Printing, Reproduction of Recording Media	30	25	22	30	30
文教、工美、体育和娱乐用品制造业	Manufacture of Culture, Education, Handicraft, Fine Arts, Sports and Entertainment Articles	125	118	85	82	82
石油加工、炼焦和核燃料加工业	Processing of Petroleum, Coking, Processing of Nuclear Fuel	69	54	45	51	51
化学原料和化学制品制造业	Manufacture of Raw Chemical Materials and Chemical Products	2465	2226	1661	1706	1676
医药制造业	Manufacture of Medicines	2563	2352	2194	1860	1746
化学纤维制造业	Manufacture of Chemical					
橡胶和塑料制品业	Manufacture of Rubber and Plastics	326	260	260	179	178
非金属矿物制品业	Manufacture of Non-metallic	1648	1482	542	758	758
黑色金属冶炼和压延加工业	Smelting and Pressing of Ferrous Metals	449	386	156	383	383
有色金属冶炼和压延加工业	Smelting and Pressing of Nonferrous Metals	1473	1270	633	968	961
金属制品业	Manufacture of Metal Products	753	675	346	241	241
通用设备制造业	Manufacture of General	3709	3300	2500	2231	2231
专用设备制造业	Manufacture of Special	1952	1623	1280	1426	1346
汽车制造业	Manufacture of Motor	12980	11249	11436	10085	9881
铁路、船舶、航空航天和其他运输设备制造业	Manufacture of Railway, Ship, Aviation and Other Transporting Equipment	5979	4922	4282	4604	4562
电气机械和器材制造业	Manufacture of Electrical Machinery and Equipment	1932	1694	1419	1227	1226
计算机、通信和其他电子设备制造业	Manufacture of Communication Equipment, Computers and Other Electronic Equipment	1155	1048	936	607	596
仪器仪表制造业	Manufacture of Measuring Instruments and Machinery for Cultural Activity and Office Work	1871	1679	1414	1476	1446
其他制造业	Other Manufacture	485	434	363	320	317
废弃资源综合利用业	Comprehensive Utilization of Waste Resources	1493	1252	1027	1263	1229
金属制品、机械和设备修理业	Repair of Metal Products, Machinery and Equipment					
电力、热力、燃气及水生产和供应业	Production and Supply of Electric Power, Heat Power and Gas	389	345	114	228	220
电力、热力生产和供应业	Production and Supply of Electric Power, Heat Power and Gas	378	335	114	220	211
燃气生产和供应业	Production and Supply of Gas	11	10		8	8
水的生产和供应业	Production and Supply of Water					

表18.17 规模以上工业企业R&D人员情况（2013年）
STATISTICS ON R&D PERSONNEL IN INDUSTRIAL ENTERPRISES ABOVE DESIGNATED SIZE (2013)

项 目	Item	R&D人员数（人）R&D Personnel (person)	其中 of which #参加项目人员 Researchers	#R&D全时人员 Full-time Employees	R&D人员折合全时当量（人年）Full-time Personnel (person-year)	其中 of which #试验发展人员 Personnel of Testing Development
总 计	**Total**	**53781**	**46951**	**37936**	**36605**	**35962**
按隶属关系分	**By Relationship**					
中 央	Central	14497	12280	11433	11317	10997
地 方	Local	39284	34671	26503	25289	24965
按登记注册类型分	**By Registration**					
内资企业	Domestic-funded	46148	40290	32075	31909	31268
国有企业	State-owned	2091	1801	1111	1380	1358
集体企业	Collective-owned					
股份合作企业	Cooperative Enterprise					
联营企业	Joint Ownership Enterprises					
有限责任公司	Limited Liability Corporations	22664	19333	15517	16487	16125
股份有限公司	Share Holding Limited Corporations	8747	7835	7138	6354	6129
私营企业	Private Enterprises	12643	11318	8306	7689	7656
其他企业	Private Limited Liability Corporations	3	3	3		
港、澳、台商投资企业	Enterprises Funded by Hong Kong, Macao and Taiwan	2086	1918	1808	982	982
合资经营企业	Joint-venture Enterprises	1500	1395	1316	530	530
合作经营企业	Cooperative Enterprises					
独资经营企业	Enterprises with Sole Funded from Hong Kong,Macao and Taiwan	394	376	315	260	260
投资股份有限公司	Share-holding Corporations Ltd. with Investment from Hong Kong, Macao and Taiwan	192	147	177	192	192
外商投资企业	Foreign Funded Enterprises	5547	4743	4053	3714	3711
中外合资经营企业	Joint-venture Enterprises	4311	3595	3187	3194	3192
中外合作经营企业	Cooperation Enterprises	308	288	224	80	80
外资企业	Enterprises with Sole Fund	765	719	514	355	355
外商投资股份有限公司	Share-holding Corporations Ltd.	163	141	128	84	84
按行业分	**By Sector**					
采矿业	Mining	1125	1101	481	674	673
煤炭开采和洗选业	Mining and Washing of Coal	589	579	134	173	171
石油和天然气开采业	Extraction of Petroleum and Natural Gas					
黑色金属矿采选业	Mining and Processing of Ferrous Metal Ores	493	482	304	466	466
有色金属矿采选业	Mining and Processing of Non-Ferrous Metal Ores					
非金属矿采选业	Mining and Processing of Nonmetal Ores	43	40	43	36	36
开采辅助活动	Mining Support Activities					
其他采矿业	Mining of Other Ores					

表18.17 续表 continued

项目	Item	R&D人员数(人) R&D Personnel (person)	其中 of which #参加项目人员 Researchers	#R&D全时人员 Full-time Employees	R&D人员折合全时当量(人年) Full-time Personnel (person-year)	其中 of which #试验发展人员 Personnel of Testing Development
制造业	Manufacture	52234	45475	37327	35687	35052
农副食品加工业	Processing of Food from Agricultural Products	650	510	302	475	469
食品制造业	Manufacture of Foods	1139	1030	328	455	455
酒、饮料和精制茶制造业	Liquor, Beverage and Refined Tea	480	431	259	237	237
烟草制品业	Manufacture of Tobacco	159	84	159	46	46
纺织业	Manufacture of Textile	136	120	83	77	77
纺织服装、服饰业	Manufacture of Textile Wearing Apparel, Footware and Caps	5	3		2	2
皮革、毛皮、羽毛及其制品和制鞋业	Manufacture of Leather, Fur, Feather and Related Products	84	70	52	28	28
木材加工和木、竹、藤、棕、草制品业	Processing of Timber, Manufacture of Wood, Bamboo, Rattan, Palm and Straw Products	8	8	7	7	7
家具制造业	Manufacture of Furniture	227	215	110	186	186
造纸和纸制品业	Manufacture of Paper and Paper Products	600	596	599	92	92
印刷和记录媒介复制业	Printing, Reproduction of Recording Media	30	25	22	30	30
文教、工美、体育和娱乐用品制造业	Manufacture of Culture, Education, Handicraft, Fine Arts, Sports and Entertainment Articles	125	118	85	82	82
石油加工、炼焦和核燃料加工业	Processing of Petroleum,Coking, Processing of Nuclear Fuel	185	162	152	135	135
化学原料和化学制品制造业	Manufacture of Raw Chemical Materials and Chemical Products	3641	3244	2507	2637	2578
医药制造业	Manufacture of Medicines	3446	3151	2716	2364	2246
化学纤维制造业	Manufacture of Chemical					
橡胶和塑料制品业	Manufacture of Rubber and Plastics	445	356	312	223	222
非金属矿物制品业	Manufacture of Non-metallic	1912	1713	652	918	918
黑色金属冶炼和压延加工业	Smelting and Pressing of Ferrous Metals	582	513	210	431	431
有色金属冶炼和压延加工业	Smelting and Pressing of Nonferrous Metals	1594	1375	694	1023	1017
金属制品业	Manufacture of Metal Products	905	795	417	321	321
通用设备制造业	Manufacture of General	4281	3809	2888	2538	2538
专用设备制造业	Manufacture of Special	2731	2315	1835	1919	1838
汽车制造业	Manufacture of Motor	14088	12161	12248	10801	10597
铁路、船舶、航空航天和其他运输设备制造业	Manufacture of Railway, Ship, Aviation and Other Transporting Equipment	6270	5166	4386	4768	4727
电气机械和器材制造业	Manufacture of Electrical Machinery and Equipment	2541	2224	1810	1525	1524
计算机、通信和其他电子设备制造业	Manufacture of Communication Equipment, Computers and Other Electronic Equipment	1599	1441	1314	945	907
仪器仪表制造业	Manufacture of Measuring Instruments and Machinery for Cultural Activity and Office Work	2387	2149	1790	1838	1795
其他制造业	Other Manufacture	485	434	363	320	317
废弃资源综合利用业	Comprehensive Utilization of Waste Resources	1493	1252	1027	1263	1229
金属制品、机械和设备修理业	Repair of Metal Products, Machinery and Equipment	6	5		2	2
电力、热力、燃气及水生产和供应业	Production and Supply of Electric Power, Heat Power and Gas	422	375	128	244	236
电力、热力生产和供应业	Production and Supply of Electric Power and Heat Power	411	365	128	236	228
燃气生产和供应业	Production and Supply of Gas	11	10		8	8
水的生产和供应业	Production and Supply of Water					

表18.18 大中型工业企业R&D活动经费支出与项目情况（2013年）

EXPENDITURES AND PROJECTS OF SCIENTIFIC & TECHNOLOGICAL ACTIVITIES OF LARGE & MEDIUM-SIZED INDUSTRIAL ENTERPRISES (2013)

单位：万元(10 000 yuan)

项　目	Item	R&D项目数（项）Projects (unit)	研究与发展经费内部支出 Internal Expenses for R&D	技术改造经费支出 Expendi-tures for Technical Transfor-mation	技术引进经费支出 Expendi-tures for Technical Recom-mendation	购买国内技术用款 Purchases of Civil Techno-logy
总　计	**Total**	**4757**	**1239657**	**942975**	**255000**	**31260**
按隶属关系分	**By Relationship**					
中　央	Central	1381	424333	693306	238452	11547
地　方	Local	3376	815324	249669	16549	19713
按登记注册类型分	**By Registration**					
内资企业	Domestic-funded	4263	952294	319076	22469	28680
国有企业	State-owned	309	28919	5871	16	46
集体企业	Collective-owned			12		
股份合作企业	Cooperative Enterprise					
联营企业	Joint Ownership Enterprises					
有限责任公司	Limited Liability Corporations	2182	463329	171232	9576	6431
股份有限公司	Share Holding Limited Corporations	727	192454	33570	9207	18880
私营企业	Private Enterprises	1045	267593	108391	3670	3324
其他企业	Private Limited Liability Corporations					
港、澳、台商投资企业	Enterprises Funded by Hong Kong, Macao and Taiwan	148	47682	19340	4	2412
合资经营企业	Joint-venture Enterprises	107	29071	2150		
合作经营企业	Cooperative Enterprises					
独资经营企业	Enterprises with Sole Funded from Hong Kong,Macao and Taiwan	22	7639	170	4	36
投资股份有限公司	Share-holding Corporations Ltd. with Investment from Hong Kong, Macao and Taiwan	19	10973	17020		2375
外商投资企业	Foreign Funded Enterprises	346	239680	604559	232528	168
中外合资经营企业	Joint-venture Enterprises	281	172586	602396	232528	168
中外合作经营企业	Cooperation Enterprises	25	18025	121		
外资企业	Enterprises with Sole Fund	28	46419	1254		
外商投资股份有限公司	Share-holding Corporations Ltd.	12	2651	788		
按行业分	**By Sector**					
采矿业	Mining	128	12605	25829	104	2914
煤炭开采和洗选业	Mining and Washing of Coal	109	5668	21989	104	428
石油和天然气开采业	Extraction of Petroleum and Natural Gas					
黑色金属矿采选业	Mining and Processing of Ferrous Metal Ores	18	5014			
有色金属矿采选业	Mining and Processing of Non-Ferrous Metal Ores					
非金属矿采选业	Mining and Processing of Nonmetal Ores	1	1923	3840		2486
开采辅助活动	Mining Support Activities					
其他采矿业	Mining of Other Ores					

表18.18 续表 continued 单位：万元(10 000 yuan)

项　目	Item	R&D项目数（项） Projects (unit)	研究与发展经费内部支出 Internal Expenses for R&D	技术改造经费支出 Expendi-tures for Technical Transfor - mation	技术引进经费支出 Expendi-tures for Technical Recom-mendation	购买国内技术用款 Purchases of Civil Techno - logy
制造业	Manufacture	4575	1220216	892369	254897	28346
农副食品加工业	Processing of Food from Agricultural Products	35	11417	1085		328
食品制造业	Manufacture of Foods	24	14627	2053	300	346
酒、饮料和精制茶制造业	Liquor, Beverage and Refined Tea	17	4941	2241		
烟草制品业	Manufacture of Tobacco	22	3815			
纺织业	Manufacture of Textile	3	6446	3780		
纺织服装、服饰业	Manufacture of Textile Wearing Apparel, Footware and Caps					
皮革、毛皮、羽毛及其制品和制鞋业	Manufacture of Leather, Fur, Feather and Related Products	3	892	78		15
木材加工和木、竹、藤、棕、草制品业	Processing of Timber, Manufacture of Wood, Bamboo, Rattan, Palm and Straw Products					
家具制造业	Manufacture of Furniture	21	3356			
造纸和纸制品业	Manufacture of Paper and Paper	32	12765			
印刷和记录媒介复制业	Printing, Reproduction of Recording Media	6	1247	441		
文教、工美、体育和娱乐用品制造业	Manufacture of Culture, Education, Handicraft, Fine Arts, Sports and Entertainment Articles	5	973			
石油加工、炼焦和核燃料加工业	Processing of Petroleum, Coking, Processing of Nuclear Fuel	12	1263	724		
化学原料和化学制品制造业	Manufacture of Raw Chemical Materials and Chemical Products	237	68902	17983	2381	1711
医药制造业	Manufacture of Medicines	400	63189	30445	381	6426
化学纤维制造业	Manufacture of Chemical Fibers					
橡胶和塑料制品业	Manufacture of Rubber and Plastics	35	10820	1212	287	59
非金属矿物制品业	Manufacture of Non-metallic Mineral	152	36269	3308	484	346
黑色金属冶炼和压延加工业	Smelting and Pressing of Ferrous Metals	28	53985	23157		2375
有色金属冶炼和压延加工业	Smelting and Pressing of Nonferrous Metals	154	50918	43399	1838	13
金属制品业	Manufacture of Metal Products	38	9808	1657		
通用设备制造业	Manufacture of General Purpose Machinery	410	72913	13354	4195	268
专用设备制造业	Manufacture of Special Purpose Machinery	307	33144	10451	495	
汽车制造业	Manufacture of Motor Vehicles	1215	429285	638815	241410	12432
铁路、船舶、航空航天和其他运输设备制造业	Manufacture of Railway, Ship, Aviation and Other Transporting Equipment	702	153641	80750	3084	3847
电气机械和器材制造业	Manufacture of Electrical Machinery and Equipment	189	69060	2975		80
计算机、通信和其他电子设备制造业	Manufacture of Communication Equipment, Computers and Other Electronic Equipment	119	39772	2170		
仪器仪表制造业	Manufacture of Measuring Instruments and Machinery for Cultural Activity and Office Work	241	25758	1998	43	
其他制造业	Other Manufacture	72	5661	71		
废弃资源综合利用业	Comprehensive Utilization of Waste Resources	96	35354	10224		100
金属制品、机械和设备修理业	Repair of Metal Products, Machinery and Equipment					
电力、热力、燃气及水生产和供应业	Production and Supply of Electric Power, Heat Power and Gas	54	6835	24777		
电力、热力生产和供应业	Production and Supply of Electric Power and Heat Power	53	6794	24742		
燃气生产和供应业	Production and Supply of Gas	1	41	35		
水的生产和供应业	Production and Supply of Water					

表18.19 规模以上工业企业R&D活动经费支出与项目情况（2013年）

EXPENDITURES AND PROJECTS OF SCIENTIFIC & TECHNOLOGICAL ACTIVITIES OF INDUSTRIAL ENTERPRISES ABOVE DESIGNATED SIZE (2013)

单位：万元(10 000 yuan)

项　目	Item	R&D项目数（项）Projects (unit)	研究与发展经费内部支出 Internal Expenses for R&D	技术改造经费支出 Expendi-tures for Technical Transfor - mation	技术引进经费支出 Expendi-tures for Technical Recom-mendation	购买国内技术用款 Purchases of Civil Techno - logy
总　计	**Total**	**5794**	**1388199**	**1011701**	**257159**	**32485**
按隶属关系分	**By Relationship**					
中　央	Central	1416	432552	696788	238452	11610
地　方	Local	4378	955647	314913	18707	20876
按登记注册类型分	**By Registration**					
内资企业	Domestic-funded	5205	1085539	385894	22971	29905
国有企业	State-owned	317	29527	6007	16	109
集体企业	Collective-owned			4212		
股份合作企业	Cooperative Enterprise					
联营企业	Joint Ownership Enterprises					
有限责任公司	Limited Liability Corporations	2564	521777	194371	9882	6756
股份有限公司	Share Holding Limited Corporations	883	203298	34562	9207	18910
私营企业	Private Enterprises	1440	330911	146737	3862	4131
其他企业	Private Limited Liability Corporations	1	26	5	4	
港、澳、台商投资企业	Enterprises Funded by Hong Kong, Macao and Taiwan	183	52423	20393	4	2412
合资经营企业	Joint-venture Enterprises	128	32873	3134		
合作经营企业	Cooperative Enterprises					
独资经营企业	Enterprises with Sole Funded from Hong Kong,Macao and Taiwan	·36	8577	239	4	36
投资股份有限公司	Share-holding CorporationsLtd. with Investment from Hong Kong, Macao and Taiwan	19	10973	17020		2375
外商投资企业	Foreign Funded Enterprises	406	250238	605414	234184	168
中外合资经营企业	Joint-venture Enterprises	328	178959	603251	234184	168
中外合作经营企业	Cooperation Enterprises	25	18025	121		
外资企业	Enterprises with Sole Fund	32	50139	1254		
外商投资股份有限公司	Share-holding CorporationsLtd.	21	3115	788		
按行业分	**By Sector**					
采矿业	Mining	132	12620	27851	108	2914
煤炭开采和洗选业	Mining and Washing of Coal	113	5683	23981	108	428
石油和天然气开采业	Extraction of Petroleum and Natural Gas					
黑色金属矿采选业	Mining and Processing of Ferrous Metal Ores	18	5014			
有色金属矿采选业	Mining and Processing of Non-Ferrous Metal Ores					
非金属矿采选业	Mining and Processing of Nonmetal Ores	1	1923	3870		2486
开采辅助活动	Mining Support Activities					
其他采矿业	Mining of Other Ores					

表18.19 续表 continued

单位：万元(10 000 yuan)

项　目	Item	R&D项目数（项） Projects (unit)	研究与发展经费内部支出 Internal Expenses for R&D	技术改造经费支出 Expendi-tures for Technical Transfor - mation	技术引进经费支出 Expendi-tures for Technical Recom-mendation	购买国内技术用款 Purchases of Civil Techno - logy
制造业	Manufacture	5605	1368507	959073	257051	29571
农副食品加工业	Processing of Food from Agricultural Products	171	14556	1364	170	331
食品制造业	Manufacture of Foods	27	15844	2310	300	346
酒、饮料和精制茶制造业	Liquor, Beverage and Refined Tea	32	6459	3064		
烟草制品业	Manufacture of Tobacco	22	3815			
纺织业	Manufacture of Textile	7	8992	6109		
纺织服装、服饰业	Manufacture of Textile Wearing Apparel, Footware and Caps	1	5	340		
皮革、毛皮、羽毛及其制品和制鞋业	Manufacture of Leather, Fur, Feather and Related Products	4	1090	78		15
木材加工和木、竹、藤、棕、草制品业	Processing of Timber, Manufacture of Wood, Bamboo, Rattan, Palm and Straw Products	4	620	448		
家具制造业	Manufacture of Furniture	21	3356			
造纸和纸制品业	Manufacture of Paper and Paper	34	12970			
印刷和记录媒介复制业	Printing, Reproduction of Recording Media	6	1247	441		
文教、工美、体育和娱乐用品制造业	Manufacture of Culture, Education, Handicraft, Fine Arts, Sports and Entertainment Articles	5	973			
石油加工、炼焦和核燃料加工业	Processing of Petroleum, Coking, Processing of Nuclear Fuel	26	4665	2895		
化学原料和化学制品制造业	Manufacture of Raw Chemical Materials and Chemical Products	318	90457	23029	2381	2001
医药制造业	Manufacture of Medicines	535	80767	32736	381	6913
化学纤维制造业	Manufacture of Chemical Fibers					
橡胶和塑料制品业	Manufacture of Rubber and Plastics	42	13716	2937	287	63
非金属矿物制品业	Manufacture of Non-metallic	191	43942	9694	484	346
黑色金属冶炼和压延加工业	Smelting and Pressing of Ferrous	47	57770	29907		2375
有色金属冶炼和压延加工业	Smelting and Pressing of Nonferrous Metals	170	55140	44057	1838	13
金属制品业	Manufacture of Metal Products	69	13094	2147		
通用设备制造业	Manufacture of General Purpose	499	83682	21530	4219	300
专用设备制造业	Manufacture of Special Purpose	372	50205	13807	2332	85
汽车制造业	Manufacture of Motor Vehicles	1315	446194	651405	241530	12462
铁路、船舶、航空航天和其他运输设备制造业	Manufacture of Railway, Ship, Aviation and Other Transporting Equipment	741	157910	82187	3084	3847
电气机械和器材制造业	Manufacture of Electrical Machinery and Equipment	262	80269	3990	4	133
计算机、通信和其他电子设备制造业	Manufacture of Communication Equipment, Computers and Other Electronic Equipment	190	48620	3030		
仪器仪表制造业	Manufacture of Measuring Instruments and Machinery for Cultural Activity and Office Work	325	31110	2537	43	243
其他制造业	Other Manufacture	72	5661	4608		
废弃资源综合利用业	Comprehensive Utilization of Waste Resources	96	35354	14424		100
金属制品、机械和设备修理业	Repair of Metal Products, Machinery and Equipment	1	28			
电力、热力、燃气及水生产和供应业	Production and Supply of Electric Power, Heat Power and Gas	57	7072	24777		
电力、热力生产和供应业	Production and Supply of Electric Power andHeatPower	56	7031	24742		
燃气生产和供应业	Production and Supply of Gas	1	41	35		
水的生产和供应业	Production and Supply of Water					

表18.20 大中型工业企业新产品开发情况（2013年）

NEW PRODUCTS DEVELOPMENT OF LARGE & MEDIUM-SIZED INDUSTRIAL ENTERPRISES (2013)

单位：万元(10 000 yuan)

项 目	Item	新产品项目数（项） Projects of NewProducts (unit)	新产品开发经费支出 Development fund of New Products	新产品产值 Output Value of New Products	新产品销售收入 Sales Revenue of New Products	其 中 of which #新产品出口 Exports of New Products
总 计	**Total**	**5581**	**1282948**	**24024197**	**25145180**	**1287293**
按隶属关系分	**By Relationship**					
中 央	Central	1350	461785	8948929	10461509	113001
地 方	Local	4231	821163	15075268	14683671	1174292
按登记注册类型分	**By Registration**					
内资企业	Domestic-funded	4955	962449	14963746	16030167	998576
国有企业	State-owned	1092	30170	266620	258356	11284
集体企业	Collective-owned	7	382	1606	1606	
股份合作企业	Cooperative Enterprise					
联营企业	Joint Ownership Enterprises					
有限责任公司	Limited Liability Corporations	1782	422479	6516057	6654682	448102
股份有限公司	Share Holding Limited Corporations	757	199740	2355437	3473105	72266
私营企业	Private Enterprises	1317	309677	5824026	5642418	466925
其他企业	Private Limited Liability Corporations					
港、澳、台商投资企业	Enterprises Funded by Hong Kong, Macao and Taiwan	241	64169	915281	880724	75040
合资经营企业	Joint-venture Enterprises	125	33049	504432	488775	69073
合作经营企业	Cooperative Enterprises					
独资经营企业	Enterprises with Sole Funded from Hong Kong,Macao and Taiwan	76	9992	88424	87964	80
投资股份有限公司	Share-holding Corporations Ltd. with Investment	40	21128	322426	303986	5887
外商投资企业	from Hong Kong, Macao and Taiwan Foreign Funded Enterprises	385	256330	8145170	8234290	213677
中外合资经营企业	Joint-venture Enterprises	310	198086	7376327	7516035	210563
中外合作经营企业	Cooperation Enterprises	22	16854	155878	123651	
外资企业	Enterprises with Sole Fund	40	38657	547343	529006	3114
外商投资股份有限公司	Share-holding Corporations Ltd.	13	2733	65622	65597	
按行业分	**By Industrial Sector**					
采矿业	Mining and Quarrying	23	3200	5541	5448	
煤炭开采和洗选业	Coal Mining and Dressing	12	103	4965	4965	
石油和天然气开采业	Petroleum and Natural Gas Extraction					
黑色金属矿采选业	Ferrous Metals Mining and Dressing	11	3097			
有色金属矿采选业	Nonferrous Metals Mining and Dressing					
非金属矿采选业	Nonmetal Minerals Mining and Dressing			576	483	
开采辅助活动	Other Minerals Mining					
其他采矿业	Manufacturing					

表18.20 续表 continued

单位：万元(10 000 yuan)

项　目	Item	新产品项目数（项） Projects of New Products (unit)	新产品开发经费支出 Development fund of New Products	新产品产值 Output Value of New Products	新产品销售收入 Sales Revenue of New Products	其中 of which #新产品出口 Exports of New Products
制造业	Manufacture	5544	1276795	23946061	25067137	1287293
农副食品加工业	Processing of Food from Agricultural Products	41	13691	285878	294534	1602
食品制造业	Manufacture of Foods	19	10838	102556	100886	
酒、饮料和精制茶制造业	Liquor, Beverage and Refined Tea	16	3825	111773	108825	
烟草制品业	Manufacture of Tobacco	11	2374	40191	36375	
纺织业	Manufacture of Textile	49	10184	235954	228699	23307
纺织服装、服饰业	Manufacture of Textile Wearing Apparel, Footware and Caps	1	83	1236	1236	80
皮革、毛皮、羽毛及其制品和制鞋业	Manufacture of Leather, Fur, Feather and Related Products	4	2275	8366	8601	1503
木材加工和木、竹、藤、棕、草制品业	Processing of Timber, Manufacture of Wood, Bamboo, Rattan, Palm and Straw Products	4	54	157	157	
家具制造业	Manufacture of Furniture	37	9452	28736	27524	
造纸和纸制品业	Manufacture of Paper and Paper Products	82	14329	99465	95800	
印刷和记录媒介复制业	Printing, Reproduction of Recording Media	8	1374	1705	1705	
文教、工美、体育和娱乐用品制造业	Manufacture of Culture, Education, Handicraft, Fine Arts, Sports and ntertainment Articles	6	980	28960	28500	80
石油加工、炼焦和核燃料加工业	Processing of Petroleum, Coking, Processing of Nuclear Fuel	17	1659	4689	4221	
化学原料和化学制品制造业	Manufacture of Raw Chemical Materials and Chemical	168	49058	1492328	1471998	60168
医药制造业	Manufacture of Medicines	413	55299	775290	701439	25974
化学纤维制造业	Manufacture of Chemical Fibers					
橡胶和塑料制品业	Manufacture of Rubber and Plastics	39	9586	420374	426740	3114
非金属矿物制品业	Manufacture of Non-metallic Mineral Products	145	35252	417671	404668	71957
黑色金属冶炼和压延加工业	Smelting and Pressing of Ferrous Metals	40	60939	1142755	1056843	54979
有色金属冶炼和压延加工业	Smelting and Pressing of Nonferrous Metals	112	43010	631148	651875	65150
金属制品业	Manufacture of Metal Products	38	9380	165747	159008	8233
通用设备制造业	Manufacture of General Purpose Machinery	1281	82266	932017	870154	64100
专用设备制造业	Manufacture of Special Purpose Machinery	413	35727	374594	361621	18671
汽车制造业	Manufacture of Motor Vehicles	1073	463636	11223460	12423581	416803
铁路、船舶、航空航天和其他运输设备制造业	Manufacture of Railway, Ship, Aviation and Other Transporting Equipment	762	191020	3103669	3205059	370385
电气机械和器材制造业	Manufacture of Electrical Machinery and Equipment	216	49254	1500289	1592842	80952
计算机、通信和其他电子设备制造业	Manufacture of Communication Equipment, Computers and Other Electronic Equipment	114	49902	245798	233081	14898
仪器仪表制造业	Manufacture of Measuring Instruments and Machinery for Cultural Activity and Office Work	232	24878	335567	331745	3154
其他制造业	Other Manufacture	70	5905	48615	40122	357
废弃资源综合利用业	Comprehensive Utilization of Waste Resources	133	40565	187074	199299	1828
金属制品、机械和设备修理业	Repair of Metal Products, Machinery and Equipment					
电力、热力、燃气及水生产和供应业	Production and Supply of Electric Power, Heat Power and Gas	14	2953	72595	72595	
电力、热力生产和供应业	Production and Supply of Electric Power and Heat Power	13	2913	72595	72595	
燃气生产和供应业	Production and Supply of Gas	1	41			
水的生产和供应业	Production and Supply of Water					

表18.21 规模以上工业企业新产品开发情况（2013年）

NEW PRODUCTS DEVELOPMENT OF INDUSTRIAL ENTERPRISES ABOVE DESIGNATED SIZE (2013)

单位：万元(10 000 yuan)

项　目	Item	新产品项目数（项） Projects of NewProducts (unit)	新产品开发经费支出 Development fund of New Products	新产品产值 Output Value of New Products	新产品销售收入 Sales Revenue of New Products	其　中 of which #新产品出口 Exports of New Products
总　计	**Total**	**6820**	**1438649**	**25958381**	**26961130**	**1344651**
按隶属关系分	**By Relationship**					
中　央	Central	1384	469267	9078950	10582859	115363
地　方	Local	5436	969382	16879430	16378271	1229289
按登记注册类型分	**By Registration**					
内资企业	Domestic-funded	6073	1105639	16741075	17707378	1053200
国有企业	State-owned	1101	30696	268904	260533	11284
集体企业	Collective-owned	7	382	1606	1606	
股份合作企业	Cooperative Enterprise					
联营企业	Joint Ownership Enterprises					
有限责任公司	Limited Liability Corporations	2164	471569	7293280	7375625	474762
股份有限公司	Share Holding Limited Corporations	912	210936	2467395	3576491	72297
私营企业	Private Enterprises	1888	392030	6708567	6491799	494857
其他企业	Private Limited Liability Corporations	1	26	1324	1324	
港、澳、台商投资企业	Enterprises Funded by Hong Kong, Macao and Taiwan	287	68503	992466	953843	77743
合资经营企业	Joint-venture Enterprises	147	36124	533631	518210	71769
合作经营企业	Cooperative Enterprises					
独资经营企业	Enterprises with Sole Funded from Hong Kong,Macao and Taiwan	100	11250	136410	131647	87
投资股份有限公司	Share-holding Corporations Ltd. with Investment from Hong Kong, Macao and Taiwan	40	21128	322426	303986	5887
外商投资企业	Foreign Funded Enterprises	460	264507	8224840	8299910	213708
中外合资经营企业	Joint-venture Enterprises	366	202443	7450953	7577152	210595
中外合作经营企业	Cooperation Enterprises	22	16854	155878	123651	
外资企业	Enterprises with Sole Fund	50	42013	549776	530899	3114
外商投资股份有限公司	Share-holding Corporations Ltd.	22	3197	68232	68207	
按行业分	**By Sector**					
采矿业	Mining	24	3209	13032	12448	
煤炭开采和洗选业	Mining and Washing of Coal	13	112	4965	4965	
石油和天然气开采业	Extraction of Petroleum and Natural Gas					
黑色金属矿采选业	Mining and Processing of Ferrous Metal Ores	11	3097			
有色金属矿采选业	Mining and Processing of Non-Ferrous Metal Ores					
非金属矿采选业	Mining and Processing of Nonmetal Ores			8067	7483	
开采辅助活动	Mining Support Activities					
其他采矿业	Mining of Other Ores					

表18.21 续表 continued

单位：万元(10 000 yuan)

项　目	Item	新产品项目数（项） Projects of NewProducts (unit)	新产品开发经费支出 Development fund of New Products	新产品产值 Output Value of New Products	新产品销售收入 Sales Revenue of New Products	其 中 of which #新产品出口 Exports of New Products
制造业	Manufacture	6780	1432292	25872754	26876086	1344651
农副食品加工业	Processing of Food from Agricultural Products	178	18392	389433	393054	1902
食品制造业	Manufacture of Foods	25	12212	112814	110986	217
酒、饮料和精制茶制造业	Liquor, Beverage and Refined Tea	31	6106	159575	145594	4480
烟草制品业	Manufacture of Tobacco	11	2374	40191	36375	
纺织业	Manufacture of Textile	54	12947	251190	242828	23307
纺织服装、服饰业	Manufacture of Textile Wearing Apparel, Footware and Caps	2	88	1236	1236	80
皮革、毛皮、羽毛及其制品和制鞋业	Manufacture of Leather, Fur, Feather and Related Products	5	2473	8406	8601	1503
木材加工和木、竹、藤、棕、草制品业	Processing of Timber, Manufacture of Wood, Bamboo, Rattan, Palm and Straw Products	12	1084	4980	4015	
家具制造业	Manufacture of Furniture	38	9457	32306	31054	
造纸和纸制品业	Manufacture of Paper and Paper Products	85	14576	120589	116924	
印刷和记录媒介复制业	Printing, Reproduction of Recording Media	11	3092	1705	1705	
文教、工美、体育和娱乐用品制造业	Manufacture of Culture, Education, Handicraft, Fine Arts, Sports and Entertainment Articles	6	980	33651	33068	80
石油加工、炼焦和核燃料加工业	Processing of Petroleum, Coking, Processing of Nuclear Fuel	28	3179	106484	105287	
化学原料和化学制品制造业	Manufacture of Raw Chemical Materials and Chemical Products	224	63474	1988762	1932755	72561
医药制造业	Manufacture of Medicines	602	74493	882498	791163	36035
化学纤维制造业	Manufacture of Chemical Fibers					
橡胶和塑料制品业	Manufacture of Rubber and Plastics	78	14543	477214	480563	3316
非金属矿物制品业	Manufacture of Non-metallic Mineral Products	210	43494	504922	494284	71964
黑色金属冶炼和压延加工业	Smelting and Pressing of Ferrous Metals	56	65889	1144896	1058984	54979
有色金属冶炼和压延加工业	Smelting and Pressing of Nonferrous Metals	123	45720	674896	692716	69455
金属制品业	Manufacture of Metal Products	69	13227	218115	212548	8233
通用设备制造业	Manufacture of General Purpose Machinery	1371	95256	1015237	944376	64194
专用设备制造业	Manufacture of Special Purpose Machinery	487	50364	576278	557773	19631
汽车制造业	Manufacture of Motor Vehicles	1211	480129	11354077	12541666	417045
铁路、船舶、航空航天和其他运输设备制造业	Manufacture of Railway, Ship, Aviation and Other	820	198581	3173009	3272885	390296
电气机械和器材制造业	Manufacture of Electrical Machinery and Equipment	317	62358	1643998	1733572	81911
计算机、通信和其他电子设备制造业	Manufacture of Communication Equipment, Computers and Other Electronic Equipment	191	58308	300074	280621	18125
仪器仪表制造业	Manufacture of Measuring Instruments and Machinery for Cultural Activity and Office Work	331	32997	416881	409069	3154
其他制造业	Other Manufacture	70	5905	52265	43089	357
废弃资源综合利用业	Comprehensive Utilization of Waste Resources	133	40565	187074	199299	1828
金属制品、机械和设备修理业	Repair of Metal Products, Machinery and Equipment	1	28			
电力、热力、燃气及水生产和供应业	Production and Supply of Electric Power, Heat Power and Gas	16	3149	72595	72595	
电力、热力生产和供应业	Production and Supply of Electric Power and Heat Power	15	3108	72595	72595	
燃气生产和供应业	Production and Supply of Gas	1	41			
水的生产和供应业	Production and Supply of Water					

表18.22 专利申请受理量及专利授权量（2012－2013年）
PATENT APPLICATIONS ACCEPTED AND GRANTED (2012-2013)

单位：件 (pcs)

项 目	Item	申请受理量 Applications Accepted		专利授权量 Applications Granted	
		2012	2013	2012	2013
总 计	**Total**	**38924**	**47833**	**20364**	**24828**
按种类分	**By Type**				
发 明	Inventions	11402	12226	2426	2360
实用新型	Utility Models	19738	24172	13432	16623
外观设计	Designs	7784	11435	4506	5845
按对象分	**By Applicant**				
个 人	Individuals	17927	14909	8009	8448
大专院校	Universities and Colleges	2622	3439	1256	2105
科研单位	Research Institutions	730	893	420	590
工矿企业	Industrial and Mineral Enterprises	16642	27221	10043	13297
机关团体	Government Agencies and Organizations	1003	1371	636	388

表18.23 图书发行流转及销售情况（2012－2013年）
STATISTICS ON PUBLICATION, CIRCULATION AND SALES OF BOOKS (2012-2013)

单位：万册、万元 (10 000 copies, 10 000 yuan)

项 目	Item	册 数 Number of Books		金 额 Value	
		2012	2013	2012	2013
购 进	**Purchases**	**89591**	**89030**	**485023**	**484056**
销 售	**Sales**	**89065**	**90947**	**491744**	**499853**
零 售	Retail	31074	31108	184230	187792
区 县	Districts and Counties	19653	19883	108859	112764
县以下	Below Counties	11421	11225	75371	75028
批 发	Wholesale	57991	59839	307514	312061
区 县	Districts and Counties	37813	38991	257681	260994
县以下	Below Counties	20178	20848	49833	51067
库 存	**Inventory**	**4648**	**2731**	**42032**	**26235**

表18.24 规模以上工业企业专利主要指标（2012–2013年）
MAJOR INDICATORS ON THE PATENTS OF INDUSTRIAL ENTERPRISES ABOVE DESIGNATED SIZE (2012-2013)

指　标	Item	2012	2013
有专利申请的企业数（个）	Number of Enterprises with Patent Application (unit)	500	533
有专利授权的企业数（个）	Number of Enterprises with Patent Granted (unit)	458	492
拥有有效专利的企业数（累计值）（个）	Number of Enterprises with Valid Patent (cumulative value) (unit)	572	601
专利授权量（项）	Number of Patents Granted (unit)	6067	6751
专利投入（亿元）	Investment in Patent (100 million yuan)	12	28
专利许可收入（亿元）	Revenue from Patent License (100 million yuan)	19	20
专利转让收入（亿元）	Revenue from Patent Transfer (100 million yuan)		1
专利产品类别数量（类）	Number of Patent Categories (category)	12107	13850
专利产品产值（亿元）	Output Value of Patented Products (100 million yuan)	1932	2346
#自主研发专利产品产值	Output Value of Self-developed Patented Products	1809	2206
技术引进专利产品产值	Output Value of Imported Patented Products	123	140
#出口专利产品产值	Output Value of Exported Patented Products	62	69
专利产品销售收入（亿元）	Sales Revenue of Patented Products (100 million yuan)	1793	2075
#自主研发专利产品销售收入	Sales Revenue of Self-developed Patented Products	1671	1894
技术引进专利产品销售收入	Sales Revenue of Imported Patented Products	122	181
#出口专利产品销售收入	Sales Revenue of Exported Patented Products	80	82
被许可的有效专利量（项）	Number of Licensed Patents (unit)	1697	1751
被许可生产的专利产品产值（当年价格）（亿元）	Output Value of the Patented Products Permitted for Production (current price) (100 million yuan)	132	146
被许可生产的专利产品销售收入（亿元）	Sales Revenue of the Patented Products Permitted for Production (100 million yuan)	127	144

表18.25 各类技术合同签定及执行情况（2013年）
SIGNING AND IMPLEMENTATION OF TECHNICAL CONTRACTS BY TYPE (2013)

项 目	Item	合同数（项） Number of Contracts (item)	合同成交金额（万元） Value of Contracts (10 000 yuan)	其 中 of which	
				#技术交易额（万元） Technology Transaction Value (10 000 yuan)	技术交易额比重(%) As Percentage of Contract Value (%)
总 计	**Total**	**5071**	**1679892**	**1528840**	**91.0**
技术开发	Technical Development	2830	470698	341327	72.5
技术转让	Technical Transfer	296	861522	843228	97.9
技术咨询	Technical Consultation	501	91340	91328	100.0
技术服务	Technical Services	1444	256332	252957	98.7

表18.26 新闻出版机构和人员数（2012－2013年）
NUMBER OF INSTITUTIONS AND PERSONS ENGAGED IN PRESS AND PUBLICATION (2012-2013)

单位：个、人 (unit, person)

指 标	Item	2012	2013
书刊出版社	**Publishing Houses**		
机构数	Institutions	3	3
从业人员	Personnel	2013	2089
书刊印刷厂	**Printing Houses**		
机构数	Institutions	85	86
从业人员	Personnel	8392	8386
国有书店	**State-owned Book Stores**		
机构数	Institutions	267	267
从业人员	Personnel	2658	2603

表18.27 地震监测情况（1997－2013年）

SITUATION OF EARTHQUAKE MONITORING (1997-2013)

单位：个 (unit)

地 区 Region	地震台数总数 Number of Seismic Stations	其 中 of which				强震观测点 Number of Strong Motion Observation Spots	宏观观测点 Number of Macro-observation Spots
		国家级台 Number of National Stations	省级台 Number of Provincial Stations	市、县级台 Number of Municipality/ County-level Stations	企业台 Number of Enterprise Stations		
1997	7	1		6			
1998	7	1		6			
1999	8	1		7			
2000	8	1		7			
2001	8	1		7			
2002	8	1		7			
2003	7	1		6			
2004	7	1		6			
2005	7	1		6			
2006	7	1		6			
2007	15	1	13			1	
2008	44	1	35		6	2	
2009	44	1	35		6	2	
2010	44	1	35		6	2	
2011	44	1	35		6	2	
2012	44	1	35		6	2	
2013	42	1	29	6	6	4	

表18.28 图书、杂志和报纸出版情况（2012－2013年）
PUBLICATION OF BOOKS, MAGAZINES AND NEWSPAPERS (2012-2013)

指　标	Item	2012	2013
图　书	**Books Published**		
种　数（种）	Number of Publications (kind)	5052	5329
总印数（万册、万张）	Printed Copies (10 000 copies)	13940	14775
总印张数（万印张）	Printed Sheets (10 000 sheets)	87703	93492
期　刊	**Magazines Published**		
种　数（种）	Number of Publications (kind)	134	135
每期平均印数（万册）	Average Printed Copies Per Issue (10 000 copies)	268	264
总印数（万册）	Printed Copies (10 000 copies)	5449	5682
总印张数（万印张）	Printed Sheets (10 000 sheets)	34972	34890
报　纸	**Newspapers Published**		
种　数（种）	Number of Publications (kind)	26	26
每期平均印数（万份）	Average Printed Copies Per Issue (10 000 copies)	325	300
总印数（万份）	Printed Copies (10 000 copies)	69300	62772
总印张数（万印张）	Printed Sheets (10 000 sheets)	374226	319955

表18.29 气象业务站点及观测项目情况 (1997–2013年)

STATUS OF OPERATIONAL METEOROLOGICAL STATIONS AND THEIR OBSERVATION ITEMS (1997-2013)

年份 Year	地面观测业务 Surface Observation Stations	高空探测业务 Upper-air Observation Stations	自动气象站 Automatic Weather Stations	天气雷达观测业务 Weather Radar Observation Stations	大气成分观测业务 Atmospheric Composition Observation Stations	农业气象观测业务 Agro-Meteorological Observation Stations
1997	35	1		1		13
1998	35	1		1		13
1999	35	1		1		13
2000	35	1		1		13
2001	35	1		1		13
2002	35	1		1		13
2003	35	1		1		13
2004	35	1	63	1		13
2005	35	1	83	1		13
2006	35	1	109	1		13
2007	35	1	257	2		13
2008	35	1	302	3		13
2009	35	1	41	3		13
2010	35	1	41	3		13
2011	35	1	655	3		13
2012	35	1	356	4	1	13
2013	35	1	1924	6	7	55

单位：个 (unit)

生态与农业气象试验业务 Eco- & Agro-Meteorological Observation Stations	大 气本底站 Atmospheric Background Stations	闪电定位监测业务 Lightning Position Monitoring Stations	太阳辐射观测业务 Solar Radiation Observation Stations	紫外线观测业务 UV Observation	酸雨观测业务 Acid Rain Observation	臭氧观测业务 Ozone Observation	卫星云图接收业务 Satellite Cloud Images Receiving Stations
			1		4		1
			1		4		1
			1		4		1
			1		4		1
			1		4		1
			1		4		1
			1		4		1
			1	1	35		1
		5	1	1	35		1
		5	1	1	35		1
		5	1	1	35		1
		5	1	1	35		1
		5	1	1	35		1
		5	1	1	35		1
		5	1	1	35		1
1		5	1	1	35		1
1		5	12	7	35		35

表18.30 出入境货物检验检疫情况(2000–2013年)

GENERAL STATISTICS ON ENTRY-EXIT INSPECTION AND QUARANTINE OF FREIGHT BY REGION (2000-2013)

年份 Year	总计 Total				工业品检验检疫 Commodity				动物及动物产品检验检疫	
	批次(批) Number of Batch(batch-time)	其中 of which #不合格 Disqualification	货值(万美元) Value (USD10 000)	其中 of which #不合格 Disqualification	批次(批) Number of Batch (batch-time)	其中 of which #不合格 Disqualification	货值(万美元) Value (USD10 000)	其中 of which #不合格 Disqualification	批次(批) Number of Batch(batch-time)	其中 of which #不合格 Disqualification
2000	2987		26596.0		2133		24127.0		236	
2001	9938	5	70661.0	5.0	6408	1	61387.0	2.0	688	
2002	15677	2	74226.0	2.0	11034	1	62681.0	1.0	915	
2003	23890	7	97518.0	3.0	18885	4	84619.0	2.0	794	
2004	31962	17	173805.6	42.8	26860	14	157978.9	42.1	904	
2005	37696	58	208881.3	614.0	32482	57	191906.9	613.6	1055	
2006	36237	97	235993.8	1225.1	31028	97	219022.0	1225.1	1071	
2007	41441	92	318190.5	1317.7	36342	90	299003.2	1311.2	1041	
2008	44031	49	402115.6	806.9	38708	46	375530.7	797.3	902	
2009	34464	88	247022.3	506.2	28888	85	220520.3	496.6	1157	
2010	46618	52	412828.8	362.3	40834	49	376319.9	346.6	1246	
2011	53130	115	540133.8	4332.4	47308	97	498822.5	4130.7	1075	12
2012	66845	227	734526.5	4301.3	60513	190	692038.0	4126.3	1196	22
2013	65084	848	709122.5	11461.4	58479	709	671148.4	10887.3	1137	13

Animal and Its Products		植物及植物产品检验检疫		Plant and Its Products		食品及化妆品检验检疫		Food and Cosmetics	
货 值（万美元） Value (USD10 000)	其 中 of which #不合格 Disqualification	批 次（批） Number of Batch(batch-time)	其 中 of which #不合格 Disqualification	货 值（万美元） Value (USD10 000)	其 中 of which #不合格 Disqualification	批 次（批） Number of Batch(batch-time)	其 中 of which #不合格 Disqualification	货 值（万美元） Value (USD10 000)	其 中 of which #不合格 Disqualification
1139.0		109		350.0		509		980.0	
2997.0		433		2084.0		2409	4	4193.0	3.0
5186.0		430		1314.0		3298	1	5045.0	1.0
5513.0		497		2068.0		3714	3	5318.0	1.0
7510.4		465		2365.5		3733	3	5950.8	0.7
8372.4		514		2521.2		3645	1	6080.8	0.4
7480.2		485		3099.8		3653		6391.8	
7929.4		538		4442.6		3520	2	6815.3	6.5
10265.2		495		5720.1		3926	3	10599.6	9.6
9369.0		499	1	5336.1	4.7	3920	2	11796.9	4.9
9934.1		732	2	12007.2	15.1	3806	1	14567.6	0.6
10502.4	187.0	771	2	13470.5	10.8	3976	4	17338.4	3.9
10636.7	166.8	754		14011.2		4382	15	17840.6	8.2
8801.1	200.9	899	57	11792.7	160.2	4528	65	16944.8	212.9

表18.31 文化机构和人员数（2012－2013年）
NUMBER OF INSTITUTIONS AND PERSONNEL IN CULTURE (2012-2013)

指 标	Item	2012	2013
机构数(个)	**Number of Institutions (unit)**	**1506**	**1727**
艺术业	Art	277	458
#艺术表演团体	Art Performance Troupes	244	443
艺术表演场所	Art Performance Places	31	15
文物业	Cultural Relics	89	101
图书馆业	Public Libraries	43	43
群众文化服务业	Mass Culture	1038	1038
艺术教育业	Art Education	1	1
文艺科研	Art Research Institutions	1	1
其 他	Others	57	85
从业人员数(人)	**Number of Employed Persons (person)**	**14298**	**17068**
艺术业	Art	5380	7157
#艺术表演团体	Art Performance Troupes	4725	6762
艺术表演场所	Art Performance Places	623	395
文物业	Cultural Relics	2143	2307
图书馆业	Public Libraries	848	852
群众文化服务业	Mass Culture	4494	4663
艺术教育业	Art Education	306	280
文艺科研	Art Research Institutions	35	36
其 他	Others	1092	1773

注：1）艺术教育机构统计口径为含教育部门和文化部门的艺术教育机构。
2）2012年的机构总数和从业人员总数做了调整。

Note: a) The scope of art education institutions include the institutions in educational sector and cultural sector.
b) The numbers of Institutions and Employed persons have been adjusted.

表18.32 公共图书馆情况（2012－2013年）
PUBLIC LIBRARIES (2012-2013)

项 目	Item	总 计 Total		其 中 of which #市 级 At Municipal Level	
		2012	2013	2012	2013
总藏量（万册、件）	Total Collections (10 000 volumes)	1128.72	1128.85	388.88	382.76
书架总长度（万米）	Total Monolayer Length of Bookshelves (10 000 meters)	29	30	4	4
有效借书证数（万个）	Number of Valid Library Cards (10 000 units)	32	37	11	12
图书流通情况	Circulation of Books				
总流通人次（万人次）	Total Number of Circulation (10 000 person-times)	1078	1147	324	305
书刊外借册次（万册次）	Number of Books Borrowed by Readers (10 000 volume-times)	868	969	150	124
总支出（万元）	Total Expenditures (10 000 yuan)	21121	19947	6947	7150
#藏量购置费	Purchase Expenses	2236	2116	994	661
本年新购藏量（万册）	Number of Books Purchased During Current Year (10 000 volumes)	186	107	35	31
实际使用房屋建筑面积（万平方米）	Floor Space of Public Buildings actually used (10 000 sq.m)	25	25	6	6
#书 库	Stack Rooms	6	5	1	1
阅览室座席（个）	Seating Capacity of Reading Rooms (seat)	16455	17369	2474	2379

注：图书总藏量的统计口径变化，不包含电子图书，2012年的数据做了调整。
Note: Due to the change of the statistic scope of the data of total collection of books, where the electronic books are excluded, the data of 2012 has been adjusted.

表18.33 文物业情况（2013年）
STATISTICS ON CULTURAL RELICS (2013)

项 目	Item	文物业 Cultural Relics	其 中 of which #博物馆 Museums	#文物保护管理机构 Protection and Management Agencies
藏 品(件)	Number of Collections（pcs)	760139	679375	62764
#一级品	Grade One	1387	1337	50
经费支出（万元）	Total Expenditure(10 000 yuan)	88052.80	70996.00	4726.00

表18.34 群众艺术馆和文化馆（站）情况（2013年）
MASS ART CENTERS AND CULTURAL CENTERS (2013)

项　目	Item	合　计 Total	其　中 of which 群众艺术馆 Mass Art Centers	 文化馆 Cultural Centers	 文化站 Cultural Stations
单位数（个）	Number of Units (unit)	1038	1	40	997
举办展览个数（个）	Conducting Exhibitions (unit)	3701		352	3349
组织文艺活动次数（次）	Art Performances (time)	14293	15	1967	12311
举办培训班班次(次)	Training Courses (time)	11275	48	2141	9086

表18.35 艺术表演团体演出情况（2013年）
BASIC STATISTICS ON PERFORMANCE OF ART TROUPES (2013)

种　类	Item	国内演出场数（万场） Number of Performances in China (10 000 show)	国内演出观众人数（万人次） Number of Spectators of the Performances in China (10 000 person-times)
总　计	**Total**	**4.74**	**1409.86**
按登记注册类型分	**By Registration**		
国　有	State-owned	0.20	316.56
集　体	Collective-owned		
其　他	Others	4.54	1093.30
按剧种分	**By Art Troupes**		
话剧、儿童剧、滑稽剧团	Drama, Plays for Children and Comedy Troupes	0.18	45.57
歌舞、音乐类	Song and Dance Troupes, Music Troupes	2.61	617.51
京剧、昆曲类	Beijing Opera and Qunqu Opera Troupes	0.02	11.01
#京　剧	Beijing Opera Troupes	0.02	11.01
地方戏曲类	Local Opera Troupes	0.06	122.71
杂技、魔术、马戏类	Acrobatics, Performing Magic and Circus Troupes	0.03	20.30
曲艺类	Recitation and Ballad Troupes	0.02	15.95
综合性艺术表演团体	General Art Performing Troupes	1.82	576.80

注：艺术表演团体统计口径调整为含系统内、系统外两部分。
Note: The scope of art performance troupes includes the troupes either inside or outside the public-owned system.

表18.36 广播电台、电视台情况（2012－2013年）
STATISTICS ON RADIO AND TV STATIONS (2012-2013)

项　目	Item	2012	2013
广播电台情况	**Statistics on Radio Stations**		
广播节目套数（套）	Number of Programs (set)	34	35
广播节目综合人口覆盖率（%）	Radio Coverage of Population (%)	98.16	98.30
中短波转播发射台（座）	Transmission and Relaying Stations of of Medium and Short Wave Broadcast(unit)	5	5
中短波广播发射功率（千瓦）	Power of Transmitters of Medium and Short Wave Broadcast (kw)	120	120
调频转播发射台（座）	Number of Transmission and Relaying Stations of Frequency Modulation Broadcast (unit)	60	60
调频发射功率（千瓦）	Power of Transmitters of Frequency Modulation Broadcast (kw)	164	164
全年公共广播节目播出时间（小时）	Public Programs Broadcasting Hours of the Year (hour)	139699	158143
#新闻资讯	News	35365	40512
专题服务	Special Subject	34635	40844
综　艺	General Entertainment	26521	26977
广播剧	Radio Drama	12188	15824
广　告	Advertising	7518	9699
电视台情况	**Statistics on TV Stations**		
电视节目套数（套）	Number of Programs (unit)	45	46
电视节目综合人口覆盖率（%）	TV Coverage of Population (%)	98.76	98.88
电视转播发射台（座）	Number of Broadcast-Television Stations (unit)	47	47
电视发射功率（千瓦）	Power of Television Transmitters (kw)	100	101
全年公共电视节目播出时间（小时）	Public Programs Broadcasting Hours of the Year (hour)	280961	299695
#新闻资讯	News	35614	36442
专题服务	Special Subject	53337	57307
综艺益智	General Entertainment	25660	21760
影视剧	Films and TV plays	110203	121922
广　告	Advertising	25458	26102

表18.37 产品质量监督抽查情况（2013年）

RESULTS OF SAMPLING CHECK AND SUPERVISION ON QUALITY OF PRODUCTS (2013)

产品名称	Name of Product	监督检验企业数（个） Number of Enterprises Supervised & Checked (unit)	检验批次（批次） Number of Batches Checked (batch-time)	合格批次（批次） Number of Conforming Batches (batch-time)	批次合格率（%） Rate of Conforming Batches (%)
总　计	**Total**				
粮食加工品	Processed Grain	733	1870	1864	99.7
食用油、油脂及其制品	Edible Oil, Fat and Their Products	258	601	581	96.7
调味品	Condiment	407	1585	1528	96.4
肉制品	Meat Products	323	981	929	94.7
乳制品	Dairy Products	18	689	684	99.3
饮　料	Beverage	490	1488	1250	84.0
方便食品	Instant Food	101	246	233	94.7
饼　干	Biscuit	17	23	21	91.3
罐　头	Canned Food	11	28	28	100.0
冷冻饮品	Frozen Drinks	10	31	29	93.6
速冻食品	Frozen Food	28	51	50	98.0
薯类和膨化食品	Potato and Puffed Food	31	68	67	98.5
糖果制品（含巧克力及制品）	Candy Products (including Chocolate and Its Products)	87	237	233	98.3
茶叶及相关制品	Tea and Its Products	129	284	281	98.9
酒　类	Liquor	892	2477	2344	94.6
蔬菜制品	Vegetable Products	227	656	619	94.4
水果制品	Fruit Products	19	122	117	95.9
炒货食品及坚果制品	Roasted Seeds and Nuts Products	96	262	255	97.3
蛋制品	Egg Products	14	26	24	92.3
食　糖	Edible Sugar	29	57	55	96.5
水产制品	Aquaculture Products	20	45	42	93.3
淀粉及淀粉制品	Starch and Products	177	503	491	97.6
糕　点	Pastry	480	1340	1245	92.9
豆制品	Bean Products	299	826	798	96.6
蜂产品	Honey Products	21	90	82	91.1
其他食品	Other Food	4	33	33	100.0
食品包装容器工具	Food Packing, Container and Cooker	217	973	945	97.1
食品添加剂	Food Addictive	15	80	74	92.5
食品用化工产品	Chemicals for Food Use	11	69	62	89.9
化妆用品	Cosmetics	14	71	71	100.0
纺织品	Textile Products	193	459	407	88.7
服　装	Garments	161	462	403	87.2
鞋　类	Footwear	662	1160	1129	97.3
家用纸制品	Paper Products for Household Use	123	288	271	94.1
音频设备	Audio Equipment	1	1	1	100.0
家用和类似用途电器	Electric Appliances for Household and Similar Use	51	196	154	78.6
燃气用具	Gas Appliances	50	119	94	79.0
日用电器	Electric Appliances for Daily Use	25	42	42	100.0
眼　镜	Glasses	645	1311	1282	97.8
日用化工品	Daily Chemicals	38	118	113	95.8
通用电器产品	General Electric Appliances	5	13	13	100.0
皮革制品	Leather Products	3	6	6	100.0
家　具	Furniture	371	605	430	71.1
其它日用消费品	Other Products for Daily Use	91	333	312	93.7
铝合金建筑型材	Aluminum Alloy Building Profile	9	22	21	95.5
塑料型材	Plastic Profile	28	123	120	97.6
水　泥	Cement	97	397	396	99.8
水泥制品、混凝土制品	Cement and Concrete Products	663	1127	1109	98.4
墙体材料	Wall Materials	1842	4207	4003	95.2
建筑防水材料	Water-proof Building Material	25	97	90	92.8

表18.37 续表 continued

产品名称	Name of Product	监督检验企业数（个）Number of Enterprises Supervised & Checked (unit)	检验批次（批次）Number of Batches Checked (batch-time)	合格批次（批次）Number of Conforming Batches (batch-time)	批次合格率（%）Rate of Conforming Batches (%)
建筑钢材	Structural Steel	300	1239	1148	92.7
人造板	Artificial Slabs	91	228	200	87.7
采暖用散热器	Heating Radiator	2	4	4	100.0
电缆电线	Cables and Wires	82	376	351	93.4
胶粘剂	Adhesive	25	57	56	98.3
油漆涂料	Paint	176	416	406	97.6
塑料管材及管件	Plastic Pipes and Fittings	68	335	298	89.0
建筑门窗	Building Doors and Windows	274	482	443	91.9
建筑保温材料	Building Thermal Insulation Materials	47	135	108	80.0
建筑脚手架钢管扣件	Steel Scaffold Fastener of Buildings	2	8	8	100.0
其他建筑装修材料	Other Building and Decoration Materials	174	560	469	83.8
化　肥	Chemical Fertilizer	65	305	291	95.4
农　药	Pesticide	11	30	28	93.3
饲　料	Forage	1	4	4	100.0
农业机械	Agricultural Machinery	133	324	302	93.2
农用薄膜	Film for Agricultural Use	5	13	13	100.0
包装产品（不含食品包装物、危化品包装物）	Packing Products (excluding packing of food and dangerous products)	144	321	308	96.0
电工器材及电力设备	Electrician Apparatus and Electric Equipment	155	396	392	99.0
工业用化工产品	Chemicals for Industrial Use	85	195	195	100.0
机械电子产品	Electromechanic Products	96	191	187	97.9
能源产品	Energy Products	971	3430	3346	97.6
消防器材	Fire-fighting Apparatus	9	15	11	73.3
劳动防护用品	Labor Protection Articles	11	22	21	95.5
救生设备	Life Saving Equipment	3	6	6	100.0
冶金产品	Metallurgic Products	73	175	174	99.4
工业用橡胶制品	Rubber Products for Industrial Use	68	113	101	89.4
工业用塑料制品	Plastic Products for Industrial Use	19	40	40	100.0
工业用玻璃制品	Glass Products for Industrial Use	54	140	131	93.6
安全防范产品	Products for Safety	3	8	8	100.0
广播电视传输设备	Radio and TV Transmission Equipment	4	10	10	100.0
通用设备	General Equipment	93	351	345	98.3
其它工业生产资料	Other Industrial Means of Production	1	5	5	100.0
机动车制动液	Braking Fluid of Automobiles	1	3	3	100.0
机动防冻液	Ant-freeze Fluid for Automobiles				
机动车灯具	Luminaire of Automobiles	1	1	1	100.0
汽车摩托车用制动器衬片	Brake Linings of Automobiles and Motorcycles	20	40	40	100.0
汽车摩托车点火线圈	Ignition Coil for Automobile and Motorcycles	7	7	7	100.0
汽车摩托车液压制动软管总成	Hydropower Braking Hose Assemly of Automobiles and Motorcycles	3	4	4	100.0
汽车及摩托车低压线及线束	Low-tension Wire and Wire Harness of Automobiles and Motorcycles	1	3	3	100.0
		10	19	19	100.0
汽车内饰件	Interior Decoration of Automobiles	49	163	162	99.4
汽　车	Automobiles	13	17	16	94.1
摩托车	Motorcycles	32	106	91	85.9
发动机	Engines	25	48	48	100.0
汽车、摩托车的其他零部件和附件（摩托车发动机、汽车安全带、机动车后视镜、机动车用喇叭、汽车门锁及汽车门铰链、机动车燃油箱、汽车座椅及座椅头枕、机动车回复反射器等）	Other Components and Fittings of Automobiles and Motorcycles (Motorcycle Engines, Automobile Safety Belt, Rearview Mirror, Horn, Door Lock and Hinge, Petroleum Tank, Seat and Headrest and Reflectors)	47	127	127	100.0
电信终端设备	Telecommunication Terminal Equipment	1	1	1	100.0
信息技术设备	IT Equipment	9	26	26	100.0
包装桶（袋）	Packing Bucket (Bag)	21	54	53	98.2
玻璃钢罐体	FRP Tank	15	41	41	100.0
烟花爆竹	Firecrackers	57	482	353	73.2
其他危化品	Other Dangerous Chemicals	28	48	48	100.0
条码印刷产品	Barcode Printers	546	1329	1257	94.6

主要统计指标解释

普通高等学校

指按照国家规定的设置标准和审批程序批准举办的，通过全国普通高等学校统一招生考试，招收高中毕业生为主要培养对象，实施高等教育的全日制大学、独立设置的学院和高等专科学校、高等职业学校和其他机构。

大学、独立设置的学院主要实施本科层次以上教育，高等专科学校、高等职业学校实施专科层次教育，其他机构是承担国家普通招生计划任务不计校数的机构。包括普通高等学校分校和批准筹建的普通高等学校等。

成人高等学校

指按照国家规定的设置标准和审批程序批准举办的，通过全国成人高等学校统一招生考试，招收具有高中毕业或同等学历的在职从业人员为主要培养对象，利用函授、业余、脱产等多种形式对其实施高等学历教育的学校。包括职工高等学校、农民高等学校、管理干部学院、教育学院、独立函授学院、广播电视大学、其他机构等。其他机构是承担国家成人招生计划任务不计校数的机构。

小学学龄儿童入学率

指调查范围内已入小学学习的学龄儿童占校内外学龄儿童总数（包括弱智儿童在内，但不包括盲聋哑儿童）的比重。计算公式：

小学学龄儿童入学率＝已入学的小学学龄儿童数/校内外小学学龄儿童总数×100%

专利

是专利权的简称，是对发明人的发明创造经审查合格后，由专利局依据专利法授予发明人和设计人对该项发明创造享有的专有权。包括发明、实用新型和外观设计。反映拥有自主知识产权的科技和设计成果情况。

有专利申请的企业

指在报告年内向国家知识产权局或中国以外的国家知识产权局（地区专利组织）提交专利申请，并收到《专利申请受理通知书》和缴纳相关费用的工业企业。

有专利授权的企业

指报告年内获得国家知识产权局或中国以外的国家知识产权局（地区专利组织）《专利授权通知书》并缴纳相关费用的工业企业。

拥有有效专利的企业（累计值）

指截至报告年末，有专利权处于维持状态的工业企业。

专利产品产值（当年价格）

工业企业在报告年度内生产的以货币形式表现的工业最终专利产品的总价值量。专利产品产值计算参照国家关于“工业总产值”的计算方法。

专利产品销售收入

工业企业在报告期内销售专利产品的货币收入总额。

发明

指对产品、方法或其改进所提出的新的技术方案。是国际通行的反映拥有自主知识产权技术的核心指标。

实用新型

指对产品的形状、构造或者其结合所提出的适于实用的新的技术方案。反映具有一定技术含量的技术成果情况。

外观设计

指对产品的形状、图案、色彩或者其结合所做出的富有美感并适于工业上应用的新设计。反映拥有自主知识产权的外观设计成果情况。

主要统计指标解释

■ 驰名商标

是指在市场上享有较高声誉并为相关公众所熟知的注册商标，也是一种法律保护手段。

■ 著名商标

著名商标的知名度介于驰名商标和普通商标之间的商标群落，是驰名商标坚实的后备力量。

■ 文化事业机构

指从事专业文化工作和为专业文化工作服务的独立建制的单位。不包括这些单位另外举办独立核算的其他机构和各部门的业余文化组织。

■ 艺术表演团体

指从事戏曲、音乐、舞蹈、杂技等专业艺术表演，有独立帐户。不包括半工半艺、半农半艺和民间职业剧团。

■ 艺术表演观众人数

指售票、包场演出或民族地区免费演出的艺术表演观众人次数，不包括彩排审查和内部观摩演出的观看人次数。

Explanatory Notes on Main Statistical Indicators

Regular Institutions of Higher Education

Refer to educational establishments set up according to the government evaluation and approval procedures, enrolling graduates from senior secondary schools and providing higher education courses and training for senior professionals. They include full-time universities, colleges, high professional schools, high professional vocational schools and others.

Universities and colleges are mainly providing undergraduate courses; those high professional schools and high professional vocational schools are mainly providing professional trainings; and others refer to educational establishments, which are responsible for enrolling students but not covered in the total number of schools, including: branch schools of universities and colleges, and universities and colleges that have been proved and prepared to construct.

Institutions of Higher Learning for Adults

Refer to educational establishments, set up in line with relevant rules approved by the government, enrolling staff and workers with senior secondary school or equivalent education, and providing higher education courses in many forms of correspondence, spare time, or full time for adults. Professionals thus trained receive a qualification equivalent to graduates studying regular courses at regular universities, colleges and professional colleges. Institutions of higher learning for adults include schools of high education for staff and workers, schools of high education for peasants, colleges for management cadres, pedagogical colleges, independent correspondence colleges, Radio and TV universities and other educational establishments. Other educational establishments are responsible for enrolling adult students but not covered in the number of schools.

Enrollment Rate of Primary School-aged Children

Refers to the proportion of school-aged children enrolled at schools to the total number of school-age children both in and outside schools (including retarded children, but excluding blind, deaf and mute children). The formula is:

Enrollment Rate of Primary School-aged Children =Total Primary School-aged Children at Schools/Total Primary School-age Children Both at and Outside Schools×100%

Patent

Is an abbreviation for the patent right and refers to the exclusive right of ownership by the inventors or designers for the creation or inventions, given from the patent offices after due process of assessment and approval in accordance with the Patent Law. Patents are granted for inventions, utility models and designs. This indicator reflects the achievements of S&T and design with independent intellectual property.

Enterprise with Patent Application

Refers to the industrial enterprise which has submitted patent application to the State Intellectual Property Office or the national intellectual property administration outside China (regional patent organization), received the “Notification of Patent Application Acceptance” and paid off the related fees within the year of report.

Enterprise with Patent Granted

Refers to the industrial enterprise which has received the “Notification of Patent Granted” from the State Intellectual Property Office or the national intellectual property administration outside China (regional patent organization) and paid off the related fees within the year of report.

Enterprise with Valid Patents (Cumulative Value)

Refers to the industrial enterprise with patents in the status of maintenance by the end of the year of report.

Output Value of Patented Products (Current Price)

Refers to the total value of the final patented industrial products produced by the industrial enterprises in the year of report in the form of currency. Refer to the calculation method of “gross industrial output value” stipulated by the state for the calculation of the output value of patented products

EXPLANATORY NOTES TO MAJOR STATISTICAL INDICATORS

☐ Sales Revenue of Patented Products

Refers to the total revenue of currency from the sales of the patented products by the industrial enterprises within the year of report.

☐ Inventions

Refer to the new technical proposals to the products or methods or their modifications. This is universal core indicator reflecting the technologies with independent intellectual property.

☐ Utility Models

Refer to the practical and new technical proposals on the shape and structure of the product or the combination of both. This indicator reflects the condition of technological results with certain technical content.

☐ Designs

Refer to the aesthetics and industrially applicable new designs for the shape, pattern and color of the product, or their combinations. This indicator reflects the appearance design achievements with independent intellectual property.

☐ Famous Trade Marks

Refer to trade marks publicly known with higher honors. It is also a legal protection.

☐ Well-known Trade Marks

Their fames are between famous trade marks and ordinary trade marks. And they are tough reserve force of famous trade marks.

☐ Cultural Institutions

Refer to units which have their own organizational system and independent accounting system and specialize in or serve cultural development. They exclude other establishments run by these cultural institutions and amateur cultural groups established by various departments.

☐ Art Troupe

Refers to the troupe who is engaged in drama, opera, music, dance, acrobatics or other art performance, opens independent accounts with banks and has self-supporting accounting system; excluding the troupes who are engaged partly in industrial or agricultural activities, partly in art performance and the professional troupes organized by the people.

☐ Number of Spectators at Art Performance

Refers to the number of attendants at commercial shows, completely booked shows of free shows given in minority national areas, and does not include the number of spectators at rehearsals for examination and internal shows for study.

第19章

卫生、体育和其他社会活动

PUBLIC HEALTH,SPORTS AND OTHER SOCIAL ACTIVITIES

简要说明
BRIEF INTRODUCTION

本章资料主要包括卫生事业、体育事业、民政事业、劳动和社会保障事业、公检法司情况、安全生产情况、火灾事故和道路交通事故等内容，由市统计局社会科技统计处根据有关部门资料整理提供。

卫生资料来自市卫生和计划生育委员会，体育资料来源于市体育局，民政和劳动社会保障有关资料分别由市民政局、市人力资源和社会保障局提供，公检法司资料分别由市公安局、市人民检察院、市高级人民法院和市司法局提供，安全生产情况来自于市安全生产监督管理局，火灾事故和道路交通事故分别由市消防总队和市公安交通管理局提供。

The data in this chapter mainly cover public health, sports, civil affairs, labor & social securities, public security, procuratorial, legal & judicial affairs, work safety, and fires & highway traffic accidents. The data are sorted and compiled by Division of Social and Technology Statistics, Chongqing Municipal Bureau of Statistics on the basis of the data provided by other related departments.

The data on public health are provided by Chongqing Health and Family Planning Commission; the data on sports are provided by Chongqing Administration of Sports; the data on civil affairs and labor & social securities are provided by Chongqing Civil Affairs Bureau and Chongqing Administration of Labor and Social Security; the data on public security, procuratorial and legal affairs are provided by Chongqing Public Security Bureau, Chongqing People's Procuratorate, Higher People's Court and Chongqing Justice Bureau; the data on work safety are provided by Chongqing Administration of Work Safety; and the data on fires & highway traffic accidents are provided by Chongqing Fire Brigade and Chongqing Bureau of Traffic Administration.

表19.1 主要年份卫生事业情况
STATISTICS ON PUBLIC HEALTH CARE IN MAJOR YEARS

年 份 Year	机构数（个）Number of Institutions (unit)	其中 of which #医院、卫生院 Hospitals and Health Centers	床位数（张）Number of Beds in Health Care Institutions(bed)	卫生技术人员（人）Medical Technical Personnel (person)	其中 of which #执业（助理）医师 Licensed(Assistant) Doctors	#注册护士 Registered Nurses
1952	742		5031	19807		
1957	2185		10255	30290		
1962	3591		22971	35681		
1965	3938		20314	36762	10234	
1970	3579	2183	25038	39813	10475	
1975	4221	2286	37300	51536	12442	
1978	4789	2294	48948	59934	12870	
1980	4686	2316	51194	65441	12806	
1985	4796	2170	54054	76486	12577	11724
1986	5095	2140	54801	77437	12895	11921
1987	5136	2136	57178	78382	13201	12156
1988	5148	2151	59514	80153	21004	13688
1989	5229	2152	61912	81219	27789	16027
1990	5248	2154	62568	82690	28824	16929
1991	5326	2153	64057	83973	28652	17163
1992	5328	2160	64978	85204	28643	17557
1993	4807	2114	65859	84125	29516	17714
1994	4795	2590	66891	85586	30915	18298
1995	4801	2505	67243	86041	31169	18692
1996	4777	2567	66339	87542	30733	19289
1997	4743	2553	69591	88423	43178	19593
1998	4643	2438	65934	83696	43423	19804
1999	4552	2351	66003	88569	44453	20263
2000	4382	2250	65666	88619	44940	20773
2001	4151	2020	64981	86430	44666	20533
2002	2725	1717	61875	79850	37873	20729
2003	2705	1682	63287	78628	37122	20629
2004	2539	1574	63899	77516	36603	20249
2005	2447	1463	64674	78780	37321	20842
2006	2478	1450	68298	79805	37511	21269
2007	2410	1447	74785	83736	38739	23972
2008	2258	1396	81950	88746	39417	26799
2009	2425	1404	92689	97199	41943	31756
2010	17495	1449	103624	111079	47969	37611
2011	17660	1407	115627	120169	49585	42767
2012	17961	1405	130813	131658	51990	49823
2013	18923	1502	147436	142218	55221	55417

注：1）2002年起卫生统计制度变更，其指标名称和统计口径变化，与往年不可比：从2002年起卫生机构、床位、卫生技术人员统计范围均不含“医学院校”、“卫生学校”和“计生站”。卫生技术人员中，2002年前为医生和护师（士），2002年后改为执业(助理)医师和注册护士(表18-1至18-5同）。

2）2011年卫生统计口径变化，与往年不可比：从2010年起卫生机构、卫生技术人员、执业（助理医师）、注册护士统计范围均含“村卫生室”和“个体办诊所”。

Note: a) Due to the change of health care statistic system in 2002, the indicators and statistic scopes were changed, not comparable with the previous years: since 2002, the scope of the number of health care institutions, the number of beds and the number of medial technical personnel has not included the data of “medical universities”, “health schools” and “family plan service stations”. The indicators of “doctor” and “nurse” before 2002 have been replaced by “licensed (assistant) doctors” and “registered nurses” since 2002 (the same applies to the tables from 18-1 to 18-5).

b) Due to the change of statistic scope, the date are not comparable with the previous years. The data of "village health station" and “individual-run clinics” are included in the data of health institutions, medical technical personnel, licensed (assistant) doctors and registered nurses since 2010.

表19.2 卫生事业情况（2012－2013年）
STATISTICS ON PUBLIC HEALTH CARE (2012-2013)

指　标	Item	2012	2013
执业（助理）医师数（人）	Number of Licensed (Assistant) Doctors (person)	51990	55221
医院床位数（张）	Number of Beds in Hospitals (bed)	86140	99056
孕产妇死亡率（1/10万）	Mortality Rate of Pregnant Women (per 100 000 persons)	15.0	17.1
新生儿死亡率（‰）	Mortality Rate of New Infants (‰)	3.5	3.9
甲乙类传染病发病率（1/10万）	Incidence Disease Rate of Class A and B Infections Diseases (per 100 000 persons)	245.6	254.6
农村自来水普及率（%）	Rate of Access to Tap Water in Rural Area (%)	90.5	91.0

表19.3 医院、卫生院、社区诊疗情况（2013年）
STATISTICS ON VISITS AND INPATIENTS IN HOSPITALS, HEALTH STATIONS AND COMMUNITY HEALTH CENTERS (2013)

机构类别	Type of Institution	诊疗人次（万人次） Number of Visits (10 000 person-times)	其中of which #门诊急诊 Outpatients and Emergency Treatment	健康检查人数（万人） Medical Examination (10 000 patients)	住院人数（万人） Number of Inpatients (10 000 patients)	每百门急诊次的入院人数（人） Number of Inpatents per 100 Visits (person)
医　院	**Hospitals**	**4933.72**	**4712.80**	**294.60**	**302.85**	**6.43**
#综合医院	General Hospitals	3497.89	3323.49	242.98	226.73	6.82
中医医院	Hospitals Specialized in Traditional Chinese Medicine	795.68	768.47	31.06	45.82	5.96
中西医结合医院	Hospitals of Traditional Chinese and Western Medicine	48.87	48.16	2.70	3.65	7.58
口腔医院	Stomatological Hospitals	73.88	73.88	1.06	0.21	0.28
肿瘤医院	Cancer Hospitals	25.51	23.29	2.22	2.75	11.82
妇产（科）医院	OB/GYN Hospitals	30.50	29.23	1.20	2.19	7.50
儿科医院	Children's Hospital	191.55	191.55		5.93	3.10
精神病院	Mental Hospitals	128.29	122.07	2.31	4.90	4.01
传染病院	Hospitals for Infectious Diseases	9.97	9.97	1.36	0.78	7.80
社区卫生服务中心（站）	Community Health Service Center (Station)	572.76	549.76	66.80	22.53	4.10
卫生院	**Health Centers**	**2236.21**	**2142.90**	**263.79**	**164.48**	**7.68**
#乡镇卫生院	Township Health Centers	2184.80	2094.89	259.31	160.98	7.68

表19.4 卫生机构、床位、人员数（2013年）

NUMBER OF HEALTH CARE INSTITUTIONS, BEDS AND PERSONNEL (2013)

机构类别	Type of Institutions	机构数（个）Health Care Institutions (unit)	床位数（张）Beds (bed)	人员合计（人）Total Personnel (person)	其中 of which			
					卫生技术人员 Medical Technical Personnel	其他技术人员 Other Technical Personnel	管理人员 Managem-ent Personnel	工勤人员 Logistic Workers
总　计	**Total**	**18923**	**147436**	**197622**	**142218**	**6061**	**9573**	**16400**
#医院、卫生院	Total Number of Hospitals	1502	136700	137433	110448	5260	7978	13747
医　院	Hospitals	531	99056	105378	84167	3829	6645	10737
#综合医院	General Hospitals	382	67849	76216	61542	2296	4749	7629
中医医院	Hospitals Specialized in Traditional Chinese Medicine	46	15143	14054	11680	388	718	1268
中西医结合医院	Hospitals of Traditional Chinese and Western Medicine	8	1038	1260	940	130	85	105
口腔医院	Stomatological Hospitals	6	95	979	794	81	63	41
肿瘤医院	Cancer Hospitals	2	987	1384	1128	122	57	77
胸科医院	Chest Hospitals							
妇产（科）医院	OB/GYN Hospitals	9	632	1152	609	292	116	135
儿童医院	Children's Hospital	2	1516	2534	1846	203	148	337
精神病院	Mental Hospitals	22	7705	2754	2147	80	194	333
传染病院	Hospitals for Infectious Diseases	3	572	490	372	14	46	58
卫生院	Health Centers	971	37644	32055	26281	1431	1333	3010
街道卫生院	Urban Subdistrict Health Centers	11	867	858	683	40	41	94
乡镇卫生院	Township Health Centers	960	36777	31197	25598	1391	1292	2916
门诊部	Outpatient Department	312	419	1283	1110			173
采供血机构	Blood Centers	11		551	393	27	45	86
妇幼保健院（所、站）	Women and Children Care Centers	40	2776	5249	4203	152	325	569
专科疾病防治院（所）	Specialized Disease Prevention & Treatment Institutions	13	83	316	218	16	33	49
疾病预防控制中心	CDC (Epidemic Preventation Stations)	42		2653	1899	163	295	296
医学科学研究机构	Research Institutes of Medical Sciences							
医学在职培训机构	Training Institutes for Medical Staff and Workers	6		148	114	8	14	12
健康教育所（中心）	Health Care Training Centers	3		55	14	23	8	10
疗养院	Sanatoriums	4	815	213	124	13	29	47
社区卫生服务中心(站)	Community Health Service Centers	493	6598	9129	7527	279	472	851
卫生监督所	Health Supervision Institutes	39		1240	1154	3	58	25
其他卫生机构	Other Health Care Institutions	20	815	570	257	80	111	122
村卫生室	Village Health Stations	11009		26345	2975			
诊所、卫生所、医务室	Clinics, Health Centers and Hygienic Centers	5237		11645	11260			385

注：本表机构数包含个体办诊所、村卫生室。
Note: The number of institutions in this table includes individual-run clinics.

表19.5 卫生机构各类人员数（2012－2013年）
NUMBER OF EMPLOYED PERSONS IN HEALTH INSTITUTIONS (2012-2013)

单位：人、% (person, %)

人员分类	Type of Personnel	人数 Personnel 2012	人数 Personnel 2013	构成 Composition 2012	构成 Composition 2013
总　计	**Total**	**184055**	**197622**	**100.00**	**100.00**
卫生技术人员	Medical Technical Personnel	131658	142218	71.53	71.96
执业医师	Licensed Doctors	38790	41790	21.08	21.15
执业助理医师	Licensed Assistant Doctors	13200	13431	7.17	6.80
注册护士	Registered Nurses	49823	55417	27.07	28.04
药　师（士）	Pharmacists	6884	7212	3.74	3.65
技　师（士）	Technical Workers	6288	6646	3.42	3.36
其他人员	Others	16673	17722	9.06	8.97
其他技术人员	Other Technical Personnel	5567	6061	3.02	3.07
管理人员	Management Personnel	8718	9573	4.74	4.84
工勤人员	Logistics Workers	14792	16400	8.04	8.30
每万人口拥有卫生技术人员	**Number of Medical Technical Personnel per 10 000 Population**	**39.38**	**42.35**		
#执业（助理）医师	Licensed (Assistant) Doctors	15.55	16.44		

表19.6 结婚登记和离婚登记情况（2012－2013年）
STATISTICS ON MARRIAGES AND DIVORCES (2012-2013)

项　目	Item	2012	2013
登记结婚件数（件）	Registered Marriages (couple)	298498	303084
内地居民	Registered Marriages in Mainland	297672	302313
涉外及华侨、港澳台居民	Registered Marriages with Foreigner or Citizen of Hong Kong, Macao and Taiwan	826	771
登记结婚人数（人）	Registered Newly Married People (person)	596996	606168
初　婚	First Marriages	432887	440963
再　婚	Remarriages	164109	165205
登记离婚件数（件）	Registered Divorces (couple)	107648	115691
#内地居民	Registered Divorces in Mainland	107520	115575

表19.7 民政事业情况（2012－2013年）
STATISTICS ON CIVIL AFFAIRS (2012-2013)

指　标	Item	2012	2013
民政经费支出（万元）	Expenditure for Civil Affairs (10 000 yuan)	907587	999447
城市居民最低生活保障人数（万人）	Number of Persons Receiving Minimum Living Allowance in Urban Areas (10 000 persons)	51.51	45.81
农村居民最低生活保障人数（万人）	Number of Persons Receiving Minimum Living Allowance in Rural Areas (10 000 persons)	74.34	62.66
农村五保供养人数（万人）	Number of Persons Receiving Livelihood Guaranteed in Five Aspects in Rural Areas (10 000person)	15.53	16.15
享受城镇居民最低生活保障人数占非农业人口比重（%）	Number of Persons Receiving Minimum Living Allowance in Urban Areas as Percentage to Total Non-agricultural Population (%)	3.9	3.4
收养性单位床位数（张）	Number of Beds in Adoption Institutions (bed)	117349	127561
福利企业职工人数（人）	Number of Staff and Workers in Welfare Enterprises (person)	67377	67649
#残疾职工	Disabled Staff and Workers	26489	25801
城镇便民、利民服务网点（个）	Number of Service Stations for Urban Residents (unit)	8623	11438
福利彩票销售额（万元）	Sales of Welfare Lotteries (10 000 yuan)	381541	435129

表19.8 优抚对象基本情况（2012－2013年）
STATISTICS ON SPECIAL CARES FOR SERVICEMEN (2012-2013)

单位：人 (person)

项　目	Item	2012	2013
优抚对象	**Residents Receiving Special Cares for Serviceman**	**291281**	**285730**
享受定期抚恤金人数	Persons Receiving Regular Pensions	6450	5966
享受定期补助人数	Persons Receiving Regular Subvention	263318	258634
#在乡复员军人	Demobilized Soldiers in the Countryside	37246	33657
在乡退伍军人	Veterans in the Country	72913	71397
红军失散人员	Scattered Red Army Soldiers	1	
伤残人员	Wounded and Disabled Servicemen	21513	21130

表19.9 社会福利事业、企业单位数和工作人员数（2012－2013年）
NUMBER OF SOCIAL WELFARE INSTITUTIONS & ENTERPRISES AND EMPLOYED PERSONS (2012-2013)

单位：人、个 (person, unit)

项　目	Item	机 构 Number of Institutions and Enterprises		工作人员 Number of Personnel	
		2012	2013	2012	2013
收养性单位	Residential Institutions	2243	1554	8825	9721
优抚类	For Servicemen	11	11	193	200
福利类	For Welfares	2232	1543	8632	9521
社会福利企业单位	Social Welfare Enterprises	762	741	67377	67649
为残疾人提供工作岗位的企业	Enterprises Employing Disabled Employees	412	396	33379	31022
其他为残疾人服务的福利机构	Other Welfare Organizations for Disabled Persons	350	345	33998	36627
军休类社会服务机构	Veteran Service Institutions	39	37	316	294
救助管理站	Salvation Management Stations	38	38	304	316
殡葬事业单位	Funeral and Interment Institutions	114	112	1957	1952
福利彩票发行单位	Welfare Lottery Issuing Units	1	1	126	139
募捐单位	Donation Soliciting Units				
社区服务中心	Community Service Centers	277	277	1772	1760

表19.10 收养性单位基本情况（2013年）
BASIC STATISTICS ON RESIDENTIAL SOCIAL WELFARE INSTITUTIONS (2013)

项　目	Item	院　数（个） Number of Institutions (unit)	工作人员（人） Number of Staff and Workers (person)	床位数（张） Number of Beds (bed)	年末收养人数（人） Number of Residents at Year-end (person)
收养性单位	**Residential Institutions**	**1554**	**9721**	**127561**	**89634**
优抚类	For Servicemen	11	200	1039	538
荣誉军人康复医院	Convalescent Hospitals for Honorable Servicemen	3	155	608	294
复退军人精神病院	Mental Hospitals for Ex-servicemen				
光荣院	Homes for Disabled Veterans	8	45	431	244
福利类	For Welfares	1543	9521	126522	89096
社会福利院	Social Welfare Homes	35	935	8579	5564
儿童福利院	Baby Welfare Homes	7	315	2810	1369
社会福利医院	Social Welfare Hospitals	11	467	2067	1952
城市养老服务机构	Urban Welfare Homes for the Aged Persons	265	3407	34666	19686
农村养老服务机构	Welfare Homes for Rural Households with Livelihood Guaranteed in Five Aspects	1225	4397	78400	60525
其它福利机构	Others				

表19.11 社会活动参与情况（2012－2013年）
PARTICIPATION IN SOCIAL ACTIVITIES (2012-2013)

单位：人、个 (person, unit)

指　标	Item	2012	2013
省级人大代表人数	Number of Municipal Deputies of People's Congress	864	864
#女　性	Female	211	212
省级政协委员人数	Number of Municipal Deputies of People's Political Consultative Conferences	851	862
#女　性	Female	182	184
基层地方妇联组织数	Number of Local Women's Federation Unions	12034	12059
工会基层组织数	Number of Grassroots Trade Unions	57881	58182
工会会员人数	Membership of Trade Unions	7617823	7762468

注：由于人大代表资格变化，调整2012年人大代表数据。
Note: Due to the change of the qualifications of the deputies of the People's Congress, the number of deputies in 2012 was adjusted.

表19.12 基本养老保险情况（2012－2013年）
STATISTICS ON BASIC PENSION INSURANCE (2012-2013)

单位：亿元、万人(100 million yuan, 10 000 persons)

指　标	Item	2012	2013
城镇企业基本养老保险参保人数	Number of Contributors to Urban Enterprise Basic Pension Insurance	703.57	760.90
#参保职工	Employees	459.48	488.13
#企　业	Enterprises	328.89	348.00
城镇企业职工基本养老保险实际支付人数	Actual Beneficiaries of Urban Enterprise Basic Pension Insurance	244.09	272.77
城镇企业职工基本养老保险基金收入	Total Revenue of Urban Enterprise Basic Pension Insurance	531.13	602.63
城镇企业职工基本养老保险基金支出	Expenditure of Urban Enterprise Basic Pension Insurance	408.47	503.63
应发养老金额	Pension Payable	376.17	461.76
实发养老金额	Pension Actually Paid	376.17	461.76
社会化发放人数	Number of Social Beneficiaries	244.09	272.77
社会化发放养老金额	Actually Paid Social Pension	376.17	461.76
离休、退休、退职人员年末人数	Number of Retires at Year-end	244.09	272.77
机关事业单位社会养老保险参保人数	Number of Contributors to Social Pension Insurance in Government and Public Institutions	13.28	12.23
城乡居民社会养老保险参保人数	Number of Urban and Rural Residents Participating in Social Pension Insurance	1130.95	1122.92

注：机关事业单位社会养老保险参保人数含市级、区县级机关事业单位参保人数。
Note: The number of contributors to social pension insurance in government and public institutions include the contributors from the governments and public institutions at municipal, district and county levels.

表19.13 失业保险基本情况（2012－2013年）
STATISTICS ON UNEMPLOYMENT INSURANCE (2012-2013)

指　标	Item	2012	2013
年末失业保险参保人数（万人）	Unemployment Insurance Contributors at Year-end (10 000 persons)	323.53	389.67
企　业	Enterprises	280.82	335.60
事业单位	Institutions	33.53	33.17
其　他	Others	9.18	20.89
失业保险基金总收入（亿元）	Total Revenue of Unemployment Insurance (100 million yuan)	19.61	22.91
失业保险费总收入（亿元）	Total Premium of Unemployment Insurance (100 million yuan)	18.77	21.64
失业保险基金总支出（亿元）	Total Expenditure of Unemployment Insurance (100 million yuan)	3.54	4.09
失业保险金总支出（亿元）	Total Payment of Unemployment Insurance (100 million yuan)	2.20	2.41
失业保险基金当年末结余额（亿元）	Year-end Balance of Unemployment Insurance (100 million yuan)	52.57	71.39
年末城镇登记失业人员数（万人）	Year-end Registered Urban Unemployment (10 000 persons)	12.43	12.07
城镇登记失业人员就业人数（万人）	Registered Urban Unemployment Reemployed (10 000 persons)	25.85	26.08
领取失业保险人数（万人）	Actual Beneficiaries of Unemployment Insurance (10 000 persons)	5.85	5.62
本年领取失业保险金人次数（万人次）	Person-times of Reception of Unemployment Insurance in Current Year (10 000 person-times)	34.43	33.27

表19.14 基本医疗保险情况（2012－2013年）
STATISTICS ON BASIC MEDICAL CARE INSURANCE (2012-2013)

单位：亿元、万人 (10 000 yuan, 10 000 persons)

指　标	Item	2012	2013
城镇职工基本医疗保险参保人数	Basic Urban Workers Medical Care Insurance Contributors at Year-end	496.48	539.53
在职职工	Staff and Workers	348.58	380.63
退休人员	Retirees	147.90	158.90
城镇职工基本医疗保险基金总收入	Total Revenue of Urban Workers Basic Medical Care Insurance	135.18	161.15
城镇职工基本医疗保险基金总支出	Total Expenses of Urban Workers Basic Medical Care Insurance	104.80	155.16

表19.15 体育事业基本情况（2012－2013年）
STATISTICS ON MASS SPORTS (2012-2013)

项　目	Item	2012	2013
体育经费（万元）	Sports Expenditures (10 000 yuan)	98268	91167
体育彩票销售额（万元）	Sales Value of Sports Lotteries (10 000 yuan)	150364	190958
等级运动员	Graded Athletes		
国际级运动健将	International Masters of Sports	1	1
运动健将	Masters of Sports	11	14
一级运动员	First Grade	161	230
二级运动员	Second Grade	1131	1566
等级裁判员	Graded Referees		
国际裁判	International Referees	1	
国家级裁判	National Referees	12	23
一级裁判	First Grade Referees	570	590
二级裁判	Second Grade Referees	440	933

注：体育经费包括体育事业费和体育基建支出。
Note: Sports expenditures include sports funds and expenditure for sports infrastructure.

表19.16 律师、公证、调解工作基本情况（2012－2013年）
STATISTICS ON LAWYERS, NOTARIZATION AND MEDIATION (2012-2013)

项　目	Item	2012	2013
律师工作	**Lawyers**		
律师事务所（所）	Number of Law Offices (unit)	554	607
执业律师（人）	Number of Licensed Lawyers (person)	5663	6355
#专　职	Full-time Lawyers	5079	5639
聘请担任法律顾问单位(家)	Number of Units with Permanent Legal Advisors (unit)	11429	12329
民事诉讼代理（件）	Agent of Civil Cases (case)	42463	46298
刑事辩护（件）	Defender of Criminal Cases (case)	9917	9428
行政诉讼代理（件）	Agent of Administrative Action (case)	1723	2124
非诉讼法律事务（件）	Cases of Non-litigious Legal Affairs (case)	4775	4940
咨询和代写法律文书	Advisory Services and Legal Documents Written on Behalf of Clients (case)	210150	186717
公证工作	**Notarization**		
公证处（个）	Number of Notarial Offices (unit)	40	40
公证员（人）	Public Notaries (person)	185	185
办理公证书（件）	Notarized Documents (case)	158432	207463
人民调解工作	**Number of People's Mediation**		
人民调解委员会（个）	Number of People's Mediation Committees (unit)	13546	13445
人民调解员（人）	Number of Mediators (person)	102825	95417
调解纠纷（件）	Number of Disputes Mediated (case)	564764	512784
司法所建设	Construction of Judical Institute		
司法所（个）	Judical Institute (unit)	988	991
司法助理员（人）	Judical Assistance (person)	2802	1916
安置帮教对象（人）	Persons Resettled and Helped (person)	18467	24504
社区矫正对象（人）	Persons under Community Correction (person)	14705	14937
基层法律服务	Legal Service at Grassroot Level		
基层法律服务所（个）	Legal Service Institute at Grassroot Level (unit)	272	284
基层法律工作者（人）	Grassroot Legal Service Workers (person)	1405	1474
办理法律援助（件）	Legal Assistance Handled (case)	7078	7812

注：律师事务所统计口径发生变化。增加律师事务所境外分所。
Note: Due to the change of the statistic scope of law offices, the data of overseas branches is added.

表19.17 国内外公证文书（2012－2013年）
DOMESTIC AND FOREIGN-RELATED NOTARIAL DOCUMENTS (2012-2013)

单位：件、% (case, %)

项　目	Item	国内公证文书 Domestic Notarial Documents			
		办证件数 Number of Notarial Documents Issued		比　重 Percentage	
		2012	2013	2012	2013
合　计	**Total**	**117541**	**162074**	**100.0**	**100.0**
合同（协议）	Contract (Agreement)	25093	30824	21.3	19.0
继　承	Inheritance	16559	26429	14.1	16.3
单方法律行为	Unilateral Legal Act	41407	56513	35.2	34.9
现场监督	Onsite Supervision	961	713	0.8	0.4
保全证据	Evidence Preservation	2092	2199	1.8	1.4
公司章程	Corporate Charter		23		
组织资格	Organizational Qualification	5	14		
财产权	Property Rights	69	6	0.1	
身　份	Identification		1		
收养关系	Adoptive Relationship	45	23		
婚姻状况	Marital Status	20	60		
亲属关系	Kinship Relationship	2320	1989	2.0	1.2
有无违法犯罪记录	Criminal Record		64		
其他有法律意义事实	Other Legal Facts	48	151		0.1
证书（执照）	Certificate (License)		101		0.1
签名（印鉴）	Signature (Stamp)	17412	30560	14.8	18.9
文本相符	Correspondence of Text	1777	2139	1.5	1.3
赋予执行效力	Granting of Enforcement Effect	876	2346	0.7	1.4
执行证书	Enforcement Certificate	346	310	0.3	0.2
抵押登记	Mortgage Registration	583	482	0.5	0.3
提　存	Deposit	61	17	0.1	
保　管	Safekeeping				
其　他	Others	7867	7110	6.7	4.4

19.17 续表1 continued1

单位：件、% (case, %)

项 目	Item	涉外公证文书 Foreign-related Notarial Documents 办证件数 Number of Notarial Documents Issued 2012	2013	比 重 Percentage 2012	2013
合 计	**Total**	**37478**	**42039**	**100.0**	**100.0**
合 同（协议）	Contract (Agreement)	58	1	0.2	
继 承	Inheritance	1			
委 托	Consignment	767	1922	2.0	4.6
声 明	Declaration	759	623	2.0	1.5
遗 嘱	Testament				
其他单方法律行为	Other Unilateral Legal Act	3	161		0.4
公司章程	Corporate Charter	5	4		
组织资格	Organizational Qualification	6	1		
收养关系	Adoptive Relationship	56	67	0.1	0.2
婚姻状况	Marital Status	550	554	1.5	1.3
亲属关系	Kinship Relationship	3789	3998	10.1	9.5
出 生	Birth	5688	6312	15.2	15.0
死 亡	Death	53	51	0.1	0.1
生存、居住	Living and Residence	64	78	0.2	0.2
学 历（学位）	Education Background (Degree)	1086	797	2.9	1.9
经 历	Experience	249	101	0.7	0.2
职 务（职称）	Post (Professional Title)	13	22		0.1
身 份	Identification	116	19	0.3	
有无违法犯罪记录	Criminal Record	3733	3725	10.0	8.9
其他有法律意义事实	Other Legal Facts	987	89	2.6	0.2
证 书（执照）	Certificate (License)	171	2320	0.5	5.5
签 名（印鉴）	Signature (Stamp)	1990	932	5.3	2.2
文本相符	Correspondence of Text	7967	5570	21.3	13.2
其 他	Others	9367	14692	25.0	34.9

19.17 续表2 continued2

单位：件、% (case, %)

项 目	Item	涉港澳台公证文书 Notarial Documents Related to Hong Kong, Macao and Taiwan			
		办证件数 Number of Notarial Documents Issued		比 重 Percentage	
		2012	2013	2012	2013
合 计	**Total**	**3413**	**3350**	**100.0**	**100.0**
合同（协议）	Contract (Agreement)		1		
继 承	Inheritance				
委 托	Consignment	61	55	1.8	1.6
声 明	Declaration	54	34	1.6	1.0
遗 嘱	Testament		2		
其他单方法律行为	Other Unilateral Legal Act				
公司章程	Corporate Charter	8	1	0.2	
组织资格	Organizational Qualification	7		0.2	
收养关系	Adoptive Relationship	5		0.1	
财产权	Property Right	1	2		
婚姻状况	Marital Status	405	347	11.9	10.4
亲属关系	Kinship Relationship	630	606	18.5	18.1
出 生	Birth	461	389	13.5	11.6
死 亡	Death	72	61	2.1	1.8
生存、居住	Living and Residence	29	20	0.8	0.6
身 份	Education Background (Degree)	55	6	1.6	0.2
学 历（学位）	Experience	23	12	0.7	0.4
经 历	Post (Professional Title)		8		0.2
职 务（职称）	Identification	488	377	14.3	11.3
有无违法犯罪记录	Criminal Record	164	192	4.8	5.7
其他有法律意义事实	Other Legal Facts	27	7	0.8	0.2
证 书（执照）	Certificate (License)	10	79	0.3	2.4
签 名（印鉴）	Signature (Stamp)	73	65	2.1	1.9
文本相符	Correspondence of Text	283	235	8.3	7.0
其 他	Others	557	851	16.3	25.4

表19.18 公安机关立案的刑事案件情况（2013年）
CRIMINAL CASES REGISTERED IN PUBLIC SECURITY ORGANS (2013)

指 标	Item	2013
人民警察数（人）	**Number of Police (person)**	**39773**
刑事案件立案数（起）	**Total Registered Criminal Cases (case)**	**193935**
刑事案件破案率（%）	**Rate of Solved Criminal Cases (%)**	**31.4**

表19.19 检察机关直接立案侦查案件情况（2013年）
CASES UNDER DIRECT INVESTIGATION BY PEOPLE'S PROCURATORATE (2013)

案件分类	Category of Cases	受案（件）Cases Accepted (case)	立案件数（件）Registered Cases (case)	其中of which #大案 Large Cases	立案人数（人）Person of Cases Registered (person)	其中of which #要案 Key Cases	结案合计 Total Settled Cases 件 (case)	人 (person)
合 计	**Total**	**1006**	**750**	**646**	**892**	**183**	**734**	**872**
贪污贿赂案件	**Cases on Corruption and Bribery**	**836**	**634**	**586**	**771**	**157**	**616**	**748**
贪 污	Corruption	203	94	79	164	13	106	177
贿 赂	Bribery	613	524	495	582	142	494	546
挪用公款	Misappropriation of Public Funds	16	14	12	15	2	12	13
集体私分	Collective Illegal Possession of Public Funds	1	2		10		2	10
巨额财产来源不明	Unstated Source of Large Amount of Properties	3						
其 他	Others						2	2
渎职案件	**Cases on Abuse and Dereliction of Duty**	**170**	**116**	**60**	**121**	**26**	**118**	**124**
滥用职权	Abuse of Power	77	52	33	55	18	47	51
玩忽职守	Dereliction of Duty	51	44	18	44	6	45	45
徇私舞弊	Fraudulent Practice	28	15	5	17	1	14	16
其 他	Others	14	5	4	5	1	12	12

表19.20 检察机关审查批准、决定逮捕犯罪嫌疑人和提起公诉被告人情况（2013年）
ARRESTS OF CRIMINAL SUSPECTS AND DEFENDANTS UNDER PUBLIC PROSECUTION APPROVED BY PEOPLE'S PROCURATORATE (2013)

案件类别	Category of Cases	批捕、决定逮捕合计 Total Arrests		决定起诉合计 Total Public Prosecutions	
		件 (case)	人 (person)	件 (case)	人 (person)
合　计	**Total**	**16004**	**20119**	**25893**	**32857**
公安、安全、监狱机关侦查	**Handled by Departments of State, Public Security and Prisons**	**15587**	**19673**	**25272**	**32117**
危害国家安全案	Offences Against State Security				
危害公共安全案	Offences Against Public Security	366	397	6223	6284
破坏社会主义市场经济秩序案	Offences Against Socialist Economic Order	400	601	619	966
侵犯公民人身、民主权利案	Offences Against Citizens' Personal and Democratic Rights	1554	1911	2397	3134
侵犯财产案	Offences Against Properties	6253	8324	7743	10839
妨害社会管理秩序案	Offences Against Social Management of Order	7008	8433	8284	10886
危害国防利益案	Offences Against National Defense	6	7	6	8
军人违反职责案	Offences on Dereliction of Duty by Servicemen				
检察机关侦查	**Handled by Procuratorates**	**417**	**446**	**621**	**740**
贪污贿赂案	Offences on Corruption and Bribery	407	436	550	658
渎职案	Offences on Abuse and Dereliction of Duty	10	10	71	82

表19.21 人民法院刑事一审案件收结案情况（2012－2013年）
FIRST TRIAL CRIMINAL CASES ACCEPTED AND SETTLED BY COURTS (2012-2013)

单位：件 (case)

类　别	Category of Cases	收　案 Accepted Cases		结　案 Settled Cases	
		2012	2013	2012	2013
合　计	**Total**	**29150**	**26596**	**27887**	**25519**
#自诉案件	Private Prosecution	150	145	113	124
危害公共安全罪	Offences against Public Security	7535	6192	7437	6089
破坏社会主义市场经济秩序罪	Offences against Socialist Economic Order	1051	722	947	646
侵犯公民人身权利、民主权利罪	Offences against Citizens' Personal and Democratic Rights	3646	2781	3368	2563
侵犯财产罪	Offences against Properties	8865	7897	8507	7661
妨害社会管理秩序罪	Offences against social Management of Order	7219	8281	6948	7981
危害国防利益罪	Offences against National Defense	6	7	5	7
贪污贿赂罪	Offences on Corruption and Bribery	776	668	641	536
渎职罪	Offences on Dereliction of Duty	51	48	33	36
危害国家安全罪	Offences against Country Safety				
其　它	Others	1		1	

注：收结案中含上年结转。
Note: The numbers of accepted and settled cases include the cases turned over from the previous year.

表19.22 人民法院民事、行政一审案件收结案情况（2012－2013年）
FIRST TRIAL CIVIL AND ADMINISTRATIVE CASES ACCEPTED AND SETTLED BY COURTS (2012-2013)

单位：件 (case)

类　别	Category of Cases	收　案 Accepted Cases		结　案 Settled Cases	
		2012	2013	2012	2013
民事一审案件	**First Trial of Civil Cases**	**244276**	**263766**	**218313**	**235685**
婚姻家庭纠纷案件	Disputes of Marriages and Family Affairs	46305	46277	43369	43461
继承纠纷案件	Disputes of Inheritance	4919	7857	4611	7518
合同纠纷案件	Disputes of Contracts	132142	149769	116372	131881
权属、侵权纠纷案件	Disputes of Ownership and Infrigement of Right	60910	59863	53961	52825
行政一审案件	**First Trial of Administrative Cases**	**4745**	**4836**	**4432**	**4483**

注：收案中含上年结转。
Note: The number of accepted cases includes the cases turned over from the previous year.

表19.23 安全生产情况（2002－2013年）
BASIC STATISTICS ON WORK SAFETY (2002-2013)

年　份 Year	亿元地区生产总值生产安全事故死亡率 Mortality Rate of Work Safety Accident per 100 Billion Yuan GDP	工矿商贸企业从业人员十万人生产安全事故死亡率 Mortality Rate of Work Safety Accident per 100 000 Employees of Enterprises	煤炭生产百万吨死亡率 Mortality Rate per 1 Million Tons of Coal Procuction	道路交通万车死亡率 Mortality Rate of Highway Traffic Accident per 10 000 Vehicles
2002	1.44	9.90	21.08	37.50
2003	1.41	13.43	17.82	30.70
2004	0.89	10.24	12.24	18.30
2005	0.75	10.62	13.73	14.51
2006	0.61	8.49	9.30	10.83
2007	0.47	8.05	7.64	9.26
2008	0.34	7.13	6.82	7.60
2009	0.30	6.39	5.44	6.00
2010	0.23	5.05	4.00	4.45
2011	0.17	4.51	3.00	3.13
2012	0.13	3.84	2.73	2.60
2013	0.12	3.42	2.39	2.39

表19.24 安全生产事故死亡情况（2001－2013年）
BASIC STATISTICS ON DEATH TOLL OF WORK SAFETY ACCIDENTS (2001-2013)

年 份 Year	生产安全事故死亡起数（起） Safety Accidents with Death Toll (case)	其中 of which: 道路交通事故 Traffic Accidents	其中 of which: 煤矿事故 Coal Mine Accidents	其中 of which: 火灾事故 Fires	生产安全事故死亡人数（人） Death Toll in Safety Accidents (person)	其中 of which: 道路交通事故 Traffic Accidents	其中 of which: 煤矿事故 Coal Mine Accidents	其中 of which: 火灾事故 Fires
2001	2225	1767	241	44	2794	2083	309	53
2002	2535	1872	323	39	3208	2245	460	43
2003	2732	1989	315	44	3613	2317	446	56
2004	2237	1434	342	56	2694	1707	419	63
2005	2117	1333	349	54	2596	1616	455	57
2006	2002	1175	288	42	2381	1424	357	44
2007	1813	1105	257	35	2197	1331	321	40
2008	1681	1063	212	35	1982	1219	280	39
2009	1679	1109	160	35	1928	1209	234	43
2010	1576	1079	136	22	1793	1215	174	28
2011	1444	983	105	24	1656	1098	135	29
2012	1374	937	89	20	1539	1052	103	20
2013	1346	908	63	1	1499	988	84	2

表19.25 火灾事故情况（2013年）
BASIC STATISTICS ON FIRES (2013)

项 目	Item	合 计 Total	按事故发生程度分 By Serious Degree of Fires: 特 大 Extra-Serious	重 大 Serious	较 大 Large	一 般 Ordinary
发 生（起）	Fires (case)	6061			2	6059
死 亡（人）	Deaths (person)	34			7	27
受 伤（人）	Injuries (person)	43				43
损失折款（万元）	Losses Converted into Cash (10 000 yuan)	5644.02			4.4	5639.62
平均每起事故损失（万元）	Average Loss per Fire (10 000 yuan)	0.93			2.2	0.93

注：损失折款指直接经济损失（下表同）。
Note: Losses converted into cash refer to direct losses (the same below).

表19.26 道路交通事故情况（2013年）
BASIC STATISTICS ON TRAFFIC ACCIDENTS (2013)

类 别	Type	发生数（起） Number of Traffic Accidents (case)	死亡人数（人） Number of Deaths (person)	受伤人数（人） Number of Injuries (person)	损失折款（万元） Losses Converted into Cash (10 000 yuan)
总 计	**Total**	**5642**	**970**	**7883**	**1579.31**
#死亡事故	Deaths	927	970	570	392.45
伤人事故	Injuries	4623		7313	1080.33
财产损失事故	Assets Losses	92			106.53
#机动车	Motor Vehicles	5400	931	7598	1560.86
#汽 车	Automobiles	3146	668	4246	1323.7
摩托车	Motorcycles	2122	223	3170	207.76
拖拉机	Tractors	113	30	148	22.25
非机动车	Non-motor-driven Vehicles	151	12	213	13.06
#自行车	Bicycles	22	2	28	0.67
行人乘车人	Pedestrians and Passengers	91	27	72	5.39

注：本表数据不含高速公路交通事故。
Note: The data in this table excludes traffic accidents on expressway.

主要统计指标解释

等级运动员人数

指经考核正式批准授予等级运动员称号的人数。运动员等级分为国际级运动健将、运动健将、一级运动员、二级运动员、三级运动员、少年级运动员。

等级裁判员人数

指经考核正式批准授予等级裁判员称号的人数。裁判员等级分为国际裁判、国家级裁判、一级裁判、二级裁判、三级裁判。

卫生机构

包括医疗机构、疾病预防控制中心（防疫站）、采供血机构、卫生监督及监测（检验）机构、医学科研和在职培训机构、健康教育所等。

医疗机构

包括医院、社区卫生服务中心（站）、疗养院、卫生院、门诊部、诊所（卫生所、医务室）、妇幼保健院（所、站）、专科疾病防治院（所、站）、急救中心（站）和临床检验中心。医疗机构分为非赢利性医疗机构和赢利性医疗机构。

医院

包括综合医院、中医医院、中西医结合医院、民族医院、各类专科医院和护理院。

卫生技术人员

指卫生机构中医生、护理人员 、药剂人员、检验人员等卫生技术人员。

医生

指在医疗、预防保健机构工作且取得《执业医师证书》的执业医师和执业助理医师。

社会福利企业单位

指以安置城镇有一定劳动能力的盲、聋、哑和肢

指以安置城镇有一定劳动能力的盲、聋、哑和肢体残疾人员就业为目的，享受国家减免税待遇的国有或集体企业。包括福利工厂、福利商业和服务业、假肢厂和安置农场等单位。该指标主要反映我国对残疾人照顾的特殊政策。

基本养老保险

（1）参加保险人数：指报告期末按照国家法律、法规和有关政策规定参加基本养老保险的职工人数。包括不能正常缴费、已中断缴费但未终止保险关系的职工人数。

（2）社会统筹基金收入：指根据国家规定，由纳入基本养老保险范围的单位，按照国家规定的缴费基数和缴费比例缴纳的社会统筹基金，以及通过其他方式取得的形成基金来源的收入，包括：单位缴纳的社会统筹基金收入、财政补贴收入、利息收入、其他收入。

（3）社会统筹基金支出：指按照国家政策规定的开支范围和开支标准从社会统筹基金中支付给参加基本养老保险的离休、退休、退职人员个人的养老金、丧葬抚恤补助，以及由于保险关系转移、上下级之间调剂资金等原因而发生的支出。包括：基础性养老金、过渡性养老金、离休金、退休金、退职金、补贴、丧葬抚恤补助、其他支出。

（4）社会统筹基金结余：指截止报告期末基本养老保险的社会统筹基金结余金额。包括银行存款、财政专户、债券投资和其他。

离休、退休、退职人员

指正式办理了离休、退休、退职手续，并享受相应的离休、退休、退职待遇的人员。

失业保险

（1）参加保险人数：指报告期末按照国家法律、法规和有关政策规定参加了失业保险的城镇企业事业单位的职工及地方政府规定参加失业保险的其他人员的人数。

主要统计指标解释

（2）失业保险金：指为保障失业人员的基本生活而按规定支付的失业保险金金额。

■ 基本医疗保险

（1）参加保险人数：指报告期末按国家有关规定参加基本医疗保险的人数。包括参加保险的职工人数和退休人员人数。

（2）社会统筹基金收入：指根据国家有关规定，由纳入基本医疗保险范围的缴费单位，按国家规定的缴费基数和缴费比例缴纳的社会统筹基金，以及通过其他方式取得的形成基金来源的款项，包括：单位缴纳的社会统筹基金收入、财政补贴收入、利息收入、其他收入。

（3）社会统筹基金支出：指按照国家政策规定的开支范围和开支标准从社会统筹基金中支付给参加基本医疗保险的职工和退休人员的医疗保险待遇支出及其他支出。包括：住院医疗费用支出、门急诊医疗费用支出、其他支出。

（4）社会统筹基金结余：指截止报告期末基本医疗保险的社会统筹基金结余金额。包括银行存款、财政专户、债券投资和其他。

■ 律师

指依法取得律师执业证书，担任法律顾问，民事（刑事、行政）案件代理人、刑事案件辩护人、办理非诉讼业务，解答法律询问，代写法律事务文书等，为社会提供法律服务的人员。

■ 公证人员

指在公证处工作的人员总称，包括公证处主任、副主任、公证员、公证员助理（助理公证员）和其他从事辅助性工作的人员。

■ 公证文书

指公证处根据当事人申请，依照事实和法律，按照法定程序制作的，具有法律效力的司法证明文书。

■ 调解员

指在人民调解委员会担负调解民间纠纷工作的人员，包括调解委员会的委员和调解小组的调解员。

■ 调解民间纠纷

指调解委员会按照法律规定，根据自愿原则，用说服教育的方法调解民间发生的有关民事权利和义务争执的件数，包括调解成功数和调解未成功数。

■ 立案

指人民检察院对受理的报案、控告、举报或自首及自行发现的犯罪线索、犯罪嫌疑人进行初步调查后，认为存在职务犯罪事实和应追究刑事责任，并决定作为刑事案件进行侦查的诉讼活动，是追究犯罪的开始。该指标主要反映人民检察院依法将职务犯罪线索作为刑事案件进行侦查的诉讼活动。

■ 大案

指贪污、贿赂案数额在5万元以上，挪用公款案数额在10万元以上，集体私分、巨额财产来源不明、隐瞒境外存款案数额在50万元以上以及按照《人民检察院直接受理的渎职、侵权重、特大案件标准（试行）》认定的案件。该指标主要反映人民检察院立案查办的职务犯罪案件中经济损失大、社会危害严重的案件。

■ 要案

指县、处级以上干部的犯罪案件。该指标主要反映国家工作人员中县、处级以上干部因职务犯罪被人民检察院依法立案侦查的情况。

■ 决定逮捕

指人民检察机关对直接受理、自行侦查的案件，认为需要逮捕犯罪嫌疑人时，依据法律作出的逮捕决定。

■ 批准逮捕

指人民检察机关对公安机关、国家安全机关、监狱管理机关提出逮捕的犯罪嫌疑人进行审查，根据事实，依法作出逮捕决定。

■ 决定起诉

指人民检察机关对公安机关、国家安全机关、监狱管理机关和检察机关内设机构反贪污贿赂部门移送起诉的刑事犯罪嫌疑人进行审查，根据事实，依法向人民法院提起公诉。

Explanatory Notes on Main Statistical Indicators

□ Number of Athletes in Grades

Refers to the number of athletes who have been given titles through examination. The titles of athletes include international masters of sports, masters of sports, first-grade, second-grade and third-grade sportsmen and young athletes.

□ Number of Referees in Grades

Refers to the number of referees who have been given titles after examination. They are classified as international referees, national referees and referees of the first, second and third grades.

□ Health Care Institutions

Include medical institutions, disease prevention and control centers (epidemic prevention stations), blood gathering and supplying institutions, health supervision and inspection (check up) institutions, medicinal scientific research and on-job training institutions, health education and so on.

□ Medical Organizations

Include hospitals, health service centers (stations) of communities, nursing homes, health centers, clinics, clinics (health stations and infirmaries), maternity and child care agencies (centers and stations), special disease prevention and curing agencies (centers and stations), first aid centers (stations) and clinical inspection centers. Medical organizations are grouped by two types: profit-making and non-profit-making medical organizations.

□ Hospitals

Include polyclinics, traditional Chinese medical hospitals, hospitals integrated with traditional Chinese therapeutics and western therapeutics, ethical hospitals, various specialties hospitals and nursing hospitals.

□ Medical Technical Personnel

Refers to doctors, assistant nurses, pharmacists, and laboratory technicians working in medical institutions.

□ Doctors

Refer to certified physicians and certified assistant physicians with certifications working in medical and health care and prevention agencies.

□ Social Welfare Enterprises

Are collective owned enterprises which employ the blind, deaf-mute, and other handicapped people who are able to work in cities and towns and enjoy exemption from state taxes, including welfare plants, welfare commercial services, artificial limb plants and farms, etc. This indicator reflects the preferential policies toward disabled persons.

□ Basic Endowment Insurance

(I) Number of people participating in the insurance program: by the end of reference period, number of staff and workers participating in the insurance program in line with national laws, regulations and related policies, including those who can not make regular payment or interrupt payment but not terminate the insurance program.

(II) Revenue of social comprehensive funds: according to national provision, payments made by units covered in basic endowment insurance program, and income from other resources, including: income of social comprehensive funds paid by unites, financial subsidies, interest income and others.

(III) Expenditure of social comprehensive funds: refer to payment made to those retired and resigned people covered in endowment insurance program in terms of pension or compensation within the expenditure scope and standards according to related national policies, and the expenditure occurred due to shift of the insurance relationship or adjustment funds among agencies, including: basic pension, transitional pension, pension for resigned people, pension for retired people, pension for people quitting jobs, subsidies, funeral subsidies and other expenditure.

(IV) Balance of social comprehensive funds: refer to the balance of basic endowment insurance of social comprehensive funds at the end of the reference period, including: bank savings, special fiscal account, investment in bonds and others.

EXPLANATORY NOTES TO MAJOR STATISTICAL INDICATORS

□ Retired or Resigned Personnel

Refers to people who have formally gone through the formalities for their retirement or quitting work and enjoy the corresponding treatments.

□ Unemployment Insurance

(I) Number of people participated in unemployment insurance program: number of staff and workers in urban enterprises or institutions and other people according to local government regulations participated in unemployment insurance program in line with national law, regulations and related policies by the end of the reference period.

(II) Sum of Unemployment Insurance: refer to total amount of insurance paid to un-employees to guarantee their basic lives according to related regulations.

□ Basic Medical Care Insurance

(I) Number of people participated in the insurance program: refer to number of people participated in the basic medical care insurance program according to related regulation by the end of reference period, including: number of staff and workers and retired persons participated in this insurance program.

(II) Revenue of social comprehensive funds: according to national provision, payments made by units covered in basic medical care insurance program, and income from other resources, including: income of social comprehensive funds paid by unite financial subsidies, interest income and others.

(III) Expenditure of social comprehensive funds: refer to payment made to those retired and resigned people covered in basic\ medical care insurance within the expenditure scope and standards according to related national policies, including: expenditure on fee-for-service in hospital, expenditure on fee-for-service in clinic and other expenditure.

(IV) Balance of social comprehensive funds: refer to the balance of medical care insurance of social comprehensive funds at the end of the reference period, including: bank savings, special fiscal account, investment in bonds and others.

□ Lawyers

Are certified legal workers according to law, and who are employed by legal counseling firms to act as legal advisers, agents in criminal or civil lawsuits, or defenders in criminal lawsuits, or to handle non-litigious legal affairs, to advise on matters of law or to write legal papers for others, and provide service to the public.

□ Notary Personnel

Refers to people working for notary offices including: directors, deputy director, notaries, assistant notaries, and other people providing assistance.

□ Notary Documents

Refer to the judicatory notary documents drawn up by the request of the party and are in accordance with facts and laws and following certain legal proceedings.

□ Mediators

Refer to workers on people mediation committees responsible for mediating in civil disputes and cases of slight infraction of the law. They include members of the mediation committees and mediators of mediation groups.

□ Mediation of Civil Disputes

Refers to number of cases made by mediation committees in mediating in civil disputes concerning civil rights and duties through persuasion and education in accordance with the provisions of law on a voluntary basis, so as to solve disputes by helping the parties involved come to an agreement and understanding, including those unsuccessful ones.

□ Acceptance of Case

Refers to the decision made by the people's procuratorate office on reported cases, prosecution, impeachment, surrender, self-found criminal clues or suspects after initial investigation to confirm the act of crime and to start legal proceedings of the case as criminal case.

□ Large Cases

Refer to cases involving a corruption or bribery of over 50,000 yuan, or a misappropriation of over 100,000 yuan, Cases of collectively illegal possession of public funds, unstated sources of large properties, or disguised overseas savings deposits involving 500,000 yuan, or a case that has been defined by Standard on Serious and Large Cases of Misconduct and Tortious that Directly Accepted by People's Procurators Office (trial). This indicator mainly reflects number of accepted cases of job-related criminals that caused serious economic losses or extremely harmful to the society.

EXPLANATORY NOTES TO MAJOR STATISTICAL INDICATORS

Key Cases

Refer to cases committed by government officials with a ranking of division director or county administrator. This indicator mainly reflects the recorded and spied on cases by the people's procurators offices toward government official with a ranking of division director or county administrator.

Decision of Arrest

Refers to decision made by procurators office, in accordance with laws, to arrest the suspect(s) in the cases that are accepted and to be investigated by procurators office.

Approval for Arrest

Refers to the decision made by procurators office, in accordance with laws and relevant facts, to approve the arrest of the suspect(s) that is proposed by the public security departments, state security departments or authority of prisons.

Decision on Prosecution

Refers to the decision made by procurators office, in accordance with laws and relevant facts, to institute proceedings to the people court against the suspect(s) of criminal cases handed over by the public security departments, state security departments or authority of prisons, or by the anti-corruption departments within the procurators office.

第20章

区县

DISTRICTS,COUNTIES

简要说明
BRIEF INTRODUCTION

本章资料包括按“都市经济发达圈、渝西经济走廊和三峡库区生态经济区”和“一小时经济圈”、“都市功能核心区、都市功能拓展区、城市发展新区、渝东北生态涵养发展区和渝东南生态保护发展区”分组的全市38个区县（自治县）的主要经济社会统计资料。

“都市经济发达圈”包括渝中区、大渡口区、江北区、沙坪坝区、九龙坡区、南岸区、北碚区、渝北区、巴南区，即主城九区。

“渝西经济走廊”包括江津区、合川区、永川区、南川区、綦江区、大足区、潼南县、铜梁县、荣昌县和璧山县。

“三峡库区生态经济区”包括除都市经济发达圈和渝西经济走廊以外的19个区县。

“一小时经济圈”包括渝中区、大渡口区、江北区、沙坪坝区、九龙坡区、南岸区、北碚区、渝北区、巴南区、涪陵区、长寿区、江津区、合川区、永川区、南川区、綦江区、大足区、潼南县、铜梁县、荣昌县和璧山县21个区县。

“都市功能核心区”包括渝中区全域和大渡口、江北区、沙坪坝、九龙坡区、南岸区等处于内环以内的区域。

“都市功能拓展区”包括大渡口区、江北区、沙坪坝区、九龙坡区、南岸区处于内环以外的区域以及北碚区、渝北区、巴南区全域。

“城市发展新区”包括涪陵区、长寿区、江津区、合川区、永川区、南川区、綦江区、大足区、潼南县、铜梁县、荣昌县、璧山县等12区县及万盛、双桥经开区。

“渝东北生态涵养发展区”包括万州区、梁平县、城口县、丰都县、垫江县、忠县、开县、云阳县、奉节县、巫山县、巫溪县等11区县。

“渝东南生态保护发展区”包括黔江区、武隆县、石柱县、秀山县、酉阳县、彭水县等6区县（自治县）。

都市功能核心区和都市功能拓展区的数据，部分指标暂时按行政区划进行分组统计。

本市自治县包括石柱土家族自治县、秀山土家族苗族自治县、酉阳土家族苗族自治县和彭水苗族土家族自治县。

本章资料分别由市统计局人口就业处、核算处、工业处、服务业处、固定资产投资处、贸易外经处、社会科技处、能源资源统计处、普查中心、综合处和国家统计局重庆调查总队根据有关专业统计资料、各区县统计局资料和市级有关部门的区县资料整理编辑。

This chapter includes the main economic and social indicators of 38 districts and counties (autonomous counties) grouped by the "Metropolitan Developed Economic Circle, West Chongqing Economic Corridor and the Ecological and Economic Zone in the Three Gorges Reservoir Area" and the "One Circle and Two Wings", "One-hour Economic Circle", "Core Metropolitan Function Area, Extended Metropolitan Function Area, Newly Developed Urban Area, Northeastern Ecological Conservation Area and Southeastern Environment Protection Area".

The "Metropolitan Developed Economic Circle" covers the 9 central urban districts, namely Yuzhong, Dadukou, Jiangbei, Shapingba, Jiulongpo, Nan'an, Beibei, Yubei and Banan.

The "West Chongqing Economic Corridor" covers the districts and counties of Jiangjin, Hechuan, Yongchuan, Nanchuan, Qijiang, Dazu, Tongnan, Tongliang, Rongchang and Bishan.

The "Ecological and Economic Zone in the Three Gorges Reservoir Area" covers 19 districts and counties other than the "Metropolitan Developed Economic Circle" and the "West Chongqing Economic Corridor".

The "One-hour Economic Circle" includes 21 districts and counties, namely Yuzhong, Dadukou, Jiangbei, Shapingba, Jiulongpo, Nan'an, Beibei, Yubei, Banan, Fuling, Changshou, Jiangjin, Hechuan, Yongchuan, Nanchuan, Qijiang, Dazu, Tongnan, Tongliang, Rongchang and Bishan.

The "Core Metropolitan Function Area" includes Yuzhong Districts and part of Dadukou, Jiangbei, Shapingba, Jiulongpo and Nan'an within the inner ring highway.

The "Extended Metropolitan Function Area" includes the areas of Dadukou, Jiangbei, Shapingba, Jiulongpo and Nan'an outside the inner ring highway, as well as the districts of Beibei, Yubei and Banan.

The "Newly Developed Urban Area" includes 12 districts and counties, namely Fuling, Changshou, Jiangjin, Hechuan, Yongchuan, Nanchuan, Qijiang, Dazu, Tongnan, Tongliang, Rongchang and Bishan, and the economic development zones of Wansheng and Shuangqiao.

The "Northeastern Ecological Conservation Area" includes 11 districts and counties, namely Wanzhou, Liangping, Chengkou, Fengdu, Dianjiang, Zhongxian, Kaixian, Yunyang, Fengjie, Wushan and Wuxi.

The "Southeastern Environment Protection Area" includes 6 districts and counties (autonomous counties), namely Qianjiang, Wulong, Shizhu, Xiushan, Youyang and Pengshui.

Part of the data of the Core Metropolitan Function Area and the Extended Metropolitan Function Area are calculated by the administrative districts and counties at present.

The autonomous counties in Chongqing include Shizhu Tujia Autonomous County, Xiushan Tujia and Miao Autonomous County, Youyang Miao Autonomous County and Pengshui Miao and Tujia Autonomous County.

The data in this chapter are prepared and compiled by Division of Population and Employment Statistics, Division of National Economic Accounting, Division of Industry Statistics, Division of Service Statistics, Division of Statistics of Investment in Fixed Assets, Division of Trade and Foreign Economic Relations Statistics, Division of Social and Technology Statistics, Division of Energy and Natural Resources Statistics, Census Center, Division of Comprehensive Statistics of Chongqing Municipal Bureau of Statistics as well as the NBS Survey Office in Chongqing on the basis of the data provided by the related divisions of Municipal Bureau of Statistics, the statistical bureaus of districts and counties and the related municipal departments.

表20.1 各区县户数和人口（2013年）
HOUSEHOLDS AND POPULATION BY REGION (2013)

区　县	Region	年末总户数（户籍统计）（万户） Year-end Households (registration statistics) (10 000 households)	年末总人口（户籍统计）（万人） Year-end Population (registration statistics) (10 000 persons)	其　中 of which #非农业人口 Non-agricultural	#女　性 Female	按年龄组分 By Age 0-18岁 Aged 0-18	18-35岁 Aged 18-35	35-60岁 Aged 35-60	60岁以上 Aged 60 and Over
全　市	**Total**	**1236.78**	**3358.42**	**1344.05**	**1626.60**	**632.22**	**754.88**	**1346.00**	**625.32**
#都市发达经济圈	Metropolitan Developed Economic Circle	251.88	636.31	474.50	317.74	91.17	151.12	261.58	132.44
渝西经济走廊	West Chongqing Economic Corridor	385.60	1040.32	355.00	503.20	183.64	225.21	428.99	202.48
三峡库区生态经济区	Ecological Economic Zone in Three Gorges Reservoir Area	599.30	1681.79	514.55	805.66	357.41	378.55	655.43	290.40
#一小时经济圈	One Hour Economic Sphere	720.68	1884.07	909.04	922.77	310.98	418.40	779.43	375.26
#都市功能核心区	Core Metropolitan Function Area								
都市功能拓展区	Extended Metropolitan Function Area								
城市发展新区	Newly Developed Urban Area	468.80	1247.76	434.54	605.03	219.81	267.28	517.85	242.82
渝东北生态涵养发展区	Northeastern Ecological Conservation Area	389.31	1102.57	316.47	527.96	229.55	248.19	434.42	190.41
渝东南生态保护发展区	Southeastern Environment Protection Area	126.79	371.78	118.54	175.87	91.69	88.29	132.15	59.65
万州区	Wanzhou District	70.93	175.35	78.47	85.99	29.33	36.22	76.10	33.70
黔江区	Qianjiang District	20.54	54.89	23.97	25.94	13.15	13.97	19.51	8.26
涪陵区	Fuling District	46.27	116.77	48.49	57.30	20.92	23.88	49.62	22.35
渝中区	Yuzhong District	21.20	54.92	54.92	27.79	5.25	13.08	22.63	13.96
大渡口区	Dadukou District	10.75	24.77	22.15	12.50	3.55	5.46	10.62	5.14
江北区	Jiangbei District	24.59	58.14	55.24	29.01	7.46	14.71	23.50	12.47
沙坪坝区	Shapingba District	28.68	79.64	67.33	40.00	11.11	21.35	31.48	15.70
九龙坡区	Jiulongpo District	34.97	86.87	68.55	43.55	12.96	20.20	35.99	17.72
南岸区	Nan'an District	24.60	65.07	58.59	32.80	9.94	16.40	26.00	12.73
北碚区	Beibei District	25.32	63.40	37.64	31.72	8.08	13.75	26.91	14.66
渝北区	Yubei District	45.64	113.69	71.29	56.45	20.00	26.67	47.26	19.76
巴南区	Ba'nan District	36.13	89.81	38.79	43.92	12.82	19.50	37.19	20.30
长寿区	Changshou District	36.93	90.67	31.05	44.53	15.25	18.19	39.24	17.99
江津区	Jiangjin District	61.99	150.26	56.77	72.63	25.58	28.53	64.33	31.82
合川区	Hechuan District	59.42	155.74	50.42	75.08	25.08	31.85	66.43	32.38
永川区	Yongchuan District	39.12	113.15	37.38	55.34	21.89	24.38	46.52	20.36
南川区	Nanchuan District	25.73	68.36	18.58	33.44	13.51	12.69	29.46	12.70
綦江区	Qijiang District	47.25	121.11	52.35	59.21	20.59	26.45	49.97	24.10
大足区	Dazu District	32.29	104.37	34.28	49.71	19.99	26.44	39.95	17.99
潼南县	Tongnan County	32.04	95.22	15.94	44.87	17.49	24.35	35.92	17.46
铜梁县	Tongliang County	32.16	84.09	21.81	40.54	14.20	17.34	35.35	17.20
荣昌县	Rongchang County	30.81	84.42	39.78	41.20	14.75	19.76	34.28	15.63
璧山县	Bishan County	24.79	63.60	27.69	31.18	10.56	13.42	26.78	12.84
梁平县	Liangping County	32.20	92.66	19.62	44.24	18.20	19.24	39.16	16.06
城口县	Chengkou County	8.91	25.12	6.90	11.77	5.83	6.21	9.09	3.99
丰都县	Fengdu County	27.82	83.53	23.90	40.15	19.19	16.79	33.00	14.55
垫江县	Dianjiang County	33.80	97.09	22.61	46.53	21.78	21.03	37.60	16.68
武隆县	Wulong County	14.15	41.45	11.68	19.70	8.79	8.22	16.48	7.96
忠　县	Zhongxian County	34.73	100.94	23.46	48.38	20.44	21.50	40.42	18.58
开　县	Kaixian County	56.84	166.68	52.45	79.20	37.42	38.64	63.25	27.37
云阳县	Yunyang County	44.78	135.07	37.02	64.36	28.98	32.46	51.14	22.49
奉节县	Fengjie County	35.67	107.27	22.55	50.89	23.10	26.66	39.90	17.61
巫山县	Wushan County	23.76	64.36	15.79	30.61	14.04	15.55	24.45	10.32
巫溪县	Wuxi County	19.87	54.50	13.70	25.84	11.24	13.89	20.31	9.06
石柱县	Shizhu County	19.58	54.79	17.17	26.49	12.87	12.24	20.90	8.78
秀山县	Xiushan County	21.48	65.98	22.40	31.52	15.97	17.80	21.92	10.29
酉阳县	Youyang County	27.82	84.97	23.57	39.87	22.70	20.34	28.78	13.15
彭水县	Pengshui County	23.22	69.70	19.75	32.35	18.21	15.72	24.56	11.21

表20.1 续表 continued

区 县	Region	出生（户籍统计）Birth (registration statistics) 人数（万人）Population (10 000 persons)	出生率（‰）Birth Rate (‰)	死亡（户籍统计）Mortality (registration statistics) 人数（万人）Population (10 000 persons)	死亡率（‰）Mortality Rate (‰)	自然增长（户籍统计）Natural Growth (registration statistics) 人数（万人）Population (10 000 persons)	自然增长率（‰）Natural Growth Rate (‰)	常住人口（万人）Resident Popolation (10 000 persons)	其中 of which 城镇人口 Urban (10 000 persons)	城镇化率（%）Urban Rate (%)
全 市	**Total**	**35.81**	**10.69**	**20.17**	**6.02**	**15.64**	**4.67**	**2970.00**	**1732.76**	**58.34**
#都市发达经济圈	Metropolitan Developed Economic Circle	6.28	9.92	3.61	5.70	2.67	4.22	808.53	710.44	87.87
渝西经济走廊	West Chongqing Economic Corridor	10.68	10.28	6.75	6.50	3.93	3.78	869.98	467.98	53.79
三峡库区生态经济区	Ecological Economic Zone in Three Gorges Reservoir Area	18.85	11.23	9.81	5.84	9.04	5.39	1291.49	554.34	42.92
#一小时经济圈	One Hour Economic Sphere	18.82	10.01	11.49	6.11	7.33	3.90	1870.57	1293.11	69.13
#都市功能核心区	Core Metropolitan Function Area							366.94	366.37	99.84
都市功能拓展区	Extended Metropolitan Function Area							441.59	344.07	77.92
城市发展新区	Newly Developed Urban Area	12.54	10.06	7.88	6.32	4.66	3.74	1062.04	582.67	54.86
渝东北生态涵养发展区	Northeastern Ecological Conservation Area	12.26	11.14	6.54	5.94	5.72	5.20	821.20	343.27	41.80
渝东南生态保护发展区	Southeastern Environment Protection Area	4.73	12.76	2.14	5.77	2.59	6.99	278.23	96.38	34.64
万州区	Wanzhou District	1.50	8.56	0.94	5.36	0.56	3.20	159.54	95.34	59.76
黔江区	Qianjiang District	0.71	12.98	0.31	5.67	0.40	7.31	45.31	19.84	43.79
涪陵区	Fuling District	1.12	9.60	0.63	5.40	0.49	4.20	111.78	67.83	60.68
渝中区	Yuzhong District	0.43	7.78	0.31	5.61	0.12	2.17	65.02	65.02	100.00
大渡口区	Dadukou District	0.24	9.75	0.18	7.31	0.06	2.44	32.84	31.79	96.80
江北区	Jiangbei District	0.56	9.71	0.29	5.03	0.27	4.68	83.01	78.82	94.95
沙坪坝区	Shapingba District	0.76	9.53	0.43	5.39	0.33	4.14	110.31	103.58	93.90
九龙坡区	Jiulongpo District	0.92	10.67	0.45	5.22	0.47	5.45	115.94	105.24	90.77
南岸区	Nan'an District	0.71	11.02	0.25	3.88	0.46	7.14	82.95	77.96	93.98
北碚区	Beibei District	0.51	8.04	0.39	6.15	0.12	1.89	76.09	59.71	78.47
渝北区	Yubei District	1.28	11.41	0.62	5.53	0.66	5.88	146.52	114.38	78.06
巴南区	Ba'nan District	0.87	9.70	0.69	7.70	0.18	2.00	95.85	73.94	77.14
长寿区	Changshou District	0.74	8.16	0.50	5.52	0.24	2.64	80.28	46.86	58.37
江津区	Jiangjin District	1.33	8.85	1.20	7.99	0.13	0.86	126.42	76.47	60.49
合川区	Hechuan District	1.25	8.02	1.07	6.86	0.18	1.16	132.79	80.52	60.64
永川区	Yongchuan District	1.28	11.32	0.74	6.55	0.54	4.77	106.80	65.92	61.72
南川区	Nanchuan District	0.75	10.99	0.46	6.74	0.29	4.25	55.07	28.95	52.57
綦江区	Qijiang District	1.19	9.83	0.83	6.86	0.36	2.97	109.15	58.46	53.56
大足区	Dazu District	1.23	11.82	0.55	5.29	0.68	6.53	74.43	36.27	48.73
潼南县	Tongnan County	1.14	12.01	0.35	3.69	0.79	8.32	64.87	28.16	43.41
铜梁县	Tongliang County	0.82	9.77	0.52	6.20	0.30	3.57	63.61	29.45	46.30
荣昌县	Rongchang County	1.19	14.15	0.60	7.13	0.59	7.02	67.64	31.07	45.93
璧山县	Bishan County	0.50	7.86	0.43	6.76	0.07	1.10	69.20	32.71	47.27
梁平县	Liangping County	0.88	9.51	0.54	5.84	0.34	3.67	67.06	26.11	38.94
城口县	Chengkou County	0.38	15.18	0.20	7.99	0.18	7.19	19.06	5.71	29.96
丰都县	Fengdu County	0.64	7.66	0.51	6.10	0.13	1.56	62.03	24.34	39.24
垫江县	Dianjiang County	1.05	10.83	0.57	5.88	0.48	4.95	68.77	26.78	38.94
武隆县	Wulong County	0.42	10.15	0.25	6.04	0.17	4.11	34.94	13.07	37.41
忠 县	Zhongxian County	1.14	11.31	0.68	6.75	0.46	4.56	73.14	27.46	37.54
开 县	Kaixian County	2.10	12.64	0.91	5.48	1.19	7.16	116.19	47.28	40.69
云阳县	Yunyang County	1.63	12.10	0.72	5.34	0.91	6.76	90.15	33.16	36.78
奉节县	Fengjie County	1.33	12.43	0.59	5.51	0.74	6.92	78.50	28.96	36.89
巫山县	Wushan County	0.85	13.23	0.57	8.87	0.28	4.36	46.98	16.24	34.57
巫溪县	Wuxi County	0.76	13.99	0.31	5.71	0.45	8.28	39.78	11.89	29.89
石柱县	Shizhu County	0.57	10.41	0.33	6.03	0.24	4.38	39.91	14.76	36.98
秀山县	Xiushan County	0.95	14.45	0.34	5.17	0.61	9.28	49.18	17.05	34.67
酉阳县	Youyang County	0.98	11.57	0.45	5.31	0.53	6.26	56.38	15.99	28.36
彭水县	Pengshui County	1.10	15.85	0.46	6.63	0.64	9.22	52.51	15.67	29.84

表20.2 各区县就业（2013年）
EMPLOYMENT BY REGION (2013)

区 县	Region	城镇非私营单位职工人数（万人）Employment of Urban Non-private Units (10 000 persons)	其中 of which #国有 State-owned	#集体 Collective-owned	年末失业人员登记数（人）Year-end Registered Unemployment (person)
全 市	**Total**	**375.36**	**114.74**	**8.47**	**120706**
#都市发达经济圈	Metropolitan Developed Economic Circle	194.08	48.59	1.88	41975
渝西经济走廊	West Chongqing Economic Corridor	77.51	24.22	2.80	31603
三峡库区生态经济区	Ecological Economic Zone in Three Gorges Reservoir Area	103.77	41.93	3.79	47128
#一小时经济圈	One Hour Economic Sphere	298.64	79.76	5.86	82057
#都市功能核心区	Core Metropolitan Function Area	88.57	24.36	1.00	
都市功能拓展区	Extended Metropolitan Function Area	105.51	24.23	0.87	
城市发展新区	Newly Developed Urban Area	104.56	31.17	3.99	40082
渝东北生态涵养发展区	Northeastern Ecological Conservation Area	61.32	25.31	2.17	29366
渝东南生态保护发展区	Southeastern Environment Protection Area	15.40	9.67	0.44	9283
万州区	Wanzhou District	20.04	6.33	0.37	5761
黔江区	Qianjiang District	3.19	1.79	0.01	1868
涪陵区	Fuling District	15.74	4.14	0.63	3792
渝中区	Yuzhong District	38.15	12.36	0.23	5284
大渡口区	Dadukou District	5.34	1.65	0.04	1562
江北区	Jiangbei District	18.24	3.12	0.17	4541
沙坪坝区	Shapingba District	23.11	5.71	0.55	7051
九龙坡区	Jiulongpo District	20.24	4.84	0.55	7544
南岸区	Nan'an District	14.03	4.05	0.07	4553
北碚区	Beibei District	10.54	3.99	0.12	2119
渝北区	Yubei District	47.10	9.01	0.07	5310
巴南区	Ba'nan District	17.33	3.86	0.08	4011
长寿区	Changshou District	11.31	2.81	0.55	4687
江津区	Jiangjin District	11.82	3.38	0.40	4692
合川区	Hechuan District	10.01	2.67	0.17	2916
永川区	Yongchuan District	12.52	3.38	0.28	4041
南川区	Nanchuan District	3.52	2.04	0.16	3069
綦江区	Qijiang District	12.47	2.89	0.30	5241
大足区	Dazu District	6.64	2.11	0.19	2379
潼南县	Tongnan County	6.47	2.27	0.89	1540
铜梁县	Tongliang County	3.50	1.86	0.22	2743
荣昌县	Rongchang County	3.54	1.93	0.02	3107
璧山县	Bishan County	7.01	1.69	0.19	1875
梁平县	Liangping County	6.37	2.17	0.41	1924
城口县	Chengkou County	1.51	0.80	0.03	630
丰都县	Fengdu County	3.28	1.79	0.22	2515
垫江县	Dianjiang County	6.02	1.93	0.46	2307
武隆县	Wulong County	2.18	1.18	0.12	1133
忠 县	Zhongxian County	2.55	1.81	0.14	2344
开 县	Kaixian County	7.78	2.85	0.03	2427
云阳县	Yunyang County	3.56	2.20	0.01	3339
奉节县	Fengjie County	4.43	2.45	0.14	4235
巫山县	Wushan County	2.79	1.67	0.12	2983
巫溪县	Wuxi County	2.99	1.31	0.24	901
石柱县	Shizhu County	2.62	1.47	0.16	1876
秀山县	Xiushan County	2.29	1.63	0.05	1495
酉阳县	Youyang County	2.59	1.95	0.10	1471
彭水县	Pengshui County	2.54	1.66	0.01	1440

表20.3 各区县（自治县）生产总值（2013年）
GROSS DOMESTIC PRODUCT BY REGION(2013)

区　县	Region	地区生产总值（万元）Gross Domestic Product (10000 yuan)	其　中 of which				人均地区生产总值（元）Per Capita GDP (yuan)
			第一产业 Primary Industry	第二产业 Secondary Industry	其　中 of which #工　业 Industry	第三产业 Tertiary Industry	
全　市	**Total**	**126566900**	**10026800**	**63979200**	**52496500**	**52560900**	**42795**
#都市发达经济圈	Metropolitan Developed Economic Circle	55329300	1020600	25523000	21587000	28785700	68994
渝西经济走廊	West Chongqing Economic Corridor	31407400	4017000	17654800	14686700	9735600	36452
三峡库区生态经济区	Ecological Economic Zone in Three Gorges Reservoir Area	39830200	4989200	20801400	16222800	14039600	30782
#一小时经济圈	One Hour Economic Sphere	97631600	5818600	49932000	42077200	41881000	52664
#都市功能核心区	Core Metropolitan Function Area	25078100		7025400	5575800	18052700	68958
都市功能拓展区	Extended Metropolitan Function Area	30251200	1020600	18497600	16011200	10733000	69023
城市发展新区	Newly Developed Urban Area	42302300	4798000	24409000	20490200	13095300	40215
渝东北生态涵养发展区	Northeastern Ecological Conservation Area	21837900	3129700	10599400	7876200	8108800	26492
渝东南生态保护发展区	Southeastern Environment Protection Area	7097400	1078500	3447800	2543100	2571100	25409
万州区	Wanzhou District	7020296	518207	3617137	2931601	2884952	44174
黔江区	Qianjiang District	1678140	168864	952891	808444	556385	37201
涪陵区	Fuling District	6900374	455268	4314157	3802246	2130949	62272
渝中区	Yuzhong District	8042049		305302	75575	7736747	123771
大渡口区	Dadukou District	1366193	18134	592099	431777	755960	41722
江北区	Jiangbei District	5548592	12598	1696109	1362579	3839885	67653
沙坪坝区	Shapingba District	7012817	61658	4107839	3680019	2843320	64226
九龙坡区	Jiulongpo District	8235805	96506	3987385	3534041	4151914	71395
南岸区	Nan'an District	5320271	49394	3302377	2797722	1968500	64720
北碚区	Beibei District	3715769	137498	2505696	2108563	1072575	49343
渝北区	Yubei District	10017593	247610	6404166	5489235	3365817	69125
巴南区	Ba'nan District	4659295	411533	1957772	1443161	2289990	48924
长寿区	Changshou District	3740808	336726	2264180	1825510	1139902	47054
江津区	Jiangjin District	4865813	663968	3000957	2599489	1200888	38653
合川区	Hechuan District	3874174	566942	1920934	1489484	1386298	29305
永川区	Yongchuan District	4323906	423552	2381862	1920363	1518492	40819
南川区	Nanchuan District	1604406	334235	586643	447147	683528	29350
綦江区	Qijiang District	3205620	447386	1644476	1413234	1113758	29542
大足区	Dazu District	2783287	342672	1591165	1360333	849450	37673
潼南县	Tongnan County	1907694	409027	874673	515835	623994	29515
铜梁县	Tongliang County	2552606	317713	1529609	1300102	705284	41178
荣昌县	Rongchang County	2610341	388813	1600940	1321730	620588	38784
璧山县	Bishan County	3019005	179026	2064015	1859431	775964	45330
梁平县	Liangping County	1826584	309714	984597	797414	532273	27058
城口县	Chengkou County	425955	62601	241708	165016	121646	22208
丰都县	Fengdu County	1196884	246289	528454	286444	422141	19167
垫江县	Dianjiang County	1982913	307206	1088140	942160	587567	28644
武隆县	Wulong County	1079088	161263	431389	199214	486436	30871
忠　县	Zhongxian County	1826278	303983	890512	679374	631783	24792
开　县	Kaixian County	2654674	458468	1313122	873781	883084	22851
云阳县	Yunyang County	1503412	349723	602077	442773	551612	16627
奉节县	Fengjie County	1601148	316124	584731	258684	700293	20201
巫山县	Wushan County	751277	170075	245519	120496	335683	15845
巫溪县	Wuxi County	602204	131174	227611	102555	243419	15018
石柱县	Shizhu County	1074299	198145	524592	372957	351562	26487
秀山县	Xiushan County	1146207	164818	587975	488870	393414	23235
酉阳县	Youyang County	1002468	207478	453528	305313	341462	17711
彭水县	Pengshui County	974598	193057	407653	278578	373888	18467

表20.3 续表 continued

（上年=100）(preceding year=100)

区 县	Region	地区生产总值指数（可比价）Indices of GDP (constant prices)	其中 of which 第一产业 Primary Industry	第二产业 Secondary Industry	其中 of which #工业 Industry	第三产业 Tertiary Industry	人均地区生产总值指数 Indices of Per Capita GDP
全 市	**Total**	**112.3**	**104.7**	**113.4**	**113.1**	**112.0**	**111.3**
#都市发达经济圈	Metropolitan Developed Economic Circle	110.9	102.5	110.4	111.3	112.0	108.4
渝西经济走廊	West Chongqing Economic Corridor	113.5	104.8	115.4	114.5	112.8	111.9
三峡库区生态经济区	Ecological Economic Zone in Three Gorges Reservoir Area	113.2	105.1	115.7	114.4	111.4	113.6
#一小时经济圈	One Hour Economic Sphere	112.0	104.5	112.6	112.8	112.0	110.0
#都市功能核心区	Core Metropolitan Function Area	108.8		103.0	102.3	112.3	106.0
都市功能拓展区	Extended Metropolitan Function Area	112.6	102.5	113.5	114.9	111.3	110.3
城市发展新区	Newly Developed Urban Area	113.3	104.9	115.2	114.5	112.1	111.7
渝东北生态涵养发展区	Northeastern Ecological Conservation Area	113.2	105.1	115.9	113.7	111.9	113.9
渝东南生态保护发展区	Southeastern Environment Protection Area	113.5	104.8	117.0	116.0	111.4	114.3
万州区	Wanzhou District	112.5	105.5	112.4	111.6	113.6	111.6
黔江区	Qianjiang District	113.1	104.1	114.6	113.5	112.8	112.3
涪陵区	Fuling District	113.0	105.3	116.7	116.6	107.5	111.3
渝中区	Yuzhong District	112.0		91.2	107.5	112.9	111.0
大渡口区	Dadukou District	107.1	97.9	106.7	103.9	107.6	105.0
江北区	Jiangbei District	109.0	66.7	103.5	104.2	111.7	105.4
沙坪坝区	Shapingba District	109.1	100.7	109.4	110.0	108.7	106.1
九龙坡区	Jiulongpo District	107.0	101.5	106.0	104.1	107.9	105.0
南岸区	Nan'an District	113.2	100.2	116.9	117.2	106.8	110.4
北碚区	Beibei District	110.0	104.0	111.7	110.7	106.6	107.0
渝北区	Yubei District	114.1	103.3	116.9	123.0	109.5	111.0
巴南区	Ba'nan District	111.8	104.4	110.3	108.1	114.9	110.4
长寿区	Changshou District	112.1	104.9	114.0	113.5	110.3	110.7
江津区	Jiangjin District	114.1	105.1	117.4	116.2	110.2	113.4
合川区	Hechuan District	111.9	104.8	112.7	113.4	113.4	111.3
永川区	Yongchuan District	112.0	105.1	114.6	114.1	110.0	110.8
南川区	Nanchuan District	111.2	104.8	108.3	107.6	115.9	109.9
綦江区	Qijiang District	112.0	104.3	114.5	112.9	111.0	111.2
大足区	Dazu District	113.3	104.7	113.2	115.1	116.7	112.2
潼南县	Tongnan County	114.4	104.8	122.9	121.3	109.5	113.9
铜梁县	Tongliang County	114.1	104.6	119.5	117.1	108.0	110.9
荣昌县	Rongchang County	114.0	105.2	118.0	115.3	109.1	113.2
璧山县	Bishan County	116.6	105.2	120.9	119.5	106.9	108.2
梁平县	Liangping County	113.9	105.1	119.5	116.7	108.9	115.1
城口县	Chengkou County	110.2	104.4	113.1	108.0	106.7	110.1
丰都县	Fengdu County	110.3	105.1	117.7	112.6	103.7	112.0
垫江县	Dianjiang County	113.9	105.2	117.5	115.3	111.7	115.0
武隆县	Wulong County	113.5	105.2	123.3	122.1	108.0	113.3
忠 县	Zhongxian County	113.0	105.2	118.9	116.7	109.1	114.3
开 县	Kaixian County	113.8	105.4	121.7	118.6	107.2	113.7
云阳县	Yunyang County	112.5	105.3	120.8	119.0	107.5	113.1
奉节县	Fengjie County	112.4	104.6	120.3	113.5	109.3	114.8
巫山县	Wushan County	110.8	105.0	114.9	110.2	110.5	113.2
巫溪县	Wuxi County	111.8	104.7	116.1	114.0	111.4	113.4
石柱县	Shizhu County	113.2	105.2	121.8	117.5	106.3	115.0
秀山县	Xiushan County	115.3	104.7	127.3	126.6	106.8	115.9
酉阳县	Youyang County	110.1	104.3	111.2	114.8	111.9	111.2
彭水县	Pengshui County	112.2	105.1	114.3	114.2	113.3	113.9

表20.4 各区县农业和农村经济（2013年）
AGRICULTURE AND RURAL ECONOMY BY REGION (2013)

区 县	Region	农林牧渔业总产值（万元） Gross Output Value (10 000 yuan)	其中 of which 农业 Farming	林业 Forestry	牧业 Animal Husbandry	渔业 Fishery	农林牧渔服务业 Farming, Forestry, Animal Husbandry and Fishery Services	农林牧渔业总产值指数（可比价）（上年=100） Indices of Gross Output (constant prices) (preceding year=100)
全 市	**Total**	**15137376**	**9091758**	**480170**	**4828044**	**538155**	**199249**	**104.6**
#都市发达经济圈	Metropolitan Developed Economic Circle	1521364	1023468	31056	339799	77284	49757	102.2
渝西经济走廊	West Chongqing Economic Corridor	5955857	3619034	148670	1904851	230776	52527	104.7
三峡库区生态经济区	Ecological Economic Zone in Three Gorges Reservoir Area	7660154	4449262	300445	2583392	230091	96963	104.9
#一小时经济圈	One Hour Economic Sphere	8643757	5324518	212537	2606023	378281	122399	104.3
#都市功能核心区	Core Metropolitan Function Area	8521	5767	227	1409	625	493	97.2
都市功能拓展区	Extended Metropolitan Function Area	1512843	1017701	30829	338390	76659	49264	103.7
城市发展新区	Newly Developed Urban Area	7122394	4301050	181481	2266224	300997	72642	104.8
渝东北生态涵养发展区	Northeastern Ecological Conservation Area	4781206	2836349	183342	1561857	139956	59702	105.0
渝东南生态保护发展区	Southeastern Environment Protection Area	1712411	930897	84292	660162	19914	17146	104.6
万州区	Wanzhou District	760381	494083	28379	193208	36075	8635	105.4
黔江区	Qianjiang District	261033	117225	14144	124185	2746	2733	103.9
涪陵区	Fuling District	673653	426155	25393	177992	32858	11254	105.2
渝中区	Yuzhong District							
大渡口区	Dadukou District	26651	19830	1806	2615	936	1464	97.8
江北区	Jiangbei District	18074	5683	2784	7339	1370	898	64.8
沙坪坝区	Shapingba District	85162	55310	931	9804	6592	12525	100.4
九龙坡区	Jiulongpo District	137327	95438	2334	31252	4524	3780	100.3
南岸区	Nan'an District	73609	54401	1218	5367	11573	1050	100.1
北碚区	Beibei District	200953	161281	2089	23735	9968	3880	103.2
渝北区	Yubei District	378394	228869	11523	115653	9181	13168	104.1
巴南区	Ba'nan District	601195	402657	8371	144035	33139	12993	103.4
长寿区	Changshou District	492884	255861	7418	183381	37363	8861	104.9
江津区	Jiangjin District	965344	640524	13985	278009	26773	6052	104.9
合川区	Hechuan District	815222	532703	17737	213962	44576	6244	104.7
永川区	Yongchuan District	623040	309824	13357	257393	35487	6979	104.9
南川区	Nanchuan District	492865	282422	18286	171795	14290	6073	104.7
綦江区	Qijiang District	666929	437915	22601	184620	16770	5024	104.2
大足区	Dazu District	504465	304417	19015	154153	22859	4021	104.5
潼南县	Tongnan County	588320	425650	18728	123599	16777	3566	104.7
铜梁县	Tongliang County	469325	226015	7197	204526	25621	5966	104.6
荣昌县	Rongchang County	557498	327448	14500	194114	14698	6739	105.1
璧山县	Bishan County	272849	132117	3263	122680	12926	1863	105.0
梁平县	Liangping County	459484	275345	14470	149922	14873	4875	105.0
城口县	Chengkou County	98789	42975	8181	45662	1428	544	104.4
丰都县	Fengdu County	359942	179924	18762	144089	13394	3773	105.0
垫江县	Dianjiang County	461366	263543	8618	157040	21492	10673	105.3
武隆县	Wulong County	252558	163421	8154	74307	5775	901	105.1
忠 县	Zhongxian County	456772	287783	11362	146949	5720	4958	104.9
开 县	Kaixian County	692698	412994	19542	225801	27216	7145	105.2
云阳县	Yunyang County	521548	324688	21126	160814	8493	6427	105.1
奉节县	Fengjie County	495988	328728	7276	144791	8782	6412	104.6
巫山县	Wushan County	268748	131332	24741	107972	1086	3617	104.9
巫溪县	Wuxi County	205490	94956	20885	85607	1399	2645	104.7
石柱县	Shizhu County	303326	155609	9894	130721	4876	2227	105.1
秀山县	Xiushan County	256899	151643	12317	83083	3003	6853	104.7
酉阳县	Youyang County	332915	167486	23676	137027	2791	1935	103.9
彭水县	Pengshui County	305679	175513	16107	110840	723	2497	105.0

表20.4 续表1 continued1

区 县	Region	农业商品产值（万元） Output Value of Agricultural Commodities (10 000 yuan)	农业商品率（%） Commercial Rate (%)	乡村从业人员（万人） Rural Employment (10 000 persons)	农作物播种面积（公顷） Sown Areas of Farm Crops (hectare)	其中 of which #粮食 Grain	农用化肥施用量（折纯）（吨） Consumption of Chemical Fertilizer (net) (tons)
全 市	**Total**	**9484770**	**63.5**	**13287869**	**3516143**	**2253905**	**966435**
#都市发达经济圈	Metropolitan Developed Economic Circle	947242	64.4	1121896	218832	130197	49815
渝西经济走廊	West Chongqing Economic Corridor	3983735	67.5	4526112	1132662	686481	344517
三峡库区生态经济区	Ecological Economic Zone in Three Gorges Reservoir Area	4553793	60.2	7639861	2164649	1437227	572103
#一小时经济圈	One Hour Economic Sphere	5675865	66.6	6494990	1619206	982745	49815
#都市功能核心区	Core Metropolitan Function Area	6670	80.7	7117	823	175	298
都市功能拓展区	Extended Metropolitan Function Area	940572	59.8	1114779	218009	130022	49517
城市发展新区	Newly Developed Urban Area	4728623	67.1	5373094	1400374	852547	408495
渝东北生态涵养发展区	Northeastern Ecological Conservation Area	2822049	59.8	4869110	1267463	883963	346674
渝东南生态保护发展区	Southeastern Environment Protection Area	986857	58.2	1923769	629474	387198	161451
万州区	Wanzhou District	475288	63.2	713451	175572	113071	40018
黔江区	Qianjiang District	180623	69.9	281618	89466	56205	23626
涪陵区	Fuling District	439927	66.4	534582	177780	96662	41955
渝中区	Yuzhong District						
大渡口区	Dadukou District	22568	89.6	19530	2487	20	1997
江北区	Jiangbei District	11694	68.1	12815	2246	1566	1151
沙坪坝区	Shapingba District	52299	72.0	69398	8278	3366	3344
九龙坡区	Jiulongpo District	115401	86.4	126685	13424	6576	2457
南岸区	Nan'an District	57015	78.6	56264	3542	1693	1925
北碚区	Beibei District	125703	63.8	200786	33591	14874	8915
渝北区	Yubei District	181117	49.6	284128	61786	40667	14344
巴南区	Ba'nan District	381446	64.8	352290	93478	61435	15682
长寿区	Changshou District	304960	63.0	312400	89933	69404	22023
江津区	Jiangjin District	712477	74.3	685292	152010	102037	48168
合川区	Hechuan District	492513	60.9	746998	170526	121591	30856
永川区	Yongchuan District	433328	70.3	373885	104214	68625	73000
南川区	Nanchuan District	330599	67.9	333832	104797	56205	34075
綦江区	Qijiang District	392987	59.4	478675	127244	80037	39427
大足区	Dazu District	323634	64.7	249905	106330	64441	28020
潼南县	Tongnan County	437967	74.9	485011	142372	58407	32462
铜梁县	Tongliang County	329298	71.1	409959	87770	58387	33109
荣昌县	Rongchang County	333664	60.6	418330	83665	47876	14639
璧山县	Bishan County	197269	72.8	344225	53733	28874	10761
梁平县	Liangping County	268945	59.2	492387	100599	74837	47208
城口县	Chengkou County	51078	52.0	107886	57132	31778	5687
丰都县	Fengdu County	220469	61.9	367908	112525	75384	25799
垫江县	Dianjiang County	311252	69.1	506303	87806	65245	35607
武隆县	Wulong County	128928	51.2	231127	86261	49046	17744
忠 县	Zhongxian County	300179	66.4	421315	107992	80971	33863
开 县	Kaixian County	416369	60.7	797397	175114	126419	57428
云阳县	Yunyang County	289002	56.1	461253	132532	99967	25723
奉节县	Fengjie County	280729	57.3	443683	134819	91821	28567
巫山县	Wushan County	113486	42.8	293911	92192	61797	19791
巫溪县	Wuxi County	95252	47.0	263616	91179	62673	26983
石柱县	Shizhu County	177858	59.1	263301	91148	55843	24516
秀山县	Xiushan County	153331	61.3	343285	105094	53531	27500
酉阳县	Youyang County	187883	56.8	451375	135275	88700	25350
彭水县	Pengshui County	158234	52.2	353063	122230	83872	42715

表20.4 续表2 continued2

区 县	Region	农村用电量（万千瓦时） Electricity Consumption in Rural Areas (10 000 kwh)	农药使用量（吨） Consumption of Chemical Pesticides (ton)	粮食产量（吨） Output of Grain (ton)	油料产量（吨） Output of Oil-bearing Crops (ton)	甘蔗产量（吨） Output of Sugarcane (ton)	烟叶产量（吨） Output of Tobacco (ton)	茶叶产量（吨） Output of Tea (ton)
全 市	**Total**	**761193**	**18354**	**11481297**	**530313**	**109360**	**96604**	**34221**
＃都市发达经济圈	Metropolitan Developed Economic Circle	233282	831	683806	42947	952	574	3812
渝西经济走廊	West Chongqing Economic Corridor	277375	6748	4294157	169716	88794	4467	18849
三峡库区生态经济区	Ecological Economic Zone in Three Gorges Reservoir Area	250536	10775	6503334	317650	19614	91563	11560
＃一小时经济圈	One Hour Economic Sphere	543572	9363	5785800	234102	91356	7010	23598
＃都市功能核心区	Core Metropolitan Function Area	1600	7	741	26	5		
都市功能拓展区	Extended Metropolitan Function Area	231682	824	683065	42921	947	574	3812
城市发展新区	Newly Developed Urban Area	310290	8532	5101994	191155	90404	6436	19786
渝东北生态涵养发展区	Northeastern Ecological Conservation Area	145025	6611	4048156	198166	17432	37358	3237
渝东南生态保护发展区	Southeastern Environment Protection Area	72596	2380	1647341	98045	572	52236	7386
万州区	Wanzhou District	14768	986	523565	17575	534	3200	425
黔江区	Qianjiang District	3020	67	249975	2215		8286	698
涪陵区	Fuling District	17683	1405	438245	5891	620	1742	875
渝中区	Yuzhong District							
大渡口区	Dadukou District	1827	25	130				
江北区	Jiangbei District	1479	6	5125	44			16
沙坪坝区	Shapingba District	67081	40	13911	43			
九龙坡区	Jiulongpo District	17837	157	27459	875	180		
南岸区	Nan'an District	8848	12	9290				
北碚区	Beibei District	103879	252	69788	1044			68
渝北区	Yubei District	8348	101	200352	38030	108	84	18
巴南区	Ba'nan District	23983	238	357751	2911	664	490	3710
长寿区	Changshou District	15232	379	369592	15548	990	227	62
江津区	Jiangjin District	32362	1130	665997	9666	60326	485	1320
合川区	Hechuan District	16448	609	723493	13184	814	142	168
永川区	Yongchuan District	23114	2122	500216	20428	4250		4420
南川区	Nanchuan District	22616	390	332496	18522		2708	3259
綦江区	Qijiang District	35597	431	424665	26302	351	886	2327
大足区	Dazu District	21430	580	434577	1183	2754	246	695
潼南县	Tongnan County	21975	377	376967	40937	9600		222
铜梁县	Tongliang County	13021	417	351742	11398	932		200
荣昌县	Rongchang County	15193	551	309188	23919	9617		5752
璧山县	Bishan County	75619	141	174816	4177	150		486
梁平县	Liangping County	12631	1147	386444	14661	7090	64	160
城口县	Chengkou County	3117	27	100078	3247			331
丰都县	Fengdu County	15290	294	333571	20999		5413	24
垫江县	Dianjiang County	11843	1248	396020	18709	2520	470	83
武隆县	Wulong County	13913	309	168791	8413		9085	153
忠 县	Zhongxian County	7042	667	411649	29371	1601	211	18
开 县	Kaixian County	24767	731	597547	28366	4961	911	570
云阳县	Yunyang County	16895	512	428088	15591	726	630	473
奉节县	Fengjie County	22124	711	432789	22406		7522	358
巫山县	Wushan County	9100	151	228994	16859		12057	330
巫溪县	Wuxi County	7448	137	209411	10382		6880	465
石柱县	Shizhu County	8988	620	256365	10344	392	5676	170
秀山县	Xiushan County	19042	687	301461	29692		348	5050
酉阳县	Youyang County	12810	279	363100	25979		13781	1055
彭水县	Pengshui County	14823	418	307649	21402	180	15060	260

表20.4 续表3 continued3

区 县	Region	水果产量（吨）Output of Fruit (ton)	蔬菜产量（吨）Output of Vegetable (ton)	肉类总产量（吨）Output of Meat (ton)	其 中 of which #猪 肉 Output of Pork	#牛 肉 Output of Beef	水产品产量（吨）Output of Aquatic Products (ton)
全 市	**Total**	**3188578**	**16006420**	**2078522**	**1549503**	**76200**	**385000**
#都市发达经济圈	Metropolitan Developed Economic Circle	225863	1628371	107733	76327	584	41935
渝西经济走廊	West Chongqing Economic Corridor	837962	6739545	803591	559104	6996	188365
三峡库区生态经济区	Ecological Economic Zone in Three Gorges Reservoir Area	2124753	7638504	1167198	914072	68620	154700
#一小时经济圈	One Hour Economic Sphere	1352760	10549301	1053673	745118	10243	276182
#都市功能核心区	Core Metropolitan Function Area	13	9227	227	155		205
都市功能拓展区	Extended Metropolitan Function Area	225850	1619144	107506	76172	584	41730
城市发展新区	Newly Developed Urban Area	1126897	8920930	945940	668791	9659	234247
渝东北生态涵养发展区	Northeastern Ecological Conservation Area	1671895	3714380	717168	559083	32417	97702
渝东南生态保护发展区	Southeastern Environment Protection Area	163923	1742739	307681	245302	33540	11116
万州区	Wanzhou District	318294	886485	78582	66754	1876	19859
黔江区	Qianjiang District	33678	182306	65789	58949	5154	1605
涪陵区	Fuling District	121852	1885381	74341	59857	1808	19309
渝中区	Yuzhong District						
大渡口区	Dadukou District	996	62000	1043	780		359
江北区	Jiangbei District	1695	7776	1181	782	8	388
沙坪坝区	Shapingba District	4396	81966	1533	1145	7	4451
九龙坡区	Jiulongpo District	13295	113998	5101	3137	11	3586
南岸区	Nan'an District	5956	34578	999	909		3629
北碚区	Beibei District	21706	405480	9449	7553	35	4548
渝北区	Yubei District	129166	374171	37874	21647	232	6025
巴南区	Ba'nan District	48653	548402	50553	40374	291	18949
长寿区	Changshou District	167083	296004	68008	49830	855	26573
江津区	Jiangjin District	216409	757362	97078	75256	451	15882
合川区	Hechuan District	102010	646463	94624	77859	376	35582
永川区	Yongchuan District	136250	562600	110637	65943	216	33830
南川区	Nanchuan District	62419	356400	67862	50635	1919	8580
綦江区	Qijiang District	34965	710565	71292	58758	2474	11576
大足区	Dazu District	51398	313771	63625	50282	154	16919
潼南县	Tongnan County	60524	1727345	61260	55152	515	17019
铜梁县	Tongliang County	31542	603209	89943	49020	220	23865
荣昌县	Rongchang County	29930	426463	73471	55201	607	10277
璧山县	Bishan County	112515	635367	73799	20998	64	14835
梁平县	Liangping County	75675	422350	74285	53921	1563	10599
城口县	Chengkou County	2060	46623	24966	17048	954	495
丰都县	Fengdu County	52874	316550	60821	35801	14225	6480
垫江县	Dianjiang County	62240	370343	68537	58573	951	14189
武隆县	Wulong County	23391	452550	42018	35107	3400	2159
忠 县	Zhongxian County	269267	228592	68857	51563	2309	8142
开 县	Kaixian County	373800	388308	104536	77662	1703	23654
云阳县	Yunyang County	164373	406351	79498	62839	4851	9484
奉节县	Fengjie County	281943	256108	63770	55231	2683	3171
巫山县	Wushan County	62123	206710	44155	38232	647	636
巫溪县	Wuxi County	9246	185960	49161	41459	655	993
石柱县	Shizhu County	14734	307465	39663	26721	6871	2633
秀山县	Xiushan County	66661	259400	43608	34121	3117	2928
酉阳县	Youyang County	18178	261518	63931	48823	7446	1429
彭水县	Pengshui County	7281	279500	52672	41581	7552	362

表20.5 各区县工业（2013年）
INDUSTRY BY REGION (2013)

区 县	Region	工业总产值（万元） Gross Output Value of Industry (10 000 yuan)	工业总产值指数（上年=100） Index of Gross Output Value of Industry (preceding year=100)	工业企业资产总计（万元） Total Assets of Industrial Enterprises (10 000 yuan)	主营业务收入（万元） Revenue from Principal Business (10 000 yuan)	利润总额（万元） Total Profits (10 000 yuan)
全 市	**Total**	**157854080**	**115**	**134621071**	**155817793**	**9076025**
#都市发达经济圈	Metropolitan Developed Economic Circle	78337641	114	64126038	78479183	3922713
渝西经济走廊	West Chongqing Economic Corridor	45549767	116	34080368	44272540	3678833
三峡库区生态经济区	Ecological Economic Zone in Three Gorges Reservoir Area	33966672	114	36414666	33066070	1474479
#一小时经济圈	One Hour Economic Sphere	140006406	115	116532193	138300474	7819281
#都市功能核心区	Core Metropolitan Function Area	15234705	101	15361793	14476715	857037
都市功能拓展区	Extended Metropolitan Function Area	63102936	118	48764245	64002468	3065676
城市发展新区	Newly Developed Urban Area	61668765	116	52406155	59821292	3896569
渝东北生态涵养发展区	Northeastern Ecological Conservation Area	13205393	115	11126028	12977683	834922
渝东南生态保护发展区	Southeastern Environment Protection Area	4642281	115	6962851	4539636	421822
万州区	Wanzhou District	5795052	115	4109728	5678669	335334
黔江区	Qianjiang District	9801116	114	7424968	9491633	506523
涪陵区	Fuling District	1884714	116	1784759	1812372	191545
渝中区	Yuzhong District	198748	111	391069	220144	8390
大渡口区	Dadukou District	1553674	103	2251178	1542059	53294
江北区	Jiangbei District	5917702	104	6369521	6008113	428397
沙坪坝区	Shapingba District	14594634	109	9310345	14879113	278386
九龙坡区	Jiulongpo District	10199767	102	9023337	9291542	328526
南岸区	Nan'an District	9094173	120	5551686	8813225	353683
北碚区	Beibei District	6079293	111	5640446	6126914	328976
渝北区	Yubei District	25534369	135	20826171	26719534	1843949
巴南区	Ba'nan District	5165282	107	4762286	4878540	299112
长寿区	Changshou District	6317881	114	10900819	6057118	-288787
江津区	Jiangjin District	9176614	120	7647476	8894337	887139
合川区	Hechuan District	4213077	115	5187244	4097296	336176
永川区	Yongchuan District	6670867	115	4730535	6321061	660799
南川区	Nanchuan District	1260800	105	1782636	1220696	2557
綦江区	Qijiang District	4087889	114	4452989	3951213	181880
大足区	Dazu District	3622521	116	1845156	3582618	350037
潼南县	Tongnan County	1333513	133	774068	1278789	131194
铜梁县	Tongliang County	3333307	123	1635885	3258443	231775
荣昌县	Rongchang County	4852777	119	2372966	4788633	410177
璧山县	Bishan County	6998403	123	3651414	6879455	487099
梁平县	Liangping County	1232816	119	821836	1233282	143383
城口县	Chengkou County	249464	105	405295	233938	5027
丰都县	Fengdu County	753820	112	1082023	710234	8496
垫江县	Dianjiang County	1300322	119	940853	1293825	125690
武隆县	Wulong County	411400	122	1172124	402664	36926
忠 县	Zhongxian County	598582	117	765976	555088	40285
开 县	Kaixian County	1886705	120	911423	1917814	112107
云阳县	Yunyang County	811690	123	847903	788906	56329
奉节县	Fengjie County	216968	113	450313	220804	5710
巫山县	Wushan County	184327	110	185389	171121	-3509
巫溪县	Wuxi County	175647	116	605287	174001	6069
石柱县	Shizhu County	777021	117	644260	763274	78334
秀山县	Xiushan County	582182	125	865103	578697	32178
酉阳县	Youyang County	562622	121	851547	562349	64726
彭水县	Pengshui County	424343	113	1645057	420279	18114

注：本表为规模以上工业企业统计数。
Note: The data in this table are the data of industrial enterprises above designated size.

表20.5 续表 continued

区 县	Region	经济效益综合指数 Comprehensive Index of Economic Benefit	总资产贡献率（%） Ratio of Total Assets to Industrial Output Value (%)	资产负债率（%） Asset-Liability Ratio (%)	产品销售率（%） Sales as Percentage of Output (%)	全员劳动生产率（元/人年） Overall Labor Productivity (yuan/person-year)
全 市	**Total**	**254.1**	**14.2**	**63.8**	**98.0**	**230218**
#都市发达经济圈	Metropolitan Developed Economic Circle	245.9	12.2	65.7	98.5	235745
渝西经济走廊	West Chongqing Economic Corridor	274.6	19.1	59.1	97.2	213422
三峡库区生态经济区	Ecological Economic Zone in Three Gorges Reservoir Area	256.3	13.1	64.8	98.1	246379
#一小时经济圈	One Hour Economic Sphere	252.9	13.8	64.4	98.1	231572
#都市功能核心区	Core Metropolitan Function Area	258.9	11.9	55.6	95.1	258866
都市功能拓展区	Extended Metropolitan Function Area	242.5	12.3	68.9	99.3	229210
城市发展新区	Newly Developed Urban Area	264.2	15.8	62.8	97.6	227672
渝东北生态涵养发展区	Northeastern Ecological Conservation Area	248.0	16.0	56.6	97.4	197663
渝东南生态保护发展区	Southeastern Environment Protection Area	320.8	17.5	65.4	98.7	303176
万州区	Wanzhou District	278.2	18.9	54.4	96.6	246101
黔江区	Qianjiang District	365.7	23.4	68.3	99.0	388038
涪陵区	Fuling District	555.4	35.8	49.9	98.6	604585
渝中区	Yuzhong District	296.2	4.8	56.5	100.2	350410
大渡口区	Dadukou District	163.0	6.7	62.4	98.6	139573
江北区	Jiangbei District	264.9	11.6	60.3	99.5	253933
沙坪坝区	Shapingba District	168.6	7.3	81.6	100.2	145234
九龙坡区	Jiulongpo District	239.3	8.4	53.3	91.8	255208
南岸区	Nan'an District	305.4	15.9	61.4	97.3	318415
北碚区	Beibei District	247.0	11.6	59.6	98.7	239438
渝北区	Yubei District	290.0	15.4	69.8	100.7	280749
巴南区	Ba'nan District	217.9	15.7	62.0	95.9	178456
长寿区	Changshou District	140.9	0.3	70.4	97.9	168647
江津区	Jiangjin District	321.7	18.3	63.5	96.4	301593
合川区	Hechuan District	246.5	12.5	68.8	96.9	205583
永川区	Yongchuan District	337.7	24.1	48.6	96.8	253680
南川区	Nanchuan District	170.8	4.9	72.1	96.8	156859
綦江区	Qijiang District	204.5	10.7	60.7	97.4	159557
大足区	Dazu District	310.8	32.5	51.5	98.7	194060
潼南县	Tongnan County	296.5	27.2	47.0	96.0	186049
铜梁县	Tongliang County	281.5	23.5	57.8	97.8	201171
荣昌县	Rongchang County	331.9	33.2	41.3	97.5	209804
璧山县	Bishan County	260.3	21.3	60.1	98.0	191659
梁平县	Liangping County	348.1	30.9	31.2	98.7	240669
城口县	Chengkou County	196.0	9.4	62.9	89.9	182499
丰都县	Fengdu County	203.2	4.5	67.5	94.4	226201
垫江县	Dianjiang County	287.3	21.4	53.9	98.4	213632
武隆县	Wulong County	305.2	8.7	67.7	98.1	308164
忠 县	Zhongxian County	234.3	8.8	51.2	92.4	214505
开 县	Kaixian County	264.8	24.9	59.9	101.5	158197
云阳县	Yunyang County	251.0	13.8	58.4	97.8	181137
奉节县	Fengjie County	115.8	3.6	74.2	102.5	71209
巫山县	Wushan County	135.6	7.4	72.9	95.4	96593
巫溪县	Wuxi County	127.6	3.3	67.8	99.3	91161
石柱县	Shizhu County	277.9	23.4	65.1	98.0	200230
秀山县	Xiushan County	202.9	9.6	63.8	99.7	178449
酉阳县	Youyang County	287.6	14.5	63.0	99.3	242760
彭水县	Pengshui County	229.3	7.4	82.9	98.5	232184

表20.6 各区县建筑业（2013年）
CONSTRUCTION BY REGION (2013)

区 县	Region	企业数（个） Number of Construction Enterprises (unit)	年末从业人数（万人） Number of Employed Persons at Year-end (10 000 persons)	总产值（万元） Gross Output Value (10 000 yuan)	房屋建筑施工面积（万平方米） Floor Space under Construction (10 000 sq.m)	房屋建筑竣工面积（万平方米） Floor Space Completed (10 000 sq.m)	其中 of which #住宅 Residential Buildings
全 市	**Total**	**2578**	**170.45**	**47312167**	**29884.62**	**12240.32**	**9170.92**
#都市发达经济圈	Metropolitan Developed Economic Circle	1327	70.94	23469762	15357.10	4677.41	3406.74
渝西经济走廊	West Chongqing Economic Corridor	533	35.99	8338781	5995.48	2901.84	2131.42
三峡库区生态经济区	Ecological Economic Zone in Three Gorges Reservoir Area	718	63.53	15503624	8532.04	4661.07	3632.76
#一小时经济圈	One Hour Economic Sphere	2038	122.80	35762347	24074.07	8805.95	6587.68
#都市功能核心区	Core Metropolitan Function Area	597	26.59	9701228	7207.55	2027.13	1503.21
都市功能拓展区	Extended Metropolitan Function Area	730	44.34	13768534	8149.55	2650.28	1903.54
城市发展新区	Newly Developed Urban Area	711	51.86	12292585	8716.97	4128.54	3180.94
渝东北生态涵养发展区	Northeastern Ecological Conservation Area	436	44.10	10494289	5348.24	3208.33	2446.77
渝东南生态保护发展区	Southeastern Environment Protection Area	104	3.55	1055531	462.32	226.04	136.46
万州区	Wanzhou District	153	13.16	4034674	1827.67	918.58	694.81
黔江区	Qianjiang District	30	1.35	386368	160.73	89.20	66.86
涪陵区	Fuling District	135	12.14	3036955	1813.40	846.46	697.16
渝中区	Yuzhong District	170	9.32	3818143	2404.08	582.94	471.17
大渡口区	Dadukou District	70	1.86	1413978	1641.94	791.91	575.69
江北区	Jiangbei District	120	6.71	1734112	1300.59	272.56	139.99
沙坪坝区	Shapingba District	152	7.43	2310285	1376.84	336.47	253.75
九龙坡区	Jiulongpo District	217	6.07	2108827	1801.28	459.08	281.16
南岸区	Nan'an District	99	4.53	1497644	1280.68	365.25	339.60
北碚区	Beibei District	75	6.51	1581169	1026.45	317.97	273.67
渝北区	Yubei District	320	17.67	7123924	2976.70	755.32	460.55
巴南区	Ba'nan District	104	10.82	1881681	1548.54	795.93	611.16
长寿区	Changshou District	43	3.74	916849	908.08	380.23	352.36
江津区	Jiangjin District	82	5.99	949632	1157.87	395.95	296.87
合川区	Hechuan District	69	4.72	1017967	890.09	395.63	276.44
永川区	Yongchuan District	80	5.23	1579224	708.87	422.28	282.62
南川区	Nanchuan District	37	1.01	184546	133.23	56.76	43.58
綦江区	Qijiang District	76	2.83	574352	476.25	200.10	157.14
大足区	Dazu District	34	2.19	705677	533.39	279.51	242.40
潼南县	Tongnan County	34	7.33	1657677	710.71	473.30	407.99
铜梁县	Tongliang County	37	3.56	824432	609.29	326.65	226.96
荣昌县	Rongchang County	40	1.70	456544	440.62	201.16	99.90
璧山县	Bishan County	44	1.44	388728	335.17	150.50	97.51
梁平县	Liangping County	22	3.65	678252	388.83	308.49	287.28
城口县	Chengkou County	7	0.30	90904	0.79	0.79	0.29
丰都县	Fengdu County	19	2.52	317055	215.40	129.14	119.16
垫江县	Dianjiang County	48	4.25	888513	611.64	434.57	361.97
武隆县	Wulong County	14	0.40	101933	33.69	19.01	6.98
忠 县	Zhongxian County	37	2.82	456520	309.18	153.07	119.47
开 县	Kaixian County	39	6.51	1717241	616.91	419.28	316.31
云阳县	Yunyang County	39	3.50	792947	584.32	243.40	158.90
奉节县	Fengjie County	43	5.70	1203735	628.16	484.23	308.11
巫山县	Wushan County	15	0.32	94046	56.53	34.95	24.04
巫溪县	Wuxi County	14	1.37	220401	108.82	81.84	56.44
石柱县	Shizhu County	13	0.20	43588	31.57	6.15	4.77
秀山县	Xiushan County	12	0.81	213426	102.83	41.43	7.03
酉阳县	Youyang County	12	0.30	49578	43.56	21.22	4.80
彭水县	Pengshui County	23	0.50	260637	89.94	49.03	46.02

注：本表数据不包括劳务分包企业。
Note: The data in this table exclude construction enterprises of labor subcontracting.

表20.7 各区县总承包建筑业企业主要经济指标（2013年）

MAIN ECONOMIC INDICATORS ON CONSTRUCTION ENTERPRISES OF GENERAL CONTRACTING BY REGION (2013)

区 县	Region	企业数（个） Number of Enterprises (unit)	年末从业人数（万人） Number of Employed Persons at Year-end (10 000 persons)	总产值（万元） Gross Output Value (10 000 yuan)	利税总额（万元） Total Pre-Tax Profits (10 000 yuan)	按总产值计算的劳动生产率（元/人） Overall Labor Productivity by Gross Output Value (yuan/person)
全 市	**Total**	**1605**	**159.01**	**43630879**	**3899804**	**291194**
#都市发达经济圈	Metropolitan Developed Economic Circle	583	61.54	20309854	1191836	323473
渝西经济走廊	West Chongqing Economic Corridor	406	34.81	8052581	951975	242539
三峡库区生态经济区	Ecological Economic Zone in Three Gorges Reservoir Area	616	62.66	15268443	1755993	283557
#一小时经济圈	One Hour Economic Sphere	1127	111.98	32246488	2500134	294574
#都市功能核心区	Core Metropolitan Function Area	220	21.93	8344986	422994	345411
都市功能拓展区	Extended Metropolitan Function Area	363	39.61	11964868	768842	309752
城市发展新区	Newly Developed Urban Area	544	50.43	11936633	1308298	255705
渝东北生态涵养发展区	Northeastern Ecological Conservation Area	383	43.61	10369897	1261608	278487
渝东南生态保护发展区	Southeastern Environment Protection Area	95	3.42	1014494	138062	324171
万州区	Wanzhou District	127	12.90	3965308	429021	383930
黔江区	Qianjiang District	26	1.30	372992	56866	323525
涪陵区	Fuling District	102	11.94	2978483	303041	296951
渝中区	Yuzhong District	58	7.63	3439341	149381	443300
大渡口区	Dadukou District	32	1.47	1295153	87022	306009
江北区	Jiangbei District	43	5.35	1326759	79451	243666
沙坪坝区	Shapingba District	50	6.59	1884483	87583	255163
九龙坡区	Jiulongpo District	75	4.69	1831407	80550	428119
南岸区	Nan'an District	49	3.95	1220975	86987	310618
北碚区	Beibei District	46	6.11	1429772	80218	261877
渝北区	Yubei District	160	15.54	6150892	374906	379233
巴南区	Ba'nan District	70	10.22	1731074	165739	214297
长寿区	Changshou District	36	3.68	905569	53283	262491
江津区	Jiangjin District	57	5.79	896070	76647	155987
合川区	Hechuan District	51	4.61	1000787	74156	240898
永川区	Yongchuan District	65	5.10	1558331	163459	295122
南川区	Nanchuan District	31	0.99	181701	12175	165423
綦江区	Qijiang District	54	2.70	552796	57972	237374
大足区	Dazu District	30	2.14	680696	107682	437072
潼南县	Tongnan County	34	7.33	1657677	255012	234553
铜梁县	Tongliang County	27	3.20	739905	102082	237400
荣昌县	Rongchang County	27	1.63	441150	61462	290421
璧山县	Bishan County	30	1.30	343466	41327	257413
梁平县	Liangping County	18	3.63	670804	69959	212737
城口县	Chengkou County	7	0.30	90904	14337	313894
丰都县	Fengdu County	16	2.50	315037	35881	134241
垫江县	Dianjiang County	41	4.21	880232	126931	241252
武隆县	Wulong County	11	0.36	90359	7635	253461
忠 县	Zhongxian County	30	2.76	443692	50328	167665
开 县	Kaixian County	39	6.51	1717241	191864	290060
云阳县	Yunyang County	37	3.43	771192	91239	267710
奉节县	Fengjie County	43	5.70	1203735	201648	267396
巫山县	Wushan County	15	0.32	94046	17433	338661
巫溪县	Wuxi County	10	1.34	217706	32966	175075
石柱县	Shizhu County	13	0.20	43588	2925	239495
秀山县	Xiushan County	12	0.81	213426	23681	267820
酉阳县	Youyang County	10	0.25	33492	1398	143865
彭水县	Pengshui County	23	0.50	260637	45558	638191

表20.8 各区县专业承包建筑业企业主要经济指标（2013年）

MAIN ECONOMIC INDICATORS ON CONSTRUCTION ENTERPRISES OF SPECIALIZED CONTRACTING BY REGION (2013)

区　县	Region	企业数（个）Number of Enterprises (unit)	年末从业人数（万人）Number of Employed Persons at Year-end (10 000 persons)	总产值（万元）Gross Output Value (10 000 yuan)	利税总额（万元）Total Pre-Tax Profits (10 000 yuan)	按总产值计算的劳动生产率（元/人）Overall Labor Productivity by Gross Output Value (yuan/person)
全　市	**Total**	**973**	**11.44**	**3681288**	**300119**	**338864**
#都市发达经济圈	Metropolitan Developed Economic Circle	744	9.39	3159908	234913	345568
渝西经济走廊	West Chongqing Economic Corridor	127	1.18	286200	46157	283478
三峡库区生态经济区	Ecological Economic Zone in Three Gorges Reservoir Area	102	0.87	235180	19048	331287
#一小时经济圈	One Hour Economic Sphere	911	10.83	3515860	289596	338154
#都市功能核心区	Core Metropolitan Function Area	377	4.66	1356241	110208	299695
都市功能拓展区	Extended Metropolitan Function Area	367	4.73	1803666	124705	390514
城市发展新区	Newly Developed Urban Area	167	1.43	355952	54682	284057
渝东北生态涵养发展区	Northeastern Ecological Conservation Area	53	0.49	124392	7845	361078
渝东南生态保护发展区	Southeastern Environment Protection Area	9	0.13	41037	2678	336642
万州区	Wanzhou District	26	0.26	69366	2756	420144
黔江区	Qianjiang District	4	0.05	13376	1318	337778
涪陵区	Fuling District	33	0.19	58472	7438	312684
渝中区	Yuzhong District	112	1.70	378803	23403	242713
大渡口区	Dadukou District	38	0.40	118825	13712	378786
江北区	Jiangbei District	77	1.36	407353	48651	229857
沙坪坝区	Shapingba District	102	0.85	425802	25627	567736
九龙坡区	Jiulongpo District	142	1.38	277420	19822	226966
南岸区	Nan'an District	50	0.58	276668	25941	542593
北碚区	Beibei District	29	0.40	151397	7659	393955
渝北区	Yubei District	160	2.13	973032	54269	458675
巴南区	Ba'nan District	34	0.60	150607	15831	295540
长寿区	Changshou District	7	0.06	11280	1087	199650
江津区	Jiangjin District	25	0.19	53562	4355	331449
合川区	Hechuan District	18	0.10	17180	1335	226648
永川区	Yongchuan District	15	0.13	20893	1966	177660
南川区	Nanchuan District	6	0.02	2845	196	140842
綦江区	Qijiang District	22	0.12	21556	1632	214918
大足区	Dazu District	4	0.04	24981	5312	615291
潼南县	Tongnan County					
铜梁县	Tongliang County	10	0.36	84527	15617	245504
荣昌县	Rongchang County	13	0.07	15394	2145	232187
璧山县	Bishan County	14	0.13	45262	13600	545979
梁平县	Liangping County	4	0.02	7448	515	490013
城口县	Chengkou County					
丰都县	Fengdu County	3	0.02	2018	131	123798
垫江县	Dianjiang County	7	0.04	8282	1158	277906
武隆县	Wulong County	3	0.03	11575	380	352887
忠　县	Zhongxian County	7	0.06	12827	1195	243402
开　县	Kaixian County					
云阳县	Yunyang County	2	0.07	21755	1151	468853
奉节县	Fengjie County					
巫山县	Wushan County					
巫溪县	Wuxi County	4	0.03	2696	939	141889
石柱县	Shizhu County					
秀山县	Xiushan County					
酉阳县	Youyang County	2	0.05	16086	980	324968
彭水县	Pengshui County					

表20.9 各区县公路交通运输业（2013年）
HIGHWAY TRANSPORTATION BY REGION (2013)

区 县	Region	公路里程（公里） Length of Highways (km)	其 中 of which #等级公路 Expressway and Class I-IV Highways	其 中 of which #高速公路 Expressway
全 市	**Total**	**122846**	**90358**	**2312**
#都市发达经济圈	Metropolitan Developed Economic Circle	9804	7857	545
渝西经济走廊	West Chongqing Economic Corridor	29479	23066	572
三峡库区生态经济区	Ecological Economic Zone in Three Gorges Reservoir Area	83562	59435	1195
#一小时经济圈	One Hour Economic Sphere	47212	37779	1329
#都市功能核心区	Core Metropolitan Function Area	3352	2978	203
都市功能拓展区	Extended Metropolitan Function Area	6453	4879	342
城市发展新区	Newly Developed Urban Area	37408	29922	784
渝东北生态涵养发展区	Northeastern Ecological Conservation Area	56838	36719	562
渝东南生态保护发展区	Southeastern Environment Protection Area	18796	15860	421
万州区	Wanzhou District	5831.47	4040.05	92.72
黔江区	Qianjiang District	2671.16	2310.13	66.95
涪陵区	Fuling District	4714.54	3795.20	130.15
渝中区	Yuzhong District			
大渡口区	Dadukou District	199.02	189.75	4.63
江北区	Jiangbei District	466.00	466.00	44.69
沙坪坝区	Shapingba District	1099.30	840.29	65.19
九龙坡区	Jiulongpo District	922.95	844.81	51.21
南岸区	Nan'an District	664.31	637.19	37.64
北碚区	Beibei District	1182.28	968.47	54.57
渝北区	Yubei District	2499.40	2021.78	118.86
巴南区	Ba'nan District	2771.07	1888.60	168.49
长寿区	Changshou District	3214.10	3060.60	81.33
江津区	Jiangjin District	4138.36	2926.35	73.31
合川区	Hechuan District	3469.58	3052.24	54.58
永川区	Yongchuan District	2863.22	2362.66	31.41
南川区	Nanchuan District	3304.41	2541.11	74.82
綦江区	Qijiang District	4847.51	3933.23	118.45
大足区	Dazu District	2471.08	1076.78	50.41
潼南县	Tongnan County	2250.80	2088.72	29.40
铜梁县	Tongliang County	2302.41	2018.80	57.98
荣昌县	Rongchang County	2266.15	2012.43	29.47
璧山县	Bishan County	1565.78	1053.73	52.48
梁平县	Liangping County	3862.62	2132.97	47.11
城口县	Chengkou County	2855.08	2564.75	0.00
丰都县	Fengdu County	4531.28	2771.51	51.99
垫江县	Dianjiang County	2586.05	2346.44	76.41
武隆县	Wulong County	3797.45	2809.26	87.76
忠 县	Zhongxian County	4513.94	3323.95	58.20
开 县	Kaixian County	8325.09	3855.41	19.26
云阳县	Yunyang County	6897.26	4347.12	72.66
奉节县	Fengjie County	9295.76	4189.43	77.24
巫山县	Wushan County	4526.02	3867.08	43.03
巫溪县	Wuxi County	3613.46	3280.73	23.51
石柱县	Shizhu County	3275.02	2686.33	82.56
秀山县	Xiushan County	2244.88	1644.33	48.48
酉阳县	Youyang County	2782.51	2393.71	68.99
彭水县	Pengshui County	4024.66	4015.97	66.56

注：1）2006年起，公路里程包括村道。
2）渝中区公路归为市政道路，不属于本表统计范围。

Note: a) The length of highways has included village roads since 2006.
b) The highways in Yuzhong District are municipal roads, not included in the statistic scope of this table.

表20.10 各区县固定资产投资（2013年）
INVESTMENT IN FIXED ASSETS BY REGION (2013)

区 县	Region	全社会固定资产投资（万元） Total Investment in Fixed Assets (10 000 yuan)	其中 of which: #建设与改造投资 Construction and Renovation	其中 of which: #工业 Industry	其中 of which: #房地产开发 Real Estate Development	其中 of which: #住宅 Residential Building	全社会固定资产投资指数（上年=100） Index of Total Investment in Fixed Assets (preceding year=100)
全 市	**Total**	**112050284**	**81922446**	**35299026**	**30127838**	**20442392**	**119.5**
#都市发达经济圈	Metropolitan Developed Economic Circle	39319389	19974177	7715748	19345212	12508144	114.1
渝西经济走廊	West Chongqing Economic Corridor	34172804	28436603	14732632	5736201	4107266	128.9
三峡库区生态经济区	Ecological Economic Zone in Three Gorges Reservoir Area	45085411	35108102	14431348	5046425	3826982	117.0
#一小时经济圈	One Hour Economic Sphere	82094787	55369962	26230944	26724825	17836219	120.1
#都市功能核心区	Core Metropolitan Function Area	11724057	2717265	397902	9006792	4992217	105.8
都市功能拓展区	Extended Metropolitan Function Area	27595332	17256912	7317846	10338420	7515927	118.0
城市发展新区	Newly Developed Urban Area	42775398	35395785	18515196	7379613	5328075	126.2
渝东北生态涵养发展区	Northeastern Ecological Conservation Area	21495258	19042835	6378059	2452423	1896165	118.9
渝东南生态保护发展区	Southeastern Environment Protection Area	8460239	7509649	2690023	950590	710008	115.2
万州区	Wanzhou District	5076222	4486748	1739651	589474	432225	123.7
黔江区	Qianjiang District	2119948	1978490	863911	141458	116658	120.6
涪陵区	Fuling District	5014589	4337388	1938327	677201	443955	114.1
渝中区	Yuzhong District	2743861	779221	47375	1964640	524780	113.5
大渡口区	Dadukou District	1467160	498893	134325	968267	680484	120.0
江北区	Jiangbei District	4157540	1467230	754981	2690310	1470059	93.7
沙坪坝区	Shapingba District	4523390	2069304	592602	2454086	1802616	113.5
九龙坡区	Jiulongpo District	4747770	2491345	1082735	2256425	1673702	118.2
南岸区	Nan'an District	4564736	2158803	849718	2405933	1465232	113.2
北碚区	Beibei District	4873303	3228427	1389131	1644876	1219692	123.1
渝北区	Yubei District	6886055	3739414	1535878	3146641	2251922	112.8
巴南区	Ba'nan District	5355574	3541540	1329003	1814034	1419657	124.8
长寿区	Changshou District	3588005	2621794	1844237	966211	776854	119.9
江津区	Jiangjin District	4585702	3623363	1956355	962339	655880	130.7
合川区	Hechuan District	3619019	2779251	1672866	839768	540960	128.5
永川区	Yongchuan District	4654982	3970094	2305735	684888	428254	121.7
南川区	Nanchuan District	1544274	1140957	503180	403317	231894	94.2
綦江区	Qijiang District	3480777	3093962	1355100	386815	321177	133.1
大足区	Dazu District	3192397	2829715	1232932	362682	276077	142.0
潼南县	Tongnan County	1843699	1617612	710613	226087	193302	147.3
铜梁县	Tongliang County	3643290	3146290	1446177	497000	405665	135.8
荣昌县	Rongchang County	3064904	2717951	1430631	346953	253511	124.0
璧山县	Bishan County	4543760	3517408	2119043	1026352	800546	131.2
梁平县	Liangping County	1887184	1669110	473067	218074	150527	135.6
城口县	Chengkou County	725130	680118	241065	45012	22916	124.4
丰都县	Fengdu County	1861076	1745817	498243	115259	82567	83.0
垫江县	Dianjiang County	2047700	1776822	706424	270878	223053	142.2
武隆县	Wulong County	1416029	1193182	465481	222847	175319	112.5
忠 县	Zhongxian County	1848942	1636769	424510	212173	184747	123.1
开 县	Kaixian County	2559906	2231144	961498	328762	264802	125.8
云阳县	Yunyang County	1711317	1484999	477379	226318	214470	117.7
奉节县	Fengjie County	1822174	1533585	359689	288589	219733	108.7
巫山县	Wushan County	843292	772869	292163	70423	63285	120.5
巫溪县	Wuxi County	1112315	1024854	204370	87461	37840	117.1
石柱县	Shizhu County	1404213	1134636	404564	269577	204213	106.2
秀山县	Xiushan County	1216700	1066498	382835	150202	91789	128.4
酉阳县	Youyang County	1149168	1043920	371967	105248	79727	109.8
彭水县	Pengshui County	1154181	1092923	201265	61258	42302	113.9

表20.10 续表 continued

区 县	Region	商品房竣工面积（平方米） Floor Space Completed of Commercial Buildings (sq.m)	其中 of which #住宅 Residential Buildings	商品房销售面积（平方米） Floor Space Sold of Commercial Buildings (sq.m)	其中 of which #住宅 Residential Buildings	商品房销售额（万元） Sales Revenue of Commercial Buildings (sq.m)	其中 of which #住宅 Residential Buildings
全 市	**Total**	**38043584**	**28674528**	**48175643**	**43591906**	**26827626**	**22835658**
#都市发达经济圈	Metropolitan Developed Economic Circle	17707519	13135865	23146252	20485975	16075417	13308402
渝西经济走廊	West Chongqing Economic Corridor	11193920	8283132	12137764	11020770	5469079	4704531
三峡库区生态经济区	Ecological Economic Zone in Three Gorges Reservoir Area	9142145	7255531	12891627	12085161	5283130	4822725
#一小时经济圈	One Hour Economic Sphere	31401198	23412238	37491450	33609690	22516036	18897186
#都市功能核心区	Core Metropolitan Function Area	7685649	5532208	10895440	9372127	8071083	6425211
都市功能拓展区	Extended Metropolitan Function Area	10021870	7603657	12250812	11113848	8004334	6883191
城市发展新区	Newly Developed Urban Area	13693679	10276373	14345198	13123715	6440619	5588784
渝东北生态涵养发展区	Northeastern Ecological Conservation Area	4183883	3368788	8569648	7956324	3429915	3127033
渝东南生态保护发展区	Southeastern Environment Protection Area	2458503	1893502	2114545	2025892	881675	811439
万州区	Wanzhou District	1415077	963928	2061405	1811101	901836	785384
黔江区	Qianjiang District	521853	405103	508701	468134	216276	187768
涪陵区	Fuling District	1146079	931949	952522	903107	466378	437345
渝中区	Yuzhong District	902424	661723	725105	510336	830155	528965
大渡口区	Dadukou District	501924	398617	1323511	1204717	671287	583983
江北区	Jiangbei District	3196469	2150351	2819496	2290258	2421756	1790515
沙坪坝区	Shapingba District	2298047	1692095	3456093	3194532	2058751	1788679
九龙坡区	Jiulongpo District	1374151	1042086	3740263	3296895	2174361	1778972
南岸区	Nan'an District	2544806	1931462	2896645	2528253	2319662	1953166
北碚区	Beibei District	1618733	1261400	1612080	1562855	846203	801813
渝北区	Yubei District	3992446	3024384	4565447	3960159	3558959	2971371
巴南区	Ba'nan District	1278519	973747	2007612	1937970	1194283	1110938
长寿区	Changshou District	1353680	1061292	1254912	1199838	505162	446908
江津区	Jiangjin District	2389093	1393551	1905782	1368358	879939	627902
合川区	Hechuan District	1576628	1208649	1553607	1438639	750405	634502
永川区	Yongchuan District	1256166	992647	1674820	1622793	743421	695143
南川区	Nanchuan District	412146	309602	596066	544212	323417	268255
綦江区	Qijiang District	966063	832493	1348630	1274443	556877	522337
大足区	Dazu District	1129232	948462	1170760	1101282	554688	435404
潼南县	Tongnan County	197127	176906	582617	576273	226670	221003
铜梁县	Tongliang County	897894	783152	1041490	1000145	499453	465857
荣昌县	Rongchang County	1221033	723357	1058162	974043	417205	371541
璧山县	Bishan County	1148538	914313	1205830	1120582	517004	462587
梁平县	Liangping County	247891	156167	700282	593670	286372	238901
城口县	Chengkou County			29005	29005	10675	10675
丰都县	Fengdu County	556935	556511	641695	629027	262861	257198
垫江县	Dianjiang County	246966	205869	736772	726150	327781	318122
武隆县	Wulong County	334901	267682	256424	254616	129965	129252
忠 县	Zhongxian County	595635	522873	925304	888170	392426	369264
开 县	Kaixian County	148681	126452	1332205	1294191	624821	604275
云阳县	Yunyang County	326693	325744	1600083	1554260	403297	378225
奉节县	Fengjie County	529467	498196	279353	256128	103393	91731
巫山县	Wushan County			81237	81237	39610	39610
巫溪县	Wuxi County	116538	13048	182307	93385	76843	33648
石柱县	Shizhu County	677785	542034	490775	486956	204346	199577
秀山县	Xiushan County	564557	413064	351350	349690	116261	114201
酉阳县	Youyang County	112685	70673	255181	247001	95470	88611
彭水县	Pengshui County	246722	194946	252114	219495	119357	92030

表20.11 各区县社会消费品零售总额（2013年）
TOTAL RETAIL SALES OF CONSUMER GOODS BY REGION (2013)

区 县	Region	社会消费品零售总额（万元） Total Retail Sales of Consumer Goods (10 000 yuan)	社会消费品零售总额指数（上年=100） Index of Total Retail Sales of Consumer Goods (preceding year=100)
全 市	**Total**	**45997683**	**114.0**
#都市发达经济圈	Metropolitan Developed Economic Circle	24738002	112.5
渝西经济走廊	West Chongqing Economic Corridor	9846545	115.7
三峡库区生态经济区	Ecological Economic Zone in Three Gorges Reservoir Area	11413135	116.1
#一小时经济圈	One Hour Economic Sphere	37033323	113.5
#都市功能核心区	Core Metropolitan Function Area	18320837	111.7
都市功能拓展区	Extended Metropolitan Function Area	6417165	113.9
城市发展新区	Newly Developed Urban Area	12295321	115.8
渝东北生态涵养发展区	Northeastern Ecological Conservation Area	6594511	115.7
渝东南生态保护发展区	Southeastern Environment Protection Area	2369849	116.0
万州区	Wanzhou District	2193671	116.0
黔江区	Qianjiang District	601944	116.2
涪陵区	Fuling District	1796887	116.8
渝中区	Yuzhong District	5389459	111.1
大渡口区	Dadukou District	400058	110.8
江北区	Jiangbei District	3695927	108.5
沙坪坝区	Shapingba District	3123834	111.2
九龙坡区	Jiulongpo District	4216533	113.3
南岸区	Nan'an District	3473618	112.5
北碚区	Beibei District	1366716	112.5
渝北区	Yubei District	3876873	113.9
巴南区	Ba'nan District	1866609	114.0
长寿区	Changshou District	916348	116.0
江津区	Jiangjin District	1745054	115.8
合川区	Hechuan District	1659617	114.8
永川区	Yongchuan District	1888839	116.4
南川区	Nanchuan District	800142	115.0
綦江区	Qijiang District	1130239	113.4
大足区	Dazu District	784175	113.5
潼南县	Tongnan County	621003	113.9
铜梁县	Tongliang County	750957	114.6
荣昌县	Rongchang County	707026	116.0
璧山县	Bishan County	822888	116.1
梁平县	Liangping County	597130	114.3
城口县	Chengkou County	101974	115.7
丰都县	Fengdu County	511282	116.2
垫江县	Dianjiang County	620438	114.5
武隆县	Wulong County	360935	116.1
忠 县	Zhongxian County	559030	115.4
开 县	Kaixian County	1084937	113.9
云阳县	Yunyang County	655613	116.0
奉节县	Fengjie County	471612	115.1
巫山县	Wushan County	293504	114.0
巫溪县	Wuxi County	217508	116.1
石柱县	Shizhu County	411830	116.4
秀山县	Xiushan County	425922	116.0
酉阳县	Youyang County	383882	113.0
彭水县	Pengshui County	441272	115.3

表20.12 各区县财政收支（2013年）
GOVERNMENT REVENUE AND EXPENDITURES BY REGION (2013)

单位：万元 (10 000 yuan)

区 县	Region	区县级公共财政预算收入 Public Government Budget Revenue at District	其 中 of which			
			#增值税 Value-added Tax	#营业税 Business Tax	#企业所得税 Corporate Income Tax	#个人所得税 Individual Income Tax
全 市	**Total**	**10293110**	**627326**	**1941072**	**681323**	**176459**
#都市发达经济圈	Metropolitan Developed Economic Circle	4810748	258338	1051509	371541	104520
渝西经济走廊	West Chongqing Economic Corridor	2628434	170797	388622	130052	28591
三峡库区生态经济区	Ecological Economic Zone in Three Gorges Reservoir Area	2853928	198191	500941	179730	43348
#一小时经济圈	One Hour Economic Sphere	8158938	501342	1555497	549459	145004
#都市功能核心区和拓展区	Core Metropolitan Function Area and Extended Metropolitan Function Area	4810748	258338	1051509	371541	104520
城市发展新区	Newly Developed Urban Area	3348190	243004	503988	177918	40484
渝东北生态涵养发展区	Northeastern Ecological Conservation Area	1460194	71984	226445	96329	19999
渝东南生态保护发展区	Southeastern Environment Protection Area	673978	54000	159130	35535	11456
万州区	Wanzhou District	475959	24379	70657	41423	7324
黔江区	Qianjiang District	173785	20440	40993	12158	2879
涪陵区	Fuling District	448193	46034	66575	34087	7062
渝中区	Yuzhong District	453187	23490	153635	63603	24295
大渡口区	Dadukou District	136470	7596	29187	6295	2258
江北区	Jiangbei District	666330	35734	174325	73520	16439
沙坪坝区	Shapingba District	506474	20744	95587	23743	6516
九龙坡区	Jiulongpo District	520567	40427	109505	36363	9883
南岸区	Nan'an District	698516	25920	112643	29641	7929
北碚区	Beibei District	229831	10897	41844	8615	3938
渝北区	Yubei District	423747	24802	120855	28030	11445
巴南区	Ba'nan District	251908	12213	55179	9638	2930
长寿区	Changshou District	271563	26173	48791	13779	4831
江津区	Jiangjin District	384657	37210	58515	24327	4925
合川区	Hechuan District	297448	16100	57792	15073	3378
永川区	Yongchuan District	322555	25640	55518	18353	4981
南川区	Nanchuan District	169506	7330	26852	8797	1564
綦江区	Qijiang District	290852	28394	43957	12459	3667
大足区	Dazu District	272100	9798	32536	8079	1818
潼南县	Tongnan County	121480	7275	18994	4736	1117
铜梁县	Tongliang County	187318	7896	27518	11843	1789
荣昌县	Rongchang County	201168	10801	29025	10694	2503
璧山县	Bishan County	381350	20353	37915	15691	2849
梁平县	Liangping County	131600	5398	18717	4946	1513
城口县	Chengkou County	22051	2055	5121	1521	636
丰都县	Fengdu County	117889	4509	17906	4424	1193
垫江县	Dianjiang County	114371	5331	18934	8590	1728
武隆县	Wulong County	97865	4973	19066	4443	867
忠 县	Zhongxian County	107754	5063	18822	7458	1388
开 县	Kaixian County	150161	10019	25566	9079	1848
云阳县	Yunyang County	100285	3907	16299	7524	1246
奉节县	Fengjie County	116517	4201	17164	4720	1307
巫山县	Wushan County	70066	4680	9494	3655	1103
巫溪县	Wuxi County	53541	2442	7765	2989	713
石柱县	Shizhu County	87301	4260	27352	4437	1804
秀山县	Xiushan County	124782	6934	20439	4817	2349
酉阳县	Youyang County	103858	10584	26053	4503	1782
彭水县	Pengshui County	86387	6809	25227	5177	1775

表20.12 续表 continued

单位：万元 (10 000 yuan)

区　县	Region	区县级公共财政预算支出 Public Government Budget Expenditures at District	其　中 of which			
			#农林水支出 Expenditure for Agriculture, Forestry and Water Conservancy	#教育支出 Expenditure for Education	#卫生支出 Expenditure of Public Health	#社会保障和就业支出 Expenditure for Social Security and Employment Effort
全　市	**Total**	**20992131**	**2459539**	**3630154**	**1802910**	**2245770**
#都市发达经济圈	Metropolitan Developed Economic Circle	7153416	274095	1067013	358990	641507
渝西经济走廊	West Chongqing Economic Corridor	5252000	703525	986130	607817	615590
三峡库区生态经济区	Ecological Economic Zone in Three Gorges Reservoir Area	8586715	1481919	1577011	836103	988673
#一小时经济圈	One Hour Economic Sphere	13785900	1129617	2291335	1085401	1422066
#都市功能核心区和拓展区	Core Metropolitan Function Area and Extended Metropolitan Function Area	7153416	274095	1067013	358990	641507
城市发展新区	Newly Developed Urban Area	6632484	855522	1224322	726411	780559
渝东北生态涵养发展区	Northeastern Ecological Conservation Area	4973233	876712	896444	535242	612984
渝东南生态保护发展区	Southeastern Environment Protection Area	2232998	453210	442375	182267	210720
万州区	Wanzhou District	996901	109281	153748	96784	136134
黔江区	Qianjiang District	461565	85217	90039	32773	38753
涪陵区	Fuling District	884662	94886	166145	72620	90495
渝中区	Yuzhong District	628067	218	86869	25964	88678
大渡口区	Dadukou District	214568	7000	43463	11720	25380
江北区	Jiangbei District	862682	20155	145805	32137	72602
沙坪坝区	Shapingba District	709675	30862	112821	55480	82970
九龙坡区	Jiulongpo District	753913	16652	162923	48241	79121
南岸区	Nan'an District	852562	23973	143848	51345	67974
北碚区	Beibei District	460139	39346	66057	37621	62406
渝北区	Yubei District	729258	64080	122193	44010	65259
巴南区	Ba'nan District	534764	62738	117241	40448	74238
长寿区	Changshou District	495822	57111	72047	45974	74474
江津区	Jiangjin District	698830	89598	135840	72100	96187
合川区	Hechuan District	597066	81179	109835	66233	93543
永川区	Yongchuan District	605589	72876	133024	116087	67146
南川区	Nanchuan District	410702	66032	66901	34826	39583
綦江区	Qijiang District	660397	78573	101712	60830	82004
大足区	Dazu District	537033	61559	107809	50292	56465
潼南县	Tongnan County	381308	67803	84163	43105	41033
铜梁县	Tongliang County	389078	66036	71668	40575	50279
荣昌县	Rongchang County	424463	65586	84917	41143	42001
璧山县	Bishan County	547534	54283	90261	82626	47349
梁平县	Liangping County	394078	60263	81505	42143	43478
城口县	Chengkou County	216999	52119	25335	14263	24683
丰都县	Fengdu County	393796	88713	49388	36532	45899
垫江县	Dianjiang County	340605	57369	82799	49789	36687
武隆县	Wulong County	313423	77039	47414	21880	33872
忠　县	Zhongxian County	394736	65056	65952	50457	55782
开　县	Kaixian County	609207	108453	133566	74458	85449
云阳县	Yunyang County	489313	88476	86208	63899	62218
奉节县	Fengjie County	478707	92441	109110	47421	53213
巫山县	Wushan County	345329	80735	58901	31042	40971
巫溪县	Wuxi County	313562	73806	49932	28454	28470
石柱县	Shizhu County	338073	64457	79273	21667	26129
秀山县	Xiushan County	371892	71778	57073	35831	36825
酉阳县	Youyang County	402352	74231	95675	37910	41971
彭水县	Pengshui County	345693	80488	72901	32206	33170

表20.13 各区县金融机构存贷款、人民生活和社会福利（2013年）

DEPOSIT AND LOAN OF FINANCIAL INSTITUTIONS,PEOPLE'S LIVELIHOOD AND SOCIAL WELFARE BY REGION (2013)

区 县	Region	金融机构人民币存款余额（亿元） Total Deposit Balance of RMB of Financial Institutions (100 million yuan)	其中 of which #储蓄存款 Saving Deposits of Residents	金融机构人民币贷款余额（亿元） Total Loan Balance of RMB of Financial Institutions (100 million yuan)	城镇非私营单位就业人员年平均工资（元） Average Salaries of Employed Persons of Urban Non-private Units (yuan)	城镇非私营单位职工年平均工资（元） Average Salaries of Employees of Urban Non-private Units (yuan)
全 市	**Total**	**22202.10**	**9622.31**	**17381.55**	**50006**	**51015**
#都市发达经济圈	Metropolitan Developed Economic Circle	14749.10	4482.89	13157.58	54817	56014
渝西经济走廊	West Chongqing Economic Corridor	3031.44	2211.96	1869.45	44079	44653
三峡库区生态经济区	Ecological Economic Zone in Three Gorges Reservoir Area	4358.18	2924.38	2323.86	45403	46461
#一小时经济圈	One Hour Economic Sphere	18686.62	7229.21	15660.21	51410	52358
#都市功能核心区	Core Metropolitan Function Area	10911.59	3074.25	10118.54	57144	59009
都市功能拓展区	Extended Metropolitan Function Area	3837.51	1408.65	3039.04	52701	53422
城市发展新区	Newly Developed Urban Area	3937.52	2746.32	2502.63	45029	45620
渝东北生态涵养发展区	Northeastern Ecological Conservation Area	2692.19	1894.22	1140.24	44637	45792
渝东南生态保护发展区	Southeastern Environment Protection Area	759.91	495.81	550.44	44449	45743
万州区	Wanzhou District	743.42	486.44	378.39	47646	48691
黔江区	Qianjiang District	165.47	92.38	126.50	46761	48713
涪陵区	Fuling District	528.49	292.34	403.77	47561	48681
渝中区	Yuzhong District	4666.01	683.87	3638.81	62816	66748
大渡口区	Dadukou District	332.35	171.28	340.65	49795	49920
江北区	Jiangbei District	2247.07	548.72	3591.63	54835	56198
沙坪坝区	Shapingba District	1196.06	556.16	743.51	49426	49692
九龙坡区	Jiulongpo District	1458.89	661.29	1114.57	51408	52269
南岸区	Nan'an District	1011.22	452.93	689.37	53362	53506
北碚区	Beibei District	471.13	293.94	334.23	52958	53519
渝北区	Yubei District	2883.12	803.07	2309.18	54882	55652
巴南区	Ba'nan District	483.26	311.64	395.64	50133	50412
长寿区	Changshou District	377.59	242.01	229.41	47821	47916
江津区	Jiangjin District	495.82	356.82	258.57	46046	46604
合川区	Hechuan District	448.45	357.61	261.15	42245	42817
永川区	Yongchuan District	396.05	273.69	264.67	46762	47564
南川区	Nanchuan District	173.27	126.56	135.12	42164	42668
綦江区	Qijiang District	368.32	254.70	242.36	40729	41141
大足区	Dazu District	230.28	163.14	145.19	49522	49922
潼南县	Tongnan County	178.22	137.89	73.20	40564	41133
铜梁县	Tongliang County	259.92	198.53	137.44	44195	45118
荣昌县	Rongchang County	200.67	145.06	129.02	42736	42960
璧山县	Bishan County	280.45	197.97	222.73	44271	44939
梁平县	Liangping County	235.44	182.24	66.49	41126	41684
城口县	Chengkou County	64.93	33.30	26.93	41101	41989
丰都县	Fengdu County	200.56	151.25	92.81	42529	44274
垫江县	Dianjiang County	209.86	157.58	91.88	46995	49269
武隆县	Wulong County	117.31	73.07	113.10	44064	45180
忠 县	Zhongxian County	263.13	198.24	81.28	43806	46026
开 县	Kaixian County	346.29	259.22	144.54	40569	41299
云阳县	Yunyang County	251.85	180.97	87.27	46990	49534
奉节县	Fengjie County	164.50	113.77	78.98	44512	45165
巫山县	Wushan County	114.42	69.15	56.20	41622	42221
巫溪县	Wuxi County	97.80	62.06	35.46	42238	42820
石柱县	Shizhu County	136.71	94.10	58.45	43122	43801
秀山县	Xiushan County	108.00	68.88	82.14	44089	44499
酉阳县	Youyang County	119.20	87.01	58.64	40830	43248
彭水县	Pengshui County	113.22	80.37	111.62	47426	48215

注：本表中都市功能核心区和都市功能拓展区的金融机构存贷款余额暂按行政区划进行分组统计。

Note: Total Deposit and Loan Balance of RMB of Financial Institutions of Core Metropolitan Function Area and Extended Metropolitan Function Area are calculated by the administrative districts in this table.

表20.13 续表1 continued1

区 县	Region	城镇居民人均可支配收入（元） Per Capita Disposable Income of Urban Residents (yuan)	农村居民人均纯收入（元） Per Capita Net Income of Rural Residents (yuan)	农村居民人均生活消费支出（元） Per Capita Living Consumption of Rural Residents (yuan)	其中 of which #食品支出 Expenditure for Food	农村居民人均住房面积（平方米） Per Capita Residential Floor Space of Rural Residents (sq.m)
全 市	Total	**25216**	**8332**	**5796**	**2539**	**42**
#都市发达经济圈	Metropolitan Developed Economic Circle					
渝西经济走廊	West Chongqing Economic Corridor					
三峡库区生态经济区	Ecological Economic Zone in Three Gorges Reservoir Area					
#一小时经济圈	One Hour Economic Sphere					
#都市功能核心区	Core Metropolitan Function Area	27168	13363	9476	3789	45
都市功能拓展区	Extended Metropolitan Function Area	27055	10739	7129	3186	44
城市发展新区	Newly Developed Urban Area	23836	10432	6939	3051	42
渝东北生态涵养发展区	Northeastern Ecological Conservation Area	21287	7782	5747	2537	42
渝东南生态保护发展区	Southeastern Environment Protection Area	20144	6945	5640	2519	40
万州区	Wanzhou District	24224	8618	6694	2472	44
黔江区	Qianjiang District	20444	7060	5332	2099	41
涪陵区	Fuling District	24650	8998	7110	3073	38
渝中区	Yuzhong District	27827				
大渡口区	Dadukou District	26466	13220	9577	4211	50
江北区	Jiangbei District	27183	13335	10636	3710	41
沙坪坝区	Shapingba District	27079	13135	8447	3832	48
九龙坡区	Jiulongpo District	27125	13145	9820	3476	42
南岸区	Nan'an District	27053	14016	10515	4311	42
北碚区	Beibei District	27003	11240	7987	3337	46
渝北区	Yubei District	27157	10575	7197	3155	40
巴南区	Ba'nan District	26942	10600	6591	3128	46
长寿区	Changshou District	24072	10120	6701	2885	49
江津区	Jiangjin District	24108	11279	7321	3148	42
合川区	Hechuan District	23804	10970	6755	3086	45
永川区	Yongchuan District	24535	11313	7513	3095	39
南川区	Nanchuan District	23528	9384	5933	2452	43
綦江区	Qijiang District	20959	9631	6461	3317	40
大足区	Dazu District	23721	10440	7449	3443	38
潼南县	Tongnan County	22276	9508	5157	2194	47
铜梁县	Tongliang County	25004	11331	6543	2998	42
荣昌县	Rongchang County	23920	10849	7548	3195	43
璧山县	Bishan County	25781	11618	8900	3495	45
梁平县	Liangping County	22644	8999	6894	2643	45
城口县	Chengkou County	17670	5843	5111	2210	38
丰都县	Fengdu County	19981	7861	5003	2045	41
垫江县	Dianjiang County	22741	9234	6262	2886	40
武隆县	Wulong County	22985	7633	6244	2609	42
忠 县	Zhongxian County	22912	8849	5545	2469	51
开 县	Kaixian County	20078	8238	5416	2586	43
云阳县	Yunyang County	17967	7236	4979	2586	38
奉节县	Fengjie County	18028	6746	6015	2637	40
巫山县	Wushan County	19688	6265	5507	2304	42
巫溪县	Wuxi County	16375	5826	5151	2538	40
石柱县	Shizhu County	21170	7765	6742	3657	46
秀山县	Xiushan County	21267	6647	5443	2601	36
酉阳县	Youyang County	16836	5832	5065	2301	43
彭水县	Pengshui County	18532	6723	5632	2676	33

表20.13 续表2 continued2

区 县	Region	城市居民最低生活保障人数（人） Number of Persons Receiving Minimum Living Allowance in Rural Areas (person)	社会福利收养单位（个） Residential Social Welfare Institutions (unit)	单位床位数（张） Beds in Residential Social Welfare Institutions (bed)	利民服务网点（个） Number of Service Stations for Urban Residents (unit)
全 市	**Total**	**458103**	**1554**	**127561**	**11438**
#都市发达经济圈	Metropolitan Developed Economic Circle	78919	307	34588	4007
渝西经济走廊	West Chongqing Economic Corridor	120929	449	35151	3421
三峡库区生态经济区	Ecological Economic Zone in Three Gorges Reservoir Area	258255	798	57822	4010
#一小时经济圈	One Hour Economic Sphere	229548	898	77098	10130
#都市功能核心区	Core Metropolitan Function Area	62501	148	14729	2716
都市功能拓展区	Extended Metropolitan Function Area	15794	150	14453	1291
城市发展新区	Newly Developed Urban Area	150629	591	42510	6123
渝东北生态涵养发展区	Northeastern Ecological Conservation Area	185214	479	38787	794
渝东南生态保护发展区	Southeastern Environment Protection Area	43341	177	11676	514
万州区	Wanzhou District	54610	70	7516	441
黔江区	Qianjiang District	6547	31	1232	420
涪陵区	Fuling District	23130	48	4360	2669
渝中区	Yuzhong District	14635	17	1678	344
大渡口区	Dadukou District	3091	26	1105	264
江北区	Jiangbei District	11778	9	874	
沙坪坝区	Shapingba District	9349	56	5972	
九龙坡区	Jiulongpo District	11803	19	2325	420
南岸区	Nan'an District	11845	21	2775	1688
北碚区	Beibei District	6334	31	3062	1213
渝北区	Yubei District	2773	64	4591	78
巴南区	Ba'nan District	6687	55	6800	
长寿区	Changshou District	6570	94	2999	33
江津区	Jiangjin District	15162	63	7174	2610
合川区	Hechuan District	28703	59	5920	59
永川区	Yongchuan District	9296	31	3609	618
南川区	Nanchuan District	2602	40	1308	47
綦江区	Qijiang District	28170	42	3816	5
大足区	Dazu District	9966	102	3278	73
潼南县	Tongnan County	7132	25	1881	
铜梁县	Tongliang County	6321	38	2579	
荣昌县	Rongchang County	7544	23	2746	6
璧山县	Bishan County	6033	26	2840	3
梁平县	Liangping County	6029	33	1257	
城口县	Chengkou County	2828	25	890	6
丰都县	Fengdu County	13986	31	2646	158
垫江县	Dianjiang County	5027	28	2141	
武隆县	Wulong County	7407	27	1480	1
忠 县	Zhongxian County	11370	54	3700	46
开 县	Kaixian County	34631	63	5194	39
云阳县	Yunyang County	17111	66	6417	
奉节县	Fengjie County	20262	41	4754	
巫山县	Wushan County	14103	30	1885	104
巫溪县	Wuxi County	5257	38	2387	
石柱县	Shizhu County	7185	26	904	39
秀山县	Xiushan County	8811	36	3910	54
酉阳县	Youyang County	6960	24	1858	
彭水县	Pengshui County	6431	33	2292	

注：本表中都市功能核心区和都市功能拓展区的统计数据暂按行政区划进行分组统计。
Note: In term of the data of Core Metropolitan Function Area and Extended Metropolitan Function Area are calculated by the administrative districts in this table.

表20.14 各区县教育和文化（2013年）
EDUCATION AND CULTURE BY REGION (2013)

区　县	Region	普通中学 Regular Secondary Schools			小学 Primary Schools		
		学校数(个) Number of Schools (unit)	专任教师数(人) Full-time Teachers (person)	在校学生数(人) Total Enrollment (person)	学校数(个) Number of Schools (unit)	专任教师数(人) Full-time Teachers (person)	在校学生数(人) Total Enrollment (person)
全　市	**Total**	**1200**	**113880**	**1678976**	**4728**	**115204**	**1989128**
#都市发达经济圈	Metropolitan Developed Economic Circle	226	25324	338517	415	21887	363069
渝西经济走廊	West Chongqing Economic Corridor	369	32832	447655	1184	30916	564715
三峡库区生态经济区	Ecological Economic Zone in Three Gorges Reservoir Area	605	55724	892804	3129	62401	1061344
#一小时经济圈	One Hour Economic Sphere	675	65417	881181	1773	59761	1036489
#都市功能核心区	Core Metropolitan Function Area	126	16170	213270	225	12897	223458
都市功能拓展区	Extended Metropolitan Function Area	100	9154	125247	190	8990	139611
城市发展新区	Newly Developed Urban Area	449	40093	542664	1358	37874	673420
渝东北生态涵养发展区	Northeastern Ecological Conservation Area	379	34877	581318	2129	37986	679274
渝东南生态保护发展区	Southeastern Environment Protection Area	146	13586	216477	826	17457	273365
万州区	Wanzhou District	59	5823	101234	158	4771	81764
黔江区	Qianjiang District	22	2617	40954	116	2630	44256
涪陵区	Fuling District	51	4129	57771	105	4151	66005
渝中区	Yuzhong District	14	2483	24872	32	2202	30633
大渡口区	Dadukou District	7	1029	15288	20	936	17074
江北区	Jiangbei District	18	1896	38805	35	1764	28685
沙坪坝区	Shapingba District	30	3909	43533	55	2724	48900
九龙坡区	Jiulongpo District	33	4409	54519	44	3224	58299
南岸区	Nan'an District	24	2444	36253	39	2047	39867
北碚区	Beibei District	21	2235	30591	57	1991	26056
渝北区	Yubei District	41	4095	56508	76	4342	70760
巴南区	Ba'nan District	38	2824	38148	57	2657	42795
长寿区	Changshou District	29	3132	37238	69	2807	42700
江津区	Jiangjin District	50	4357	62911	169	4324	77964
合川区	Hechuan District	37	4040	58887	125	3577	66525
永川区	Yongchuan District	38	3699	46529	181	3645	76620
南川区	Nanchuan District	34	2084	31573	63	2494	41367
綦江区	Qijiang District	69	4480	56125	77	4020	59557
大足区	Dazu District	31	4069	44583	177	3360	63695
潼南县	Tongnan County	31	2650	40015	136	2541	50732
铜梁县	Tongliang County	26	2826	42724	64	2195	44560
荣昌县	Rongchang County	29	2516	35799	146	2797	49201
璧山县	Bishan County	24	2111	28509	46	1963	34494
梁平县	Liangping County	33	2762	44241	62	2974	54214
城口县	Chengkou County	8	761	12205	138	1214	20019
丰都县	Fengdu County	41	2802	44909	136	3114	62639
垫江县	Dianjiang County	25	2636	49830	103	3542	76569
武隆县	Wulong County	12	1196	19501	80	1814	26589
忠　县	Zhongxian County	30	2930	47062	226	2969	60837
开　县	Kaixian County	57	5662	87759	330	5995	111348
云阳县	Yunyang County	53	4055	75110	255	4475	69603
奉节县	Fengjie County	34	3216	57303	264	3919	66149
巫山县	Wushan County	20	2319	35525	239	2389	43291
巫溪县	Wuxi County	19	1911	26140	218	2624	32841
石柱县	Shizhu County	21	1987	31318	176	2642	39696
秀山县	Xiushan County	26	2421	33733	144	2953	41478
酉阳县	Youyang County	39	2933	49097	178	3857	65146
彭水县	Pengshui County	26	2432	41874	132	3561	56200

注：本表中都市功能核心区和都市功能拓展区的统计数据暂按行政区划进行分组统计。
Note: In term of the data of Core Metropolitan Function Area and Extended Metropolitan Function Area are calculated by the administrative districts in this table.

表20.14 续表 continued

区 县	Region	广播覆盖率（%） Radio Coverage of Population (%)	电视覆盖率（%） Television Coverage of Population (%)	公共图书馆（个） Number of Public Libraries (unit)	公共图书馆藏书（万册） Number of Books in Public Libraries (10 000 volumes)
全 市	**Total**	**98.30**	**98.88**	**43**	**1128.85**
#都市发达经济圈	Metropolitan Developed Economic Circle			11	668.54
渝西经济走廊	West Chongqing Economic Corridor			12	186.17
三峡库区生态经济区	Ecological Economic Zone in Three Gorges Reservoir Area			20	274.14
#一小时经济圈	One Hour Economic Sphere	99.40	99.23	26	935.97
#都市功能核心区	Core Metropolitan Function Area			8	573.00
都市功能拓展区	Extended Metropolitan Function Area			3	95.54
城市发展新区	Newly Developed Urban Area			15	267.44
渝东北生态涵养发展区	Northeastern Ecological Conservation Area			11	125.34
渝东南生态保护发展区	Southeastern Environment Protection Area			6	67.54
万州区	Wanzhou District	99.50	99.00	1	26.27
黔江区	Qianjiang District	96.81	97.60	1	30.93
涪陵区	Fuling District	99.45	97.39	2	54.18
渝中区	Yuzhong District	100.00	100.00	2	131.34
大渡口区	Dadukou District	100.00	100.00	1	19.62
江北区	Jiangbei District	100.00	100.00	1	22.20
沙坪坝区	Shapingba District	100.00	100.00	2	337.66
九龙坡区	Jiulongpo District	100.00	100.00	1	32.34
南岸区	Nan'an District	100.00	100.00	1	29.85
北碚区	Beibei District	100.00	100.00	1	50.45
渝北区	Yubei District	100.00	99.72	1	25.76
巴南区	Ba'nan District	98.66	99.30	1	19.32
长寿区	Changshou District	99.90	99.77	1	27.08
江津区	Jiangjin District	99.55	99.84	1	30.82
合川区	Hechuan District	99.34	99.21	1	23.97
永川区	Yongchuan District	99.08	99.49	1	14.71
南川区	Nanchuan District	97.29	96.43	1	9.14
綦江区	Qijiang District	98.40	98.98	2	25.91
大足区	Dazu District	98.26	97.60	2	10.00
潼南县	Tongnan County	99.00	99.52	1	21.00
铜梁县	Tongliang County	100.00	100.00	1	24.23
荣昌县	Rongchang County	100.00	100.00	1	13.86
璧山县	Bishan County	99.95	97.58	1	12.54
梁平县	Liangping County	98.52	95.55	1	4.00
城口县	Chengkou County	91.30	93.39	1	12.20
丰都县	Fengdu County	98.00	99.46	1	20.50
垫江县	Dianjiang County	99.25	100.00	1	4.25
武隆县	Wulong County	100.00	100.00	1	12.15
忠 县	Zhongxian County	99.05	99.14	1	6.39
开 县	Kaixian County	98.20	98.80	1	21.41
云阳县	Yunyang County	96.30	99.00	1	10.08
奉节县	Fengjie County	92.99	99.00	1	6.63
巫山县	Wushan County	95.99	97.49	1	8.60
巫溪县	Wuxi County	89.99	98.60	1	5.02
石柱县	Shizhu County	93.97	94.33	1	6.10
秀山县	Xiushan County	97.92	99.92	1	5.76
酉阳县	Youyang County	98.80	99.85	1	6.82
彭水县	Pengshui County	90.14	95.95	1	5.78

注：1）公共图书馆藏书不包含电子图书。
2）本表中都市功能核心区和都市功能拓展区的统计数据暂按行政区划进行分组统计。

Note: a)The number of Books in Public Libraries don't contain electrict books.
b)In term of the data of Core Metropolitan Function Area and Extended Metropolitan Function Area are calculated by the administrative districts in this table.

表20.15 各区县卫生（2013年）
PUBLIC HEALTH CARE BY REGION (2013)

区 县	Region	卫生机构数（个）Number of Health Care Institutions (unit)	其中 of which #医院、卫生院 Number of Hospitals and Health Centers	卫生机构床位数（张）Hospital Beds in Health Care Institutions (bed)	卫生技术人员（人）Medical Technical Personnel (person)	其中 of which #执业（助理）医师 Licensed (Assistant) Doctors	#注册护士 Registered Nurses
全 市	**Total**	**18923**	**1502**	**147436**	**142218**	**55221**	**55417**
#都市发达经济圈	Metropolitan Developed Economic Circle	3807	314	48025	55298	21149	23557
渝西经济走廊	West Chongqing Economic Corridor	5564	338	39600	33976	13042	12504
三峡库区生态经济区	Ecological Economic Zone in Three Gorges Reservoir Area	9552	850	59811	52944	21030	19356
#一小时经济圈	One Hour Economic Sphere	10481	760	96552	97840	37624	39402
#都市功能核心区	Core Metropolitan Function Area	2198	196	34555	40501	15336	17634
都市功能拓展区	Extended Metropolitan Function Area	1609	118	13470	14797	5813	5923
城市发展新区	Newly Developed Urban Area	6674	446	48527	42542	16475	15845
渝东北生态涵养发展区	Northeastern Ecological Conservation Area	6572	532	39112	34212	13894	12203
渝东南生态保护发展区	Southeastern Environment Protection Area	1870	210	11772	10166	3703	3812
万州区	Wanzhou District	1328	110	9799	9545	3908	3876
黔江区	Qianjiang District	251	31	2941	2601	844	1159
涪陵区	Fuling District	594	60	5189	5295	2181	1998
渝中区	Yuzhong District	344	21	9960	13768	4788	6532
大渡口区	Dadukou District	204	19	1801	1900	840	731
江北区	Jiangbei District	409	30	6340	5762	2352	2350
沙坪坝区	Shapingba District	354	40	5975	6422	2470	2772
九龙坡区	Jiulongpo District	591	58	7414	8235	3121	3439
南岸区	Nan'an District	296	28	3065	4414	1765	1810
北碚区	Beibei District	379	37	3683	4223	1733	1587
渝北区	Yubei District	618	50	4663	5962	2392	2324
巴南区	Ba'nan District	612	31	5124	4612	1688	2012
长寿区	Changshou District	516	48	3738	3271	1252	1343
江津区	Jiangjin District	785	37	6255	4337	1868	1387
合川区	Hechuan District	767	45	4438	4532	1684	1582
永川区	Yongchuan District	566	30	5790	4976	1879	2005
南川区	Nanchuan District	307	40	2855	2333	915	975
綦江区	Qijiang District	624	54	5594	5049	1538	2135
大足区	Dazu District	378	28	3920	2550	957	787
潼南县	Tongnan County	417	26	2235	1760	722	605
铜梁县	Tongliang County	855	31	2977	3135	1235	1112
荣昌县	Rongchang County	442	25	2908	2937	1294	1028
璧山县	Bishan County	423	22	2628	2367	950	888
梁平县	Liangping County	551	37	2915	2758	1081	1018
城口县	Chengkou County	258	26	840	705	260	178
丰都县	Fengdu County	683	37	2965	2178	796	823
垫江县	Dianjiang County	396	31	3402	2814	1090	960
武隆县	Wulong County	297	32	1477	1128	449	346
忠 县	Zhongxian County	897	51	2999	2660	1155	839
开 县	Kaixian County	660	45	5974	4778	2020	1819
云阳县	Yunyang County	570	49	4271	3123	1494	926
奉节县	Fengjie County	486	54	3188	2707	1006	934
巫山县	Wushan County	376	26	1354	1560	622	498
巫溪县	Wuxi County	367	66	1405	1384	462	332
石柱县	Shizhu County	272	35	1923	1656	686	648
秀山县	Xiushan County	298	30	1689	1647	505	621
酉阳县	Youyang County	324	40	1910	1497	609	488
彭水县	Pengshui County	428	42	1832	1637	610	550

注：1）卫生机构数含个体诊所。
2）都市功能核心区和都市功能拓展区的统计数据暂按行政区划进行分组统计。

Note: a) The number of health care institutions include individual-run clinics.
b) The data of Core Metropolitan Function Area and Extended Metropolitan Function Area are calculated by the administrative districts.

表20.16 各区县对外经济贸易（2013年）
FOREIGN ECONOMIC RELATIONS AND TRADE BY REGION (2013)

区 县	Region	进出口总值（万美元） Total Imports and Exports (US$ 10 000)	其 中 of which 出 口 Exports	进 口 Imports	实际利用内资（万元） Domestic Capital Actually Utilized (10 000 yuan)
全 市	**Total**	**6870410**	**4679749**	**2190661**	**60071981**
#都市发达经济圈	Metropolitan Developed Economic Circle	6298789	4305220	1993569	26321023
渝西经济走廊	West Chongqing Economic Corridor	235972	183443	52529	15010081
三峡库区生态经济区	Ecological Economic Zone in Three Gorges Reservoir Area	335649	191086	144563	18740877
#一小时经济圈	One Hour Economic Sphere	6774165	4594625	2179540	44730189
#都市功能核心区	Core Metropolitan Function Area	3658070	2601810	1056260	10055265
都市功能拓展区	Extended Metropolitan Function Area	2640719	1703410	937309	14765758
城市发展新区	Newly Developed Urban Area	475376	289405	185971	18409166
渝东北生态涵养发展区	Northeastern Ecological Conservation Area	63602	52622	10980	11425798
渝东南生态保护发展区	Southeastern Environment Protection Area	32643	32502	141	3915994
万州区	Wanzhou District	43943	34015	9928	2416551
黔江区	Qianjiang District	2310	2187	123	1462705
涪陵区	Fuling District	120957	85456	35501	2028695
渝中区	Yuzhong District	171873	61915	109957	2052417
大渡口区	Dadukou District	28240	23501	4739	1301508
江北区	Jiangbei District	570185	433330	136856	2161399
沙坪坝区	Shapingba District	2586563	1828829	757734	3456244
九龙坡区	Jiulongpo District	226309	187724	38585	3273455
南岸区	Nan'an District	74899	66510	8389	2028342
北碚区	Beibei District	55477	45990	9487	3359593
渝北区	Yubei District	2452535	1541698	910837	3478863
巴南区	Ba'nan District	132707	115723	16985	3709202
长寿区	Changshou District	118447	20506	97941	1370390
江津区	Jiangjin District	69565	53646	15918	2989432
合川区	Hechuan District	29376	25119	4257	1634092
永川区	Yongchuan District	37144	19194	17951	2467686
南川区	Nanchuan District	14520	7395	7125	1024828
綦江区	Qijiang District	11215	9609	1606	401506
大足区	Dazu District	4587	4451	137	1205949
潼南县	Tongnan County	3156	3001	154	865512
铜梁县	Tongliang County	4386	4104	282	1921845
荣昌县	Rongchang County	34030	33462	568	712422
璧山县	Bishan County	27993	23462	4531	1786809
梁平县	Liangping County	2464	1635	830	845351
城口县	Chengkou County	212	212		129865
丰都县	Fengdu County	3433	3359	74	1061325
垫江县	Dianjiang County	5513	5504	8	1255811
武隆县	Wulong County	802	802		89312
忠 县	Zhongxian County	1930	1930		1482428
开 县	Kaixian County	2928	2844	84	1705681
云阳县	Yunyang County	622	566	56	1237419
奉节县	Fengjie County	644	644		600762
巫山县	Wushan County	574	574		403857
巫溪县	Wuxi County	1339	1339		286748
石柱县	Shizhu County	1952	1940	12	842426
秀山县	Xiushan County	1020	1020		724661
酉阳县	Youyang County	25570	25569	1	526974
彭水县	Pengshui County	989	984	5	269916

注：进出口数据来源重庆海关。
Note: The data of import and export are provided by Chongqing Customs.

表20.17 各区县规模以上工业能源消费总量（2013年）
ENERGY CONSUMPTION OF ENTERPRISES ABOVE DESIGNATED SIZE BY REGION (2013)

区 县	Region	规模以上工业能源消费总量（万吨标准煤）Energy Consumption of Enterprises above Designated Size by Region (10 000 ton of standard coal)
全 市	**Total**	**3704.55**
#都市发达经济圈	Metropolitan Developed Economic Circle	506.88
渝西经济走廊	West Chongqing Economic Corridor	1493.98
三峡库区生态经济区	Ecological Economic Zone in Three Gorges Reservoir Area	1703.69
#一小时经济圈	One Hour Economic Sphere	3078.18
#都市功能核心区	Core Metropolitan Function Area	160.70
都市功能拓展区	Extended Metropolitan Function Area	343.03
城市发展新区	Newly Developed Urban Area	2571.30
渝东北生态涵养发展区	Northeastern Ecological Conservation Area	505.31
渝东南生态保护发展区	Southeastern Environment Protection Area	124.20
万州区	Wanzhou District	135.29
黔江区	Qianjiang District	27.63
涪陵区	Fuling District	281.80
渝中区	Yuzhong District	0.84
大渡口区	Dadukou District	59.12
江北区	Jiangbei District	20.39
沙坪坝区	Shapingba District	28.77
九龙坡区	Jiulongpo District	167.83
南岸区	Nan'an District	52.83
北碚区	Beibei District	81.00
渝北区	Yubei District	63.06
巴南区	Ba'nan District	33.05
长寿区	Changshou District	795.52
江津区	Jiangjin District	442.36
合川区	Hechuan District	292.31
永川区	Yongchuan District	153.44
南川区	Nanchuan District	93.31
綦江区	Qijiang District	246.86
大足区	Dazu District	52.72
潼南县	Tongnan County	33.71
铜梁县	Tongliang County	60.84
荣昌县	Rongchang County	73.81
璧山县	Bishan County	44.61
梁平县	Liangping County	22.42
城口县	Chengkou County	27.82
丰都县	Fengdu County	79.05
垫江县	Dianjiang County	47.88
武隆县	Wulong County	14.95
忠 县	Zhongxian County	52.02
开 县	Kaixian County	113.34
云阳县	Yunyang County	10.17
奉节县	Fengjie County	7.40
巫山县	Wushan County	4.53
巫溪县	Wuxi County	5.41
石柱县	Shizhu County	19.44
秀山县	Xiushan County	36.09
酉阳县	Youyang County	10.23
彭水县	Pengshui County	15.88

第21章

三峡工程重庆库区

RESERVOIR AREA OF THREE GORGES PROJECT IN CHONGQING

简要说明

BRIEF INTRODUCTION

本章资料包括三峡工程重庆库区经济和社会发展情况、移民工程投资完成情况，由市统计局综合处根据市移民局资料整理编辑。

库区指库区15区县，包括万州区、涪陵区、渝北区、巴南区、长寿区、江津区、丰都县、武隆县、忠县、开县、云阳县、奉节县、巫山县、巫溪县、石柱县。重点库区指8个重点移民区县，包括万州区、涪陵区、丰都县、忠县、开县、云阳县、奉节县、巫山县。

This chapter includes the economic and social development of the reservoir area of Three Gorges Project in Chongqing, the statistics on the completed investment in Three Gorges Resettlement. The data here are provided by Chongqing Migration Bureau and sorted and compiled by Division of Comprehensive Statistics of Chongqing Municipal Bureau of Statistics.

The Reservoir Area refers to 15 districts and counties, namely Wanzhou, Fuling, Yubei, Ba'nan, Changshou, Jiangjin, Fengdu, Wulong, Zhongxian, Kaixian, Yunyang, Fengjie, Wushan, Wuxi and Shizhu. The Key Reservoir Area refers to 8 key districts and counties of migration, namely Wanzhou, Fuling, Fengdu, Zhongxian, Kaixian, Yunyang, Fengjie and Wushan.

表21.1 三峡工程重庆库区经济和社会发展情况（2012－2013年）

ECONOMIC AND SOCIAL DEVELOPMENT OF THE RESERVOIR AREA OF THREE GORGES PROJECT IN CHONGQING (2012-2013)

指 标	Item	2012		2013	
		库区合计 Total of Reservoir Area	其中 of which 重点库区 Key Area	库区合计 Total of Reservoir Area	其中 of which 重点库区 Key Area
人 口	**Population**				
户籍总户数（万户）	Total Number of Households (10 000 households)	568.89	338.10	575.09	340.80
户籍人口（万人）	Total Household Populaion (10 000 persons)	1538.10	946.95	1545.14	949.97
非农业	Non-agriculture	530.08	296.76	542.58	302.13
农 业	Agriculture	1008.02	650.19	1002.56	647.84
男 性	Male	795.81	491.81	798.70	493.09
女 性	Female	742.29	455.14	746.44	456.88
年末常住人口	Year-end Permanent Residents (10 000 persons)	1298.53	739.92	1302.01	738.31
城 镇	Urban	670.96	330.77	691.98	340.61
乡 村	Rural	627.57	409.15	610.03	397.70
城镇化率（%）	Urbanization Rate (%)	51.67	44.70	53.15	46.13
工资和收入	**Wages and Income**				
城镇非私营单位职工人数（万人）	Staff and Workers of Urban Non-private Units (10 000 persons)	133.58	54.83	155.51	60.16
城镇非私营单位职工工资总额（万元）	Total Wages of Staff and Workers of Urban Non-private Unit(10 000 yuan)	5597532	2226181	7519434	2759917
城镇非私营单位职工平均工资（元）	Average Wages of Staff and Workers of Urban Non-private Units(yuan)	43305	42319	49804	46871
农民人均纯收入（元）	Per Capita Net Income of Rural Households (yuan)	7507.66	6998.34	8503.43	7935.10
工资性收入	Income from Wages and Salaries	3378.01	3080.92	3966.46	3656.94
家庭经营收入	Income from Household Business Operation	3188.99	2991.38	3404.82	3216.08
转移收入	Income from Transfer	731.45	772.60	258.06	194.65
财产收入	Income from Property	209.21	153.44	874.09	867.42
农民人均消费支出（元）	Per Capita Expenditure of Rural Households (yuan)	5194.66	4849.27	6112.97	5769.18
食 品	Food	2397.39	2175.23	2745.67	2574.07
衣 者	Clothing	370.16	348.12	437.63	403.02
	Residence	623.79	582.77	711.49	629.17
设备用品	Appliances and Articles	400.44	373.96	488.61	481.41
交通通讯	Transport and Communications	486.60	469.17	614.48	601.65
文教娱乐	Culure, Education and Entertainment	377.62	366.59	452.59	434.05
医 疗	Medical Services	452.86	450.30	543.84	538.69
其 他	Others	85.79	83.13	118.66	107.12
国民经济核算	**National Economic Accounting**				
地区生产总值（亿元）	Gross Domestic Product (100 million yuan)	4530.63	2171.22	5062.21	2397.05
第一产业	Primary Industry	457.57	259.43	489.98	277.92
第二产业	Secondary Industry	2543.54	1146.82	2762.54	1241.89
#工 业	Industry	2061.77	923.81	2214.66	971.86
建筑业	Construction	481.77	223.01	547.88	270.03
第三产业	Tertiary Industry	1529.52	764.97	1809.69	877.24
地区生产总值结构（%）	Composition of Gross Domestic Product（%）	100.0	100.0	100.0	100.0
第一产业	Primary Industry	10.1	11.9	9.7	11.6
第二产业	Secondary Industry	56.1	52.8	54.6	51.8
#工 业	Industry	45.5	42.5	43.7	40.5
建筑业	Construction	10.6	10.3	10.9	11.3
第三产业	Tertiary Industry	33.8	35.3	35.7	36.6

表21.1 续表1 continued1

指　标	Item	2012 库区合计 Total of Reservoir Area	2012 其中 of which 重点库区 Key Area	2013 库区合计 Total of Reservoir Area	2013 其中 of which 重点库区 Key Area
固定资产投资（万元）	**Investment in Fixed Assets (10 000 yuan)**				
全社会固定资产投资总额	Total Investment in Fixed Assets	38534665	18108021	45085411	20737518
#基础设施	Infrastructure	10760727	5613785	13156743	6755903
工业投资	Industry	13260696	6234400	14431348	6691460
城　镇	Urban	34762443	16153327	39391692	17609782
#房地产开发	Real Estate Development	8660169	2362466	9977309	2508199
#住　宅	Residential Bulidings	6444574	1842401	7427469	1905784
农　村	Rural	3772222	1954694	5693719	3127736
商品房建设情况（万平方米）	**Construction of Commercialized Buildings(10 000 sq.m)**				
房地产施工面积	Floor Space under Construction	8094.86	2672.55	9448.68	2961.28
#住　宅	Residential Bulidings	6485.02	2275.19	7108.55	2395.77
房地产竣工面积	Floor Space Completed	1573.54	559.56	1486.15	471.86
#住　宅	Residential Bulidings	1348.4	512.76	1120.14	392.57
财　政（万元）	**Government Finance (10 000 yuan)**				
公共财政预算收入	Public Government Budget Revenue			3157406	1586824
公共财政预算支出	Public Government Budget Expenditure			8016383	4592651
农　业	**Agriculture**				
农林牧渔业总产值（万元）	Gross Output Value of Farming, Forestry, Animal Husbandry and Fishery (10 000 yuan)	6854104	3900269	7428920	4229729
#农　业	Farming	4184947	2396228	4527583	2585686
牧　业	Animal Husbandry	2165370	1216981	2313330	1301617
农林牧渔业增加值（万元）	Value-added of Farming, Forestry, Animal Husbandry and Fishery (10 000 yuan)	4575801	2594392	4968556	2818137
#农　业	Farming	3107539	1768766	3364208	1907958
牧　业	Animal Husbandry	1091464.45	609662.1	1162941	650756
蔬菜总播种面积（万亩）	Sown Areas of Vegetables (10 000 mu)	493.22	337	515.83	309.92
蔬菜总产量（万吨）	Gross Output of Vegestables (10 000 tons)	704.51	476.91	749.64	457.45
肉类总产量（万吨）	Gross Output of Meat (10 000 tons)	92.58	55.24	95.89	57.46
#猪　肉	Pork	71.69	43.43	73.83	44.79
禽　肉	Meat of Poultry	11.74	5.39	12.00	5.56
猪出栏量（万头）	Slaughtered Hogs (10 000 heads)	974.62	590.66	1002.46	608.29
禽出栏量（万只）	Slaughtered Poultry (10 000 heads)	7441.08	3432.55	7762.55	3601.48
牛奶产量（万吨）	Output of Milk (10 000 tons)	2.91	1.12	3.35	1.23
禽蛋产量（万吨）	Output of Poultry Eggs (10 000 tons)	21.4	11.33	21.97	11.54
粮食播种面积（万亩）	Sown Areas of Grain (10 000 mu)	1784.93	1122.01	1780.79	1119.14
#夏　粮	Grain Crops Harvested in Summer	449.17	297.43	444.10	294.19
秋　粮	Grain Crops Harvested in Aulture	1335.76	824.58	1336.70	824.95
#水　稻	Rice	464.61	277.91	464.48	278.22
玉　米	Corn	375.73	220.31	376.74	220.63
薯　类	Tuber	644.98	429.37	646.51	428.16
粮食总产量（万吨）	Gross Output of Grain (10 000 tons)	558.22	337.19	562.27	339.44
#夏　粮	Grain Crops Harvested in Summer	90.18	63.28	90.28	63.11
秋　粮	Grain Crops Harvested in Aulture	468.04	273.91	471.99	276.34
#水　稻	Rice	215.23	121.28	216.57	122.54
玉　米	Corn	134.17	77.35	135.62	77.94
薯　类	Tuber	163.79	108.47	165.61	108.91

表21.1 续表2 continued2

指 标	Item	2012		2013	
		库区合计 Total of Reservoir Area	其中 of which 重点库区 Key Area	库区合计 Total of Reservoir Area	其中 of which 重点库区 Key Area
工 业（规模以上）	**Industry (above Desingated Size)**				
企业数(个)	Number of Enterprises (unit)	1548	575	1701	650
工业总产值（万元）	Gross Output Value of Industry (10 000 yuan)	54233011	17334941	67606474	20048260
出口交货值（万元）	Sales of Exported Products (10 000 yuan)	4478335	302430	8588609	489195
资产总计（万元）	Total Assets (10 000 yuan)	52080031	14409931	62336147	15777725
主营业务收入（万元）	Revenue from Principal Business (10 000 yuan)	53572706	16784452	67423737	19534269
利润总额（万元）	Total After-tax Profits (10 000 yuan)	2855899	993968	3924016	1061276
利税总额（万元）	Total Pre-tax Profits (10 000 yuan)	5608328	2218660	7839916	2714205
全部从业人员平均数（万人）	Average Emloyment (10 000 persons)	58.76	20.06	64.00	21.96
经济效益综合指数（%）	Comprehensive Index of Economic Benefits (%)	266.0	282.8	263.8	285.3
总资产贡献率（%）	Ratio of Total Assets to Industrial Output Value (%)	12.2	17.3	13.9	19.0
资本保值增值率（%）	Ratio of Assets Appreciation YOY (%)	114	106.5	118.7	109.5
资产负债率（%）	Asset-Liability Ratio (%)	65.7	63.3	66.7	63.0
流动资产周转率(次)	Turnover Ratio of Circulating Assets(time)	2.2	2.81	2.3	3.0
成本费用利润率（%）	Ratio of Profits to Cost (%)	5.52	6.28	6.2	5.8
全员劳动生产率（元/人年）	Overall Labor Productivity (yuan/person-year)	263929	266080	251253	263332
产品销售率（%）	Sales as Percentage of Output (%)	98.6	97.8	98.7	98.1
国内贸易	**Domestic Trade**				
社会消费品零售总额（万元）	Total Retail Sales (10 000 yuan)	12991110	5767708	16961693	7566535
限额以上法人企业数（个）	Number of Corporate Enterprises above Designated Size(unit)	1552	825	1922	1010
批发业	Wholesale	564	314	679	358
零售业	Retail	645	340	801	422
住宿业	Hotel	113	51	132	56
餐饮业	Catering	230	120	310	174
实际利用内资（亿元）	Domestic Capital Actually Utilized (100 million yuan)	2358.06	1055.29	2363.52	1086.88
教 育	**Education**				
学校数（所）	Number of Schools(unit)				
#普通高等学校	Regular Institutions of Higher Education	16	7	18	9
普通中学	Regular Secondary Schools	565	354	555	345
小 学	Primary Schools	2598	1783	2558	1713
专任教师数（人）	Number of Full-time Teachers (person)				
#普通高等学校	Regular Institutions of Higher Education	7795	3696	8038	3676
普通中学	Regular Secondary Schools	49838	30628	50438	30936
小 学	Primary Schools	52512	31499	52993	31783
在校学生数（人）	Student Enrollment (person)				
#研究生	Postgraduates	1175		1374	
普通高等学校	Regular Institutions of Higher Education	139688	65908	154941	73320
普通中学	Regular Secondary Schools	808159	528376	778437	506673
小 学	Primary Schools	882545	560947	894981	561636
卫 生	**Public Health**				
卫生机构数（个）	Number of Health Institutions (unit)	8449	5185	9061	5594
卫生机构床位数（张）	Number of Hospital Beds (bed)	52690	30622	60324	35739
卫生技术人员（人）	Medical Technological Personnel (person)	49783	29564	54196	31846

注：2012年卫生技术人员库区合计数做了调整。
Note: Total of Reservoir Area of medical Technologicai personnel in 2012 is adjusted

表21.2 三峡移民工程后续工作专项资金完成投资情况（2013年底止）

COMPREHENSIVE STATISTICS ON THE COMPLETED INVESTMENT IN THE FOLLOW-ON WORK OF THREE GORGES RESETTLEMENT (END OF 2013)

单位：万元 (10 000 yuan)

区　县	Region	三峡后续工作专项资金累计计划投资 Total Planned Investment in the Follow-on Work of Three Gorges Resettlement	截至2013年12月底三峡后续工作专项资金累计完成投资 Investment in the Follow-on Work of Three Gorges Resettlement by the End of December 2013	2013年三峡后续工作专项资金本期完成投资 Completed Investment of 2013 in This Term			
				合　计 Total	移民安稳致富和促进库区经济社会发展 Stabilization of Resettlers and the Economic and Social Development of Resoir Areas	库区生态环境建设与保护 Construction and Protection of the Ecological Environment of the Resevoir Areas.	地质灾害防治 Geological Hazard Control
重庆市合计	Total of Chongqing	604837.00	376812.24	104372.92	65785.92	35218.51	3368.48
重庆市本级	At Municipal Level	12102.00	10777.44	10275.44	9831.44		444.00
万州区	Wanzhou	169901.00	67508.83	29322.46	18715.46	10261.00	346.00
涪陵区	Fuling	82436.00	52250.19	5496.19	1919.05	2163.00	1414.14
南岸区	Nan'an	92.00					
北碚区	Beibei	137.00	124.00	64.00		64.00	
渝北区	Yubei	4862.00	750.00				
巴南区	Banan	1068.00	493.00				
长寿区	Changshou	25214.00	19228.70	2221.90	712.90	1496.00	13.00
江津区	Jiangjin	2707.00	1714.07	302.07	35.10	266.97	
丰都县	Fengdu	32145.00	25068.00	8825.90	6499.00	2094.00	232.90
武隆县	Wulong	10379.00	9159.00	2435.00	1101.00	1334.00	
忠　县	Zhongxian	22887.00	19961.00	1239.00	367.00	822.00	50.00
开　县	Kaixian	85131.00	54303.72	20527.96	14551.08	5433.45	543.43
云阳县	Yunyang	54740.00	37650.10	7382.10	6779.89	354.00	248.21
奉节县	Fengjie	63615.00	49123.41	9896.01	4190.00	5706.01	
巫山县	Wushan	28025.00	23876.00	4355.00	1084.00	3215.00	56.00
巫溪县	Wuxi	2780.00	2500.00	16.00			16.00
石柱县	Shizhu	6616.00	2324.77	2013.88		2009.08	4.80

注：本表三峡后续工作专项资金累计投资包含2011-2012年财政部核定三峡后续工作专项资金补助额以及财政部2013年下达的2011年高切坡防治工程核定补助资金。

Note: The Total Planned Investment in the Follow-on Work of Three Gorges Resettlement inclues the subsidy for the follow-on work of Three Gorges resettlement from 2011 to 2012 verified by the Ministry of Finance and the verified subsidy for high-cutting slope control in 2011 appropriated by the Ministry of Finance in 2013.

附 录

APPENDIX

附录1：重庆市国民经济主要指标占全国的比重（2013年）
APPENDIX I: CHONGQING'S MAIN INDICATORS OF NATIONAL ECONOMY AS PERCENTAGE OF WHOLE NATION (2013)

指　标	Item	全　国 Whole Nation	重　庆 Chongqing	重庆占全国的比重(%) hongqing as Percentage of Whole Nation (%)
土地面积（万平方公里）	Land Area (10 000 sq. km)	960	8.24	0.86
年末户籍总人口（万人）	Year-end Population (10 000 persons)	136072	3358.42	2.47
年末就业人员数（万人）	Year-end Employment (10 000 persons)	76977	1683.51	2.19
国内（地区）生产总值（亿元）	Gross Domestic Product (100 million yuan)	568845.2	12656.69	2.22
第一产业	Primary Industry	56957.0	1002.68	1.76
第二产业	Secondary Industry	249684.4	6397.92	2.56
第三产业	Tertiary Industry	262203.8	5256.09	2.00
主要农业产品产量(万吨)	Output of Major Agricultural Products (10 000 tons)			
粮　食	Gain	60193.8	1148.13	1.91
油　料	Oil-bearing Crops	3517.0	53.14	1.51
肉　类	Meat	8536.0	207.85	2.43
城镇居民人均可支配收入（元）	Per Capita Disposable Income of Urban Residents (yuan)	26955	25216	
农村居民人均纯收入（元）	Per Capita Net Income of Rural Residents (yuan)	8896	8332	
邮电业务总量（亿元）	Total Business Volume of Postal and Telecommunication Services (100 million yuan)	16679.1	329.89	1.98
社会消费品零售总额（亿元）	Retail Sales of Consumer Goods (100 million yuan)	237810	4599.77	1.93
固定资产投资额（亿元）	Investment in Fixed Assets (100 million yuan)	447074.4	11205.03	2.51
#房地产开发投资	Real Estate Development	86013.4	3012.78	3.50
金融机构人民币各项存款余额（亿元）	Deposit Balance of RMB of Financial Institutions (100 million yuan)	1043847	22202.10	2.13
金融机构人民币各项贷款余额（亿元）	Loan Balance of RMB of Financial Institutions (100 million yuan)	718961	17381.55	2.42
货物进出口总额（亿美元）	Total Imports and Exports (USD 100 million)	41596.9	687.04	1.65
出口额	Exports	22093.7	467.97	2.12
进口额	Imports	19503.2	219.07	1.12
建筑业总产值（亿元）	Gross Output Value of Construction (100 million yuan)	159313	4731.22	2.97
在校学生数（万人）	Student Enrollment (10 000 persons)			
#普通本、专科	Regular Undergraduates and College Students	2435.9	65.94	2.70
普通小学	Primary Schools	24709	198.91	0.81
图书总印数（亿册(张)）	Printed Copies of Books (100 million copies)	83.0	1.48	1.78
报纸总印数（亿份）	Printed Copies of Newspaper (100 million copies)	478.0	6.28	1.31
执业(助理)医师（万人）	Licensed (Assistant) Doctors (10 000 persons)	279.5	5.52	1.98
医院床位数（万张）	Number of Beds in Hospitals and Health Centers (10 000 units)	457.9	9.91	2.16

注：本表中全国数据摘自2014年《中国统计摘要》，部分数据为初步统计数，正式统计数据以《中国统计年鉴—2014》为准(以下各表同）。
Note: The data of the whole nation in this table are extracted from China Statistical Summary—2014, and some of the data are primary statistics. See China Statistical Yearbook—2014 for the official data (the same applies to the following tables).

附录2：全国国民经济与社会发展速度指标

APPENDIX II: INDICATORS ON THE GROWTH RATE OF NATIONAL ECONOMIC AND SOCIAL DEVELOPMENT

指　标	Item	2013年	2013年为下列各年% 2013 as Percentage of the Following Years (%)				平均每年增长 (%) Average Annual Growth Rate (%)		
			1978年	1990年	2000年	2012年	1979-2013	1991-2013	2001-2013
人　口	**Population**								
年末总人口（万人）	Year-end Population (10 000 persons)	136072	141.4	119.0	107.4	100.5	1.0	0.8	0.5
城镇人口	Urban Population	73111	424.0	242.1	159.3	102.7	4.2	3.9	3.6
乡村人口	Rural Population	62961	79.7	74.8	77.9	98.0	-0.6	-1.3	-1.9
就业和失业	**Employment and Unemployment**								
就业人员数（万人）	Employment (10 000 persons)	76977	191.7	118.9	106.8	100.4	1.9	0.8	0.5
#城镇就业人员	Employment in Urban Areast	38240	401.9	224.4	165.2	103.1	4.1	3.6	3.9
城镇登记失业人员	Registered Unemployment in Urban Areas	926	174.7	241.8	155.6	101.0	1.6	3.9	3.5
国民经济核算	**National Accounting**								
国内生产总值（亿元）	Gross Domestic Product (100 million yuan)	568845.2	2608.6	926.0	343.3	107.7	9.8	10.2	10.0
第一产业	Primary Industry	56957.0	474.9	249.0	171.4	104.0	4.6	4.0	4.2
第二产业	Secondary Industry	249684.4	4105.3	1350.0	379.5	107.8	11.2	12.0	10.8
第三产业	Tertiary Industry	262203.8	3542.6	978.3	370.5	108.3	10.7	10.4	10.6
能源	**Energy**								
能源生产总量（万吨标准煤）	Total Energy Output (10 000 ton of standard coal)	340000	541.7	327.2	251.8	102.5	4.9	5.3	7.4
能源消费总量	Total Consumption of Energy	375000	656.2	379.9	257.7	103.7	5.5	6.0	7.6
居民收入	**Residents Income**								
城镇居民人均可支配收入（元）	Per Capita Disposable Income of Urban Residents (yuan)	26955	1227.0	619.4	319.8	107.0	7.4	8.3	9.4
农村居民人均纯收入（元）	Per Capita Net Income of Rural Residents (yuan)	8896	1286.4	413.4	266.1	109.3	7.6	6.4	7.8
固定资产投资	**Investment in Fixed Assets**								
全社会固定资产投资总额（亿元）	Total Investment in Fixed Assets (100 million yuan)	447074.4		9897.6	1358.2	119.3		22.4	22.6
#房地产开发	Real Estate Development	86013.4		33957.1	1725.8	119.8		30.1	25.1
对外贸易和实际利用外资	**Foreign Trade and Foreign Capital Actually Utilized**								
货物进出口总额（亿美元）	Total Imports and Exports (USD 100 million)	41596.9	20153.6	3603.3	877.0	107.6	16.4	16.9	18.2
出口额	Exports	22093.7	22660.2	3558.3	886.6	107.8	16.8	16.8	18.3
进口额	Imports	19503.2	17909.3	3655.7	866.5	107.3	16.0	16.9	18.1
外商直接投资（亿美元）	Foreign Direct Investment (USD 100 million)	1175.9		3372.1	288.8	105.3		16.5	8.5
财　政	**Government Finance**								
财政收入（亿元）	Government Finance Revenue (100 million yuan)	129142.9	11405.8	4397.0	964.1	110.1	14.5	17.9	19.0
财政支出（亿元）	Government Finance Expenditures (100 million yuan)	139744.3	12453.9	4531.9	879.6	110.9	14.8	18.0	18.2

注：1）本表价值量指标中，国内生产总值、居民收入和邮电业务总量按可比价格计算，其他按当年价格 计算；固定资产投资总额平均每年增长速度按累计法计算。
2）2013年起，国家统计局开展了城乡一体化住户收支与生活状况调查，与此前分城镇和农村住户调查的范围、方法、统计口径有所不同。
3）本表价值量指标中，邮电业务总量2000年及以前按1990年不变价格计算，2001-2010年按2000年不变价格计算，2011年起按2010年不变价格计算。其余指标按当年价格计算。

Note: a) Among the value data hereabove, the data of GDP, Residents Income and Total Business Volume of Postal and Telecommunication Services are calculated at comparable price, while other data are calculated at current price. The annual increase rate of Total Investment in Fixed Assets is calculated by accumulated method.
b) The NBS has carried out the integrated survey on the income, expenditure and living conditions of urban and rural residents since 2013. The scope, method and classification of statistics of the survey differs from the previous ones which separated the urban residents from the rural ones.
e) Among the value data hereabove, the data of Total Business Volume of Postal and Telecommunication Services in 2000 and before are calculated at the constant price of 1990, the data from 2001 to 2010 at the constant price of 2000, while the data since 2011 at the constant price of 2010. Other indicators are calculated at current price.

附录2 续表 continued

指 标	Item	2013年	2013年为下列各年 (%) 2013 as Percentage of the Following Years (%)				平均每年增长 (%) Average Annual Growth Rate (%)		
			1978年	1990年	2000年	2011年	1979-2012	1991-2012	2001-2012
主要产品产量	**Output of Major Products**								
粮 食（万吨）	Gain (10 000 tons)	60193.8	197.5	134.9	130.2	102.1	2.0	1.3	2.1
棉 花（万吨）	Cotton (10 000 tons)	629.9	290.7	139.7	142.6	92.1	3.1	1.5	2.8
油 料（万吨）	Oil-bearing Crops (10 000 tons)	3517.0	674.0	218.0	119.0	102.3	5.6	3.4	1.3
肉 类（万吨）	Meat (10 000 tons)	8535.0			141.9	107.2			2.7
原 煤（亿吨）	Coal (100 million tons)	36.8	595.5	340.7	265.9	100.8	5.2	5.5	7.8
原 油（万吨）	Oil (10 000 tons)	20946.9	201.3	151.4	128.5	101.8	2.0	1.8	1.9
发电量（亿千瓦小时）	Electricity (100 million kwh)	53975.9	2103.5	868.9	398.2	107.5	9.1	9.9	11.2
粗 钢（万吨）	Steel (10 000 tons)	77904.1	2451.4	1174.1	606.3	107.6	9.6	11.3	14.9
水 泥（万吨）	Cement (10 000 tons)	241613.6	3703.5	1152.1	404.7	109.3	10.9	11.2	11.4
建筑业	**Construction**								
建筑业总产值（亿元）	Gross Output Value of Construction (100 million yuan)	159313.0		11845	1274.7	116.1		23.1	21.6
运 输	**Transportation**								
沿海主要港口货物吞吐量（万吨）	Cargo Throughput of Major Sea Ports (10 000 tons)	728098.1	3671.0	1506.8	579.7	109.4	10.8	12.5	14.5
邮电通信业	**Telecommunications and Postal Services**								
邮电业务总量（亿元）	Total Business Volume (100 million yuan)	16679.1	183111	40131	1302.4	111.1	23.9	29.8	21.8
移动电话用户（万户）	Mobile Telephone Subscribers (100 subscribers)	122911.3		6828406	1454.0	110.5		62.3	22.9
固定电话用户（万户）	Fixed Telephone Subscribers (10 000 subscribers)	26698.5	13866.2	3897.4	184.3	96.0	15.1	17.3	4.8
国内贸易	**Domestic Trade**								
社会消费品零售总额（亿元）	Retail Sales of Consumer Goods(100 million yuan)	237809.9	15257.9	2865.1	608.1	113.1	15.4	15.7	14.9
国际旅游	**International Tourism**								
入境过夜旅游者人数（万人次）	Inbound Tourists Staying Overnight (10 000 person-times)	5568.6	7777.4	531.2	178.3	96.5	13.2	7.5	4.5
国际旅游外汇收入（亿美元）	Foreign Exchange Earnings from International Tourism (USD 100 million)	516.6	19643.9	2329.3	318.5	103.3	16.3	14.7	9.3
科技、教育、卫生、文化	**Science & Technology, Education, Health and Culture**								
研究与试验发展经费支出（亿元）	Expenditure on R&D (100 million yuan)	11906.0			1329.3	115.6			22.0
技术市场成交额（亿元）	Contract Value of Technology Market (100 million yuan)	7469.0		9945.4	1147.8	116.0		22.1	20.6
在校学生数（万人）	Student Enrollment (10 000 persons)								
#普通本、专科	Regular Undergraduates and College Students	2468.1	2882.3	1196.5	443.8	103.2	10.1	11.4	12.1
普通高中	Regular Senior Secondary Schools	2435.9	156.8	339.6	202.8	98.7	1.3	5.5	5.6
初 中	Secondary Schools	4440.1	88.9	113.4	71.0	93.2	-0.3	0.5	-2.6
普通小学	Primary Schools	9360.5	64.0	76.5	71.9	96.5	-1.3	-1.2	-2.5
医院数（个）	Number of Hospitals	24709	265.9	171.9	151.4	106.6	2.8	2.4	3.2
医院床位数（万张）	Number of Beds in Hospitals (bed)	457.9	416.2	245.0	211.3	110.0	4.2	4.0	5.9
执业(助理)医师（万人）	Number of Licensed (Assistant) Doctors (person)	279.5	285.7	158.5	134.6	106.8	3.0	2.0	2.3
图书总印数（亿册（张））	Printed Copies of Books (100 million copies (pages))	83.0	220.2	147.2	132.4	104.8	2.3	1.7	2.2
期刊总印数（亿册）	Printed Copies of Magazines (100 million copies)	34.0	447.4	189.9	115.6	101.5	4.4	2.8	1.1
报纸总印数（亿份）	Printed Copies of Newspaper (100 million copies)	478.0	374.0	226.2	145.2	99.1	3.8	3.6	2.9

附录3：全国各省（自治区、直辖市）国民经济主要指标（2013年）

APPENDIX III: MAIN INDICATORS OF NATIONAL ECONOMY BY PROVINCE, MUNICIPALITY AND AUTONOMOUS REGION (2013)

地 区	Region	年末常住人口（万人） Resident Population at Year-end (10 000 persons)	地区生产总值（亿元） Gross Domestic Product (100 million yuan)	其 中 of which	
				第一产业 Primary Industry	第二产业 Secondary Industry
东部地区	**Eastern Region**				
北 京	Beijing	2115	19500.6	161.8	4352.3
天 津	Tianjin	1472	14370.2	188.5	7276.7
河 北	Hebei	7333	28301.4	3500.4	14762.1
辽 宁	Liaoning	4390	27077.7	2321.6	14269.5
上 海	Shanghai	2415	21602.1	129.3	8027.8
江 苏	Jiangsu	7939	59161.8	3646.1	29094.0
浙 江	Zhejiang	5498	37568.5	1784.6	18446.7
福 建	Fujian	3774	21759.6	1936.3	11315.3
山 东	Shandong	9733	54684.3	4742.6	27422.5
广 东	Guangdong	10644	62164.0	3047.5	29427.5
海 南	Hainan	895	3146.5	756.5	871.3
中部地区	**Central Region**				
山 西	Shanxi	3630	12602.2	773.8	6792.7
吉 林	Jilin	2751	12981.5	1509.3	6858.2
黑龙江	Heilongjiang	3835	14382.9	2516.8	5918.2
安 徽	Anhui	6030	19038.9	2348.1	10404.0
江 西	Jiangxi	4522	14338.5	1636.5	7671.4
河 南	Henan	9413	32155.9	4059.0	17806.4
湖 北	Hubei	5799	24668.5	3098.2	12171.6
湖 南	Hunan	6691	24501.7	3099.2	11517.4
西部地区	**Western Region**				
重 庆	Chongqing	2970	12656.7	1002.7	6397.9
四 川	Sichuan	8107	26260.8	3425.6	13579.0
贵 州	Guizhou	3502	8006.8	1029.1	3243.7
云 南	Yunnan	4687	11720.9	1895.3	4927.8
西 藏	Tibet	312	807.7	86.8	292.9
陕 西	Shaanxi	3764	16045.2	1526.1	8911.6
甘 肃	Gansu	2582	6268.0	879.4	2821.0
青 海	Qinghai	578	2101.1	207.6	1204.3
宁 夏	Ningxia	654	2565.1	223.0	1265.0
新 疆	Xinjiang	2264	8360.2	1468.3	3766.0
内蒙古	Inner Mongolia	2498	16832.4	1599.4	9084.2
广 西	Guangxi	4719	14378.0	2343.6	6863.0

注：本表绝对数按当年价计算。
Note: The values in this table are calculated at current prices.

其 中 of which	地区生产总值指数（上年=100）	人均地区生产总值（元）	人均地区生产总值指数（上年=100）	农林牧渔业总产值（万元）	其 中 of which			
第三产业 Tertiary Industry	Indices of Gross Domestic Product (Preceding Year=100)	Per Capita GDP (yuan)	Indices of Per Capita GDP (Preceding Year=100)	Gross Output Value of Farming, Forestry,Animal Husbandry and Fishery (10 000 yuan)	#农 业 Farming	#林 业 Forestry	#牧 业 Animal Husbandry	#渔 业 Fishery
14986.4	107.7	93213	105.2	421.8	170.4	75.9	154.8	12.8
6905.0	112.5	99607	107.9	412.4	217.2	3.1	108.6	73.2
10038.9	108.2	38716	107.5	5832.9	3473.3	96.3	1818.2	178.7
10486.6	108.7	61686	108.6	4349.7	1673.9	136.5	1675.4	689.3
13445.1	107.7	90092	106.1	323.5	172.3	9.6	70.0	59.9
26421.6	109.6	74607	109.3	6158.0	3167.8	107.3	1222.2	1351.1
17337.2	108.2	68462	107.8	2837.4	1336.8	141.5	546.2	758.0
8508.0	111.0	57856	110.2	3282.0	1376.3	293.8	513.8	986.3
22519.2	109.6	56323	109.0	8750.0	4509.9	120.3	2359.0	1397.4
29689.0	108.5	58540	107.8	4946.8	2444.7	249.4	1106.9	975.3
1518.7	109.9	35317	108.7	1144.9	485.4	121.2	225.5	275.5
5035.8	108.9	34813	108.4	1447.0	932.1	90.1	338.8	9.5
4613.9	108.3	47191	108.2	2670.6	1261.7	98.1	1198.5	36.7
5947.9	108.0	37509	107.9	4633.3	2856.3	180.6	1430.1	82.5
6286.8	110.4	31684	109.8	4009.2	2003.3	233.1	1171.4	439.1
5030.6	110.1	31771	109.7	2578.4	1072.8	252.7	796.4	370.2
10290.5	109.0	34174	108.9	7198.1	4202.3	152.3	2486.3	93.5
9398.8	110.1	42613	109.7	5160.6	2678.1	122.0	1395.4	748.4
9885.1	110.1	36763	109.3	5043.6	2726.8	287.7	1467.4	309.9
5256.1	112.3	42795	111.3	1513.7	909.2	48.0	482.8	53.8
9256.1	110.0	32454	109.6	5620.3	2903.5	179.4	2267.6	177.5
3734.0	112.5	22922	111.9	1663.0	997.1	69.9	482.7	38.3
4897.8	112.1	25083	111.4	3056.0	1639.4	293.3	962.6	70.4
427.9	112.1	26068	110.5	128.0	57.9	2.7	64.2	0.2
5607.5	111.0	42692	110.6	2562.5	1714.8	67.6	643.7	17.8
2567.6	110.8	24296	110.4	1517.7	1104.5	22.5	253.4	2.0
689.2	110.8	36510	109.9	310.3	138.3	5.7	160.1	1.3
1077.1	109.8	39420	108.6	430.0	269.0	9.8	120.0	13.2
3126.0	111.0	37181	109.6	2538.9	1806.1	48.1	604.2	17.2
6148.8	109.0	67498	108.7	2699.5	1328.1	96.1	1208.5	29.0
5171.4	110.2	30588	109.3	3755.2	1868.3	287.6	1101.2	366.7

附录3 续表1 continued1

地 区	Region	农林牧渔业总产值指数（可比价）（上年=100） Indices of Gross Output Value of Farming, Forestry, Animal Husbandry and Fishery (Preceding Year =100)	粮食产量（万吨） Grain Output (10 000 tons)	油料产量（万吨） Output of Oil-bearing Crops (10 000 tons)	棉花产量（万吨） CottonOutput (10 000 tons)	糖料产量（万吨） Sugar Output (10 000 tons)
东部地区	**Eastern Region**					
北 京	Beijing	2.1	96.1	1.0	0.02	
天 津	Tianjin	3.8	174.7	0.6	4.8	
河 北	Hebei	3.3	3365.0	151.1	45.7	74.2
辽 宁	Liaoning	4.1	2195.6	113.6	0.1	17.1
上 海	Shanghai	-2.9	114.2	1.5	0.4	0.7
江 苏	Jiangsu	2.6	3423.0	150.4	20.9	9.6
浙 江	Zhejiang	0.4	734.0	37.8	2.8	63.9
福 建	Fujian	4.5	664.4	28.8	0.01	58.6
山 东	Shandong	3.8	4528.2	349.6	62.1	0.01
广 东	Guangdong	2.2	1315.9	101.0		1553.2
海 南	Hainan	6.2	190.9	10.9		440.8
中部地区	**Central Region**					
山 西	Shanxi	4.5	1312.8	19.5	3.1	22.5
吉 林	Jilin	3.5	3551.0	84.0	0.6	6.2
黑龙江	Heilongjiang	4.7	6004.1	19.0		123.2
安 徽	Anhui	3.4	3279.6	225.4	25.1	20.2
江 西	Jiangxi	4.5	2116.1	119.3	13.1	64.6
河 南	Henan	4.4	5713.7	589.1	19.0	28.3
湖 北	Hubei	5.6	2501.3	333.2	46.0	28.7
湖 南	Hunan	2.7	2925.7	224.4	19.8	73.7
西部地区	**Western Region**					
重 庆	Chongqing	4.6	1148.1	53.1	0.01	10.9
四 川	Sichuan	3.5	3387.1	290.4	1.3	57.1
贵 州	Guizhou	6.0	1030.0	91.5	0.1	159.3
云 南	Yunnan	7.0	1824.0	60.7	0.04	2146.3
西 藏	Tibet	4.0	96.2	6.4		
陕 西	Shaanxi	4.8	1215.8	59.5	5.8	0.2
甘 肃	Gansu	4.9	1138.9	69.7	7.1	24.7
青 海	Qinghai	5.6	102.4	32.6		0.02
宁 夏	Ningxia	4.7	373.4	16.8		
新 疆	Xinjiang	7.2	1377.0	60.6	351.8	476.5
内蒙古	Inner Mongolia	4.7	2773.0	158.1	0.2	181.4
广 西	Guangxi	4.4	1521.8	57.2	0.2	8104.3

蔬菜产量（万吨） Vegetable Output (10 000 tons)	水果产量（万吨） Fruit Output (10 000 tons)	肉类产量（万吨） Meat Output (10 000 tons)	其 中 of which #猪 肉 Pork	 #牛 肉 Beef	 #羊 肉 Lamb	奶类产量（万吨） Diary Output (10 000 tons)	水泥产量（万吨） Cement Output (10 000 tons)
266.9	103.8	41.8	24.6	2.1	1.2	61.5	900.5
455.1	54.2	46.5	29.8	3.3	1.5	68.5	951.9
7902.1	1863.3	448.8	265.3	52.3	29.1	465.7	12676.2
3270.9	944.7	420.1	233.6	43.2	8.1	125.7	6005.2
398.4	74.7	23.8	18.3		0.6	26.5	750.3
5237.8	814.2	383.2	229.9	3.2	7.8	59.9	17991.9
1764.3	715.7	174.3	138.8	1.1	1.7	18.2	12462.9
1729.7	744.3	211.2	157.7	2.6	2.1	15.3	7890.4
9658.2	3028.8	774.8	392.9	67.9	33.7	281.2	16217.8
3144.5	1485.4	435.2	277.8	7.0	0.9	14.1	13394.9
524.8	439.5	82.9	50.5	2.6	1.1	0.2	1988.4
1198.5	711.8	83.2	61.2	5.2	6.2	87.2	4984.8
938.1	234.7	262.7	136.3	45.0	4.2	48.3	3391.0
946.1	274.4	221.3	133.4	39.7	11.8	522.5	4028.5
2418.0	905.1	403.8	253.4	18.1	15.0	25.3	12131.4
1257.6	637.8	321.9	245.1	12.7	1.1	12.2	9204.2
7112.5	2599.7	699.1	454.1	80.6	24.8	328.8	16764.4
3578.3	920.5	430.1	330.6	20.2	8.2	15.8	11042.5
3603.5	879.4	519.2	430.6	18.2	10.7	8.9	11264.7
1600.6	318.9	207.9	155.0	7.6	3.0	6.8	6120.4
3910.7	840.1	690.4	510.8	31.1	24.5	71.1	13897.1
1500.4	167.7	199.7	163.7	14.1	3.5	5.5	8140.5
1625.4	634.5	359.4	276.0	31.8	14.0	59.3	9009.2
67.0	1.3	26.8	1.5	15.9	8.6	33.0	295.8
1629.4	1764.4	112.6	88.3	7.5	7.0	188.5	8545.5
1578.7	611.5	91.0	50.8	17.2	16.6	39.1	4412.7
158.9	3.0	31.8	9.9	10.3	10.5	28.7	1786.3
509.0	264.3	27.4	7.1	8.7	9.0	104.2	1914.3
1669.9	1326.9	139.4	31.3	37.8	49.7	139.2	5040.2
1421.1	294.8	244.9	73.4	51.8	88.8	778.6	6395.7
2435.6	1433.4	420.0	261.3	14.3	3.2	9.6	10707.5

附录3 续表2 continued2

地 区	Region	钢材产量（万吨） Steel Output (10 000 tons)	汽车产量（万辆） Motor Vehicle Output (10 000 units)	微型计算机设备（万台） Micro Computers (10 000 units)	发电量（亿千瓦小时） Electricity Production (100 million KWH)	客运量（万人） Passenger Throughput (10 000 persons)	旅客周转量(亿人公里) Passenger Turnover Volume (100 million person·km)
东部地区	**Eastern Region**						
北 京	Beijing	219.0	200.0	1141.1	335.8	64161	254.0
天 津	Tianjin	6640.9	55.7	1072.2	624.3	17995	267.1
河 北	Hebei	22861.6	97.4		2499.4	61718	1163.7
辽 宁	Liaoning	6863.0	108.0	0.2	1544.3	91735	941.7
上 海	Shanghai	2322.8	226.9	8101.3	959.5	11691	195.0
江 苏	Jiangsu	12398.0	107.2	7520.7	4289.4	151444	1365.3
浙 江	Zhejiang	3823.4	30.6	164.3	2939.3	135348	1025.1
福 建	Fujian	2782.8	20.6	1284.8	1767.7	55107	542.7
山 东	Shandong	8109.1	104.4	22.4	3510.9	75074	1083.8
广 东	Guangdong	3384.5	231.6	2028.7	3964.8	153120	1780.9
海 南	Hainan	27.0	10.8		230.7	13328	112.4
中部地区	**Central Region**						
山 西	Shanxi	4486.2			2627.9	34899	386.6
吉 林	Jilin	1510.1	164.7		769.5	34148	413.7
黑龙江	Heilongjiang	631.0	10.5	3.5	834.0	45566	473.3
安 徽	Anhui	3138.6	100.7	671.8	1965.8	126710	1286.3
江 西	Jiangxi	2463.8	36.8	7.7	874.6	65067	930.7
河 南	Henan	4255.2	40.6		2861.8	136237	1574.7
湖 北	Hubei	3344.9	158.7	97.9	2158.2	91522	1052.4
湖 南	Hunan	1977.9	32.1	34.7	1347.0	159726	1565.1
西部地区	**Western Region**						
重 庆	Chongqing	1290.6	215.1	5593.3	586.1	171388	843.8
四 川	Sichuan	2785.2	80.5	5916.2	2597.3	134775	912.1
贵 州	Guizhou	562.6			1676.3	83436	593.6
云 南	Yunnan	2053.9	8.0		2148.4	47626	431.9
西 藏	Tibet				29.1	1455	42.4
陕 西	Shaanxi	1565.2	10.5		1508.7	70133	745.2
甘 肃	Gansu	1021.6	2.1		1195.0	36163	595.4
青 海	Qinghai	130.8			600.3	4790	95.3
宁 夏	Ningxia	149.8			1096.5	8418	102.9
新 疆	Xinjiang	1395.3	1.0		1611.7	40926	544.5
内蒙古	Inner Mongolia	1797.7	1.7		3520.7	20819	360.5
广 西	Guangxi	2790.7	186.9		1259.5	49275	611.3

注：本表各省、市固定资产投资数据不含跨区投资和农户投资。
Note: The data of investment in fixed assets in this table excludes trans-regional investment and investment of rural households.

货运量（万吨） Cargo Throughput (10 000 tons)	货物周转量(亿吨公里) Cargo Turnover Volume (100 million tons·km)	固定资产投资额（亿元） Investment in Fixed Assets (100 million yuan)	其中of which #房地产开发投资 Investment in Real Estate Development	商品房施工面积（万平方米） Housing Floor Space under Construction (10 000 sq. m)	商品房竣工面积（万平方米） Housing Floor Space Completed (10 000 sq.m)	商品房销售面积（万平方米） Housing Floor Space of Sales (10 000 sq.m)
25748	1051.1	6797.54	3483.4	13887	2666	1903
45233	3097.4	9103.01	1480.8	10892	2805	1847
198009	11674.1	22629.77	3445.4	29949	4437	5676
206868	11970.3	24791.40	6450.8	41626	6152	9292
84305	14332.7	5644.13	2819.6	13517	2254	2382
181775	9924.6	35983.00	7241.5	52574	9712	11455
188679	8951.2	20189.07	6216.2	37647	4692	4887
96674	3939.6	15045.81	3703.0	26287	3370	4676
264100	8194.2	35875.86	5444.5	50549	7509	10330
349011	9228.6	21794.98	6489.6	46480	6273	9836
17325	621.0	2625.02	1196.8	6173	609	1191
156045	3592.4	10745.35	1308.6	14040	2285	1643
44811	1681.3	9880.00	1252.4	12181	2254	2215
61094	1930.0	11794.17	1604.8	13567	2933	3340
396391	12335.3	18090.89	3946.2	30235	5180	6265
135172	3640.1	12450.84	1174.6	11996	1790	3167
184823	7259.8	25321.52	3843.8	35979	5966	7310
131000	4751.8	18796.85	3286.0	21866	3041	5299
184535	3832.3	17230.14	2628.3	25400	4594	5952
97404	2999.7	10285.29	3012.8	26252	3804	4818
167759	2248.6	19754.36	3853.0	32165	5109	7313
72703	1294.6	7102.78	1942.5	17357	1765	2972
104329	1361.9	9621.83	2488.3	18261	2019	3309
1850	103.4	876.00	9.7	58	18	25
141579	3200.6	14516.71	2240.2	17241	1512	3046
51463	2362.0	6407.20	724.6	6848	916	1220
13372	451.9	2285.30	247.6	2377	593	382
40914	873.0	2577.79	559.0	6043	1104	1048
66908	1796.8	7363.39	825.7	9460	1722	2017
164366	4462.0	14070.50	1479.0	18624	2638	2738
151143	3856.4	11383.93	1614.6	16040	1713	2996

附录3 续表3 continued3

地 区	Region	建筑业总产值（亿元） Total Output Value of Construction (100 million yuan)	社会消费品零售总额（亿元） Total Retail Sales of Consumer Goods (100 million yuan)	进出口总额（按经营单位所在地分）（亿美元） Total Imports and Exports (by location of operation units) (USD 100 million)	其中of which #出 口 Export
东部地区	**Eastern Region**				
北 京	Beijing	7407.1	8375.1	4291.3	631.1
天 津	Tianjin	3670.5	4470.4	1285.1	490.1
河 北	Hebei	5203.9	10516.7	549.0	309.6
辽 宁	Liaoning	8743.4	10581.4	1144.9	645.4
上 海	Shanghai	5102.8	8052.0	4412.2	2041.8
江 苏	Jiangsu	21712.2	20796.5	5508.1	3288.1
浙 江	Zhejiang	20066.4	15225.5	3357.9	2487.5
福 建	Fujian	5459.4	8275.3	1693.3	1064.8
山 东	Shandong	8332.7	22294.8	2665.6	1341.9
广 东	Guangdong	7729.2	25453.9	10915.9	6363.7
海 南	Hainan	285.3	992.9	149.8	37.1
中部地区	**Central Region**				
山 西	Shanxi	2983.8	5139.3	157.9	80.0
吉 林	Jilin	2200.2	5426.4	258.6	67.6
黑龙江	Heilongjiang	2450.6	6251.2	388.8	162.3
安 徽	Anhui	4970.3	6542.4	455.6	282.5
江 西	Jiangxi	3459.5	4576.1	367.5	281.7
河 南	Henan	7082.4	12426.6	599.5	359.9
湖 北	Hubei	8343.4	10885.9	363.8	228.4
湖 南	Hunan	5256.0	9018.6	251.7	148.2
西部地区	**Western Region**				
重 庆	Chongqing	4731.9	4599.8	687.0	468.0
四 川	Sichuan	7239.5	10561.4	645.7	419.5
贵 州	Guizhou	1365.0	2366.2	82.9	68.9
云 南	Yunnan	2888.8	4004.6	257.9	159.4
西 藏	Tibet	82.1	293.2	33.2	32.7
陕 西	Shaanxi	3993.8	4999.5	201.3	102.3
甘 肃	Gansu	1708.3	2173.8	102.3	46.8
青 海	Qinghai	396.4	544.1	14.0	8.5
宁 夏	Ningxia	564.7	610.5	32.2	25.5
新 疆	Xinjiang	2071.5	2108.2	275.6	222.7
内蒙古	Inner Mongolia	1540.5	5114.2	120.0	40.9
广 西	Guangxi	2271.4	5133.1	328.3	186.9

金融机构本外币存款余额（亿元）Total Deposit Balance of RMB and Foreign Currencics of Financial Institutions (100 million yuan)	金融机构本外币贷款余额（亿元）Total Loan Balance of RMB and Foreign Currencies	城镇居民人均可支配收入（元）Per Capita Disponsable Income of Urban Residents (yuan)	农村居民人均纯收入（元）Per CapitaNet Income of Rural Households (yuan)	居民消费价格指数（上年=100）General Consumer Price Index (preceding year=100)	农产品生产价格指数（上年=100）Producer Price Index of Farm Products (Preceding Year =100)	固定资产投资价格指数（上年=100）Price Index of Investment in Fixed Assets (Preceding Year =100)
91660.54	47880.92	40321	18337.5	103.3	104.7	99.9
23316.56	20857.80	32294	15841.0	103.1	105.4	99.5
39444.45	24423.22	22580	9101.9	103.0	105.1	99.9
39418.02	29722.04	25578	10522.7	102.4	101.1	100.0
69256.32	44357.88	43851	19595.0	102.3	104.1	100.2
88302.07	64908.22	32538	13597.8	102.3	103.4	100.5
73732.36	65338.78	37851	16106.0	102.3	103.0	100.0
28938.81	25963.45	30816	11184.2	102.5	103.0	100.1
63357.88	47952.10	28264	10619.9	102.2	105.9	100.4
119685.15	75665.16	33090	11669.3	102.5	103.5	101.4
5952.50	4630.78	22929	8342.6	102.8	100.0	99.3
26269.02	15025.46	22456	7153.5	103.1	106.1	100.5
14885.94	10805.22	22275	9621.2	102.9	100.4	100.0
18293.37	11782.49	19597	9634.1	102.2	101.0	100.1
26938.23	19688.18	23114	8097.9	102.4	103.7	100.2
19582.71	13111.73	21873	8781.5	102.5	102.3	100.4
37591.70	23511.41	22398	8475.3	102.9	102.6	99.9
32902.83	21902.55	22906	8867.0	102.8	101.8	100.5
26876.03	18141.13	23414	8372.1	102.5	102.1	101.3
22789.17	18005.69	25216	8332.0	102.7	103.0	100.5
48122.05	30298.85	22368	7895.3	102.8	102.6	100.4
13297.62	10156.96	20667	5434.0	102.5	102.4	100.9
20829.34	16128.90	23236	6141.3	103.1	104.9	101.1
2500.94	1076.58	20023	6578.2	103.6		
25736.72	16537.69	22858	6502.6	103.0	107.4	102.0
12070.64	8822.23	18965	5107.8	103.2	105.9	100.4
4110.74	3514.68	19499	6196.4	103.9	110.4	101.5
3881.40	3947.29	21833	6931.0	103.4	106.7	99.8
14247.54	10377.11	19874	7296.5	103.9	108.5	100.5
15263.75	13056.68	25497	8595.7	103.2	103.3	99.6
18400.47	14081.01	23305	6790.9	102.2	102.5	100.1

中国统计出版社最新图书简目

（仅供参考，以最后出书为准）

统计资料

综合类：中国统计年鉴　中国统计摘要　中国发展报告
国际资料类：国际统计年鉴　金砖国家联合统计手册　世界能源资源年鉴
区域资料类：中国区域经济统计年鉴　中国县域统计年鉴　中国城市统计年鉴
中国农村统计年鉴　中国地区经济监测报告
经贸与投资类：中国贸易外经统计年鉴　中国对外直接投资统计公报　中国商品交易市场统计年鉴
大中型批发零售和住宿餐饮企业统计年鉴　中国零售和餐饮连锁企业统计年鉴
住户与物价类：中国住户调查年鉴　中国价格统计年鉴　中国农产品价格调查年鉴
全国农产品成本收益资料汇编
资源与环境类：中国环境统计年鉴　中国能源统计年鉴
产业类：中国工业统计年鉴　中国建筑业统计年鉴　中国房地产统计年鉴
中国第三产业统计年鉴　中国证券期货统计年鉴
科技类：中国科技统计年鉴　中国高技术产业统计年鉴　工业企业科技活动资料
人口与就业类：中国劳动统计年鉴　中国人口和就业统计年鉴　中国人才资源统计报告
社会与文化类：中国社会统计年鉴　中国文化及相关产业统计年鉴
公共管理类：中国民政统计年鉴　中国民族统计年鉴　中国乡镇街道行政区域简册

省级综合统计年鉴系列

北京 天津 河北 山西 内蒙古 辽宁 吉林 黑龙江 上海 江苏 浙江 安徽 福建 江西 山东
河南 湖北 湖南 广东 广西 海南 重庆 四川 贵州 云南 西藏 陕西 甘肃 青海 宁夏 新疆
新疆生产建设兵团

市(县)级综合统计年鉴系列

天津滨海新区 石家庄 唐山 邯郸 太原 大同 阳泉 长治 晋城 朔州 晋中 运城 忻州 临汾 呼和浩特
鄂尔多斯 包头 沈阳 大连 长春 吉林市 四平 哈尔滨 黑龙江垦区 上海浦东新区 南京 无锡 徐州
常州 苏州 南通 连云港 淮安 盐城 扬州 镇江 泰州 宿迁 江阴 丹阳 杭州 宁波 温州 嘉兴 绍兴 金华
衢州 舟山 台州 丽水 合肥 福州 厦门 宁德 福州经济技术开发区 南昌 济南 青岛 郑州 洛阳 平顶山
三门峡 南阳 武汉 十堰 荆州 宜昌 荆门 咸宁 长沙 广州 深圳 惠州 东莞 南宁 柳州 桂林 来宾 海口
三亚 成都 贵阳 昆明 西安 兰州 庆阳 银川 乌鲁木齐 兵团一师 兵团十师

调查年鉴系列

山西 内蒙古 吉林 辽宁 上海 福建 湖北 广西 重庆 四川 云南 甘肃 宁夏 新疆 南宁 桂林

“十二五”规划教材

统计学（经济管理类专业本科适用，单薇 等）　抽样调查理论与方法（冯士雍 等）
贝叶斯统计（茆诗松 等）　统计学（黄良文 等）　试验设计（茆诗松 等）
统计学：从数据到结论（吴喜之）　医学统计学（于浩）　统计学（经济、管理类专业基础教材，张小斐）
概率论与数理统计三十三讲（魏振军）　概率论与数理统计三十三：学习指导与习题解答（魏振军）
非参数统计（吴喜之 等）　统计学：经济与管理中的数据分析（李慧云 等）
卫生管理统计学（新编医学院校基础课教材，尚磊）　医院统计学（新编医学院校基础课教材，徐天和 等）
社会统计学（蒋萍 等）　现代金融投资统计分析（李腊生 等）
国民经济核算初级教程（经济类、统计类、管理类专业适用，蒋萍 等）

重点图书

新中国65年　新编英汉汉英统计大词典　中华医学统计百科全书
挑大学选专业2014—考研择校指南　挑大学选专业2014—高考志愿填报指南

中国统计出版社发行部电话：（010）63376907 63376908
同榻行书店电话：68783171 68783172
通讯地址：北京市西城区三里河月坛南街57号　邮政编码：100826
网址：http://csp.stats.gov.cn

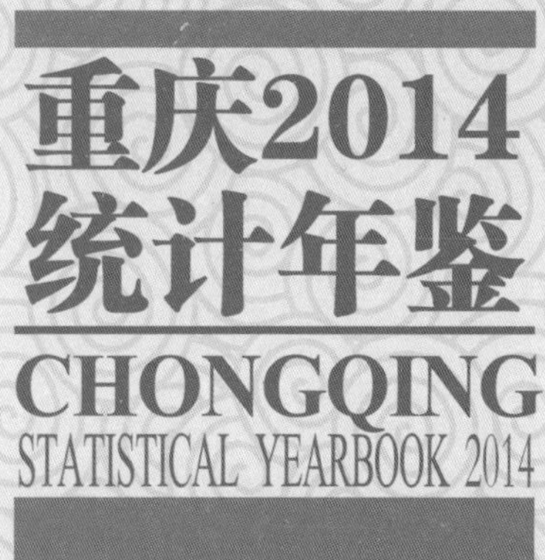

如何使用年鉴浏览

请在阅读光盘前，请选择IE选项/高级/“允许来自CD的活动内容在我的计算机上运行”。

三种浏览方式：为方便用户浏览和使用年鉴，本书提供了超文本（网面格式）、EXCEL电子表格和PDF（电子阅读）三种浏览方式。默认为超文本格式，方便查阅。同时提供安装Acrobat Reader软件，方便阅读PDF文书。

本光盘中所有资料的浏览查阅和计算加工，未经许可均不得用于商业性用途，否则必追究其法律责任。

How to use the yearbook to browse

Please choose"contents of CD are permitted on my computer"of IE/senior.

Three modes to browse:In order to browse and use the yearbook easily,three modes-HTML,EXCEL and PDF form are offered.HTML mode is acquiescent,which provides more convenient consultation and temporary calculation.Acrobat Reader is provided to read PDF.

The consultation and calculation of data in this disk are not permitted for commercial purposes with-out written permission from the publisher.legal responsibilities are reserved to prosecute.

重庆市统计局　国家统计局重庆调查总队　编
CHONGQING MUNICIPAL BUREAU OF STATISTICS
NBS SURVEY OFFICE IN CHONGQING